Hansjörg Probst (Hg.)

Mannheim vor der Stadtgründung

Verlag Friedrich Pustet Regensburg

Hansjörg Probst (Hg.)

Mannheim vor der Stadtgründung

Teil I Band 1

Der Naturraum Rhein-Neckar
Ur- und Frühgeschichte bis zur Spätantike

Verlag Friedrich Pustet Regensburg

Das Erscheinen dieses vierbändigen Werks zum Jubiläumsjahr der Stadtgründung Mannheims 2007 wurde durch eine große Anzahl von Subskribenten und großzügige Spenden von Einzelpersonen, Institutionen und Firmen ermöglicht. Derer sei dankbar gedacht:

Institutionen und Firmen

 Curt-Engelhorn-Stiftung für die Reiss-Engelhorn-Museen Mannheim

 Fördergemeinschaft Rotary Mannheim e. V., Mannheim

 Fördergemeinschaft Rotary Club Mannheim-Friedrichsburg Mannheim

 Richard Grimminger, Mannheim

 Heinrich-Vetter-Stiftung, Ilvesheim

 Kurpfalz-Stiftung Franz Schnabel

 Karlheinz Lochbühler

MONTAG CLUB Montag-Club – Gesprächskreis Wirtschaft der Metropolregion Rhein-Neckar, Mannheim

 Roche Diagnostics GmbH, Mannheim

 Sax + Klee GmbH, Mannheim

  Volksbank Rhein-Neckar eG, Mannheim

Privatpersonen

Erhard Becker
Mannheim

Dr. Gottfried Bergdolt
Mannheim

Dr. Hans Bichelmeyer
Mannheim

Dieter Freudenberg
Weinheim

Dr. Manfred Fuchs
Mannheim

Gregor Greinert
Mannheim

Dr. Hans-Werner Hector
Weinheim

Emil Hettich
Erpolzheim

Anneliese Rothenberger
Salenstein/Schweiz

Dr. Siegfried Schmidt (†)
Mannheim

Walter Spagerer
Mannheim

Günther Werz
Neckarzimmern

Galerie Zimmermann
Mannheim

Inhaltsverzeichnis

Geleitwort von Alfried Wieczorek 8

Vorwort zum Gesamtwerk von Hansjörg Probst 10

Vorwort von Hansjörg Probst 12

Peter Rothe
Geologie – Erdgeschichte unseres Raumes bis zum Ende der Eiszeit 14

Manfred Löscher
Die quartären Ablagerungen auf der Mannheimer Gemarkung 28

Siegfried Demuth
Lebensräume in der Rhein-Neckar-Region 48

Gaëlle und Wilfried Rosendahl
Von Wanderern, Jägern und Sammlern –
zur Alt- und Mittelsteinzeit in der mittleren Kurpfalz 78

Hans-Peter Kraft
Jungsteinzeit 106

Klaus Wirth
Bronzezeitliche Funde in der Mannheimer Region 134

Hans-Peter Kraft
Die frühen Kelten (750 bis 450 v. Chr.) 156

Inken Jensen und Benedikt Stadler
Kelten in der Mannheimer Region während
der jüngeren Eisenzeit (Latènezeit) 170

Gertrud Lenz-Bernhard
Die Neckarsweben in der Mannheimer Region 192

Inken Jensen
Die neckarsuebische Siedlung von Mannheim-Wallstadt 242

Patricia Pfaff
Das römische Mannheim 260

Alfried Wieczorek
*Zur Besiedlungsgeschichte des Mannheimer Raumes
in der Spätantike und Völkerwanderungszeit* 282

Klaus Wirth
Archäologie in den Quadraten – Ausblick in ein neues Forschungsgebiet 310

Beinauer/Jensen
*Vom Antiquarium electorale zur Abteilung Archäologische
Denkmalpflege und Sammlungen der Reiss-Engelhorn-Museen Mannheim* 314

Impressum 358

Zum Geleit

Am 24. Januar 2007 feierte Mannheim sein vierhundertjähriges Jubiläum, Grund genug für Stadt und Land, des historischen Erbes zu gedenken, die architektonischen Juwelen in Mannheim zu sanieren und der Bevölkerung in neu erstandenem Glanz zu übergeben. Im Januar 2007 wurde das Museum im Zeughaus, ein Hauptgebäude der Reiss-Engelhorn-Museen, nach einer gründlichen Sanierung und völligen Neugestaltung der nunmehr 6000 qm umfassenden Ausstellungsfläche wieder eröffnet, im März des gleichen Jahres entstand auch das Museum in den Räumen des restaurierten Schlosses von neuem. Damit bei allem Jubel nicht in Vergessenheit gerät, dass Mannheim zwar eine junge Stadt, aber beileibe kein erst vor vierhundert Jahren besiedelter Platz ist, hat sich der Mannheimer Altertumsverein von 1859 eine groß angelegte Aufgabe gestellt: In einem vierbändigen, ab 2006 suzessive erscheinenden Werk mit dem Titel: „Mannheim vor der Stadtgründung" will er die Geschichte des Ortes seit seiner Entstehung nachzeichnen. Dies ist wörtlich zu nehmen; denn der erste Aufsatz im 1. Band, der hier nun vorliegt, beschreibt die „Erdgeschichte unseres Raumes bis zum Ende der Eiszeit" und der gesamte 1. Band seine Besiedlung von der Altsteinzeit bis in die Römerzeit. Ein Novum ist dabei die Darstellung der Urgeschichte des Raumes Mannheim; eine solche stand bisher aus.

Der 2. Band ist unter anderem den außerordentlich reichhaltigen Funden aus dem Frühmittelalter gewidmet. Ein weiterer Beitrag darin betreibt eine „Archäologie der Sprache": Der Autor beschreibt anhand der Untersuchung der Mannheimer Siedlungs- und Flurnamen die Schichten der Besiedelung. Diese Autor ist Hansjörg Probst, der Vorsitzende des Mannheimer Altertumsvereins. Ihm gebührt das Verdienst, das Buchprojekt initiiert und verwirklicht zu haben. In langjähriger Vorarbeit plante er die Themen, gewann die Autoren und motivierte sie zum Verfassen von Textbeträgen, die auf den aktuellsten Forschungsergebnissen ihres jeweiligen Fachgebietes beruhen. Hier zeigte sich auch die Integrationskraft eines solchen Projektes: Fachkenntnisse von Geologen, Paläontologen, Archäologen, Geographen, Philologen und Historikern vereinten sich zu einem umfassenden und facettenreichen Bild der Vergangenheit des Mannheimer Siedlungsraumes

Die Autoren gehören aber nicht nur zum Mannheimer Altertumsverein oder den Reiss-Engelhorn-Museen – viele sind ehemalige und derzeitige Mitarbeiter der Museen –, sondern auch zu anderen Institutionen in der Stadt Mannheim. Einige Autoren stießen sogar erst nach ihrem Berufsleben als Ehrenamtliche zum Museumsteam und ließen sich dafür gewinnen, ihr Wissen in das Projekt einzubringen. Ihnen allen sei für ihre Einsatzbereitschaft und ihre Arbeit herzlich gedankt. Eben solcher Dank gebührt allen, die durch Spenden oder vielerlei anderen Arbeitseinsatz zum Gelingen dieses Werkes beigetragen haben. Die Reiss-Engelhorn-Museen und der Manheimer Altertumsverein haben seit langem zusammengarbeitet, fast könnte man sagen „von altersher". Denn die Ursprünge des Sammelns und Bewahrens von Altertümern, wie es die Aufgaben eines Museums sind, und des wissenschaftlichen Aufarbeitens der Funde, wie es sich der Altertumsverein auf seine Fahnen geschrieben hat, reichen bis in die Kurfürstenzeit zurück.

Mit der Publikation „Mannheim vor der Stadtgründung" bewies sich wieder einmal die Fruchtbarkeit dieser guten und lange bewährten Kooperation zwischen dem Mannheimer Altertumsverein und den Reiss-Engelhorn-Museen. Sie ist auch ein Zeichen für die weit gefassten und mannigfaltigen Aktivitäten der Museen in der Forschung, hier bezogen auf ihr unmittelbares Umfeld: Die vier Bände gerieten zu einem bisher einmaligen Kompendium des Wissens um die Stadt vor ihrer Stadtwerdung.

So bleibt zu wünschen, dass das Werk viele begeisterte Leserinnen und Leser finden möge, nicht nur, weil es viel Neues zu unserer Region und ihrer großen Bedeutung als Siedlungsraum enthält, sondern auch weil es Forschung und Museum verbindet: Dort nämlich werden viele der Objekte bewahrt und ausgestellt, auf denen die Arbeit und die Ergebnisse der Autoren beruhen.

Alfried Wieczorek
Ltd. Direktor der Reiss-Engelhorn-Museen

Vorwort zum Gesamtwerk

Am 2. April 1884 feierte der Mannheimer Altertumsverein (MAV) sein 25-jähriges Bestehen. Im Herbst jenes Jahres hielt der führende Ausgräber und Archäologe des Vereins, Professor Karl Baumann, einen Festvortrag über Aufgabe und Tätigkeit des Vereins und die schon erreichten großen Erfolge. Thema seines Vortrags war: *Die Urgeschichte von Mannheim und Umgegend*. Veröffentlicht wurde dieser Vortrag 1888 in der zweiten Serie der gedruckten Vorträge des Vereins. Kurz zuvor (1887) hatte er seine grundlegende und für lange Jahrzehnte maßgebende Karte *Zur Urgeschichte von Mannheim und Umgegend* herausgegeben, die er später noch einmal überabeitete und zum dreihundertjährigen Stadtjubiläum 1907 erneut veröffentlichte.

Seine weitblickenden Worte von 1884 verdienen noch heute Aufmerksamkeit: *Wenn auch Mannheim eine der jüngsten Städte ist, die der alte Vater Rhein in seinem stolzen Laufe bespült, so bietet doch unsere Umgebung zu beiden Seiten des Stromes Veranlassung und Anhaltspunkte genug, sich in die ältesten Zeiten der Vergangenheit zu vertiefen und aufgrund lokaler Forschungen den ersten Anfängen der Geschichte in unserem Lande nachzugehen.* Bauman verweist weiter auf die archäologischen Spuren der Gräber und Baureste aus altgermanischer, römischer und vorrömischer Zeit und auf die altertümlichen Siedlungsnamen, Zeugen aus vorschriftlichen Zeiten, von denen wir ohne diese Zeugen nichts wüssten. Auch die geologischen Prozesse, wie die Verlagerung der Ströme Rhein und Neckar in vorgeschichtlicher Zeit, bezieht er schon ein und stellt sie kartographisch dar.

Der Mannheimer Altertumsverein blickt seit 1859, nur unterbrochen durch die harten Kriegsjahre des letzten Jahrhunderts, zurück auf eine stetige Folge archäologischer und historischer Forschungen, deren Grundlagen Baumann und viele andere gleichgesinnte Haimatfreunde und Vereinsmitglieder gelegt haben. Ich nenne hier die wichtigsten Personen aus einer langen Reihe von Sammlern, Ausgräbern, Geschichtsforschern und -schreibern, denen wir uns neben Karl Bauman verpflichtet fühlen: Ferdinand Haug, Max Seubert, Fritz Wipprecht, Karl und Gustav Christ, Hermann Gropengießer, Wilhelm Caspari, Friedrich Walter, Franz Schnabel, Florian Waldeck, Gustaf Jacob, Herbert Meyer, Erich Gropengießer und Rudolf Haas.

Unser nun vorliegendes großes Sammelwerk ist nicht zuletzt ihrem Andenken gewidmet. Denn Ihre Forschungen, festgehalten in den Schriften des MAVs, seit 1900 in den Mannheimer Geschichtsblättern und nach 1950 in den Mannheimer Heften, sind heute noch sehr wertvoll und unverzichtbar.

Daher möchte die Gesellschaft der Freunde Mannheims und der ehemaligen Kurpfalz – Mannheimer Altertumsverein von 1859, in dieser ehrenvollen Tradition stehend, zum vierhundertjährigen Stadtjubiläum 2007 vor sich selbst und der geschichtsinteressierten Öffentlichkeit Rechenschaft ablegen. Das soll geschehen in einem vierbändigen Jubiläumswerk mit dem auf den ersten Blick paradoxen Titel „Mannheim vor der Stadtgründung", das alle Fakten und Daten aus den tieferen Schichten der Vergangenheit darstellt, die in Mannheim eingegangen sind und nach wie vor Struktur und Mentalität unserer Stadt mit prägen. Zugleich dokumentieren wir damit die beinahe 150-jährige Forschungarbeit des Altertumsvereins. Dankbar erinnern wir an dieser Stelle auch an die enge Zusammenarbeit mit den Wissenschaftlern der Reiss-Engelhorn-Museen (rem) und die vielfachen Hilfen, die uns von den Museen und ihrem Leiter, Herrn Professor Dr. Alfried Wieczorek, immer zuteil geworden sind. Auch hier greift wieder die Tradition der engen Zusammenarbeit zwischen den Reiss-Engelhorn-Museen und dem Mannheimer Altertumsverein von 1859.

Zugleich versteht der Mannheimer Altertumsverein von 1859 dieses monumentale Werk als sein Geschenk an die jubilierende Stadt und ihre Bevölkerung. Durch Honorarverzicht der Autoren, durch Mittel des Vereins und beachtliche Spenden von Mitgliedern, Mannheimer Bürgern und Stiftungen konnte der Preis für das Gesamtwerk auf Euro 120, pro Band also auf Euro 30.- , gehalten werden, so dass es jeder Geschichts- und Heimatfreund im Laufe des Jubiläumsjahres erwerben kann. Allen, die als Autoren und Spender durch ihren Beitrag unser kühnes Vorhaben ermöglicht haben, sei herzlich gedankt.

Hansjörg Probst
Herausgeber und Vorsitzender des MAVs

Vorwort zu Teil I, Band I

Der erste Band des Teiles I unseres vierbändigen Werkes ist der natürlichen Basis des Oberrheingrabens und der archäologischen Forschung gewidmet; diese wurde pathetisch die „Wissenschaft des Spatens" genannt. In Anspielung darauf nannte sich auch der Mannheimer Altertumsverein bei seiner Gründung 1859 Academia Palatina Subterranea = Pfälzische Akademie für Bodenfunde. Zweifellos klingt hier der Anspruch nach, Nachfolger der kurpfälzischen Akademie von 1763 zu sein und deren Tätigkeit in der Bodendenkmalpflege. Zugleich aber weist dieser Beiname auf den ersten Vereinszweck hin, den sich der Altertumsverein gegeben hatte. Altertümer waren in der Sprache der Zeit Bodendenkmäler, deren Auffindung, Bergung und Sammlung seit dem Erlass Karl Theodors von 1749 zu einem Staatszweck erhoben worden war. Das daraus erwachsene kurpfälzische Antiquarium war nach der Aufteilung des pfälzischen Territoriums 1803 im Mannheimer Schloss verblieben. Seine Pflege war dem 1807 errichteten vereinigten Großherzoglichen Lyceum, dem heutigen Karl-Kriedrich-Gymnasium, und seinen Professoren anvertraut worden.

Die natürlichen Grundlagen unseres Kulturraumes werden dem Leser durch die Geologie, die historische Geographie und Biologie erschlossen. Die frühe Archäologie von der Urgeschichte in Jahrhunderttausenden bis in die Römerzeit ist diejenige Wissenschaft, deren Befunde und Erkenntnisse aus anderthalb Jahrhunderten der Forschung im Band 1 des ersten Teils umfassend dargestellt werden. Dies ist hier zum ersten Mal geleistet. Die Zusammenschau der jeweiligen prähistorischen Zeitalter lässt den heutigen Leser staunen über die Intensität der menschlichen Anwesenheit in unserer Heimat schon vor Jahrtausenden. Dieser Ertrag der wissenschaftlichen Forschungen vermittelt den Lesern ein ziemlich klares Bild der frühesten Vergangenheit des Rhein-Neckar-Raumes von der Urzeit bis in die ausgehende Antike. Gerade an den überaus reichen Funden der letzten Jahrzehnte, die in den Reiss-Engelhorn-Museen aufbewahrt sind, zeigt sich, dass der Rhein-Neckar-Raum seit Jahrtausenden in weiträumige Netzwerke und Kulturbeziehungen eingebunden und einem ständigen Wechsel von Kontinuität und Wandel menschlicher Gemeinschaften unterworfen war. Es ist das Verdienst der lokalen und regionalen Archäologie, diese historischen Tiefen aufgedeckt zu haben.

Mannheim, im Juni 2007

Hansjörg Probst,
Herausgeber und Vorsitzender des MAVs

Peter Rothe

Geologie – Erdgeschichte unseres Raumes bis zum Ende der Eiszeit

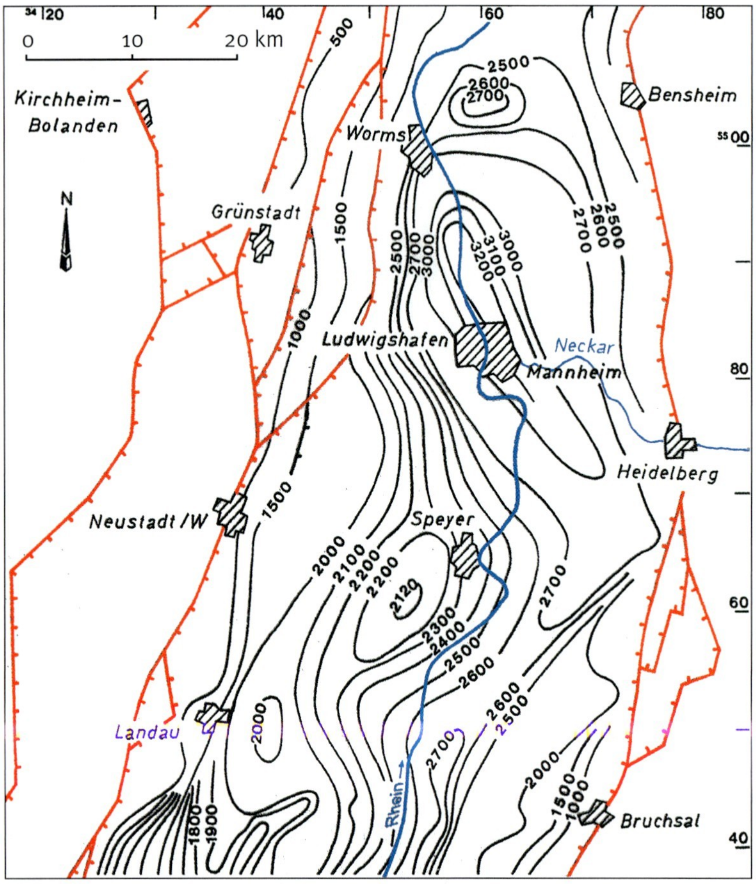

Abb. 1: Lage der Tertiärbasis im Oberrheingraben. Tiefenlinien schwarz, bezogen auf NN in Metern. Unter Mannheim lagern über 3000 m Tertiär- und Quartärsedimente (nach Doebl & Olbrecht 1974, vereinfacht).

Mannheim ist auf Sand gebaut – dabei ist hier einmal nicht die Finanzlage der Stadt gemeint. Geologen sprechen vom „Mannheimer Loch" und meinen damit eine besonders schnelle Absenkung des Untergrundes, die durch die Ablagerung von Sand, aber auch gröberen und feineren Komponenten, innerhalb der jüngeren Erdgeschichte kompensiert wurde. Im mittleren Oberrheingraben, in dem unsere Stadt liegt, sind da während des Tertiärs und Quartärs, genauer in einem Zeitraum von über 30 Millionen Jahren, mehr als 3000 m Lockersedimente abgesetzt worden – mehr als sonstwo in diesem Graben. Auch hier also: „Mannem vorne" (Abb. 1). Man weiß das, weil die Erdölgeologen gebohrt haben und weil sie zuvor geophysikalische Untersuchungen durchgeführt hatten: Pechelbronn, das „elsässische Texas", und das Ölfeld von Landau sind nicht weit entfernt und mancher unter den Älteren mag sich noch daran erinnern, dass im nördlich gelegenen Wolfskehlen einmal eine Bohrung in Brand geraten war, deren ausströmendes Erdgas tagelang loderte.

Anhand von Feinnivellements hat man herausgefunden, dass sich der Oberrheingraben nicht gleichmäßig absenkt, sondern dass sich Zonen schnellerer Senkung mit solchen geringerer Vertikalbewegungen abwechseln, wobei man in bestimmten Bereichen sogar Hebungen festgestellt hat. Auch hier nimmt unsere Gegend einen Spitzenplatz ein, die Absenkung geht hier in jüngster Zeit schneller vonstatten als anderswo im Graben. Der Oberrheingraben ist also das bestimmende geologische Großelement auch für Mannheim (Abb. 2). Die Schulbücher sagen, dass er „im Tertiär eingebrochen" sei. Sein Gebirgsrahmen, Pfälzer Wald und Odenwald, hat sich, parallel zur Absenkung, gehoben, was in ähnlicher Weise für Vogesen und Schwarzwald gilt. In jedem Atlas wird sofort deutlich, dass die Begrenzung im Osten wie im Westen eine deutliche etwa Nord-Nordost verlaufende Linie bildet, die sich zunächst von Basel bis Frankfurt am Main über etwa 300 km verfolgen lässt; sie wird von Randstörungen gegen die benachbarten Gebirge abgegrenzt. Tatsächlich sind es aber ganze Störungssysteme, die neben der vorherrschenden Nord-Nordost-Richtung auch anders verlaufende Bruchsysteme mit einschließen. „Spaltet der Rheingraben Europa?", hatte mein berühmter Kollege Rhodes Fairbridge von der New Yorker Columbia-University einmal getitelt (Fairbridge 1978). Dieses Bruchsystem reicht nämlich weiter: Im Süden verspringt es nach Westen und setzt sich über den Bresse-Graben und das Rhône-Tal bis ins Mittelmeer fort, im Norden findet es seine Fortsetzung in der Wetterau, der Hessischen Senke und dem Leine-Tal, quert die Ostsee und ist über den Oslo-Graben hinaus bis in den Mjösa-See in Norwegen zu verfolgen. Jüngere Untersuchungen haben auch im Taunus diesen generellen Nord-Süd-Verlauf in Form von jüngeren Brüchen in der Erdkruste bestätigt.

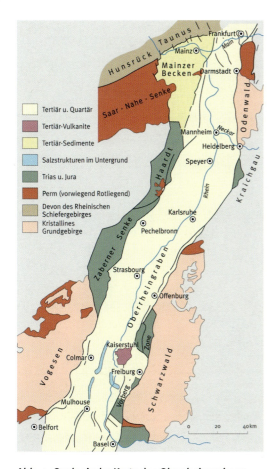

Abb. 2: Geologische Karte des Oberrheingrabens und seiner Randgebiete (aus Rothe 2005).

tel nach oben und bilden große untermeerische Gebirge, die als mittelozeanische Rücken bezeichnet werden. Ein neu entstehender Ozean lässt sich also in drei Schritten verstehen: Erst zerreißt die Kruste, dann dringt Magma in die dabei entstehenden Spalten und danach beginnt die seitliche Erweiterung, das eigentliche Drift-Stadium, das den Ozean ständig erweitert. Nach diesem Schema lassen sich Geburt, Jugend und Reifestadium von Ozeanen diskutieren: das noch engräumige Rote Meer repräsentiert danach ein Jugendstadium, der Atlantik aber schon einen reifen Ozean.

Die ersten Geburtswehen könnte man also beim derzeit in der Weiterentwicklung befindlichen Oberrheingraben vermuten, wie das die Überschrift der erwähnten Publikation thematisiert. Man braucht dazu allerdings mehr Indizien als die geometrischen Verhältnisse, außerdem kennen wir mehrere solcher Brüche in der Erdkruste, und nicht alle müssen sich notwendig zu späteren Ozeanen weiterentwickeln. Einen Hinweis auf derartige Prozesse in unserer Gegend haben uns die Geophysiker geliefert: Die Erdkruste ist hier nicht besonders dick, die als Mohorovičić-Diskontinuität (abgekürzt Moho) bezeichnete Grenze zwischen Kruste und Erdmantel liegt im

Was da passiert, lässt sich erst begründen, seit man die Erde im Sinne der Plattentektonik zu verstehen beginnt: Kontinente zerbrechen, Ozeane entstehen neu und werden wieder verschluckt, wobei an ihren Rändern Gebirge gebildet werden. Der Motor dafür liegt im Erdmantel, dessen Gesteine in Tiefen von 30 bis über 100 km teilweise plastisch werden und lokal so weit auf schmelzen, dass basaltisches Magma entsteht, das dann in den Bereich der Erdkruste eindringen und bis zur Oberfläche aufsteigen kann. Das zähplastische Gestein im Untergrund bewegt sich zwar meist nur sehr langsam, kann aber große Walzen bilden, die ihre Deckschichten, die Erdkruste „huckepack" mitnehmen und horizontal verschieben. Dabei kann diese Kruste, die ja starr ist, zerbrechen. So etwas ist großmaßstäblich bekannt: ganze Kontinente sind auf Wanderschaft, mit Geschwindigkeiten, die im Bereich von einigen cm/Jahr liegen. In den dazwischen liegenden Ozeanen dringen die basaltischen Schmelzen aus dem Erdman-

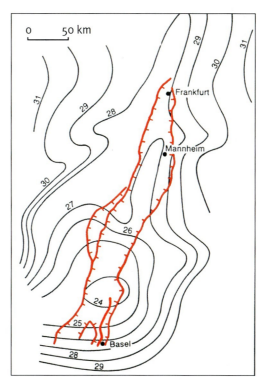

Abb. 3: Tiefenlage der Mohorovičić-Diskontinuität (Moho), d. h. der Grenze zwischen Erdkruste und Erdmantel (schwarz, in Kilometern) im Bereich des Oberrheingrabens (nach Illies 1974, verändert).

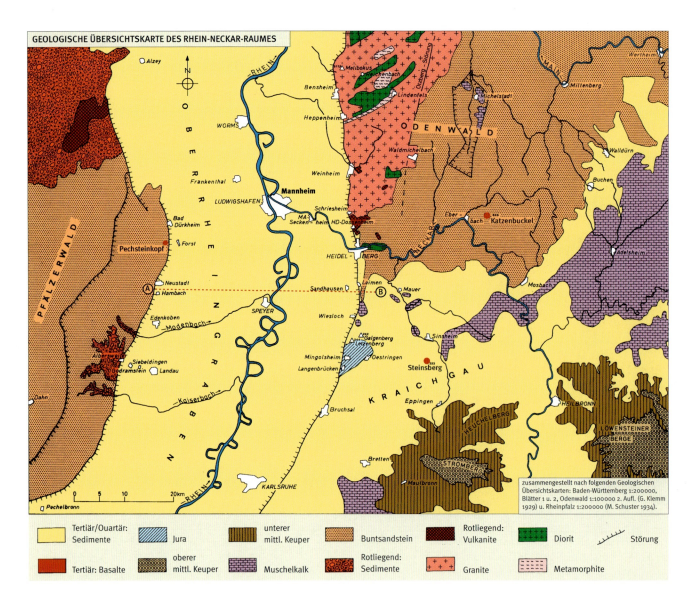

Abb. 4: Geologische Übersichtskarte des Rhein-Neckar-Raumes (aus Rothe 1981).

Oberrheingraben bei 24 bis 28 km und taucht nach Osten und Westen bis auf 30 km ab (Abb. 3): der Graben liegt also im Bereich einer Aufwölbung des Erdmantels und es hat den Anschein, dass basaltisches Material eine Art von langgestrecktem „Kissen" im Untergrund bildet, auf dessen Oberfläche die Kruste nach beiden Seiten abrutschen kann. Das führt zur Zerrung und zum Zerbrechen dieser Kruste und würde den Ansatz für die Grabenbildung erklären können (Illies 1972).

Schon lange vor dem plattentektonischen Erklärungsansatz hatte der deutsche Geologe Hans Cloos entsprechende Prozesse in einem Aufsatz mit dem Titel „Hebung – Spaltung – Vulkanismus" zusammenfassend beschrieben (Cloos 1939): Infolge der Hebung (durch Aufbeulung des Untergrundes) reißen Spalten auf, die dann den heißen Gesteinsschmelzen als Aufstiegswege dienen. Solche Schmelzen sind im Oberrheingraben an einigen Stellen bis zur Oberfläche durchgedrungen. Bekanntes Beispiel ist das Vulkangebiet des Kaiserstuhls, wo auch die höchste Lage der Moho (24 km) beobachtet wird. Näher liegen uns der Pechsteinkopf bei Forst oder die nicht mehr direkt im Graben gelegenen Vulkane des Katzenbuckels im Odenwald oder des Steinsbergs im Kraichgau; sie gehören aber alle zu diesem System, das wahrscheinlich mindestens seit dem Alttertiär, also zeitlich im Rahmen der Grabenbildung aktiv war (Abb. 4). Soweit die Parallelen zur Plattentektonik, aber das sind der Gesteinszusammensetzung nach noch keine ozeanischen Basalte, zu früh also, hier mit einem beginnenden Ozean zu argumentieren.

Wenn man die Absenkung des Grabenbereichs mit der Hebung seiner Randgebiete kombiniert, so ergeben sich vertikale Versatzbeträge von über 4000 m im Westen, während im Osten nur etwa 3000 m erreicht werden; hier ist deshalb auch das im Untergrund anstehende Grundgebirge noch nicht annähernd so tief erodiert wie im gegenüberliegenden Odenwald und Schwarzwald. Mechanisch ist neben der Absenkung auch eine Horizontalbewegung der beiden Grabenränder gegeneinander nachgewiesen worden, die den östlichen Bereich nach Nordosten und den westlichen nach Südwesten verschiebt. Diese Scherbewegung kann zur Folge haben, dass in manchen Bereichen die aus Sedimenten bestehende Grabenfüllung sogar aufgepresst wird. Das haben Feinnivellements ergeben, die aber im allgemeinen die Senkungstendenz – mit gemittelten 0,7 mm/Jahr – bestätigen. Eine rein tektonische Ursache für die Senkung ist allerdings bisher nicht beweisbar, weil auch möglich ist, dass die gemessenen Beträge auf die Setzung, unter anderem durch die Entnahme von Grundwasser oder Kompaktion toniger Sedimente zurückzuführen sein könnte.

Wenn man im Oberrheingraben einen künftigen Ozean sehen will, lässt sich damit argumentieren, dass das Meer schon einmal da war; als es einen weltweiten Höchststand erreicht hatte, hat es die Senkungszone benutzt, um von Norden her in unser Gebiet vorzustoßen. Das begann im wesentlichen vor etwa 35 Millionen Jahren, während des Oligozäns. Anhand der Fossilien sind Meeressedimente klar als solche erkennbar, in unserer Gegend allerdings wiederum überwiegend nur in den tiefer reichenden Bohrungen, in Ausnahmefällen aber auch in Oberflächen-Aufschlüssen: Fossiliensammler kennen die Vielfalt von Muscheln, Schnecken, Haifischzähnen und Seekuhrippen aus den Sandgruben Rheinhessens; die Gegend nennen die Geologen das Mainzer Becken, eine in der Karte trompetenartig erscheinende Erweiterung des Oberrheingrabens, wo meistens Flachmeerverhältnisse herrschten (Abb. 2). Aufschlussreicher sind aber die Mikrofossilien, vor allem die kalkigen Gehäuse der einzelligen Foraminiferen, mit denen man die Meeressedimente des Oligozäns weltweit zeitlich einstufen kann. So weiß man, dass das Oligozän-Meer einen Ausläufer bis in den südlichen Oberrheingraben hinein hatte. Es hinterließ dort etwa 1000 m mächtige Ablagerungen, tonige im Graben und sandige bis hin zu riesigen Blöcken am Rand. An dieses Oligozän sind u. a. Erdöl und die Kalisalze im Elsaß geknüpft (Tab. 1).

Wir wissen das, weil Erdöl- und Kaliindustrie eine außerordentlich große Anzahl von Bohrungen im Oberrheingraben abgeteuft hatten. Für eine Zusammenstellung der Tertiär- und Quartärsedimente hatte der Erdölgeologe Franz Doebl seinerzeit allein für den mittleren und nördlichen Oberrheingraben mehr als 900 Bohrungen ausgewertet (Doebl 1967) und für den südlichen Bereich noch einmal über 1000 (Doebl 1970). Die dabei gewonnene Datenfülle gestattet es auch, die während des Tertiärs im Graben abgelaufenen Bewegungen besser zu verstehen. Die vor allem anhand von Mikrofossilien zeitlich eingestuften Ablagerungen des Tertiärs lassen sich in meistens gut definierte Schichten gliedern (Tab. 1), aber diese Schichten wurden in den Bohrungen in unter-

Abb. 5: Profil (vgl. Abb. 4) durch den Oberrheingraben zwischen Neustadt und Sandhausen (nach Doebl & Teichmüller, vereinfacht, aus Rothe 1981).

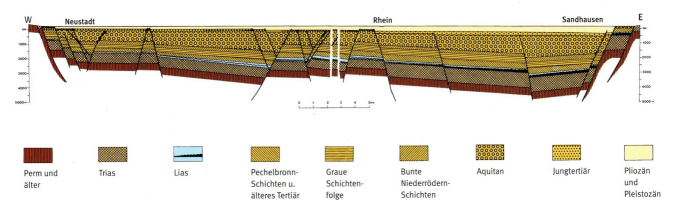

schiedlichen Tiefen angetroffen. Daraus ergibt sich, dass sie nach ihrer Ablagerung gegeneinander versetzt worden sein müssen. Das entsprechende Störungsmuster begrenzt ein kleinräumiges Schollenmosaik, dessen einzelne Schollen oftmals nur Kantenlängen von ein paar hundert Metern haben. Die oberflächennahe Morphologie der Oberrheinischen Tiefebene (wie man geographisch unsere Gegend be-

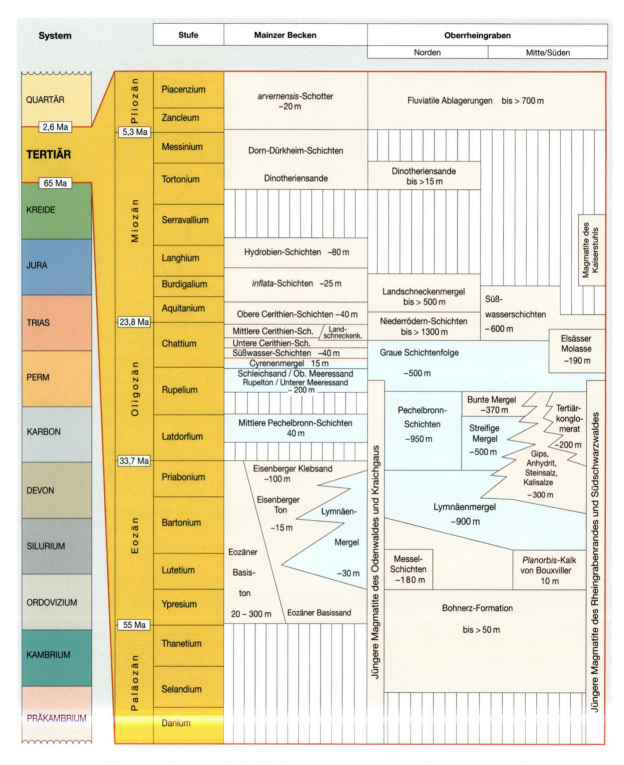

Tab. 1: Die Schichtenfolge des Tertiärs im Oberrheingraben und im Mainzer Becken (blau: Meeresablagerungen, rot: Brack- und Süßwasserablagerungen, senkrechte Schraffur: Schichtlücken) (aus Rothe 2005).

zeichnet) täuscht also. Die jüngsten Ablagerungen breiten nur einen dünnen Schleier über ein ziemlich kompliziertes Bruchfeld, das die Verhältnisse im Untergrund bestimmt. Dieser Untergrund war auch vor Ablagerung der Tertiärschichten nicht eben, weil durch die beginnende Grabentektonik schon das Grundgebirge und das ältere Deckgebirge, also z. B. Buntsandstein, Muschelkalk und Keuper, auch Jura, in Schollen zerbrochen und im Graben versenkt worden waren (Abb. 5). Diese Prozesse haben sich dann fortgesetzt und sie scheinen bis heute anzuhalten.

Vor dem Eindringen des Oligozän-Meeres ist dieser Untergrund tiefgründig verwittert worden. Wenn man weiß, dass etwas weiter nördlich im See von Messel Krokodile gelebt haben, wird man auf tropisches Klima schließen dürfen, das während des Eozäns, also vor etwa 50 Millionen Jahren, für unsere Gegend bestimmend war. Unter diesen Verhältnissen sind die Tone gebildet worden, die als Eozäner Basiston bezeichnet werden. In Erdölbohrungen des nördlichen Oberrheingrabens hatte man unterhalb der Pechelbronn-Schichten (s. u.) gelegentlich rot gefärbte Gesteine angetroffen und früher einmal in das Rotliegend eingestuft. Nach neueren pollenanalytischen Befunden gehören aber viele davon in das Eozän, was gut zur tropischen Verwitterung passt, die oft durch rote Farben (Hämatit) gekennzeichnet ist. Erst darüber folgen dann feinkörnige Meeressedimente, die Pechelbronn-Schichten, die zunächst in den tiefer abgesenkten Bereichen nachweisbar sind, während von den Rändern her Sande und lokal auch grober Schutt eingetragen wurden.

Die Pechelbronn-Schichten sind nach dem gleichnamigen Ort im Elsass definiert worden, dessen Umgebung man auf Grund der Ölförderung im 19. Jahrhundert das „elsässische Texas" genannt hatte; hier wurde die allererste Erdölbohrung in Europa niedergebracht (Sittler et al. 1995). Diese Meeresablagerungen können fast 1000 m dick sein, und sie kommen mit 400 m Mächtigkeit auch im tieferen Untergrund von Mannheim vor. Über den Pechelbronn-Schichten, die in sich noch einmal in Untere, Mittlere und Obere Pechelbronn-Schichten gegliedert werden, folgt die sog. Graue Schichtenfolge, die ebenfalls noch zum Oligozän zählt; das waren damals die letzten Meeressedimente, denn schon während des obersten Oligozäns hatte sich das Meer weitgehend aus unserer Region zurückgezogen. Die nachfolgenden Niederrödern-Schichten sind nicht mehr grau, sondern bunt gefärbte Sedimente eines lakustrinen Ablagerungsbereichs, in den schließlich auch die noch etwas jüngeren Süßwasserschichten (Name!) und der sog. Landschneckenmergel gehören, die schon miozänes Alter haben (Tab. 1).

Danach sind im Oberrheingraben bis auf die nur weiter im Norden entwickelten Dinotheriensande, die noch ins Miozän gehören, erst während des Pliozäns wieder Tertiärsedimente abgelagert worden. Ihre mit bis > 700 m hohen Mächtigkeiten zeigen an, dass sich der Graben auch im jüngsten Tertiär ständig weiter abgesenkt hatte. Das Pliozän ist praktisch vollständig durch Flusssedimente gekennzeichnet, die auf einen Vorläufer des Rheins zurückgehen, der seine Quellregion im Bereich nördlich des Kaiserstuhls gehabt hat. Erst mit dem Pleistozän hatte der Rhein dann sein alpines Einzugsgebiet erreicht und damit die heutige Situation des Entwässerungssystems eingeleitet.

Für unsere Gegend ist bemerkenswert, dass im Raum von Heidelberg mit fast 400 m Flusssedimenten die größten Pleistozänmächtigkeiten bekannt sind, so dass man dort vom „Heidelberger Loch" spricht. Dieses Pleistozän war unter anderem schon in einer Zeit erbohrt worden, als man Heidelberg zum Thermalbad hatte machen wollen (Salomon 1927). Die außerordentlich große Mächtigkeit lässt sich mit einer schnellen Absenkung am Grabenrand interpretieren, mit der auch die Aufschotterung durch den Neckar bei seinem Austritt aus dem Gebirge zusammenhängt. Der dabei entstandene Neckarschwemmkegel ist heute oberflächlich an einer leichten Wölbung im Gelände erkennbar. An jüngeren, bis 350 bzw. 275 m tiefen Wasserbohrungen in seinen Sedimenten hat man in neuerer Zeit sogar versucht, die klimatische Entwicklung des Quartärs zu verfolgen und mit den Ergebnissen aus besser datierbaren Tiefsee-Sedimenten zu vergleichen (Fezer et al. 1992); dabei spielen vor allem die

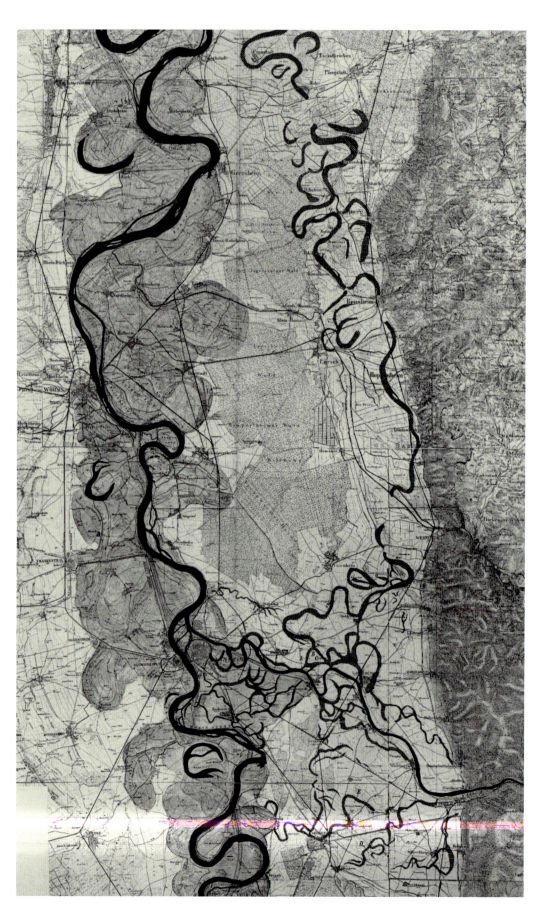

Abb. 6: Verlauf von Rhein, Neckar und Bergstraßen-Neckar (Faksimile aus Mangold 1892).

Messungen an stabilen Sauerstoff-Isotopen eine Rolle, die Hinweise zum Klima geben können.

Die pleistozänen Flussschotter, Kiese und Sande gehören schon lange zu den wichtigen natürlichen Rohstoffen unserer Region. Ihre Ausbeutung in Sand- und Kiesgruben hat vor allem in den Zeiten des Handbetriebs eine Fülle von Fossilien geliefert, die heute in den Sammlungen vieler Museen ausgestellt werden. Dazu gehören unter anderem Wald- und Steppenelefanten, deren Knochen und Stoßzähne im systematischen Übereinander der Schichten den mehrfachen Wechsel von Warm- und Kaltzeiten belegen. Die warmen Zwischeneiszeiten waren oft durch Temperaturen gekennzeichnet, die höher gewesen sind als die heutigen. Davon zeugen unter anderem Funde von Nilpferden, Nashörnern und sogar Löwen, die in den Ablagerungen des Neckar-Altlaufes von Mauer im Zusammenhang mit dem berühmten Unterkiefer des *Homo erectus heidelbergensis* ausgegraben wurden.

Kaltzeiten sind aber nicht nur durch Tiere bezeugt, sondern vor allem durch den Löss. Als wegen der Kälte keine Vegetation mehr aufkommen konnte, hatten vor allem Westwinde das feinste Material aus den Flussschottern ausgeblasen und z.B. an die Hänge des Odenwalds transportiert; an dessen Fuß, vor allem am Hang der Bergstraße, sind dabei viele Meter Löss abgelagert worden, der in den Warmzeiten zu Lösslehm verwitterte und zusammen mit dem günstigen Klima die Fruchtbarkeit der Region bewirkt. Der Begriff Löss (ursprünglich Loess) wurde 1824 durch K. C. von Leonhard erstmals als äolisches Sediment vom Haarlass am Nordufer des Neckars bei Heidelberg definiert (Kirchheimer 1969).

Für die Geologen sind diese Wechsel von Löss und Lösslehm vor allem deshalb interessant, weil sie die Klimaänderungen während des Pleistozäns spiegeln. Im Bereich des Steinbruchs von Nussloch, wo die „Heidelberger Zement AG" ihre örtlichen Rohstoffe (Muschelkalk) abbaut, ist erst vor kurzem eines der am besten gegliederten würmzeitlichen Lössprofile aufgenommen worden, das bezüglich der zeitlichen Auflösung näherungsweise an die Sedimentbohrkerne von Tiefsee-Ablagerungen bzw. die grönländischen Eisbohrkerne heranzukommen scheint (Löscher & Zöller 2001).

Mit den würmzeitlichen Lössbildungen vollzieht sich allmählich der Übergang zum prähistorischen Geschehen in unserer Region, das im vorliegenden Band eingehend behandelt wird. Für den Geologen bilden die bronzezeitlichen Funde, die von Dünensanden im Raum von Seckenheim überlagert sind (Spitz 1910), eine wichtige Zeitmarke im Sinne von Leitfossilien, die anzeigt, dass der Sand in geologisch sehr junger Zeit noch in Bewegung war. Altersmäßig in diese Größenordnung gehört auch die Verlagerung des Neckarlaufs aus seiner früheren Position parallel zur südlichen Bergstraße in die heutige Flussrinne. Bis etwa vor 10 000 Jahren war

der Neckar noch, in weiten Schlingen parallel zum Odenwald mäandrierend, nach Norden geflossen und erst bei Trebur im Hessischen Ried in den Rhein gemündet (Abb. 6) (Mangold 1892). Die alten Flussschlingen waren in den etwas weiter nördlich gelegenen Gebieten bei Frühjahrshochwasser noch in den 1960er Jahren von den Höhen des Odenwalds aus zu erkennen (Abb. 7). In den ruhiger fließenden Altarmen sind tonige Sedimente abgesetzt worden, auf denen fruchtbare Böden existieren, und der alte Gewässerlauf wird von Dünenzügen begleitet, auf denen Kiefern wachsen.

Heute sind direkte Beobachtungen der alten Mänderschlingen wegen der inzwischen durchgeführten, umfänglichen Drainagemaßnahmen leider nicht mehr möglich. Im hessischen Bereich wird aber an

Abb. 7: Alte Neckarschleife bei Rodau. Blick vom Luziberg bei Zwingenberg a. d. Bergstraße.
Foto von Klaus Rittner am 19. Januar 1961.

einer Renaturierung der ehemaligen Feuchtgebiete durch Einleitung von aufbereitetem Rheinwasser in das ökologisch wertvolle Pfungstädter Moor gearbeitet (Ebhardt et al. 2001), dessen frühholozäner Torf in den Altneckarschlingen entstand.

Die Rheinebene ist nicht überall so eben, wie man das erwartet: Ihre morphologische Gestaltung hat sie zunächst durch die Flüsse erfahren. Deren Tätigkeit hat ganz wesentlich die Gründung von Mannheim mitbestimmt. Die ursprüngliche Dorfsiedlung, später dann die Friedrichsburg und schließlich das Schloss liegen auf dem hochwassersicheren „Hochgestade", das geologisch der jungeiszeitlichen Niederterrasse entspricht. Dieses Hochgestade hat auch den Ortsnamen von Altrip (röm. alta ripa) begründet. In vielen früheren Baugruben hat man darin Sedimente von Rhein und Neckar gefunden, die sich anhand bestimmter Komponenten gut voneinander unterscheiden lassen: Die Rheinschotter enthalten Gerölle, die aus dem alpinen Einzugsgebiet des Flusses stammen; besonders charakteristisch sind die violettroten Radiolarienhornsteine des oberen Jura, aber auch Flyschsandsteine. Die Neckarschotter dagegen führen vor allem Buntsandstein und Muschelkalk. Rhein und Neckar mäandrierten in der Zeit vor Tullas Korrekturen, und die Flussbetten haben sich in der natürlichen Landschaft vielfach verlagert. So kommt es, dass man Korngrößenänderungen der Flussablagerungen auf engstem Raum und auch in den Vertikalprofilen begegnet. In den Altarmen lagerte sich feinkörniges, vorwiegend toniges Material ab, dem Kiesbänke gegenüberstehen, die in den Bereichen schneller fließenden Wassers abgesetzt wurden. Das zu erkennen ist wesentlich für den Baugrund, weil sich tonige Sedimente unter Auflast stärker komprimieren lassen als Sande oder Schotter; die entsprechend unterschiedliche Setzung kann dann zu Rissen und anderen Gebäudeschäden führen.

Die von feinem Ton über Sand bis hin zu Schottern pendelnden Korngrößen der Flusssedimente haben auch Bedeutung für das Grundwasser, das im Porenraum von Sanden und Kiesen gespeichert ist bzw. zirkuliert und das sich auf tonigen Schichten staut. Mannheim gewinnt sein Trinkwasser hauptsächlich aus den Wasserwerken Käfertal und Rheinau, wo auch entsprechende Schutzgebiete ausgewiesen sind. Die Förderung aus sog. Flachbrunnen (30 bis 50 m tief) bzw. Tiefbrunnen (z. Zt. bis 180 m, nur in Käfertal) macht sofort deutlich, dass da unterschiedliche Schichten angezapft werden, die als Grundwasserstockwerke bezeichnet werden. Aus den Profilen dieser Bohrungen wird der Wechsel der Sedimente deutlich, wobei sich Grundwasserleiter (Aquifere) von Grundwasserstauern bzw. Grundwassergeringleitern (Aquiclude) unterscheiden lassen.

Der Oberrheingraben ist auch durch Wärmeanomalien gekennzeichnet. Normalerweise nimmt die Temperatur im Untergrund unseres Landes etwa alle 30 m um 1°C zu, man nennt das die Geothermische Tiefenstufe. Im Erdölfeld Landau hatte man aber schon früh eine wesentlich geringere Geothermische Tiefenstufe beobachtet, die im Extremfall nur 14 m beträgt (Doebl 1970). Dort ist ziemlich deutlich, dass die Wärme durch das an Störungen aufsteigende Wasser transportiert wird. Weiter südlich, im elsässischen Soultz-sous-Forêts, hat man bereits begonnen, die mögliche Nutzung der Untergrundwärme in einem Pilotprojekt zu erkunden.

Die bedeutenderen Vorkommen von Thermalwässern, die in Badeorten genutzt werden und oft Temperaturen von über 50°C erreichen, sind im allgemeinen an Bereiche der Grabenrandstörungen gebunden. Neben Thermalwässern gibt es auch Salzwässer im Oberrheingraben, die ihre Komponenten aus dem tieferen Untergrund beziehen (vgl. Tab. 1); ihrer Herkunft entsprechend sind sie meist auch warm, sodass sich Thermalsolen ergeben, wie sie z. B. in Baden-Baden, Langenbrücken und Mingolsheim (Bad Schönborn) vorkommen.

Damit möchte ich die Ebene verlassen, um noch etwas zur Geologie der weiteren Umgebung von Mannheim zu sagen. Die stellt sich dem Betrachter in Form zweier Bergzüge dar, die die Ebene im Osten und im Westen begleiten und um jeweils ein paar hundert Meter überragen. Bei klarem Wetter oder näherem Herangehen geben diese Mittelgebirge dem Betrachter auch Details preis, an denen man ihre Entstehung wenigstens teilweise festmachen kann.

Nördlich von Heidelberg, von Dossenheim bis Schriesheim, und dann noch einmal bei Weinheim, sieht man zuerst durch große Steinbrüche „Wunden in den Berg geschlagen", wie man schon im 19. Jahrhundert bedauernd festgestellt hatte. Das dort abgebaute Gestein wurde früher als Quarzporphyr bezeichnet (und entsprechende Firmen als „Porphyrwerke"), heute sprechen wir von Rhyolith. Rhyolith ist ein Verwandter von Granit: wenn das Magma in ein paar Kilometer Tiefe erstarrt wäre, wäre daraus Granit entstanden. Der Rhyolith ist aber ein vulkanisches Gestein, dessen Schmelze ziemlich zäh ist und zu explosiven Ausbrüchen neigt.

sche Zerrungsstruktur auch als Vorläufer des Oberrheingrabens interpretiert (Illies 1962, Richter-Bernburg 1974). Man muss sich dazu die Zeiträume in Erinnerung rufen: Das Perm mit etwa 250 Millionen Jahren, das Tertiär mit maximal 65 Millionen Jahren. Wenn man die permzeitliche Anlage bejaht, dann ergibt sich, dass diese vielleicht in Form einer Sollbruchstelle im Alttertiär erneut in Erscheinung trat. Die permischen Vulkangesteine in unserer Gegend sind teilweise bei hochexplosiven Prozessen gefördert worden. Von Dossenheim kennt man Ignimbrite, die durch Glutwolken entstandene Ablagerungen heißer Aschenströme darstellen. Deren Partikel waren

Abb. 8: Permzeitlicher Vulkanschlot im Wachenberg bei Weinheim/Bergstr. Rhyolith, der teilweise in Säulen spaltet (rechte Bildhälfte) (aus Rothe 2005).

Altersmäßig gehören alle diese Rhyolithe in das Perm. Es ist von weiterreichender Bedeutung, dass solche permischen Rhyolithe den gesamten Oberrheingraben begleiten: Es gibt sie am Schwarzwaldrand, in den nördlichen Vogesen, im Saar-Nahe Raum, am Donnersberg und bei Bad Münster am Stein. Die entsprechenden Schmelzen sind auch an vielen anderen Orten in Deutschland im Anschluss an die variskische Gebirgsbildung aus Zerrspalten aufgestiegen, die mit einer Dehnungstektonik in Verbindung stehen. Da sich die Vorkommen in den Randbereichen des Oberrheingrabens zu einer etwa Nord-Süd verlaufenden Zone aufreihen lassen, hat man sie bzw. die ihnen zugrunde liegende variski-

so heiß, dass sie unmittelbar nach der Ablagerung noch miteinander verschweißt wurden. Ähnliches hatte sich z.B. beim Ausbruch des Vesuvs 79 n. Chr. in Pompeji und Herculaneum und am Anfang des 20. Jahrhunderts auf der westindischen Insel Martinique abgespielt, wo damals etwa 30000 Menschen durch die Glutlawinen ums Leben kamen; auch 1980 sind am Mt. St. Helens entsprechende Vorgänge beobachtet worden, um nur ein Beispiel aus jüngerer Zeit zu erwähnen. Von der Bergstraße kennt man sogar einen entsprechenden Vulkanschlot: Im Steinbruch im Wachenberg bei Weinheim werden Rhyolithe abgebaut, die einen alten Schlotbereich dokumentieren (Abb. 8). Der permische Rhyolith hat dort karbonzeitliche (also ältere) Granite durchbrochen; der Kontakt zwischen beiden Gesteinen ist im Bruch selbst noch zu beobachten.

Wenn wir nun auf die andere Seite des Grabens schauen, so begegnen uns auf den ersten Blick zunächst nur die roten Sandsteine des Buntsandsteins; Sandsteine also der Trias, die erdgeschichtlich auf das Perm folgt. Der Buntsandstein wurde dort in manchen Steinbrüchen gewonnen, aber er ist nicht überall rot gefärbt. Bei Frankweiler z.B. fehlt ihm die charakteristische Farbe völlig und wir begegnen hier einem gelblich-grauen Gestein. Damit sind wir sofort wieder mit der Grabenproblematik konfrontiert: Der rote Buntsandstein ist nämlich nur am Grabenrand in dieser Weise entfärbt und das hat entsprechende Spekulationen beflügelt: Die Grundfrage ist die nach der Ursache. Man kann das die Quarzkörner in Form von dünnen Hüllen aus Hämatit (Fe_2O_3) umgebende Eisen beseitigen, indem man es reduziert, z.B. durch organische Substanzen; die Vegetation könnte eine Rolle gespielt haben und damit wäre die Ursache im exogenen Bereich zu suchen. Die andere Möglichkeit wären Thermalwässer, die in Spalten am Grabenrand zirkuliert waren und einen Abtransport des färbenden Eisens bewirkt haben könnten; noch heute zirkulieren ja dort heiße Wässer, die in den Badeorten genutzt werden. Nachdem man auf solchen Spalten weiter südlich auch metallische Vererzungen gefunden hatte, neigen die Geologen heute zu dieser endogenen Erklärung: Der Buntsandstein ist durch heiße Wässer, die im Zusammenhang mit der Grabentektonik auf den Randspalten zirkulieren, gebleicht worden. Dass das bereits im Tertiär begonnen haben könnte, lässt sich auch an den sog. Battenberger Blitzröhren diskutieren (die mit Blitzeinschlägen nichts zu tun haben): Dort sind Quarzsande des oligozänen Meeressandes durch Eisenschwarten miteinander verkittet worden.

Abb. 9: Buntsandstein am Prallhang des Neckars bei Neckarsteinach.

Dennoch ist der überwiegende Teil des Buntsandsteins rot gefärbt (Abb. 9). So begegnet er den Wanderern u.a. an den Steilufern des Nekkartals oder im Pfälzer Wald, oft nur in Form von verstreut herumliegenden kantigen Steinen. Die Gegend ist die Heimat vieler alter Typuslokalitäten für einzelne Schichtfolgen innerhalb des gesamten Buntsandsteins: Trifels-, Karlstal-, Rehberg-Schichten oder Annweiler Sandstein waren für lange Zeit Begriffe, mit denen man den Pfälzer Buntsandstein untergliedert hatte. Inzwischen zeichnet sich aber eine bedeutende Wende in der zeitlichen Zuordnung ab: Seitdem man in Schichten, die bisher zum Unteren Buntsandstein gezählt wurden (wie der sog. Bröckelschiefer), Evaporite nachgewiesen hat, die von ihrer Entwicklung her eigentlich nur als Nachzügler des salzigen Zechsteinmeeres zu interpretieren sind, wird dieser unterste Teil der Trias nicht mehr dem Mesozoikum zugeordnet, sondern dem jüngeren Paläozoikum, d. h. dem oberen Perm (=Zechstein); dazu zählt jetzt auch der Annweiler Sandstein. Das wesentlich in Norddeutschland ausgebildete Zechsteinmeer hatte also bis in unsere Gegend hinein seine Ausläufer vorgeschoben. Das wusste man u.a. schon aus Vorkommen von Zechstein-Dolomiten am Heidelberger Schloss (die heute nicht mehr nachweisbar sind) und von Ziegelhausen, wo Blöcke davon noch in der Nähe von Stift Neuburg zu finden sind.

Heute zieht man die Grenze zwischen Perm und Trias da, wo die evaporitischen Bildungen (Steinsalz, Anhydrit, Gips u.a.) aufhören. Dass man sie in den bisher zum Buntsandstein gezählten Schichten nicht früher erkannt hat, liegt wohl vor allem daran, dass die evaporitischen Minerale in Oberflächenaufschlüssen durch die Verwitterung weggelöst wurden, während sie in den tieferen Wasserbohrungen noch erhalten geblieben sind.

Der Buntsandstein baut auch die oftmals bizarre Landschaft des Dahner Felsenlandes in der Südpfalz auf. Dort sind die horizontal lagernden Schichten (Sandsteine im Wechsel mit tonigen Schichten) von einem System sich kreuzender Verwerfungen durchsetzt, an dem bevorzugt Erosion stattfindet; in der Folge werden dadurch die vielen kleinen Türme und Felsen herauspräpariert. Morphologisch ist dabei ein Elbsandsteingebirge im Kleinformat entstanden. Was aber ist mit dem älteren, vorbuntsandsteinzeitlichen Untergrund, der im Odenwald so deutlich erkennbar ist, und von dem wir dort bisher nur die permischen Vulkanite erwähnt hatten? So scheint vielleicht der erneute Schwenk zum Odenwald gerechtfertigt, um nach den dort gewonnenen Beobachtungen später noch einmal in die Pfalz zurückzukehren.

Die erwähnten permischen Vulkanite im Odenwald gehören eigentlich auch noch zu den jüngeren Gesteinskomplexen, richtig verstanden sogar zum Deckgebirge, weil sie aus der Zeit nach der variskischen Gebirgsbildung stammen, die das Grundgebirge geschaffen hatte; davon soll hier kurz die Rede sein, weil es auch wesentliche Voraussetzungen für entsprechende Landschaftsformen liefert. Im Gebiet zwischen Heidelberg und Darmstadt besteht dieses Grundgebirge überwiegend aus granitischen und dioritischen Tiefengesteinen mit geringeren Anteilen von Gabbros. Kleinräumig hat man dabei Gebiete voneinander unterschieden, die eigenständige Gesteinszusammensetzungen aufweisen wie den Bereich um Heidelberg, den sog. Weschnitz-Pluton, die Tromm und andere. Die erwähnten Tiefengesteine sind ihrerseits in ältere Gesteinskomplexe eingedrungen, von denen meist nur noch kleinräumige Vorkommen erhalten sind. Das sind die früher summarisch als „alte Schiefer" bezeichneten metamorphen Gesteinszüge, die die ältesten Odenwaldgesteine bilden. Vereinfachend kann man sagen, dass das odenwälder Grundgebirge während der variskischen Gebirgsbildung entstanden ist; für seine jüngsten Granite werden nach physikalischen Altersbestimmungen geringfügig mehr als 300 Millionen Jahre angegeben. Die nachfolgende Einebnung vor allem während des Perms hatte dann eine alte Landoberfläche modelliert, deren Spur man u.a. heute noch im Heidelberger Schlossgraben verfolgen kann, wo über dem Granit der rote Schutt der permzeitlichen Schichtfluten erhalten ist, dem dann der Buntsandstein auflagert.

Abb. 10: Granit und Granitgrus im Bergsträßer Odenwald. Ausgangsmaterial für kalireiche, fruchtbare Böden.

Die spätere Zertalung hat diesen vorderen Odenwald, der meist als Bergsträßer bzw. Kristalliner Odenwald bezeichnet wird, in die vielen Kuppen aufgelöst, die auch den kurvenreichen Straßenverlauf bestimmen. Seine Gesteine liefern bei der Verwitterung kalireiche fruchtbare Böden (Abb. 10), die mit Landwirtschaft und Laubwald der Landschaft ihr eigenes Gepräge geben, das sich deutlich vom durch Buntsandstein beherrschten hinteren (d. h. östlichen) Gebiet mit seinen Nadelwäldern unterscheidet, die ihr Pendant im Pfälzer Wald haben.

Dass auch der Kristalline Odenwald einmal von mesozoischem Deckgebirge überlagert war, bezeugen einzelne Schollen von Buntsandstein, die z. B. noch

Abb. 11: Grundgebirge bei Albersweiler/Pfalz. Gneise und ähnliche Gesteine werden von steilen Gängen durchschlagen. In der Bildmitte oben ist ein Tal erkennbar, das mit Sedimenten des Perms aufgefüllt wurde; auch die dicke rötliche Schicht darüber hat noch dieses Alter (aus Rothe 2005).

bei Heppenheim und Weinheim aufgeschlossen sind. Im Oberrheingraben selbst sind sie infolge der Grabentektonik meist tief versenkt worden und nur in Bohrungen nachweisbar.

Das Odenwälder Grundgebirge hat sein Gegenüber auf der anderen Rheinseite. Es ist dort nur verhältnismäßig kleinräumig, durch den Steinbruchbetrieb bei Albersweiler allerdings vorzüglich aufgeschlossen (Abb. 11). Dort überwiegen Gneise, die von steilstehenden granitischen und basaltischen Gängen durchschlagen sind; letztere sind die Zufuhrspalten für den Vulkanismus des Rotliegenden. Die Gneise sind wahrscheinlich prävariskisch und teilweise sicherlich älter als die alten Schiefer im Odenwald. In der weiteren Umgebung gibt es dort aber auch jüngere Schiefer, die bei Hambach in das Unterkarbon eingestuft sind. Im Steinbruch von Albersweiler lässt sich die Paläo-Landschaft der Permzeit noch erkennen, weil dort in dieses weitgehend eingeebnete Grundgebirge lokal kleine Talformen eingetieft sind, die mit permzeitlichen Sedimenten aufgefüllt wurden, die denen im Heidelberger Schlossgraben ähneln. Auch in der Pfalz folgt darüber der Buntsandstein, der hier das dominierende Element der Landschaft bildet. Das alles muss erwähnt werden, um etwas über den tieferen Untergrund unserer Stadt auszusagen. Im Gefolge der Entstehung des Oberrheingrabens ist alles, was älter als Alttertiär ist, tief abgesunken und in viele kleinere Schollen zerstückelt worden; diese Gesteine liegen heute teilweise in einer Tiefe unterhalb von 3000 m, wie die Darstellung der Tertiärbasis deutlich macht (Abb. 1). Über den noch tieferen Bereich wissen wir nur aus den Untersuchungen der Geophysiker, die die Grenze zwischen Erdkruste und Erdmantel in 24-28 km Tiefe ermittelt haben; dass das eher geringe Werte sind, wenn man sie mit den angrenzenden Regionen vergleicht, war schon im Zusammenhang mit der Entstehung des Oberrheingrabens kurz angeklungen.

Geophysiker sind auch zuständig für die Beurteilung von Erdbeben bzw. die mit ihnen verbundenen Risiken. In dieser Hinsicht nimmt der Oberrheingraben innerhalb von Deutschland einen eher mittleren Gefährdungsgrad ein, die westliche Schwäbische Alb oder die Niederrheinische Bucht haben da höhere Potentiale. Nachdem man aber die Ursachen heute besser zu verstehen gelernt hat, ist nicht verwunderlich, dass der Raum Basel im südlichen Oberrheingraben im Jahre 1356 von einem schweren Erdbeben betroffen war; ein Holzschnitt von 1580 hat die katastrophalen Auswirkungen, sicherlich etwas übertrieben, dargestellt. Die Bebentätigkeit hat ihre Ursache letztlich im plattentektonischen Schub der Adriaplatte gegen die Europäische Platte (was auch die Vorgänge im Alpenraum gesteuert hat und weiterhin steuert). Die Herde aller Beben liegen in Tiefen von etwa 2 bis 20 km, d. h. innerhalb der Erdkruste. Relativ neu ist auch die Erkenntnis, dass sie nicht an Grabenrandstörungen gebunden scheinen, wie man das früher für den Hohenzollerngraben und auch den Oberrheingraben vermutet hatte. Bis eine Tsunami Mannheim zerstören könnte, d. h. bis der Oberrheingraben sich zum Ozean weitet, liegt, wenn es überhaupt geschieht, noch in einer fernen Zukunft, die wir mit der runden Zahl von vielleicht 100 Millionen Jahren beziffern könnten.

Literaturhinweise

CLOOS, Hans: Hebung – Spaltung – Vulkanismus. (Geol. Rdsch., H. 30). Stuttgart 1939, S. 401 bis 527.

DOEBL, Franz: The tertiary and pleistocene sediments of the northern and central part of the Upper Rhinegraben. (Abh. geol. L.-Amt Baden-Württemberg, H. 6). Freiburg i. Br. 1967, S. 48-54 + Anh.

DOEBL, Franz: Die tertiären und quartären Sedimente des südlichen Rheingrabens. (Graben Problems – International Upper Mantle Project, Sci. Rep. No. 27). Stuttgart 1970, S. 56 bis 66.

DOEBL, Franz/BADER, Manfred: Alter und Verhalten einiger Störungen im Ölfeld Landau/Pfalz. (Oberrhein. geol. Abh., H. 20). Karlsruhe 1971, S. 1 bis 14.

DOEBL, Franz/OLBRECHT, W.: An isobath map of the Tertiary base in the Rhinegraben. In: Illies, J. H./Fuchs, K. (Hrsg.): Approaches to taphrogenesis. Stuttgart 1974, S. 71 bis 72.

DOEBL, Franz/TEICHMÜLLER, Rolf: Zur Geologie und heutigen Geothermik im mittleren Oberrhein-Graben. (Fortschr. Geol. Rheinld. u. Westf., H. 27). Krefeld 1979, S. 1.17.

EBHARDT, Götz/HARRES, Hans-Peter/IVEN, Hans/PÖSCHL, Werner/TOUSSAINT, Benedikt/VOGEL, Harald: Hydrogeologie, Wasserwirtschaft und Ökologie im Hessischen Ried (Exkursion H am 20. April 2001). (Jber. Mitt. oberrhein. geol. Ver., N.F. 83). Stuttgart 2001, S. 185 bis 210.

FAIRBRIDGE, Rhodes W.: Spaltet der Rheingraben Europa? (Umschau 78/3). Frankfurt a. M. 1978, S. 69 bis 75.

FEZER, Fritz/MEIER-HILBERT, Gerhard/SCHLOSS, Siegfried: Vergleich der Mauerer Sande mit den datierten Bohrprofilen aus dem Heidelberger Neckarschwemmfächer. (Jber. Mitt. oberrhein. geol. Ver., N.F. 74). Stuttgart 1992, S. 149 bis 171.

GEYER, Otto F./GWINNER, Manfred P.: Geologie von Baden-Württemberg. 4. Aufl. Stuttgart 1991, 482 S.

ILLIES, Henning: Prinzipien der Entwicklung des Rheingrabens, dargestellt am Grabenschnitt von Karlsruhe. (Mitt. Geol. Staatsinst. Hamburg, H. 31). Hamburg 1962, S. 58 bis 121.

ILLIES, Henning: The Rhinegraben rift system – plate tectonics and transform faulting. (Geophys. Surv., H. 1). Dordrecht 1972, S. 27 bis 60.

ILLIES, Henning: Taphrogenesis and plate tectonics. In: Illies, J. H./Fuchs, K. (Hrsg.): Approaches to taphrogenesis. Stuttgart 1974, S. 433 bis 460.

KIRCHHEIMER, Franz: Heidelberg und der Löß. (Ruperto Carola, H. 46). Heidelberg 1969, S. 3 bis 7.

LÖSCHER, Manfred/ZÖLLER, Ludwig: Lössforschung im nordwestlichen Kraichgau. (Jber. Mitt. oberrhein. geol. Ver., N.F. 83). Stuttgart 2001, S. 317 bis 326.

MANGOLD, A.: Die alten Neckarbetten in der Rheinebene. (Abh. großherzogl. hess. geol. L.-Anst., II/2). Darmstadt 1892, S. 57 bis 114.

PFLUG, Reinhard: Bau und Entwicklung des Oberrheingrabens. Darmstadt 1982, 145 S.

PRINZ, Helmut: Der Nachweis rezenter Bruchschollentektonik am Oberrheingraben durch Feinnivellements, aufgezeigt am Beispiel der Darmstädter Schuttkegel-Hochscholle und der Bergsträßer Neckarlauf-Tiefscholle. (Geol. Rdsch. 59/1). Stuttgart 1969, S. 107 bis 113.

RICHTER-BERNBURG, Gerhard.: The Oberrhein graben in its European and global setting. In: Illies, J. H./Fuchs, K. (Hrsg.): Approaches to taphrogenesis. Stuttgart 1974, S. 13 bis 43.

ROTHE, Peter: Zur Geologie des Rhein-Neckar-Raumes. (Mannheimer Geographische Arbeiten, H. 10: Mannheim und der Rhein-Neckar-Raum. Festschrift zum 43. Deutschen Geographentag). Mannheim 1981, S. 135 bis 156 + Anh.

ROTHE, Peter: Die Geologie Deutschlands. 48 Landschaften im Portrait. Darmstadt 2005, 240 S.

SALOMON, Wilhelm: Die Erbohrung der Heidelberger Radium-Sol-Therme und ihre geologischen Verhältnisse. (Abh. Heidelb. Akad. Wiss. Math.-naturw. Kl., H. 14) Heidelberg 1927, S. 1 bis 105.

SCHWEIZER, Volker/KRAATZ, Reinhart: Kraichgau und südlicher Odenwald. (Sammlung Geologischer Führer, Bd. 72). Berlin/Stuttgart 1982, 203 S.

SPITZ, Wilhelm: Eine bronzezeitliche Culturschicht und das Alter der Dünen in der nördlichen oberrheinischen Tiefebene. (Ber. Vers. oberrhein. geol. Ver. f. 1910). Karlsruhe 1910, S. 18 bis 24.

SITTLER, Claude/BAUMGÄRTNER, Jörg/GÉRARD, André/BARIA, Roy: Natürliche Energiegewinnung im Unter-Elsaß(Frankreich): Erdöl, Erdwärme und Wasserkraftwerke am Rhein (Exkursion A am 18. April 1995). (Jber. Mitt. oberrhein. geol. Ver., N.F. 77), Stuttgart 1995, S. 47 bis 102.

STRIGEL, Adolf: Geologische Untersuchung der Permischen Abtragungsfläche im Odenwald und in den übrigen Deutschen Mittelgebirgen. (Verh. naturhist.-med. Ver. Heidelberg, XII/1 u. XIII). Heidelberg 1912 u. 1914, S. 63 bis 172 + Anh.

Manfred Löscher

Die quartären Ablagerungen auf der Mannheimer Gemarkung

Der folgende Aufsatz beschäftigt sich mit den Ablagerungen des Eiszeitalters (Quartär) auf der Gemarkung Mannheims und seiner Nachbargemeinden. Dieser Zeitabschnitt der letzten ca. 1,5-2 Mio Jahre ist klimatisch durch eine Folge von Kalt- und Warmzeiten (Abb. 1) gegliedert.

Quartärforschung früher und heute

Im Rahmen der Beschaffung von Baustoffen (z. B. Kies, Sand, Ton, Lehm) und bei der Erstellung von großen Bauten sowie bei Flussverlegungen etc. ist der wirtschaftende Mensch auch im Oberrheingraben schon immer mit den oberflächennahen Ablagerungen – in diesem Fall mit dem Quartär in allen seinen Erscheinungsfomen – in Berührung gekommen.

Viel später als andere Formationen ist aber das Quartär in diesem Gebiet zum Gegenstand gezielter Forschung geworden. Erste zaghafte Versuche in dieser Richtung sind aus der 2. Hälfte des 19. Jahr-

Abb. 1: Gliederung des Quartärs (aus A. Schreiner, 1997)

Internat. Geologenkongreß Moskau 1984	Vorschlag RICHMOND 1988	ADAM 1964		z. Zt. meist angewandte Gliederung	
	Oberpleistozän 5 e Tiefseestufe	Jungpleistozän		Jungpleistozän	Würm/ Weichsel *Eem*
Pleistozän	Mittelpleistozän	Mittelpleistozän		Mittelpleistozän	Riß/? Saale *Holstein?*
		Altpleistozän	Elster Cromer		Mindel/? Elster *Cromer*
	Brunhes ——— 0,73 ma Matuyama		Moos-bach		Haslach *Cromer*
1,65 ma	Altpleistozän	Ältest-pleisto-zän	Villa-franch.	Altpleistozän	Günz Donau Biber
Pliozän	?	?		2,4 ma Pliozän	

Eines der zukünftigen Ziele der Quartärgeologie ist es, die Flussablagerungen dieses Klimazyklusses im Oberrheingraben – eines der weltweit imposantesten tektonischen Senkungsgebiete der jüngeren Erdgeschichte auf dem Festland – ebenso gut zu gliedern wie die Sedimente im marinen Bereich.

hunderts bekannt und waren zunächst noch stark von der Morphologie geprägt. Darauf aufbauend wurden die quartären Sedimente zunehmend auch in solider Weise lithologisch, biostratigraphisch, genetisch etc. gegliedert (Thürach, H., Strigel, A., Speyer, C. und weitere).

Eine aus heutiger Sicht zeitgemäße Gliederung dieser Sedimente war jedoch erst möglich, als nach dem zweiten Weltkrieg zahlreiche neue, meist radiometrisch funktionierende Datierungsmethoden (^{14}C-Methode, Paläomagnetismus, Thermolumineszenz etc.) entwickelt bzw. ältere, schon länger bekannte Methoden soweit ausgebaut wurden, dass sie auch auf weiter zurückgreifende Zeitabschnitte anwendbar waren (z. B. Dendrochronologie, Bodenkunde etc.).

Damit liegt heute vor allem für das jüngere Quartär ein reichhaltiges Instrumentarium an Methoden vor, mit dem die unterschiedlichsten Materialien (Holz, Torf, Schnecken- und Muschelschalen, Knochen etc.) in einer noch vor wenigen Jahren für unmöglich gehaltenen Genauigkeit gegliedert und bestimmt werden können.

Überblick zur Morphologie und Morphogenese

Die Oberflächenformen auf der Mannheimer Gemarkung und der angrenzenden Gebiete und ihre Entstehung sollen zunächst kurz beschrieben werden. Sie bestehen aus:

1. der sog. **Niederterrasse**, also der Oberfläche der letzteiszeitlichen Flussablagerungen von Neckar und Rhein. Die Akkumulation der Niederterrassenschotter des Neckars (hier identisch mit dem Neckarschwemmfächer) war wohl vor ca. 15 000 Jahren BP[1] beendet, diejenige des Rheins dauerte noch 500-1 000 Jahre länger.

2. der durchweg 4-5 km breiten **Rheinaue**. Sie konnte erst von dem Zeitpunkt an entstehen, als die Schuttzufuhr aus den Mittelgebirgen beiderseits des Oberrheingrabens und vor allem aus den Alpen nachließ bzw. beendet war. Danach schnitt sich der Rhein – nunmehr ohne nennenswerte Geröllfracht – in die zuvor abgelagerten Lockersedimente ein. Nach dem derzeitigen Stand muss dieser Prozess auch im nördlichen Oberrheingraben spätestens im Spätglazial (ca. 13 800-13 000 Jahre BP, Abb. 2) eingesetzt haben.

Stratigraphie		Stadiale und Interstadiale	Jahre vor heute (v. h.), d. h. vor 1950 n. Chr.	
			im wesentlichen [14]*C- Daten*	*Kalenderdaten*
Holozän		Subatlantikum	2 500 bis 0	2 700 bis 0
		Subboreal	5 000 bis 2 500	5 800 bis 2 700
		Atlantikum	8 000 bis 5 000	9 000 bis 5 800
		Boreal	9 000 bis 8 000	10 250 bis 9 000
		Präboreal	10 000 bis 9 000	11 560 bis 10 250
Weichsel-, Würmglazial	Spätglazial	Jüngere Tundrenzeit	11 000 bis 10 000	13 000 bis 11 560
		Alleröd- Interstadial	12 000 bis 11 000	13 800 bis 13 000
		Bölling-Interstadial	13 000 bis 12 000	15 600 bis 13 900
		Älteste Tundrenzeit	15 000 bis 13 000	18 000 bis 15 700
			seit 115 000	seit 115 000

Abb. 2: Späteiszeitliche und holozäne Klimaentwicklung (Nationalatlas Bundesrepublik Deutschland, Bd. 3, 2003)

3. der trichterförmigen **Neckaraue**. Sie entstand erst, als der Neckar nach dem Durchbruch des schmalen Dünensandgürtels zwischen Seckenheim und Feudenheim seinen Lauf zu Beginn der jetzigen Warmzeit (des Holozäns) von der Bergstraße (s. hierzu Abb. 6 im Aufsatz P. Rothe in diesem Band) nach NW in Richtung Mannheim verlagerte. Durch die Laufverkürzung musste sich der Neckar auf die zu diesem Zeitpunkt schon existierende, tiefer gelegene Rheinaue einstellen und konnte durch rückschreitende Erosion am Anfang wohl sehr schnell und dann zunehmend langsamer die flussaufwärts bis Ladenburg immer schmalere Neckaraue ausbilden.

4. dem **Binnendünen-Areal** auf der Niederterrasse (Hardtwaldgebiete). Es ist heute meist von Wald bedeckt und enthält zahlreiche Freizeiteinrichtungen. Für die Entstehung dieser Dünensande, die SE Oftersheim mit 24 m ihre max. Mächtigkeit im gesamten nördlichen Oberrheingraben erreichen, waren folgende Voraussetzungen notwendig:

a) ein kaltzeitliches Klima mit periodischer Wasserführung in den Tälern (im Winter trocken, im Sommer überflutet) und damit einer vegetationslosen Auswehungsfläche, aus der – zumindest im Frühwinter – Feinmaterial ausgeweht werden konnte.

b) eine Ablagerungsfläche, die auch bei stärkstem Hochwasser nicht mehr überflutet wurde. Diese Gegebenheiten haben nach Kenntnis der Landschaftsentwicklung und der Klimageschichte des Jungquartärs nur ganz am Ende der letzten Eiszeit, während der sog. Jüngeren Tundrenzeit (auch Jüngere Dryaszeit) vor ca. 13 000 - 11 500 Jahren BP existiert. Zahlreiche ^{14}C-Daten von Torfen und Schneckenschalen an der Basis der Dünensande bestätigen nachhaltig diese Einschätzung (Löscher 1994).

Stratigraphische Gliederung der quartären Ablagerungen

Im folgenden Abschnitt werden die quartären Ablagerungen im Mannheimer Gebiet zunächst von den älteren zu den jüngeren beschrieben.

a) Das tieferliegende Quartär

Das gesamte Quartär der Rhein-Neckar-Region ist durch zahlreiche Bohrungen und in neuerer Zeit auch durch Seismik in seiner Mächtigkeit und seiner lithologischen Beschaffenheit (also Korngröße, gesteinskundliche Zusammensetzung, etc.) hinreichend erkundet (Abb. 3). Eine, dem gegenwärtigen wissenschaftlichen Stand entsprechende stratigraphische Gliederung dieses speziell im sog. Heidelberger Loch fast 400 m mächtigen Sedimentpaketes ist jedoch bis jetzt nicht möglich. Ursache dafür ist, dass mit den bisherigen Bohrungen in diesem Gebiet weniger wissenschaftliche, sondern überwiegend wirtschaftliche Ziele (z. B. die Suche nach Erdöl, Erdgas und anderen Rohstoffen, nach Trink- und Mineralwasser, nach Erdwärme, etc.) verfolgt wurden. Für diese Zwecke ist dafür das übliche Spülbohrungsverfahren völlig ausreichend.

Die wesentlich teureren Kernbohrungen, wie sie für wissenschaftliche Fragestellungen unabdingbar sind, wurden erst in jüngster Zeit bis in größere Tiefen (max. 500 m) niedergebracht und befinden sich zum Zeitpunkt der Abfassung des Manuskriptes noch in der langwierigen Auswertung bzw. haben ihre Endteufe noch nicht erreicht.

Man darf jedoch davon ausgehen, dass das gesamte in Abb. 3 dargestellte sog. Altquartär sowie der weitaus überwiegende Teil des dort angegebenen Jungquartärs – soweit älter als ca. 125 000 Jahre und tiefer als 15 - 30 m unter Flur gelegen – aus einer Folge von kalt- und warmzeitlichen, fluvialen Sedimenten des Rheins und des Neckars aufgebaut wird. Nur im Idealfall dürften sie aber – wie in klassischen Senkungsgebieten üblich – deutlich getrennt übereinander liegen. Vielmehr ist zu erwarten, – wie so oft bei fluvialer Genese – dass sich hier warmzeitliche und kaltzeitliche Sedimente seitlich miteinander verzahnen und in der Vertikalen ineinander verschachtelt sind. Zusätzlich ist – wie von den im Oberrheingraben aktiven Geologischen Landesämtern in jüngster Zeit mehrfach festgestellt – auch im Quartär mit einer unterschiedlichen, bis an die Oberfläche feststellbaren Bruchtektonik zu

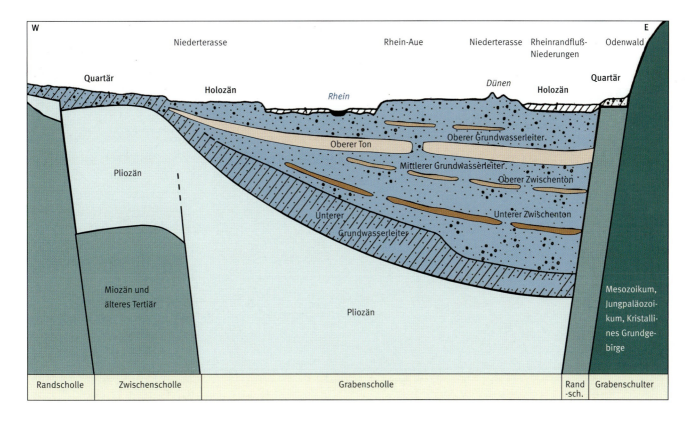

Abb. 3: Ein generalisiertes W-E-Profil durch den Rheingraben mit den tertiären und quartären Sedimenten im Rhein-Neckar-Gebiet (aus M. Schick 1984: Fehlheim und das Ried. – Darmstädter Geogr. Studien, Heft 4; mit freundlicher Genehmigung der Schriftleitung).

rechnen (ähnlich, wie dies im Aufsatz von P. Rothe in Abb. 5 in diesem Band für die präquartären Sedimente im Oberrheingraben dargestellt ist).

Eine einfache und klare stratigraphische Gliederung der Ablagerungen des Quartärs, wie man sie aus anderen festländischen Gebieten kennt – z. B. dem nördlichen Alpenvorland – ist im Oberrheingraben und ganz speziell im Rhein-Neckar-Gebiet deshalb wenig wahrscheinlich.

b) Die oberflächennahen quartären Schichten

Unter dieser sehr allgemein gehaltenen Kennzeichnung werden hier alle nachstehenden Ablagerungen zusammengefasst, soweit sie in Mannheim und näherer Umgebung in tieferen Baugruben und zahlreichen Kiesbaggereien aufgeschlossen wurden. Sie sind weitgehend mit dem in Abb. 3 dargestellten sog. oberen Grundwasserleiter identisch, erreichen eine Mächtigkeit von ca. 15-30 m, umfassen den Zeitabschnitt der letzten 125 000 Jahre und wurden in der letzten Eiszeit (Würm-Glazial) und der jetzigen Warmzeit (Holozän) abgelagert. Abb. 4 zeigt diese für den Neckarschwemmfächer erstellte Schichtenfolge in generalisierter Form. Hinsichtlich der Fauna und Flora gilt sie in etwas reduzierter Mächtigkeit aber auch für die Ablagerungen des Rheins im gesamten Grabenabschnitt zwischen Karlsruhe und Worms (Löscher 1988 b).

Die weitaus bessere stratigraphische Gliederung dieser jungen quartären Schichten war möglich, weil in den o. g. Aufschlüssen oft eine reichhaltige Fauna und Flora angetroffen wird. Mit ihnen ist sowohl eine rein zeitliche (chronostratigraphische) als auch klimatische (klimastratigraphische) Gliederung möglich.

Der Neckarschwemmfächer: Ausdehnung und Entstehung

Der Schwemmfächer des Neckars breitet sich nahezu halbkreisförmig um Heidelberg herum aus und hat an seiner Wurzel gegenüber den gleichaltrigen Ablagerungen des Rheins weiter im Westen eine Überhöhung von ca. 10 m, was man anhand der Höhen-

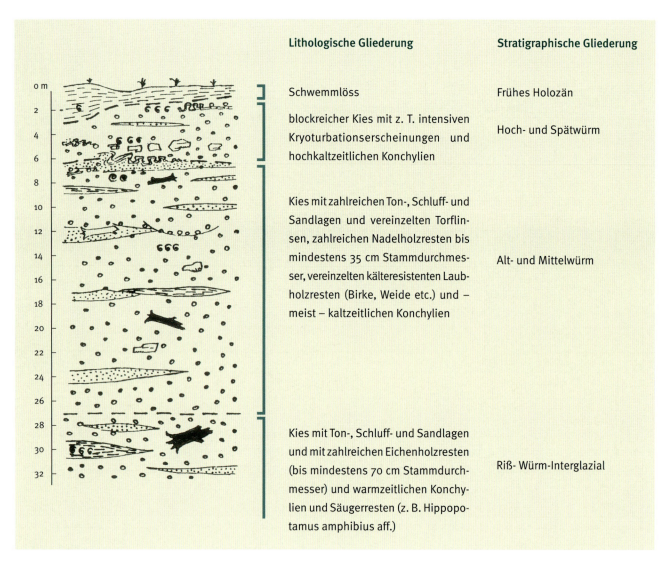

Abb. 4: Generalisierte stratigraphische Gliederung der jungquartären Ablagerungen im Neckarschwemmfächer (aus M. Löscher 1988a)

angaben in den topographischen Karten gut feststellen kann. Er ist das größte Gebilde dieser Art im Oberrheingraben.

Starke Schuttentwicklung – besonders in den Eiszeiten – und hohe Transportkraft im Engtal des Odenwaldes einerseits und sehr flaches Gefälle in der Oberrheinebene (mit der Tendenz zur weitläufigen Verteilung der Wassermassen bei Hochwasser) und damit starke Verringerung der Transportkraft andererseits sind die Ursachen für seine Entstehung. Aufgrund der starken Schuttzufuhr in der letzten Eiszeit war die Stoßkraft des Neckars in der flachen Oberrheinebene so groß, dass der Rhein dadurch beträchtlich nach Westen abgedrängt wurde. An dem stark bogenförmigen Ausbiegen des Westrandes der Frankenthaler Terrasse (von Speyer über Fußgönheim und Lambsheim bis nach Worms) lässt sich dies morphologisch gut erkennen (Abb. 5). Auch das bajonettartige Zurückweichen des linksrheinischen Hochgestades (Grenzlinie zwischen Aue und Niederterrasse) um ca. 5 km im Bereich des Maudacher Bruches SW Ludwigshafen geht wohl auf den Neckar zurück, nachdem er zu Beginn des Holozäns sein Bett entlang der Bergstraße am Odenwald verließ (s. u.) und nach NW zum Rhein hin durchbrach. Die dabei erzielte Laufverkürzung und die damit eingetretene Gefällsversteilung des Neckars bewirkte, zumindest für einige Zeit, eine rasche und kräftige Mobilisierung der eiszeitlichen groben Schuttmassen entlang des neuen Laufes. Dabei bildete sich in der seit dem späten Spätglazial entstandenen Rheinaue bei Mannheim ein holozäner Neckarschwemmfächer, der sich allerdings weitaus weniger markant entwickelte als sein eiszeitliches Äquivalent. Dennoch musste der Rhein auch diesmal erneut nach Westen ausweichen; die durch den Neckar bedingte, zusätzliche Aufschotterung von ca. 2-3 m am Ostrand der ansonsten siedlungsfeindlichen Rheinaue erwies sich später bei der Stadtgründung Mannheims als zusätzlicher Standortfaktor.

Der geologische Aufbau des Neckarschwemmfächers

Morphologisch wird der Neckarschwemmfächer von den spätkaltzeitlichen Dünensandablagerungen des Hardtwaldes im SW, des Hirschackers und des Dossenwaldes im W und der Viernheimer Heide im NW begrenzt.

Abb. 5: Morphologie und Geologie der quartären Ablagerungen im Rhein-Neckar-Gebiet (aus M. Löscher 1988a)

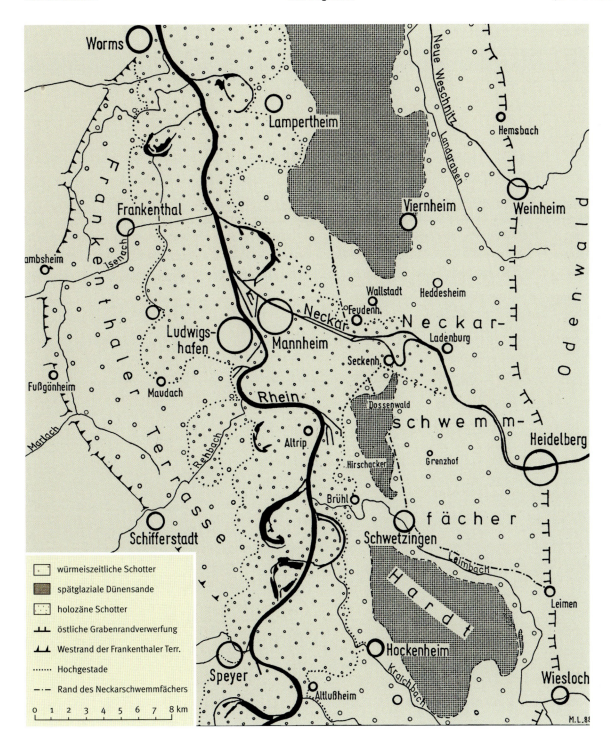

Tab. 1: Geröllanalysen der Fraktion 2-6 cm von typischen Neckar- und Rheinschottern aus dem Gebiet Heidelberg – Wiesloch

a) Analysen aus dem Neckarschotter (durchschnittliche Prozentangaben aus 3 Analysen)

Granit+Gneis	Porphyr	Quarz	Quarzit	Buntsandstein	Muschelkalk	Keupersandstein	Weißjurakalk	Hornstein	
2	0,5	1	0,5	16	54	2	23	1	= 100 %

b) Analysen aus dem Rheinschotter S des Neckarschwemmfächers (durchschnittl. Prozentangaben aus 3 Analysen)

Granit +Gneis	Porphyr	Quarz	Quarzit	Buntsandstein	Weißjurakalk	Hornstein	alpine Kalke	Radiolarite	andere Sandsteine	
9	2	23	33	3	0,5	0,5	8	13	9	= 100 %

Abb. 6: Sedimentfolge am Südwestrand des Neckarschwemmfächers (M. Löscher 2007)

Anhand von Geröllanalysen aus den oberflächennahen, über dem Grundwasserspiegel liegenden Schichten ergibt sich jedoch, dass die lithologische Grenze im SSW ca. 2 km , im SW ca. 1 km innerhalb der morphologischen liegt (Abb. 5).
Dagegen reicht im W das Neckarmaterial in reiner Ausbildung stellenweise ca. 2-3 km über diese Grenze hinaus, bevor dann noch weiter im W und NW allmählich eine Vermischung mit Rheinmaterial einsetzt. Wie schon eine flüchtige Durchsicht der Überkornhaufen (abgesiebtes Grobmaterial mit › 6 cm Ø) in den Kiesgruben der Rheinaue und der Niederterrasse auf pfälzischer Seite bis über Worms hinaus zeigt, dominiert bei den groben Fraktionen

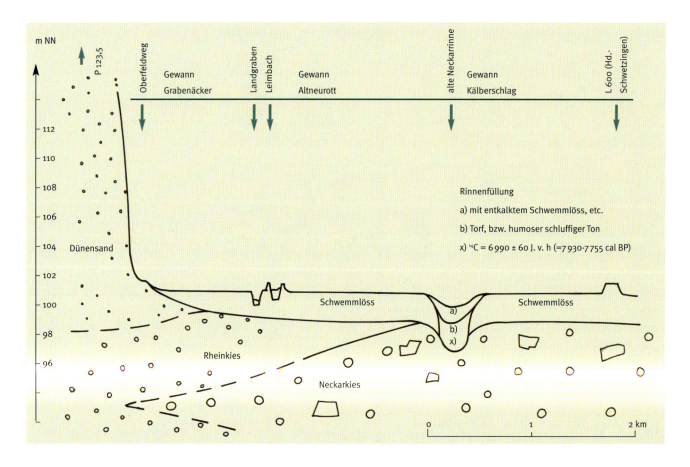

(Grobkies und Brocken bis max. 1 m Ø) auch dort das noch relativ wenig gerundete Buntsandstein- und Muschelkalkmaterial, das nach bisheriger Kenntnis nur aus dem Einzugsgebiet des Neckars stammen kann (Löscher 1988 a).

Generell kann man davon ausgehen, dass sich Neckar- und Rheinschotter an der Peripherie des Neckarschwemmfächers in ähnlicher Weise miteinander verzahnen, wie dies in Abb. 6 dargestellt ist.

Auch in der Vertikalen erreicht der Neckarschwemmfächer beachtliche Ausmaße. Schon Bartz (1951) nennt im Bereich der Schwemmfächerwurzel (Bohrung Heidelberger Radiumsolbad, direkt am Südrand des Neckars) allein für das Quartär ca. 380 m.

Bei drei Forschungsbohrungen, die 2005/06 im Auftrag des Institutes für Geowissenschaftliche Gemeinschaftsaufgaben (Hannover) im und am Rande des sog. „Heidelberger Loches" niedergebracht wurden, ergaben sich folgende Quartärmächtigkeiten:

a) in Rheinland-Pfalz auf der Parkinsel Ludwigshafen: 177 m
b) in Hessen, 2 km nördlich Viernheim: 225 m
c) in Baden-Württemberg, NW Heidelberg: ca. 350 m (Schätzwert)[2]

Derartige Mächtigkeiten sind im gesamten Oberrheingraben einmalig und nur damit zu erklären, dass der Ostteil des nördlichen Rheingrabens im Bereich des „Heidelberger Loches" wesentlich schneller absinkt als die weiter westlich gelegenen Gebiete (Abb. 3). Nach W nimmt die Mächtigkeit der quartären Schichten recht schnell ab. Die würmeiszeitlichen Schotterablagerungen, nach Bartz (1951) bei Heidelberg noch 65 m mächtig, erreichen in der Kiesgrube Heckmann (NW Mannheim-Wallstadt) noch ca. 28 m (Löscher 1981).

Auffallende Phänomene im Neckarschwemmfächer sind die großen Blöcke und Brocken aus Granit und Buntsandstein. Sie erreichen im Stadtgebiet von Heidelberg Ausmaße bis zu 5 m Ø, 8 km weiter westlich in der Kiesgrube der Fa. Engelhorn (NW Heidelberg-Grenzhof) noch ca. 2 m Ø und am Rhein und jenseits davon noch bis zu 1 m Ø. Ihr Transport aus dem Odenwald so weit in die Rheinebene hinaus ist nur unter kaltzeitlichen Verhältnissen denkbar. Folgende Einzelschritte sind dafür notwendig:

a) Frostsprengung (entlang vorgegebener Klüfte) aus anstehendem Fels,
b) Hangabwärtsgleiten in sommerlich aufgetauter Fließerde bis zum Talgrund,
c) Eisschollentransport oder Drift in frühsommerlichen, suspensionsartigen Schneeschmelzwässern auf noch gefrorenem Flussgrund.

In Baugruben im Stadtgebiet von Heidelberg werden solche Blöcke relativ oft freigelegt und dort oder in den umliegenden Gemeinden zur Dekoration von Anlagen verwendet. Im Vergleich zu rostigen Stahlskulpturen ist dies sicherlich eine ästhetischere und ökonomischere Alternative.

Die ehemalige Kiesgrube Heckmann NW Mannheim-Wallstadt

An der Peripherie des Neckarschwemmfächers, wo die Sedimente feinkörniger als an seiner Wurzel sind, findet man in den Aufschlüssen oft Großsäugerreste aus der Würmeiszeit und der Riß-Würm-Warmzeit. Mit ihnen und vor allem den noch häufigeren Baumstamm- und anderen Pflanzenresten konnten nicht nur die einzelnen Schichten des Jungquartärs stratigraphisch genauer gegliedert, sondern auch das Klima zur Zeit der Sedimentation dieser Schichten rekonstruiert werden (Abb. 4).

Ein besonders repräsentatives Beispiel hierfür stellt die von 1976-1982 in zahlreichen Begehungen aufgenommene Schichtenfolge in der ehemaligen Kiesgrube Heckmann (heute Freizeitanlage mit Badesee) am NW-Rand von Mannheim-Wallstadt dar (Abb. 7 und 8). Aufgrund mehrerer unterschiedlicher Kiesabbauverfahren konnte man dort bis zu einer Tiefe von 14,5 m unter Flur gezielt Holzproben entnehmen (Löscher et al. 1980), was folgende Aussagen ermöglicht:

Abb. 7: Schichtenfolge und Rinnenstruktur in der ehemaligen Kiesgrube Heckmann, NW MA-Wallstadt; mit konventionellen ^{14}C-Daten (aus M. Löscher et al. 1980)

a) Mittels ^{14}C-Analysen lässt sich eine chronostratigraphische Gliederung des Profils zwischen 4,5 - 14,5 m unter Flur erstellen. Dieses 10 m mächtige Sedimentpaket wurde vom Neckar im Zeitabschnitt von ca. 54 000-27 000 Jahren BP abgelagert. Daraus lässt sich für den randlichen Neckarschwemmfächer eine Sedimentationsgeschwindigkeit von knapp 40 cm/ Jahrtausend errechnen.[3]

b) Die Artenbestimmung der entnommenen Holzstämme und sonstigen Holzreste ermöglicht die Aussage, dass von ca. 54 000-42 500 Jahren BP im nördlichen Oberrheingraben eine Nadelwald-Vegetation mit einzelnen wärmeliebenden Laubhölzern existierte (vergleichbar etwa mit der heutigen Vegetation in SW-Skandinavien). Im darauf folgenden Zeitabschnitt (ca. 42 500-27 000 Jahren BP) dominierte fast ausschließlich die Kiefer (etwa vergleichbar mit einer heutigen Vegetation in Mittelschweden). Damit wird für den o. g. Zeitabschnitt zwar nicht im Detail, aber in den Grundzügen das bisher anhand von Pollenuntersuchungen rekonstruierte Klima im südwestlichen Mitteleuropa bestätigt.

c) Der Neckar zeigte offensichtlich auch im mittleren Abschnitt der letzten Eiszeit (sog. „Mittelwürm") eine intensive Rinnenbildung, wie sie auch für das frühe Holozän auf dem Neckarschwemmfächer und entlang des Bergstraßenlaufes des Neckars nachweisbar ist. Im vorliegenden Fall hat sich der Neckar in sehr kurzer Zeit (möglicherweise sogar bei einem einzigen Hochwasserereignis) um über 5,5 m eingeschnitten. Die entstandene Rinne ist – wie die ^{14}C-Daten deutlich zeigen – in kurzer geologischer Zeit mit einer Sedimentationsrate von ca. 5 m/Jahrtausend verlandet.

d) Bei Rinnenbildungen können – wie im vorliegenden Fall z. B. im Bereich des Grundwasserspiegels – sehr unterschiedlich alte Sedimente im gleichen Niveau liegen, was bei Bohrungen ggfs. zu berücksichtigen ist.

Über diese zwischen 4,5 - 14,5 m Tiefe gefundenen, sehr aussagekräftigen Belege hinaus lassen sich aus Abb. 7 weitere Vorgänge rekonstruieren.

e) Sedimente aus dem kältesten Zeitabschnitt der letzten Eiszeit, dem Hochglazial[4] (etwa 27 000-

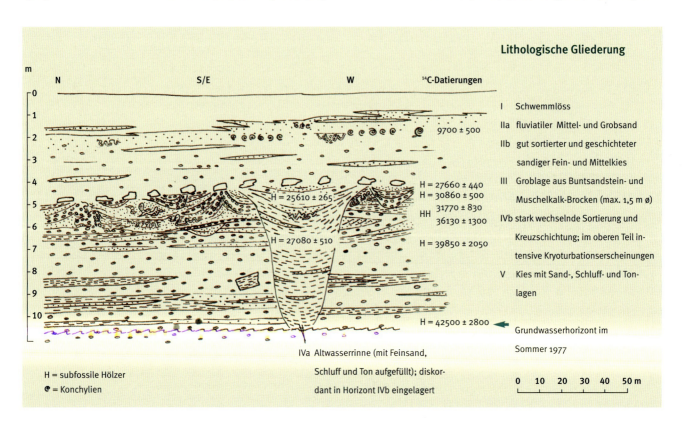

Meter (unt. Flur)	lithologische Gliederung	chronostratigr. Gliederung	Pinus sylv. (Kiefer)	Pinus abies (Fichte)	Abies alba (Tanne)	Laubhölzer	klimagenet. Interpretation
1	I. Schwemmlöß	(Konchylien):					warm
2	II a. fluviatiler Mittel- u. Grobsand	9 700 ± 500					
3	II b. gut sortierter und geschichteter Fein- u. Mittelkies						?
4	III. Groblage aus Buntsandstein- u. Muschelkalkbrocken (1,5 m Ø)						
5	IV b. stark wechselnde Sortierung und Kreuzschichtung, im oberen Teil intensive Kryoturbationserscheinungen	(Hölzer): 27 660 ± 440	xxxxx				
6		30 860 ± 500	x(x) x				
			xxxxx				
		31 270 ± 830	xx			(x) nicht bestimmbar	
		36 130 ± 1300	xxxxxx		(x)		
7	V. Kies mit Sand, Schluff- und Tonlagen		xxxx				kühl-kontinental
		39 850 ± 2050					
8			x(x) xx			x Erle	
			x				
9			xxx				
10	Grundwasserspiegel Sommer 1977 ↓	42 500 ± 2800	(x)				
11						1 Birke	
						3 Eichen	
12			90 Exempl. (=43,5 %)	84 Exempl. (=40,5 %)	24 Exempl. (=11,5 %)	2 Erlen 1 Esche	kühl-atlantisch bis mäßig warm
13						1 Ulme 1 Weide (= 4,5 %)	
14		(Torf): 54 000 ± 600					

Abb. 8: Holzreste aus den mittelwürmzeitlichen Schichten der ehemaligen Kiesgrube Heckmann, NW MA-Wallstadt. Holzartenbestimmung von U. Cordes-Hieronymus; mit konventionellen ^{14}C-Daten (aus M. Löscher 1988b).

15 000 Jahren BP), fehlen bis auf eine gut erkennbare, ausgewaschene Blocklage (Schicht III in Abb. 7) mit Buntsandstein- und Muschelkalkbrocken (bis 1,5 m max. Ø) vollständig.[5] Diese Blocklage markiert damit eine Schichtlücke von mindestens 10 000 Jahren.

f) Die ca. 3 m mächtige Kieslage über dem Blockhorizont ist – im Vergleich zu der im Liegenden – feinkörniger und sandreicher, überwiegend sehr gut gerundet und sehr gleichmäßig und horizontal geschichtet. Pflanzenreste sind bisher nicht gesichtet worden. Die in den oberen Lagen häufigen

Schneckenschalen (bis 2,5 cm Ø) bestätigen sowohl von der Artenbestimmung als auch von der ¹⁴C-Datierung her ein spätkaltzeitlich – frühholozänes Alter.

g) Die oberste Sedimentschicht besteht aus Schwemmlöss, einem sandig-schluffigen Hochflutsediment, das alle Teile des Neckarschwemmfächers mit einer von Ost nach West abnehmenden Mächtigkeit bedeckt. Es enthält einzelne Kieslagen und gelegentlich – wie auch der darunterliegende Kies – größere Granit- und Buntsandsteinbrocken bis zu 2 m Ø.

Dieser Schwemmlöss ist auf seinen älteren, vom heutigen Neckar etwas entfernt liegenden Teilen schon im Spätglazial sedimentiert worden und dort bis zu 80 cm tief entkalkt (mit ABC-Bodenprofilen). Auf den vorflutternahen und erst im Verlauf des Holozäns überprägten Teilen ist der Schwemmlöss hingegen weniger tief oder überhaupt nicht entkalkt. Deshalb sind dort vielfach charakteristische Rendzina-Bodentypen mit AC-Horizontierung anzutreffen.

Eine weitergehende, überwiegend auf bodenkundlichen Untersuchungen basierende und sehr differenzierte, stratigraphische Feingliederung des Schwemmfächers hat W. Fleck (1997) vorgelegt. Insgesamt sind die Böden auf dem Neckarschwemmfächer sehr fruchtbar (mit Bodenzahlen bis 75)[6] und wurden von Menschen schon früh flächendeckend für eine ertragreiche Landwirtschaft in Wert gesetzt. Daraus resultiert auch heute noch der an vielen Stellen scharfe naturräumliche Gegensatz vom Offenland zum Waldland am Rande des Neckarschwemmfächers.

Die Rheinaue

Die 4-5 km breite, an den Rändern von zahlreichen Mäanderbögen geformte Rheinaue ist der einzige Naturraum der Mannheimer Umgebung, der aufgrund der intensiven fluvialen Dynamik des Rheins bis ins 19. Jahrhundert hinein noch ständig wesentliche Veränderungen erfuhr. Erst die Rheinregulierung durch Tulla setzte dem ab 1817 ein Ende.

Wie alle anderen Landschaften in der nördlichen oberrheinischen Tiefebene ist auch ihre Entstehung letztlich nur im Zusammenhang mit dem ständigen Klimawechsel im Quartär zu sehen.

Man kann davon ausgehen, dass in ganz Mitteleuropa während des kältesten Abschnittes der letzten Eiszeit (dem Hochglazial vor ca. 27 000 - 15 000 Jahren) ein stark periodisch geprägtes Abflussregime existierte – ganz analog den Tälern im heutigen subarktischen Gebiet (Tundrenregion). In der damals kurzen Sommerzeit war aufgrund der enormen Schnee- und Gletscherschmelzwasser die gesamte oberrheinische Tiefebene überflutet (braided river system). Nur unter derartigen Bedingungen entstehen die breiten und ausgedehnten Schotterebenen, die im lang anhaltenden, eiszeitlichen Winter trockenliegen und als Auswehungsfläche für Staub (--> Löss) und Sand (--> Flugsanddecken bzw. Dünensand) fungieren.

Eine Aue im Rheingraben konnte allerdings erst entstehen, als im Zuge der spätglazialen Erwärmung und der wieder aufkommenden Waldvegetation die Schuttzufuhr von den Mittelgebirgen sehr stark nachließ und die Sedimentfracht der abschmelzenden Alpengletscher weitgehend von den glazial geformten Becken (wie Bodensee) aufgefangen wurde. Auf diese Weise vom Geröll befreit, konnte sich der wieder ganzjährig fließende Rhein im Hochrhein- und Oberrheingebiet in seine während des Hochglazials entstandene Niederterrasse einschneiden. Am Hochrhein muss diese Einschneidung schon mit Beginn des spätkaltzeitlichen Gletscherrückgangs eingesetzt haben. Weiter flussabwärts in der nördlichen oberrheinischen Tiefebene begann dieser Prozess erst mit einer mehrtausendjährigen Verspätung im Verlauf der Alleröedzeit (13 800 - 13 000 Jahre BP).

Das nach dieser Eintiefung entstandene mäandrierende Flusssystem würde ohne die Tulla'sche Rheinregulierung auch heute noch existieren.

Die Eintiefung in die eiszeitliche Niederterrasse zeigt unterschiedliche Beträge. Zwischen Karlsruhe und Speyer beträgt sie 8-10 m, bei Mannheim-Rheinau noch 6-8 m, bei Mannheim-Waldhof ca. 5 m und bei Lampertheim noch ca. 3-4 m.

Ein charakteristisches Phänomen im Bereich der Rheinaue sind die zahlreichen Rinnen, die im Verlauf des Holozäns zu jeder Zeit durch die wandernden Flussmäander entstanden. An der Oberfläche sind sie oft als teilweise oder fast ganz verlandete Altarme bzw. als Feuchtstandorte zu erkennen. Ihre Eintiefung kann man wegen des hohen Grundwasserstandes jedoch nicht so gut feststellen wie im Bereich der Niederterrasse (s. Abb. 7). Immerhin ist mit Hilfe holozäner Eichenstämme, die stellenweise aus einer Tiefe von bis zu 12 m unter Flur vom Schwimmbagger geborgen wurden, eine Größenordnung für das Ausmaß der Eintiefung und Verfüllung von Rinnen in der Rheinaue während des Holozäns möglich.

Die Dünensande auf der Niederterrasse (Hardtwaldgebiete)

Diese Sedimente sind aufgrund ihrer Struktur (einheitliche Korngröße), ihrer Textur (vorherrschende Schrägschichtung) und Morphologie (typisches wallförmiges Dünenrelief) eindeutig äolischen Ursprungs. Sie sind weitgehend von Wald bedeckt und haben für die Naherholung des Ballungsraumes eine erhebliche Bedeutung. Die altersgleichen, westlich anschließenden, geringmächtigen und reliefarmen Flugsanddecken werden hingegen überwiegend landwirtschaftlich (auch für Sonderkulturen wie Spargel etc.) genutzt.

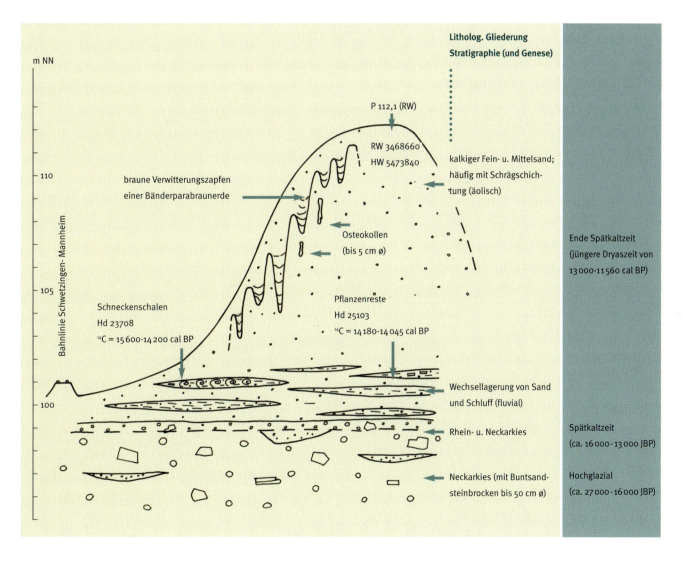

Abb. 9: Straßenanschnitt durch den Wingertsbuckel N Schwetzingen (bei P 112,1; RW 3468660/HW 5473840). M. Löscher 2007

Da während des kältesten Abschnittes der letzten Eiszeit die Niederterrassenflächen jeweils zur Sommerzeit überflutet waren, konnten sich Dünensande zwangsläufig zur Zeit des Hochglazials (ca. 27 000-15 000 Jahre BP) noch nicht entwickeln: die jeweils in einer winterlichen Auswehungszeit entstandenen „Miniatur"-Dünen wurden in den sommerlichen Schmelzwasserperioden wohl allesamt wieder eingeebnet und damit Teil des fluvial texturierten Sedimentkörpers.

Somit sind die Dünensande auf der Niederterrasse im nördlichen Oberrheingraben nur unter den beiden folgenden Prämissen denkbar:

a) es muss bereits eine breitere Auswehungsfläche existiert haben, die so tief eingeschnitten war, dass auch bei größerem Hochwasser die Niederterrassenflächen nicht mehr überflutet wurden,

b) es muss ein sehr kaltzeitliches Klima mit einem im Jahresverlauf periodischem Abflussregime existiert haben.

Nach jetzigem Kenntnisstand kommt für solche Annahmen nur die jüngere Tundrenzeit (auch jüngere Dryaszeit) vor 13 000-11 500 Jahre cal BP in Frage (Abb. 2 + 9)

Bestätigt wird dies durch zahlreiche ^{14}C-Datierungen[7] an Holzresten, Torfen und Schneckenschalen, die unter der Basis bzw. in den basalen Schichten der Dünensandablagerungen gefunden wurden (Tab. 2).

Der Bergstraßenlauf des Neckars (am Ende der letzten Eiszeit)

Auch wenn der Neckarschwemmfächer weit nach W reicht, bedeutet das nicht, dass der Neckar immer nach SW, W oder NW floss. Er musste – zumindest zeitweise – zwangsläufig direkt am Fuße der Bergstraße nach S und vor allem nach N fließen, weil

a) der nördliche Rheingraben im E stärker absinkt als im W, was zur Bildung einer charakteristischen „Gebirgsrandsenke" führte (s. Rheinrandfluss-Niederung in Abb. 3), in deren Zentrum sich das sog. Heidelberger Loch befindet.

b) die teilweise recht kurzen Odenwaldflüsse, die nördlich des Neckars in den Rheingraben münden, aus verschiedenen Gründen wenig schuttreich (vor allem in den groben Fraktionen) sind. Dadurch hatte die tektonisch verursachte „Gebirgsrandsenke" stets ein Schuttdefizit.

c) der Rhein durch den Neckarschwemmfächer so weit nach W abgedrängt war, dass er im Bereich der Gebirgsrandsenke kein ernsthafter Konkurrent für den Neckar sein konnte.

Tabelle 2: ^{14}C-datierte Proben aus dem Liegenden der Dünensande im nördlichen Oberrheingraben

As-Nr	RW / HW	Material	Tiefe unter Flur	Labor-Nr.	konvent. ^{14}C-Alter (in J.v.h.)	^{14}C-Alter (cal BP)
1	3 475 850 / 5 464 600	Schneckenschalen	5,0 m	Hd 8185	11 400 ± 100	13 350 - 13 180
2	3 467 500 / 5 475 600	Schneckenschalen	6,0 m	Hd 7998	10 800 ± 100	12 890 - 12 750
3	3 468 170 / 5 479 300	Schneckenschalen	3,2 m	Hd 11 820	11 460 ± 115	13 420 - 13 210
4	3 475 040 / 5 463 220	Torf	3,5 m	Hd 15 186	12 430 ± 85	14 660 - 14 210
5	3 475 300 / 5 467 345	Torf	5,0 m	Hd 11 792	11 730 ± 95	13 690 - 13 460
6	3 475 320 / 5 467 330	Torf	3,8 m	Hv 16 078	12 600 ± 105	15 060 - 14 080
7	3 468 640 / 5 473 840	Schneckenschalen	9,5 m	Hd 23 708	12 590 ± 40	15 600 - 14 200
8	3 468 680 / 5 473 840	Holzreste	11,0 m	Hd 25 108		14 180 - 14 045

Der Neckarkies enthält vorwiegend roten Buntsandstein, blaugrauen Muschelkalk, gelbweißen Jurakalk und unterscheidet sich deutlich vom feinkörnigeren Kies des Rheines, der hauptsächlich Granit und Gneis, Quarze, Quarzite führt und Hornsteine verschiedener Art enthält, darunter die aus den Alpen stammenden Radiolarite (Tab. 1). Aufgrund dieser charakteristischen Geröllführung und der morphologisch noch gut erkennbaren alten Flussschlingen eines früheren Neckarlaufes (mit einem für ihn ganz spezifischen Krümmungsradius von etwa 0,5 km, während der Rhein einen solchen von ca. 1,5 km aufweist) hat schon Mangold (1892) nachgewiesen, dass der Neckar noch gegen Ende der letzten Eiszeit (also vor 11 500 Jahren) streckenweise direkt am Westrand des Odenwaldes entlangfloss und erst bei Trebur (WNW Darmstadt) in den Rhein mündete.

Nachdem Neckar und Rhein den Dünensandgürtel am Westrand des Schwemmfächers zwischen Seckenheim und Feudenheim beseitigt hatten, und der Neckar zum Rhein hin durchgebrochen war, wurden die breiten, alten Flussschlingen am Fuß der Bergstraße von den kleinen Flüssen und Bächen des Odenwaldes vorwiegend mit feinkörnigen Sedimenten (Ablagerungen von Sand, Auemergel etc.) aufgefüllt. Da diese Rinnen oft bis in jüngste Zeit Feuchtstandorte waren (wie z. B. heute noch die Neuzenlache ca. 1,5 km N Heddesheim), entstand an geeigneten Stellen Torf.

Diese Torfe haben für die Landschaftsgeschichte eine hohe Aussagekraft. Mit Hilfe der ^{14}C-Methode lässt sich nämlich ihr absolutes Alter bestimmen. Da Torfe nun aber niemals in Flussbetten mit strömendem Wasser, sondern nur im Stillwasser entstehen, konnten sie sich in diesem Fall erst nach der Verlegung des Neckars vom Bergstraßenlauf zum heutigen Lauf in Richtung Mannheim bilden. Die tiefsten (und damit ältesten) Schichten der Torfablagerungen geben somit ein Mindestalter für dieses regional bedeutende flussgeschichtliche Ereignis an (Löscher 1988 a).

An zahlreichen Stellen des vom Neckar auf dem Neckarschwemmfächer und in der Grabenrandsenke hinterlassenen Rinnensystems wurden deshalb Bohrungen durchgeführt, um Proben aus den basalen Torfschichten für die Datierung zu gewinnen. Der vorläufig älteste Torf, erbohrt in einer alten Neckarschlinge am Westrand von Bensheim/Hessen, ergab ein konventionelles ^{14}C-Alter von 8 880 ± 130 Jahren (= 10 190-9 780 cal BP) und stellt damit ein **Mindestalter** für das Verlassen des Bergstraßenlaufes dar (Abb.10).

Im Vergleich dazu ergab das torfähnliche Material aus einer Kiesgrube NW Ladenburg mit einem konventionellen ^{14}C-Alter von 10 825 ± 50 Jahren (= 12 865-12 815 cal BP) ein **Maximalalter** für die Neckarverlegung (Abb. 11), da hier eine flache Ne-

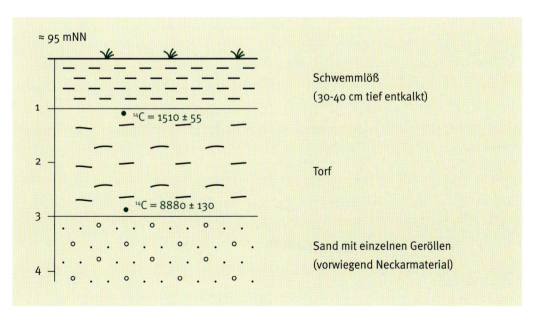

Abb. 10: Profil mit ^{14}C-datiertem Torf aus einer Baugrube W Bensheim in einer nur teilweise verfüllten Neckarrinne; mit konventionellen ^{14}C-Daten (aus M. Löscher 1988 a)

ckarrinne nach der Einlagerung des organischen Materials wieder mit Sand und anschließend mit Schwemmlöss aufgefüllt wurde.

Eine Verfüllung einer Neckarrinne mit über 3 m fluviatilem Sand kann es aber nach bisheriger Kenntnis nicht mehr nach der Neckarverlegung gegeben haben, weil die wegen der Laufverkürzung eingetretene schnelle Einschneidung des Neckars nur noch die Akkumulation von Schwemmlöss zuließ (Löscher 1988b). Damit hat nach jetzigem Stand die Laufverlegung des Neckars von der Bergstraße in die heutige Richtung erst im Verlaufe des frühen Holozäns stattgefunden.

Der holozäne Neckar auf Mannheimer Gebiet

Nach dem Durchbruch durch den Dünengürtel zwischen Seckenheim und Feudenheim konnte der Neckar im Bereich zwischen dem heutigen Westrand des Neckarschwemmfächers und dem heutigen Rhein eine von diesem unabhängige Dynamik entwickeln. Ermöglicht wurde dies durch die höhere Fließgeschwindigkeit, die der Neckar durch die Laufverkürzung und besonders durch den Niveauunterschied von 5-6 m zwischen Niederterrasse und der bereits seit dem Spätglazial existierenden Rheinaue erfuhr.

Belege für diese Eigenständigkeit sind:

a) die Bildung eines flachen, holozänen Schwemmfächers mit umgelagertem Neckarschotter, auf dem später die Stadt Mannheim in relativ hochwasserfreier Lage errichtet werden konnte.

b) einige morphologisch sehr ausgeprägte Terrassenstufen zwischen den älteren und höheren Niveaus (meist zur sog. Niederterrasse gehörend) und den jüngeren und niederen Niveaus, die in den verschiedenen Phasen des Holozäns entstanden.

In der hiesigen Region werden derartige Terrassenstufen oft auch als Hochgestade[8] bezeichnet. Besonders markante Terrassenstufen findet man nördlich des Neckars z. B. im Gewann *Austücker* (das mit 92-93 mNN ca. 6-7 m tiefer ist als das östlich davon gelegene Gebiet von Mannheim-Feudenheim oder das südlich des Neckars zwischen Ma.-Seckenheim und Neckarhausen gelegene Gewann *Wörtfeld* (welches stellenweise 4-5 m tiefer liegt als die östlich angrenzenden Gewanne *Milben* und *Kappeseck* mit ca. 100 mNN). Eine weitere ausgeprägte Terrassenstufe findet man unmittelbar westlich der Straße von Ma-Seckenheim und Ma-Pfingstberg (L 542). Bei dem höheren Niveau (Gewann *Mittelfeld* mit 99-100 mNN) östlich der Straße handelt es sich eindeu-

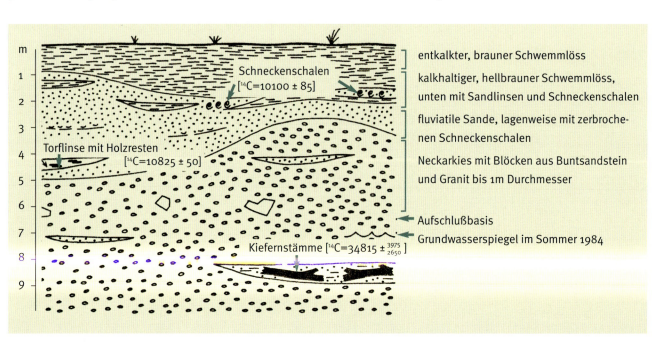

Abb. 11: Vollständig verlandete Neckarrinne in der Kiesgrube Grimmig, N Ladenburg; mit konventionellen ^{14}C-Daten (aus M. Löscher 1988a)

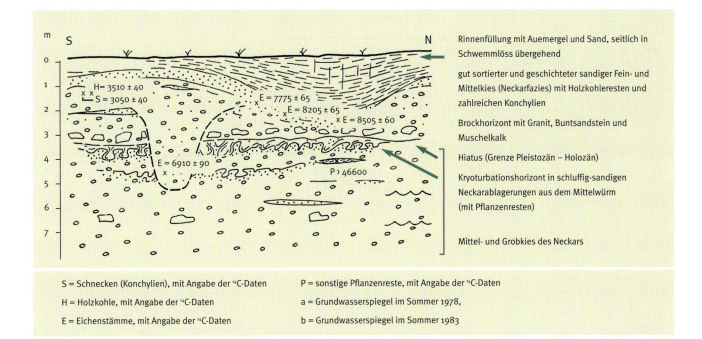

Abb. 12: Profil aus der ehemaligen Kiesgrube Knödler, ca. 1500 m SW Neckarhausen (aus M. Löscher 1988b)

tig um einen in der letzten Eiszeit abgelagerten Schotterkörper der Niederterrasse mit 1-2,5 m tonig-schluffigem, teilweise schon entkalktem Löss im Hangenden. Das tiefere Niveau (Gewann *Wasenstücke* mit 95/96 mNN) besteht – soweit in Baugruben erschlossen – aus wesentlich feinerem Neckarkies (holozäner Typus) mit holozäner Konchylienfauna und auffallend vielen abgerollten Scherben von römischer Keramik; das Hangende besteht aus einer sandigen, bis oben hin kalkhaltigen Schwemmlöss-Variante.

Von der L 542 aus erstreckt sich mehrere Km weit nach Westen – über die Gewanne *Niederfeld* und *Hermsheimer Bösfeld* hinaus – bis ins Zentrum Mannheims ein Gebiet mit einheitlicher Morphologie und ähnlichem geologischem Aufbau wie im Gewann *Wasenstücke*.

Bei einer 2003 durchgeführten Notgrabung auf einem merowingischen Gräberfeld durch die Reiß-Engelhorn-Museen und den beim Bau der SAP-Arena ausgeführten Kanalisationsarbeiten wurden im Gewann Bösfeld vergleichbare Deckschichten und darunter bis in 4,5 m Tiefe fast reine Neckarschotter mit – hier allerdings nur noch vereinzelt auftretenden – abgerollten Scherben aus der Römerzeit aufgeschlossen. Schon 0,5 m tiefer (bei ca. 89 mNN) wurden jedoch holozäne Eichenstämme mit überraschend hohem Alter angetroffen; bei einer dieser Eichen wurde ein dendrochronologisches Alter von 6240±10 v. Chr. gemessen.[9] Damit deutet sich auch hier unter einer morphologisch sehr einheitlich geformten Oberfläche ein ähnlich differenzierter quartärgeologischer Aufbau an wie in der ehemaligen Kiesgrube Knödler ca. 1500 m SW Neckarhausen (Abb. 12).

Eichenholzstämme mit holozänem Alter fand man auf diesem Areal in ähnlicher Tiefe schon häufiger. Auf dem Gelände des Landesmuseums für Technik und Arbeit wurde 1986 ein Eichenstamm mit ca. 70 cm Ø und 131 Jahresringen ausgebaggert, die dendrochronologisch dem Zeitabschnitt von 1801-1670 v. Chr. zugeordnet werden konnten. (Abb. 13) Beim Bau des Fahrlach-Straßentunnels (ca. 1,5 km SE Hbf Mannheim) wurden 1989 mehrfach Eichenstämme aus dem Grundwasser geborgen. Bei zwei Stämmen wurde ein ^{14}C-Alter von 5295-5060 und 4835-4575 cal BP festgestellt.

Diese Eichenhölzer sind ein trefflicher Beleg für die Existenz eines holozänen Neckarschwemmfächers auf Mannheimer Gebiet. Aufgrund der starken Bebauung blieb dieser, gegenüber seinem eiszeitlichen Pendant sehr viel kleinere Sedimentkörper lange Zeit hinsichtlich seiner Genese unerkannt.

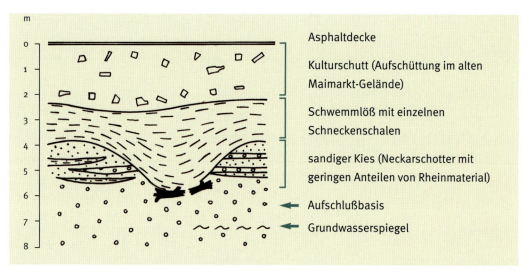

Abb. 13: Profil aus der Baugrube für das Landesmuseum für Technik und Arbeit (Löscher 2007)

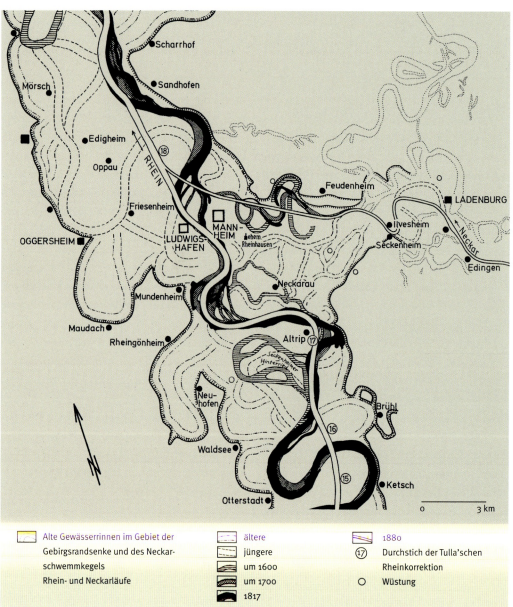

Abb. 14: Alte Rhein- und Neckarläufe im Mannheimer Gebiet aus historischer Zeit (aus Musall et al. 1988)

Ungeachtet dieser späten Erkenntnis ist die Existenz dieses holozänen Schwemmfächers die Ursache dafür, dass der Rhein sowie auch die gesamte Rheinaue unterhalb von Altrip einige Km weit nach Westen abgedrängt wurden (Abb. 5 und 14).

Rhein und Neckar in historischer Zeit

Alte Flussläufe sind mit verschiedenen Methoden erfassbar. In breit angelegten Tälern und geologischen Gräben sind sie als Altwasserarme oder auch als ± verlandete, flache Rinnen über größere Strecken hinweg manchmal noch nach Jahrtausenden morphologisch erkennbar. Ohne Aufschlüsse mit geeignetem Material (Torfe, Holzreste, Knochen etc.) sind sie aber in der Regel zeitlich nicht genauer einzuordnen.

In Aufschlüssen (Kiesgruben, Erosionsrinnen etc.) sind alte Flussläufe (s. hierzu die Abb. 6, 7, 11, 12, 13) zwar sehr gut anhand der Sedimentstruktur zu erkennen und mittels moderner Forschungmethoden zeitlich oft gut datierbar, aber meist nur über kurze Strecken zu verfolgen bzw. nur punktuell lokalisierbar.

Am besten kann man flussgeschichtliche Studien mit Hilfe alter Karten betreiben. Diese sind in unserem Fall aber in hinreichend genauer Ausführung erst seit etwa 1600 n. Chr. vorhanden. H. Musall (1988) hat sich über Jahrzehnte intensiv und in zahlreichen Publikationen mit der Auswertung aller verfügbaren Kartenwerke beschäftigt und die in Abb. 14 dargestellten alten Flussläufe in übersichtlicher Weise zusammengefasst.

Zusammenfassung und Ausblick

Die Sedimente im Oberrheingraben können oft als ein hervorragendes Archiv für die Rekonstruktion der jüngeren Erdgeschichte angesehen werden. So kann z. B. das klimatische Geschehen – wie hinlänglich aufgezeigt – zumindest in den Grundzügen recht gut über die fossile Fauna und Flora rekonstruiert werden. Dies gilt vor allem dann, wenn auf das breite Spektrum der modernen, in den letzten Jahrzehnten entwickelten Datierungsmethoden zurückgegriffen werden kann.

Mit dem Reilinger Schädelrest, 1978 in der ehemaligen Kiesgrube Walter ca. 1 km westlich Reilingen geborgen, ist sogar ein Altmenschenfund in den quartären Sedimenten des Oberrheingrabens ge-

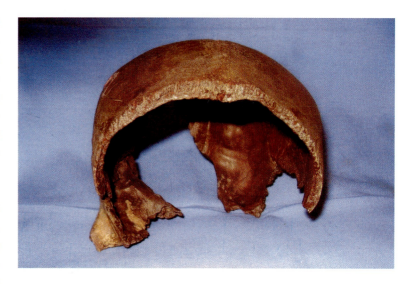

Abb. 15: Der Reilinger Schädel, Querdurchmesser der Kalotte 12 cm (Foto: M. Löscher; von einem Abguss im Heimatmuseum Reilingen)

macht worden (Abb. 15). Da der ganze Gesichtsschädel jedoch fehlt, ist eine Einstufung aufgrund evolutionsspezifischer Merkmale sehr schwierig. Nach traditioneller Interpretation der dortigen Schichtenfolge (Löscher 1989) kann der Schädel keinesfalls älter als 125 000 Jahre (Riß-Würm-Warmzeit) sein. Die Paläoanthropologen (Czarnetzki 1989 und weitere Autoren) tendieren allerdings aufgrund schädelspezifischer Merkmale im Bereich des Hinterhauptes [10] eher zu einer präneanderthaloiden Einstufung (> 230 000 Jahre).[11]

Damit ist die Antwort auf die Frage nach dem tatsächlichen Alter dieses Schädels z. Zt. noch offen. Sicher ist jedoch, dass in dem reichhaltigen Sedimentarchiv des Oberrheingrabens mit seinen zahlreichen Aufschlüssen noch viele interessante Funde verborgen sind.

Fazit: Auf Quartärgeologen wartet noch viel Arbeit!

Anmerkungen

[1] Die Altersangaben erfolgen in diesem Text auf unterschiedliche Weise:

a) Ältere ¹⁴C-Daten (> 12 000 Jahre) werden mit dem Zusatz BP (before present) wiedergegeben, wobei BP unkalibrierte ¹⁴C-Alter bedeuten.

b) Das Alter von organischem Probenmaterial (Holz, Torf, Knochen, Schneckenschalen etc.) aus den letzten 12 000 Jahren (letzter Abschnitt des Spätglazials sowie das Holozän) sind mit cal BP gekennzeichnet. Die Kennzeichnung besagt, dass ein im Labor gemessenes ¹⁴C-Alter einer Probe anschließend noch kalibriert wird an dem ¹⁴C-Alter von einzelnen Jahresringen aus einer lückenlosen, jahrtausendelangen Jahresringfolge von Bäumen. Eine solche Jahresringfolge aus über 9 000 Jahren kann man z. B. aus Eichenstämmen erstellen, die man in den zahlreichen Kiesgruben der Rheinaue findet. Diese Jahresringfolgen (Dendrochronologie) liefern exakte, absolute Altersangaben (sog. Kalenderjahre). Die Umrechnung von ¹⁴C-Jahren in Kalenderjahre erfolgt nach der international anerkannten Kalibrierungskurve IntCal 04 (nach P. Reimer et al. 2004).

c) Für einzelne klimatisch definierte Zeitabschnitte (z. B. Jüngere Tundrenzeit 13 000 – 11 560) werden zur Vereinfachung stets die genauesten, derzeit verfügbaren Zahlen genannt und nur mit dem Zusatz Jahre gekennzeichnet. Die Zeitinformation zu diesen Phasen basiert auf unterschiedlichen stratigraphischen und chronologischen Datierungsmethoden (¹⁴C, Eislagen- und Warwenzählung, Lumineszenz etc.)

Weitergehende Erläuterungen zur Handhabung von ¹⁴C-Daten siehe G. A. Wagner (1995).

[2] Die vorgesehene Endteufe (500 m) dieser Forschungsbohrung war bei Abgabe des Manuskripts wegen unvorhergesehener bohrtechnischer Schwierigkeiten noch nicht erreicht.

[3] Für den Wurzelbereich des Neckarschwemmfächers im Stadtgebiet von Heidelberg-Bergheim, dem vermutlichen Zentrum des „Heidelberger Loches", lässt sich durch Untersuchungen der Neckarablagerungen in Baugruben stellenweise eine Sedimentationsrate von ca. 100 cm / Jahrtausend errechnen.

[4] Im Hochglazial lagen in Mitteleuropa die Jahresdurchschnittstemperaturen ca. 20° C tiefer als heute. Das skandinavische Inlandeis dehnte sich nach Süden bis nach Berlin aus; der Rheingletscher stieß weit über das Bodenseebecken hinaus bis zur Linie Schaffhausen – Pfullendorf – Schussenried – Bad Waldsee – Isny. Klima und Vegetation entsprachen etwa den heutigen in SW-Spitzbergen.

[5] In der Kiesgrube Engelhorn, ca. 1 km NW Heidelberg-Grenzhof, ist diese Schicht aus dem Hochglazial noch mindestens 2-3 m mächtig, in der Umgebung des Hauptbahnhofes von Heidelberg ca. 10 m. Der Kies ist deutlich gröber und weniger gut gerundet, Brocken und Blöcke aus Granit und Buntsandstein sind häufig. Makroreste von Pflanzen sind in dieser Schicht bisher nicht gefunden worden und wegen des damaligen kalten Klimas auch nicht zu erwarten. Bei den gelegentlich vorkommenden Schneckenschalen handelt es sich durchweg um sehr kleine Gehäuse von überwiegend hochkaltzeitlichen Arten.

[6] Die Qualität und Ertragskraft von Böden wird mit den Zahlen 1-100 bewertet. Beste Schwarzerden erhalten die Bodenzahl 100, gute Braunerden und Parabraunerden werden mit 50-80 bewertet, Podsole mit 20-45, etc.

[7] Herrn Dr. B. Kromer (Heidelberger Akademie der Wissenschaften, c/o: Institut für Umweltphysik der Universität) wird für die ¹⁴C-Datierung zahlreicher organischer Proben (Holz, Torf, Knochenreste und Schneckenschalen) vielmals gedankt. Ohne sein außerordentlich großzügiges Entgegenkommen wären die meisten chronostratigraphischen Fragestellungen im Jungquartär der Rhein-Neckar-Region nicht gelöst worden.

[8] Früher wurde der Begriff Hochgestade generell für das höhere, stets überschwemmungsfreie Niveau (meist Niederterrasse) verwendet, während man das tiefere, oft überschwemmundgefährdete (meist Auegebiete) als Niedergestade bezeichnete. Heute wird die Bezeichnung Hochgestade nur noch für die Stufe zwischen den beiden Niveaus verwendet.

[9] Freundliche mündliche Mitteilung von Dr. W. Rosendahl, Reiß-Engelhorn-Museen Mannheim.

[10] Der Schädelrest zeigt keinerlei Abrollungsspuren. Da die Bruchstellen zum Gesichtsschädel auf Abb. 15 sehr frisch wirken, kann davon ausgegangen werden, dass der Schädel bis zur Bergung mit dem Schwimmbagger noch intakt war.

[11] Freundliche mündliche Mitteilung von Frau Dr. Christine Hertler, Joh. Wolfgang Goethe-Universität Frankfurt a. Main, Department of Biosciences.

[12] Osteokollen (in Abb. 9):
zapfenförmige Kalkausfällungen an der Außenseite von Wurzeln. Sie sind besonders in kalkhaltigen Dünensanden ausgeprägt und kommen dort unterhalb des B-Horizontes vor.

[13] Kryoturbation (in Abb. 7 und 12):
Verwürgung von ursprünglich ± horizontal abgelagerten Schichten, wie sie nur im sommerlich aufgetauten Dauerfrostboden entstehen. Kryoturbationsstrukturen sind damit bei uns in Mitteleuropa ein deutliches Indiz für ein ehemals eiszeitliches Klima.

Literaturverzeichnis

BARTZ, Joachim: Revision des Bohrprofils der Heidelberger Radium-Sol-Therme. (Jber. Mitt. Oberrhein. geol. Ver., NF 33). 1951, S. 101 bis 125.

CZARNETZKI, Alfred (1989): Ein archaischer Hominidencalvariarest aus einer Kiesgrube in Reilingen, Rhein-Neckar-Kreis. (Quartär 39/40). Saarbrücken 1989, S. 191 bis 201.

FLECK, Wolfgang: Bodenkarte von Baden-Württemberg, 1:25 000, Blatt 6517 Mannheim-Südost; Karten und Erläuterungen. (Geol. Landesamt Bad.-Württbg.). Freiburg i. Br. 1997. 83 S.

KOENIGSWALD, Wighart v. & LÖSCHER, Manfred : Jungpleistozäne Hippopotamus-Funde aus der Oberrheinebene und ihre biogeographische Bedeutung. (N. Jb. Geol. Paläont. Abh., Bd. 163). Stuttgart 1982, S. 331 bis 348.

LÖSCHER, Manfred, BECKER, Bernhard, BRUNS, Michael, HIERO-

Nymus, Ulrike, Mäusbacher, Roland, Münnich, Marianne, Münzing, Klaus & Schedler, Jürgen: Neue Ergebnisse über das Jungquartär im Neckarschwemmfächer bei Heidelberg. – (Eiszeitalter und Gegenwart, Bd. 30). Hannover 1980, S.89 bis 100.

Löscher, Manfred: Die stratigraphische Gliederung des Jungpleistozäns im Neckarschwemmfächer bei Heidelberg. (Aufschluss 32). Heidelberg 1981, S. 191 bis 199.

Löscher, Manfred: Die Geschichte des Neckarlaufes. (In: Der Neckar in alten Landkarten. Eine Ausstellung der Bad. Landesbibliothek Karlsruhe. Hrsg. Römer,G). Karlsruhe 1988a, S. 57 bis 71.

Löscher, Manfred: Stratigraphische Interpretation der jungpleistozänen Sedimente in der Oberrheinebene zwischen Bruchsal und Worms. (Aus: Koenigswald, W. v. (Hrsg.): Zur Paläo-Klimatologie des lezten Interglazials im Nordteil der Oberrheinebene. – Akad. d. Wiss. & d. Lit.; Mainz. Paläoklimaforschung Bd. 4). Stuttgart-New York 1988b, S. 79 bis 104

Löscher, Manfred: Das Alter des Reilinger Schädels aus geologischer Sicht. (Quartär 39/40). Saarbrücken 1989, S. 203 bis 208.

Löscher, Manfred: Zum Alter der Dünen auf der Niederterrasse im nördlichen Rheingraben. – (Beih. Veröff. Naturschutz & Landschaftspflege Bad.-Württbg. 80). Karlsruhe 1994, S. 17 bis 22.

Mangold, A. (1892): Die alten Neckarbetten in der Rheinebene. (Abh. großherzogl. hess. geol. L.- Anstalt, II/2). Darmstadt 1892, S. 57 bis 114.

Musall, Heinz & Neumann, Joachim: Einführung zum Katalog. (In: Der Neckar in alten Landkarten. Eine Ausstellung d. Bad. Landesbibliothek Karlsruhe. Hrsg. Römer G.). Karlsruhe 1988, S. 6 bis 12.

Nationalatlas Bundesrepublik Deutschland. Bd. 3. Heidelberg/Berlin 2003.

Pflug, Reinhard: Bau und Entwicklung des Oberrheingrabens. (Erträge d. Forschg. 184). Darmstadt 1982, 145 S.

Reimer, Paula et al. : IntCal 04 Terrestrial Radiocarbonage calibration 0-26 cal Kyr. BP. (Radiocarbon 46). 2004, S. 1029-1058.

Rothe, Peter : Geologie – Erdgeschichte unseres Raumes bis zum Ende der Eiszeit (in diesem Band) 2007

Rüger, Ludwig: Geologischer Führer durch Heidelbergs Umgebung. Heidelberg 1928, 351 S.

Schreiner, Albert.: Einführung in die Quartärgeologie. 2. Auflage. Stuttgart 1997, 257 S.

Strigel, Adolf: Der geologische Untergrund der Stadt Mannheim nach neuen Aufschlüssen. (117./ 118. Jahresbericht des Vereins f. Naturkunde Mannheim). Mannheim 1950/51, S. 77 bis 83

Wagner, Günther. A.: Altersbestimmung von jungen Gesteinen und Artefakten. Stuttgart 1995, 277 S.

Zienert, Adolf: Geographische Einführung für Heidelberg und Umgebung. Heidelberg 1981, 112 S.

Siegfried Demuth

Lebensräume in der Rhein-Neckar-Region

Auf den 50 km Luftlinie zwischen Sinsheim an der Elsenz und dem Rhein bei Mannheim liegen fünf Naturräume: Kraichgau, Sandstein-Odenwald mit Neckartal, Vorderer Odenwald, Bergstraße und Nördliche Oberrheinebene. Sie unterscheiden sich deutlich in ihren Gesteinen und Böden, im Relief und im Klima. Diese Standortfaktoren bestimmen wesentlich das Aussehen der Landschaften und ihrer charakteristische Pflanzen- und Tierwelt. Das ist nicht nur heute so, das war auch vor 400 Jahren der Fall, als das Mittelalter gerade zu Ende war und die Neuzeit begann. Gesteine, Böden, Relief und Klima haben sich nicht oder wenig verändert. Was sich seither aber geändert hat, ist der stetig wachsende Einfluss des Menschen auf die Lebensräume (Biotope) und damit auf die Tier- und Pflanzenarten. Es war vor allem die technische Revolution, die der Natur und den Landschaften ihren Stempel aufdrückte, mit Erfindungen wie der Dampfmaschine, der Nutzung der elektrischen Energie, des Kunstdüngers und des Verbrennungsmotors im 18. und 19. Jahrhundert. Für die Natur Mannheims war insbesondere die Rheinkorrektion durch Tulla Mitte des 19. Jahrhunderts ein einschneidender Eingriff.

Land- und Forstwirtschaft sind es schließlich, die weit mehr als andere menschliche Tätigkeiten die Lebensräume der Tier- und Pflanzenarten beeinflussen. Natürliche Lebensräume wie Wälder und Moore werden durch sie stark verändert, Lebensräume der Kulturlandschaft wie Äcker und Wiesen werden neu geschaffen.

Wie sahen die Lebensräume im Rhein-Neckar-Raum vor Gründung der Stadt Mannheim im Jahr 1607 aus und wie haben sie sich bis heute verändert?

Wandel der Lebensräume vom ausgehenden Mittelalter bis heute

Eine Wanderung von Sinsheim nach Mannheim führt uns im folgenden durch die fünf Naturräume. Von jedem Naturraum werden einige typische Lebensräume und ihr Wandel vorgestellt. Damit wir eine bessere Vorstellung von den Veränderungen in den letzten 400 Jahren bekommen, lassen wir uns von einem Zeitzeugen aus dem Jahr 1600 auf unserer Wanderung im Jahr 2006 begleiten. Es könnte gut ein Apotheker sein – damals besonders naturkundige Leute, die ihren Bedarf an Heilmitteln ausschließlich aus der Natur deckten und daher viele Pflanzen, Tiere und auch Mineralien kennen mussten; nicht nur ihre Wirkungen, sondern auch ihre Vorkommen.

Welche Biotope würde er heute wiedererkennen, welche würde er vermissen und welche wären für ihn etwas völlig Neues?

Durch den Kraichgau

Wir beginnen am westlichen Ortsrand von Sinsheim. Der Weg führt durch das Elsenztal ins Neckartal. Dem Apotheker würden mit Sicherheit als erstes die Straßen, die geteerten Feldwege und die Eisen-

Artenreiche Wiese in der Elsenzaue zwischen Meckesheim und Mauer.

bahn auffallen. Diese modernen Errungenschaften der Zivilisation bestimmen heute den ersten Eindruck der Landschaft. Den zweiten Blick richten wir auf die Lebensräume der Elsenzaue. Wiesen, Weiden und Äcker bestimmen die Vegetation. In den Wiesen wachsen meist weniger als 20 Pflanzenarten. Starke Düngung mit Gülle und mehrmaliger jährlicher Schnitt haben viele Wiesen im Laufe der Jahre an Pflanzenarten verarmen lassen. Hochwüchsige Gräser bestimmen meist das Bild: Vielblütiger Lolch, Wiesen-Knäuelgras, Gewöhnliches Rispengras und Glatthafer machen einen Großteil der Pflanzendecke aus. Kräuter gibt es nur wenige: Wiesenlöwenzahn, Scharfer Hahnenfuß und einige Ampfer-Arten sieht man häufig. Durch starke Gülledüngung gefördert werden Wiesen-Bärenklau und Wiesen-Kerbel, zwei großblättrige, hochwüchsige Doldenblütler, die so zahlreich auftreten können, dass im Frühjahr manche Wiesen durch die Blütenmasse weiß gefärbt sind. Ungedüngte, artenreiche und buntblühende Wiesen findet man an wenigen Stellen der Talaue sowie auf den Talhän-

Die Wiesen-Flockenblume (Campanula patula) ist eine typische Art auf extensiv bewirtschafteten Wiesen.

Wo die Kuckucks-Lichtnelke (Lychnis flos-cuculi) wächst, sind die Wiesen meist noch artenreich. Die Art bevorzugt feuchte bis nasse Böden.

gen und den Hügeln randlich des Elsenztals. Im 16. Jahrhundert mögen fast alle Wiesen so ausgesehen haben: Eine Vielzahl buntblühender Kräuter prägt das Bild vor der ersten und zweiten Heumahd. Auf den trockeneren Böden wachsen Wiesen-Glockenblume, Wiesen-Flockenblume und Arznei-Schlüsselblume, auf feuchten, meist lehmigen Böden färben Knöllchen-Steinbrech, Kuckucks-Lichtnelke und Bach-Nelkenwurz die Wiesen bunt. Unser Apotheker würde sich freuen, wenigstens einige Flecken der ihm vertrauten Blumenwiesen anzutreffen, in denen er aus über 50 Pflanzenarten seine Heilkräuter aussuchen kann. Betrübt wäre er allerdings darüber, die zu seiner Zeit in den Wiesen verbreiteten Orchideen Brand- und Kleines Knabenkraut nicht mehr anzutreffen. Das Brand-Knabenkraut nutzt er zwar nicht als Heilpflanze, aber seine exotischen Blüten waren auch damals schon ein Augenschmaus. Johann Anton Schmidt schreibt 1857 in

Das Brand-Knabenkraut (Orchis ustulata) gehört zu den seltenen und gefährdeten Orchideenarten Baden-Württembergs.

seiner „Flora von Heidelberg" über das Kleine Knabenkraut: „Auf Wiesen, Triften, an Waldrändern oft gesellig ..." und zum Brand-Knabenkraut bemerkt er: „Auf lehmigen und kalkhaltigen Wiesen und Triften, besonders auf Bergwiesen ..." und nennt dabei zahlreiche Orte in der näheren und weiteren Umgebung Heidelbergs. Im Rhein-Neckar-Raum sind diese Orchideen-Arten inzwischen weitgehend verschwunden.

In den artenarmen, intensiv genutzten Wiesen wird er außerdem die Vielzahl an Insekten und Spinnen vermissen, die auf die pflanzliche Vielfalt angewiesen sind. Vor 400 Jahren wurden die Wiesen nicht gedüngt. Der Kunstdünger war noch nicht erfunden und das bisschen Mist, was die wenigen Kühe lieferten, brauchte man für die Äcker. Dünger war

Tage oder gar Wochen. Die Tiere der Wiesen können der relativ langsamen Sense leicht entkommen und es bleibt nach der Mahd genug Zeit, sich in eine noch nicht gemähte Fläche zu retten oder sich in die Staudensäume der Weg- und Feldraine zurückzuziehen. Dem rasend schnell mähenden Kreiselmäher fallen dagegen viele Kröten, Frösche, Eidechsen, Käfer und andere Kleintiere zum Opfer.

Durch intensive Wiesennutzung mit mehrmaligem Schnitt im Jahr und durch Trockenlegung nasser Standorte in den Auen ist eine ganz eigenartige Gruppe von Schmetterlingen zur Seltenheit geworden. Wo der Große Wiesenknopf in den Feucht- und Nasswiesen blüht, kann man im Juli und August nach Wiesenknopf-Ameisenbläulingen Ausschau halten – Schmetterlingsarten mit einem sehr unge-

Der Helle Wiesenknopf-Ameisenbläuling (Glaucopsyche teleius) bei der Paarung. (Foto: Andreas Wolf)

Mangelware. Heute liefern Hochleistungskühe und Mastschweine ein Übermaß an Dünger, der entsorgt werden muss und die Düngemittelindustrie tut ein Übriges dazu. Die Düngung ist aber nicht der einzige Unterschied zwischen der heutigen und der damaligen Grünlandnutzung. Mit einem Traktor und einem Kreiselmäher kann heute ein Landwirt mehrere Hektar Wiese pro Tag mähen. Vor 400 Jahren war dies Handarbeit mit der Sense. Zum Mähen und Heumachen benötigte der Bauer mit seinen Knechten und Tagelöhnern für die gleiche Fläche mehrere

wöhnlichen Verhalten: Die Raupen des Hellen und des Dunklen Wiesenknopf-Ameisenbläulings sind auf den Wiesenknopf als Nahrungspflanze angewiesen. Das Vorkommen der Pflanze allein reicht aber nicht aus. Zunächst muss der Wiesenknopf zur Zeit der Eiablage noch Blütenknospen aufweisen, zwischen denen die Falter die Eier ablegen – bereits voll aufgeblühte oder verblühte Exemplare werden verschmäht. Dann muss es in der Wiese zusätzlich eine ganz bestimmte Ameisenart geben. Nachdem die geschlüpften Raupen sich von den Blüten und

Früchten ernährt haben, lassen sie sich im Spätsommer zu Boden fallen und werden von den Ameisen als vermeintliche eigene Larven in deren Nest getragen. Dort fressen die Raupen Ameisenbrut oder werden sogar von den Ameisen gefüttert, bis zu ihrer Verpuppung im Jahr darauf. Der Wiesenknopf entwickelt sich und blüht vor allem nach der ersten Mahd Ende Mai bis Ende Juni. Die Entwicklung der Ameisenbläulinge gelingt nur in Wiesen, die zwischen Anfang Juni und Mitte September nicht gemäht werden. Im Kraichgau sind beide Arten sehr selten, in der Rheinebene noch etwas häufiger anzutreffen.

In der Elsenzaue finden wir heute neben dem Grünland auch Äcker, auf denen Getreide und Mais angebaut werden. Im 16. Jahrhundert waren dagegen in der gesamten Aue wahrscheinlich nur Wiesen und Weiden vorhanden. Die Kühe, Ochsen, Pferde und Ziegen der Bauern waren nämlich auf das Grünland als einziger Futterquelle angewiesen: Von Frühjahr bis Herbst frische Gräser und Kräuter auf den Weiden und im Winter Heu von den Wiesen. Noch gab es keinen Futtermittelimport und keine Futtermittelindustrie; noch wurden keine Futterpflanzen wie Klee oder Luzerne auf den Äckern angebaut. Dies alles ermöglicht aber erst eine ganzjährige Stallhaltung und damit intensivere Nutzung der Tiere. Damals brauchte man noch große Grünlandflächen für die Versorgung des Viehs. Die Fluss- und Bachauen waren dafür besonders geeignet. Der Aueboden ist von Natur aus nährstoffreich und der hohe Grundwasserstand und die gelegentlichen Überschwemmungen sorgen für eine ausreichende Bodenfeuchte. Nahrhaftes Futter und gute Heuerträge ergeben sich dadurch auch ohne Düngung.

Die Ackerflächen lagen üblicherweise außerhalb der Auen auf den angrenzenden Talhängen und Ebenen. Auf unserem Weg ins Neckartal machen wir bei Meckesheim einen Abstecher in Richtung Baiertal zu einem alten Ackerbaugebiet. Der kalkhaltige Löss, der hier die Hügel überzieht, ergibt einen sehr fruchtbaren Boden, auf dem bereits die ersten Ackerbauen der Jungsteinzeit Getreide und andere Feldfrüchte, zum Beispiel Linsen anbauten. An dieser Nutzung hat sich seither prinzipiell nichts geändert, jedoch sehr viel an der Art und Weise. Zunächst würde sich unser Apotheker des Jahres 1600 über die enorme Größe der Ackerflächen wundern, unterbrochen oft nur von Feldwegen, selten einmal von Wiesen- oder Weideflächen. Zu seiner Zeit sah das anders aus. Im Kraichgau und in der Rheinebene herrschte die Dreifelderwirtschaft. Die Gemarkung eines Dorfes war eingeteilt in drei streifenförmige Fluren oder Zelgen. Auf einer Zelge, die sich die Bauern des Dorfes teilten, wurde im ersten Jahr Wintergetreide angebaut, im zweiten Sommergetreide und im dritten lag die Zelge brach. Auf den anderen beiden Zelgen wurde gleich verfahren, aber jeweils um ein Jahr versetzt. Auf den Stoppelfeldern und Brachflächen weidete das Vieh oder eine Schafherde, wenn die Besitzer den Schäfer duldeten. Der Tierkot sorgte für eine bescheidene Düngung des Bodens. Die Zelgen waren durch Feldwege oder Wiesenstreifen getrennt. Wintergetreide, Sommergetreide und Brache bestimmten die Feldflur und den Rhythmus des Ackerbaus. Es galt der Flurzwang: Alle Bauern eines Dorfes mussten sich nach diesem Rhythmus richten, damit das System gut funktionieren konnte. Ein Ackerstreifen war dabei gerade so groß, wie ein Bauer in einem Jahr pflügen und einsäen konnte. Mit einem Ochsengespann und dem einfachen Beetpflug war das nicht sehr viel – kein Vergleich mit den PS-starken Traktoren und dem vielscharigen Wendepflug von heute.

Aber nicht nur die Form der Feldflur, die Größe der Ackerschläge und die technischen Möglichkeiten waren anders. Unser Apotheker würde auch über einige Feldfrüchte staunen. Als Wintergetreide wurden damals Roggen, Weizen und Dinkel („Spelz" genannt) angebaut. Sommergetreide waren Gerste („Korn" genannt) und Hafer. Daneben gab es noch einzelne Felder mit Hanf und Lein als wichtige Faserpflanzen, zum Beispiel für die Textilherstellung. Auf den nährstoffarmen Böden des Odenwalds waren Hirse und Buchweizen verbreitet, beides anspruchslose Feldfrüchte, die im 16. Jahrhundert eine wichtige Ernährungsgrundlage der Bevölkerung darstellten.

Weizen, Roggen, Gerste und Hafer gibt es auch heute noch, wenn auch in wesentlich ertragreicheren Sorten. Hirse und Buchweizen („Heidekorn" genannt) werden in Mitteleuropa so gut wie nicht mehr angebaut. Den Mais und die Kartoffel dagegen würde unser Apotheker sehr wahrscheinlich nicht gekannt haben. Beide Feldfrüchte stammen aus Südamerika. Die Kartoffel hielt erst Ende des 16. Jahrhunderts Einzug in Mitteleuropa, zunächst sehr langsam und mit großem Misstrauen seitens der bäuerlichen Bevölkerung bedacht. Es sollte 200 Jahre dauern, bis sich die Knollenfrucht als eine der wichtigsten Ernährungsgrundlagen Europas etablierte. Der Mais wurde etwa zur selben Zeit in Europa eingeführt. Er hat sich auf Grund seines sehr hohen Eiweißgehalts zu einer der bedeutendsten Viehfutterpflanzen entwickelt. Für die Stallhaltung von Hochleistungsmilchkühen sind auch weitere Futterpflanzen wie Klee und Luzerne von Bedeutung, die das 16. Jahrhundert als Feldfrüchte noch nicht kannte.

Da zur Zeit der pfälzischen Kurfürsten der Ackerbau hauptsächlich Handarbeit war und Düngung nur in geringem Umfang stattfand, stand das Getreide viel lückiger auf den Feldern als heute, die Erträge waren gering. Chemische Mittel zur Bekämpfung von Unkräutern (Herbizide), Pilzkrankheiten (Fungizide) und Schadinsekten (Insektizide) waren noch unbekannt. Dies förderte eine hohe Artenvielfalt. Typische, damals noch verbreitete Ackerunkräuter der kalkhaltigen Lössböden des Kraichgaus sind Kornrade, Bittere Schleifenblume, Spatzenzunge, Echter Venuskamm, Rundblättriges Hasenohr, Möhren-Haftdolde und, von Schmidt (1857) zum Beispiel für Baiertal und Meckesheim angegeben, der Acker-Meier. Von diesen Arten ist in den heutigen Äckern des Rhein-Neckar-Raums kaum noch etwas zu finden. Herbizide, starke Düngung und eine verbesserte Saatgutreinigung haben zu ihrem Verschwinden geführt. Dagegen findet man Kleine und Breitblättrige Wolfsmilch, Ackerröte, Ackerfrauenmantel, Acker-Veilchen, Klatsch-Mohn und Kornblume noch hie und da an Ackerrändern. Zu den verbreiteten und häufigen, besonders „zähen" Ackerunkräutern gehören Weißer Gänsefuß, Gewöhnliches Klebkraut und Acker-Winde sowie die bei Landwirten besonders gefürchteten Gräser Kriechende Quecke und Gewöhnlicher Windhalm. Wer einige der selteneren Ackerunkräuter sehen möchte, der sollte in den Vorderen Odenwald gehen und sich bei Oberflockenbach oder Altenbach umschauen. Der Granit verwittert hier zu einem grusigen, trockenen Boden. Das Getreide steht meist nicht so dicht, sodass zwischen den Halmen noch etwas Platz ist für Acker-Löwenmaul, Kleines Leinkraut und die seltene Mäusewicke.

Ein Drittel brachliegende Ackerflur, eine arten- und individuenreiche Unkrautvegetation, blütenreiche Feld- und Wegraine und das Fehlen von Herbiziden und Insektiziden: die Tierwelt der Äcker muss im 16. Jahrhundert ebenfalls ausgesprochen artenreich gewesen sein. Besonders wohl gefühlt haben sich auf den Brachflächen Feldhase, Rebhuhn und Wachtel, auch wenn sie auf dem Speiseplan der Landbevölkerung standen. Die in Baden-Württemberg ausgestorbene Großtrappe, der schwerste Vogel Europas, war auf Ackerbrachen der Dreifelderwirtschaft angewiesen. Von den wenigen Brutvorkommen in Deutschland Anfang des 20. Jahrhunderts gab es auch eines bei Sinsheim, beim Ortsteil Reihen.

Nach diesem Abstecher ziehen wir zusammen mit unserem Apotheker weiter nach Neckargemünd. Der Weg führt entlang der Elsenz. Das Flüsschen ist auch heute noch in einigen Abschnitten naturnah, mit unverbauten Ufern, einem natürlichen Lauf, der

Die giftige Kornrade (Agrostemma githago) ist durch eine verbesserte Saatgutreinigung weitgehend aus den Äckern verschwunden.

in großen und kleinen Schleifen und Windungen die Talauen durchzieht. Der Uferbewuchs besteht aus einer Reihe mehrstämmiger, hochwüchsiger Schwarz-Erlen und verschiedener Weiden-Arten. Besonders gut ausgebildet ist der Abschnitt zwischen Mauer und Bammental. Bei einer Rast am Ufer können wir mit etwas Glück und Geduld den Eisvogel und die Wasseramsel beobachten, zwei für naturnahe Fließgewässer typische Vogelarten. Der Eisvogel gräbt sein röhrenförmiges Nest in steile, hohe Uferabbrüche und ernährt sich von kleinen Fischen, die er tauchend erbeutet. Die Wasseramsel baut ihr Nest unter überhängenden Uferkanten oder in Nisthilfen unter Brücken. Auf ihrem Speiseplan stehen kleine Wasserinsekten und Kleinkrebse, die sie beim Tauchen von der Gewässersohle abliest. Der Wanderer des 16. Jahrhunderts würde heute allerdings vergeblich nach zwei große Tierarten Ausschau halten, die zur damaligen Zeit noch viele Bäche und Flüsse Mitteleuropas bevölkerten: den Biber und den Fischotter. Der Biber verschwand zu Beginn des 19. Jahrhunderts aus dem Rhein, dem Neckar und ihren Nebenflüssen, der Fischotter zwischen 1900 und 1950. Bejagung, Gewässerverschmutzung und der Ausbau naturnaher Bäche und Flüsse zu kanalähnlichen Wasserrinnen waren die Ursachen. Während der Biber seit einigen Jahren durch Wiederansiedlungen in Süddeutschland in Ausbreitung begriffen ist und sich vielleicht eines Tages auch an der Elsenz wieder einfindet, wird der Fischotter für nicht absehbare Zeit verschollen bleiben.

Der rot blühende Klatsch-Mohn (Papaver rhoeas) ist auf Äckern, Müllhalden und Mülldeponien noch häufig zu finden, der blau blühende Feld-Rittersporn (Consolida regalis) ist dagegen eng an den Ackerbau gebunden.

Auf kalkfreien, sandig-grusigen Böden wächst in Getreidefeldern das Acker-Löwenmaul (Misopates orontium).

Im Kleinen Odenwald

Bei Bammental verlassen wir das Elsenztal und den Kraichgau und begeben uns in Richtung Königstuhl durch den Kleinen Odenwald, der zum Naturraum Sandstein-Odenwald gehört. Am westlichen Ortsrand von Bammental, beim Schützenhaus, machen wir kurz Rast bei einer Stiel-Eiche, die unser Apotheker bereits gekannt hat und die zu seiner Zeit auch

Die „Tausendjährige Eiche" bei Bammental ist vermutlich das älteste Lebewesen des Rhein-Neckar-Raums.

Buchenwald im Frühjahrsaspekt mit blühendem Busch-Windröschen (Anemone nemorosa).

Ahorn mithalten. An lichteren Stellen gesellen sich Hainbuche und Feld-Ahorn hinzu, die es meist nicht bis in die Höhe der Rotbuche schaffen und mit dem Stockwerk darunter vorlieb nehmen müssen. Eine Strauchschicht ist kaum ausgebildet, dazu ist es im Waldinneren zu dunkel: Nur etwa 2% des Sonnenlichts erreicht den Waldboden. Solche Buchen-Wälder haben einen Hallencharakter, der ein wenig an gotische Kirchen erinnert.

Dort, wo kalkhaltiger Löss ansteht, finden wir eine artenreiche Krautschicht. Im Frühjahr bedecken die weißen Blüten des Busch-Windröschens in dichten schon ein beträchtliches Alter aufzuweisen hatte. Die „Tausendjährigen Eiche" wird auf 800 bis 1000 Jahre geschätzt. Stimmt diese Altersangabe, dann wäre sie im Jahr 1600 400 bis 600 Jahre alt gewesen. Das wäre ein toller Zeitzeuge, leider ist er stumm und kann uns nichts erzählen. Aber allein ein so altes Lebewesen einmal zu sehen und anzufassen, ist schon etwas Besonderes.

Wir gehen weiter und gelangen in einen Buchenwald. Einige der Rotbuchen sind über 100 Jahre alt und erreichen 30 m Höhe. Ihr Kronendach ist dicht geschlossen. In dieser oberen Baumschicht können nur einige Exemplare von Stiel-Eiche und Berg-Teppichen den Boden. Waldmeister, Berg-Goldnessel, Vielblütige Weißwurz und das gelbblühende Scharbockskraut gehören ebenfalls zu den Frühjahrsblühern. Sie nutzen im Frühling die Zeit bis zum Austreiben der Buchenblätter, um bei höherem Lichtgenuss zu wachsen, zu blühen und zu fruchten. Auf den lössfreien Sandsteinböden am Abfall zum Neckartal ändert sich das Bild: Weiße Hainsimse, Wald-Hainsimse und Wald-Sauerklee bilden die Krautschicht. Diese Arten gehören zu den Säurezeigern, die für den Hainsimsen-Buchen-Wald typisch sind, wie er im Odenwald verbreitet ist. Vor allem auf den feuchten, schattigen Nordhängen und in den tief eingeschnittenen Klingen und Bachtälchen finden sich eine Reihe verschiedener Farne: Gemeiner, Spreuschuppiger und Breitblättriger Wurmfarn sind verbreitet, seltener ist der Gelappte Schildfarn.

Das Weiße Waldvöglein ist eine Wald-Orchidee, die auch im Schatten blühen kann. Man muss allerdings geduldig suchen, um sie zu finden; meist kommt sie nur in wenigen Exemplaren vor. Ihr Name kommt von ihren cremeweißen Blüten, die an eine auffliegende Taube erinnern. Keine Taube, sondern der Schwarzspecht ist der markanteste Vogel des Buchen-Walds. Sein „Kliö" ist weit zu hören. Er ist der größte unter den heimischen Spechten und zimmert die größten Höhlen. Dabei bevorzugt er dicke Rotbuchen, die über 100 Jahre alt sein sollten. Vom Schwarzspecht verlasse Höhlen sind begehrt und finden schnell Nachmieter. Die Hohltaube ist eine solche Nutznießerin, die für ihre Brut große Baumhöhlen benötigt. Weitere Nachmieter sind Fledermäuse, die ihr Sommerquartier gerne in Spechthöhlen legen. Zwischen Bammental und dem Königstuhl begegnen uns im Wald auch Buntspecht und Grauspecht.

Was kann uns der Apotheker von dem Wald erzählen, der hier vor 400 Jahren gewachsen ist? Die flach geneigten Hänge mit mächtiger Lössauflage waren möglicherweise gar nicht bewaldet, sondern ackerbaulich genutzt. Wald gab es dort, wo die Hänge zu steil waren, beispielsweise an den Abhängen zum Neckartal und zur Rheinebene. Gewundert hätte er sich über die vielen alten und etwa gleich hohen Bäume, die fast ausschließlich als Bau- und Industrieholz genutzt werden. Hochwald nennt man diese Nutzungsform. Zu seiner Zeit diente der Wald dagegen vor allem der Brennholzgewinnung. Entsprechend anders war sein Erscheinungsbild. Die meisten Bäume wurden im Alter von 15 bis 20 Jahren auf-den-Stock gesetzt, das heißt, etwa 20 cm über dem Boden abgeschlagen. Aus einem Baumstumpf trieben dann mehrere neue Stämmchen aus, die wiederum nach 15 bis 20 Jahren abgeschlagen wurden. Diese Nutzungsform fördert Baumarten, die gut austreiben, das sind vor allem Hainbuche, Feld-Ahorn, Eiche und Linde. Holz war als Brennmaterial unverzichtbar – Steinkohle,

Auf sauren, frischen Waldböden wächst der Wald-Sauerklee (Oxalis acetosella)

In schattigen Klingen und auf feuchten Nordhängen trifft man im Odenwald gelegentlich auf den Gelappten Schildfarn (Polystichum aculeatum).

Gas und Öl gab es noch nicht. Neben diesen krüppelig und mehrstämmig wachsenden Bäumchen gab es auch hoch gewachsene, einstämmige Eichen und Buchen, die man für Möbel und Bauzwecke brauchte. Einen Wald mit Brennholz- und Bauholznutzung auf einer Fläche nennt man Mittelwald: lichte Baumbestände mit einer sehr artenreichen und üppig wachsenden Strauch- und Krautschicht. Gewundert hätte sich der Apotheker auch über eine Baumart, die er vermutlich nur von einer Reise in die Hochlagen des Schwarzwalds oder in die Alpen gekannt haben könnte: die Rot-Fichte. Mitteleuropa ist von Natur aus unter den Klimabedingungen der letzten 5000 Jahre ein Waldland, das in weiten Teilen von der Rotbuche geprägt ist. Andere Baumarten können sich gegen ihre starke Konkurrenz meist nur auf extremen Standorten behaupten: auf sehr nassen oder sehr trockenen Böden oder in großer Höhenlage. Im Kleinen Odenwald gibt es heute zahlreiche Fichten, von denen die meisten gepflanzt sind. Die Douglasie kannte unser Apotheker mit Sicherheit nicht. Dieser Baum stammt aus Nordamerika und wird erst seit dem 19. Jahrhundert in Mitteleuropa flächig angebaut, in der Rhein-Neckar-Region erst seit etwa 1930.

Vom Königstuhl steigen wir hinunter nach Schlierbach, einem Heidelberger Stadtteil, der im Jahr 1600 kaum 200 Einwohner zählte, die hauptsächlich von der Fischerei lebten und Mühlen betrieben. Auf diesem Weg gelangen wir durch das Naturschutzgebiet „Felsenmeer". Kantige Sandsteinblöcke von über einem Meter Durchmesser, liegen hier hoch übereinander geschichtet. Sie bilden eine Blockhalde, die etwa 250 m breit ist und sich 350 m hangabwärts erstreckt. Im Zentrum sind die Wuchsbedingungen für Bäume denkbar schlecht. Die Blockhalde ist hier so mächtig, dass nur wenige Baumarten in der Lage sind, sich hier anzusiedeln. Die Karpaten-Birke, sonst von der Rotbuche verdrängt, bildet hier einen sehr lichten, märchenhaft anmutenden Wald. Zwischen den Steinblöcken wachsen Heidelbeere und als Besonderheiten der Sprossende und der Tannen-Bärlapp. Beide Bärlapparten sind im Odenwald ausgesprochen selten, im Kraichgau und in der Oberrheinebene fehlen sie. Der Apotheker freut sich, weil er endlich einmal einen Lebensraum betritt, der sich in den vergangenen Jahrhunderten nur wenig verändert hat. Höchstens dass es weniger Birken gab, weil auch sie zu Brennholz verarbeitet wurden. Die Felsenmeere des Odenwalds sind von großer erdgeschichtlicher Bedeutung. Ihre Entstehung geht auf die besonderen Klimabedingungen der Eiszeit zurück.

Weitgehend frei von Baumbewuchs ist der zentrale Teil der Blockschutthalde des Felsenmeeres bei Heidelberg

Eine große Rarität im Odenwald: der Tannen-Bärlapp (Huperzia selago).

Im Neckartal

Von Schlierbach aus schlagen wir den Weg flussabwärts ein und überqueren den Neckar bei der Alten Brücke zwischen der Altstadt und Neuenheim. Zu kurfürstlicher Zeit befand sich am Nordufer ein Treidelpfad (der Leinpfad), auf dem Pferde oder Ochsen die Neckarkähne flussaufwärts zogen. Der Neckar war noch ungebändigt. Keine steinerne Uferverbauung, keine Flussbegradigung und keine Stauwehre hinderten seinen Lauf. Oberhalb der alten Neckarbrücke (beim „Hackteufel") und beim Karlstor ragten Granitfelsen aus dem Flussbett und gefährdeten die Schifffahrt. Sie wurden zu Beginn des 20. Jahrhunderts weggesprengt. Eine weitere Gefahr ist heute kaum noch vorstellbar: Eisgang! Zwischen Anfang des 15. und Mitte des 19. Jahrhunderts hatte die „Kleine Eiszeit" Europa im Griff. Gegenüber dem mittelalterlichen Klimaoptimum gab es eine Abkühlung von durchschnittlich etwa 1 Grad C. Heute liegen die Temperaturen wieder etwa 1 Grad höher. Ein sehr strenger Winter sorgte im Jahr 1784 am Neckar für einen besonders schweren Eisgang, der viele Mühlen, Brücken und ufernahe Gebäude zerstörte. Ein wärmeres Klima und das warme Abwasser der Kraftwerke lassen den Neckar schon lange nicht mehr zufrieren.

Einen kleinen Eindruck, wenn schon nicht von einem naturnahen Fluss, dann zumindest von einer naturnahen Ufervegetation, erhalten wir zwischen Neckargemünd und Neckarsteinach. Am Neckar erstreckt sich bandförmig eine Vegetation, die aus hochwüchsigen, breitblättrigen Stauden besteht: Rüben-Kälberkropf, Große Brennnessel, Mädesüß und Arzneibaldrian bilden eine dichte, über 2 m hohe Hochstaudenflur. Im Sommer überzieht die Nessel-Seide, auch Teufelszwirn genannt, mit ihren fadendünnen, rosafarbenen Sprossen die Stauden: Eine Schmarotzerpflanze mit winzigen, schuppenförmigen Blättern und ohne Blattgrün. Sie saugt mit Hilfe spezieller wurzelähnlicher Organe Wasser und alle Nährstoffe, die eine Pflanze braucht, aus ihren Wirtspflanzen heraus. Die stecknadelkopfgroßen Blüten sitzen zu mehreren in dichten Knäuel an den Sprossen.

Durch den Sandstein-Odenwald

Wir machen uns auf den Weg nach Heiligkreuzsteinach, wo unser Apotheker einige besondere Pflanzenarten sammeln will. Zunächst folgen wir dem Philosophenweg. An warmen, nicht zu heißen Tagen kann man an den Sandsteinmauern Mauereidech-

An leicht überhängenden, etwas regengeschützten Felsblöcken wächst im NSG Felsenmeer die gelb leuchtende Flechte Chrysotrix chlorina. In Baden-Württemberg kommt sie nur im Schwarzwald und Odenwald vor.

Eine sehr merkwürdige Blütenpflanze ist die Nessel-Seide (Cuscuta europaea): Sie besitzt kein Blattgrün und parasitiert auf anderen Blütenpflanzen; daher wird sie auch „Teufelszwirn" genannt.

Die Mauereidechse (Podarcis muralis) ist eine besonders wärmeliebende Eidechsenart. Im Rhein-Neckar-Raum besiedelt sie nur wenige Stellen.

Ein Brennnesselgewächs ohne Brennhaare: das Mauer-Glaskraut (Parietaria judaica).

sen beobachten. Die schlanken Tiere bewegen sich äußerst flink. Werden sie gestört, suchen sie Schutz in den Ritzen und Fugen. Hier verbringen sie auch die Nächte, kalte Tage und den Winter. Außer am Philosophenweg und am Neckar gibt es noch einige weitere Populationen im Neckartal, an der Bergstraße und im Süden Mannheims auf Bahngelände. Durch Straßen, Wälder und Siedlungsbereiche sind diese leider voneinander isoliert. Ein Austausch von Individuen zwischen den Populationen ist jedoch für den Fortbestand wichtig. Die fremden Eidechsen können sich mit Tieren der Population, in die sie eindringen, paaren und tragen so neues Erbgut ein. Eine Inzucht mit all ihren negativen Auswirkungen wird somit vermieden.

Ohne Mörtel („trocken") aufgebaute Mauern nennt man Trockenmauern. Im Unterschied zu verfugten Mauern bieten ihre Mauerritzen und Hohlräume zahlreichen weiteren Tieren und Pflanzen einen sehr speziellen Lebensraum. Wo an Trockenmauern viele Eidechsen vorkommen, findet die Schlingnatter ihr Auskommen. Diese ungiftige Schlange ernährt sich nämlich hauptsächlich von Eidechsen. Sie benötigt außerdem viel Wärme und bevorzugt daher süd- und westexponierte Hanglagen, also typisches Weinbauklima. Besonders typisch für Weinbauklima sind auch zwei Pflanzenarten, die an den Trockenmauern des Philosophenwegs und des Neckarufers wachsen: Milzfarn und Mauer-Glaskraut. Das Mauer-Glaskraut gehört zwar zu den Brennnesselgewächsen, besitzt aber keine Brennhaare und kann gefahrlos angefasst werden. Die Art ist im Mittelmeergebiet sehr häufig, nördlich der Alpen viel seltener und auf die warmen und wintermilden Gebiete beschränkt. In Baden-Württemberg bildet das Neckartal von Heidelberg bis etwa Eberbach den Verbreitungsschwerpunkt.

Der Weg führt uns weiter in den Odenwald hinein über den Weißen Stein nach Wilhelmsfeld. Dort, wo heute Nadelforste mit hochwüchsigen Rot-Fichten und Douglasien den Wald prägen, gab es vor 400 Jahren vor allem Hackwald, eine sehr eigentümliche Waldnutzung, die bis in das 20. Jahrhundert im Odenwald verbreitet war. Ein Hackwald ist eine Kombination aus Niederwald und Getreideanbau. Während praktisch alle heutigen Wälder sogenannte Hochwälder darstellen, mit dem Ziel Bauholz zu gewinnen, dienen die Niederwälder ausschließlich der Gewinnung von Brennholz. Die Nutzung erfolgte ähnlich wie im Mittelwald, nur dass keine Bäume für die Bauholzgewinnung stehen gelassen wurden. Durch das häufige Abschlagen der Stämme wurden im Odenwald vor allem Eiche, Hainbuche, Hasel, Birke und Linde gefördert. Nadelbäume gehörten nicht dazu: Sie können nicht „aus-dem-Stock" treiben, wenn man ihren Stamm fällt.

Im ersten Jahr nach dem Abschlagen der Stämmchen wurde zwischen den Baumstöcken Roggen angebaut, im zweiten Jahr häufig Buchweizen. In den darauffolgenden Jahren konnten die Bäumchen wieder hochwachsen, wenn die Bauern sie nicht durch frühzeitiges Abschlagen der Triebe daran hinderten. So sahen weite Teile des Odenwaldes aus. Wald, wie wir ihn heute kennen, konnte man den Hackwald allerdings kaum nennen. Wer sich ein Bild machen will über den Niederwald, kann dies tun am Stamberg östlich Schriesheim, am Ölberg zwischen Schriesheim und Dossenheim, bei der Maisenklinge östlich Großsachsen oder auf dem Wachenberg bei Weinheim. Dort gibt es noch sehr anschauliche Bestände. Genutzt werden diese Wälder zwar schon lange nicht mehr aber, die frühere Niederwaldnutzung sieht man ihnen noch deutlich an. Der Niederwald ist im Gegensatz zum Hochwald sehr licht. Das fördert eine artenreiche Krautschicht. Wald-, Savoyer, Doldiges und Frühes Habichtskraut färben zur Blütezeit den Wald gelb. Nickendes Leimkraut zeigt im Mai seine weißen Blüten und die Pechnelke erblüht im Juni purpurfarben. Diese heute selten gewordene Nelkenart gibt es noch an Waldrändern am Westrand des Ölbergs bei Schriesheim.

Außer den Hackwäldern muss es um 1600 noch große Flächen mit Heidevegetation gegeben haben. Stattliche Populationen von Auerhuhn und Birkhuhn, die bis zum 19. Jahrhundert in diesem Teil des Odenwalds nachgewiesen sind, lassen darauf schließen. Diese zu den Raufußhühnern gehörenden Vogelarten fressen nämlich mit Vorliebe die Beeren von Sträuchern, die typisch sind für die Heide. Das Birkhuhn ist um 1950 im Odenwald ausgestorben, das Auerhuhn in den 1960er Jahren. Letzte Vorkommen des Auerhuhns gab es am Weißen Stein und am Hohen Nistler. Spätere Auswilderungsversuche schlugen leider fehl. Das Verschwinden großflächiger lichter Niederwälder und großer Heideflächen ist die wesentliche Ursache dafür. Der Apotheker des Jahres 1600 kann auf der kleinen Skipiste zwischen Dossenheim und dem Weißen Stein einige der typischen, damals weit verbreiteten Pflanzenarten der Heide finden: Besenheide, Borstgras, Wald-Ehrenpreis und den sehr selten gewordenen Keulen-Bärlapp. Den würde unser Apotheker ganz besonders schätzen und er hätte die keulenförmigen Sporenbehälter sicher gleich gesammelt. Die staubfeinen Sporen des Bärlapps dienten nämlich vieler-

Auf der Süd- und Ostseite des Ölbergs oberhalb von Schriesheim steht noch ein Niederwald. Die mehrstämmigen, krüppelig wachsenden Rotbuchen (Fagus sylvatica) erinnern noch an die frühere Nutzung.

Typisch für die Krautschicht des Niederwalds sind lichtliebende Arten wie das Frühe Habichtskraut (Hieracium glaucinum).

Der Gewöhnliche Besenginster (Cytisus scoparius) ist eine typische und häufige Art der Zwergstrauchheiden des Odenwalds.

lei Zwecken: als Wundpuder, zum Einstäuben der selbst gedrehten Pillen (die Sporen sind wasserabweisend) sowie als harntreibendes Mittel bei Nieren- und Blasenleiden. Vor Hexen soll es auch geschützt haben, von denen es im Odenwald allerdings keine mehr geben soll. An lichten Waldrändern und auf Lichtungen finden sich weitere typische Straucharten, die früher auch in den Heideflächen gewachsen sind: Deutscher und Behaarter Ginster, Gewöhnlicher Besenginster, Heidelbeere und die inzwischen im Odenwald weitgehend verschwundene Preiselbeere.

Im Vorderen Odenwald

Weiter geht der Weg nach Wilhelmsfeld. Da staunt der Wanderer, diesen Ort kennt er nämlich nicht. Die erste Ansiedlung des zunächst Wilhelmsburg genannten Dorfes entstand erst im Jahr 1711. Durch das Hilsbachtal gelangen wir ins Steinachtal und in den Vorderen Odenwald. Zwischen Schriesheim an der Bergstraße und Heiligkreuzsteinach, in etwa entlang des Kanzelbachtals, verläuft die Grenze zwischen dem Sandstein-Odenwald im Süden und dem Vorderen Odenwald im Norden. Diese Naturraumgrenze knickt ab Heiligkreuzsteinach nach Norden ab und verläuft dann östlich des Steinachtals. Während der Sandstein-Odenwald aus den Sedimenten des Buntsandsteins aufgebaut ist, besteht der Vordere Odenwald aus Tiefengesteinen des Grundgebirges: Granite, Diorite und metamorphe Gesteine.

Heiligkreuzsteinach ist das nächste Ziel, da in der Umgebung einige von den Apothekern des 16. Jahrhunderts sehr gesuchte Kräuter wachsen. Heiligkreuzsteinach war um 1600 bereits bekannt. Entstanden ist das Dorf im Hochmittelalter zwischen 1100 und 1200.

Im Talgrund der Steinach zwischen Heiligkreuzsteinach und Unterabsteinach sind die Nasswiesen und Flachmoore besonders bemerkenswert. Zumindest einige von ihnen werden auch heute noch extensiv bewirtschaftet, das heißt nicht gedüngt, nur ein- oder zweimal im Jahr gemäht oder in geringer Besatzdichte mit Rindern beweidet. Viele Bestände liegen allerdings brach, da eine Bewirtschaftung nicht lohnt. Durch die hohe Bodenfeuchte und gelegentliche Überstauung stellt sich eine ganz eigene Wiesenflora ein: Sumpf-Dotterblume, Kuckucks-Lichtnelke, Echtes Mädesüß, Hain-Vergissmeinnicht und Sumpf-Schafgarbe sind einige der zahlreichen, buntblühenden Kräuter der Nasswiese. Unser Begleiter hätte sogleich seinen Jutesack herausgeholt und Mädesüß gesammelt. In früherer Zeit diente diese Pflanze zum Süßen von Bier (das Met, daher der Name) – heute kaum noch vorstellbar. Es fand aber auch Verwendung gegen Gicht und Rheuma. Da das Mädesüß noch recht zahlreich in den Nasswiesen und Hochstaudenfluren vorkommt, gibt es gegen das Sammeln keine Bedenken.

In den flächenhaften Naturdenkmälern „Grüne Wiesen" südlich Unterabsteinach an der hessischen Landesgrenze, „Dörrwiesen" an der Abzweigung nach Hilsenhain und „Feuchtgebiet Untere Keilheck" am westlichen Ortsrand von Lampenhain trifft man noch auf zahlreiche Exemplare des Breitblättrigen Knabenkrauts, einer auffällig rot blühenden Orchidee. In diesen Naturdenkmälern kommen auch

Das Naturdenkmal „Dörrwiesen" im Steinachtal besitzt noch sehr artenreiche Wiesen mit vielen seltenen und gefährdeten Pflanzen- und Tierarten.

Eine der Kostbarkeiten der Odenwälder Wiesen ist das Breitblättrige Knabenkraut (Dactylorhiza majalis).

Der Fieberklee (Menyanthes trifoliata) ist eine Pflanze der Sümpfe und Moore. In früherer Zeit wurde er in der Volksmedizin bei Gallen- und Leberleiden verwendet und galt als fiebersenkend.

Flachmoore vor, die sich durch einen anmoorigen Boden mit einer, wenn auch geringmächtigen Torfbildung auszeichnen. Auf diesen dauernassen Standorten hat sich durch regelmäßige Mahd oder Beweidung ein Kleinseggen-Ried ausgebildet. Im Mai ist es schon von weitem zu erkennen, wenn die Frucht-

Im Odenwald wächst nur noch an sehr wenigen Stellen in Flachmooren das Wald-Läusekraut (Pedicularis sylvatica), zum Beispiel im Naturdenkmal „Grüne Wiesen" im Steinachtal.

stände des Schmalblättrigen Wollgrases weiß leuchten. Wo man das Wollgras findet, wächst meist auch der Fieberklee, der noch an mehreren Stellen im Vorderen Odenwald vorkommt; im Sandstein-Odenwald ist er dagegen ausgesprochen selten. Wir statten dem Naturdenkmal „Grüne Wiesen" einen kurzen Besuch ab. Die Hand des Apothekers greift nach dem Wald-Läusekraut, einer sehr typischen Art des Kleinseggen-Rieds. Halt! Diese Pflanze darf man nicht sammeln. Das Wald-Läusekraut besitzt nämlich in diesem Naturdenkmal einen seiner wenigen Wuchsorte im Vorderen Odenwald. Das bedauert unser Begleiter sehr, war doch die Art früher recht häufig. Man hat damals aus der giftigen Pflanze ein Mittel gegen Läuse (Name!) und anderes Ungeziefer hergestellt. Die Düngung der Wiesen aber auch die Aufgabe jeglicher Nutzung vor allem von Kleinseggen-Rieden hat zum weitgehenden Verschwinden geführt. Seinen Namen verdankt das Kleinseggen-Ried dem Auftreten mehrerer kleinwüchsiger Seggen-Arten: Braune, Grau-, Stern- und Hirsen-Segge bilden die Grasnarbe.

Die Steinach besitzt ebenfalls einige beachtenswerte Qualitäten. In einigen Bachabschnitten außerhalb der Siedlungsbereiche ist sie noch sehr naturnah. An den Ufern ihres geschlängelten Laufs stockt auf großer Strecke eine Art Galeriewald aus mehrstämmigen, alten Schwarz-Erlen und verschiedenen Baumweiden. Im Bach selbst leben zahlreiche Kleintiere, darunter die Larven verschiedener Arten von Köcherfliegen, Eintagsfliegen und Steinfliegen sowie Bachflohkrebse und Strudelwürmer. Davon ernähren sich die größeren Bachbewohner, zum Beispiel die Bachforelle und der bis 8 cm große Steinkrebs, der zwischen Unterabsteinach und Heilgkreuzsteinach eine kleine Population besitzt. Die Wasseramsel ist ebenfalls Nahrungsgast an der Steinach. Die Flussperlmuschel ist seit den 1970er Jahren leider ausgestorben. Unser Apotheker hätte im Jahr 1600 aber auch keine davon gesehen. Auf Wunsch des pfälzischen Kurfürsten Karl Philipp Theodor wurde diese Muschelart zwecks Gewinnung wertvoller Perlen nämlich 1760 zum ersten Mal in der Steinach ausgesetzt.

An der Bergstraße

Zügig eilen wir weiter durch den Vorderen Odenwald an die Bergstraße nach Weinheim. Dass es sich um eine alte Gerberstadt handelt, können wir schon vor der Ankunft erahnen. Am Eichelberg südlich Oberflockenbach, am Häuselberg bei Lützelsachsen, am sogenannten Raubschloss in Höhe des Waldschwimmbades südlich des Gorxheimer Tals und auf dem Wachenberg, um nur einige Beispiele zu nennen, treffen wir auf den Eichen-Schälwald. Das ist ein Niederwald, der fast ausschließlich aus niederwüchsigen, mehrstämmigen Trauben-Eichen gebildet wird. Angelegt wurden diese Waldbestände erst nach 1600. Der Hauptzweck war die Gewinnung von Eichenrinde. Diese wurde von den jungen, meist im Mai geschlagenen Stämmchen abgeschält und zur Ledergerbung verwendet. Mit dem Holz wurde geheizt und gekocht. Mit Einführung der Chromgerbung Anfang des 20. Jahrhunderts wurde die Verwendung der Eichenrinde zur Gerbung nach und nach

Ein Kulturrelikt des Gerbereigewerbes und der Lederindustrie des 19. Jahrhunderts in Weinheim ist der Eichen-Niederwald (Eichen-Schälwald) auf dem Gipfel des Wachenbergs.

Die Bergstraße bei Hemsbach: eine reich gegliederte Landschaft mit Weinbergen, Gärten und Obstwiesen; die Grundlage für eine artenreiche Tier- und Pflanzenwelt.

Der Acker-Gelbstern (Gagea villosa) kommt in den Weinbergen der Bergstraße verstreut vor. Wer ihn blühend sehen will, muss bereits im März/April Ausschau halten.

Die aus dem Mittelmeergebiet stammen wärmeliebende Schopfige Traubenhyazinthe (Muscari comosum) hat sich in den vergangenen Jahren an der Bergstraße ausgebreitet: ein Zeichen der Klimaerwärmung.

eingestellt. Die heute noch verbliebenen, noch nicht zu Hochwald umgebauten Bestände des Eichen-Schälwalds sind besondere Relikte der Kultur- und Nutzungsgeschichte der Bergstraße, die der Erhaltung würdig sind.

Die Bergstraße bildet den meist unbewaldeten Rand des Odenwalds zur Rheinebene hin. Wie in früherer Zeit wird hier Wein angebaut. Das freut unseren Wanderer, denn er verspürt so langsam Durst und will sich bei einem kühlen Schoppen ausruhen. Dazu setzt er sich für eine Weile an den Rand eines der kleinen Weinberge bei Sulzbach. Hier wird noch viel mit der Hand gearbeitet, im Gegensatz zu den viel größeren, professionell bewirtschafteten Weinbergen zwischen Weinheim und Heidelberg. Bereits Ende März erscheinen zwischen den Rebzeilen die gelben Blüten des Acker-Gelbsterns und wenig später die schwarz-blauen der Weinberg-Traubenhyazinthe. Beide gehören zur Familie der Liliengewächse. Zur gleichen Familie gehören auch Dolden-Milchstern und Weinbergs-Lauch, die man nicht nur in den Weinbergen, sondern auch an Wegränder und auf Lössböschungen entlang der Bergstraße findet. Eine Besonderheit ist die bei Weinheim-Nächstenbach und bei Hemsbach vorkommende Schopfige Traubenhyazinthe. Diese Häu-

Magerrasen im Naturschutzgebiet „Steinbruch-Sulzbach" an der Bergstraße bei Weinheim. Zu sehen sind die weißen Dolden des Hirsch-Haarstrangs (Peucedanum cervaria).

Dort, wo an der Bergstraße kalkhaltiger Löss das Grundgebirge überdeckt, findet man vor allem zwischen Großsachsen und Laudenbach Magerrasen. Der Name deutet es schon an: nährstoffarm und trocken sind die Böden und gering ist der Futterertrag dieses Grünlands. Was für den Landwirt von Nachteil, ist für die Natur von Vorteil: Gerade auf mageren Böden ist das Grünland besonders artenreich. Großblättrige und hochwüchsige Kräuter, die auf nährstoffreiche Böden angewiesen fung von Zwiebelpflanzen aus der Familie der Liliengewächse in Weinbergen ist durch die traditionelle Pflege, das regelmäßige Hacken und damit Offenhalten des Bodens in den Rebzeilen und -gassen zu

Die Schopfige Kreuzblume (Polygala comosa) gehört zu den Blumenzwergen der Magerrasen. Sie wird selten höher als 20 cm, ihre Blüten sind nur wenige Millimeter groß.

Die Große Sommerwurz (Orobanche elatior) ist eine von zehn Sommerwurz-Arten, die an der Bergstraße vorkommen. Als Parasit benötigt sie kein Blattgrün. Wasser und Nährstoffe holt sie sich von ihrer Wirtspflanzen, der Skabiosen-Flockenblume (Centaurea scabiosa).

erklären. Modernen Bewirtschaftungsmethoden mit starker Düngung, Dauerbegrünung der Gassen und dem Einsatz von Herbiziden ist die typische Weinbergsflora allerdings kaum gewachsen. Die für Weinberge typische Wilde Tulpe würde der Apotheker zum Beispiel vermissen. Im 19. Jahrhundert ist sie noch von Weinbergen der Heidelberger Umgebung bekannt und in früheren Jahrhunderten war sie sehr wahrscheinlich noch weiter verbreitet. Inzwischen ist sie in der Region ausgestorben.

sind, können ihre Konkurrenzkraft hier nicht ausspielen, was zahlreichen kleinwüchsigen Arten zum Vorteil gereicht. Das Naturschutzgebiet „Steinbruch Sulzbach" ist zwar sehr klein, besitzt aber einen der schönsten Magerrasen der Bergstraße. Weit über 60 Pflanzenarten wachsen auf etwa 1000 m^2, darunter Schopfiges Kreuzblümchen, Purgier-Lein und Fransen-Enzian als Vertreter der Blumenzwerge; aber auch Skabiosen-Flockenblume, Hirsch-Haarstrang und Kalk-Aster, die größer und auffälliger sind.

Eine besondere Bedeutung hat dieses Naturschutzgebiet durch das Vorkommen einiger Pflanzenarten, die an der gesamten Bergstraße ausgesprochen selten vorkommen. Dazu gehören Gelber Zahntrost, Steppen-Fenchel und Steppen-Lieschgras. Eine biologische Besonderheit ist die Große Sommerwurz. Bei dieser Art, wie bei allen übrigen Sommerwurz-Arten, handelt es sich um eine parasitische Blütenpflanze. Alles, was sie an Wasser und Nährstoffen benötigt, entzieht sie einer Wirtspflanze (bei der Großen Sommerwurz ausschließlich Skabiosen-Flockenblume) mit Hilfe besonders gestalteter Wurzeln, den Haustorien. Die Sommerwurz-Arten besitzen kein Blattgrün und können daher keine Zuckerstoffe durch Photosynthese produzieren – sie sind meist braun wie getrockneter Tabak. Daher werden auch Blätter nicht mehr benötigt, sie sind zu Schuppen reduziert. Die Bergstraße ist eines der Verbreitungszentren von Sommerwurz-Arten in Baden-Württemberg. Von insgesamt 20 Arten kommen allein zwischen Weinheim und Laudenbach zehn verschiedene vor.

Die Rheinebene und der Bergstraßen-Neckar

Vor etwa 10 000 Jahren wäre der Weg von Weinheim nach Mannheim sehr mühsam gewesen. Nicht, weil es keine Straßen und Wege gegeben hat, sondern weil zu dieser Zeit der Neckar nach Norden entlang der Bergstraße geflossen ist und man ihn hätte überqueren müssen. Erst bei Groß-Gerau bog der Fluss nach Westen ab und vereinigte sich bei Trebur mit dem Main, um gemeinsam mit ihm hier in

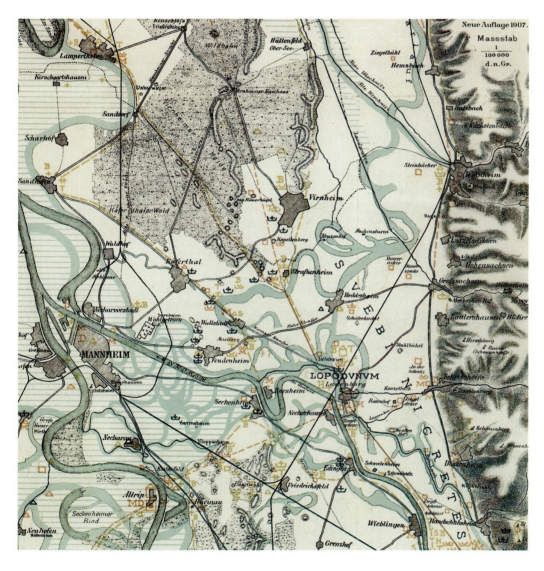

Ausschnitt aus der Karte zur Urgeschichte von Mannheim und Umgebung von Baumann (1887/1907) mit alten Rhein- und Neckarläufen.

Der Echte Wasserschlauch (Utricularia vulgaris) sieht seinem Verwandten, dem südlichen Wasserschlauch (U. australis) zum Verwechseln ähnlich, ist allerdings bedeutend seltener. Eine kleines Vorkommen befindet sich in einem Tümpel bei Laudenbach.

den Rhein zu münden. Vor etwa 8 900 bis 10 800 Jahren durchbrach der Neckar schließlich die Dünenkette zwischen Feudenheim und Seckenheim, die ihm zuvor den Weg versperrte, um von nun an direkt zum Rhein zu fließen. Der alte Neckarlauf mit seinen vielen Schlingen verwandelte sich danach in zahlreiche Stillgewässer. Diese verlandeten im Laufe der folgenden Jahrhunderte, manche unter Bildung von Torf. Die Sümpfe und Moore, die hier entstanden waren, konnte man im Jahr 1600 sicher noch an vielen Stellen sehen. Moore und Sümpfe beherbergen eine ganz eigene Tier- und Pflanzenwelt, von der uns vom Bergstraßen-Neckar allerdings wenig überliefert ist. Ein paar Reste dieser Vegetation, die sich von der Umgebung abheben, gibt es aber noch. Das Naturschutzgebiet „Rohrwiesen-Gänswiesen" zwischen Hemsbach und Laudenbach liegt in einem alten Neckarbett. Bei hohem Grundwasserstand bildet sich hier ein Stillgewässer, das zahlreiche Tiere und Pflanzen beherbergt. Die Seekanne ist eine schwimmende Wasserpflanze, die mit dem Fieberklee verwandt ist. Zu den untergetauchten Wasserpflanzen zählt der Südliche Wasserschlauch, der mit kleinen Fangblasen Wasserflöhe und andere kleine Wassertiere fängt und damit einen Teil ihres Nährstoffbedarfs deckt. Das Naturschutzgebiet Neuzenlache bei Muckensturm stellt ebenfalls einen alten, verlandeten Neckarlauf dar. An den fast schwarzen, torfigen Ackerböden, die an das Gebiet angrenzen, erkennt man, dass hier einmal ein Moor gewesen ist. Im Naturschutzgebiet selbst gibt es allerdings nur noch wenige Arten, die auf ein sehr altes Feuchtgebiet hinweisen, zum Beispiel die Sumpf-Wolfsmilch, die hier eines ihrer wenigen verbliebenen Vorkommen in der Nördlichen Oberrheinebene besitzt. Noch Ende des 19. Jahrhunderts muss es hier auf den damals noch nassen, torfigen Böden ausgedehnte Streuwiesen gegen haben. Aus einer Beschreibung der Flora dieses Gebiets von Dürer (1897) wissen wir, dass beim Muckensturmer Hof der Lungen-Enzian „in ganzen Kolonien" gewachsen ist, außerdem Wassernabel, Echter Wasserschlauch, Herzlöffel und Weiße Seerose. Bis auf den Wasserschlauch sind alle anderen Arten inzwischen in der Region ausgestorben.

Der Kiefernwald der Flugsandgebiete

Zwischen dem ehemaligen Bergstraßen-Neckar und der heutigen Rheinaue überdeckt ein etwa zwei bis vier Kilometer breites Band aus Flugsand die kiesigen Ablagerungen der Niederterrasse des Ober-

Ein kleiner Rest eines Steppen-Kiefern-Walds im Unteren Dossenwald bei Mannheim mit alten Exemplaren der Waldkiefer (Pinus sylvestris).

ben-Eiche und Rotbuche die Wälder der Flugsandgebiete um Mannheim. Die mittelalterlichen Rodungen und eine jahrhundertelange Übernutzung der Restwaldfläche brachten dann allerdings den Laubwald auf Sandstandorten nahezu vollständig zum Verschwinden. Alle seit dem 19. Jahrhundert bestehenden Wälder wurden forstlich begründet. Neben den ursprünglich am Wald beteiligten Stiel-Eichen, Trauben-Eichen und Rotbuchen wurden in erheblichem Maße Wald-Kiefern, Winter-Linden sowie die aus Nordamerika stammenden Rot-Eichen, Spätblühenden Traubenkirschen und Robinien eingebracht.

Hier zwei Beispiele für die bewegte Waldgeschichte:

Käfertaler Wald

Der Kameralwaldbesitz bei Käfertal, der Waldbesitz der Geistlichen Administration bei Käfertal sowie jener der Ortschaften Käfertal, Sandhofen, Scharhof und Wallstadt entstanden wahrscheinlich erst nach 1580 durch planmäßige Aufforstung und Selbstbestockung verödeter Felder und Allmendweiden. 1495 trugen diese Gemarkungen kaum nennenswerten Wald. 1596 erfolgten Aufforstungen auf den Gemarkungen von Sandhofen und Käfertal mit Birke, Eiche und Buche. Der Höhepunkt der Ausdehnung offener Sandflächen dürfte in diesem Bereich damit im 15. Jahrhundert gelegen haben. Als Bewirtschaftungsform für die im ausgehenden 16. Jahrhundert angelegten Aufforstungen war Mittelwaldwirtschaft vorgesehen. Nach der Topographischen Karte von 1838 war das östlich von Blumenau an der hessischen Landesgrenze gelegene, heute als „Neuwald" bezeichnete Gebiet noch unbewaldet. Die Aufforstung erfolgte hier gegen Ende des 19. Jahrhunderts. Im 20. Jahrhundert wurde dagegen im Süden des Käfertaler Waldes zur Anlage der Siedlungen Gartenstadt und Vogelstang in größerem Umfang Wald gerodet. Der noch junge Kiefernwald beherbergte noch eine Menge an Pflanzenarten der Sand- und Trockenrasen. Noch vor etwa 60 Jahren waren die Gewöhnlichen Kuhschelle und andere floristische Seltenheiten im südöstlichen Zipfel des Käfertaler Waldes häufig.

rheintals. Dieser Flugsand wurde am Ende der letzten Eiszeit aus den Rheinauen vom Westwind aus den Rheinsedimenten ausgeblasen und hier abgelagert. An etlichen Stellen wurde der Sand vom Wind zu Dünen aufgehäuft, die im Dossenwald zehn Meter Höhe erreichen und bei Oftersheim etwa 20 Meter.

Auf Grund der meist sehr trockenen und nährstoffarmen Böden besitzen die Flugsandgebiete eine völlig andere Flora und Fauna als die Standorte des Bergstraßen-Neckars und der Rheinaue.

Wald-Kiefern, so weit das Auge reicht. So stellt sich der Käfertaler Wald im Norden und der Dossenwald im Süden Mannheims heute dar. Der Wanderer aus dem Jahr 1600 staunt: So sah das zu seiner Zeit nicht aus. Wald gab es kaum, und wenn, dann war er heruntergewirtschaftet durch Weidetiere, Laubstreuentnahme und das häufige Schlagen von Brennholz (wenn auch nicht immer legal). Und vor allem: Es gab keine oder nur sehr wenige Wald-Kiefern! Erst seit etwas mehr als 200 Jahren werden die Flugsandgebiete durch die Wald-Kiefer geprägt. Diese Vorherrschaft ist weitgehend auf großflächige Aufforstungen im ausgehenden 18. Jahrhundert zurückzuführen. Ursprünglich prägte ein Laubwald mit Trau-

In den lichten Steppen-Kiefern-Wäldern waren lichtliebende Arten wie der Kreuz-Enzian (Gentiana crutiata) häufig. Durch das Zuwachsen mit Traubenkirschen, Brombeeren und anderen Gehölzen sind solche Arten in den Wäldern Mannheims sehr selten geworden.

Schwetzinger Hardt

Während des Mittelalters und der Neuzeit war dieses Gebiet stets bewaldet. Die umliegenden Dörfer Sandhausen, St. Ilgen, Walldorf, Reilingen, Hockenheim, Schwetzingen und Oftersheim besaßen seit altersher Berechtigungen zur Waldweide und Brennholznutzung. 1545 wurden ähnliche Rechte auch Brühl zugestanden. Die Schafweide im Wald war bereits um 1400 streng verboten, was darauf schließen lässt, dass bereits zu diesem Zeitpunkt der Wald durch die Beweidung stark aufgelichtet und die Verjüngung unzureichend war.

Ein Gutachten des Forstmeisters Martin Flad von **1576** über die Schwetzinger und Lorcher Hardt gibt genauere Auskunft über den damaligen Waldzustand: Eine geregelte Forstwirtschaft findet nicht statt. Es werden sowohl kleine Schlagflächen angelegt, die durch Stockausschlag verjüngt werden, als auch geplentert, so dass Ausschlagpartien mit mehr oder minder geschlossenen Althölzern wechseln. Wegen Weidebeschädigungen und sonstigen Übergriffen fehlt es an Jungwuchs. Die bisherige Kulturtätigkeit, die sich auf Saat und Pflanzung der Eiche beschränkte, zeigt keinen Erfolg. Es wird Mittelwaldwirtschaft empfohlen sowie die Aufforstung der Blößen mit Eiche, der Anbau von Kiefer an hochgelegenen und der Fichte an feuchten Orten. Der Samen von Kiefer und Fichte sollte in der Oberpfalz (Bayern) gesammelt werden, da er „in hiesiger Landesart nit ist". Für die Nutzung werden eine Einstellung der willkürlichen Holznutzung, ein auf den Winter beschränkter Hieb, ein Verbot der Schafweide und eine Beschränkung der Waldweide mit Rindvieh vorgeschlagen.

1697 wird über den Zustand der Schwetzinger Hardt berichtet: „So stehet die Hart mit Eichen in solch gutem Stand und Wachsdumb, daß dergleichen keiner in Kurpfalz noch zu finden sein."

1717 wird der Waldzustand mit Ausnahme der während der Spanischen Erbfolgekriege verwüsteten Teile als befriedigend dargestellt. Die Bestockung bestand überwiegend aus Eiche und Buche. Die Kiefer wurde mit einer Ausnahme nur aus Kulturen erwähnt. Wie schon 1576 lagen Mittel- und Hochwaldschläge im bunten Wechsel.

1764 bestanden noch ausgedehnte Eichen-Bestände und auch Buche und Kiefer „ließen sich nach Wunsch aufbringen". Eine „unbeschreibliche" Menge von Kiefern-Stämmen war jedoch von Kienholzmachern angehauen und schwer geschädigt worden. Ein hoher Wildbesatz – im 18. Jahrhundert lebten hier 3000 Rot- und Damhirsche auf 3500 Hektar! – verhinderte die Naturverjüngung. Um die Vernichtung des Waldes zu verhindern, wurde Einzäunung der Verjüngungsflächen aber auch Saat nach Umbruch empfohlen. Wegen Geldmangels kamen diese Maßnahmen jedoch kaum zur Ausführung.

1782 war der Wald weitgehend verwüstet. Nur noch auf 14 % der Fläche waren gute Bestände vorhanden, auf 22 % mittelmäßige. 47 % wurden von „ganz ausgelichteten und dürrstehenden" Beständen eingenommen, die eigentlich kein Wald mehr waren, sondern aus dürren und entgipfelten Bäumen in 100 Schritt Abstand und ohne Unterholz bestanden. Die Hälfte der Waldfläche war mit Laubholz bestanden. Auf 8 % der Fläche standen junge Schläge, auf 7 % wurden „leere Plätze" angegeben, wobei es sich großenteils um Sandrasen gehandelt haben dürfte. Äcker und Wiesen sowie Bäche und Straßen nahmen jeweils etwa 1 % der Fläche ein. Als Hauptursachen werden Waldweide und Waldfrevel angegeben. Die Kiefer war wegen der Kienholz- und Schindelgewinnung besonders gefährdet.

1785 begann eine energische Kulturtätigkeit. 40 % der Fläche wurden umgepflügt und Kiefer, Eiche, Buche und Fichte eingesät. Auf besser bestockten Flächen gelang die natürliche Verjüngung.

1900 betrug der Laubholzanteil nur noch 5 %. Als Ursachen dafür werden der durch die Korrektur der Bäche gesunkene Grundwasserspiegel und das dadurch bedingte Ausbleiben regelmäßiger Überschwemmungen, die Streunutzung und der Wechsel der Betriebsform genannt: statt Mischsaaten mit Samen von Laub- und Nadelbäumen wurden reine Kiefernsaaten verwendet.

Laubstreu als Einstreu in die Viehställe und zur Fütterung des Viehs wurde übrigens erst seit dem letzten Drittel des 18. Jahrhunderts in größerem Umfang ausgenutzt.

Sanddünen und Sandrasen

Das Besondere der Sanddünen und Flugsandflächen ist jedoch der Sandrasen. In Baden-Württemberg kommt diese spezielle und sehr eigenartige Vegetation nur im Rheintal zwischen Mannheim und Stollhofen bei Baden-Baden vor, denn nur hier gibt es die Flugsandablagerungen. Der Sandrasen ist eine niedrigwüchsige und lückige Vegetation. Hier treffen sich vor allem Spezialisten: Sand-Wicke, Sand-

schwerte Nährstoffaufnahme sowie Oberflächentemperaturen bis zu 70 Grad im Sommer. Hinzu kommt das Überwehen mit Sand, wenn der Wind einmal stärker bläst. Spezialisten gibt es auch in der Tierwelt. Viele Bienen-, Wespen- und Käferarten nutzen den lockeren Sandboden zur Anlage ihrer Brutröhren. Für viele der über 400 Wildbienen-Arten Baden-Württembergs sind offene, nur schütter bewachsene Sandflächen ein sehr wichtiger, für manche der einzig mögliche Lebensraum.

An regengeschützten Stellen, zum Beispiel unter Sitzbänken oder Wurzeltellern umgestürzter Bäume, fallen hier und da kleine, trichterförmige Vertiefungen im Sand auf. Hier lauert der Ameisenlöwe auf seine Beute. Es ist die Larve der Ameisenjungfer, eines li-

Die Sand-Strohblume (Helichrysum arenarium) wächst in Baden-Württemberg auf kalkhaltigen Flugsanden zwischen Mannheim und Philippsburg. Durch Zerstörung ihres Lebensraums sind Ihre Bestände so stark zurückgegangen, dass die Art inzwischen stark gefährdet ist.

Große Düne im NSG Unterer Dossenwald-Hirschacker bei Mannheim mit Sandrasen.

Strohblume, Sand-Veilchen und Sand-Thymian. Die Namen verraten bereits, welchen Lebensraum diese Arten bevorzugen. Das Silbergras ist auch ein solcher Spezialist: Sehr dünne, graugrüne Blätter und Stängel und der filigrane, silbrig schimmernde Blütenstand machen dieses Gras zu einer Zierde der Sandrasen. Jeder Mannheimer und jede Mannheimerin des Jahres 1600 kannte das Silbergras. In seiner Flora von Heidelberg von 1857 schreibt Schmidt: „… in den Sandgegenden der Ebene sehr verbreitet und zuweilen die einzige Spur der Vegetation." Spezialisten sind sie, weil ihre Lebensbedingungen extrem sind. Zu meistern sind schnell austrocknende Böden, dadurch Wassermangel und er-

bellenähnlichen Insekts. Die Larve ist wenige Millimeter groß. Am spitzen Ende des Trichters im Sand eingegraben, wartet sie, dass Ameisen oder andere kleine Insekten in den Trichter fallen.

Die Blauflügelige Ödlandschrecke (Oedipoda caerulescens) ist auf den offenen Sandböden gut getarnt. Erst beim Auffliegen fällt sie auf, wenn sie ihre blauen Hinterflügel ausbreitet.

Die Silberscharte (Jurinea cyanea) gehört zu den großen Kostbarkeiten der baden-württembergischen Sandflora. Eine Vorkommen befindet sich mitten auf dem Rangierbahnhof Mannheim.

Im Bürgerpark „Wingertsbuckel" (Die Bell) gibt es noch einen kleinen aber feinen Sandrasen mit zahlreichen seltenen und gefährdeten Tier- und Pflanzenarten; hier die seltene Steppen-Wolfsmilch (Euphorbia seguieriana).

Das alles ist unserem Apotheker wohl bekannt. Jedoch wundert er sich, dass nur noch an wenigen Stellen und meist nur kleinflächig Sandrasen vorhanden sind.

Durch Sandabbau, Überbauung, Aufforstung, intensive landwirtschaftliche Nutzung oder Aufgabe jeglicher Nutzung sind die Sandrasen sehr selten geworden und gehören zu den gefährdetsten Lebensgemeinschaften Baden-Württembergs. Von den Sandrasen Mannheims sind seit 1900 über 90 % verschwunden. Viele der Tier- und Pflanzenarten der Sandrasen sind daher ebenfalls selten und gefährdet.

Eine ganz besondere botanische Kostbarkeit unter den gefährdeten Arten ist die Silberscharte. Dieser Korbblütler kommt nur an ganz wenigen Stellen in Deutschland vor. Eines dieser Vorkommen liegt mitten im Mannheimer Rangierbahnhof, einem Ort, an dem weder Aufforstung, Bebbauung noch intensive Landwirtschaft dieser Art bisher schaden konnte. Sonst gibt es die Silberscharte in Baden-Württemberg nur noch im Naturschutzgebiet „Sandhausener Dünen". Noch Anfang des 20. Jahrhunderts gab es Vorkommen auch auf dem Wingertsbuckel in Feudenheim (heute ein Bürgerpark), dem Kuhbukkel, auf einer Düne im Käfertaler Wald und im Gewann Apfelkammer bei Straßenheim.

Ein Besuch des Bürgerparks Wingertsbuckel lohnt sich aber immer noch. Mitten in der Stadt wurde durch Pflegearbeiten ein kleiner Sandrasen auf kalkhaltigem Flugsand erhalten, der noch eine ganze Reihe von botanischen Besonderheiten aufweist, darunter Steppen-Wolfsmilch, Feld-Beifuß, Gewöhnliche Ochsenzunge und Kugel-Lauch. Besonders gut ausgebildete und vor allem großflächige Sandrasen gibt es im Naturschutzgebiet „Unterer Dossenwald-Hirschacker" zwischen Mannheim und Schwetzingen.

Der Sandtorfer Bruch

Wir setzen unseren Weg nach Westen fort und verlassen den Käfertaler Wald und die Sandgebiete bei Blumenau. „Ich möchte unbedingt noch ins Moor!" ruft unser Apotheker. „Ich habe vergessen, im Odenwald Blätter des Fieberklees zu sammeln. Sie sind appetitanregend und auch gut gegen Gallen- und Leberleiden. Sie sollen auch fiebersenkend sein, aber das habe ich noch nicht feststellen können, vielleicht ist nichts dran." „Welches Moor?" „Na, der Sandtorfer Bruch!" Dass sich einmal nördlich von Blumenau ein großes Moorgebiet befand, kann man heute allerdings nur noch ahnen oder in alten Büchern nachlesen. Anhand der Höhenlinien und der Wegeführung lässt sich in der topografischen Karte die alte Rheinschlinge aber gut nachvollziehen, in der das Moor gelegen war: vom heutigen Rhein über Kirschgartshausen nach Blumenau, dann nach Nor-

den an Sandtorf vorbei bis Lampertheim, dann wieder nach Westen durch den Biedensand (heute Naturschutzgebiet) dem Rhein entgegen.

Über mehrere Jahrhunderte hat der Verlandungsprozess in der abgeschnittenen Rheinschlinge zur Torfbildung und damit zu einem Moor geführt – mitten in der Rheinebene! Und was gab es da zu bestaunen: Rundblättrigen und Langblättrigen Sonnentau (zwei tierfangende Pflanzenarten), Sumpf-Veilchen, Herzblatt, Wassernabel, Kriechenden Sellerie, Wasserschierling (tödlich giftig!), Schlankes Wollgras sowie die Orchideen Glanzstendel und Sumpf-Stendelwurz – und nicht zu vergessen den Fieberklee, den es heute im Rhein-Neckar-Raum nur noch im Vorderen Odenwald gibt.

Das Moor wurde buchstäblich verheizt. Bereits der Freiherr von Vielliez, der in Käfertal 1789 ein Essigsiederei und eine Bleizuckerfabrik eröffnete, wollte deren Dampfmaschinen mit dem Torf des Moores befeuern. Danach wurde mit Unterbrechungen immer wieder Torf abgebaut. Das endgültige Aus kam in den 1930er Jahren, als der Reichsarbeitsdienst das Moor trockenlegte und dadurch eine landwirtschaftliche Nutzung mit Äckern und Wiesen möglich wurde. Die Enttäuschung für unseren Apotheker des Jahres 1600 ist groß. Weder Fieberklee noch die vielen anderen Moorpflanzen haben diese Umgestaltung überlebt. Wer heute durch den Sandtorfer Bruch spaziert, sieht nur noch die parallel verlaufenden Entwässerungsgräben und den dunklen, torfigen Boden. Ein kleiner Trost: In den Weiden-Gehölzen, Schilf-Röhrichten und Hochstaudenfluren, die in den Gräben wachsen, brüten Sumpfrohrsänger und Nachtigall und der Kuckuck sucht sich deren Nester, um seine Eier unterzubringen. Auch botanisch bietet sich dem Spaziergänger etwas. An den Weg- und Gehölzrändern blüht Ende Mai die Österreichische Rauke mit auffallend kräftig gelben Blüten. Diese Rauken-Art stammt ursprünglich aus Osteuropa und Westasien. Erst seit etwa 1880 ist sie von Baden-Württemberg bekannt, zum erstenmal erwähnt für den Mannheimer Raum. Inzwischen ist sie eingebürgert und wächst in den Tälern von Rhein,

Der Sandtorfer Bruch hat sein Gesicht in den letzten 100 Jahren völlig geändert. Aus einem Moor ist eine Landschaft mit Äckern und Feldhecken geworden.

Das gab es mal in Mannheim: Der Rundblättrige Sonnentau (Drosera rotundifolia) – eine tierfangende Pflanze – besiedelte noch im 19. Jahrhundert die Moorflächen des Sandtorfer Bruchs.

Ein Neubürger unserer heimischen Flora: die Österreichische Rauke (Rorippa austriaca).

Main und Neckar sowie in einigen ihrer Seitentäler. Im Sommer kann man in den Gräben eine der merkwürdigsten Pflanzen finden. Blassrosa, etwa bindfadendick und mehrere Dezimeter lang sind die Sprosse der Weiden-Seide, die sich um Brennnesseln und andere Pflanzen winden. Eine nahe Verwandte dieser parasitischen Blütenpflanze haben wir bereits am Neckarufer kennengelernt, die Nessel-Seide. Die Weiden-Seide ist aus Baden-Württemberg nur von der Rheinaue nördlich von Mannheim bekannt. Hier liegt die Südwestgrenze ihres Verbreitungsgebiets, das sich weit nach Osteuropa erstreckt.

Auf der Friesenheimer Insel

Auf unserem weiteren Weg zum Rhein findet sich der Apotheker immer weniger zurecht. Das Moor ist trockengelegt und die Vegetation hat sich völlig verändert, aber zumindest die Landschaft hat noch Ähnlichkeit mit der aus dem 16. Jahrhundert. Soviel kann er gerade noch nachvollziehen. Dass eine Landschaft aber komplett umgekrempelt werden kann und dabei völlig neue Lebensräume entstehen, das ist fast zu viel. Noch nicht einmal Rhein und Neckar fließen noch da, wo er sie 400 Jahre zuvor hat fließen sehen. Um das Jahr 1600 waren Rhein und Neckar noch nicht begradigt, es waren noch Wildflüsse mit sich ständig verlagernden Läufen und Hochwässern mit gewaltigen Überschwemmungen. Der Neckar floss zu dieser Zeit ab Seckenheim in einem großen Bogen nach Süden bis etwa Neuhermsheim, dann nach Norden zwischen Feudenheim und Wohlgelegen. Hier hatte der Neckar das Hochgestade des Rheins angeschnitten und einen bis 6 m hohen Prallhang hinterlassen, der heute noch zu sehen ist. Auf dem oberen Rand dieses Prallhangs zeichnet die Straße „Am Aubuckel" den Verlauf des alten Neckarmäanders nach. In einer letzten großen Schleife

Der begradigte Neckar in Mannheim mit der Mündung des Neckarkanals am Ende der Maulbeerinsel.

floss der Neckar wieder nach Süden durch die heutige Oststadt und Schwetzinger Stadt, bevor er in den Rhein mündete. Bis zur Begradigung verlagerte der Neckar noch einige Male seinen Lauf und war damit eine ständige Bedrohung für die Bevölkerung. Nach Plänen von Cosimo Alessandro Collini wurde 1794 mit dem Durchstich der Neckarmäander begonnen und der Lauf begradigt. Die Mündung in den Rhein lag damals beim heutigen Bonadieshafen. Das änderte sich wieder als 1827 nach Plänen des badischen Majors Tulla die Rheinschlinge bei der Neckarmündung durchstochen wurde und so

Die Ruderalflächen auf der Friesenheimer Insel gehören zu den artenreichsten Lebensräumen der Region; rot blühend die Wege-Distel (Carduus acanthoides).

die Friesenheimer Insel entstand. Durch die Rhein- und Neckarbegradigung kam es zu einer schnelleren Abführung des Flusswassers. Dadurch reduzierten sich die Hochwässer beträchtlich. Das Land war nutzbar gemacht für Landwirtschaft, Siedlung und Industrie.

Die Friesenheimer Insel und der heutige Industriehafen sind inzwischen ein Eldorado für Liebhaber fremdländischer Pflanzen geworden. Mit den Waren aus aller Welt kamen und kommen auch Pflanzen aus aller Welt – meist unbeabsichtigt eingeschleppt, früher etwa im Stroh, das lange Zeit als Verpackungsmaterial diente. Obwohl unser Apotheker des Jahres 1600 ein sehr guter Pflanzenkenner ist, hier ist ihm alles neu: Schmalblättriges Greiskraut aus Südafrika, Ausdauernde Ambrosie, Eschen-Ahorn und Westamerikanischer Amarant aus Nordamerika, Giftbeere und Kleinblütiges Franzosenkraut aus Südamerika, Ruthenisches Salzkraut und Loesels Rauke aus Zentralasien und schließlich der Australische Gänsefuß vom anderen Ende der Welt, der in Baden-Württemberg zum erstenmal 1976 im Mannheimer Rheinauhafen entdeckt wurde.

Diese Adventivflora, wie man die Gemeinschaft der Neubürger oder Neophyten auch nennt, fühlt sich auf Ruderalflächen besonders wohl. Ständige Bodenstörungen durch Ablagerungen, Umlagerungen, Abschiebungen, Befahren und Betreten verhindern, dass sich Pflanzenarten der Wiesen und Wälder ansiedeln können. Das nutzen die Neophyten aus. Sie machen sich nämlich nichts aus diesen Störungen; im Gegenteil, halten diese ihnen doch die Konkurrenz vom Leib. Die Friesenheimer Insel ist berühmt für ihren Reichtum an fremdländischen Arten. Kaum ein anderer Ort in Deutschland weist eine ähnliche Vielfalt auf (vergleichbar ist etwa der Duisburger Hafen).

Auf der Reißinsel

So viel Neues für den Wanderer des Jahres 1600: Die neu entstandenen Lebensräume der Industriestadt und erst die vielen neuen Arten! Da braucht er zum Abschluss einen Ort, an dem er sich noch auskennt, an dem er ausruhen kann. Und diesen Ort gibt es tatsächlich noch in Mannheim: die Reißinsel. Nirgends ist in Mannheim die Landschaft noch so ursprünglich wie in diesem Naturschutzgebiet und Bannwald. Zusammen mit dem angrenzenden Waldpark werden hier 275 Hektar Aue noch regelmäßig und ungehindert von Dämmen vom Rheinhochwasser überflutet. In der ganzen Oberrheinebene gibt es nur noch wenige solcher naturnahen Auenland-

schaften. Zu verdanken ist dies dem Mannheimer Konsul Carl Reiß (1843-1914), der in seinem Testament das Gebiet der Stadt Mannheim vererbte. Er verpflichtete die Stadt gleichzeitig, die Reißinsel im damaligen Naturzustand zu belassen. Gleich mehrere Lebensräume sind hier von ganz besonderer Bedeutung: Der rheinnahe Silberweiden-Auenwald, die Schilf-Röhrichte und die Wiesen der Reißinsel sowie der rheinferne Eichen-Ulmen-Auenwald des Waldparks.

Das Ruthenische Salzkraut (Salsola kali subsp. iberica), hier auf einem Bahngelände in Mannheim, ist eine typische Steppenpflanze: Wenn im Herbst die Früchte reif sind, reißt die ganze Pflanze ab und rollt als „Steppenroller" über die offenen Flächen, um dabei die Samen auszustreuen.

Die Reißinsel gehört zu den Landschaften in Mannheim, die sich in den vergangenen Jahrhunderten am wenigsten verändert haben. Auf Grund ihrer reichen Ausstattung an Lebensräumen mit vielen seltenen und gefährdeten Tier- und Pflanzenarten steht sie seit 1950 unter Naturschutz.

Der Zweiblättrige Blaustern (Scilla bifolia) ist eine typische Art der Auwälder.

Bezeichnend für den Silberweiden-Auenwald sind die Silber-Weide und die Silber-Pappel. Diese Baumarten können dem Hochwasser besonders lange standhalten und damit sehr nah am Rhein zu wachsen. Bis zu 190 Tage im Jahr kann die Silber-Weide im Wasser stehen, andere Baumarten halten viel weniger aus: die Stiel-Eiche nur etwa 100 Tage, die Esche 40 und die Buche gerade mal etwa 20 Tage. Aber nicht nur der zeitweise hohe Wasserstand prägt diesen Lebensraum. Das Hochwasser kann sehr rasch durch den Auenwald fließen, kräftig an den Bäumen reißen und viel Sand und Schlick hinterlassen. Der Eichen-Ulmen-Auenwald wächst dort, wo das Hochwasser seltener hingelangt und auch nicht so lange bleibt. Dieser Waldtyp gehört zu den artenreichsten in Mitteleuropa. Außer der Stiel-Eiche und der Feld-Ulme findet man Flatter-Ulme, Gewöhnliche Esche, Feld-Ahorn, Berg-Ahorn, Hainbuche und an trockenen Stellen auch Rotbuche, selten sind Wild-Apfel und Wild-Birne. In der Strauchschicht wachsen Roter Hartriegel, Eingriffeliger Weißdorn, Gewöhnliches Pfaffenkäppchen, Hasel, Liguster, Schwarzer Holunder und noch einige weitere Straucharten. Die Krautschicht bietet im Waldpark etwas Besonderes: Im zeitigen Frühjahr, von März bis April, blühen stellenweise ganze Teppiche des Zweiblättrigen Blausterns. Die Samen dieses Liliengewächses besitzen ein ölhaltiges Anhängsel, das von Ameisen als Nahrung geschätzt wird. Sie „ernten" die Samen und tragen sie in ihre Nester ein, verspeisen aber nur das Anhängsel. So tragen sie zur Verbreitung des Blausterns bei.

Die mit Abstand größte botanische Besonderheit ist jedoch die Wilde Weinrebe. Sie ist die Stammart einiger unserer Rebsorten. In Baden-Württemberg gibt es nur noch wenige Pflanzen dieser Art und alle kommen ausschließlich in der Nördlichen Oberrheinebene vor. Der Ausbau des Rheins seit der Tullaschen Rheinkorrektion Anfang des 19. Jahrhunderts und die Ausdeichung großer Auwaldflächen veränderten den Wasserhaushalt und die Dynamik der Auenlandschaft grundlegend. Das hat diese früher in der Rheinaue weit verbreitete Art fast zum Aussterben gebracht. Mit einigen wenigen Exemplaren wächst sie außer auf der Reißinsel noch im südlich gelegenen Naturschutzgebiet „Ketscher Rheininsel". Die Landes-Lehr- und Forschungsanstalt für Landwirtschaft, Weinbau und Forsten in Neustadt an der Weinstrasse und die baden-württenbergische Naturschutzverwaltung haben mit der Aufzucht aus Samen und dem Ausbringen von Pflanzen in den Rheinwäldern eine Maßnahme zur Erhaltung dieser seltenen Pflanzenart ergriffen.

An dieser wassergefüllten Schlute auf der Reißinsel mit Silber-Pappeln und Schilf-Röhricht am Ufer endet unsere naturkundliche Wanderung von Sinsheim nach Mannheim.

Am Ende der Wanderung durch die ehemalige Kurpfalz angekommen, steht unser Apotheker an einer Hochwasserabflussrinne, Schlute genannt, am Rand eines Schilf-Röhrichts, schließt die Augen und lauscht dem Gesang des Teichrohrsängers. Jetzt fühlt er sich fast wie zu Hause im Jahr 1600. Hier hat sich durch Land- und Forstwirtschaft, durch Stadt, Verkehr und Industrie wenig verändert. Und das soll auch so bleiben.

Literaturverzeichnis

BRAUNSTEFFER P. 1942: Botanische Exkursion zur „Viernheimer Lache". – Verhandl. naturhistor. - medizin. Ver. Heidelberg, zool. - botan. Sekt., S.-A., Heidelberg. 2 S. [nicht veröffentlichte Druckfahne?]. Veröffentlicht wurde diese Arbeit erst 16 Jahre später in: Hess. Florist. Briefe 7 (75): 337-338. Offenbach a. M.

BREUNIG, T. & DEMUTH, S. 1999: Rote Liste der Farn- und Samenpflanzen Baden-Württemberg. – Fachdienst Naturschutz, Naturschutzpraxis, Artenschutz 2 (Hrsg.: Landesanstalt für Umweltschutz Baden-Württemberg). – 161 S.; Karlsruhe.

BREUNIG T. & DEMUTH S. 2000: Naturführer Mannheim. Entdeckungen im Quadrat. – Verlag regionalkultur. 132 S.; Ubstadt-Weiher.

DEMUTH S. 2001: Die Pflanzenwelt von Weinheim und Umgebung. – Verlag Regionalkultur. 416 S. Ubstadt-Weiher.

DEMUTH S., BREUNIG T. & Hafner A. 2004: Naturschutzkonzeption Grundgebirgs-Odenwald und Bergstraße. – Herausgeber: Bezirksstelle für Naturschutz und Landschaftspflege (seit 1.1 2006: Regierungspräsidium Karlsruhe, Referat 56 „Naturschutz"). 301 S. + 3 Karten; Karlsruhe.

DÖLL J. C. 1857-62: Flora des Großherzogtums Baden. Erster Band (1857: VI + S. 1-482); zweiter Band (1859: IV + S. 483-960); dritter Band (1862: VI + S. 963-1429); Karlsruhe.

DÜLL R. & KUTZELNIGG H. 1994: Botanisch-ökologisches Exkursionstaschenbuch. – 5. überarbeitete und verbesserte Aufl. Quelle & Meyer. 590 S.; Wiesbaden.

DÜRER M. 1897: Die Flora der Torflachen bei Virnheim an der hessisch - badischen Grenze. – Allg. Botan. Zeitschr., 3 (9): 146-147. Karlsruhe.

ELLENBERG H. 1996: Vegetation Mitteleuropas mit den Alpen. – 5., stark veränderte und verbesserte Aufl. Verlag Eugen Ulmer. 1096 S. Stuttgart (Hohenheim).

HAUSRATH [H.] 1905: Zur Frage des natürlichen Verbreitungsbezirkes der Kiefer. - Allgemeine Forst- und Jagd-Zeitung Neue Folge 81, S. 406-409. Frankfurt am Main.

HAUSRATH H. 1914: Beiträge zur Waldgeschichte der badischen Pfalz. I. Die Forsten der Rheinebene - Allgemeine Forst- und Jagd-Zeitung Neue Folge 90, S. 253-263, 1 Karte, Frankfurt a. M.

HAUSRATH H. 1982: Geschichte des deutschen Waldbaus. Von seinen Anfängen bis 1850. – Hochschulverlag. 416 S.; Freiburg (Breisgau).

HEINE H. 1952: Beiträge zur Kenntnis der Ruderal- und Adventivflora von Mannheim, Ludwigshafen und Umgebung. – Ver. Naturkunde Mannheim 117/118: S. 85-132. Mannheim.

KÜSTER H. 1995: Geschichte der Landschaft Mitteleuropas. – Verlag C.H. Beck. 424 S.; München.

LAUTERBORN R. 1930: Der Rhein. Naturgeschichte eines deutschen Stromes. Erster Band: Die erd- und naturkundliche Erforschung des Rheins und der Rheinlande vom Altertum bis zur Gegenwart. Erste Hälfte: Die Zeit vom Alterum bis zum Jahre 1800. – Sonderdruck aus den Ber. Naturforsch. Ges. Freiburg i. Br. (Bd. XXX, 1 und 2). 311 S. Freiburg i. Br.

LAUTERBORN R. 1938: Der Rhein. Naturgeschichte eines deutschen Stromes. Erster Band: Die erd- und naturkundliche Erforschung des Rheins und der Rheinlande vom Altertum bis zur Gegenwart. Zweite Hälfte: Die Zeit von 1800-1930, Abteilung I. 324 S; Abteilung II: Der Oberrhein mit den schwäbischen Neckarlanden. 439 S. – Kommissions-Verlag der Buchhandlung August Lauterborn. Ludwigshafen am Rhein.

MANGOLD A. 1892: Die alten Neckarbetten in der Rheinebene. – Abhandl. Großherzoglich Hess. Geolog. Landesanstalt, 2: S. 63-114. Darmstadt.

MOOS A. 1986: Hemsbach am Bergstraßen-Neckar (I). – Die Dorfheimat. Heimatbeilage zum Hemsbacher Stadtanzeiger, 41: 3 S. Hemsbach.

MOOS A. 1987: Hemsbach am Bergstraßen-Neckar (II). – Die Dorfheimat. Heimatbeilage zum Hemsbacher Stadtanzeiger, 42: 3 S. Hemsbach.

MUSALL H. 1969: Die Entwicklung der Kulturlandschaft der Rheinniederung zwischen Karlsruhe und Speyer vom Ende des 16. bis zum Ende des 19. Jahrhunderts. – Heidelberger Geographische Arbeiten 22: 1.279 + 2 Abb. und 34 Karten; Heidelberg.

RÖHNER G. 1997: Volkstümliche Pflanzennamen und Anwendungen an der Bergstraße. – [Unveröffentlichte Arbeit]. Verlag Gerhard Röhner. Hemsbach. 78 S.

SCHMIDT J. A. 1857: Flora von Heidelberg. – Academische Verlagshandlung von J. C. B. Mohr. 394 S. Heidelberg.

SCHULTZ F. W. 1846: Flora der Pfalz. 575 S. Speyer.

SEBALD O., SEYBOLD S. & G. PHILIPPI (Hrsg.) 1992-1993: Die Farn- und Blütenpflanzen Baden-Württembergs. Bände 1-4. – Verlag Eugen Ulmer. Bd. 1: 624 S., Bd. 2: 451 S., Bd. 3: 483 S., Bd. 4: 362 S.; Stuttgart (Hohenheim).

SEBALD O., SEYBOLD S., PHILIPPI G. & A. WÖRZ (Hrsg.) 1996-1998: Die Farn- und Blütenpflanzen Baden-Württembergs. Bände 5-8. – Verlag Eugen Ulmer. Bd. 5: 539 S., Bd 6: 577 S., Bd. 7: 595 S., Bd. 8: 540 S.; Stuttgart (Hohenheim).

SUCCOW F. G. L. 1821-1822: Flora Mannhemiensis et vicinarum regionum cis- et transrhenanarum. – Schwan et Götz Mannheim. Pars I (1821): V+244 p., Pars II (1822): 186 p. cum charta topographica.

ZIMMERMANN F. 1907: Die Adventiv- und Ruderalflora von Mannheim, Ludwigshafen und der Pfalz nebst den selteneren einheimischen Blütenpflanzen und den Gefäßkryptogamen. – 1. Auflage. H. Haas, Mannheim. 171 S.

Karten

Karte zur Urgeschichte von Mannheim und Umgebung, 1887. Entw. und gez. von K. Baumann. – Neue Auflage 1907. Massstab 1:100.000 d. n. Gr. Ch. Seitz, Mannheim. *Karte mit genauer Darstellung der alten Rhein- und Neckarläufe sowie den Fundstätten aus der vorrömischen, römischen und alamannisch-fränkischen Zeit.*

Topographischer Atlas über das Grossherzogthum Baden nach der allgemeinen Landvermessung des Großherzoglichen militärisch topographischen Bureaus – Maßstab 1:50.000: Blatt 2a (1834), Blatt 6 (1838), Blatt 2b (1839), Blatt 7 (1841). Reproduktion nach einem Original der Badischen Landesbibliothek, Hrsg: Landesvermessungsamt Baden-Württemberg, Stuttgart 1984.

Charte des alten Flusslaufes im Ober-Rhein-Thal. Erstes Blatt. Lithographirt von Jos. Wehrle. Bei Braun in Carlsruhe 1850.

Bildquellenverzeichnis

Andreas Wolf: „Der Helle Wiesenknopf-Ameisenbläuling"
Siegfried Demuth: alle übrigen Bilder

Liste der deutschen und wissenschaftlichen Pflanzennamen

Die Namen richten sich nach:

BUTTLER K. P. & K. HARMS 1998: Florenliste von Baden-Württemberg. Liste der Farn- und Samenpflanzen (Pteridophyta et Spermatophyta). – Fachdienst Naturschutz, Artenschutz 1 (Hrsg.: Landesanstalt für Umweltschutz Baden-Württemberg). 486 S.; Karlsruhe.

Deutscher Name	Wissenschaftlicher Name
Ackerfrauenmantel, Gewöhnlicher	*Aphanes arvensis*
Ackerröte	*Sherardia arvensis*
Ahorn, Berg-	*Acer pseudoplatanus*
Ahorn, Eschen-	*Acer negundo*
Ahorn, Feld-	*Acer campestre*
Ambrosie, Ausdauernde	*Ambrosia coronopifolia*
Apfel, Holz-	*Malus sylvestris*
Arzneibaldrian	*Valeriana officinalis*
Aster, Kalk-	*Aster amellus*
Bärenklau, Wiesen-	*Heracleum sphondylium*
Bärlapp, Keulen-	*Lycopodium clavatum*
Bärlapp, Sprossender	*Lycopodium annotinum*
Bärlapp, Tannen-	*Huperzia selago*
Beifuß, Feld-	*Artemisia campestris*
Besenginster, Gewöhnlicher	*Cytisus scoparius*
Birke, Hänge-	*Betula pendula*
Birke, Karpaten-	*Betula pubescens* subsp. *glutinosa*
Birne, Wild-	*Pyrus pyraster*
Borstgras	*Nardus stricta*
Brennessel, Große	*Urtica dioica*
Buchweizen, Echter	*Fagopyrum esculentum*
Dinkel	*Triticum spelta*
Dornfarn, Breitblättriger	*Dryopteris dilatata*
Dotterblume, Sumpf-	*Caltha palustris*
Douglasie, Grüne	*Pseudotsuga menziesii*
Ehrenpreis, Wald-	*Veronica officinalis*
Eiche, Rot-	*Quercus rubra*
Eiche, Stiel-	*Quercus robur*
Eiche, Trauben-	*Quercus petraea*
Enzian, Fransen-	*Gentianella ciliata*
Enzian, Kreuz-	*Gentiana cruciata*
Enzian, Lungen-	*Gentiana pneumonanthe*
Erle, Schwarz-	*Alnus glutinosa*
Esche, Gewöhnliche	*Fraxinus excelsior*
Fichte, Gewöhnliche	*Picea abies*
Fieberklee	*Menyanthes trifoliata*
Flachs	*Linum usitatissimum*
Flockenblume, Skabiosen-	*Centaurea scabiosa*
Flockenblume, Wiesen-	*Centaurea jacea*
Franzosenkraut, Kleinblütiges	*Galinsoga parviflora*
Fuchsschwanz, Westamerikanischer	*Amaranthus blitoides*
Gänsefuß, Australischer	*Chenopodium pumilio*
Gänsefuß, Weißer	*Chenopodium album*
Gelbstern, Acker-	*Gagea villosa*
Gerste, Mehrzeilige	*Hordeum vulgare*
Giftbeere	*Nicandra physalodes*
Ginster, Deutscher	*Genista germanica*
Ginster, Heide-	*Genista pilosa*
Glanzstendel	*Liparis loeselii*
Glaskraut, Mauer-	*Parietaria judaica*
Glatthafer	*Arrhenatherum elatius*
Goldnessel, Berg-	*Lamium montanum*
Greiskraut, Schmalblättriges	*Senecio inaequidens*
Haarstrang, Hirsch-	*Peucedanum cervaria*
Habichtskraut, Doldiges	*Hieracium umbellatum*
Habichtskraut, Frühes	*Hieracium glaucinum*
Habichtskraut, Savoyer	*Hieracium sabaudum*
Habichtskraut, Wald-	*Hieracium murorum*
Hafer, Saat-	*Avena sativa*
Haftdolde, Möhren-	*Caucalis platycarpos*
Hahnenfuß, Scharfer	*Ranunculus acris*
Hainbuche	*Carpinus betulus*
Hainsimse, Wald-	*Luzula sylvatica*
Hainsimse, Weiße	*Luzula luzuloides*
Hanf	*Cannabis sativa*
Hartriegel, Roter	*Cornus sanguinea*
Hasel, Gewöhnliche	*Corylus avellana*
Hasenohr, Rundblättriges	*Bupleurum rotundifolium*
Heidekraut	*Calluna vulgaris*
Heidelbeere	*Vaccinium myrtillus*
Herzblatt	*Parnassia palustris*
Herzlöffel	*Caldesia parnassifolia*
Hirse, Echte	*Panicum miliaceum*
Holunder, Schwarzer	*Sambucus nigra*
Hundszunge, Gewöhnliche	*Cynoglossum officinale*
Kälberkropf, Rüben-	*Chaerophyllum bulbosum*
Kartoffel	*Solanum tuberosum*
Kerbel, Wiesen-	*Anthriscus sylvestris*
Kiefer, Wald-	*Pinus sylvestris*
Klebkraut, Gewöhnliches	*Galium aparine*
Knabenkraut, Brand-	*Orchis ustulata*

Knabenkraut, Breitblättriges	*Dactylorhiza majalis*	Sonnentau, Rundblättriger	*Drosera rotundifolia*
Knabenkraut, Kleines	*Orchis morio*	Spatzenzunge	*Thymelaea passerina*
Knäuelgras, Wiesen-	*Dactylis glomerata*	Steinbrech, Knöllchen-	*Saxifraga granulata*
Kornblume, Echte	*Centaurea cyanus*	Stendelwurz, Sumpf-	*Epipactis palustris*
Kornrade	*Agrostemma githago*	Steppenfenchel	*Seseli annuum*
Kreuzblume, Schopfige	*Polygala comosa*	Sternhyazinthe, Zweiblättrige	*Scilla bifolia*
Lauch, Kugel-	*Allium sphaerocephalon*	Stiefmütterchen, Acker-	*Viola arvensis*
Lauch, Weinbergs-	*Allium vineale*	Strohblume, Sand-	*Helichrysum arenarium*
Leimkraut, Nickendes	*Silene nutans*	Sumpfkresse, Österreichische	*Rorippa austriaca*
Lein, Purgier-	*Linum catharticum*	Thymian, Sand-	*Thymus serpyllum*
Leinkraut, Kleines	*Chaenorhinum minus*	Traubenhyazinthe, Schopfige	*Muscari comosum*
Lichtnelke, Kuckucks-	*Lychnis flos-cuculi*	Traubenhyazinthe, Weinbergs-	*Muscari neglectum*
Lieschgras, Steppen-	*Phleum phleoides*	Traubenkirsche, Späte	*Prunus serotina*
Liguster, Gewöhnlicher	*Ligustrum vulgare*	Tulpe, Wilde	*Tulipa sylvestris*
Linde, Sommer-	*Tilia platyphyllos*	Ulme, Feld-	*Ulmus minor*
Linde, Winter-	*Tilia cordata*	Ulme, Flatter-	*Ulmus laevis*
Lolch, Ausdauernder	*Lolium perenne*	Veilchen, Sand-	*Viola rupestris*
Löwenmaul, Acker-	*Misopates orontium*	Veilchen, Sumpf-	*Viola palustris*
Mädesüß	*Filipendula ulmaria*	Venuskamm, Echter	*Scandix pecten-veneris*
Mais	*Zea mays*	Vergißmeinnicht, Hain-	*Myosotis nemorosa*
Mäusewicke	*Ornithopus perpusillus*	Waldmeister	*Galium odoratum*
Meister, Acker-	*Asperula arvensis*	Waldvöglein, Weißes	*Cephalanthera damasonium*
Milchstern, Dolden-	*Ornithogalum umbellatum*		
Milzfarn	*Asplenium ceterach*	Wassernabel	*Hydrocotyle vulgaris*
Mohn, Klatsch-	*Papaver rhoeas*	Wasserschierling	*Cicuta virosa*
Nelkenwurz, Bach-	*Geum rivale*	Wasserschlauch, Echter	*Utricularia vulgaris*
Nestwurz	*Neottia nidus-avis*	Wasserschlauch, Südlicher	*Utricularia australis*
Pappel, Silber-	*Populus alba*	Weide, Silber-	*Salix alba*
Pechnelke, Gewöhnliche	*Lychnis viscaria*	Weinrebe, Wilde	*Vitis vinifera subsp. sylvestris*
Pfaffenkäppchen, Gewöhnliches	*Euonymus europaeus*		
Preiselbeere	*Vaccinium vitis-idaea*	Weißdorn, Eingriffeliger	*Crataegus monogyna*
Quecke, Kriechende	*Elymus repens*	Weißwurz, Vielblütige	*Polygonatum multiflorum*
Rauke, Loesels	*Sisymbrium loeselii*	Weizen, Saat-	*Triticum aestivum*
Robinie	*Robinia pseudoacacia*	Wicke, Sand-	*Vicia lathyroides*
Roggen	*Secale cereale*	Wiesenknopf, Großer	*Sanguisorba officinalis*
Rotbuche	*Fagus sylvatica*	Wiesenlöwenzahn	*Taraxacum sectio Ruderalia*
Salzkraut, Ruthenisches	*Salsola kali subsp. iberica*	Wiesenrispengras, Echtes	*Poa pratensis*
Sauerklee, Wald-	*Oxalis acetosella*	Winde, Acker-	*Convolvulus arvensis*
Schafgarbe, Sumpf-	*Achillea ptarmica*	Windhalm, Gewöhnlicher	*Apera spica-venti*
Scharbockskraut	*Ranunculus ficaria*	Windröschen, Busch-	*Anemone nemorosa*
Schildfarn, Gelappter	*Polystichum aculeatum*	Wolfsmilch, Breitblättrige	*Euphorbia platyphyllos*
Schleifenblume, Bittere	*Iberis amara*	Wolfsmilch, Kleine	*Euphorbia exigua*
Schlüsselblume, Arznei-	*Primula veris*	Wolfsmilch, Steppen-	*Euphorbia seguieriana*
Seekanne	*Nymphoides peltata*	Wolfsmilch, Sumpf-	*Euphorbia palustris*
Seerose, Weiße	*Nymphaea alba*	Wurmfarn, Männlicher	*Dryopteris filix-mas*
Segge, Braune	*Carex nigra*	Wurmfarn, Spreuschuppiger	*Dryopteris affinis*
Segge, Grau-	*Carex canescens*	Zahntrost, Gelber	*Odontites luteus*
Segge, Hirsen-	*Carex panicea*		
Segge, Stern-	*Carex echinata*		
Seide, Nessel-	*Cuscuta europaea*		
Seide, Pappel-	*Cuscuta lupuliformis*		
Sellerie, Kriechender	*Apium repens*		
Sommerwurz, Große	*Orobanche elatior*		
Sonnentau, Langblättriger	*Drosera longifolia*		

Gaëlle Rosendahl und Wilfried Rosendahl

Von Wanderern, Jägern und Sammlern – zur Alt- und Mittelsteinzeit in der mittleren Kurpfalz

Einleitung

Im Stadtgebiet von Mannheim sind nur wenige Fundstellen aus dem ältesten Zeitabschnitt der Menschheitsgeschichte, als der Mensch noch Jäger und Sammler war, bekannt. Dies hängt sicherlich damit zusammen, dass in diesem Bereich eine intensive Aufschüttung durch Flussablagerungen stattgefunden hat, welche mögliche Spuren früherer Begehungen durch den Menschen tief unter sich begraben oder zerstört haben.

Ein Blick in die Region (Abb. 1), ungefähr 30 km im Umkreis von Mannheim (das entspricht in etwa einem Streifgebiet von nomadisierenden Jägern und Sammlern), zeigt jedoch, dass dieser Bereich schon sehr früh besiedelt war. Es ist daher nicht unwahrscheinlich, dass die Menschen der Alt- und Mittelsteinzeit jenes Gebiet, welches viel später Mannheim werden sollte, regelmäßig durchwanderten. In Ludwigshafen und Umgebung wurden zahlreiche Fundstellen aus dem jüngsten Abschnitt der Altsteinzeit und der Mittelsteinzeit allein durch die intensiven Feldbegehungen eines ehemaligen ehrenamtlichen Mitarbeiters des Landesamtes für Denkmalpflege Rheinland-Pfalz/Amt Speyer entdeckt. Dies zeigt, dass Fundlücken vielfach schlicht und ergreifend Forschungslücken sind.

Die ältere Altsteinzeit (Altpaläolithikum)

Die ältere Altsteinzeit oder das Altpaläolithikum beginnt mit den ersten bekannten Steinwerkzeugen, vor etwa 2,6 Millionen Jahren in Afrika und vor etwa 800 000 Jahren in Mitteleuropa, und endet vor ungefähr 300 000 Jahren (Abb. 2). Die ältesten sicher fassbaren Spuren in Mitteleuropa reichen etwa 800 000 Jahre zurück (Fiedler & Franzen 2002). Es sind aber nur sehr wenige Fundstellen aus dieser frühen Zeit bekannt, und erst später, vor ungefähr 400 000 Jahren, werden die Spuren zahlreicher. Zu dieser Zeit wanderten kleine Menschengruppen, die Jahrtausende zuvor aus Afrika ausgewandert waren, in Mitteleuropa umher. Diese Menschenform ist unter dem Namen *Homo heidelbergensis* bekannt. Die Art Homo heidelbergensis stammt von den ersten Einwanderern nach Europa ab, die vor etwa 1 Million Jahren von Nordafrika kommend Südeuropa besiedelten. Funde dazu sind ein Schädeldach und Werkzeuge, die 1994 bei Ceprano, 90 km südöstlich von Rom gefunden wurden, sowie Werkzeuge und Skelettreste mehrerer Individuen, die im gleichen Jahr in der Gran Dolina bei Atapuerca / Nordspanien zu tage kamen (Rosendahl 2003). Diese ältesten „Europäer" haben ein Alter von 900 000 bzw. 800 000 Jahren und werden *Homo cepranensis* bzw. *Homo antecessor* genannt.

Vor etwa 700 000 Jahre hatte sich aus diesen Arten in Europa der *Homo heidelbergensis* entwickelt. Zu dieser Gruppe gehören neben dem namensgebenden Fund aus Mauer die Funde von Arago in Frankreich, Boxgrove in England oder Bilzingsleben in Deutschland. Die bedeutendsten Entdeckungen zur Gruppe des *Homo heidelbergensis* sind die etwa 400 000 Jahre alten Lebensreste aus der Höhle Sima de los Huesos (spanisch = Knochengrube) bei Atapuerca/Spanien. In ihr wurden seit 1976 mehr als 1600 menschliche Knochenfragmente von 32 Individuen gefunden (Arsuaga et al. 1993). Sie machen 75 % aller bisher weltweit entdeckten mittelpleistozänen (780 000 bis 120 000 Jahre vor heute) Urmenschenreste aus.

Vor etwa 350 000 bis 300 000 Jahren ging aus dem *Homo heidelbergensis* eine neue Menschengruppe hervor, die Neandertaler.

Mauer

Mauer (Kreis Heidelberg) liegt an einer alten Flussschlinge des Neckars. Die vom Neckar abgelagerten

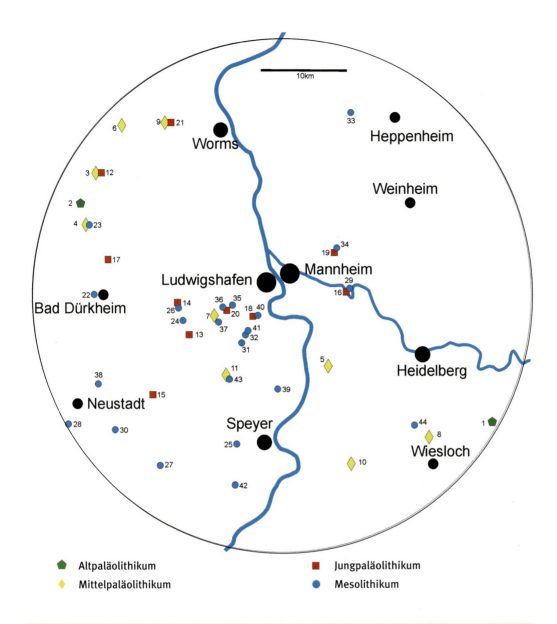

Abb.1: Lage der im Text erwähnten alt- und mittelsteinzeitlichen Fundstellen im 30 km Umkreis von Mannheim:
Altpaläolithikum 1: Mauer; 2: Neuleiningen; Mittelpaläolithikum 3: Asselheim; 4: Battenberg; 5: Brühl; 6: Monsheim; 7: Mutterstadt; 8: Nußloch; 9: Pfeddersheim; 10: Reilingen; 11: Schifferstadt; Jungpaläolithikum 12: Asselheim "Hohe Fels"; 13: Dannstadt; 14: Fußgönheim; 15: Haßloch; 16: Ilvesheim „Atzelbuckel"; 17: Kallstadt; 18: Limburgerhof in Rheingönheim; 19: Mannheim Vogelstang; 20: Maudach „Husarenbuckel"; 21: Pfeddersheim; Mesolithikum 22: Bad Dürkheim; 23: Battenberg im Bereich der Burg; 24: Dannstadt-Schauernheim; 25: Dudenhofen; 26: Fußgönheim; 27: Gommersheim; 28: Hambach; 29: Ilvesheim „Atzelbuckel"; 30: Lachen-Speyerdorf „Woll-Böll"; 31: Limburgerhof; 32: Limburgerhof „Gänsberg"; 33: Lorsch „Kanngießer Berg"; 34: Mannheim „Schultheißenbuckel"; 35: Maudach; 36: Maudach „Husarenbuckel"; 37: Mutterstadt; 38: Neustadt-Gimmeldingen; 39: Otterstadt; 40: Rheingönheim; 41: Rheingönheim „Gänsberg"; 42: Römerberg; 43: Schifferstadt; 44: St. Ilgen „Sandbuckel"; (Grafik: Dr. G. Rosendahl).

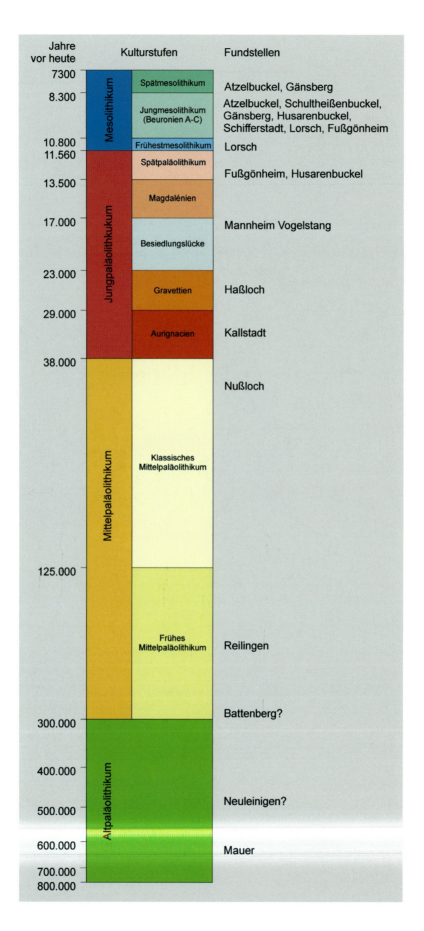

Abb. 2: Zeittabelle zur Gliederung der Alt- und Mittelsteinzeit in Südwestdeutschland (Grafik: Dr. G. Rosendahl).

Abb. 3: Die Sandgrube Grafenrain in Mauer im Jahr 1907. Das weiße Kreuz markiert die Fundstelle des Unterkiefers (aus Schoetensack 1908).

Sande wurden bis in die 60er Jahre des 20. Jahrhunderts abgebaut. Die Sandgrube Grafenrain war schon sehr früh dafür bekannt, dass sie zahlreiche Reste von eiszeitlichen Tieren enthielt. Auf Bitten von Otto Karl Friedrich Schoetensack, Paläontologe an der Universität Heidelberg, achteten die Arbeiter in der Grube auf Knochenfunde und sammelten sie ein, wofür sie jedes Mal eine kleine Entlohnung bekamen. So konnten unzählige fossile Tierknochen für die Wissenschaft geborgen werden. Die Hoffnung Schoetensack's war es, dass mit den zahlreichen Tierknochenfunden früher oder später auch der Rest eines Urmenschen ans Tageslicht kommen würde.

Der Mensch

Am 21. Oktober 1907 war es dann soweit, Hoffnung, Vorahnung und Beharrlichkeit von Schoetensack wurden belohnt. Der aufmerksame Arbeiter Daniel Hartmann hatte in der Sandgrube (Abb. 3) einen recht großen und robust wirkende Unterkiefer eines Urmenschen entdeckt, welchen er am Abend des Fundtages in einer Gastwirtschaft in Mauer mit dem Ausspruch „Heit haw ich de Adam g'funne" präsentierte. Bereits am nächsten Tag erhielt Schoetensack den Fund zur wissenschaftlichen Bearbeitung. 1908 legte Schoetensack die wissenschaftliche Erstbeschreibung des Fundes vor und benannte den Urmenschen von Mauer als *Homo heidelbergensis* (Schoetensack 1908).

Der Unterkiefer ist recht groß und massig (Abb. 4), was zeigt, dass der Urmensch eine kräftige Kaumuskulatur hatte. Die Kieferäste sind seitlich weit ausladend. Bei seiner Auffindung am 21. Oktober 1907 waren alle 16 Zähne im Unterkiefer erhalten. In Folge von Kriegswirren gingen 1945 der 3. und 4. linke Vorbackenzahn verloren. Die Zähne sind relativ klein und alle zeigen Abkauungsspuren. Die dritten Backenzähne (die Weisheitszähne) sind ausgebildet. Das Zahnmuster zeigt, dass der Unterkiefer

Abb. 4: Der am 21. Oktober 1907 in der Sandgrube Grafenrain entdecke Unterkiefer des *Homo heidelbergensis* (Foto: Dr. W. Rosendahl).

einem 20 bis 30 Jahre alten Menschen gehörte. Auch Spuren von Entzündungskrankheiten sind am Kiefer zu erkennen: Eine leichte Eindellung am linken Kiefergelenk könnte von einer Arthrose stammen und an den Schneidezähnen gibt es Hinweise auf eine leichte Parodontose.

Mit einem erdgeschichtlichen Alter von 600 000 bis 700 000 Jahren handelt es sich bei dem Menschen von Mauer (Abb. 5) um den zurzeit ältesten Mitteleuropäer. Im Jahr 2007 feiert die Auffindung des Unterkiefers ihr 100. Jubiläum (Hansch & Rosendahl 2007).

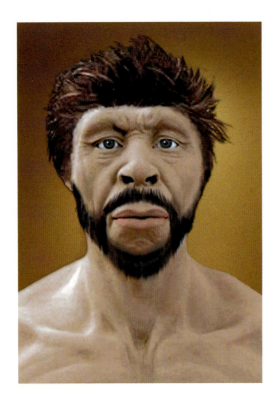

Abb. 5: So könnte er ausgesehen haben, der Urmensch von Mauer. Digitales Lebensbild auf Basis einer Rekonstruktion von W. Schnaubelt & N. Kieser, Breitenau in den Reiss-Engelhorn-Museen (Foto: G. Polikeit & Dr. W. Rosendahl).

Abb. 6: Steinwerkzeuge aus Mauer (Foto: J. Christen, rem)

Obwohl noch bis 1961 in der Grube Grafenrain Sand abgebaut wurde, konnten keine weiteren Skelettreste von Urmenschen gefunden werden. Heute ist die mittlerweile weltberühmte Fundstelle mit Abraum verfüllt und zugewachsen.

Die Artefakte

1924 bis 1932 sammelte der Prähistoriker Karl Friedrich Hormuth in der Sandgrube Grafenrain Hunderte Hornsteinstücke aus den Fundschichten des *Homo heidelbergensis*. 30 davon konnten später als Artefakte erkannt werden (Fiedler 1996), die anderen waren natürlich entstandene Formen.

Das Erkennen von Steinwerkzeugen basiert auf wenigen Merkmalen, bedingt durch die physikalischen Kräfte, welche beim Schlagen auf den Stein einwirken. Ihr Vorhandensein entscheidet allein über die Bestimmung eines Stückes als Artefakt oder Naturprodukt. Die Form ist in diesem Zusammenhang absolut unerheblich, da Steinartefakte sehr unterschiedlich sind und die Natur wie Steinwerkzeuge geformte Steine hervorbringen kann.

Bei den 30 Stücken aus Mauer handelt es sich zweifelsohne um Artefakte, ihre stratigraphische Lage kann aber nicht mit letzter Sicherheit festgestellt werden, weil eine eindeutige Funddokumentation fehlt. Allein neue, gesicherte und gut dokumentierte Funde direkt aus der Fundschicht des *Homo heidelbergensis* könnten die letzten Zweifel ausräumen. Die Stücke sind jedoch typische Produkte dieser frühen Zeit und können ohne weiteres als vom *Homo heidelbergensis* angefertigt angesehen werden (Abb. 6). Die Hornsteinknollen, die zur Herstellung der Artefakte gedient haben, stammen aus den Ablagerungen des Neckars und waren relativ klein, was die geringe Größe der Stücke zwischen 2 cm und maximal 7,5 cm erklärt. Darunter sind Kerne, also Steine, von denen Abschlägen gewonnen wurden und die vermutlich nicht als Werkzeuge dienten (Abb. 7.1), ferner unbearbeitete Abschläge, deren scharfe Kanten sich sehr gut zum Schneiden eignen (Abb. 7.5), sowie verschiedene Werkzeuge, wie Schaber (Abb. 7.3), gezähnte Geräte (Abb. 7.2) und Spitzen (Abb. 7.4), Geröllgeräte (Abb. 7.6) und sogar die Urform eines Faustkeils, ein sog. Protofaustkeil (Abb. 7.7).

Die Kanten der Stücke sind teilweise bestoßen, und ihre Oberfläche ist glänzend, was auf einen Transport durch Wasser hinweist. Es ist daher anzunehmen, dass ihr Fundort nicht identisch mit ihrem Verwendungsort ist.

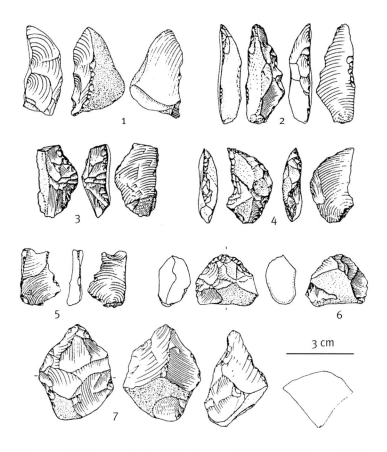

Abb. 7: Steinwerkzeuge aus Mauer. 1 Kern, 2 gezähntes Gerät, 3 Schaber, 4 Spitze, 5 unbearbeiteter Abschlag, 6 Geröllgerät, 7 Protofaustkeil (nach Fiedler 1996).

Die Tierwelt

Die Fundschichten des *Homo heidelbergensis* haben mehrere 1000 Knochenreste von Tieren geliefert. Insgesamt sind aus den Mauerer Sanden über 30 Säugetierarten bekannt (z. B. Rosendahl 2001). Wie das Artenspektrum zeigt, lebte der *Homo heidelbergensis* in einer Warmzeit, die nach dem Fundort Mauer auch als „Mauerer Waldzeit" bezeichnet wird. Diese Warmzeit ist Teil einer Klimafolge, die am Ende des Altpleistozäns (900 000 Jahre vor heute) begann und im frühen Mittelpleistozän vor etwa 500 000 Jahren endete und als Cromer-Komplex bezeichnet wird. In diesem Komplex gab es mindestens vier Warmzeiten, die mit entsprechenden Kaltzeiten wechselten. Die Mauerer Waldzeit stellt der Fauna nach einer mittlere Warmzeit des Cromer-Komplexes dar (Koenigswald 1997). Über diese Zuweisung kann das geologische Alter der Funde mit 600 000 bis 700 000 Jahren angegeben werden.

Typische Säugetiere, die in einer solchen Warmzeit vorkommen, sind der Waldelefant (Abb. 8), das Waldnashorn, das Reh oder das Flusspferd. Die Tierfunde aus Mauer zeigen aber nicht nur eine Warmzeit an, sie geben auch Hinweise darauf, welche Landschaftstypen sich in der Region um die damalige Neckarflussschlinge befanden. So belegen Biber und Flusspferd die Flussauen, Wildschwein, Reh und Waldelefant einen offenen Wald, sowie Steppenwisent, Wildpferd und Gepard eine Graslandschaft. Informationen über die Pflanzenwelt geben fossile Hölzer und mikroskopisch kleine Pollen- und Sporenreste, die man in den Mauerer Sanden findet. Demnach wuchsen damals neben verschieden Gräsern und Sträuchern z. B. Heidekrautgewächse, Eichen, Birken, Fichten, Weiden, Ulmen, Lebensbäume, Haselnuss, Hainbuchen und Wacholder (Urban 1997).

Neuleiningen

Im Steinbruch der Firma Theis bei Neuleiningen, Kreis Bad Dürkheim, werden seit vielen Jahren Spalten angesprengt, welche fossile Tierknochen beinhalten. Die Vergesellschaftung der verschiedenen Arten deutet darauf hin, dass alle Spaltenfüllungen ein ähnliches Alter von ungefähr 500 000 Jahren aufweisen. In einer kleinen Spalte wurde 2001 ein wenige

Zentimeter großer Feuersteinabschlag gefunden, welcher eindeutige Artefaktmerkmale aufweist (Abb. 9). In dieser Spalte konnten leider keine weiteren Artefakte oder Tierknochen gefunden werden; so dass keine zusätzlichen Informationen vorliegen. Da Feuerstein in der Pfalz und in dem Steinbruch natürlich nicht vorkommt, muss das Artefakt durch den Menschen in den Bereich der Fundstelle gebracht worden sein (Heidtke 2001). Die wichtigste Frage ist die der Datierung des Fundes. Von seiner Form her könnte der Abschlag ohne weiteres 500 000 Jahre alt sein, da er keine besondere Bearbeitung aufweist,

Abb. 8: Rekonstruktion eines Waldelefanten *(Palaeoloxodon antiquus)* in den Reiss-Engelhorn-Museen in Mannheim. Figur W. Schnaubelt & N. Kieser, Breitenau (Foto: Dr. W. Rosendahl)

die dagegen sprechen (Häußer 2001). Da die fossilen Knochen in den anderen Spalten alle ein ähnliches Alter aufweisen, besteht eine gewisse Wahrscheinlichkeit, dass diese Spaltenfüllung ebenfalls so alt ist; sicher ist dies aber nicht. Verschiedene natürliche Vorgänge können dafür sorgen, dass Sedimente ausgeräumt und neue eingelagert werden. Die Untersuchung dieser Vorgänge, die das Stück hinsichtlich nach seiner Einbettung im Sediment betreffen, wird Taphonomie genannt. Sie ist sehr wichtig, da sie es ermöglicht zu klären, ob Knochen wirklich vom Menschen bearbeitet worden sind oder nicht, ob Artefakte noch in ihrer ursprünglichen Lage sind, was eine Untersuchung von Lagerstrukturen ermöglichen würde, oder ob sie verlagert sind und ihre Verteilung zufälliger Natur ist. Im Falle des Fundes von Neuleiningen gestaltet sich diese Untersuchung schwierig, da nur ein einziges Stück vorhanden ist. Ein weiteres Indiz könnte das Rohmaterial des Stückes selbst liefern. Es handelt sich um Kreidefeuerstein, der möglicherweise aus dem Pariser Becken stammt (Häußer 2001). Ein dermaßen fernes Rohmaterial wäre für die angenommene frühe Zeit etwas sehr Ungewöhnliches, da damals normalerweise nur Rohmaterial aus der unmittelbaren Umgebung genutzt wurde. Insofern ist das angenommene Alter von 500 000 Jahren und damit eine Zuweisung des Fundes in das Altpaläolithikum zweifelhaft.

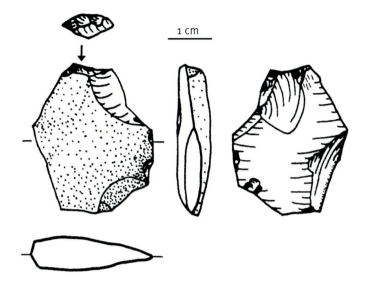

Abb. 9: Feuersteinabschlag aus einer Spaltenfüllung im Steinbruch Theis bei Neuleiningen, Kreis Bad-Dürkheim (aus Häußer 2001).

Die mittlere Altsteinzeit (Mittelpaläolithikum)

Vor ungefähr 300 000 Jahren entwickelten sich in Europa die ersten Vertreter der großen Neandertalerfamilie, die mit dem „klassischen" Neandertaler vor etwa 30 000 Jahren ausstarb. Diese Zeitspanne wird mittlere Altsteinzeit oder Mittel- paläolithikum genannt (Abb. 2) und ist durch bestimmte Steinwerkzeuge und Produktionsmethoden gekennzeichnet. Die Neandertaler (Abb. 10) streiften meist in kleinen Familiengruppen durch die Landschaft und haben zahlreiche Zeugnisse ihrer Anwesenheit hinterlassen. Oft sind es einzelne Stücke, abgelegt während eines kurzen Halts, verloren bei einem Jagdzug oder weggeworfen nach kurzer Verwendung, die uns über die große Mobilität dieser Menschen informieren. So wurden in Brühl zwei Artefakte (Abb. 11) gefunden (Gegner et al. 2002, Gegner & Kind 2005), in

Abb. 10: Lebensechte Rekonstruktion einer Neandertalerin in den Reiss-Engelhorn-Museen in Mannheim. Rekonstruktion W. Schnaubelt & N. Kieser, Breitenau (Foto J. Christen, rem).

Abb. 11: Zwei mittelpaläolithische Artefakte aus Brühl, Rhein-Neckar-Kreis. 1 = Doppelschaber oder einflächig retuschierte Blattspitze, 2 = Schaber (aus Gegner et al 2002 & Gegner & Kind 2005).

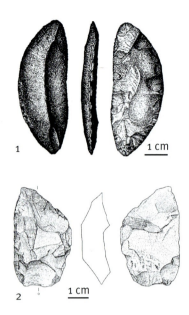

einen Faustkeil aus quarzitischem Sandstein (Kaiser & Kilian 1970, 22). In einer Höhle im „Hohe Fels" bei Asselheim wurden 1954 bei einer Grabung vier mittelpaläolithische Artefakte (Abb. 13) geborgen (Kaiser & Kilian 1967, 17). Diese Einzelfunde informieren uns zwar über die Anwesenheit der Neandertaler in der Region, liefern aber wenige Informationen über deren Lebensweise oder die Umwelt, in der sie lebten.

Battenberg

Die paläolithische Fundstelle Battenberg, Gem. Grünstadt, besteht aus zwei Hauptfundstellen, der Pickelhaube und dem Harzweiler Kopf, der höchsten Erhebung der Umgebung. Beide Kuppen bestehen aus Quarzit, der von den urgeschichtlichen Menschen zur Werkzeugherstellung verwendet wurde. Die Fundstelle ist mindestens seit den 1950er Jahren bekannt (Spuhler 1957) und wird seit den 1960er Jahren von Privatsammlern regelmäßig begangen, da die Abtragung der obersten Bodenschichten immer wieder Steinartefakte freilegt. Über tausend Stücke liegen inzwischen verstreut in verschiedenen Sammlungen vor (Hoffmann 2005). Im August 1967 fand eine kleine Grabung durch das Landesamt für Denkmalpflege Rheinland-Pfalz, Amt Speyer statt, welche zahlreiche Stücke freilegte und zeigte, dass nur eine einzige Kulturschicht vorhanden ist (Wohnhaas 2001).

Mutterstadt und Umgebung eine große Anzahl an groben Artefakten (Storck 1956a und b; Kaiser & Kilian 1967, 18, 23) in Monsheim und Pfeddersheim (Abb. 12) einige Artefakte und Knochen (Cziesla 1990; Weiler 1937, 1938, 1939), und in Schifferstadt

Abb. 12: Mittelpaläolithische Werkzeuge aus Pfeddersheim: 1 Pseudo-Levallois Spitze, 2-3 Abschläge, 4 Schaber, 5 Faustkeil (aus Weiler 1937).

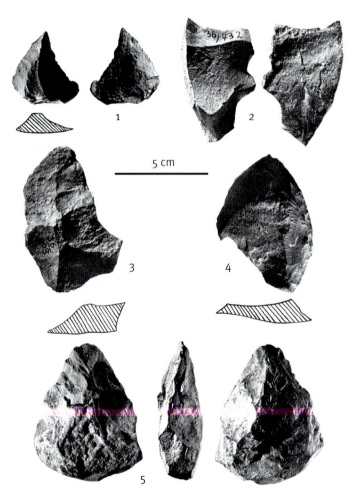

Es sind vor allem Kerne und Abschläge gefunden worden, daneben wenige Geräte. Die Merkmale an den Kernen ermöglichen es zu untersuchen, welche Methoden die Menschen da-

Abb. 13: Vier mittelpaläolithische Artefakte aus der Höhle im „Hohe Fels" bei Asselheim (Foto: Dr. W. Rosendahl).

mals benutzt haben, um Abschläge zu produzieren. Die Rohmaterialstücke wurden unabhängig von ihrer Größe bearbeitet, mehrere Abbaumethoden sind vorhanden.

Die erste Methode ist recht einfach und besteht darin, ausgehend von einer ebenen Schlagfläche, geeignete Kanten so lange auszunutzen, bis keine weiteren Abschläge gewonnen werden können. Bei dieser Methode können weder Form noch Größe der Abschläge vorherbestimmt werden.

Daneben wurden bestimmte Blöcke umlaufend, erst auf einer Seite, dann auf der anderen Seite abgebaut, so dass der Kern am Ende eine mehr oder weniger flache Scheibe bildet. Mit dieser Methode, diskoid genannt, ist es möglich, Abschläge mit einer dicke Basis und einer dünnen Schneide zu produzieren.

Die dritte Methode, genannt Levallois, ist recht aufwändig und zeugt von dem Willen, Abschläge von vorherbestimmtem Aussehen zu erzeugen. Sie zeigt ebenfalls, dass die Menschen ganz genau wussten, was sie wollten, und dass sie komplexe Abfolgen von einzelnen Schritten beherrschten. Bei dieser Methode wird der Kern so bearbeitet, dass zuerst eine grob ovale Form mit einer relativ flachen oberen Seite und einer stark gewölbten unteren Seite entsteht (Abb. 14 und 15). Die obere Seite ist so gestaltet, dass sie regelmäßig nach allen Seiten leicht abfällt. Durch die Form der Wölbung dieser oberen Seite kann die Form des Abschlages kontrolliert werden: sie kann quadratisch, oval, langgestreckt oder spitz sein. Bei relativ einfachen Formen dieser Methode muss nach jeder Gewinnung eines Zielabschlages die obere Seite komplett neu gestaltet werden. Bei den aufwändigeren Varianten werden durch die Abhebung des ersten Zielabschlages die Voraussetzungen für die Gewinnung eines weiteren Abschlages ähnlicher Form geschaffen, der wiederum die Gewinnung eines anderen ermöglicht, usw. So kann eine ganze Reihe von Zielabschlägen gewonnen werden, ohne dass der Kern jedes Mal neu gestaltet werden muss. Die Anwesenheit dieser Technik ermöglicht es, ein Höchstalter von ungefähr 400 000 bis 350 000 Jahre für die Stücke zu ermitteln.

Bearbeitete Werkzeuge sind in Battenberg relativ selten und hinsichtlich einer zeitlichen Einordnung wenig aussagekräftig. Es handelt sich überwiegend um Schaber, wenige Geröllgeräte, Cleaver (Abschläge, bearbeitet oder nicht, mit einer breiten, dünnen und scharfen Schneide) und sehr wenige, untypische Faustkeile.

Da durch das saure Bodenmilieu keinerlei Knochen erhalten sind, ist die chronologische Einordnung der Funde sehr schwierig. Aufgrund der Vielfalt der Schaber und der Anwesenheit einiger Kratzer, gepaart mit der Nutzung verschiedener Varianten der Levalloistechnik, kann jedoch angenommen werden, dass die Belegung auf dem Battenberg während des Mittelpaläolithikums stattgefunden hat. Es ist aber auch gut möglich, dass die Menschen zu verschiedenen Zeiten, früher oder später als angenommen, den Battenberg besucht haben, dass man ihre Hinterlassenschaften aber nicht mehr sicher voneinander unterscheiden kann, weil sie vermischt sind.

Das Vorhandensein von Rohmaterial vor Ort sowie die große Zahl an Kernen und unbearbeiteten Abschlägen deuten darauf hin, dass auf dem Battenberg kein Lager in engeren Sinne bestanden hat, sondern dass die Menschen hierher kamen, um sich mit Rohmaterial zu versorgen und Werkzeuge herzustellen, bevor sie wieder weiterzogen.

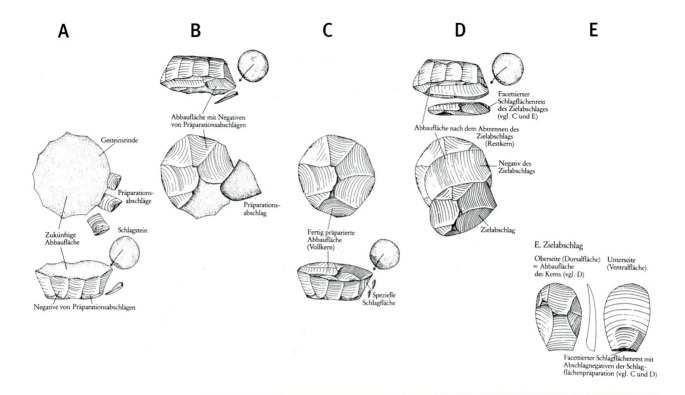

A - Präparation der Unterseite zur Anlage einer Schlagfläche
B - Präparation der Abbaufläche zur Formgebung des Zielabschlags
C - Präparation einer speziellen Schlagseite zum Abtrennen eines Zielabschlags
D - Abtrennen eines Zielabschlags
E - Zielabschlag

Abb. 14: Schematische Darstellung der Präparation eines Kernes zur Gewinnung eines Zielabschlages nach der Levallois-Methode (nach Bosinski 1993).

Abb. 15: Levallois-Kern von der mittelpaläolithischen Fundstelle Battenberg, Gem. Grünstadt (aus Wohnhaas 2001).

Reilingen

Im nördlichen Oberrheingraben werden seit langen Zeiten in zahlreichen Kies- und Sandgruben jahrtausendealte Flussablagerungen als Baustoff abgebaut. Zusammen mit Kies und Sand kommen auch immer wieder Knochenreste von Tierarten aus unterschiedlichen Kalt- und Warmzeiten zutage. Holzreste finden sich ebenfalls häufig im Siebgut der Bagger. So fundreich die Kies- und Sandgruben auch sind, sie haben einen großen Nachteil hinsichtlich der wissenschaftlichen Bearbeitung der Funde, denn die Fundschichten liegen unter Wasser (Abb. 16). Eine Analyse der Schichtenfolge ist so nicht ohne weiteres möglich, was eine genaue zeitliche Einordnung der Funde sehr schwer macht. Hinzu kommt, dass die Flussablagerungen eine sehr komplexe Ineinanderverschachtelung von unterschiedlich alten Sanden und Kiesen aus verschiedenen Klimaphasen darstellen. Von daher kann über die Tiefenangabe von Funden nur eine ungefähre, relative Altersaussage zu den Stücken gemacht werden.

Eine große Seltenheit unter den Kiesgrubenfunden des nördlichen Oberrheingrabens stellen Knochen von Menschen der Alt- und Mittelsteinzeit dar. Funde aus jüngeren Epochen finden sich häufiger (Rosendahl 2005).

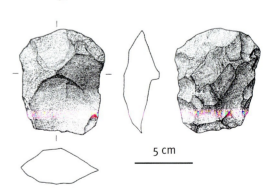

Abb. 16: Typische Fundstellensituation in der nördlichen Oberrheinebene. Mit einem Schwimmbagger werden Sand und Kies, und damit oftmals auch Knochenmaterial, aus der Tiefe geholt. (Foto: Dr. W. Rosendahl)

10 Jahre nach seiner Entdeckung geriet der Fund in die zum Teil sehr kontroverse Diskussion, ein Urmenschenrest mit höherem geologischen Alter zu sein (z. B. Adam 1989, Czarnetzki 1989, Condemi 1996, Dean et al. 1998). Fasst man die Analysen verschiedener Wissenschaftler zusammen, dann bewertet die Mehrheit den Schädel als Rest eines frühen Neandertalers. Dies würde sehr gut zur angegebenen Fundtiefe passen, welche den Fund grundsätzlich in den Zeitraum des jüngeren Mittelpleistozäns (max. 400 000 bis 126 000 Jahre vor heute) datiert. Man muss jedoch auch in Betracht ziehen, dass der Fund theoretisch auch aus höheren Schichten in den tieferen Teil der Kiesgrube gefallen sein könnte, somit wäre auch ein jüngeres Alter möglich. Geht man davon aus, dass die Fundtiefe richtig ist, dann zeigen die Tierknochenfunde aus der gleichen Tiefe an, dass der Urmensch von Reilingen wahrscheinlich in einer gemäßigt-warmen Klimaphase lebte (Ziegler & Dean 1998), vielleicht vor 200 000 Jahren.

Als bisher einziger Fund (der Schädel von Binshof bei Speyer wurde neu datiert und gehört nun in die Bronzezeit; Terberger & Street 2001), gleichzeitig auch einziger direkter Nachweis für den mittelpaläolithischen Menschen in der Region, wird der Schädelrest des Urmenschen von Reilingen diskutiert.

Der Schädelrest (Abb. 17) wurde zusammen mit mehreren Tierknochenfunden in der Kiesgrube Walter bei Reilingen ausgebaggert und im Mai 1978 in das Staatliche Museum für Naturkunde nach Stuttgart verbracht (Ziegler 1999). Die Funde stammten nach Angabe des Baggerführers aus 28 m Tiefe. Erst

Nußloch

Die Fundstelle Nußloch, Rhein-Neckar-Kreis, ist den Quartärgeologen wegen ihrer interessanten Lössablagerungen schon lange bekannt (Abb. 18). Mitte der 1990er Jahre wurden die ersten archäologisch relevanten Stücke in Form von Hölzern und Knochen entdeckt. Daraufhin wurde die Fundstelle 1998 und 1999 wissenschaftlich ausgegraben (Kind 1999a, 2000). Dank der sehr gut untersuchten, komplexen Stratigraphie, der Tierknochenfunde und der für das südliche Mitteleuropa außergewöhnlichen Holzerhaltung ist eine sehr genaue Datierung und Umweltrekonstruktion für die Fundstelle möglich.

Abb. 17: Schädelrest (Blick auf die linke Schädelseite) eines frühen Neandertalers. Gefunden 1978 in der Kiesgrube Walter bei Reilingen (Foto: R. Harling, SMNS).

Abb. 18: Die Fundstelle Nußloch im Rhein-Neckar-Kreis, ist den Quartärgeologen wegen ihrer interessanten Ablagerungen schon lange bekannt. Mitte der 1990er Jahre wurden die ersten archäologischen Funde entdeckt (Foto: Olivier Moine).

Dies hängt einerseits damit zusammen, dass bestimmte Pflanzen und Tiere mit ihren Umweltansprüchen nur unter bestimmten Klimabedingungen leben. Andererseits können auch Sedimente Umwelt- bzw. Klimaanzeiger sein. Lösse vom Wind aus vegetationslosen Schotterflächen ausgeblasene staubfeine Ablagerungen, werden nur während kalter Klimaabschnitte abgelagert, während Torfe und Mudden ein feuchtes, gemäßigtes Klima brauchen, um sich zu entwickeln. Die Abfolge von sich verändernden Ablagerungen sowie von Tier- und Pflanzenresten darin wird mit anderen Abfolgen verglichen und kann dann u. U. einer bestimmten Zeit zugeordnet werden. Für die Fundstelle Nußloch ist dies die Mittlere Phase der letzten Kaltzeit, der Würm-Kaltzeit.

Zur damaligen Zeit, vor etwa 40 000 bis 50 000 Jahren, hatte sich während einer gemäßigten Phase der letzten Kaltzeit in einer Senke zwischen mehreren, in der vorletzten Kaltzeit entstandenen Lößhügeln, ein Sumpf mit einem kleinen Bachlauf gebildet. Zahlreiche Bäume wie Birke, Weide und Kiefer wuchsen dort und verschiedene Tiere (Wildpferd, Rothirsch, Wildrind) kamen dort zu Tränke. Tierknochen mit Schnittspuren und die Funde einiger Steinwerkzeuge aus Rhyolith, Quarzit, Quarz und Sandstein legen nahe, dass auch der Neandertaler die Wasserstelle aufsuchte, um dort zu jagen (Kind 1999b, 2000). Ob die Fundstelle jedoch wirklich der genaue Ort ist, an dem sich die Neandertaler aufhielten, und ob das Wenige, was gefunden wurde, wirklich die Gesamtheit dessen darstellt, was damals zurückgelassen wurde, muss fraglich bleiben. Die Stücke wurden nämlich in einer Sandlinse gefunden und könnten vom Wasser bewegt, und damit verlagert worden sein. Da ihre Kanten jedoch noch recht scharf sind, kann die Verlagerungsentfernung nur sehr gering sein, so dass die Steinwerkzeuge wohl wahrscheinlich in der unmittelbaren Umgebung der Fundstelle lagen. Da die ehemalige Fläche von zahlreichen Rinnen durchschnitten ist, ist die Möglichkeit groß, dass ein bedeutender Teil der ursprünglichen Ansammlung durch die natürliche Abtragung für immer verloren gegangen ist (Kind 2000). Dieses Beispiel macht deutlich, wie vorsichtig Fundstellen bewertet werden müssen.

Sehr wahrscheinlich handelt es sich aber bei der Fundstelle Nußloch um einen einmaligen, kurzen Jagdaufenthalt von Neandertalern an einem Wasserloch.

Dieser Überblick zeigt, dass in unserem „Streifgebiet" bisher noch kein Basis- bzw. Hauptlager der Neandertaler nachgewiesen ist. Ihre Anwesenheit ist jedoch ausreichend dokumentiert und es gibt keinen Grund, warum nicht auch in der Region solch ein Lager gefunden werden könnte. Die lückenhafte Überlieferung ermöglicht für das betrachtete Gebiet keine Aussagen zur Personenanzahl, zu Wanderwegen, Versorgungsstellen und dergleichen. Nur die Entdeckung weiterer Fundstellen könnte Abhilfe schaffen.

Die jüngere Altsteinzeit (Jungpaläolithikum)

Während sich in Europa der Neandertaler entwickelte, verlief die Evolution in Afrika anders und brachte schließlich vor ungefähr 190 000 Jahren den direkten Vorfahren des anatomisch modernen Menschen hervor (Rosendahl 2003). Vor etwa 100 000 Jahren wanderte der *Homo sapiens sapiens* aus Afrika aus und erreichte nach einer Wanderung über den Nahen Osten vor ungefähr 40 000 Jahren Europa (Abb. 19). Wir wissen nur sehr wenig über die Beziehungen zwischen Neandertalern und modernen Menschen, inwiefern sie sich getroffen haben, Kenntnisse ausgetauscht haben oder überhaupt voneinander wussten. Es gibt kaum Skelettreste von anatomisch modernen Menschen aus dieser Zeit in Europa, doch ihre Anwesenheit wird angenommen, weil ab dieser Zeit bestimmte Steinwerkzeuge und Herstellungstechniken zu finden sind, die bei den Neandertalern so nicht verbreitet waren. Es ist nicht so, dass sie dem Neandertaler unbekannt gewesen wären, er hat sie jedoch nicht intensiv produziert bzw. angewendet. Als Beispiel ist die Produktion von langen Klingen zu nennen, welche zu standardisierten Werkzeugen weiterbearbeitet werden können. Auch die Bearbeitung von Knochen und Geweih zu Spitzen und anderen Geräten nimmt in der jüngeren Altsteinzeit stark zu. Darüber hinaus erscheint in Süddeutschland mit dem modernen Menschen die Kunst. Ab der jüngeren Altsteinzeit können auch verschiedene, aufeinanderfolgende Kulturen unterschieden werden, die oftmals nach wichtigen französischen Fundstellen benannt sind (Abb. 2). In Süddeutschland sind dies das Aurignacien (ca. 38 000 bis ca. 29 000 Jahre vor heute), das Gravettien (ca. 29 000 bis ca. 23 000 Jahre vor heute) und, nach einer Besiedlungsunterbrechung während der kältesten Phase der letzten Kaltzeit, das Magdalénien (ca. 17 000 bis ca. 13 500 Jahre vor heute) und das Spätpaläolithikum (ca. 13 500 bis ca. 11 560). Die jüngere Altsteinzeit endet mit dem Ende der letzten Kaltzeit vor etwa 11 560 Jahren.

Mannheim Vogelstang

In den 1970er Jahre, als der Grundwasserspiegel in der nördlichen Oberrheinebene abgesenkt wurde, lagen die Wände von vielen Kies- und Sandgruben im Raum Mannheim tiefer frei als heute. Dies ermöglichte eine gezielte Begehung der Gruben und die Dokumentation ihrer sichtbaren Schichtabfolgen. Im Rahmen solcher Arbeiten wurden zahlreiche Holzreste aus den Sedimenten geborgen, welche durch die Datierung mit der Radiokarbonmethode eine Alterstellung der Schichten ermöglichte. Während dieser Zeit wurde in Mannheim Vogelstang ein interessantes Aststück von einer Waldkiefer *Pinus sylvestris* gefunden. Das Stück hat eine Länge von 36,5 cm, einen Durchmesser von 2 bis 2,3 cm und einem Gewicht von knapp 43 g (Rosendahl et al. 2006). Der Fund trägt eindeutige Bearbeitungsspuren, die an ein Bogenfragment denken lassen (Abb. 20). Das Holz ist über der gesamten Länge auf einer Seite abgeflacht, wobei das Splintholz entfernt, das Kernholz aber nicht beschädigt wurde. Außerdem ist am oberen Ende eine 10 cm lange, zweite Abflachung rechtwinklig zur ersten angebracht. Auf der nicht abgeflachten Seite befindet sich 4,5 cm vom oberen Ende entfernt eine tiefe Kerbe, die als Nock hätte dienen können. Das untere Ende kann sowohl von einem Bruch als auch von einer Zuspitzung stammen. Da das Stück keine eindeutige Profilanbindung

Abb. 19: Lebensechte Rekonstruktion eines Mannes der jüngeren Altsteinzeit in den Reiss-Engelhorn-Museen Mannheim. Figur W. Schnaubelt & N. Kieser, Breitenau (Foto: J. Christen, rem).

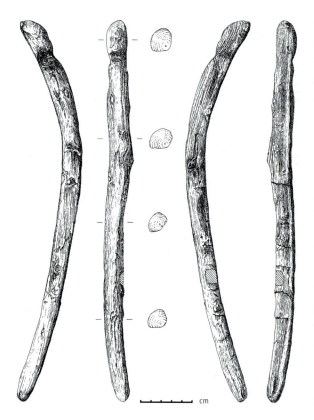

Abb. 20: Umzeichnung des „Mannheimer Bogens" (Zeichnung: O. Klaukien, rem).

aufweist, wurde eine ¹⁴C-AMS Datierung vorgenommen. Sie ergab ein Radiokarbonalter von 14 680 ± 70 Jahre vor heute, was einem kalibrierten Datum von 17 735 ± 165 Jahre vor heute entspricht (Rosendahl et al. 2006). Dies ist ein ungewöhnlich hohes Alter für einen Bogen. Die ältesten direkten Nachweise sind bislang die etwa 12 000 Jahre alten Pfeile von Stellmoor/Schleswig-Holstein und der ungefähr 8 000 Jahre alte Bogen von Holmegård in Dänemark (Cattelain 1994). Das Stück aus Mannheim ist demnach über 5 000 Jahre älter als die Pfeile und über doppelt so alt als der Bogen. Es wurde jedoch schon früher vermutet, dass Pfeil und Bogen u. U. deutlich älter sein könnten, da es ab dem Gravettien kleine, z. T. rückenretuschierte Spitzen gibt, die als Pfeilspitzen hätten dienen können, was aber noch keinen echten Beweis darstellt (Cattelain 2004, Lansac 2004).

Nicht nur das ungewöhnlich hohe Alter des Stücks wirft Fragen auf. Auch das Material, aus dem es besteht, nämlich das Holz der Waldföhre Pinus sylvestris, scheint auf dem ersten Blick wenig geeignet, um einen Bogen zu bauen. Dabei muss aber berücksichtigt werden, dass zu der datierten Zeit deutlich kühlere Klimabedingungen herrschten, sodass nur kälteresistente Bäume in der Region wachsen konnten. Außerdem haben die sehr engen Wachstumsringe den Bogen sehr viel widerstandsfähiger gegen Biegebrüche gemacht, als dies bei heutigem Holz gleicher Baumart der Fall wäre. Rekonstruktionsversuche zeigen, dass der Bogen eine Größe von etwa 1,10 m gehabt haben dürfte. Selbst mit heutigem Kiefernholz, welches das aufgrund des wärmeren Klimas deutlich breitere Wachstumsringe aufweist, kann die Nachbildung des Bogens Schussentfernungen von 40 bis 80 m und eine Durchschlagskraft von ungefähr 25 bis 30 lb erreichen (Walter et al. 2006, Abb. 21). Damit wäre er für die Jagd auf kleine bis mittelgroße Beutetiere sehr gut geeignet gewesen. Insgesamt kann gesagt werden, dass die Interpretation des Mannheimer Stückes als Bogenfragment zwar nicht abschließend geklärt, jedoch die plausibelste ist.

Die Auffindung des Artefaktes in Flusssedimenten zeigt an, dass es mehr oder weniger weit verlagert wurde. Von daher könnte einerseits ein dazugehöriges Lager in deutlicher Entfernung flussaufwärts liegen, andererseits könnte das Stück auch während eines Jagdzuges gebrochen und dann achtlos weggeworfen worden sein. Wäre letzteres der Fall, dann könnte ein Lager der Menschen überall und auch in beachtlicher Entfernung gewesen sein.

Für die Zeit, zu welcher das Mannheimer Stück gehört, sind kaum Besiedlungsspuren in Deutschland nachgewiesen. Die Menschen hatten sich infolge des Kältemaximums nach Süden zurückgezogen, und wanderten nur langsam wieder in die nördlicheren Regionen ein (Terberger 2003). Sie nutzten vielleicht eine kurzfristige, nur wenige Jahrzehnte dauernde Klimaverbesserung, um sich in das klimatisch günstige Rheintal vorzuwagen. Kulturell gehört der Bogen zur Kultur des Solutréen (ca. 22 bis 17 000 Jahre vor heute), welche bei uns eigentlich nicht vertreten ist, oder zu einem sehr frühen Magdalénien. Das Solutréen zeichnet sich vor allem durch die Anwesenheit von sehr schönen und dünnen Steinartefakten aus. Sie werden aufgrund ihrer Form „Weidenblatt" oder „Lorbeerblatt" genannt, können Längen von 2 bis 40 cm erreichen und sind auf beiden Seiten vollkommen überarbeitet. Ihre Dicke beträgt für die größten Exemplare selten über 2 cm. Bei den ganz kleinen Stücken wurde sehr früh angenommen, dass es sich um Pfeilbewehrungen handeln könnte. Ein eindeutiger Beweis ist aber bis dato nicht geliefert worden. In der Kultur des Solutréen, die vor allem im Südwesten Europas bekannt ist, wurden die Nähnadel mit Öse und die Speerschleuder erfunden. Letztere ist ein Jagdgerät, das durch Hebelwirkung eine Vervielfachung der Wurfkraft ermöglicht. Die Speerschleuder eignet sich hervorragend für die Jagd auf große Herdentiere aus größerer Entfernung und in der offenen Landschaft. Der Bogen dagegen eignet sich gut für die Vogeljagd oder für die Jagd auf eine kleine bis mittelgroße, wendige Beute, welche sich häufig im Gebüsch versteckt hält.

Das Magdalénien, die darauf folgende Kultur, zeichnet sich durch eine sehr hohe kulturelle Blüte und ein klares Bevölkerungswachstum aus. Sie hat ebenfalls verschiedene Neuerungen bezüglich Jagdmethoden und Jagdwaffen erfahren, allerdings mehr im Bereich der Fischerei. So sind die Harpune und der Angelhaken Erfindungen dieser Zeit. Immer mehr kleine Geschossspitzen scheinen anzudeuten, dass Pfeil und Bogen bereits bekannt und verbreitet waren. Da kaum Hölzer aus dieser Zeit erhalten sind, fehlt aber bisher ein direkter Beweis.

Fußgönheim

In Fußgönheim, Kreis Ludwigshafen/Rhein, wurden 1958 von Walter Storck (Storck 1959) und 1975 von Kurt Hettich zwei 600 m von einander entfernte liegende Fundplätze entdeckt (Cziesla 1990, 1992, Kaiser & Kilian 1968: 19). Beide Fundstellen sind vor allem durch Oberflächensammlungen bekannt geworden. Eine Probegrabung ergab, dass sich dort nur noch sehr wenige Stücke in ungestörter Lage befinden (Stodiek, 1987). Der größte Teil ist bereits durch den Pflug an die Oberfläche geholt oder zumindest verlagert worden.

Da die ursprünglichen Schichten nicht mehr oder kaum noch vorhanden sind, musste als Erstes überprüft werden, ob die Stücke derselben Zeitstufe angehören oder nicht. Dies ist ein grundsätzliches Problem von Oberflächensammlungen, die oftmals eine Mischung von Stücken aus den verschiedensten Epochen darstellen. Die Unterscheidung dieser Epochen kann nur typologisch, sanhand der verschiedenen Werkzeugtypen vorgenommen werden. Untypische Stücke, wie einfache Abschläge, Klingen, Kerne, Abfälle und Werkzeuge, die in jeder Kultur vorkommen können, sind so aber nicht einzuordnen. Wenn verschiedene Rohmaterialien vorhanden sind, können die Stücke nach diesen gruppiert werden. Wenn für ein Rohmaterial nur typische Stücke aus einer einzigen Epoche vorhanden sind, kann davon ausgegangen werden, dass sämtliche Stücke aus diesem Rohmaterial, auch die untypischen, aus der gleichen Zeit stammen.

In Fußgönheim hat sich herausgestellt, dass neben einigen wenigen junge Formen aus der Mittelsteinzeit und der Jungsteinzeit vor allem Stücke aus dem späten Jungpaläolithikum oder Spätmagdalénien (Stodiek 1987) vorhanden sind. Später gemachte Lesefunde stellen diese Einschätzung nicht in Frage (Cziesla 1990).

Das wichtigste Rohmaterial für die spätjungpaläolithische Besiedlung war Feuerstein, entweder nordischer Feuerstein oder Maasfeuerstein. Beide Rohmaterialien stammen aus einer Entfernung von mindestens 200 km, sei es aus dem belgischen

Abb. 21: R. Walter testet eine Rekonstruktion des „Mannheimer Bogens" beim Zielschießen auf eine Styrodur Hartschaumscheibe (Foto: C. Ebert, „Urgeschichte hautnah").

Abb. 22: Spätpaläolithische Artefakte aus Fußgönheim (Fußgönheim I = oben, Fußgönheim II = unten; nach Stodiek 1987).

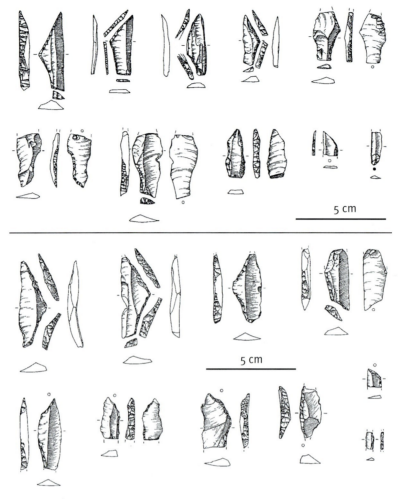

und verschiedene Geschossspitzentypen von der Jagd. Die Entfernung zwischen den zwei Fundpunkten könnte bedeuten, dass eine Gruppe regelmäßig die Region besuchte und ihr Lager jeweils an ähnlicher Stelle errichtete.

Die Anwesenheit von besonderen Geschossspitzen, sog. Kielspitzen, zeugen davon, dass diese Menschen weit reichende Kontakte nach Norddeutschland gehabt haben müssen (Cziesla 1992a).

Die Datierung ist bei Oberflächensammlungen ein Problem. Durch Vergleiche mit typologisch ähnlichen Fundstellen in Südwestdeutschland und der Schweiz wird angenommen, dass Fußgönheim I und II während der Älteren Dryas (13500-13350 Jahre vor heute) besucht wurden (Abb. 23). Bei der Älteren Dryas handelt es sich hierbei um einen von mehreren Kälterückschlägen am Ende der letzten Kaltzeit, die sich mit kurzzeitigen Wärmeschwankungen abwechselten, bevor der endgültige Temperaturanstieg zur jetzigen Warmzeit (Holozän) stattfand. Diese Kälterückschläge heißen Dryas, weil in den Ablagerungen aus dieser Zeit der Blütenstaub der Silberwurz (*Dryas octopetala*), einem Rosengewächs und Kälteanzeiger, gefunden wurde.

Kreidegebiet für den Maasfeuerstein, sei es aus den Moränenablagerungen auf der Linie Krefeld-Duisburg für den nordischen Feuerstein. Weitere Rohmaterialien, wie Hornstein, Porphyrit und Chalzedon stammen aus der Region und wurden nicht sehr weit transportiert. Es ist nicht ungewöhnlich, dass im Jungpaläolithikum Rohmaterialien auf sehr großen Entfernungen transportiert werden. Es scheint damals bereits ein weitreichendes Austauschnetz existiert zu haben, über welches nicht nur Rohmaterialien, sondern auch Schmuck und Ideen gehandelt wurden.

In Fußgönheim sind viele verschiedene Werkzeugtypen gefunden worden (Abb. 22), sodass davon ausgegangen werden kann, dass hier richtige Lager von Rentierjägern gestanden haben, und dass es sich nicht nur um die Reste kurzer Jagdaufenthalte handelt. Stichel weisen auf die Bearbeitung von Knochen und Geweih hin, Kratzer auf Fellbearbeitung, Kerne zeugen von einer Grundformproduktion

Atzelbuckel

Auf einem Dünenrücken in Ilvesheim (Rhein-Neckar-Kreis) wurden neben neolithischen und metallzeitlichen Siedlungsresten auch Hinterlassenschaften

Abb. 23 : Während der Zeit der Älteren Dryas (13500-13350 vor heute) könnte es in der Region um Mannheim so ausgesehen haben, wie heute in Grönland (Foto: C. Pasda, Jena).

von Jägern und Sammlern entdeckt. In den 1920er und 1930er Jahren haben Karl-Friedrich Hormuth (Hormuth 1928, 1937, 1939) und Franz Gember die Stücke aus den Wänden der im Abbau befindlichen Düne entnommen. Die Funde waren durch eine sterile Schicht von den neolithischen Befunden getrennt (Gember 1937).

Eine neue Bearbeitung der Funde hat gezeigt, dass die Überreste von mindestens drei Begehungen zu sehr verschiedenen Zeitpunkten stammen (Gelhausen 1999). Die ältesten Stücke stammen aus dem Spätpaläolithikum (Abb. 24), das von der Erwärmung des Alleröd vor ca. 13480 Jahren bis zum Ende der Kaltphase der Jüngeren Dryas vor etwa 11560 Jahren reicht (Gelhausen 1999). Eine genauere Datierung konnte vorgenommen werden, weil die Düne, auf der die Steinwerkzeuge hinterlassen wurden, frühestens während der Jüngeren Dryas entstanden sein kann (Löscher 1994). Demnach sind die spätpaläolithischen Stücke vom Atzelbuckel zwischen 12700 und 11560 Jahren alt. Es handelt sich dabei nur um wenige Stücke wie Kratzer und Geschossspitzen, die nur eingeschränkt Auskunft darüber geben, was genau die Menschen dort gemacht haben. Das Zentrum des Lagers wird auf der abgebauten Kuppe vermutet und war bei Entdeckung der Fundstelle bereits zerstört (Hormuth 1928). Die Anwesenheit von ortsfremden Rohmaterialien aus dem Ruhrgebiet und dem Maasgebiet deutet auf große Wanderungsbewegungen oder auf Kontakte mit entfernten Regionen hin, wenige Knochen von Rentieren könnten einen Hinweis auf die Jagd dieser Tiere sein. Die Lage auf der Düne, d.h. in der Nähe des Wassers aber geschützt vor Hochwasser und mit einem guten Ausblick, war für Jäger und Sammler geradezu ideal. Diese Lagerplatzauswahl wird in der folgenden Epoche noch an Bedeutung gewinnen.

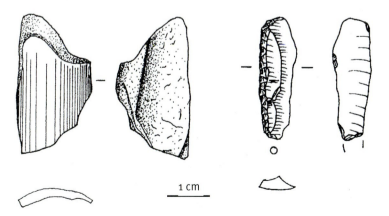

Abb. 24: Spätpaläolithisches Artefakt und Rentierknochenfragment vom Atzelbuckel (nach Gelhausen 2001).

Abb. 25: Jungpaläolithische (Gravettien) Spitze aus Haßloch (Foto: Dr. W. Rosendahl).

Abb. 26: Jungpaläolithische Klinge aus einer Höhle im Steinbruch „Höbel" in Kallstadt (Foto: Dr. W. Rosendahl).

Und noch etwas ...

Gegen Ende der letzten Kaltzeit mehren sich die Spuren des urgeschichtlichen Menschen, wie an vielen Stellen entdeckte Artefakte zeigen, so in Haßloch (Abb. 25), am Limburgerhof in Rheingönheim (Cziesla 1990) oder in Dannstadt bei dem Bau einer Wasserleitung (Kilian 1974) und bei der Kartoffelernte (Kaiser & Kilian 1970). In einer Höhle im „Hohe Fels" bei Asselheim sowie in dem Steinbruch am „Höbel" in Kallstadt (Abb. 26) wurden jeweils eine Klinge gefunden (Kaiser 1956). Die Höhle am „Höbel" ist längst abgebaut, die Höhle im „Hohe Fels", abgebildet von Häberle (1918, 15), ist eingestürzt (mündliche Mitt. Erich Knust). Die für Pfeddersheim angenommene jungpaläolithische Besiedlung mit durchbohrten Schnecken und Artefakten (Weiler 1937) konnte anhand einer Neubetrachtung der Steinwerkzeuge nicht bestätigt werden, die Schnecken müssten nochmals untersucht werden (Terberger 2003).

Die Mittelsteinzeit (Mesolithikum)

Nach dem Ende der letzten Kaltzeit vor ca. 11 560 Jahren lebten die Menschen in unserer Region weiterhin als Jäger und Sammler. Auf Grund der Wiedererwärmung mussten sie sich jedoch an eine neue Umwelt anpassen, in der eine zunehmende Waldbedeckung das Auffinden von Rohmaterial, das Jagen von nun verstreuten und scheuen Tieren sowie das Wandern über lange Entfernungen erschwerte. Kulturell gesehen bleibt die Mittelsteinzeit (Mesolithikum) (Abb. 2) in der Tradition des Spätpaläolithikums, in der eine sehr deutliche Verkleinerung der Steinartefakte (Mikrolithisierung, Abb. 27) stattgefunden hatte. Zeitliche Unterschiede lassen sich am besten an den Geschossspitzeneinsätzen ablesen, denn diese sind sehr standardisiert und unterliegen einem klaren Wandel.

Zahlreiche Funde aus dem Mesolithikum sind aus der Region bekannt. Neben regelrechten Lagern sind es auch viele Einzelfunde und kleine Inventare, wie in Fußgönheim (Hettich & Hettich 1993), in Lachen-Speyerdorf „Woll-Böll" (Kaiser & Kilian 1970, 25, 1972, 19), in Dannstadt-Schauernheim (Kilian

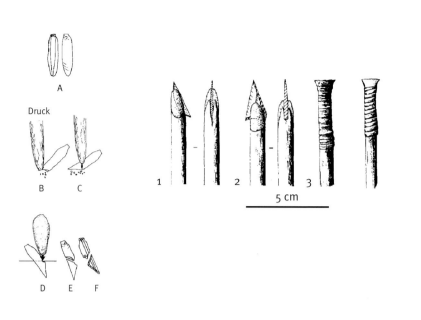
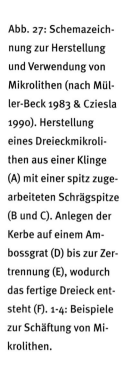

Abb. 27: Schemazeichnung zur Herstellung und Verwendung von Mikrolithen (nach Müller-Beck 1983 & Cziesla 1990). Herstellung eines Dreieckmikrolithen aus einer Klinge (A) mit einer spitz zugearbeiteten Schrägspitze (B und C). Anlegen der Kerbe auf einem Ambossgrat (D) bis zur Zertrennung (E), wodurch das fertige Dreieck entsteht (F). 1-4: Beispiele zur Schäftung von Mikrolithen.

1974), in Asselheim (Kaiser & Kilian 1967, 19) und in Battenberg im Bereich der Burg (Kaiser & Kilian 1967, 19) bekannt. Weitere Fundstellen sind in Bad Dürkheim, Otterstadt, Römerberg, Dudenhofen, Gommersheim, Hambach und Neustadt-Gimmeldingen entdeckt worden (Cziesla 1992). Der Sandrücken zwischen Mutterstadt, Limburgerhof, Maudach und Rheingönheim scheint geradezu mit steinzeitlichen Hinterlassenschaften bedeckt zu sein. Dort wurden zahlreiche Fundstellen mit sehr interessantem Inhalt von W. Storck entdeckt und einem breiten Publikum in populärer Form vorgestellt (Storck 1955a, b, 1957b, 1958, 1963). Darunter sind zu nennen Mutterstadt Wingertsgewanne (Kaiser & Kilian 1967, 21), Rheingönheim nördlich des Gänsberges (Kaiser & Kilian 1967, 22-23), zwei Fundstellen auf dem Gänsberg (Kaiser & Kilian 1967, 22-23) sowie vier verschiedene Fundstellen bei Maudach (Kaiser & Kilian 1967, 22). Einige der wichtigeren Fundstellen werden im weiteren Verlauf des Beitrages gesondert vorgestellt.

Atzelbuckel

Die Artefaktsammlung von Franz Gember und Karl Friedrich Hormuth beinhaltete, neben spätpaläolithischen Artefakten, ebenfalls mesolithische Geräte (Abb. 28). Diese waren vorwiegend aus lokalen Rohmaterialien angefertigt, das heißt, dass vor allem Steine aus den Neckar- und Rheinschottern verarbeitet wurden. Darunter sind Granit, Kalkstein, Quarzit, Quarz und vor allem Muschelkalkhornstein, dem wichtigsten Rohmaterial, zu nennen. Es wurden aber auch Rohmaterialien aus entfernteren Quellen verwendet, wie z.B. Quarzporphyr aus Heidelberg-Dossenheim (11 km Entfernung) und aus dem Donnersberg in der Pfalz (um 50 km), oder Jaspis sowie Radiolarit (Entfernung um 70 km) (Gelhausen 1999). Die Anwesenheit von verbrannten Artefakten sowie die Erwähnung einer Feuerstelle von etwa 2 m Durchmesser (Gember 1937) zeugen von der Verwendung des Feuers vor Ort. Die mesolithischen Jäger haben den Atzelbuckel mindestens zwei Mal aufgesucht, und dies zu verschiedenen Zeitpunkten, die sich nur anhand der typischen Geschossspitzenbewehrung identifizieren lassen. Diese Einsätze, 1 bis 3 cm groß und geometrisch geformt, werden Mikrolithen genannt. Zum ersten Mal kamen die mesolithischen Jäger während des späten Jungmesolithikums, vor ungefähr 9 000 bis 8 300 Jahren, wo sie für die Zeit typische stark ungleichschenklige Dreiecke zurückgelassen haben (Gelhausen 1999). Diese Dreiecke wurden vermutlich in Längsrillen am Schaft eines Geschosses mit Birkenpech verklebt und dienten so als Widerhaken. Der zweite Besuch fand während des Spätmesolithikums statt, das heißt vor etwa 8 300 bis 7 500 Jah-

Abb. 28: Mesolithische Artefakte (Dreiecke und Trapeze) vom Atzelbuckel (nach Gelhausen 2001)

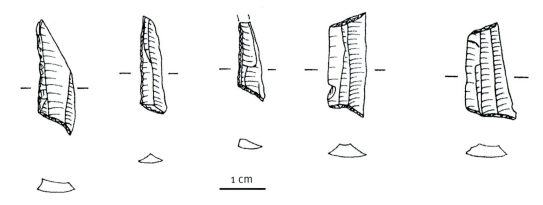

ren. Er ist lediglich durch die Anwesenheit von zwei trapezförmigen Mikrolithen belegt (Gelhausen 1999). Die Trapeze werden üblicherweise als Querschneider gedeutet, d.h. dass die breite, scharfe Seite des Trapezes sich an der Spitze des Projektils befand und so breite, stark blutende Wunden verursachte. Der Atzelbuckel, eine trockene Erhebung in dem breiten und sumpfigen Flusstal, diente vermutlich als Lager für mittellange Aufenthalte, wie die Anwesenheit von Kratzern zur Lederbearbeitung und von Stichel zur Geweihbearbeitung belegen. Auch Steinartefakte wurden vor Ort produziert. Quarzgerölle mit Feuerspuren dienten möglicherweise als Kochsteine (Gelhausen 1999). Zu einer Zeit, als Keramik noch unbekannt war, konnten keine Töpfe zum Kochen auf das Feuer gestellt werden. Stattdessen wurde eine Mulde in den Boden eingetieft und mit Leder ausgelegt, dann mit Wasser gefüllt. Im Feuer wurden Quarzgerölle erhitzt und anschließend ins Wasser getaucht, wo sie ihre Wärme abgeben konnten. Der Vorgang wurde solange wiederholt, bis das Wasser kochte und die gewünschten Zutaten zugegeben werden konnten. Die Quarzgerölle, stark in Anspruch genommen durch diesen ständigen Temperaturwechsel, sind oft geplatzt und an Ort und Stelle liegen geblieben.

Schultheißenbuckel Mannheim Vogelstang

In den 1930er Jahren sammelte Franz Gember am Schultheißenbuckel in Mannheim-Vogelstang einige mesolithische Artefakte (Gelhausen 1999, Abb. 29). Leider gibt es keine Dokumentation und das Gelände ist längst überbaut, so dass nichts mehr von der ehemaligen Fundstelle zu erfahren ist. Die topographische Lage ähnelt sehr stark der des Atzelbuckels, da es sich um eine Sanddüne in der Rheinebene handelt, so dass ihre Bedeutung für die mesolithischen Jäger und Sammler ähnlich wie die des Atzelbuckels gewesen sein dürfte. Der Schultheißenbuckel wurde aber nachweislich nur während eines einzigen Abschnittes des Mesolithikums begangen (Gelhausen 1999). Dies muss nicht heißen, genauso wie für den Atzelbuckel, dass die Jäger innerhalb einer Epoche nur ein einziges Mal dort Halt machten. Wenn keine detaillierten Ausgrabungen stattfinden, können wiederholte Besuche der gleichen Gruppe anhand des Steinmaterials später nicht mehr rekonstruiert werden, weil ihr Gerätespektrum von dem einen zum anderen Mal identisch bleibt. Diese Informationen sind somit für immer verloren. Es ist lediglich möglich zu sagen, aus wie vie-

Abb. 29: Mesolithische Artefakte vom Schultheißenbuckel (Gelhausen 2001).

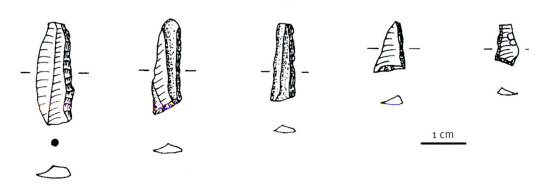

len verschiedenen Epochen Artefakte vorhanden sind. Verbrannte Artefakte zeugen von der Verwendung des Feuers, verschiedene Absplisse und Kerne von der Steinbearbeitung vor Ort. Das Rohmaterial wurde hier auch überwiegend aus den Flussschottern in unmittelbarer Nähe gewonnen. Die zeitliche Einordnung der Funde aus dem Schultheißenbuckel ist durch die Anwesenheit von stark ungleichschenkligen Dreiecken gegeben. Demnach hielten sich die mesolithischen Jäger vor ungefähr 9 000 bis 8 300 Jahren dort auf.

ist. Mehrere Kerne und zahlreiche Abfallstücke zeigen, dass eine Steinproduktion vor Ort stattgefunden hat. Auch Geschossspitzen wurden vor Ort weiterverarbeitet, wie Abfälle von ihrer Produktion zeigen. Verschiedene Geräte wie Kratzer, Stichel und Schaber (Abb. 30) könnten auf zusätzliche Aktivitäten neben der Jagd und der Fischerei innerhalb des Lagers hinweisen. Interessant sind die verschiedenen Rohmaterialien. Neben solchen, die direkt in den Flussablagerungen vor Ort vorkommen (Kaiser & Kilian 1967, 20), sind auch solche aus ent-

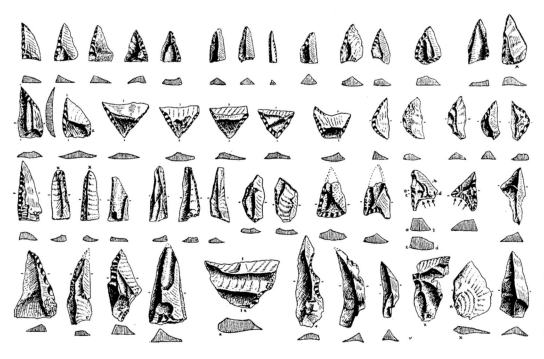

Abb. 30: Mesolithische Artefakte vom Husarenbuckel (nach Storck 1957a).

2 cm

Husarenbuckel

Auch der Husarenbuckel bei Maudach, Kreis Ludwigshafen am Rhein, ist eine sandige Erhebung, welche im Mesolithikum zwischen zwei Rheinschleifen lag und so einen besonders guten Lager- und Beobachtungsplatz darstellte. Im Jahre 1955 wurde von W. Storck dort einen Werkplatz entdeckt, der im darauf folgenden Jahr von ihm im Auftrag des Landesamtes für Denkmalpflege Rheinland-Pfalz, Amt Speyer, ausgegraben wurde und über 1 700 Artefakte lieferte (Storck 1957a). Trotz der Grabung konnte keine Schicht ausgemacht werden, so dass die Einheitlichkeit der geborgenen Stücke nicht garantiert

fernten Gegenden, wie ein weißer Jaspis (Storck 1957a) und ein patinierter Feuerstein belegt. Letzterer stammt vielleicht aus der Champagne und hat somit eine Entfernung von 250 km zurückgelegt (Taute 1971). Sortiert man die Stücke nach den Rohmaterialien, so zeigt sich, dass besondere Leitformen (das sind Steinwerkzeuge, die für eine besondere Zeit typisch sind) jeweils aus unterschiedlichem Rohmaterial gefertigt sind. Aus Quarzit sind solche, die typisch für die Zeit zwischen 10 800 und 10 250 Jahren vor heute (Beuronien A) sind, aus Prophyr die aus der Zeit zwischen 10 250 und 9 000 Jahren vor

Abb. 31: Fragliche mesolithische Bestattung von der Fundstelle Limburger Hof „Gänsberg" (aus Kaiser & Kilian 1967). Der Pfeil markiert den Fund eines mittelsteinzeitlichen Abschlages im Grab.

heute (Beuronien B). Die exotischeren Rohmaterialien Jaspis und Feuerstein kamen zu der Fundstelle während des Spätpaläolithikums vor über 11 580 Jahren, als die Menschen noch viel mobiler waren (Taute 1971).

Laut Cziesla (1990) hat die Zusammensetzung der Artefakte dagegen große Ähnlichkeit mit derjenigen der Weidental-Höhle bei Wilgartswiesen (Cziesla 1992b), die vor ungefähr 9 000 bis 8 300 Jahren von Menschen besucht wurde. Demnach wäre der Husarenbuckel nur einmal während des Mesolithikums besiedelt worden.

An diesem Beispiel wird verständlich, wie schwierig die Datierung einer Fundstelle allein aufgrund von Leitformen ist.

Gänsberg Limburger Hof

Im Rahmen eines Unterrichtsganges mit Schülern entdeckte W. Storck am 31. Mai 1955 in einer Sandgrube von Franz Le Maire auf dem Gänsberg drei urgeschichtliche Gräber, wobei zehn bis zwölf bereits zerstört worden waren (Storck 1955a). Eines dieser Gräber enthielt ein gut erhaltenes Skelett mit stark angewinkelten Armen und leicht angewinkelten Beinen, auf der linken Seite liegend (Abb. 31). Es befand sich auf einer 5 cm starken Kalksteinplatte; unterhalb der Unterschenkel war ein kleines Feuer entfacht worden (Kaiser & Kilian 1967, 23). Ein Jaspisabschlag befand sich auf Hüfthöhe, so dass angenommen wurde, dass er dem Toten in einem kleinen Beutel als Grabbeigabe mitgegeben wurde. Da dieses Rohmaterial typisch für mesolithische Fundstellen ist, lag der Gedanke nahe, die Bestattung sei ebenfalls mesolithisch.

Eine anthropologische Bearbeitung konnte leider nur an dem Schädel vorgenommen werden, da der Rest des Skelettes verschollen ist. (Ehrhardt 1967). Demnach handelte es sich um einen etwa 30 bis 35-jährigen Mann mit stark in Mitleidenschaft gezogenen Zähnen. Durch Vergleiche mit verschiedenen europäischen mesolithischen Schädeln kam die Bearbeiterin zu der Überzeugung, dass der Schädel nicht

mesolithisch, sondern spätneolithisch sei. Diese Arbeitsweise, einen Schädel mit anatomischen Merkmalen zu datieren ist, wie bereits von Kaiser & Kilian (1967) hervorgehoben, problematisch. Auf der anderen Seite ist nicht sicher, dass der Abschlag tatsächlich als Grabbeigabe betrachtet werden kann. In unmittelbarer Nähe des Grabes fand Storck einige Steinwerkzeuge aus dem Mesolithikum (Kaiser & Kilian 1967, 21). Es ist durchaus denkbar, dass bei der Auffüllung der Grabgrube ein Artefakt aus der mesolithischen Fundstelle in diese hineingeraten ist. In diesem Fall wäre die Bestattung beigabenlos und archäologisch nicht datierbar.

Die Anwesenheit von weiteren Gräbern widerspricht weder einer Zuweisung in das Mesolithikum noch in das Neolithikum, denn Gräberfelder sind aus beiden Epochen bekannt. Auch die Lage des Toten ist wenig aussagekräftig. Nur eine direkte Datierung mit Hilfe der Radiokarbonmethode könnte eine Klärung bringen. Diese Methode beruht darauf, dass in jedem lebenden Organismus sich eine konstante Menge von radioaktivem Kohlenstoff 14 (^{14}C) befindet. Nach dem Tod zerfällt dieser mit einer Halbwertzeit von 5730 ± 40 Jahren (Geyh 2005), wobei die Halbwertzeit die Zeitspanne darstellt, die benötigt wird, bis sich die Menge an ^{14}C zur Hälfte reduziert hat. So können organische Materialien, die zwischen 300 und 50 000 Jahre alt sind, datiert werden. Zahlreiche Störungen im System machen diese Daten jedoch anfällig für Fehler, so dass die Rohdaten immer einer sehr genauen kritischen Überprüfung bedürfen.

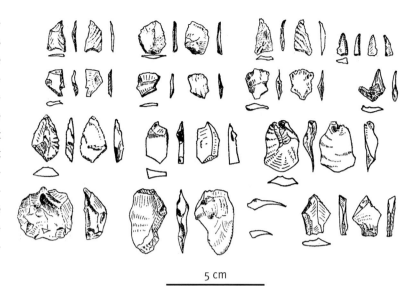

Abb. 32: Mesolithische Artefakte von Rheingönheim „Gänsberg" (nach Storck 1955a).

Gänsberg Rheingönheim

Der Gänsberg ist wie der Husarenbuckel eine sandige Erhebung im Rheintal und eignet sich sehr gut als Lagerplatz. Nach der Entdeckung des Grabes Gänsberg Limburger Hof suchte W. Storck nach einer möglicherweise dazugehörigen Siedlung und wurde etwa 250 m südöstlich davon fündig (Storck 1955a). Die Fundstelle wurde, genauso wie die zuvor erwähnten Gräber, von einer Sandgrube geschnitten, ihre Ausdehnung erreichte immer noch ungefähr 90 auf 50 m. In monatelanger Sammeltätigkeit konnte er eine Sammlung zusammenstellen, in welcher neben Stücken aus einheimischen Rohmaterialien auch solche aus einem hellen Porphyr aus der Nordpfalz vorkommen (Kaiser & Kilian 1967, 20). Diese Artefakte (Abb. 32) sind eindeutig in das Jung- bis Spätmesolithikum zu stellen (Cziesla 1998). Die Frage, inwiefern dieses Lager mit den Gräbern in Verbindung gebracht werden kann, muss unbeantwortet bleiben.

Schifferstadt

Auf einer Düne unweit vom Schifferstadter Wald entdeckte der Heimatforscher S. Stephan eine mittelsteinzeitliche Siedlung, die in jahrelanger Sammeltätigkeit und nach kleinen Probegrabungen ungefähr 400 Artefakte lieferte (Kilian 1970, 25; Storck, 1967, (Abb. 33). Wie so oft auf Dünen, so konnte auch hier keine Fundschicht ausgemacht werden und außerdem waren die Steinartefakte mit metallzeitlichen Scherben vermischt. Dies hängt damit zusammen, dass diese Dünen Wanderdünen sind, die immer wieder vom Wind umgestaltet werden, so dass keine richtigen Kulturschichten entstehen können. Erst mit der Aufforstung wurden die Dünenbewegungen gestoppt. Die Anwesenheit von zahlreichen Trümmerstücken, Kernsteinen, Abschlägen, Klingen, Klingenbruchstücken und Kerbresten zeigen eine

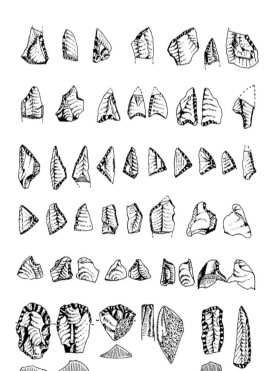

Abb. 33: Mesolithische Artefakte aus Schifferstadt (nach Storck 1967).

Steinverarbeitung vor Ort an. Verbrannte Knochenstücke deuten auf eine Feuernutzung und vielleicht auf eine Kochstelle hin, und die Mikrolithen, welche als Geschossspitzen eingesetzt wurden, auf Jagd oder Fischerei. Das Lager hat wahrscheinlich längere Zeit bestanden, da auch andere Geräte, die nicht für die Jagd gebraucht werden, gefunden wurden. Verschiedenartige Geschossspitzen zeigen an (Taute 1975), dass die Düne zu möglicherweise zwei verschiedenen Phasen im Mesolithikum, zwischen 10 250 und 8 300 Jahren vor heute, sowie zumindest kurz im Spätpaläolithikum und im Neolithikum besiedelt wurde.

Sandbuckel

In St. Ilgen bei Heidelberg wurde auf einer Düne eine bronzezeitliche Siedlung ausgegraben. Erste Artefakte aus Muschelkalkhornstein wurden nicht besonders beachtet, da Steinwerkzeuge noch in der Bronzezeit vorkommen. Erst als die Steinwerkzeugfunde sich im Laufe der Zeit häuften, wurde erkannt, dass dort früher eine mesolithische Siedlung bestanden haben muss (Hormuth 1951). Neben den üblichen Geschossspitzen, welche auf Jagd oder Fischfang hinweisen, fand sich eine große Vielfalt an anderen Werkzeugen, wie Schaber, Stichel, Kratzer und Bohrer (Hormuth 1951, 1956, 1958), welche auf andere Aktivitäten und auf einen längeren Aufenthalt hindeuten. Abfälle der Steinbearbeitung zeigen, dass hier auch Steinartefakte vor Ort produziert wurden. Da die Oberfläche jedoch sehr lange Zeit unbedeckt und so ungeschützt blieb, ist von dem ehemaligen Lager nur wenig übrig geblieben.

Lorsch

Am Rande des Rheingrabens wurden auf dem Kanngießer Berg von Herrn Döbert verschiedene Steingeräte aufgelesen (Abb. 34). Sie bestehen vor allem aus örtlich vorkommenden Rohmaterialien, einige wenige sind jedoch aus ortsfremden, teilweise aus über 300 km entfernt vorkommenden Materialien, wie nordischem Feuerstein und westlichem Feuerstein gefertigt (Fiedler 1994, 65-66). Wie in sehr vielen mesolithischen Fundstellen in der Region ist die Vielfalt an Rohmaterialien sehr groß, vermutlich bedingt durch die Nutzung der in den Flussablagerungen vorkommenden Steinen. Nach Einschätzung des Bearbeiters (Fiedler, pers. Mitt.) handelte es sich um ein kurzfristiges Jagdlager, das vermutlich regelmäßig zu einer bestimmten Jahreszeit am Anfang des Mesolithikums (11 580 bis 8 300 Jahre vor heute) besucht wurde.

Insgesamt ...

Es hat sich gezeigt, dass die Gegend um Mannheim, d.h. der mittleren Kurpfalz während des Mesolithikums sehr oft von Jägern und Sammlern besucht wurde. Sie schlugen ihr Lager auf sandigen Erhebungen in Wassernähe auf, wo sie vor Hochwasser geschützt waren, gute Möglichkeiten zum Fischen hatten und die Umgebung übersehen konnten. Die Dünen waren sehr lange Zeit Wanderdünen, so dass sich keine Kulturschichten bilden konnten und alle Artefakte vermischt sind. Nur durch Vergleiche mit anderen Fundstellen, die stratifizierte Funde geliefert haben, ist es möglich, eine relative Datierung der Begehungen vorzunehmen. Es zeigt sich auch, dass die Menschen des Mesolithikums eine paläolithische Tradition fortgesetzt haben, denn bereits die Jäger und Sammler am Ende der Eiszeit haben solche Lagerplätze gerne und oft genutzt. Die Gegend wurde besonders häufig zwischen 10 250 und 8 300 Jahren vor heute besucht, während die Spuren der Menschen für die nachfolgenden Zeiten, bis zum Anfang des Neolithikums, deutlich spärlicher werden. Dies kann jedoch das Ergebnis einer Forschungslücke oder einer schlechten Erhaltung der Fundstellen aus dieser Zeit sein.

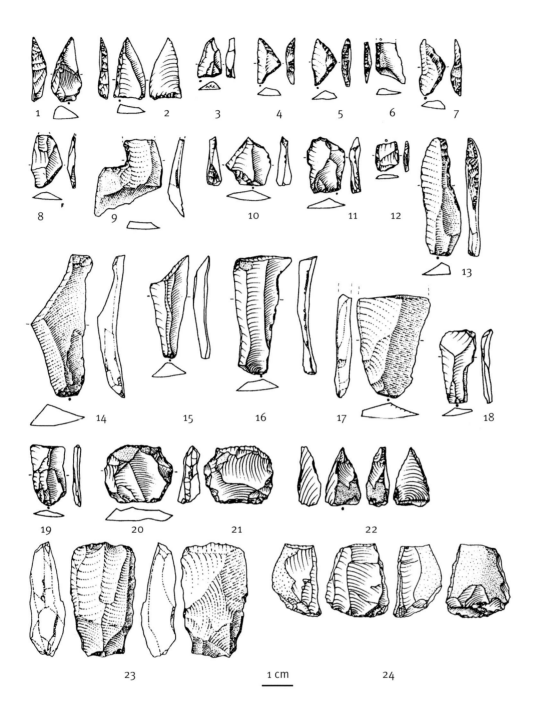

Abb. 34: Mesolithische Artefakte aus Lorsch: 1-8 = Mikrolithen, 9-13 = retuschierte Stücke, 14-19 = Klingen, 20 = Kratzer, 21 = Bohrer, 22-24 = Kerne (aus Fiedler 1994).

Anmerkungen

ADAM, K.D. (1989): Alte und neue Urmenschen-Funde in Südwestdeutschland – eine kritische Würdigung.- Quartär, 39/40, S. 177 bis 190.

BAUMANN, J. (1939): Steinzeitliche Funde bei Iggelheim.– Heimat Blätter für Ludwigshafen am Rhein und Umgebung 7, S. 2.

BOSINSKI, G. (1993): Der Neandertaler und seine Zeit.– Archäologie im Ruhrgebiet, 1, 1991, S. 25 bis 48.

CATTELAIN, P., 1994. La chasse au Paléolithique supérieur : arc ou propulseur, ou les deux ?-Archéo-Situla, 21 bis 24, S. 5 bis 26.

CATTELAIN, P., 2004. Apparition et évolution de l'arc et des pointes de flèche dans la Préhistoire européenne (Paléolithique, Mésolithique, Néolithique).– Bulletin des Chercheurs de la Wallonie XLIII, S. 11 bis 27.

CONDEMI, S. (1996): Does the human fossil specimen from Reilingen (Germany) belong to the Homo erectus or to the Neanderthal lineage?– L'Anthropologie, 34(1-2), S. 69 bis 77.

CZARNETZKI, A. (1989): Ein archaischer Hominidencalvarienrest aus einer Kiesgrube in Reilingen, Rhein-Neckar-Kreis.- Quartär, 39/40, S. 191 bis 201.

CZIESLA, E. (1990): Die Steinzeit in der Vorderpfalz.– Pfälzer Heimat 41/4, S. 145 bis 152.

CZIESLA, E. (1992a): Ahrensburger Jäger in Südwestdeutschland?– Archäologisches Korrespondenzblatt 22, S. 13 bis 26.

CZIESLA, E. (1992b): Jäger und Sammler. Die mittlere Steinzeit im Landkreis Pirmasens.- Linden Soft Verlag, Brühl.

CZIESLA, E. (1998): Die Mittlere Steinzeit im südlichen Rheinland-Pfalz.- Urgeschichtliche Materialhefte, 12, S. 111 bis 120.

DEAN, D., HUBLIN, J.J., HOLLOWAY, R. & ZIEGLER, R. (1998): On the phylogenetic position of the pre-Neanderthal specimen from Reilingen, Germany.- Journal of Human Evolution, 34(5), S. 485 bis 508.

EHRHARDT, S. (1967): Der Schädel des „mesolithischen" Grabes von Limburgerhof „Gänsberg".- Mitteilungen des historischen Vereins der Pfalz 65, S. 154 bis 162.

FIEDLER, L. (1994): Alt- und mittelsteinzeitliche Funde in Hessen.- Führer zur hessischen Vor- und Frühgeschichte 2; Konrad Theiss Verlag, Stuttgart.

FIEDLER, L. (1996): Die Hornsteinartefakte von Mauer.- in: Beinhauer, K.-W.; KRAATZ, R.; WAGNER, G.A. (Hrsg.): *Homo erectus heidelbergensis* von Mauer. Kolloquium I.- Mannheimer Geschichtsblätter, Beiheft 1, S. 155-159.

FIEDLER, L.; FRANZEN, J. L. (2002): Artefakte vom altpleistozänen Fundplatz „Dorn-Dürkheim 3" am nördlichen Oberrhein.- Germania 80; 421-440.

GEGNER, M; PASTOORS, A.; WOHNHAAS, U. (2002): Fundschau Altsteinzeit: Brühl (Rhein-Neckar-Kreis).- Fundberichte aus Baden-Württemberg 26, S. 75.

GEGNER, M.; KIND, C.-J. (2005): Fundschau Altsteinzeit: Brühl (Rhein-Neckar-Kreis).- Fundberichte aus Baden-Württemberg 28/2, S. 5.

GELHAUSEN, F. (1999): Die mesolithischen Fundplätze „Atzelbuckel" und „Schultheißenbuckel" im Neckarmündungsgebiet bei Mannheim.- unpubl. Magisterarbeit an der Philosophische Fakultät der Universität zu Köln; Köln.

GELHAUSEN, F. (2001): Atzelbuckel und Schultheißenbuckel. Zwei mesolithische Fundplätze im Neckarmündungsgebiet bei Mannheim.- Archäologisches Korrespondenzblatt 31, S. 511 bis 520.

GEMBER, F. (1937): Fundschau.- Badische Fundberichte 13, Freiburg, 6-7.

GEYH, M. A. (2005): Handbuch der physikalischen und chemischen Altersbestimmung.- Wissenschaftliche Buchgesellschaft, Darmstadt.

HÄBERLE, D. (1918): Die Höhlen der Rheinpfalz.- Beiträge zur Landeskunde der Rheinpfalz 1; Hermann Kaysers Hofbuchdruckerei und Verlag, Kaiserslautern.

HÄUSSER, A. (2003): Ein Flintabschlag aus Neuleiningen – ein Fund aus dem Pleistozän?- Archäologie in der Pfalz, Jahresbericht 2001, S. 53-5.

HANSCH, W. & ROSENDAHL, W. (Hrsg.) (2007): Der erste Mensch in Mitteleuropa – 600 000 Jahre Zeitgeschichte am Neckar.- Museo, Band 23, 170 S.; Heilbronn. (in Vorb.)

HEIDTKE, U. H. (2001): Ein erster Hinweis auf die Anwesenheit des Vormenschen *Homo heidelbergensis* in der Pfalz? Der Fund von Neuleiningen Kreis Bad Dürkheim.– Archäologie in der Pfalz, Jahresbericht 2001, S. 49-52.

HETTICH, E.; HETTICH, K. (1993): Kapitel 3: Fußgönheim in der Ur- und Frühgeschichte.– in: Ortsgeschichte der Gemeinde Fußgönheim.– Von der Urgeschichte bis zum Mittelalter, Band 1, Verlag der Zechnerschen Buchdruckerei, Speyer.

HOFFMANN, E. (2005): Battenberg (Pfalz). Ein altsteinzeitlicher Werkplatz des *Homo heidelbergensis*. Beitrag zur Erforschung der frühen Werkzeugkultur.– Eigenverlag, Hüttenfeld.

HORMUTH, K. (1928): Eine mesolithische Siedlung auf dem Atzelbuckel bei Mannheim.– Badische Fundberichte 12, S. 385 bis 387.

HORMUTH, K. (1937): Fundschau: Ilvesheim (Mannheim) – Atzelberg.- Badische Fundberichte 1 3, S. 6 bis 7.

HORMUTH, K. (1939): Fundschau: Ilvesheim (Mannheim) – Atzelberg.– Badische Fundberichte 15, S. 9.

HORMUTH, K. (1951): Fundschau 1949 bis 1951 Mittelsteinzeit: St. Ilgen (Heidelberg), Beim Friedhof.- Badische Fundberichte 19, S. 110.

HORMUTH, K. (1956): Fundschau 1952-1953: Mittlere Steinzeit: St. Ilgen (Heidelberg) „Sandbuckel", 1 km SW.– Badische Fundberichte 20, S. 175.

HORMUTH, K. (1958): Fundschau 1954-1956 Jüngere Steinzeit: St. Ilgen (Heidelberg) „Sandbuckel".- Badische Fundberichte 21, S. 220.

KAISER, K. (1956): Höhlenforschung in der Pfalz.– Pfälzische Heimatblätter 4, S. 31.

KAISER, K.; KILIAN, L. (1967): Fundberichte aus der Pfalz 1953-1955.- Mitteilungen des historischen Vereins der Pfalz 65, S. 12-102.

KAISER, K.; KILIAN, L. (1968): Fundberichte aus der Pfalz 1956-1960.- Mitteilungen des historischen Vereins der Pfalz 66, S. 12-106.

KAISER, K.; KILIAN, L. (1970): Fundberichte aus der Pfalz 1956-1965.- Mitteilungen des historischen Vereins der Pfalz 68, S. 14-85.

KAISER, K.; KILIAN, L. (1972): Fundberichte aus der Pfalz 1966 bis 1970.– Mitteilungen des historischen Vereins der Pfalz 70, S. 15-100.

KILIAN, L. (1974): Fundberichte aus der Pfalz 1971 bis 1972.–Mitteilungen des historischen Vereins der Pfalz 72, S. 5-47.

KIND, C.-J. (1999a): Eine neue mittelpaläolithische Freilandfundstelle bei Nußloch, Rhein-Neckar-Kreis.– Archäologische Ausgrabungen in Baden-Württemberg, 1998, 23 bis 26.

KIND, C.-J. (1999b): Die Besiedlung in der Alt- und Mittelsteinzeit und der Unterkiefer von Mauer.- in: Heidelberg, Mannheim und der Rhein-Neckar-Raum.– Führer zu archäologischen Denkmälern in Deutschland, 36, 27 bis 34.

KIND, C.-J. (2000): Die jungpleistozänen Rinnfüllungen von Nußloch, Rhein-Neckar-Kreis.– Archäologische Ausgrabungen in Baden-Württemberg, 1999, 17 bis 19.

KOENIGSWALD, W. v. (1997): Die fossilen Säugetiere aus den Sanden von Mauer.- in: Wagner, G. A. & Beinhauer, K.W. (Hrsg.): *Homo heidelbergensis* von Mauer. Das Auftreten des Menschen in Europa.– S. 215 bis 240; Heidelberg.

LANSAC, P., 2004. Un cadre chronologique pour l'utilisation du propulseur et de l'arc durant le Paléolithique supérieur européen.- Bulletin des chercheurs de la Wallonie XLIII , 29-36.

LÖSCHER, M. (1994): Zum Alter der Dünen auf der Niederterrasse im nördlichen Oberrheingraben.– Beihefte Veröff. Naturschutz Landschaftspflege Baden-Württemberg, 80, S. 17 bis 22.

MAUSER, P.F.; BOOSEN, J. D. (1980): Fundschau Altsteinzeit: Heidelberg Ziegelhausen.– Fundberichte Baden-Württemberg 5, S. 1.

MOERSCH, K. (1987): Geschichte der Pfalz von den Anfängen bis ins 19. Jahrhundert.– Pfälzische Verlagsanstalt, Landau.

MÜLLER-BECK, H. (1983): Urgeschichte in Baden-Württemberg. – Konrad Theiss Verlag, Stuttgart.

PRECHT, J.; STORCK, W. (1958): Eine interglaziale Torfschicht in Mutterstadt.– Pfälzer Heimat 9/1, S. 24 bis 25.

ROSENDAHL, G.; BEINHAUER, K.-W.; LÖSCHER, M.; KREIPL, K.; WALTER, R.; ROSENDAHL, W. (2006): Le plus vieil arc du monde? Une pièce intéressante en provenance de Mannheim, Allemagne.– L'Anthropologie 109, 10 S. (im Druck).

ROSENDAHL, W. (2001): Geologisch-Paläontologischer Vergleich der cromerzeitlichen Neckarablagerungen von Frankenbach und Mauer (Frankenbacher Sande / Mauerer Sande) und ihrer Deckschichten.- Jber. Mitt. Oberrhein. geol. Ver., N.F., 83, 293 bis 316.

ROSENDAHL, W. (2003): Wie wir wurden, was wir sind – eine kurze Stammesgeschichte des Menschen.- in: Wieczorek, A. & Rosendahl, W. (Ed.): MenschenZeit - Geschichten vom Aufbruch der frühen Menschen.– S.11 bis 27; Verlag Philipp von Zabern, Mainz.

ROSENDAHL, W. (2005): Alles nur eine Frage der Zeit. Zum Alter von jungeiszeitlichen Menschenschädeln aus Kies- und Sandgruben der nördlichen Oberrheinebene.– in: Landesamt für Denkmalpflege Hessen (Hrsg.): Denkmalpflege und Kulturgeschichte, 2, S. 26 bis 28.

SCHOETENSACK, O. (1908): Der Unterkiefer des *Homo heidelbergensis* aus den Sanden von Mauer bei Heidelberg. Ein Beitrag zur Paläontologie des Menschen.– 67 S.; Leipzig.

SPUHLER, L. (1957): Einführung in die Geologie der Pfalz.– Veröffentlichungen der Pfälzischen Gesellschaft zur Förderung der Wissenschaften; Band 34; Speyer.

STODIEK, U. (1987): Fußgönheim – Zwei spätjungpaläolithische Fundplätze in der Vorderpfalz.– Archäologisches Korrespondenzblatt 17, S. 31 bis 41.

STORCK, W. (1955a): Mittelsteinzeitliche Siedlung der Vorderpfalz. Die Erforschung des Mesolithikums in der Pfalz.– Pfälzische Heimatblätter 3, S. 59 bis 60.

STORCK, W. (1955b): Waffen, Werkzeuge und Geräte des mittelsteinzeitlichen Menschen bei Mutterstadt.– Pfälzische Heimatblätter 3, S. 84 bis 85.

STORCK, W. (1956a): Funde der Altsteinzeit. Eine pfälzische Studie.– Pfälzische Heimatblätter 4, S. 13 bis 14.

STORCK, W. (1956b): Frühestes Mesolithikum und Paläolithikum zwischen Mutterstadt und Limburgerhof.– Pfälzische Heimatblätter 4, S. 36 bis 37.

STORCK, W. (1957a): Ein mesolithischer Werkplatz bei Maudach Kreis Ludwigshafen am Rhein.– Mitteilungen des historischen Vereins der Pfalz 55, S. 77 bis 87.

STORCK, W. (1957b): Neue mittelsteinzeitliche Funde von den Fundplätzen bei Mutterstadt.– Pfälzische Heimatblätter 5, S. 61 bis 63.

STORCK, W. (1958): Neue kultische Fundstücke der Mittelsteinzeit.- Pfälzische Heimatblätter 6, S. 6.

STORCK, W. (1959): Die Kerbspitzengruppe von Fußgönheim. Ein Beitrag zur endeiszeitlichen Besiedlungsgeschichte der Rheinebene.– Pfälzische Heimatblätter 7, S. 23 bis 24.

STORCK, W. (1963): Neue Fundstücke der mittleren Steinzeit in der Vorderpfalz. Pfälzische Heimatblätter 11, S. 7.

STORCK, W. (1967): Eine mittelsteinzeitliche Siedlungsstation in Schifferstadt.– Pfälzer Heimat 18/1, S. 1 bis 3.

TAUTE, W. (1971): Untersuchungen zum Mesolithikum und zum Spätpaläolithikum im südlichen Mitteleuropa. Band 1: Chronologie Süddeutschlands.– Unpublizierte Habilitationsschrift, Tübingen.

TAUTE, W. (1975): Ausgrabungen zum Spätpaläolithikum und Mesolithikum in Süddeutschland.– in: Römisch-Germanisches Zentralmuseum (Hrsg.): Ausgrabungen in Deutschland gefördert von der Deutschen Forschungsgemeinschaft 1950 bis 1975.- Teil 1 Vorgeschichte – Römerzeit, S. 64 bis 73, Mainz.

TERBERGER, T. (2003): Von fülligen Frauenfiguren und exotischen Schmuckschnecken. Die jüngere Altsteinzeit (Jungpaläolithikum) in Rheinhessen vor 38.000 bis 11.500 Jahren.– in: Heide, B. (Hrsg.): Leben und Sterben in der Steinzeit.– S. 47 bis 71; Philipp von Zabern, Mainz.

TERBERGER, T. & STREET, M. (2001): Neue Forschungen zum „jungpaläolithischen" Menschenschädel von Binshof bei Speyer, Rheinland-Pfalz.– Archäologisches Korrespondenzblatt, 31, S. 33 bis 37.

URBAN, B. (1997): Grundzüge der eiszeitlichen Klima- und Vegetationsgeschichte in Mitteleuropa.- : WAGNER, G. A. & BEINHAUER, K. W. (Hrsg.): *Homo heidelbergensis* von Mauer. Das Auftreten des Menschen in Europa.– S. 241 bis 263; Universitätsverlag C. Winter, Heidelberg.

WALTER, R.; ROSENDAHL, W.; ROSENDAHL, G. (2006): Experimente zur Verwendung des „Mannheimer Bogens" als Schießbogen.- Experimentelle Archäologie in Europa, Bilanz 2005, S. 7 bis 33.

WEILER, W. (1937): Die altsteinzeitlichen Funde von Pfeddersheim bei Worms.- Notizblatt der Hessischen Geologischen Landesanstalt zu Darmstadt V. Folge, 18, S. 87 bis 161.

WEILER, W. (1938): Bericht über das Ergebnis der Grabungen in Pfeddersheim.- Der Wormsgau 2, S. 155 bis 158.

WEILER, W. (1919): Eine eiszeitliche Jagdstelle bei Monsheim. Bericht über die Grabung des Jahres 1938.- Der Wormsgau 2, S. 256 bis 257.

WOHNHAAS, U. (2001): Kerne der mittelpaläolithischen Steinbearbeitungswerkstatt Battenberg, Gem. Grünstadt (Pfalz).- Unpublizierte Magisterarbeit an der Philosophischen Fakultät der Universität zu Köln; Köln.

ZIEGLER, R. (1999): Urmenschen. Funde in Baden-Württemberg.- Stuttgarter Beiträge zur Naturkunde, Reihe C, Heft 44, 78 S., Stuttgart.

ZIEGLER, R.; DEAN, D. (1998): Mammalian fauna and the biostratigraphy of the pre-Neanderthal site of Reilingen, Germany.- Journal of Human Evolution, 34(5), S. 469 bis 484.

Hans-Peter Kraft

Jungsteinzeit

Die ersten Bauern in Mitteleuropa – eine Forschungsgeschichte mit immer neuen Überraschungen

Seit Gordon V. Childe den Begriff „Neolithische Revolution" prägte (Childe 1938), zeichnete sich immer klarer ein Bild der ersten Bauern und Viehzüchter ab:

Im „fruchtbaren Halbmond" wurden aus Wildgräsern Getreidesorten und aus Wildtieren Haustiere gezüchtet. Im Gefolge der jetzt erforderlichen Sesshaftigkeit entstanden feste Häuser, die wiederum wegen der erforderlichen Holzbearbeitung die Technologie geschliffener Felssteingeräte erzwangen. Zu Holz- und Lederbehältern kamen Stein- und Keramikgefäße. Diese neolithischen Errungenschaften breiteten sich von ihrem Ursprungsgebiet auf zwei Wegen nach Europa aus: Über die Balkanhalbinsel in Richtung Mitteleuropa und den Nordrand des Mittelmeeres entlang bis zur iberischen Halbinsel und Marokko. Sie kamen im 6. Jahrtausend v. Chr. als „Mitbringsel" der „Bandkeramischen Kultur" in Süddeutschland an. Deren Träger besiedelten dann in schneller Ausbreitung einen Raum von der Ukraine bis in das Pariser Becken und von der Braunschweiger Börde bis nach Ungarn. (Abb. 1)

Nach einer ersten Flächengrabung in einer Siedlung der Bandkeramik 1938 in Köln-Lindenthal festigte sich nach zwei inzwischen verworfenen Deutungs-

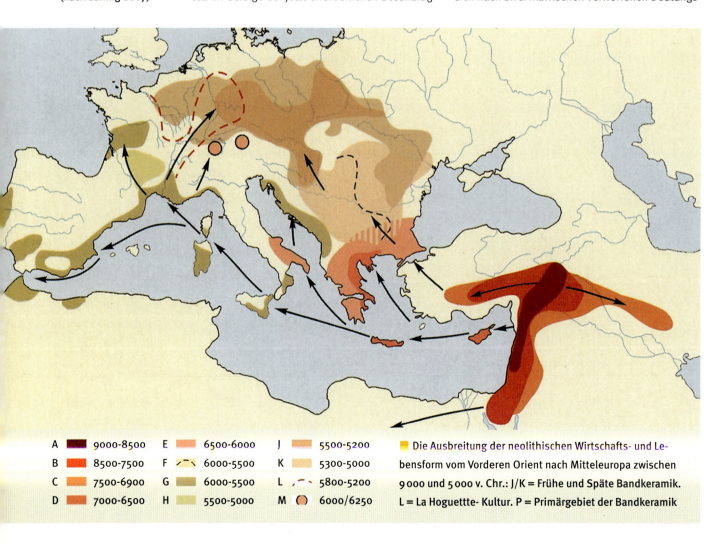

Abb. 1: Die Ausbreitung der neolithischen Lebensweise nach Westen (nach Lüning 2007)

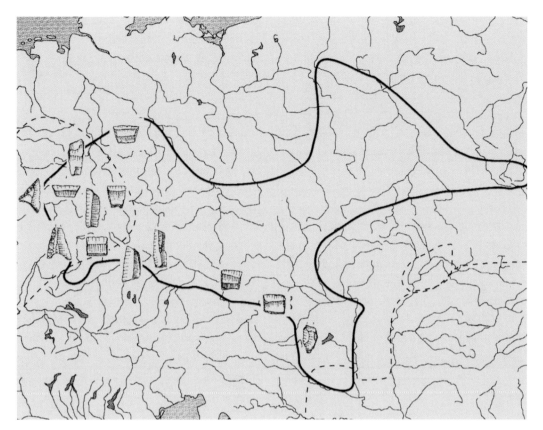

Abb. 2: Die Kontaktzone zwischen Jägern und Bauern, dargestellt an den Funden von mesolithischen Steingeräten in Siedlungen der ältesten Bandkeramik (nach Lüning 2007)

versuchen (BUTTLER 1938, SANGMEISTER 1983) das Bild des frühen Siedlungswesens immer mehr. Vor allem die Ausgrabungstätigkeit im niederrheinischen Braunkohlerevier ermöglichte es, die Besiedlungsgeschichte und -dynamik eines ganzen Bachtälchens zu klären und zu rekonstruieren (**Lüning**; Stehli 1989). Die genaue Untersuchung der Umgebung der bandkeramischen Langhäuser ließ die Aktivitäten der Menschen dort erkennbar werden (Bölicke 1994).

In einer Publikation des Jahres 1960 (Quitta 1960) wurde eine bis dahin nicht erkannte, sich aber typologische deutlich abhebende älteste Stufe der Bandkeramik herausgearbeitet, was sogleich eine lebhafte Diskussion auslöste. Die Tatsache, dass sowohl bei Braunschweig wie in der Slowakei identisches sehr frühes Fundmaterial zu Tage kam, ließ Zweifel an der Einwanderungstheorie aufkommen, denn nach ihr hätte ein zeitliches Gefälle von Südost nach Nordwest vorliegen müssen. Es wurde zum ersten Mal die Frage gestellt, ob nicht Menschen, sondern die neolithischen Errungenschaften gewandert und in mesolithische Milieus eingesickert seien, zumal neueste Forschung zeigt, dass nicht die gesamte Palette der Kulturpflanzen Mitteleuropa erreichte (Kreuz 2006, 26). Dieser Gedankengang wird bis heute weiter verfolgt und erhielt immer neue Facetten. Es stellt sich die Frage, was für einen mesolithischen Jäger und Sammler, der in einem funktionierenden Ökosystem lebt und ausreichend über Rohstoffe, vor allem Feuerstein, verfügt, an dem Leben eines Bauern und Viehzüchters attraktiv sein könnte, wo er „im Schweiße seines Angesichts sein Brot essen" muss. Hierzu braucht es einen langsamen Prozess der Bewusstseinsveränderung und setzt eine „frontier" – Zone voraus, in der einzelne Teile des „neolithischen Paketes" transferiert werden und andere nicht. (Abb. 2)

So wurde beispielsweise die „balkanische" Methode der Feuersteinbearbeitung in der bandkeramischen Kultur nicht übernommen, sondern die einheimische weiter geübt (Mateiciucova 2003). Dieser Gedankengang erhielt neue Nahrung, als im Schweizer Mittelland Menschengruppen nachgewiesen wurden, die zwar Getreide anbauten, ihre mesolithische Lebensweise aber beibehielten (Nielsen 2003 und Abb. 1). Sowohl bei der Initialzündung zur Neolithisierung im fruchtbaren Halbmond um 10 000 v. Chr. als auch bei der weiteren Ausdehnung nach Westen scheinen drastische Klimaveränderungen eine entscheidende Rolle gespielt und die Entwicklung jeweils beschleunigt zu haben. Nicht Fortschrittswille sondern wirtschaftliche Not einer Jägerbevölkerung, deren Umwelt aus den Fugen ging, scheint die Triebfeder gewesen zu sein. Während Bauern durch ihre Vorräte zumindest ein schlechtes Jahr überstehen und ihr Vieh als lebender Fleischvorrat dient, trifft den Jäger, der nur aus der Natur lebt und wenig Vorratswirtschaft betreiben kann, eine Umweltveränderung unmittelbar. Solche Klima-Ereignisse stehen deshalb immer auch für eine Dynamisierung des Neolithisierungsvorgangs (Gronenborn 2006 und Abb. 3).

Abb. 3: Die Korrelation zwischen Klimaereignissen und der Neolithisierung Europas (nach Gronenborn 2006)

Go west, young man!
Südwestdeutschland, der „Wilde Westen" der neolithischen Revolution

Die „La – Hoguette" – Leute

Schon länger war aufgefallen, dass in Gruben der ältesten Bandkeramik vereinzelt eine „fremde" Keramik auftauchte, die sowohl in der Machart als auch in Form und Verzierung sich völlig von der der Bandkeramik unterschied. Lüning hat nachgewiesen, dass hier eine eigene Kultur vorlag, die an die frühneolithischen Kulturen des Mittelmeerraumes anschloss und in Frankreich nach einem Fundort La Hoguette-Gruppe genannt wurde (Lüning u. a. 1989). Durch einen glücklichen Umstand wurde bei Stuttgart eine Fundschicht dieser Kultur entdeckt, die vor allem Pflanzenpollen, aber auch Keramik und Werkzeuge enthielt und eine Rekonstruktion der natürlichen Umgebung und der Aktivitäten der „La-Ho-

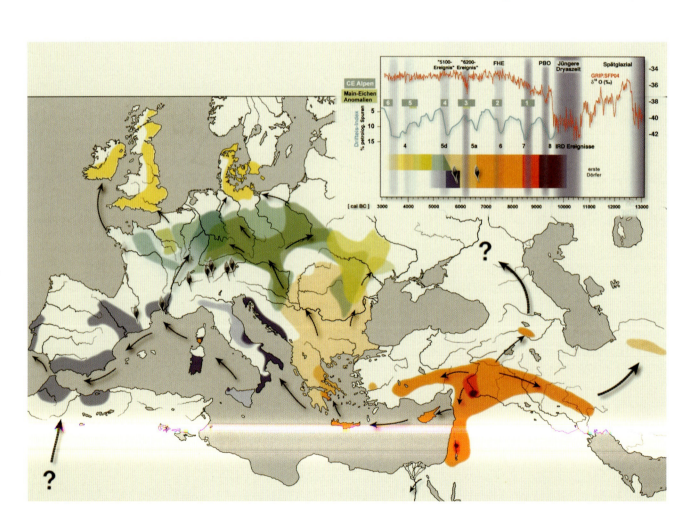

guette-Leute" zuließ: Sie hatten die Fundstelle regelmäßig zweimal im Jahr aufgesucht und dort gelagert, Getreide und Schaffleisch verzehrt und im Frühjahr den von ihnen an der Stelle heimisch gemachten Bärlauch geerntet. Im Herbst wurden in einer zweiten Besuchsphase Waldfrüchte und Nüsse eingebracht, Baumpflege betrieben und ein Vorrat des hieraus entstandenen Holzschnitts für das nächste Jahr angelegt.

Die Einwirkung dieser Wirtschaftsweise auf die natürliche Umwelt war gering, während sich die erste bandkeramische Besiedlung massiv im Pollenprofil bemerkbar machte und großflächige Rodungen widerspiegelt (Kalis u.a. 2001).

Mittlerweile haben sich die Zusammenfunde von Bandkeramik und La-Hoguette so gehäuft, dass an einem intensiven Austausch zwischen den beiden Menschengruppen nicht mehr zu zweifeln ist. Ob diese Kontakte sich nur auf Warenaustausch beschränkten oder zu einer regelrechten Symbiose führten (Lüning 2007, 178), lässt sich anhand der Funde nicht klären.

Und die einheimischen Jäger?

Die neolithischen Siedler betraten kein menschenleeres Land. Es wurde von mittelsteinzeitlichen (mesolithischen) Jägern und Sammlerinnen genutzt, deren Hinterlassenschaften auf den Sanddünen des Neckarmündungsgebietes gefunden werden (siehe Beitrag Gaelle Rosendahl). Besonders die bis zu 20 km breite Zone des „wilden Rheins" muss ein Jäger- und Fischerparadies gewesen sein, in kleinerem Maßstab auch das Gebiet der Altläufe des Neckars. Bisher ging die Forschung von einem Verdrängungsvorgang durch die eingewanderten Bauern aus; eine neue Forschungsmethode erbrachte zu dieser Frage überraschende Einblicke:

Die Zähne sind der einzige Teil des menschlichen Körpers, der alle Rückstände der einmal mit dem Trinkwasser aufgenommen Mineralien bewahrt. Durch neue Untersuchungsmethoden kann auf dieser Grundlage festgestellt werden, in welcher Region das Individuum aufgewachsen ist. Bei der Untersuchung der Skelette bandkeramischer Friedhöfe stellte sich heraus, dass sowohl in einem Friedhof von Stuttgart-Mühlhausen als auch in anderen Gräberfeldern ein Teil der Bestatteten in Gegenden z. B. in Mittelgebirgen aufgewachsen waren, die keine bandkeramische Besiedlung kannten und dafür auch ungeeignet waren. Es ist also mit einer beträchtlichen biologischen Komponente aus einheimischen Bevölkerungsgruppen innerhalb der Bandkeramik zu rechnen. Gerade in dem Friedhof von Mühlhausen spiegelt sich sogar der historische Ablauf des Prozesses (Price u.a. 2003):

Ausschließlich in dem älteren Friedhofsteil finden sich bestattete „Fremdlinge", während die Skelette des jüngeren Teils das Bild einer biologisch einheitlichen Bevölkerung spiegeln. Die in einer früheren Siedlungsphase eingeheirateten Fremden wurden offensichtlich integriert und gingen in einer neuen Mischbevölkerung auf (Price 2003, Gräberplan S. 27).

Funde mesolithischer Knochenschnitzereien in einer bandkeramischen Siedlung bei Vaihingen (Krause 2000, 26/27) und einer bandkeramischen Scherbe in einer mesolithischen Fundschicht in der Pfalz (Cziesla 1991) weisen auf Kontakte hin. Dass diese nicht gering waren, zeigt auch der hohe Anteil von Wildtierknochen in den Abfallgruben der südwestdeutschen Bandkeramik im Vergleich zum restlichen bandkeramischen Besiedlungsgebiet. (Abb. 4)

Das Nebeneinander der Bauern- und Jägerkulturen muss lange gedauert haben, da erst nach 200 Jahren auf dem westlichen Rheinufer die ersten bäuerlichen Siedlungen entstanden. An der Peripherie der bandkeramischen Kultur im Nordwesten fand sich in einem nach 5090 v. Chr. erbauten Brunnen ein mesolithischer Bogen, sodass das Nebeneinander zumindest dort bis zum Ende der Bandkeramik angedauert haben muss (Weiner 1997).

Wie schlägt sich diese komplizierte, aus drei verschiedenen kulturellen Traditionen zusammengewachsene frühneolithische Gesellschaft nun in archäologischen Funden und Befunden nieder?

Abb. 4: Verhältnis von Wild- und Haustierknochen in bandkeramischen Abfallgruben (nach Lüning 2000)

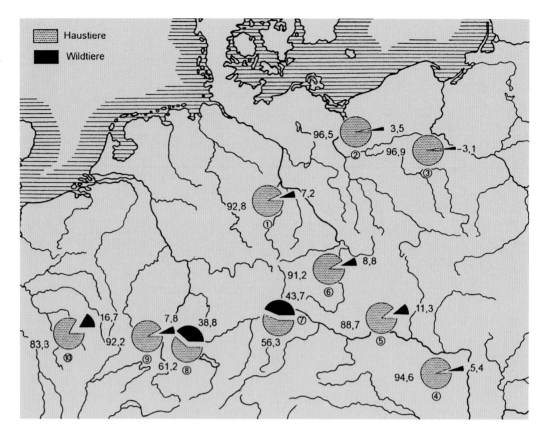

Es sollen hier zwei Aspekte angeführt werden:

Die Einheitlichkeit einer Kultur zeigt sich vor allem in der Bewahrung und Ausübung religiöser Rituale. Hierzu gehören – meistens archäologisch nachweisbar – die Bestattungssitten, in denen besonders konservativ darauf geachtet wird, dass alles „korrekt", das heißt nach der Tradition abläuft. Gerade auf diesem Gebiet zeigt die frühneolithische bandkeramische Kultur ein widersprüchliches Bild. Hier gibt es einmal die Körperbestattung in Friedhöfen, zum anderen die Einzelbestattung in den Siedlungen sowie Brandbestattung. Als vierter archäologisch nachweisbarer Totenbrauch ist durch Untersuchungen im Grabensystem von Herxheim bei Landau Leichenzerstückelung in großem Umfang nachgewiesen worden (Zeeb-Lanz, Hauck 2006)

Hier drängt sich schon die Vermutung auf, dass diese Vielfalt an Bestattungsritualen die polyethnische Entstehung der bandkeramischen Kultur zeigt. Können wir sie auch in der Sozialstruktur dieser Gesellschaft nachweisen? Auch hier sind die Bestattungen eine unverzichtbare Quelle, können die Beigaben doch die gesellschaftliche Stellung des Toten spiegeln. Es wurde nachgewiesen, dass nur etwa 20% der Bevölkerung in Friedhöfen mit Körperbestattungen beigesetzt wurden (Nieszery 1995 27 ff). Innerhalb dieser Gräberfelder setzt sich eine kleine Gruppe von der Masse der meist beigabenarmen Bestattungen deutlich ab; die Toten haben Gegenstände und Materialien bei sich, die man als „Prestigegüter" bezeichnen kann. Hierbei sind vor allem Gegenstände aus der im Mittelmeer vorkommende Spondylusmuschel hervorzuheben, aber auch aufwendig gearbeitete Steinwerkzeuge wie übergroße Dechsel (geschliffene Steinhacken) und Scheibenkeulen (Nieszery 1995 Abb. 84 und Weiner 2003, 423 ff.). Die verschwindend kleine offensichtlich hierdurch privilegierte Bevölkerungsgruppe kann ihren Sozialstatus sogar an die Frauen und Kinder weitergeben, also eine Art Dynastie bilden. Dieses Phänomen ist für die ganze mitteleuropäische Jungsteinzeit einmalig, im Osten der Bandkeramik, also näher an den Quellen der neolithischen Errungenschaften, nicht vorhanden; es scheint sich um eine Entwicklung zu handeln, die sich erst in der Kontaktzone zwischen den verschiedenen Kulturen in Südwest-

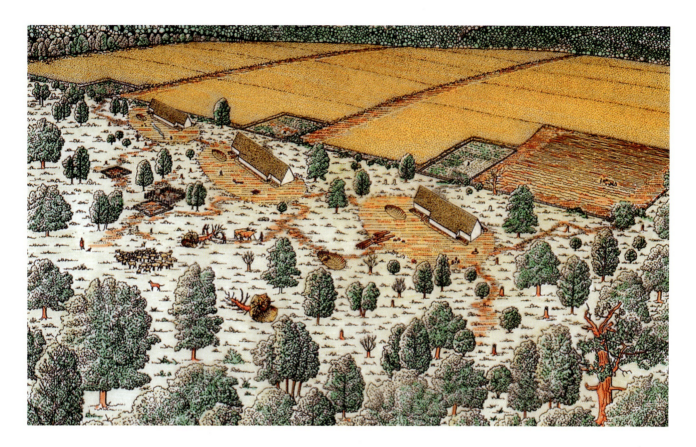

deutschland vollzogen hat. Zeigen sich hier Eliten, die ihren Sonderstatus mit ihrer Herkunft aus dem Südosten begründen? Ein Befund aus Schwanfeld in Unterfranken scheint in diese Richtung zu deuten: dort wird über mehrere Hausgenerationen in einer der vier Hofgruppen exklusiv ein Feuersteinmaterial verwendet, das aus Ungarn stammt und beweist, dass Beziehungen zur „alten Heimat" noch über Generationen hinweg als Abgrenzung innerhalb der bandkeramischen Gesellschaft gepflegt wurden. (Abb. 5 und Abb. 6)

Wollte man sich hier speziell von den Bewohnern der anderen Hofgruppen absetzen? Neben einem dieser Häuser war immerhin ein Mann mit Jagdausrüstung und mesolithischen Pfeilspitzen bestattet, der hierdurch wohl den „Eingeborenen" zugerechnet werden kann (Lüning 2007).

Bei aller Problematik historischer Vergleiche ähnelt die Situation zwischen 5500 und 5000 v. Chr. der bei der Kolonisation Nordamerikas, wo europäische Siedler zweier Kulturen, katholische Spanier und Franzosen sowie protestantische Anglo-Amerikaner langsam ihr Herrschaftsgebiet in das der Ureinwohner vorschoben. Hierbei kam es zu den verschiedensten Kontaktvarianten von der Ausrottung bis zur Symbiose und Integration; heute noch bildet die Gruppe der Franko-Indianer in Kanada eine eigene politische Kraft.

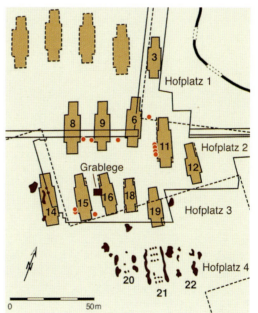

Abb. 5: Die ältestbandkeramische Siedlung von Schwandorf (Rekonstruktion nach Lüning 2007)

Abb. 6: Das Vorkommen von ungarischem Radiolarit in der Siedlung von Schwandorf (nach Lüning 2007)

Nach diesen Erwägungen über das Gesamtbild des Frühneolithikums in Südwestdeutschland fokussieren wir den Blick auf unser eigentliches Feld, den Mannheimer Raum

Die landschaftlichen Bedingungen für die steinzeitlichen Bauern im Neckarmündungsgebiet

Durch die natürlichen Gegebenheiten bietet der Mannheimer Raum für bäuerliche Besiedlung ideale Bedingungen: Fruchtbarer Schwemmlöß war entlang der alten, ab ca. 6 000 v. Chr. verlandenden Neckarläufe abgelagert, diese selbst boten neben Fischen und Muscheln auch das Material für die Schilfdeckung der Häuser. Ausgedehnte Waldflächen auf den Sanddünen der Hardt, die die Nordweststürme der Eiszeit abgelegt hatten, und die Au-Landschaft der Rheinniederung lieferten Holz für die massiven Bauten und Weide für das Vieh, das mit Laubheu über den Winter gebracht wurde. Hinzu kam die leichte Erreichbarkeit von Wasser und das günstige Klima der Oberrheinebene. Als Folge dieser günstigen Grundlagen war unsere Heimat von Anfang an ein begehrtes Siedlungsgebiet für den vorgeschichtlichen Menschen. Folgerichtig gehört sie zu den Gebieten Deutschlands mit den reichsten archäologischen Hinterlassenschaften. (Abb. 7)

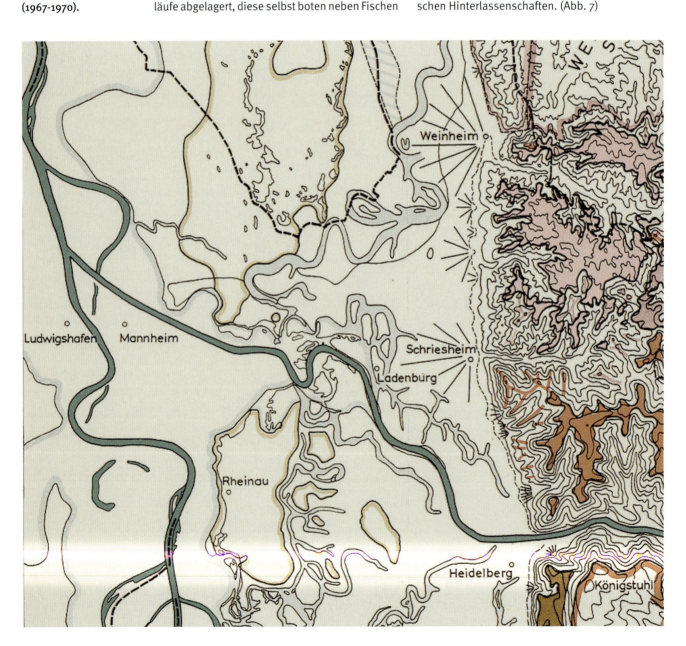

Abb. 7: Die geologischen Grundlagen des Neckarmündungsgebietes (nach Amtliche Kreisbeschreibung Heidelberg-Mannheim (1967-1970).

Mannheim-Vogelstang, die Muttersiedlung der Pioniere

Um 5 500 v. Chr. entstanden an dem Knie eines alten Neckarlaufes bei MA-Wallstadt/MA-Vogelstang die Häuser der ersten Bauern in unserer Heimat. (Abb. 8, Abb. 9)

Die Konstruktion ihrer Bauten, ihre Werkzeuge und die verzierte Keramik weisen sie der Kultur der Bandkeramik zu. Funde dieser ältesten Bandkeramik sind bisher nur in Einzelstücken von Mannheim-Seckenheim und Ilvesheim Gewann *Atzelbuckel* bekannt (unpubliziert). Die geographisch nächstliegende Siedlung dieser Kulturstufe findet sich bei Heidelberg-Kirchheim (Quitta 1960). Es ist anzunehmen, dass die Kolonisten im Neckarmündungsgebiet mit der intensiven bandkeramischen Besiedlung des Mittelneckargebietes in Verbindung stehen und von dort kamen. Auch hier finden sich Spuren der La-Hoguette-Kultur, immer zusammen mit Funden der ältesten Bandkeramik. (Abb. 10-16)

Abb. 8: Rekonstruktion der bandkeramischen Muttersiedlung von MA-Vogelstang (Wandbild der Ausstellung Menschenzeit in den Reiss-Engelhorn-Museen Mannheim, Foto H. Mende)

Abb. 9: Szene aus dem Wandgemälde in der Ausstellung Menschenzeit (Reiss-Engelhorn-Museen Mannheim, Foto H. Mende)

Abb. 10: Blick in das Innere eines bandkeramischen Hauses. Der Innenraum wird durch die massiven Dachträger eingeschränkt. Nach Lüning 2002.

Abb. 11: Getreideanbau und -verarbeitung sind die Grundlage bäuerlicher Wirtschaftsweise. Nach Lüning 2002.

Abb. 12: Gekocht wurde außerhalb der Häuser in Wandnischen von Erdgruben. Nach Schade-Lindig 2002.

Wie in anderen Siedlungen der ältesten Bandkeramik sind hier die Hinweise auf die Kulturbeziehungen nach Südosten besonders deutlich: Das Bein eines menschlichen Tonidols, ein anthropomorpher Knochenspatel und das verzierte Bein eines Steinaltärchens haben ihre Parallelen im Südosten und

Abb. 13: Die Fundplätze der ältesten Bandkeramik und der La-Hoguette-Scherben (Grundkarte nach amtl. Kreisbeschreibung 1968) Viereck MA-Vogelstang, Punkte Einzelfunde, rot Bandkeramik, grün La-Hoguette.

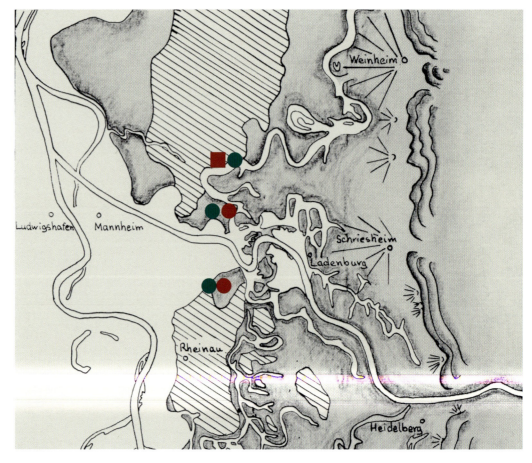

Abb. 14: Gefäß der La-Hoguette-Kultur. Nach Lüning/Stehli 1989, S.113.

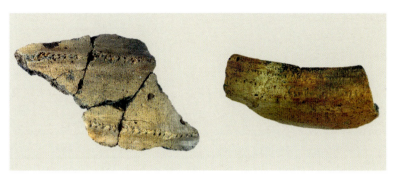

Abb. 15: 2 Scherben der La-Hoguette-Kultur von MA-Vogelstang und MA-Seckenheim. Verbleib Reiss-Engelhorn-Museen Mannheim, Foto V. Czikkeli.

Abb. 16: Szene aus dem Wandgemälde in der Ausstellung Menschenzeit in den Reiß-Engelhorn-Museen Mannheim, Foto H. Mende.

sind Zeugen des „balkanischen" Erbes. Die Funde einer Siedlung von Bad Nauheim, Niedermörlen, mit Idolbruchstücken, anthropomorpher Knochenspatula und Teilen von Altärchen sind direkt vergleichbar (Schade-Lindig 2002, 99 ff.). (Abb. 17-20)

MA-Vogelstang reiht sich auch hierdurch in die Erscheinungen in Siedlungen der frühesten Bandkeramik

Abb. 17: Fuß eines Altärchens, eine anthropomorphe „Spatula" aus Knochen und abgebrochenes Bein eines Tonidols als Zeichen der Bindungen an das balkanische Neolithikum. Verbleib Reiss-Engelhorn-Museen Mannheim, Foto H. Mende.

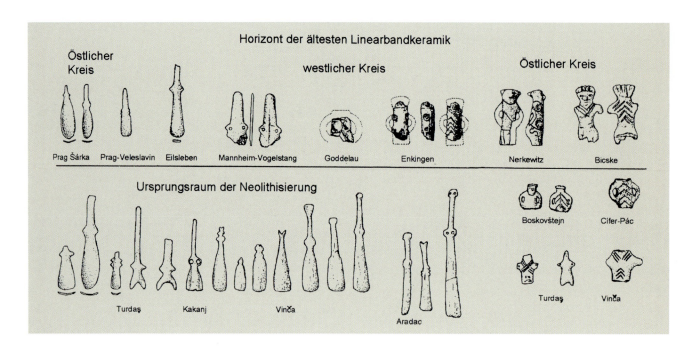

Abb. 18: Vergleich der Mannheimer Knochenspatula mit den Stücken aus dem Südosten. Nach Schade-Lindig 2002.

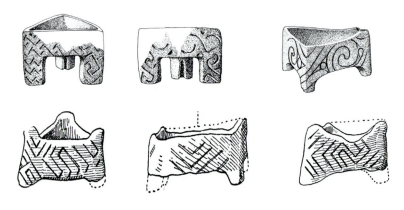

Abb. 19: Verzierte Altärchen obere Reihe aus Karanovo (Bulgarien), untere Reihe aus Turdas (Rumänien). Alle nach Müller-Karpe, Handbuch.

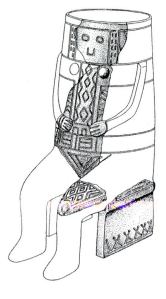
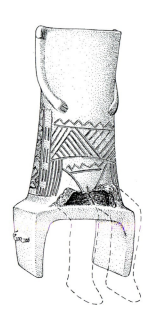
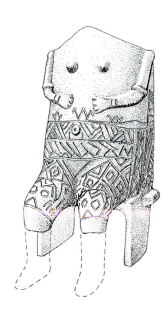

Abb. 20: Sitzende weibliche Idole aus Kökéndomb (Ungarn) und Erfurt. Nach Gottwald u. a. 2002.

ein. Während der ganzen 500 Jahre, in denen diese Kultur große Teile Europas besiedelte, bestand diese Muttersiedlung, wie die Keramikfunde beweisen.

Frühe Bauern nehmen die Landschaft in Besitz

Für die Forschung ist die verzierte Keramik in diesem langen Zeitraum glücklicherweise einem allmählichen Wandel unterworfen. Während in den frühen Phasen die Verzierungen sehr einheitlich sind, zerfallen sie in den späteren in sogenannte Regionalstile, die sich in den Zierelementen deutlich voneinander abheben. (Abb. 21-26)

In diesen jüngeren Erscheinungen wird auch deutlich, dass im Neckarmündungsgebiet eine Grenze von stilistischen Einflüssen verläuft: während die Fundstellen um den Austritt des Neckars bei Heidelberg herum deutliche Merkmale der „Mittelneckargruppe" aufweisen, wird im Norden der Einfluss der „Untermaingruppe" dominierend. Ob sich hier so etwas wie „Stammesgrenzen" zeigt oder nur Handelsbeziehungen mit Gütern zu Tage treten, deren „Verpackung" die Gefäße waren, lässt sich nicht entscheiden.

Die Fundkarte der einheimischen Bandkeramik ist mit der Einschränkung zu betrachten, da sie eben nur eine Fund-Karte und keine Siedlungskarte ist; auch muss man bedenken, dass sich die Besiedlung über einen Zeitraum von 500 Jahren erstreckt, also nicht alle auf der Fundkarte eingetragenen Siedlungen mit Ausnahme von MA-Vogelstang während der ganzen Zeit bestanden haben.

Im nördlichen Neckarmündungsgebiet sind außer wenigen Bestattungen in den Siedlungen und einigen Brandgräbern von MA-Seckenheim-Suebenheim keine Friedhöfe bekannt, im Süden hingegen weist der Friedhof von Schwetzingen mehrere hundert Körpergräber auf; die Publikation steht bevor.

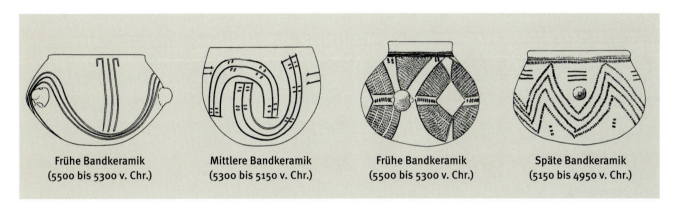

Abb. 21: Entwicklung der bandkeramischen Tongefäße innerhalb der Gesamtentwicklung. Nach Lüning 2007.

Frühe Bandkeramik (5500 bis 5300 v. Chr.) | Mittlere Bandkeramik (5300 bis 5150 v. Chr.) | Frühe Bandkeramik (5500 bis 5300 v. Chr.) | Späte Bandkeramik (5150 bis 4950 v. Chr.)

Abb. 22: Bandkeramische Gefäße aus dem Raum Mannheim. Im Vordergrund Teil eines Tonsiebes, das zur Ölbereitung benutzt wurde. Die Oberflächen der Gefäße muss man sich glänzend schwarz poliert mit roten und weißen Einlagen in den Mustern vorstellen. Verbleib der Objekte Reiss-Engehorn-Museen Mannheim, Fotos: J. Christen, H. Mende und P. Will, Montage I. Kraft.

Abb. 23: Alle Bein- und Hornmaterialien wurden zu Werkzeugen aller Art verarbeitet, von der feinsten Nähnadel mit Öhr bis zu groben Spaltwerkzeugen. Bestände der Reiss-Engelhorn-Museen Mannheim, Fotos: V. Czikkeli, Montage I. Kraft.

Abb. 24: Die bunte Palette der Feuersteinmaterialien aus einer neolithischen Abfallgrube zeigt die Handelsverbindungen über Hunderte von Kilometern in alle Richtungen. Pfeilspitzen weisen auf die Rolle hin, die die Jagd spielte. Bestände der Reiss-Engelhorn-Museen Mannheim, Fotos: V. Czikkeli, Montage I. Kraft.

Abb. 25: Harte Gesteine wurden für die Anfertigung von Grobgeräten benötigt und mussten aus zum Teil beträchtlichen Entfernungen bezogen werden. Diese Amphibolite bildeten zusammen mit Feuerstein und Hämatit wohl die wichtigsten Fernhandelsgüter. Sie mussten härtesten Anforderung gewachsen sein wie z. B. die beiden Spaltkeile oben und unten, die zur Herstellung schwerer Spaltbohlen dienten. Bestände der Reiss-Engelhorn-Museen Mannheim, Foto H. Mende, Montage I. Kraft.

Abb. 26: Rezente und fossile Muscheln wurden zusammen mit Tierzähnen und sicher zahlreichen nicht erhaltenen organischen Materialien zu Schmuck verarbeitet. Bestände der Reiss-Engelhorn-Museen Mannheim, Foto V. Czikkeli.

Die Krise um 5000 v. Chr.

Das „Verschwinden" der Bandkeramik ist eine der meistdiskutierten Erscheinungen der einheimischen Archäologie. Am meisten verwundert die Geschwindigkeit des Vorganges, es scheint keine längere Übergangszeit gegeben zu haben. Das bei Gronenborn (Abb. 3) angeführte „5100-Ereignis" liegt etwas zu früh, mag aber zur Destabilisierung der bandkeramischen Wirtschaftsgrundlage mitgewirkt haben. H. Spatz hat die krisenhaften Erscheinungen zusammengetragen (SPATZ 1998). Im Merzbachtal lässt sich des plötzliche Ende der Besiedlung und der gleichzeitige Zusammenbruch der Handelsnetzwerke gut ablesen (Lüning-Stehli 1989, Graphik S. 119). Die Befunde von Talheim bei Heilbronn, wo 35 Individuen hingemetzelt und pietätlos verscharrt worden waren und von Schletz in Niederösterreich, wo die Opfer eines Überfalls offen liegen blieben, zeigen kriegerische Auseinandersetzungen in einer Zeit, die bis dahin, sicher romantisiert, als friedlich angesehen worden war (WAHL/KÖNIG 1987 und Windl/Teschler-Nicola 1996). In diesem Zusammenhang einer krisenhaften „Endzeitstimmung" können vielleicht auch die rätselhaften Leichenzerstückelungen von Herxheim gesehen werden (Zeeb-Lanz; Hauck 2006).

Das Mittelneolithikum – aus Einheit wird Vielfalt

Auf dem riesigen Gebiet, das die Bandkeramiker in Europa besiedelt hatten, entstand nach deren Ende ein buntes Mosaik von Menschengruppen, die sich in ihren Lebensäußerungen, ihrer Kultur, deutlich voneinander unterscheiden. Da dem Archäologen jene Teile dieser Kultur bekannt sind, die sich durch Grabungen nachweisen lassen, was wenig genug ist, beruhen seine Aussagen nur auf den konkreten Befunden und erlauben naturgemäß keine umfassenden Aussagen.

Das Mittelneolithikum umfasst den Zeitraum von 4900 bis 4300 v. Chr. In Südwestdeutschland werden die aufeinander folgenden Kulturgruppen nach Fundorten oder Flurnamen benannt, so Hinkelsteingruppe nach einem Flurnamen bei Worms, Großgartacher Gruppe nach einer Gemeinde bei Heilbronn und Rössener Kultur nach einem Ort bei Magdeburg. (Abb. 27)

Abb. 27: Gefäß der Hinkelsteingruppe von MA-Wallstadt. Verbleib Reiss-Engelhorn-Museen Mannheim, Foto H. Mende.

Das Gefäß Abb. 27 gehört der Hinkelsteingruppe (4900-4800 v. Chr.) an. Es verrät die Herkunft aus dem bandkeramischen Zusammenhang. Mit einer Ausnahme stammen alle mittelneolithischen Funde des Mannheimer Raumes aus Abfallgruben. Hierdurch ist der Erhaltungszustand mangel- und bruchstückhaft. Dies ist umso bedauerlicher als gerade in dieser Zeit ein großer Reichtum an Gefäßverzierungen und hohe Qualität der Keramikoberflächen erreicht wurde. An zwei Beispielen soll dies gezeigt und gleichzeitig der ehemalige Zustand vor Augen geführt werden (Abb. 28 und 29), (Abb. 30).

H. Spatz hat in einer umfangreichen Arbeit das riesige mittelneolithische Keramikmaterial des Mittelneckargebietes aufgearbeitet und mit den Funden der benachbarten Gebiete verglichen (Spatz 1996). Dabei konnte er feststellen, dass während des gesamten Mittelneolithikums eine kontinuierliche Entwicklung der einen aus der anderen Kulturgruppe stattfand. Dabei scheinen sich im Friedhof von Trebur die Hinkelsteingruppe und die Großgartacher Kultur zeitlich berührt zu haben; die jüngeren Großgartacher Gräber respektieren die der früheren

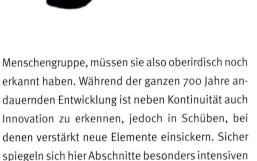

den Frauen sichtbar. Die Großgartacher Gräber hingegen bieten das Bild einer eher egalitären Gesellschaft (Spatz 1999 I, 267 ff.)

Diese Feststellungen sind durchaus gesichert, da alle Gräber beider Friedhöfe Beigaben aufweisen und mit insgesamt 131 Bestattungen eine gute statistische Basis für Vergleiche bestand.

Obwohl das Mittelneolithikum sich als kulturelles Kontinuum darstellt, gibt es Neuerungen im Hausbau. Ein konstruktiver Nachteil der Häuser aus bandkeramischer Zeit waren die im Haus stehenden Dachträger. Schon bei den Häusern der Hinkelstein-Gruppe verringert sich die Zahl der Dachträger und ein Teil der Dachlast wird auf die verstärkten Wände abgetragen. Diese Tendenz findet ihren

Abb. 28: Keramikscherben aus einer Abfallgrube der Großgartacher Kultur von MA-Wallstadt, rechts ein in der Verzierung rekonstruiertes Gefäß dieser Kultur. Verbleib der Scherben Reiss-Engelhorn-Museen Mannheim, Foto V. Czikkeli, Rekonstruktion I. Kraft.

Menschengruppe, müssen sie also oberirdisch noch erkannt haben. Während der ganzen 700 Jahre andauernden Entwicklung ist neben Kontinuität auch Innovation zu erkennen, jedoch in Schüben, bei denen verstärkt neue Elemente einsickern. Sicher spiegeln sich hier Abschnitte besonders intensiven Kontakts nach außen, vielleicht sogar historische Ereignisse, die sich sonst unserer Kenntnis entziehen.

Der Vergleich der beiden Gräberfelder von Trebur zeigt, dass die Sozialstruktur der beiden Gruppen Hinkelstein und Großgartach verschieden war: In den Hinkelsteingräbern wird ein deutliches Sozialgefälle mit besonders reichen Gräbern ebenso wie eine Bevorzugung der Männer mit Prestigegütern vor

Abb. 29: Gefäß der Rössener Kultur von MA-Vogelstang, rechts rekonstruiertes Gefäß dieser Kultur. Verbleib des Gefäßes Reiss-Engelhorn-Museen Mannheim, Foto H. Mende, Rekonstruktion I. Kraft.

Abb. 30: Außen und innen verzierte viereckige „Zipfelschale" der Großgartacher Kultur von Mannheim-Wallstadt. Verbleib Reiss-Engelhorn-Museen Mannheim, Foto H. Mende.

logischen Abschluss in den schiffsförmigen Großbauten der Großgartacher und Rössener Kultur, in denen der Innenraum frei wird und höchstens noch querteilende Wände vorhanden sind. (Abb. 31)

Als soziale Neuerung erscheint zum ersten Mal das Phänomen Dorf. Während die Bandkeramik offenbar nur Einzelhöfe kannte, die sich zu lockeren Gruppen formierten, scheinen die Menschen jetzt sozial aufeinander bezogen zu leben. Neu sind hier planvoll angelegte Mülldeponien, die an die Stelle des sehr willkürlichen Abfallverhaltens der Bandkeramiker treten. Hierzu ist Gemeinschaftsarbeit und sozialer Verhaltensdruck nötig wie wir sie nur in engeren Lebensgemeinschaften, eben dem Dorf, antreffen (als Beispiel für eine solche Grube s. Kraft 1982).

Abb. 31: Links Großhaus der Rössener Kultur mit anschließendem Viehpferch, rechts Grundriss eines Hauses der Hinkelstein-Gruppe. Nach Müller-Karpe, Handbuch II, T. 134.

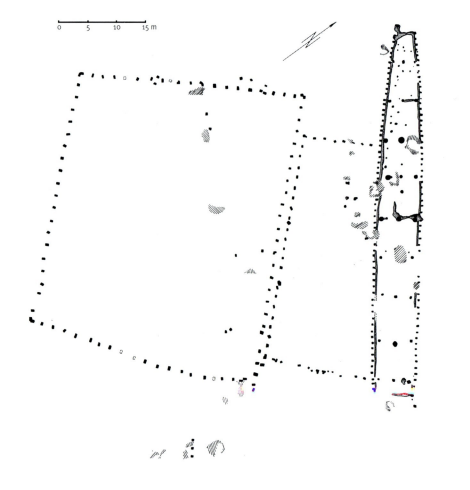 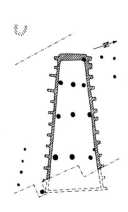

Der jüngste mittelneolithische Fund in unserem Gebiet ist in Grab von Ladenburg, das ein Gefäß als Beigabe aufweist und eine ganz ungewöhnliche Lage des Skeletts zeigt (Kraft 1971, eine abweichende Meinung bei Schade-Lindig 2002, 188). (Abb. 32)

Abb. 32: Gefäß aus einem Grab der späten Rössener Kultur von Ladenburg. Verbleib Reiss-Engelhorn-Museen Mannheim. Foto H. Mende.

1500 Jahre keine Besiedlung?

Der soeben angeführte Fund gehört schon in die Zeit um 4300 v. Chr., als die ersten Kupferperlen in Südwestdeutschland auftauchen (Lüning 1973). Die rätselhafteste Erscheinung unserer Mannheimer Vor- und Frühgeschichte ist das dann folgende völlige Fehlen von Nachweisen einer Besiedlung bis um 2800 v. Chr. Dies ist umso unverständlicher, als sich die günstigen Bedingungen der Landschaft erhalten haben und die Gebiete südlich und westlich von der jungneolithischen Michelsberger Kultur besiedelt wurden. Diese ist im Kraichgau mit mehreren charakteristischen großen Erdwerken und Siedlungen auf dem „platten Lande" stark präsent (die namengebende Höhensiedlung liegt bei Untergrombach nahe Bruchsal). Der geographisch naheste Fund, eine Mehrfachbestattung von drei Erwachsenen und drei Kindern, stammt aus Handschuhsheim bei Heidelberg (HEUKEMES 1985, WAHL/HÖHN 1988). Es kann sich hier nur um eine Forschungslücke handeln. Offenbar ist die Siedlungs- und Bestattungsweise aus Gründen, die wir nicht kennen, bisher dem archäologischen Zugriff entzogen. Dies ist umso bedauerlicher als sich gerade im Jungneolithikum grundlegende Innovationen der jungsteinzeitlichen Kultur vollzogen, wie die Einführung von Rad und Wagen, Gebrauch von Kupfer, der Anbau neuer Nutzpflanzen, Bau von Straßendörfern und

Abb. 33: Tabelle der zeitlichen Abfolge und geographischer Verbreitung technischer und wirtschaftlicher Innovationen im Neolithikum (nach Schlichterle 2004, Abb. 12, S. 304).

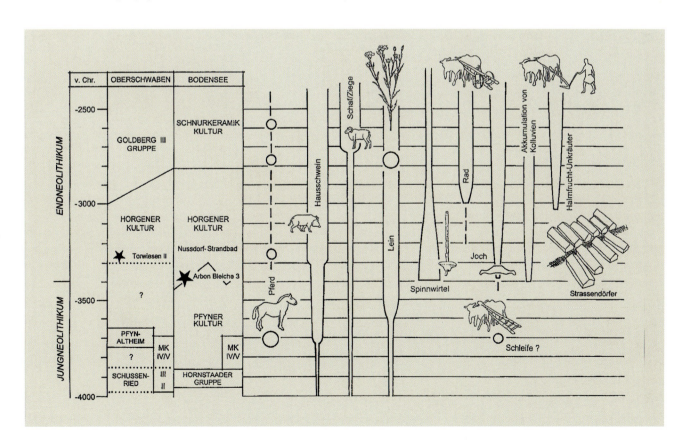

zumindest saisonale Spezialisierung auf bestimmte Produktionen (Textilien), (Abb. 33).

Wenn schon bei der meisterhaften Keramik der Großgartacher und der Rössener Kulturen ein spezialisiertes Töpferhandwerk zu denken war, geht hier vor allem mit der Bearbeitung von Kupfer der Weg zur Entstehung einer arbeitsteiligen Gesellschaft, deren Produkte transportiert und ausgetauscht werden. Hatten wir schon im Frühneolithikum Fernhandel mit Feuerstein nachweisen können, dürfte sich jetzt die Warenpalette deutlich erweitert haben. Die hierdurch intensivierte Kommunikation beschleunigte ihrerseits die Innovationsprozesse und interkulturellen Kontakte.

Schnurkeramik und Glockenbecher – eine neue Zeit bricht an

Mit der Kultur der Schnurkeramik (2800-2000 v. Chr.) tritt uns eine Erscheinung entgegen, die seit der Bandkeramik zum ersten Mal wieder große Teile Europas – mit dem Schwerpunkt Ost- Nord- und Mitteleuropa – erfasst. (Abb. 34)

Namensgebend und charakteristisch ist die mit Schnureindrücken verzierte Keramik, wobei Becher und Amphoren die beherrschenden Formen sind, sowie durchbohrte Streitäxte, weswegen in der älteren Literatur auch von Streitaxtkulturen gesprochen wird. Leider ist die Schnurkeramik im Zusammenhang mit der Indogermanenfrage ein Politikum geworden und ideologisch überhöht worden. Obwohl sich diese Nebel gelichtet haben, sind viele Aspekte dieser Kultur rätselhaft geblieben. Dies hängt auch damit zusammen, dass nur sehr wenige Siedlungsreste ausgegraben werden konnten, sodass sich die Erkenntnisse überwiegend auf Grabfunde stützen müssen. Die Skelette dieser Gräber liegen in Hockerstellung, regelhaft Männer und Frauen in entgegengesetzter Richtung, meist mit Beigaben, vor allem Keramik ausgestattet. Die strenge Einhaltung dieser Sitte zusammen mit den fast kanonhaft auftretenden Bechern und Amphoren hat C. Wolf zu der Formulierung verführt „Insignien einer neuen Ideo-

Abb. 34: Verbreitungskarte der Schnurkeramik (nach Wolf 1999)

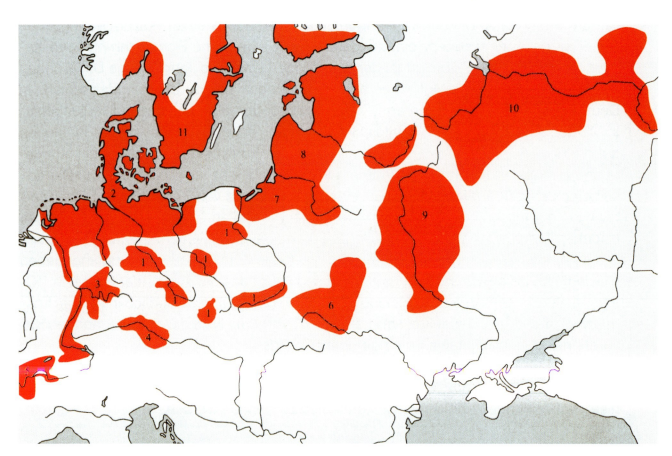

logie?", jedoch mit Fragezeichen versehen (Wolf 1999). Eine weitere Verlegenheit wird an der Unsicherheit sichtbar, wenn es um den „Ursprung" der Schnurkeramik geht (in der Graphik Wolf 31) erscheint eine „Black Box".

Eine der ganz wenigen Siedlungsgruben dieser Kultur stammt vom *Atzelbuckel* auf der Gemarkung Ilvesheim (Sangmeister/Gerhardt 1965) . Dort zeigt sich, dass die Gebrauchskeramik ein größeres Spektrum als die Grabkeramik hat, was sich durch die Forschungen J. Marans in Dünengebieten Südhessens bestätigt hat (Maran 1995). Eine Besonderheit der Schnurkeramik unseres und des südhessischen Dünengebietes scheinen runde Sandsteinscheiben zu sein, die in der Größe den Böden der Tongefäße entsprechen und in einigen Fällen auf der einen Seite mit Feuer in Berührung gekommen sind. Ihre Funktion ist jedoch genau so unklar wie die des Werkzeugbruchstücks aus Knochen in Abb. 35, (Abb. 36).

Dass die Streitäxte, von denen aus unserem Gebiet bis jetzt noch keine vorliegt, auch Waffen waren, wird durch immer wieder vorkommende Kopfverletzungen an Männerskeletten deutlich. Ein solcher Befund liegt aus Heddesheim vor, der gleichzeitig die medizinischen Fertigkeiten der Zeit belegt, denn immerhin hat der Patient die Schädeloperation lange überlebt (Abb. 37).

Folgerichtig hat man sich die schnurkeramischen Männer auch immer kriegerisch vorgestellt. (Abb. 38)

Eine Besonderheit der Schnurkeramik ist die oft nachlässig ausgeführte Gefäßverzierung (siehe auch die beiden vorderen Gefäße von Abb. 36). An einem 2004 ebenfalls auf dem „Atzelbuckel" ausgegrabenen Becher lässt sich dies gut zeigen (Maran 2005) (Abb. 39).

Abb. 35: Sandsteinscheibe, Pfeilspitzen und Knochengerät der Schnurkeramik von Ilvesheim, „Atzelbuckel" Verbleib Reiss-Engelhorn-Museen Mannheim, Foto V. Czikkeli.

Abb. 36: Schnurkeramische Gefäße aus Gräbern des Mannheimer Raumes. Verbleib Reiss-Engelhorn-Museen Mannheim. Foto H. Mende.

Abb. 37: Kopfoperation (Trepanation) nach Probst 1991, 380.

Abb. 38: Reiter der Schnurkeramik nach Probst 1991, 401.

Eine noch weiter sogar über die Meere ausgreifende Kultur ist die der Glockenbecherkeramik, die teilweise mit der Schnurkeramik gleichzeitig war, sie jedoch überlebte (2400-1800 v. Chr.). Von Marokko bis Schottland, von Irland bis Ungarn finden sich die über diese riesigen Entfernungen sehr ähnlichen namengebenden Becher. (Abb. 40)

Die in den Männergräbern häufigen Armschutzplatten weisen sie als Bogenschützen aus, was die Formulierung „ein reisiges Volk von Bogenschützen" provoziert hat. (Abb. 41-43)

Wie bei der Schnurkeramik bleibt die Entstehung der Glockenbecherkultur im Dunkel, wenn auch in einer neuen Arbeit wahrscheinlich gemacht werden konnte, dass erstere bei der Genese letzterer eine Rolle gespielt hat (Besse 2003). Die wieder kanonartige Grabsitte und die Beigabe des Bechers hat wieder die Frage der Einheitlichkeit dieser Kultur aufkommen lassen und den Titel „Eine Kultur oder was?" zur Folge (Engelhardt 1999). In den einzelnen Verbreitungsgebieten findet sich neben den obligaten Bechern jeweils regional typische Begleitkeramik (bei Besse 2003 „les céramiques communes"), in der sich die jeweils lokale und indigene Tradition ausdrückt.

Ein Merkmal scheint eine große Buntheit in Kleidung und Gefäßverzierung zu sein. Durch Abbildungen auf Steinstelen von Petit Chasseur bei Sitten/Sion (Schweiz) wissen wir, dass die Kleidung von Karos und Rhomben bedeckt war (Müller-Karpe, Handbuch III, Taf. 496). (Abb. 44)

Auf einem hervorragend erhaltenen Becher von Frankenthal wird durch besondere Erhaltung eine Buntheit deutlich, die wir bei vielen Gefäßen voraussetzen können. (Abb. 45)

Auffälligstes Merkmal der Glockenbecherkultur sind ihre transmaritimer Charakter und inneren Entwicklungen, die in die Zukunft, die Bronzezeit, weisen. Eine hohe Mobilität sorgt für schnelle Ausbreitung und Bildung eigener Unterzentren, wie die iberische Halbinsel oder die britischen Inseln. Welche Funktion ihre Träger hatten, wenn sie in dem schwerbe-

Der oder die Töpfer/in hat sich für die Verzierung des Gefäßhalses ein Stück Schnur geschnitten, das für die schmalste Stelle zu lang war. Er hat die Schnur sorglos an der Stelle des Zusammentreffens über den schon vorhandenen Eindruck laufen lassen. Dafür war das Schnurstück an der breitesten Stelle ein wenig zu kurz; dort entstand eine Lücke. Man möchte sich diese Behandlung des Produktes Keramik damit erklären, dass sich die ästhetischen Bedürfnisse der Schnurkeramiker an anderen Materialien niedergeschlagen haben.

festigten stadtähnlichen Los Millares in Südostspanien auftauchen und sogar in die lokalen Eliten integriert und in ihren Familienmausoleen bestattet werden (Molina/Cámara o. J.), ist unklar. Man möchte am ehesten an Söldner denken, denn die Befestigungen (fortínes) scheinen speziell für Bogeschützen konstruiert zu sein. Ob die Anwesenheit der Glockenbecherleute die krisenhafte Entwicklung dort entschärfen sollte oder sie verursachte, bleibt unklar. Am Wandel der Keramik lässt sich ablesen, dass die Neuankömmlinge bald integriert waren und so das Ende von Los Millares als Einheimische erlebten.

Abb. 39: Schnurbecher von Ilvesheim, „Atzelbuckel", Verbleib Reiss-Engelhorn-Museen Mannheim, Foto rem.

Abb. 40: Verbreitungskarte der Glockenbecherkultur nach Engelhardt 1999, 37.

Abb. 41: Bogenschütze der Glockenbecherkultur nach Probst 1991, 408.

Neben der Weitläufigkeit der Glockenbecherkultur ist eine soziale Tendenz zu beobachten: Deutlich heben sich besonders reich ausgestattete Gräber von denen der „Normal"-Bevölkerung ab. Diese weisen Mehrfachausstattungen auf: nicht nur ein Dolch oder ein Beil wird beigegeben, sondern mehrere Gegenstände gleicher Art. Hinzu kommen als neue Materialien Gold und Silber vor allem in Männergräbern, in denen sich häufig auch Geräte der Metallverarbeitung finden. Die sich neu bildende Oberschicht muss eine enge Verbindung zur Metallverarbeitung besessen haben, wahrscheinlich verdankt sie dieser ihre höhere gesellschaftliche Stellung. Der von der englischen Presse zum „König von Stonehenge" stilisierte, reich mit Beigaben ausgestattete Glockenbechermann von Amesbury mit goldenen Ohrringen, gehört in diesen Kreis genau so wie der Metallurg von Künzing-Bruck (Bayern) (Bertemes 2004). Die Sitte zweier goldener Ohrringe findet sich dann wieder in Fürstengräbern der Frühbronzezeit in Mitteleuropa. Als durch Zahnuntersuchungen festgestellt worden war, dass der Mann von Amesbury (nahe Stonehenge) im Alpenvorland aufgewachsen war, veranlasste dies nicht nur die englische Bou-

Abb. 42: Feuersteinpfeilspitzen und Armschutzplatte aus dem Mannheimer Raum. Verbleib Reiss-Engelhorn-Museen Mannheim, Foto V. Czikkeli.

levardpresse zum Wort „Steinhenge", sondern zeigt gerade die hohe Mobilität der neu entstandenen Elite.

Die erste Bauphase von Stonehenge fällt ausgerechnet in die Blütezeit der Glockenbecherkultur in England. Die ungeheure Arbeitsleistung der Erbauer dieser Kultstätte setzt eine intakte Infrastruktur und Organisation voraus, die ohne übergeordnete Planung, Versorgung und Kontrolle nicht vorstellbar ist.

Auf jeden Fall ist die Glockenbecherkultur die Brücke in die Bronzezeit, wie ein Grab von Ilvesheim, „Weingärten", zeigt, das im folgenden Kapitel (K. Wirth) vorgestellt wird.

Abb. 43: Gefäße der Glockenbecherkultur aus Gräbern des Mannheimer Raumes. Verbleib Reiss-Engelhorn-Museen Mannheim, Foto: H. Mende.

Abb. 44: Aus Abbildung auf Steinstelen abgeleitete Kleidung von Glockenbecher-Männern nach Probst 1991, 507.

Abb. 45: Gesamt- und Detailaufnahme eines Bechers von Frankenthal zeigen die ehemalige Buntheit der Gefäßverzierung. Verbleib Erkenbert-Museum Frankenthal, Fotos D. Kolodziej.

**Mesolithikum bis Spätbronzezeit
8000 bis 800 v. Chr.**

Sand-Lößstürme und gewaltige Frühjahrshochwässer des Urstromes Rhein hatten in der Eiszeit die Kulisse für die folgenden Jahrtausende geschaffen. Seit 10 000 v. Chr. suchte sich der Neckar seinen Weg vom Verlassen des Odenwaldes hin zum Rhein. Hierbei verlegte er sich immer wieder durch die mitgebrachten Kiesmassen selbst den Weg. Es entstand ein Gewirr von Altläufen, an deren Ufer sich nun durch die niedrigere Fließgeschwindigkeit fruchtbare Schwemmlehmpakete anlagerten. Irgendwann um 6 000 v. Chr. durchbrach der Neckar bei Seckenheim seine selbstgebaute Barriere und floss auf kurzem Wege zu seiner Mündung in den Rhein bei Neckarau.

So war die Bühne für das Erscheinen der ersten Menschen im Neckarmündungsgebiet errichtet: fruchtbare Böden im Bereich der Altarme des Neckars, Altwässer mit reicher Tierwelt, bewaldete Dünengebiete waren ein reich gedeckter Tisch. Das günstige Klima der Oberrheinebene steigerte noch die Anziehungskraft dieser abwechslungsreichen Landschaft.

Die ersten Menschen, deren Anwesenheit in unserem „Paradies" nachgewiesen ist, waren mittelsteinzeitliche Jäger und Sammler (innen), die auf den trockenen und warmen Dünen wohnten und die beutereiche Umwelt nutzten. Ein entscheidender Wandel trat um 5500 v. Chr. ein: die ersten Bauern erschienen, bauten Siedlungen und wurden sesshaft. Die Errungenschaften von Ackerbau und Viehzucht hatten sich von ihrem Ursprung im Nahen Osten auf zwei Wegen nach Westen ausgebreitet, einmal über die Balkanhalbinsel Richtung Mitteleuropa, zum zweiten die Ränder des Mittelmeeres entlang Richtung Westen. In Süddeutschland trafen sich im 6. vorchristlichen Jahrtausend die beiden „Kolonisten"-Ströme. Die Träger der nach ihren Gefäßverzierungen sogenannten Bandkeramiker teilten sich mit den Menschen der „La Hoguette"-Kultur den Lebensraum. Die auf dem linken Ufer des damals noch „wilden" Rheins lebenden mesolithischen Jäger waren der dritte Partner in dieser so früh schon vorhandenen „multikulturellen" Lebensgemeinschaft. So wie sich die Bandkeramiker von ihrer Muttersiedlung Mannheim-Vogelstang ausgehend in unserem Gebiet ausbreiteten, besiedelten sie ganz Mitteleuropa und Teile West- und Osteuropas. Warum ihre Kultur um 5000 v. Chr. erlosch, ist ungeklärt. Es folgten kleinere Kultureinheiten, die in ihren Hinterlassenschaften zwar das Erbe der Bandkeramik zeigen, sich aber auch deutlich von ihr unterscheiden.

Ein grundsätzlicher Wandel tritt mit Auftauchen des ersten Metalls um 4300 ein. Die Ausbreitung neuer Handelsgüter scheint Bevölkerungsbewegungen im Gefolge gehabt zu haben, die wieder weiträumige Kulturbeziehungen sichtbar werden lassen. Doch bleibt die wirtschaftliche Grundlage Ackerbau und Viehzucht.

Am Ende der Jungsteinzeit treten uns in der Glockenbecherkultur und der Schnurkeramik wieder Kulturerscheinungen entgegen, die weite Teile Europas besetzen. Sie sind Vorboten einer Ausweitung der Handelsbeziehungen, die vor allem mit dem neuen Metall Bronze einsetzen. Es ermöglicht den Besitzern, ihre gesellschaftliche Stellung in Schmuck und Tracht zu dokumentieren, reiche Grabfunde zeigen diese Entwicklung.

Trotzdem scheinen die frühe und mittlere Bronzezeit eine Epoche innerer Ruhe gewesen zu sein, die um 1300 v. Chr. durch einen grundlegenden Wandel in Bestattungssitte und materieller Kultur abgelöst wird. Mit dem Auftreten der „Urnenfelderkultur" werden die Beziehungen noch einmal ausgeweitet; sie reichen nun bis in die Ägäis und die Staaten des Vorderen Orients. Mitteleuropa wird immer stärker an die dortige Wiege der Zivilisation angeschlossen. Die Urnenfelderkultur bildet die Grundlage dessen, was uns dann Jahrhunderte später als Keltentum entgegentritt. Süddeutschland und Ostfrankreich können als seine Wiege angesehen werden.

Dieser kurze Abriss der Vorgeschichte unserer Heimat von 5500 bis 800 v. Chr. gibt nicht die Vielfalt der Funde aus Siedlungen, Gräbern und Horten wieder, die seit der zweiten Hälfte des 19. Jahrhunderts geborgen, restauriert und wissenschaftlich bearbeitet sind. Ganz am Anfang archäologischer Tätigkeit steht der Mannheimer Altertumsverein von

1859, dessen Mitglieder viele Funde geborgen und sie den Beständen des Mannheimer Schlossmuseums (heute Reiss-Engelhorn-Museen) beigefügt haben. Erst allmählich entstanden nach 1900 eine staatliche Denkmalpflege und die ersten Lehrstühle für Ur- und Frühgeschichte. Die weitere Forschung ist mit den Namen Hermann Gropengießer und Franz Gember verbunden. Der Autobahnbau der heutigen A6 im Jahre 1934/35 brachte eine Flut von Funden; nach dem Zweiten Weltkrieg war es vor allem der Bau des neuen Stadtteils Mannheim-Vogelstang, der an einem alten Neckarlauf liegt, der jahrelange Grabungen auslöste. Über 5 000 Fundnummern und Fundschachteln gingen allein hierdurch im Museum ein. Die staatliche Denkmalpflegebehörde übertrug dem nun neu entstandenen Reiss-Museum die Wahrnehmung der Bodendenkmalpflege-Aufgaben für den Stadtkreis Mannheim und einige benachbarte Gemeinden im Rhein-Neckar-Kreis, was bis zum heutigen Tag in einer Fülle von Notbergungen und Grabungen zum Anwachsen der Fundmaterialien geführt hat. Immer neue Großprojekte im Raum Mannheim stellen täglich neue Herausforderungen.

Als letzter hat Hermann Gropengießer im Jahre 1927 Im Mannheim-Band der „Badischen Heimat" eine Gesamtdarstellung der Geschichte aus schriftloser Zeit veröffentlicht. In der Zwischenzeit sind zahlreiche Einzelpublikationen als Dissertationen oder aus Anlass von Ausstellungsprojekten des Museums erschienen. Das Jubiläumsprojekt aus Anlass der 400-jährigen Stadtgründung im Jahre 2007, das die „Gesellschaft der Freunde Mannheims und der ehemaligen Kurpfalz (Mannheimer Altertumsverein von 1859)" in Angriff genommen hat, bietet zum ersten Mal die Gelegenheit, das in den Reiss-Engelhorn-Museen aufbewahrte Fundmaterial publizistisch zusammenzuführen und der Öffentlichkeit zugänglich zu machen. Es wird sich dann zeigen, dass unsere Heimat seit Jahrtausenden in weiträumige Netzwerke und Kulturbeziehungen eingebunden und einem ständigen Wandel menschlicher Gemeinschaften unterworfen ist. Schon in früher Zeit hat sie ihr Schicksal – wie in den Jahrhunderten der späteren historischen Entwicklung – am großen Fluss in der Mitte Europas erlebt und gestaltet

Anmerkungen

F. Bertemes, Frühe Metallurgen in der Spätkupfer- und Frühbronzezeit. In: Der geschmiedete Himmel (2004), 144 ff.

M. Besse, L´Europe du 3e millénaire avant notre ère : les céramiques communes au Campaniforme. 2003

U. Boelicke u.a., Die Bandkeramik im Merzbachtal auf der Aldenhovener Platte.Rhein.Ausgr. 36, 1994.

R. Bollingino, J.Burger, W.Haak, DNA-Untersuchungen bei Menschen und Rindern. AiD 3/2006

W. Buttler, Der donauländische und der westische Kulturkreis der jüngeren Steinzeit. 1938

G. V. Childe, The Dawn of European Civilisation. 1938

E. Cziesla, Betrachtungen zur Kulturgeschichte des 6. Jahrtausends in Südwestdeuschland. Bulletin de la Société Préhistorique Luxembourgeoise 13, 1991

E. Cziesla, Jäger und Sammler. Die mittlere Steinzeit im Landkreis Pirmasens, 1992

V. Dresely, ...und ruhten in Frieden. AiD 2/1999

U. Eisenhauer, Matrilokalität in der Bandkeramik? Ein ethnologisches Modell und seine Implikationen. Arch. Inf. 26/2, 2003

B. Engelhardt, Eine Kultur oder was? AiD 2/1999

B. Gehlen, W. Schön, Das „Spätmesolithikum" und das initiale Neolithikum in Griechenland – Implikationen für die Neolithisierung der alpinen und circumalpinen Gebiete. Arch. Inf. 26/2, 2003.

M. Gottwald, Chr. Röder, S. Schade-Lindig, Ein seltenes Fragment einer jungsteinzeitlichen Göttin. Hessen Archäologie 2002, 24 ff.

D. Gronenborn, Letzte Jäger – erste Bauern. AiD 3/2006

M. Heinen, Der Ausgriff nach Nordwesten. AiD 3/2006

B. Heukemes, Eine Mehrfachbestattung der Michelsberger Kultur in Heidelberg-Handschuhsheim, Rhein-Neckar-Kreis. Arch. Ausgr. BW 1985, 70 ff.

J. Hoffstadt, Vom Spätmesolithikum zur Bandkeramik im westlichen Bodenseeraum und Hegau. Zeiträume; Gedenkschrift für Wolfgang Taute 2, 2001

Ch. Jeunesse, P.-Y.Nicod, P.-L van Berg, J.-L.Voruz, Nouveaux témoins d´âge néolithique ancien entre Rhône et Rhin. Annuaire de la Société Suisse de Préhistoire et d´Archéologie 74, 1991

H:-P. Kraft, Linearbandkeramik aus dem Neckarmündungsgebiet und ihre chronologische Gliederung, 1977

H.-P. Kraft, Neolithische Funde aus dem Kraichgau. Fundber. BW 7, 1982, 31 ff.

H,-P. Kraft, Neue Funde des Früneolithikums aus Mannheim. Mannh. Gesch.-Bl. NF 4, 1997.

R. Krause, Stierkopf, Spondylus und verziertes Knochengerät: Neue Funde aus der bandkeramischen Siedlung von Vaihingen an der Enz, Kreis Ludwigsburg. Arch. Ausgr. BW 2000,23 ff.

A. Kreuz, Bandkeramische Landwirtschaft, Tradition und Innovation. AiD 3/2006

R. Kuper, Auf den Spuren der frühen Hirten. AiD 2/1999

J. Lüning, Der älteste Kupferfund im süddeutschen Raum. Arch. Korrbl. 3, 1973, 15 ff.

J. Lüning, P. Stehli, Die Bandkeramik in Mitteleuropa: von der Natur- zur Kulturlandschaft. In: Siedlung und Kulturlandschaft der Steinzeit. Spektrum der Wissenschaft 1989

J. Lüning, U. Kloos, S. Albert, Westliche Nachbarn der bandkeramischen Kultur: Die Keramikgruppen La Hoguette und Limburg. Germania 67, 1989/2

J. Lüning, Steinzeitliche Bauern in Deuschland. Die Landwirtschaft im Neolihikum, 2000

J. Lüning, Grundlagen sesshaften Lebens. Spuren der Jahrtausende (Hrsg. U. von Freeden und S. von Schnurbein) 2002.

J. Lüning, Missionare aus dem Westen bekehren und belehren. AiD 3/2006

J. Lüning, Bandkeramiker und Vor-Bandkeramiker. Katalog der Landesausstellung „Die ältesten Monumente der Menschheit. Vor 12 000 Jahren in Anatolien." Karlsruhe 2007.

J. Maran, Die endneolithischen Fundstellen am „Griesheimer Moor". Ein Beitrag zur Besiedlungsgeschichte der Hessischen Rheinebene. Fundber. Hessen 29/30, 1995, 27 ff.

J. Maran, Geomorphologischer Wandel und jungsteinzeitliche Besiedlung auf dem Atzelbuckel bei Ilveheim, Rhein-Neckar-Kreis. Arch. Ausgr. BW 2004 (2005).

I. Mateiciucová, Mesolithische Traditionen und der Ursprung der Linearbandkeramik. Arch. Inf. 26/2, 2003

L. Meurers-Baalke, A. Kalis, Früh-, alt- und jungneolithische Landnutzung – archäopalynologische Bearbeitung der Wilhelma-Travertine von Bad Cannstatt. Zeit-Räume; Gedenkschrift für Wolfgang Taute 2, 2001

A. J. Kalis, J. Meurers-Balke, K. van der Borg, A. von den Driesch, W. Rähle, U. Tegtmeier und H. Thiemeyer, Der La-Hoguette-Fundhorizont in der Wilhelma von Stuttgart-Bad Cannstatt. Anthrakologische, archäopalynologische, bodenkundliche, malakozoologische, radiometrische und säugetierkundliche Untersuchungen. Zeit-Räume; Gedenkschrift für Wolfgang Taute 2, 2001

C. Meyer, K. Alt, Kulturwandel und Bevölkerungswandel? AiD 3/2006.

Molina/Càmara o. J. Los Millares. Guía del yacimiento arqueológico. Hrsg. Dirección General de Bienes Culturales. Almería.

J. Müller, Zeiten ändern sich. AiD 2/1999

R. Nieszery, Linearbandkeramische Gräberfelder in Bayern. Internationale Archäologie 16, 1995

E. H. Nielsen, Das Spätmesolithikum und die Neolithisierung der Schweiz. Arch. Inf. 26/2, 2003

J. Pechtl, Kult. Krieg oder Frieden. Herxheim vor 7000 Jahren.(Hrsg. Annemarie Häußer) 1998

J. Petrasch, Endneolithisches und frühbronzezeitliches Siedlungsmaterial aus Mannheim-Seckenheim. Arch. Korr.-Bl. 13, 1983

T. Douglas Price, J. Wahl, C. Knipper, E. Burger-Heinrich, G. Kurz, R. Bentley, Das bandkeramische Gräberfeld vom „Viesenhäuser Hof" bei Stuttgart-Mühlhausen: Neue Untersuchungsergebnisse zum Migrationsverhalten im frühen Neolithikum. Fundber. BW 27, 2003.

E. Probst, Deutschland in der Steinzeit (1991).

H. Quitta, Zur Frage der ältesten Bandkeramik in Mitteleuropa. Prähist. Zeitschr. 38, 1960.

E. Sangmeister, Die ersten Bauern. Urgeschichte in Baden-Württemberg, 1983.

E. Sangmeister/ K. Gerhardt, Schnurkeramik und Schnurkeramiker in Südwestdeutschland. Fundber. Baden, Sonderheft 8 (1965).

S. **Schade-Lindig**, Idole und sonderbar verfüllte Gruben aus der bandkeramischen Siedlung „Hempler" in Bad Nauheim-Nieder-Mörlen. Varia neolithica II, 2002, 99 ff.

S. **Scharl**, Die Neolithisierung Europas – Modelle und Hypothesen? Arch. Inf. 26/2, 2003

H. **Schlichtherle**, Wagenfunde aus den Seeufersiedlungen im zirkumalpinen Raum. In: Rad und Wagen. Der Ursprung einer Innovation. Wagen im Vorderen Orient und Europa, 2004, dort 295 ff.

H. **Spatz**, Beiträge zum Kulturenkomplex Hinkelstein – Großgartach – Rössen, 2 Bde. 1996

H. **Spatz**, Krisen, Gewalt, Tod – zum Ende der ersten Bauernkultur Mitteleuropas. Krieg oder Frieden. Herxheim vor 7000 Jahren. (Hrsg. Annemarie Häußer) 1998.

H. **Spatz**, Das mittelneolithische Gräberfeld von Trebur, Kreis Groß-Gerau, 2 Bde. 1999

H.-C. **Strien**, A. **Tillmann**, Die La-Hoguette-Fundstelle von Stuttgart-Bad Cannstatt: Archäologie. Zeit-Räume. Gedenkschrift für Wolfgang Taute 2, 2001

C. **Strahm**, Erstmals ideologische Impulse für die Evolution. AiD 2/1999

J. **Wahl**, B. **Höhn**, Eine Mehrfachbestattung der Michelsberger Kultur aus Heidelberg-Handschuhsheim, Rhein-Neckar-Kreis. Fundber. BW 13, 1988, 123 ff.

J. **Wahl**/G. **König**, Anthropologisch – traumatologische Untersuchung der menschlichen Skelettreste aus dem bandkeramischen Massengrab bei Talheim, Kreis Heilbronn. Fundber. BW 12, 1987, 65 ff.

J. **Weiner**, Drei Brunnenkästen, aber nur zwei Brunnen: Eine neue Hypothese zur Baugeschichte des Brunnens von Erkelenz-Kückhoven. In: Brunnen der Jungsteinzeit. Internationales Symposium Erkelenz 27 – 29. Oktober 1997. S. 95 ff.

J. **Weiner**, Profane Geräte oder Prunkstücke? Überlegungen zur Zweckbestimmung übergroßer Dechselklingen. Archäologische Perspektiven. Festschrift für Jens Lüning, 2003.

C. **Wolf**, Insignien einer neuen Ideologie? AiD 2/1999.

Zeeb-Lanz, Hauck 2006

Zerhackt und begraben: Herxheims rätselhafte Tote. AiD 5/2006

Klaus Wirth

Bronzezeitliche Funde in der Mannheimer Region

Die Bronzezeit als eigenständige Epoche wurde zu Anfang des 19. Jahrhunderts mit der Einführung des Dreiperiodensystems (Steinzeit – Bronzezeit – Eisenzeit) durch den Dänen Chr. L. Thomsen definiert.[1] Zeitlich markiert sie die Spanne zwischen dem Endneolithikum und der Eisenzeit vom ausgehenden 3. Jahrtausend v. Chr. bis zum Beginn des 1. Jahrtausends v. Chr. In dieser Zeit wurde die Kupfer-Zinn-Legierung zum vorherrschenden Material für die Herstellung von Metallgegenständen.

Man teilt die Bronzezeit Deutschlands in eine Früh-, Mittel- und Spätbronzezeit ein. Das Grundgerüst entwarf der Prähistoriker Paul Reinecke (1872-1958) mit seinen Stufen Bronzezeit A-D.[2] Die Frühbronzezeit (Stufe BZ A 1) begann um 2200 v. Chr. und war noch weitgehend von den Merkmalen der endneolithischen Schnurkeramik und Glockenbecherkultur beeinflusst, die bereits Waffen, Gerät und Schmuck aus Kupfer kannten. Die „klassische" Bronzezeit begann in einem fortgeschrittenen Stadium der Frühbronzezeit (Stufe BZ A 2) ab ca. 1800 v. Chr., als man begann, das Kupfer mit Zinn zu legieren (Abb. 1).

Frühbronzezeit

Das Neckarland um Mannheim gehörte während der Frühbronzezeit zur so genannten Adlerbergkultur, die nach dem Fundort eines kleinen Gräberfeldes auf dem Adlerberg südlich von Worms benannt wurde.[3] Man entdeckte dort in Gruben von 0,4 m bis 1,5 m Tiefe mehr als zwanzig Gräber mit Skeletten in Hockerstellung mit angezogenen Beinen und angewinkelten Armen. In Männergräbern fand man Dolchklingen aus Kupfer und Pfeilspitzen aus Feuerstein, Frauengräber enthielten unter anderem Schmuckformen wie Nadeln, Blechfingerringe, Armringe und -spiralen, Schleifen- und Knochenringe, Knochenperlen und -nadeln. Typisch für diese Kulturgruppe sind doppelkonische Tontassen mit einem Henkel, die auch auf anderen Gräberfeldern dieser Zeit belegt sind. Das Verbreitungsgebiet umfasste den nördlichen Oberrhein mit Rheinhessen, Pfalz, Hessen und Nordbaden. Funde zeitgleicher Regionalgruppen, wie die Singener Gruppe an Bodensee und Hochrhein und die Straubinger und Donau-Gruppe in Niederbayern und der Oberpfalz, streuen bis in das Neckarmündungsgebiet.

Grabfunde der Adlerbergkultur konnten in Ilvesheim, Kiesgrube Back, freigelegt werden.[4] Innerhalb einer kleinen, aus mindestens 14 Individuen bestehenden Nekropole, die in der Übergangszeit zwischen endneolithischer Glockenbecherkultur und früher Bronzezeit angelegt wurde, nahm das Grab eines Mannes aufgrund der qualitätvollen Ausführung seines persönlichen Besitzes eine Sonderstellung ein. Der Tote war auf der linken Seite mit dem Kopf nach Nord (Blick nach Osten) und mit angezogenen Beinen (Hockerstellung) in einem Flachgrab bestattet worden. Oberhalb seines linken Handgelenks lag eine Armschutzplatte aus rotem Tonschie-

Jahre v. Chr. (14C, cal B.C.)	Südwestdeutschland
800	
	Urnenfelderkultur
1200	
	Spätbronzezeit
1300	
	Mittlere Bronzezeit
1500	
	entwickelte Frühbronzezeit (Arbonkultur)
1800	
	Ältere Frühbronzezeit (Singener Kultur)
2200	
	Endneolithikum (Schnurkeramische Kultur, Glockenbecherkultur)
2800	

Abb. 1: Chronologieschema

Abb. 2: Ilvesheim, Weingärten. Frühbronzezeitlicher Dolch (Länge 15,7 cm) mit Armschutzplatte, Nieten und Griffabschluss aus Knochen.

fer sowie zwei schmale Daumenschutzplatten aus grauweißem Kalkstein. Diese Platten dienten ursprünglich zum Schutz des Armes vor dem Rückprall einer abgeschnellten Bogensehne. Zwischen den Unterarmen lag ein verzierter Kupferdolch. Eine Dolchscheide hatte sich nur als Verfärbung, wohl von Leder, erhalten (Abb. 2). Die Klinge ist mit schneidenparallelen Linien und einem hängenden Dreieck unterhalb der Griffplatte verziert. Der Griff ist mit fünf Nieten an der Griffplatte befestigt und bestand vermutlich aus zwei miteinander vernieteten Teilen. Den oberen Griffabschluss bildete ein im Querschnitt trapezförmiger Knochenring. Die nächstliegenden Vergleichsstücke befinden sich im Bereich der südenglischen/ bretonischen Frühbronzezeit (Stufe BZ A 1).[5]

Ob der Dolch allerdings aus diesem Kulturkreis stammte oder von heimischen Handwerkern nachgebildet wurde, entzieht sich derzeit unserer Kenntnis.[6] Mit diesem Grabfund fasst man nicht nur einen Horizont, in dem Merkmale von Ausstattung und Totenritual von endneolithischer Glockenbecherkultur und früher Bronzezeit (Adlerbergkultur) einander begegneten, sondern auch weitverzweigte überregionale Kontakte sichtbar werden. Es ist anzunehmen, dass mit diesen Kontakten auch Handelsaktivitäten verbunden waren.[7]

Zu den wenigen Einzelfunden der frühen Bronzezeit (Stufe BZ A 1) gehören die kupfernen Trapezflachbeile aus St. Ilgen und Brühl, eine Ruder- und Scheibennadel sowie ein Dolch aus Wiesloch, ein Kupferpfriem aus Ilvesheim *(Atzelbuckel)* sowie aus Mannheim-Seckenheim ein Beil mit charakteristischen Randleisten, die eine sichere Schäftung in einem Knieholz ermöglichten.[8] Beile dieses Types, nach dem schweizerischen Ort als Beile vom Typ Salez benannt, streuen mit abnehmender Dichte von der Schweiz (Graubünden) bis in den Neckarraum. Die schmalen Beile, die als Depot- und Einzelfunde vorkommen, nahmen als Werkzeug und Kupferbarren eine Doppelfunktion ein. So konnte durch chemische Analysen gezeigt werden, dass die Metallzusammensetzung der Beile und die von Gegen- ständen aus dem Neckarland identisch war. Man nimmt an, dass die Objekte aus diesem Beilkupfer hergestellt wurden.[9] Das Kupfer der Salezer Beile wurde offensichtlich durch Verhütten von Erzen aus den Zentralalpen gewonnen. Es wies relativ hohe Anteile von Silber, Arsen, Antimon und Nickel auf.

Einen noch weiteren Weg hatte eine einzelne ohne erkennbaren Kontext innerhalb einer merowingerzeitlichen Siedlung in Mannheim-Seckenheim, *Wiesengewann*, aufgefundene Schleifennadel (Abb. 3)

Abb. 3: Mannheim-Seckenheim, Wiesengewann. Schleifenkopfnadel (Länge 7,9 cm).

zurückgelegt.[10] Kennzeichnendes Merkmal dieser intakten und vermutlich als Grabfund zu deutenden Gewandnadel ist das zu einem Draht ausgezogene und zu einer ovalen Schleife gebogene Ende, das in sieben Windungen um den Nadelhals gebogen wurde. Verbreitet sind sie in Mittel- und Süddeutschland, Schweiz, an der Mittleren Donau, in Böhmen und Mähren. Im Westen beschränkt sich das Vorkommen auf wenige Exemplare in Nordbaden, Rheinland-Pfalz und im Elsass.[11]

Die mittlere Bronzezeit (Hügelgräberbronzezeit)

Die Hügelgräberbronzezeit (Stufe BZ B, C1, C2, D) folgt gegen Ende des 16. Jahrhunderts v. Chr. der frühen Bronzezeit. Man bestattete die Toten sowohl unverbrannt als auch eingeäschert unter Hügeln, die kleinere Gruppen oder große Friedhöfe bildeten. Die Ausstattung der Toten war kanonisch: Männern gab man Dolch und Beil bei, gelegentlich auch Pfeilspitzen, was eine Bewaffnung mit Pfeil und Bogen voraussetzt. Herausgestellte Persönlichkeiten bekamen zusätzlich ein Schwert. Frauen erhielten ein Nadelpaar, Arm- und Beinschmuck, Halsgehänge und Blechschmuck, der teilweise auf Kleidern aufgenäht war. Gefäße in den Gräbern und Speisebeigaben dienten der Wegzehrung ins Jenseits. Qualität und Auswahl von Beigaben drückten Unterschiede in der gesellschaftlichen Hierarchie aus. Wahrscheinlich kontrollierten regionale Führungsschichten kleinere Gebiete und verfügten über internationale Kontakte hinsichtlich Metallproduktion und -distribution. Die flächendeckende Verbreitung von Metallgegenständen gilt als ein weiteres Kennzeichen dieser Zeit. Die für den Bronzeguss benötigten Holzquellen führten zur Vernichtung großer Waldflächen, was wiederum häufige Standortwechsel der Schlagflächen zur Folge hatte.[12] Die mittlere Bronzezeit gilt als Zeit einer sehr hohen Bevölkerungsdichte. Die Menschen suchten verstärkt Höhen- und Feuchtbodenstandorte als Siedlungsareale auf, während Siedlungen an den Seeufern ab 1500 v. Chr. wegen einer Klimaverschlechterung aufgegeben und erst um 1200 v. Chr. wieder in Besitz genommen wurden.

Grundrisse bronzezeitlicher Häuser wurden in den vergangenen Jahren mehrfach in Süddeutschland ausgegraben. Mittelbronzezeitliche Hausgrundrisse erbrachte eine Ausgrabung in Mühlhausen-Ehingen (Hegau), die uns einen Eindruck von Größe und Aufteilung vermittelten. Es handelte sich um langrechteckige zwei- bis dreischiffige Gebäude in Pfostenbauweise mit Lehmwänden. Der Grundriss eines

Abb. 4: Mühlhausen-Ehingen, „Bei der Mauer", Hausgrundriss und Rekonstruktion (nach B. Dieckmann 1997, 68 Abb. 50).

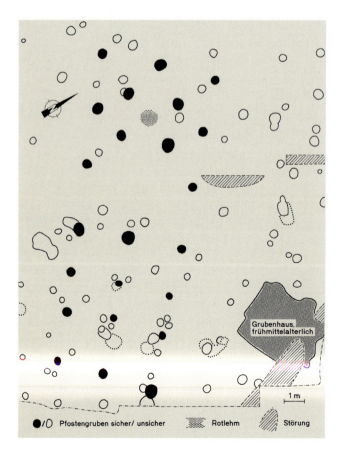
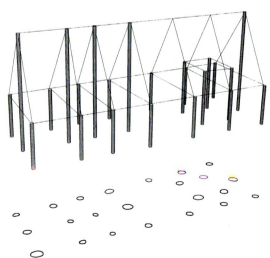

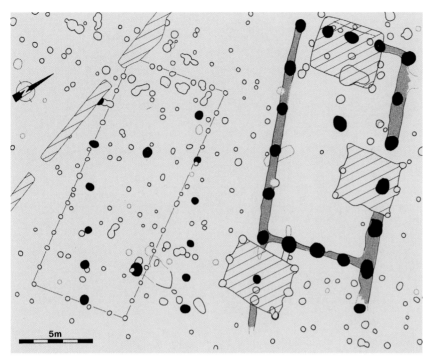
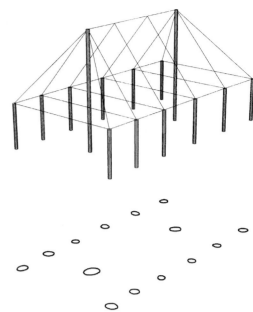

Hauses war im Nordwestteil dreischiffig, im Südostteil zweischiffig ausgeführt. Denkbar wäre eine Aufstallung von Vieh im Nordwestteil, während der andere Hausbereich Wohnzwecken diente (Abb. 4; 5).[13]

Die Mannheimer Region fügt sich nahtlos in die kulturgeschichtliche Entwicklung der mittleren Bronzezeit Süddeutschlands ein.[14] Auf Mannheimer Gemarkung haben sich einzelne Gruben und unzerstörte Kulturschichten von Siedlungen erhalten. In Mannheim-Friedrichsfeld verbarg sich unter einer Sanddüne in 2-4 m Tiefe eine Kulturschicht, die durch eine Gewandnadel vom Typ Feudenheim[15] (Abb. 18) in die mittlere Bronzezeit datiert werden konnte. Keramische Funde aus derselben Siedlungsschicht gelten heute als verschollen. Auf einem Kasernengelände in Mannheim-Käfertal, Gewann Altdörre, wurden 1949 drei Siedlungsgruben angeschnitten, die Scherben, Tierknochen, Hüttenlehm, Mahl- und Kochsteine enthielten.[16] Ausgrabungen im Neubaugebiet „Im Rott" (Mannheim-Käfertal) führten zur Entdeckung einer mittelbronzezeitlichen Siedlung, die auf einer Fläche von 800 m² noch 14 Befunde umfasste, darunter zwölf Siedlungs- und zwei Pfostengruben.[17] Fundstelle 5 enthielt neben Keramikscherben einen Mahl- sowie einen Läuferstein.

Hervorzuheben ist Fundstelle 13, die bei ovalem Umriss 2,1 m lang, 1,3 m breit und 0,4 m tief war. In größerer Tiefe verjüngte sie sich auf ca. 1,2 m Länge. In den mit Hüttenlehm und Holzkohle durchsetzten Grubenverfüllungen befanden sich Sandsteine mit Brandspuren (Kochsteine ?) sowie Reste von mindestens fünfzehn Gefäßen der Fein- und Grobkeramik. Nur wenige Scherben waren verziert, ein Stück besaß unter dem Rand eine Fingertupfenleiste, ein anderes Fragment vier horizontale Rillen. Die größeren Vorratsgefäße waren auf der Außenseite mit einem Tonschlicker geraut, in den vertikale Riefen eingedrückt waren. Drei Henkelgefäße konnten weitgehend vollständig rekonstruiert werden. Ein Kleingefäß davon war mit einer umlaufenden Kerbleiste, ein anderes mit vier durch Ritzlinien getrennte Reihen versetzt eingestempelter Dreiecke verziert. Die letztgenannten Gefäße besaßen zudem den für die mittlere Bronzezeit typischen Schulterumbruch (Abb. 6 und 7).

Einzelne Siedlungsgruben fand man 1949 beim Ausheben einer Baugrube in Mannheim-Sandhofen (Riedlach, Leinpfadsiedlung), in Mannheim-Seckenheim, Hochstätt (1950/51) sowie in Seckenheim-Suebenheim (Spargelweg 16/20). Umfangreiches Material erbrachten Baubeobachtungen in Mann-

Abb. 5: Mühlhausen-Ehingen, „Bei der Mauer", Hausgrundrisse (Pfostengruben schwarz und Punktraster) und Rekonstruktion (nach B. Dieckmann 1997, 69 Abb. 51, 52).

Abb. 6: Mannheim-Käfertal (Süd), Im Rott. Reste von mindestens 15 verzierten und unverzierten Gefäßen befanden sich in der Verfüllung einer Siedlungsgrube der so genannten Hügelgräberbronzezeit.

Abb. 7: Mannheim-Käfertal (Süd), Im Rott. Drei Gefäße mit je einem Bandhenkel konnten weitgehend vollständig rekonstruiert werden. Die Gefäße links sind mit hängenden Dreiecken und umlaufenden Rillen bzw. mit einer Kerbreihe verziert.

heim-Vogelstang, Baublock B (1968). Zusätzlich zu Resten von Tongefäßen wurden unerwartete Metallfunde geborgen, die in Siedlungsarealen nur selten auftreten. Es handelte sich dabei um eine Rollenkopfnadel (Abb. 8), eine Pfeilspitze (Abb. 9), den Bronzedraht einer Armspirale sowie um das Speichenkreuz einer Radnadel. Es bleibt ungeklärt, ob hier ein Grab unerkannt zerstört wurde. Metallfunde traten in Siedlungen wegen ihres hohen materiellen Wertes kaum als Abfallgut auf.

Lehmentnahme-/Abfallgruben fanden sich in den Jahren 1977/78 auch in Mannheim-Wallstadt[18] (Gewann Kiesäcker, Langgewann). Die im Umriss ovalen oder kreisförmigen Gruben wiesen mulden- u. wannenförmige Querschnitte auf. Der mittlere Durchmesser lag bei 1,5 m. Eine Ausnahme bildete eine Grube mit einer Grundfläche von annähernd 16 m². Ob diese leicht in den Boden eingetiefte Grube Wohnzwecken diente, bleibt trotz einer Feuerstelle innerhalb einer Verfüllschicht fraglich, da für ein Gebäude wesentliche Bauelemente, wie Hüttenlehm und Pfostengruben am Grubenrand, fehlten.

Einblicke in Wirtschaftsgrundlagen vermittelte das Fundgut. Mahl- und Läufersteinfragmente aus Mannheim-Wallstadt (Kiesäcker, Fundstelle 17) bezeugten Anbau und Verarbeitung von Getreide. Tierknochen gaben Hinweise auf Viehhaltung, ein Angelhaken aus einem Grab in Ilvesheim, Weingärten (27.4.1927; Kiesgrube Back-Wolff) deutete auf Fischfang, ein Bronzegusskuchen aus demselben Grab auf Metallverarbeitung hin. Schnittspuren an Tierknochenfunden sowie eine fein geschnitzte Knochennadel aus Mannheim-Wallstadt verrieten die Tätigkeit eines Knochenschnitzers, Geweihhacken aus Ilvesheim dienten vermutlich der Holzbearbeitung.

Topografische Faktoren bestimmten die Wahl der Siedlungsplätze, hochwasserfreie Lagen an Altwasserarmen, Bach- und Flussläufen wurde vorrangig aufgesucht. Eine Bevorzugung bestimmter Bodenarten erfolgte offenbar nicht, denn die oben beschriebenen Gruben befanden sich sowohl auf sehr fruchtbaren als auch weniger fruchtbaren Böden[19] (Abb. 10).

Aus dem Norden Mannheims sind bisher nur wenige bronzezeitliche Grabfunde bekannt geworden. Eine Bronzenadel[20] und eine Pfeilspitze mit langen Flügeln aus MA-Sandhofen, Scharhof (Große Erlen) stammten aus dem Bereich des Altrheinarmes (1937). Aus Mannheim-Sandhofen sind eine Bronzenadel vom Typ Wetzleinsdorf[21] (Abb. 11) sowie ein Dolch mit trapezförmiger Griffplatte und flachrhombischem Querschnitt bekannt (Abb. 12). Die Funde wurden bereits 1893 entdeckt und sollen aus einem Grab stammen.

Beim Bau der Ortsumgehung Wallstadt (Gewann Pfarrwegslänge, 1989) wurde eine Nekropole aus mindestens 13 Gräbern ausgegraben, die bereits 1934 beim Bau der Reichsautobahn angeschnitten wurde. Herausragend war das Grab einer in gestreckter Rückenlage bestatteten Frau von 20-30 Jahren, die auf der rechten und linken Brustseite je eine Doppelradnadel trug (Abb. 13). Beide Nadeln wurden wahrscheinlich in einer Gussform hergestellt. Die Handgelenke zierten Armspiralen, an den Unterschenkeln trug sie Bronzemanschetten mit gegenständigen Endspiralen (Bergen). Diese Bezeichnung gilt für Formen von Arm- und Beinschmuck, bei denen die Enden eines Bronzedrahtes in Spi-

Abb. 8: Mannheim-Vogelstang. Das eingerollte Ende gab der Nadel ihren Namen (Länge 12,8 cm).

Abb. 9: Mannheim-Vogelstang. Zweiflügelige Pfeilspitze (erhaltene Länge 3,8 cm).

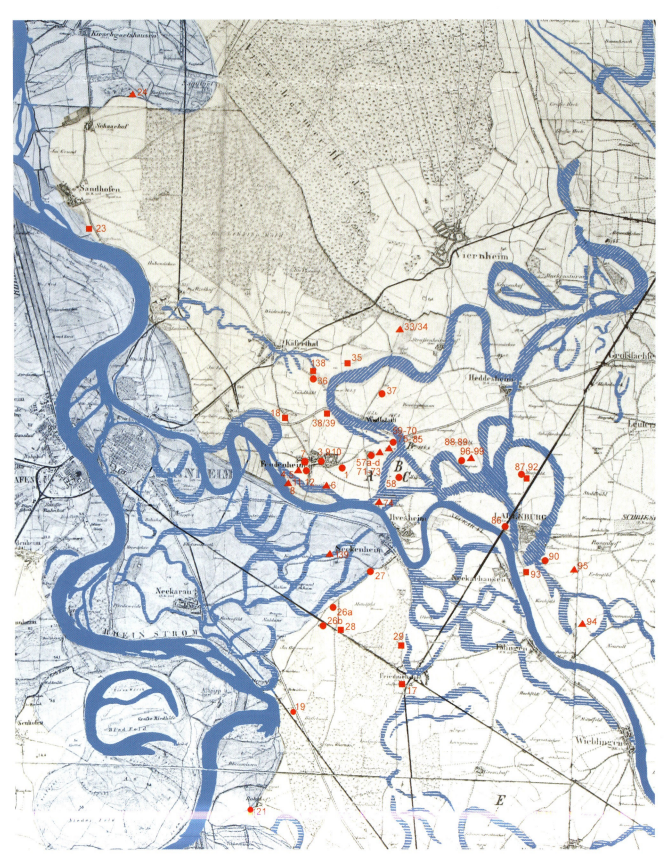

Abb. 10: Lage der früh- und mittelbronzezeitlichen Fundstellen im Mannheimer Raum und der näheren Umgebung (s. Liste 1, S 154). Kartengrundlage nach A. Mangold 1892 (© rem. M. Weitzel). Punkt = Grab, Quadrat = Siedlung, Dreieck = Einzelfund/Depotfund.

Abb. 11: Mannheim-Sandhofen. Grab von 1893. Viernietiger Dolch mit trapezförmiger Griffplatte und dachförmigem Querschnitt (Länge 16,6 cm).

ralscheiben aufgewickelt sind, die eine zur Richtung des Drahtes entgegengesetzte oder schräge Richtung einnehmen. Der Dekor auf der Manschette war umgearbeitet. Vorlagen für diesen neuen Dekor fand man auf Beinbergen im Elsass. Haben wir es hier demnach mit einer „fremdverheirateten" Frau oder mit einer zugewanderten oder weitgereisten Person zu tun?[22]

Eine weitere bedeutende Nekropole lag auf Feudenheimer Gemarkung, „Auf den Sand und das Ried" (ehemals Wallstadt). Beim Kiesabbau 1955 barg man vier Gräber, davon zwei von Kindern (Grab 1, Grab 4). Zur Ausstattung einer Verstorbenen (Grab 2) gehörten zwei Armspiralen. Der Tote aus Grab 3 trug außer einem Armband vier Bronzespangen sowie eine kleine Zierscheibe und einen Dolch (Abb. 14) an einem nicht erhaltenen Ledergürtel. Das aus spiralig aufgerolltem Bronzedraht gefertigte, fingerhutförmige Ortband (Scheidenendbeschlag, Abb. 15) findet Vergleiche in Hanau[23] und möglicherweise in Darmstadt. Eine entfernte Parallele stammt von einem Gräberfeld in Pitten, Niederösterreich.[24] Grab 4 barg das Skelett eines Kindes in gestreckter Rückenlage. Am Ohr trug es einen Bronzering, am Hals eine durch Bernsteinscheiben gegliederte Kette mit Perlen aus Bernstein und Knochen/Geweih, Drahtspiralen und Bronzespiralröllchen. Auf der Brust lag eine Rollenkopfnadel quer zur Körperlängsachse. Es ist denkbar, dass die Nadel nicht zur

Abb. 12: Mannheim-Sandhofen. Grab von 1893. Lochhalsnadel (Länge 12,9 cm) mit vierkantigem Schaft. Alle vier Seiten des Schaftes waren ehemals punktverziert.

Abb. 13: (links) Mannheim-Wallstadt. Radnadel (Länge 20,3 cm) mit einfachem Speichenschema und abgerundet dreieckiger Öse.

Abb. 14: Mannheim-Wallstadt, „Auf den Sand und das Ried", Grab 3. Zweinietiger Dolch mit trapezförmiger Griffplatte (Länge 13,4 cm). Zum Grab gehörten darüber hinaus ein Armband, mehrere Spangen, ein Ortband aus spiralig aufgerolltem Bronzedraht, kleine Nietnägel und eine zweifach durchlochte Zierscheibe.

Abb. 15: Mannheim-Wallstadt, „Auf den Sand und das Ried", Grab 3. Fingerhutförmiges Ortband (Ø 1,7 cm).

Abb. 16: Mannheim-Feudenheim, „Katholische Kirche", Grab 2. Armberge aus Bronzedraht (Ø der Spirale ca. 4 cm).

Abb. 17: (unten) Mannheim-Feudenheim, „Katholische Kirche", Grab 3. Beinberge mit gegenständigen Endspiralen. Je ein Kerbband befindet sich auf der Mittelrippe und an den Rändern der Manschette (Ø 6,5 cm).

Tracht gehörte, sondern ein Leichentuch zusammenhielt. Am rechten Unterarm trug das Kind einen offenen Armring und eine Armspirale. Im Beckenbereich lagen 45 Bronzekegel mit Randlöchern (Tutuli), die wohl auf einem Kleidchen befestigt waren. Abnutzungsspuren der Kegel belegen, dass diese nicht für die Totentracht hergestellt wurden. Die am linken Fuß abgestellte Henkeltasse enthielt möglicherweise eine Speise für die Fahrt ins Jenseits.

Reste von vier Gräbergruppen und mindestens acht Einzelfunde wurden im Zeitraum 1902 bis 1956 zufällig bei Bauarbeiten in Mannheim-Feudenheim entdeckt. Zur ersten Nekropole (1902/03) am westlichen Dorfrand südlich der Straße nach Mannheim gehörten vier Gräber, von denen zwei (Grab 1, Grab 4) beigabenlos waren. Grab 3 enthielt eine einzelne Berge (Abb. 16).[25] Das Frauengrab 2 enthielt ein zwischen den Füßen stehendes Gefäß, zwei Radnadeln[26] sowie zwei Armspiralen. Radnadeln tragen einen radförmigen Kopf mit einem einfachen Speichenkreuz. Im Verlauf der mittleren Bronzezeit wurde das Speichenschema stark variiert. Paarig getragene Nadeln gehörten für die Frauen der mittleren Bronzezeit zu einer gängigen Ausstattung einer Tracht, die aus einem Ober- und Untergewand bestanden haben könnte. Grab 2 lässt sich in der Kombination aus Radnadeln und Armspiralen neben Frauengräber der so genannten Rhein-Main-Gruppe stellen, wenngleich deren qualitätvolle Ausstattung nicht ganz erreicht wird.[27]

Bei Erweiterungsarbeiten an der Katholischen Kirche barg der ehemalige Bezirkspfleger Franz Gember in den Jahren 1955/56 Reste von drei Gräbern einer zweiten Nekropole im Feudenheimer Ortsgebiet. Das mit Nummer 1 bezeichnete Grab lag ca. 3,9 m unter dem Niveau des heutigen Kirchenbodens und enthielt die Reste eines von Ost nach West orientierten Skelettes in gestreckter Rückenlage. Im gestörten Kopf- bzw. Schulterbereich lag eine Bronzenadel[28], am rechten Handgelenk ein Armring, am linken Unterarm eine Bronzespange sowie eine weitere Spange am linken Oberarm. Obwohl im Grab keine Waffen gefunden wurden, scheint es sich nach analogen Funden in Hessen, wo die Nadel häufig mit Waffen (Schwert, Pfeilspitzen, Dolch, Beil) vergesellschaftet war, um die Ausstattung eines Männergrabes zu handeln. Für das Neckarmündungsgebiet scheint das Tragen von Spangen als Armschmuck eine Besonderheit zu sein, die darüber hinaus nur selten vorkommt. Von der Ausstattung in Grab 3 war lediglich eine Bronzemanschette (Abb. 17) erhalten, Grab 2 enthielt unter anderem eine Nadel vom Typ Feudenheim (Abb. 18).

Ein weiteres Männergrab entdeckte man 1935 in der Scheffelstraße (Feudenheim) nördlich vom Jüdischen Friedhof. Ohne Angabe der Fundlage wurden eine Fingerspirale, zwei rundstabige Bronzedrähte, drei Nägel mit Pilzköpfen, ein aus drei Bronzespangen bestehendes Armband mit eingravierten Dreiecken sowie eine Fußschale mit eingeritzten, weiß inkrustierten Dreiecken zwischen umlaufenden Linien geborgen. Herausragend war ein Schwert mit

trapezförmiger Griffplatte (Abb. 19).[29] Der Griff bestand aus Knochen- oder Holzschalen, die von Nieten gehalten wurden (Abb. 20). Das Schwert war durch sekundäre Feuereinwirkung verbogen und ausgeglüht. Eine Reihe von Einzelfunden aus Feudenheim könnte von Gräbergruppen stammen, die man unerkannt zerstört hatte (Abb. 21-24). So barg man „An der Kanalbreite" 1977 eine Radnadel, am Aubuckel nahe der Einmündung zur Ziethenstraße einen Armring und beim Bau der Wirtschaft Traube im Jahre 1912 die Kombination von Dolch, Nadel[30] (Lochhalsnadel) und Henkeltöpfchen. Eine Lochhalsnadel[31] aus der Kiesgrube Adam wies am Schaft Horizontalstrichgruppen im Wechsel mit Zickzackbändern auf. Diese Verzierung findet sich auf Nadeln der Rhein-Neckar-Region selten, häufiger dagegen auf Stücken im Elsass.

Beim Bau der Reichsautobahn (BAB 6) wurden auf Seckenheimer Gemarkung Reste von drei Körpergräbern ausgegraben, von denen Grab 1 zwei Armspiralen (Abb. 25) sowie einen Dolch (Abb. 26) enthielt. Dieser besaß eine trapezförmige Griffplatte (Abb. 27), eine deutlich profilierte Mittelrippe sowie abgesetzte Schneiden. Da paarige Armspiralen meistens von Frauen getragen wurden, könnte die Kombination von Armspiralen und Waffenbeigabe Zweifel an der Geschlossenheit dieses Grabensembles aufkommen lassen. In der südlich von Seckenheim gelegenen Hochstätt, die aufgrund ihrer hochwasserfreien Lage zahlreiche Fundstellen aus vor- und frühgeschichtlicher Zeit aufwies, konnten aus gestörten Grabzusammenhängen lediglich eine Henkeltasse, ein Henkelkrug, zwei Armspiralen sowie ein Radanhänger (Abb. 28) aufgelesen werden.

Eine größere Gräbergruppe aus mindestens neun bis zehn Körpergräbern wurde vor ca. 100 Jahren in Rohrhof, Gewann Kiesäcker, unbeobachtet zerstört. Leider konnten die wenigen überlieferten Funde, Henkelgefäß, zwei offene Armringe, eine Bronzenadel, keinem der Gräber zugeordnet werden. Die Nadel[32] besitzt einen horizontalen Scheibenkopf und einen mehrfach verdicktem Hals mit mehreren gerippten Knoten. Sie gehört in Teilen Süddeutschlands, Böhmens und Norddeutschlands zu einer verbreiteten Form.

Die Gräber in der Mannheimer Region waren Körperflachgräber, die oberirdisch wahrscheinlich durch Hügel, Holzstelen, Steine, Bewuchsmerkmale oder Gräben markiert wurden. Gelegentlich waren Grabeinbauten erhalten. Die Form der Grabgruben und Verfärbungen von Holz sprechen für die Verwendung von Särgen, Totenbrettern oder für Holzverkleidungen von Grabgruben. Es herrschte bei Körperbestattungen die gestreckte Rückenlage mit am Oberkörper angelegten Armen vor. Gelegentlich waren Arme angewinkelt, so dass die Hände auf den Oberschenkeln oder im Schoß lagen. Auf die mögliche Verwendung von Leichentüchern wurde bereits hingewiesen.

Abb. 18: (oben) Mannheim-Feudenheim, „Katholische Kirche", Grab 2. Bronzenadel Typ Feudenheim mit gekerbter und leicht vertiefter Kopfplatte (Länge 17,5 cm).

Abb. 19: Mannheim-Feudenheim, Scheffelstraße. Griffplattenschwert (Länge 39,2 cm).

Abb. 20: Mannheim-Feudenheim, Scheffelstraße. Detail der gerundet trapezförmigen Griffplatte und ehemals vier Pflocknieten.

Abb. 21: Mannheim-Feudenheim. Lochhalsnadel mit spitzkonischem Kopf (erhaltene Länge 9,6 cm).

Abb. 23: Mannheim-Feudenheim, Augasse. Bronzenadel (Länge 26,1 cm). Wurde im Oktober 1926 beim Umgraben gefunden.

Abb. 22: Mannheim-Feudenheim. Detail der Nadel mit Rillen auf dem durchlochten Schaft.

Abb. 24: Mannheim-Feudenheim (?). Doppelradnadel (Länge 24,8 cm).

Abb. 25: Mannheim-Seckenheim, „Dossenwald", beim Autobahnbau 1934/35 in Körpergrab 1 gefunden. Armspirale mit tordierter Endwindung (Ø 6,3 cm).

Zur Ausstattungsgruppe der Waffen und Geräte zählen die in Gräbern selten auftretenden Dolche (Ilvesheim, Weingärten, Kiesgrube Back-Wolff; Feudenheim, Dossenheim [1894], Sandhofen [1893], Seckenheim, Dossenwald 1934/35, Wallstadt, Auf den Sand und das Ried, Grab 3). Beile aus Bronze wurden in Gräbern des Bearbeitungsgebietes nicht gefunden. Aus Rheinau stammt ein Beil ohne Fundzusammenhang, das Beil aus Ilvesheim könnte als so genanntes Einstückdepot betrachtet werden, das aus naturreligiösen Gründen dem Boden überantwortet wurde. Pfeilspitzen bestanden aus Bronze und Knochen und lagen einzeln an verschiedenen Stellen im Grab. Die Schäftungen von Geweihhacken lagen analog zu Bronzebeilen parallel zum Körper. Zu den Geräten, die nur in Männergräbern vorkamen, gehörten Angelhaken, Messerchen und Pfrieme mit Knochengriff.

Zu einer Gruppe von Kleinfunden aus dem Amulettbereich, die man überwiegend in Gräbern von Kindern fand, denen ein besonderer Schutz zuteil werden sollte, zählten Tierzahnanhänger, Bernsteinschieber, Bronzespiralen, Bronzenägelchen im Kopfbereich, Bronzeblechröllchen am Handgelenk, Bernsteinperlen, Spiralröllchen oder eine Perle im Bauchbereich.

Keramik zur Aufnahme von Speisen und Getränken schien gleichermaßen im Bereich von Ober- und Unterkörper aufgestellt worden zu sein. Gefäße standen rechts von Kopf oder Oberkörper oder vor und seitlich von Füßen und Beinen. Die Mitgabe von Gefäßensembles, wie sie in der Spätbronzezeit üblich wird, ist noch nicht zu erkennen. Der Formenvorrat beschränkt sich auf Tassen, Krüge und Schalen, die oft als Füßchenschalen ausgebildet waren.

Erkenntnisse zur Tracht wurden durch Lage und Anordnung des Trachtschmuckes gewonnen. Gewebereste hatten sich nicht erhalten. Aus den Beobachtungen ist zu folgern, dass Männer in keinem Fall Arm-/Beinbergen oder Halsketten aus Bernstein trugen. Der Armschmuck bestand aus einzeln getragenen offenen Armringen oder aus Bronzespangen, die man am Handgelenk trug. Bronzespangen in Beckennähe (Gürtel) dienten an dieser Stelle möglicherweise als Gürtelhaken. Männer trugen in der Regel nur eine Nadel, zum Beispiel Lochhalsnadeln oder Nadeln mit verdicktem Hals. Oft fehlten Nadeln ganz. Frauen trugen Bronzespiralen an beiden Unterarmen und Bronzemanschetten (Bergen) an den Beinen. Zwei gleiche Nadeln ebenso wie eine dritte Nadel anderen Typs im Brustbereich hielten ein Ober- und Untergewand zusammen.[33] Auf den Gewändern waren mitunter Bronzekegelchen (Tutuli) aufgenäht, wie es bei dem Kindergrab in Wallstadt zu beobachten war.

Intensive Kontakte hat es in das Elsass (Hagenau) gegeben. Als Armschmuck getragene Bronzespangen, Armspiralen mit aufgerollten Enden, Scheibenanhänger, Füßchenschalen und Beinbergen mit „elsässischen" Verzierungselementen waren in der Mannheimer Region geläufige Grabbeigaben. Mitunter häuften sich Form- und Verzierungsmerkmale auf Gegenständen derart, dass an einen intensiven „Kulturaustausch" zwischen den Regionalgruppen zu denken ist.[34] Über die Radnadeln lassen sich Verbindungen zur Mittelrheinregion (Hessen, Rheinhessen) und in den süddeutschen/schweizerischen Bereich erkennen.

Spätbronze- und Urnenfelderzeit

Auf die Mittelbronzezeit folgten vom 13. bis 8. Jahrhundert v. Chr. die Spätbronze- und Urnenfelderzeit (Stufe Bz D, Ha A [35], Ha B). Veränderte Bestattungssitten, wie die Leichenverbrennung und die Beisetzung von Asche und Beigaben in großen Urnen auf Gräberfeldern gelten als Kennzeichen dieser Zeit. In dieser als Urnenfelderzeit/-kultur bezeichneten Epoche kam es zu deutlichen Veränderungen in der ma-

Abb. 26: Mannheim-Seckenheim, „Dossenwald", beim Autobahnbau 1934/35 in Körpergrab 1 gefunden. Zweinietiger Dolch mit trapezförmiger Griffplatte (Länge 14,7 cm).

Abb. 27: (links) Mannheim-Seckenheim, „Dossenwald", beim Autobahnbau 1934/35 in Körpergrab 1 gefunden. Griffplatte mit Nieten und dem Ansatz einer Mittelrippe.

Abb. 28: Mannheim-Seckenheim, Hochstätt (Fundjahr 1904). Radanhänger mit rundbogiger Öse (Ø 4,7 cm).

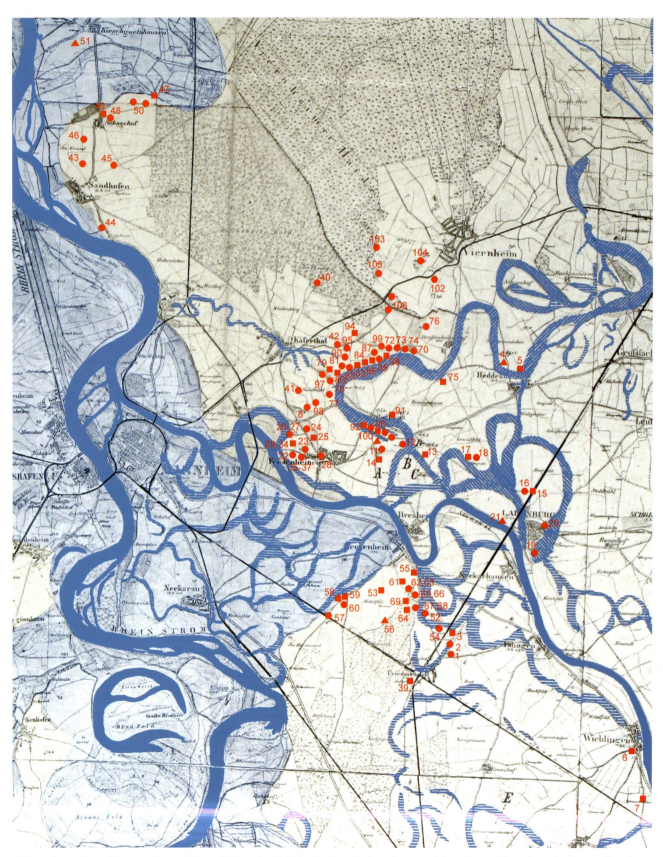

Abb. 29: Lage der spätbronze-/urnenfelderzeitlichen Fundstellen im Mannheimer Raum und der näheren Umgebung (s. Liste 2, S.154). Kartengrundlage nach A. Mangold 1892 (© rem. M. Weitzel). Punkt = Grab, Quadrat = Siedlung, Dreieck = Einzelfund/Depotfund.

teriellen Sachkultur, im Grabkult, den Deponierungssitten und im Siedlungswesen. Aufgrund des warmen und trockenen Klimas ist eine enorme Zunahme von Siedlungen in den Altsiedellandschaften festzustellen, nur wenige siedlungsfeindliche Landschaften, wie das Gebirge oder die Moorflächen, blieben unbesiedelt. Auffallend in der späten Bronzezeit ist das Aufkommen befestigter Höhensiedlungen (z. b. Heiligenberg bei Heidelberg), die als zentrale Orte die Hierarchie von Siedlungstypen (befestigte Höhensiedlung – Höhensiedlung – Flachlandsiedlung) bestimmten. Solche Siedlungen bildeten Zentren der Metallgewinnung und -verarbeitung, die in hohem Maße arbeitsteilig organisiert war. In dieser Hinsicht gut erforscht ist der „Burgberg" bei Burkheim am Westrand des Kaiserstuhls.[36] In Mitteleuropa zeichnen sich Kulturkreise mit unterschiedlicher Sachkultur ab, die sich wiederum in Regionalgruppierungen aufsplittern. Die Region um Mannheim lag im Spannungsfeld zwischen der Untermain- und der Rheinisch-Schweizerisch-Ostfranzösischen Gruppe.

Mit Beginn der Urnenfelderzeit zeichnet sich in der Neckarregion aufgrund klimatisch günstiger Faktoren eine Verdichtung von Siedlungen ab, mit der ein landwirtschaftlicher Ausbau einherging (Abb. 29). Bei den im Mannheimer Raum entdeckten Siedlungsresten handelt es sich zumeist um Abfallgruben mit keramischen Fundeinschlüssen.[37]

Vier große Pfostengruben, die einen unvollständigen Hausgrundriss von 3 mal 3 Meter bildeten, dokumentierte Franz Gember in Mannheim-Straßenheim beim Bau der Reichsautobahn. Eine Kulturschicht in Straßenheim, Gewann Aue, enthielt neben Gefäßscherben der jüngsten Urnenfelderzeit (Ha B) eine Rollennadel.

Ein Hausgrundriss von mindestens 13 m Länge und 5 m Breite wurde in Mannheim-Vogelstang, Chemnitzer Straße, ausgegraben.[38]

Gruben mit Vorrats- oder Kühlfunktionen dokumentierte man in Mannheim-Wallstadt anlässlich des Autobahnbaus 1934/35. Auf der Grubensohle waren mehrere Schrägrandgefäße der jüngeren Urnenfelderzeit bis zum Bauchumbruch in eine Lehmbank eingegraben worden. Als seltener Befund hatte sich eine vollständige Herdkuppel erwiesen, auf deren Boden kleine konische, mit verbrannten und gerösteten Eicheln gefüllte Schalen standen.

Bei Baubeobachtungen in Mannheim-Feudenheim geborgene Funde (Scherben, Kochsteine, Hüttenlehm, Tierknochen, verbrannte Wandlehmfragmente mit Rutenabdrücken in Wingertsau 4-12, Aubuckelweg 6 (1930), Rückertstraße 8 (1955), Am Bogen/Rückertstraße (1954), Ziethenstraße 113 (1955), Ziethenstraße/Am Bogen (1957), Hauptstraße/Am Bogen (1959), Hauptstraße/Schützenstraße (1954), Wilhelmstraße (1959) und Körnerstraße 20 gehörten zu mindestens drei Siedlungskernen. Zu den bemerkenswertesten Befunden zählten aus Flussgeröllen bestehende Steinpflaster von 1,85 m auf 1,15 m Grundfläche (Hauptstraße 172) bzw. von ovaler Form mit 1,4 m Länge[39]. Gemeinsames Merkmal dieser wohl als Darren zu deutenden Befunde waren die mit Holzkohle durchsetzten Schichten unter dem Pflaster. Dass diese Steinpflaster innerhalb von Siedlungen lagen, zeigt bei „Am Bogen 3/5" nicht nur die Nähe einer mit Scherben von Grob- und Feinkeramik sowie zwei Bronzenadeln gefüllten Grube, sondern auch vergleichbare Strukturen auf dem urnenfelderzeitlichen Siedelgelände von Mannheim-Sandhofen, Scharhof (IKEA).[40]

In Mannheim-Seckenheim, Hochstätt, lieferte die Entdeckung einer Brunnenstube ca. 3 m unter Geländeniveau zugleich Hinweise auf den damaligen Stand des Grundwassers.

Eine nach ihrem Querschnitt benannte Trichtergrube barg man neben kleineren Abfallgruben in Mannheim-Seckenheim. Die Grubenverfüllungen enthielten Fragmente von Näpfen, einen strichverzierten Tonvogel sowie Teile eines Feuerbocks (Abb. 30 und 31). Man nimmt an, dass Feuerböcke, die auch Mondidole genannt werden, im häuslichen Bereich bei religiösen Handlungen eine Rolle gespielt haben, wenngleich ein Beweis noch aussteht.[41] Gerätschaften dieser Art gehören über die Grenzen der Urnenfelderkultur hinaus zum allgemeinen Inventar der Haushalte.[42]

Abb. 30: Mannheim-Seckenheim, Langgewann, Acker Häusler (Fundjahr 1955). So genannter Feuerbock, der in urnenfelderzeitlichen Siedlungen oft im Bereich der Herdstelle stand (Länge 37 cm, Höhe 15 cm).

Abb. 31: Mannheim-Seckenheim, Langgewann, Acker Häusler (Fundjahr 1955). Feuerbock mit Verzierung.

Aufgrund der in Mannheim nicht nachgewiesenen Siedlungen sei auf eine in Heidelberg mit zahlreichen Hausgrundrissen hingewiesen. Beim Bau des „Städtischen Schwimmbades" (1952) wurde ein großer Pfostenbau freigelegt, um den sich 15 kleinere Gebäude gruppierten. Auch hier gehörten zahlreiche Feuerböcke zum häuslichen Inventar. In Ladenburg entdeckte B. Heukemes innerhalb einer Siedlung einen (Kult-)Schacht, auf dessen Sohle über einer Schädelkalotte, einem Griffdornmesser und einem Feuerbock mehr als 100 Gefäße der jüngsten Urnenfelderzeit gestapelt waren.[43]

Von den Gräberfeldern im Mannheimer Raum konnten nur Teile ausgegraben werden. So bestand ein Gräberfeld in Wallstadt (Klingenbühl) noch aus 10 Gräbern, eines in Käfertal (Achselsack) aus 18 und das in Ilvesheim, Kiesgrube Back-Wolff, aus 25 Gräber. Von der größten Nekropole in Sandhofen, Scharhof (Ikea) wurden über 80 Bestattungen geborgen (Abb. 32 und 33).[44] Die größte Nekropole der jüngeren Urnenfelderzeit mit ca. 40 Gräbern war am Atzelbuckel in Ilvesheim angelegt worden.

Vielfältige Bestattungsarten konnten auf einem Gräberfeld vertreten sein. Vorherrschend war das Einzelurnengrab. Den ausgelesenen Leichenbrand des/der Toten füllte man in das Unterteil eines großen Tongefäßes und legte Bronzebeigaben, zumeist in unverbranntem Zustand, sowie Ensembles von kleinem Tischgeschirr darauf. Als Urnenabdeckung diente eine Schale oder das Unterteil eines größeren Gefäßes. Gelegentlich brachte man die Asche des Scheiterhaufens neben die Urne in die Grabgrube ein. Bei Flachbrandgräbern streute man dagegen den Leichenbrand in flachen Gruben aus. Im

Übergangszeitraum von der Hügelgräberbronze- zur Urnenfelderzeit bestattete man in Körperflachgräbern mit und ohne Überhügelung (Käfertal, Achselsack, Grab 11 und Grab 15; Sandhofen, Leinpfadsiedlung). Das trockengemauerte Steinkistengrab in Seckenheim-Suebenheim, das 0,25 m in den Boden eingetieft war, gehörte zu einer markanten Sondergruppe und könnte ebenfalls unter einem Hügel gelegen haben. Überhügelt war auch das aus zwei Urnen bestehende Zentralgrab mit Kreisgraben in Sandhofen (IKEA). Ergänzend konnte dort eine Nachbestattung in der Verfüllung eines Kreisgrabens beobachtet werden.

Mit Beginn der jüngeren Urnenfelderkultur (Stufe Ha B) vollzog sich ein merkbarer Wandel in den Bestattungsriten. Beigefäße fanden sich jetzt auch außerhalb der Urnen innerhalb der Grabgruben. Abdeckungen bestanden aus Schalen und Gefäßteilen, selten aus Steinplatten. Bei Urnen ohne Abdeckschutz handelte es sich meist um beigabenarme Gräber. Den Leichenbrand konnte auch eine Knickwandschale aufnehmen, die in das eigentliche Urnengefäß gestellt war (Wallstadt, Klingelbühl, Grab 7). In einem Fall stand die Urne auf einer Granitplatte (Wallstadt, Klingelbühl, Grab 9). Bei so genannten Doliengräbern (Glockengräber) war ein Vorratsgefäß über einen Leichenbrandhaufen gestülpt (Wallstadt, Klingelbühl, Grab 6; Ilvesheim, Kiesgrube Back).

Die Masse der Urnengräber enthielt nur keramische Beigaben, seltener Trachtbestandteile oder Schmuck aus Bronze oder Gold. Dieser Umstand erschwert die Geschlechtsbestimmung der Bestatteten. Ergebnisse von Leichenbranduntersuchungen bestätigten zudem, dass mitunter die Leichenbrände von mindestens zwei Personen in das Urnengefäß gefüllt wurde, was sich aber in der materiellen Ausstattung nicht ausdrückte.

Trachtbestandteile von Männern und Frauen waren kleine Messerchen aus Bronze, die in mehr als 14 Gräbern vorhanden waren. Nadeln, die ebenfalls von beiderlei Geschlecht getragen wurden, waren durch

Abb. 32: Mannheim-Sandhofen, Scharhof, „Ikea". Die im Randbereich zerstörte Urne enthielt 12 Beigefäße und verbrannte Reste von Armringen, Spiralen, gewundenem Bronzedraht und einem Messer aus Bronze. Der klingenförmige Feuersteinabschlag, die vorgeschichtliche Pfeilspitze sowie die fünf mit Kreisaugen verzierten Goldblechhülsen waren dem Scheiterhaufenfeuer offenbar nicht ausgesetzt gewesen.

Abb. 33: Mannheim-Sandhofen, Scharhof, „Ikea". Detail der Metallbeigaben sowie der Steingeräte.

den Feuerungsprozess oft unkenntlich zerschmolzen. Kennzeichnend für die Urnenfelderzeit waren Mohnkopfnadeln, Plattenkopfnadeln (Seckenheim-Suebenheim, Steinkistengrab), Kugelkopfnadeln (Wallstadt, Klingelbühl), Vasenkopfnadeln (Ilvesheim, Atzelbuckel; Wallstadt, Klingelbühl; Feudenheim) und Rollenkopfnadeln (Käfertal, Seckenheim-Hochstätt und Wallstadt). Aus Straßenheim liegt eine zweiteilige Wellenbügelfibel vor (Abb. 34). Zum Ringschmuck zählten verzierte und unverzierte offene Armringe oder ein Zwillingsarmring (Feudenheim, Katholische Kirche). Zusammen mit einer Trichterrandflasche, konischen Schalen und einem Knopf mit Rückenöse fanden sich Fingerringe mit vier- bis fünffacher Riefelung im Grab 2 von Wallstadt, Elkersberg, außerdem in Neu-Edingen und so genannte „Blechbandfingerringe" mit Längsrillen und Kreisaugen in Ilvesheim (Atzelbuckel).[45] An den unverbrannten Ringen stellte man Abnutzungsspuren fest. Dies belegt, dass die Ringe nicht speziell als Grabbeigabe gefertigt waren. Darüber hinaus stammten einige Grabbeigaben aus dem Amulettbereich, stellten einfache Geräte oder Speisebeigaben dar. Zu dieser Gruppe gehörten ein Spinnwirtel, ein Tonring sowie ein Hornanhänger aus Wallstadt (Klingelbühl, Grab 2), ein Schleifstein mit Bronzemesser, Steinmeißel und ein Haifischzahn aus Seckenheim-Suebenheim, eine unverbrannte und zur Aufhängung durchbohrte menschliche Schädelplatte aus Käfertal (Achselsack) sowie Hühnerknochen aus Wallstadt (Acker Troppmann). An Keramik dominierten Groß- und Kleingefäße, die man als Urnen bzw. als Ess- und Trinkgeschirr verwendete. An Formen waren bei der Kleinkeramik verzierte und unverzierte Teller und Schalen, Tassen, Becher, darunter spitzbodige, nicht zum Stehen geeignete Formen, Krüge und Schüsseln. Klare Formen mit scharfkantigen Profilen erwecken den Anschein, als seien Metallgefäße nachgeahmt worden.

Funde aus Deponierungen sind im Mannheimer Raum aus Kirschgartshausen und Wallstadt bekannt geworden. Als Depots wertet man Sammelfunde einzelner intakter oder fragmentierter Ge-

genstände, die aus unterschiedlichsten Motiven vergraben oder in Feuchtmilieus (Quellen, Seen, Bäche, Moore, Flüsse) versenkt, aber nicht wieder gehoben wurden. Bei dem Fund aus Kirschgartshausen handelt es sich um ein Schwert des 10. Jahrhunderts v. Chr., das aus dem Bereich einer heute verlandeten Rheinschleife stammt.[46] Heft und Griffstange wurden im so genannten Überfangguss[47] mit der Klinge verbunden. Griff und Klinge sind aufwendig mit Kerben, Rillen bzw. mit Kreisgruppen und Rillen verziert. Fundlage und Herstellungstechnik hat das Kirschgartshauser Objekt mit einem Schwert aus Ladenburg gemeinsam, das ebenfalls in einem feuchten Milieu, am Neckarufer, gefunden wurde.

Die Metallanalyse zeigte, dass beide Schwerter trotz der formalen und technologischen Nähe getrennt voneinander hergestellt wurden.

Abb. 34: Mannheim-Straßenheim, beim Straßenheimer Hof. Zweiteilige Wellenbügelfibel (Länge 22,5 cm; Ø der Spiralen 5,7 cm/ 5,8 cm). Die Schauseiten der Spiralen sind punzverziert.

Abb. 35: Mannheim-Wallstadt, Autobahnbau 1934. Die Gegenstände aus Bronze befanden sich im Tongefäß, das mit einer großen Wandscherbe abgedeckt war. Die Gründe, warum das Brucherzdepot von seinem Besitzer nicht gehoben wurde, bleiben uns weitgehend verschlossen.

Der Fund von Mannheim-Wallstadt gehört zur großen Gruppe der Brucherzdepots (Stufe Ha B).[48] Auf der Sohle einer Grube, 1934 beim Autobahnbau entdeckt, stand ein mit 37 Bronzefragmenten gefülltes Tongefäß, dessen Mündung mit einer großen Scherbe abgedeckt war (Abb. 35). Das Brucherz setzte sich aus Teilen eines Schwertes, aus Beilen, Armringen, Röhren mit Vasenkopfenden, einer Sichel, Bronzeblechbändern und Gussbrocken zusammen. Über dem Tongefäß befand sich eine Lage von sekundär gebrannten Scherben mehrerer Vorratsgefäße, die trotz ihrer höhergelegenen Position zum Depot gehörten. Eine gesicherte Ansprache dieses Depotfundes ist nicht möglich. Denkbar ist hier eine Deponierung durch einen Handwerker oder Händler, der jedoch keine Gelegenheit mehr bekam, die wertvollen Gegenstände zu bergen.

Mit Beginn der nachfolgenden Stufe Hallstatt C (8. Jahrhundert v. Chr.) setzte sich allmählich eine neue Technologie durch. Während man Schmuck und Metallgeschirr weiterhin aus Bronze fertigte, stellte man Geräte und Waffen nun aus Eisen her.

Anmerkungen

[1] C. Thomsen, Leitfaden zur nordischen Altertumskunde (1836). G. E. Daniel, The three ages (1943). H. Thrane, Thomsen. In: J. Hoops, Reallexikon der Germanischen Altertumskunde 30 (Berlin - New York 2005) 481-484.

[2] P. Reinecke, Zur chronologischen Gliederung der süddeutschen Bronzezeit. Germania 8, 1924, 43-44.

[3] C. Koehl, Correspondenzblatt der dt. Gesellschaft f. Anthropologie, Ethnologie und Urgeschichte 31, 1900, 137-142. Ders., Worms (Grabfeld auf dem Adlerberg). Korr.-Bl. d. Westd. Zeitschr. 19, 1900, 196 ff. F. Holste, Die Bronzezeit in Süd- und Westdeutschland (Berlin 1953) 9-12. I. Görner, Die Bronzezeit. In: Führer zu archäologischen Denkmälern in Deutschland 36 (Stuttgart 1999) 44-50.

[4] H.-P. Kraft, Ein reiches Grab der Frühbronzezeit von Ilvesheim, Ldkrs. Mannheim. Archäologische Nachr. Baden 8, 1972, 13-17.

[5] S. Gerloff, The early bronze age daggers in Great Britain. Prähist. Bronzefunde VI, Band 2 (München 1975).

[6] Gesicherte Erkenntnisse zur Herkunft des Dolches sind erst nach Beendigung metallanalytischer Verfahren möglich.

[7] Dass Dolche aus dem atlantischen Verbreitungsgebiet auch in Süddeutschland sehr beliebt waren, zeigen vier importierte Dolche aus dem frühbronzezeitlichen Gräberfeld von Singen am Hohentwiel. R. Krause, Die endneolithischen und frühbronzezeitlichen Grabfunde auf der Nordstadtterasse von Singen am Hohentwiel. Forsch. u. Berichte zur Vor- u. Frühgeschichte Baden-Württemberg 32 (Stuttgart 1988) 56-63.

[8] Das Verbreitungsbild bronzezeitlicher Fundstellen von Mannheim gibt die tatsächliche Verbreitung der Bronzezeitkultur nur eingeschränkt wieder. Viele Funde entdeckte man zufällig bei Baumaßnahmen (Rheinkorrektion, Ausbau des Neckarkanals, Anlage von Entwässerungsgräben), Wohnbau- und Gewerbegebiete, Ausbeutung von Sandgruben, lineare Projekte [Autobahnbau 1934-1936, Straßenbau [Ortsumgehung Wallstadt], Produktenleitungen], u. a.).

[9] E. Schneider, Fertigprodukthandel in der süddeutschen Bronzezeit. In: B. Mühldorfer u. J. P. Zeitler, Mykene – Nürnberg – Stonehenge. Handel und Austausch in der Bronzezeit (Nürnberg 2000) 109-118.

[10] H.-P. Kraft, „Ein Fremdling" aus Mannheim-Seckenheim. Mannheimer Geschichtsblätter N. F. 3, 1996, 455-464.

[11] J. P. Zeitler, Handel und Austausch in der Bronzezeit Süddeutschlands. In: B. Mühldorfer u. J. P. Zeitler, Mykene – Nürnberg – Stonehenge. Handel und Austausch in der Bronzezeit (Nürnberg 2000) 75-94.

[12] A. Billamboz, Waldentwicklung unter Klima- und Menscheneinfluß in der Bronzezeit. In: Goldene Jahrhunderte. Die Bronzezeit in Südwestdeutschland. Almanach 2 (Stuttgart 1997) 52-53.

[13] B. Dieckmann, Mittelbronzezeitliche Siedlungen im Hegau. In: Goldene Jahrhunderte. Die Bronzezeit in Südwestdeutschland (Stuttgart 1997) 67-71, 68 Abb. 50, 69 Abb. 51, 52.

[14] Die folgenden Ausführungen referieren die Ergebnisse von Irina Görner, die im Rahmen einer Magisterarbeit die bis 1993 bekannten Funde der Mittel- und Spätbronzezeit zwischen Mannheim und Karlsruhe bearbeitet hat. I. Görner, Die Mittel- und Spätbronzezeit zwischen Mannheim und Karlsruhe. Fundber. Baden-Württemberg 27, 2003, 79-279.

[15] W. Kubach, Die Nadeln in Hessen und Rheinhessen. Prähistorische Bronzefunde XIII, Band 3 (München 1977) 302-305, Taf. 52, 694.

[16] Bad.Fdberichte 19, 1951, 146 ff, Taf. 22-24

[17] Ortsakte in der Abteilung Archäologische Denkmalpflege und Sammlungen der Reiss-Engelhorn-Museen Mannheim, Grabungsbericht von G. Antoni. Den Begriff der Siedlungsgrube wenden wir auf Gruben an, die primär der Lehmentnahme, sekundär der Abfallentsorgung dienten. Gruben, in denen Holzpfosten von Gebäuden steckten, werden als Pfostengruben bezeichnet.

[18] zur Keramik: B. Pinsker, Die Siedlungskeramik der mittleren Bronzezeit im nördlichen Oberrheingraben. Mat. Vor- u. Frühgesch. Hessen 13 (Wiesbaden 1993).

[19] A. Mangold, Die alten Neckarbetten in der Rheinebene. Abh. Grossherzogl. Hess. Geol. Landesanst., Band 2, Heft 2 (1892).

[20] W. Kubach, Die Nadeln in Hessen und Rheinhessen. Prähistorische Bronzefunde XIII, Band 3 (München 1977) 273-289.

[21] W. Kubach, Die Nadeln in Hessen und Rheinhessen. Prähistorische Bronzefunde XIII, Band 3 (München 1977) 92-94.

[22] M. Daum, Fremde Personen – Mobilität in der Bronzezeit. In: B. Mühldorfer u. J. P. Zeitler, Mykene – Nürnberg – Stonehenge. Handel und Austausch in der Bronzezeit (Nürnberg 2000) 233-238. F. Innerhofer, Die mittelbronzezeitlichen Nadeln zwischen Vogesen und Karpaten (Bonn 2000) 315-321.

[23] P. Jüngling, Ein bronzezeitliches Gräberfeld im Bruchköbeler Wald. Hanauer Geschbl. 29, 1985, 41-101.

[24] F. Hampl u.a., Das mittelbronzezeitliche Gräberfeld von Pitten in Niederösterreich. Mitt. Prähist. Komm. Österr. Akad. 19-20, 1978-82, 25 ff., 77 Taf. 200.

[25] Typ Wixhausen, s. I. Richter, Der Arm- und Beinschmuck der Bronze- und Urnenfelderzeit in Hessen und Rheinhessen. Prähistor. Bronzefunde X, Band 1 (München 1970) 42-47.

[26] Typ Maberzell, s. W. Kubach, Die Nadeln in Hessen und Rheinhessen. Prähistorische Bronzefunde XIII, Band 3 (München 1977) 157; Typ Mingolsheim, Ders. 142-147.

[27] A. Jockenhövel, Die Bronzezeit. In: F.-R. Herrmann u. A. Jockenhövel (Hrsg.), Die Vorgeschichte Hessens (Stuttgart 1990) 209-213.

[28] Typ Reckerode, s. W. Kubach, Die Nadeln in Hessen und Rheinhessen. Prähistorische Bronzefunde XIII, Band 3 (München 1977) 263-273.

[29] P. Schauer, Die Schwerter in Süddeutschland, Österreich und der Schweiz I. Prähist. Bronzefunde IV, Band 2 (München 1971) 48-51.

[30] Typ Oberbimbach, s. W. Kubach, Die Nadeln in Hessen und Rheinhessen. Prähistorische Bronzefunde XIII, Band 3 (München 1977) 113-117; Typ Paarstadl, Ders. 85-91.

[31] W. Kubach, Die Nadeln in Hessen und Rheinhessen. Prähistorische Bronzefunde XIII, Band 3 (München 1977) 107-113.

[32] W. Kubach, Die Nadeln in Hessen und Rheinhessen. Prähistorische Bronzefunde XIII, Band 3 (München 1977) 401.

[33] Auf die Verwendung der dritten Nadel auch als mögliche Fixierung eines Leichentuches wurde bereits hingewiesen.

[34] M. Daum, Fremde Personen – Mobilität in der Bronzezeit. In: B. Mühldorfer u. J. P. Zeitler, Mykene – Nürnberg – Stonehenge. Handel und Austausch in der Bronzezeit (Nürnberg 2000) 234 Abb. 2.

[35] Ha bezeichnet die Abkürzung für „Hallstatt", einem Salzort am Hallstätter See im Salzkammergut (Oberösterreich). Paul Reinecke teilte die so genannte Hallstattzeit in vier Phasen ein, von denen er die ersten beiden (Ha A/B) als Frühphase der entwickelten Hallstattkultur (Ha C/D) verstand. T. Stöllner, Hallstatt. In: J. Hoops, Reallexikon der Germanischen Altertumskunde 13 (Berlin – New York 1999) 442-453.

[36] B. Grimmer-Dehn, Die Urnenfelderkultur im südlichen Oberrheingraben. Materialh. Vor- u. Frühgesch. Baden-Württemberg 15 (Stuttgart 1991).

[37] Grundlage der folgenden Ausführungen war die Dissertation von W. Struck, Funde der Urnenfelderkultur aus dem Neckarmündungsgebiet. Ein Beitrag zur Siedlungsgeschichte der nordbadischen Oberrheinebene während der Hügelgräber- und Urnenfelderzeit. Ungedruckte Dissertation Marburg/Lahn 1978.

[38] E. Gropengiesser datierte den einschiffigen Bau in die Urnenfelderzeit. Grundlage seiner Datierung waren keramische Funde aus den umliegenden Gruben. Die Pfostengruben enthielten dagegen keine datierenden Funde. E. Gropengiesser, Ein Hausgrundriß der Urnenfelderzeit von Mannheim-Vogelstang. Denkmalpflege in Baden-Württemberg 4, 1975, 167-168. R. Baumeister, Urnenfelder und Hallstadtkultur. In „Führer zu archäologischen Denkmälern in Deutschland" 36 (Stuttgart 1999) 51-58, datiert den Pfostenbau in Anlehnung an E. Gropengießer ebenfalls in die Urnenfelderzeit.

[39] Zwei Steinpflaster Am Bogen 3/5", Baugrube Elzer. H. Gropengiesser, Fundschau 1938. Feudenheim. Bad. Fundber. 15, 1939, 14-14.

[40] U. Koch, Gräber der Urnenfelder- und der Frühlatènezeit in Mannheim-Sandhofen, Scharhof. Arch. Ausgr. Baden-Württemberg 2003 (Stuttgart 2004) 52-55; H.-P. Kraft u.a., Ein Gräberfeld der Urnenfelderzeit in Mannheim-Sandhofen, Scharhof. Arch. Ausgr. Baden-Württemberg 1993 (Stuttgart 1994) 83-86.

[41] Hartmann Reim, Abbilder einer anderen Welt: Flussfunde und Stelen. In: Goldene Jahrhunderte. Die Bronzezeit in Südwestdeutschland (Stuttgart 1997) 116-122.

[42] Heiko Steuer, „Mondidole" – Kultgeräte für Haus und Hof. In: E. Sangmeister (Hrsg.), Zeitspuren. Archäologisches aus Baden (Freiburg 1993) 82-83.

[43] P. König, Eine Schachtgrube für den Totenkult? Zu einem außergewöhnlichen späturnenfelderzeitlichen Befund von Ladenburg, Rhein-Neckar-Kreis. Fundber. Baden-Württemberg 29, 2007 (23-76).

[44] Die Nekropole in MA-Sandhofen, Scharhof (Ikea) mit über 80 Gräbern wurde in einem Zeitraum von knapp zehn Jahren (1993-2003) ausgegraben, da diverse Baumaßnahmen ihre Erhaltung gefährdeten. Weitere Gräber in den landwirtschaftlich intensiv genutzten Ackerflächen sind von Zerstörung bedroht. Da die restauratorischen Arbeiten vieler im Gipsblock konservierter Urnen noch nicht abgeschlossen sind, soll erst nach Beendigung der Restaurierungsarbeiten eine Gesamtvorlage des Fundmaterials erfolgen.

[45] R. Baumeister, Bronzeschmuck – selten in Gräbern der Urnenfelderkultur. In: E. Sangmeister (Hrsg.), Zeitspuren. Archäologisches aus Baden (Freiburg 1993) 86-87.

[46] P. König, Ein jungurnenfelderzeitliches Halbvollgriffschwert von Ladenburg, Baden-Württemberg. Arch. Korrbl. 32, 2002, 389-400.

[47] Beim Überfangguss handelte es sich um einen zweiten Aufguss auf ein halbfertiges Fabrikat. Diese Technik wurde auch bei Reparatur- oder Ausbesserungsarbeiten defekter oder misslungener Stücke angewandt.

[48] W. Kimmig, Das Bronzedepot von Wallstadt. Germania 19, 1935, 116-123.

[49] H. Reim, Abbilder einer anderen Welt: Flußfunde und Stelen. In: Goldene Jahrhunderte. Die Bronzezeit in Südwestdeutschland. Almanach 2 (Stuttgart 1997) 116-122.

Liste 1: Früh- und mittelbronzezeitliche Fundstellen im Mannheimer Raum und der näheren Umgebung (Bezeichnung der bis 1993 bekannt gewordenen Fundstellen nach I. Görner 2003, 183-239 (Liste 1: Früh- und mittelbronzezeitliche Fundstellen nach I. Görner 2003, 183-239 (Katalog)).

1 Mannheim-Feudenheim, Heddesheimer Weg, Kiegrube Adam.
3, 9, 10 Mannheim-Feudenheim, Katholische Kirche (1955/56)
4, 11 Mannheim-Feudenheim, Scheffelstraße (1935)
5 Mannheim-Feudenheim, Schützenstraße (1911)
6 Mannheim-Feudenheim, An der Kanalbreite (1977)
7 Mannheim-Feudenheim, „Aubuckel" (1930)
8 Mannheim-Feudenheim, Augasse (1924)
12 Mannheim-Feudenheim, Wirtschaft Traube zwischen Schützen- und Scheffelstraße (1912)
17 Mannheim-Friedrichsfeld (1901)
18 Mannheim-Käfertal, „Altdörre" (1949)
19 Mannheim-Rheinau, beim Relaishaus (1901)
21 Mannheim-Rohrhof (1905)
23 Mannheim-Sandhofen, „Riedlach"-Leinpfadsiedlung (1949)
24 Mannheim-Sandhofen, „Große Erlen", Altrheinarm (1937)
26 a Mannheim-Seckenheim, Hochstätt (1903)
26 b Mannheim-Seckenheim, Hochstätt (1903)
27 Mannheim-Seckenheim, Kloppenheimer Straße (1901)
28 Mannheim-Seckenheim, Hochstätt, Sandgrube am Pfaffenweg (1950)
29 Mannheim-Seckenheim, Suebenheim (1958)
33 Mannheim-Straßenheim, „Apfelkammer" (1934)
34 Mannheim-Straßenheim, „Apfelkammer" (1935)
35 Mannheim-Vogelstang, Block B (1968)
36 Mannheim-Wallstadt (seit 1988 Ma.-Feudenheim), „Auf den Sand und das Ried" (1955)
37 Mannheim-Wallstadt, „Pfarrwegslänge" (1934)
38 Mannheim-Wallstadt, „Kiesäcker" (1977)
39 Mannheim-Wallstadt, „Langgewann" (1978)
57 a-d, 71-73 Ilvesheim, „Atzelbuckel" (1891, 1899, 1928, 1932, 1938)
58 Ilvesheim, „Liesen" (1975)
59-70, 75-80 Ilvesheim, „Weingärten" (1924, 1926, 1927, 1930, 1931, 1932, 1933, 1934, 1935, 1936, 1937, 1950, 1954, 1957, 1961)
86 Ladenburg, Bahnhof (1859)
87, 92 Ladenburg, „Erbsenweg" (1901)
88, 89, 96-99 Ladenburg, „Rechts des Wallstadter Wegs" (1924, 1951-1955)
90 Ladenburg, „Ziegelscheuer" (1886)
93 Ladenburg, Hadrianstraße 13 (1954)
94 Ladenburg, „Kirchfeld", Heidelberger Straße (1955).
95 Ladenburg, „Ladengewann rechts".

Fundstellen nach 1993
138 Mannheim-Käfertal, Im Rott (1993)
139 Mannheim-Seckenheim, „Wiesengewann" (1995)

Liste 2: Urnenfelderzeitliche Fundstellen im Mannheimer Raum und der näheren Umgebung (Bezeichnung der Fundstellen nach W. Struck 1978, Teil II, Katalog).

1 Edingen-Neckarhausen, Ortsteil Neu-Edingen, „In der Sandbütt" (1900)
2 Edingen-Neckarhausen, Ortsteil Neu-Edingen, Rosenstraße 21, „Sandweier" (1955)
3 Edingen-Neckarhausen, Ortsteil Neu-Edingen, Neckarhäuser- und Lilienstraße (1954, 1956)
4 Heddesheim, „Spitzäcker" (1931)
5 Heddesheim, Ortsetter, Neubaugebiet (1957-1961)
6 Heidelberg-Wieblingen, Adlerstraße (1967)
7 Heidelberg, „Unterer Rittel" (1962)
8 Heidelberg, „Städtischer Grubenhof" (1904, 1905)
9 Heidelberg, „Westlich des Städtischen Grubenhofes, Bahnbau" (1905)
10 Heidelberg-Neuenheim, Städtisches Schwimmbad (1952)
11 Ilvesheim, „Atzelbuckel" (1891-1938)
12 Ilvesheim, Kiesgrube Back/Wolff, „Weingärten" (1922-1954)
13 Ilvesheim, „Altwasserfeld" (1948)
14 Ilvesheim, „Mahrhöhe" (1953)
15 Ladenburg, „Kiesgrube am Erbsenweg" (1899)
16 Ladenburg, Gärtnerei Ernst, Kirchstraße 37, am Erbsenweg" (1951)
17 Ladenburg, „Rechts des Wallstadter Wegs", Kiesgruben (1936, 1937, 1952, 1953, 1955)
18 Ladenburg, „Rechts des Wallstadter Wegs", Kiesgrube Fuchs (1970)
19 Ladenburg, „Lustgarten" (1960)
20 Ladenburg, „Weihergärten" (1975)
21 Landenburg, am Neckar zwischen Eisenbahnbrücke und Beginn des Neckarkanals (1965)
22 Mannheim-Feudenheim, Augasse (1908)
23 Mannheim-Feudenheim, Am westlichen Dorfausgang, Wilhelmstraße ? (1910)
24 Mannheim-Feudenheim, Wingertsau 21 (1927)
25 Mannheim-Feudenheim, Wingertsau 4-12 (1936, 1950)
26 Mannheim-Feudenheim, Am Aubuckel (1929-1930)
27 Mannheim-Feudenheim, Aubuckelweg 6 (1930)
28 Mannheim-Feudenheim, Katholischer Kirchplatz (1939, 1953)
29 Mannheim-Feudenheim, Rückertstraße 8 (1955)
30 Mannheim-Feudenheim, Am Bogen/Rückertstraße (1954)
31 Mannheim-Feudenheim, Ziethenstraße 113 (1955)
32 Mannheim-Feudenheim, Ecke Ziethenstraße/Am Bogen (1957)
33 Mannheim-Feudenheim, Ecke Hauptstraße/Am Bogen, Haus II (1959)
34 Mannheim-Feudenheim, Ecke Hauptstraße/Schützenstraße (1954)
35 Mannheim-Feudenheim, Wilhelmstraße, Haus Fackert (1959)
36 Mannheim-Feudenheim, Körnerstraße 20 (1965)
37 Mannheim-Feudenheim, Nadlerstraße/Körnerstraße
38 Mannheim-Friedrichsfeld, „bei Friedrichsfeld" (vor 1901)
39 Mannheim-Friedrichsfeld, „Südwestlich Bahnhof" (1901)
40 Mannheim-Käfertal, „Teufelsbuckel" und „Gallsberg" (1915)

41 Mannheim-Käfertal, „Altdörre", Ordonance-Depot (1949)
42 Mannheim-Käfertal, „Achselsack", Sandgrube Kreiner (1952)
43 Mannheim-Sandhofen, Einmündung des Zubringers Sandhofen (1935)
44 Mannheim-Sandhofen, „Leinpfad", „Riedlach" (1949-1951)
45 Mannheim-Sandhofen, Ortsfriedhof (1965)
46 Mannheim-Sandhofen, Scharhof, „IKEA" (1993, 1995, 2003)
47 Mannheim-Sandhofen, Scharhof, „Große Erlen" (1937)
48 Mannheim-Sandhofen, Scharhof, „Östlich des Ortes" (1938)
49 Mannheim-Sandhofen, Scharhof, Kellereistraße, Haus Feusel (1953)
50 Mannheim-Sandhofen, Scharhof, Hoher Wörth, Coleman-Barracks, Amerikanischer Flugplatz (1957, 1958)
51 Mannheim-Sandhofen, Kirschgartshausen, „Markgrafenacker" (1800)
52 Mannheim-Seckenheim, „Langlach" (1911)
53 Mannheim-Seckenheim, „Mittelfeld", Autobahn (1934)
54 Mannheim-Seckenheim, „Langgewann" (1955)
55 Mannheim-Seckenheim, Stockacher Straße (1967)
56 Mannheim-Seckenheim, „Unterer Dossenwald", Pferderennbahn (1970)
57 Mannheim-Seckenheim, Hochstätt (1901-1903)
58 Mannheim-Seckenheim, Hochstätt, Sandgrube (1950)
59 Mannheim-Seckenheim, Hochstätt, Wasserleitungsgraben (1955)
60 Mannheim-Seckenheim, Hochstätt, bei der Autobahnrampe (1966)
61 Mannheim-Seckenheim, Suebenheim, Sandgrube bei Friedhof Seckenheim (1929)
62 Mannheim-Seckenheim, Suebenheim, „Waldspitze" (1933)
63 Mannheim-Seckenheim, Suebenheim, „Waldspitze", „Unter den Seckenheimer Dünen" (1934)
64 Mannheim-Seckenheim, Suebenheim, „Dossenwald" (1934, 1935)
65 Mannheim-Seckenheim, Suebenheim, „Waldau 5" (1949, 1952)
66 Mannheim-Seckenheim, Suebenheim, „Waldau 7" (1960)
67 Mannheim-Seckenheim, Suebenheim, „8. Genossenschaftshaus" (1950)
68 Mannheim-Seckenheim, Suebenheim, Kanalisation zum „Dünenhof" (1950)
69 Mannheim-Seckenheim, Suebenheim, Spargelweg (1954, 1958)
70 Mannheim-Straßenheim, „Aus Sandgrube bei Straßenheimer Hof" (1932)
71 Mannheim-Straßenheim, „Apfelkammer", Autobahn (1934)
72 Mannheim-Straßenheim, Südseite der „Apfelkammer", Autobahn (1934)
73 Mannheim-Straßenheim, südlich „Apfelkammer", östlich der Autobahn (1958)
74 Mannheim-Straßenheim, „Aue" (1965-1969)
75 Mannheim-Straßenheim, „etwa 700 m südlich vom Ort" (1963)
76 Mannheim-Straßenheim, „Löhle", Sandgrube (1972)
77 Mannheim-Vogelstang, „Tennisanlage Vogelstang" (1972)
78 Mannheim-Vogelstang, „Am Elkersberg, Pommernstraße/Stralsunderweg" (1967)
79 Mannheim-Vogelstang, Neustrelitzer Weg, Vespinstift
80 Mannheim-Vogelstang, „Gesamtschule"
81 Mannheim-Vogelstang, Dessauer Weg, Hochhäuser
82 Mannheim-Vogelstang, „Y-Bauten", Block B, Block D (1968)
83 Mannheim-Vogelstang, Dresdner Straße
84 Mannheim-Vogelstang, Meißener Weg
85 Mannheim-Vogelstang, Torgauer Weg (1970)
86 Mannheim-Vogelstang, Eislebener Weg (1971)
87 Mannheim-Vogelstang, Köthener Weg 21-31 (1971)
88 Mannheim-Vogelstang, Chemnitzer Straße 12 (1958)
89 Mannheim-Vogelstang, „Am Elkersberg", Sandgrube Mutz, Acker Will (1961, 1962, 1967)
90 Mannheim-Wallstadt, „Schultheißenbuckel" (1930/31)
91 Mannheim-Wallstadt, Autobahn, 4 Fundkonzentrationen (1934/35).
92 Mannheim-Wallstadt, Adelsheimer und Külsheimer Straße (1939)
93 Mannheim-Wallstadt, „Hinter der Nachtweide, auf den Kirchenweg" (1948)
94 Mannheim-Wallstadt, „Schafeck", Sandgrube Fa. Gund (1949)
95 Mannheim-Wallstadt, „Klingelbühl" oder „Klingeleck" (1937, 1950)
96 Mannheim-Wallstadt, Alamannenstraße, Block I (1950, 1955)
97 Mannheim-Wallstadt, „Am Elkersberg", Acker Fleck, Acker Troppmann (1948, 1953)
98 Mannheim-Wallstadt, „Auf den Sand und das Ried", Neue Sandgrube Kreiner auf Acker Boxheimer (1955)
99 Mannheim-Wallstadt, „Die Nachtweide", Äcker Eck und Bossert (1960)
100 Mannheim-Wallstadt, Atzelbuckelstraße 33 (1968)
101 Mannheim-Wallstadt, „Auf den Ried", Tennisanlage Vogelstang (1972)
102 Viernheim, „Kapellenberg" (1855)
103 Viernheim, „Kiesloch" (1927, 1955)
104 Viernheim, „Gemeindetanne" (1938)
105 Viernheim, „Hinter der Hecke" (1951)
106 Viernheim, „Bei der Schilpertshecke", „Sandbuckel", Autobahn (1935)

Hans-Peter Kraft

Die frühen Kelten (750 bis 450 v. Chr.)

Die geschichtliche Entwicklung der Menschen in schriftloser Zeit in unserer Heimat ist in den vorhergehenden Beiträgen dieses Buches als ein Zusammenspiel von Kontinuität und Wandel, Innovation und Beharrung begreifbar geworden, das natürlich eingebunden ist in ein viel größeres Ganzes und sogar die Grenzen der Kontinente überschreitet. Dabei gab es Phasen schnelleren und langsameren Wandels, nie aber trug das Neue keine Spuren des Alten mehr in sich. Wenn wir die Zeit zwischen 750 und 450 v. Chr. betrachten, so haben wir es – im Gegensatz zur Zeit um 1300/1200 vor Christus, die die ganze Alte Welt erfasste und zur Zerstörung der mykenischen Palastkultur führte und das Ende der vorderasiatischen Großreiche brachte – mit einer „sanften" Revolution zu tun. Dabei ist das Wort Revolution durchaus angebracht, denn die Gesellschaft von 450 v. Chr., die Welt der historischen Kelten, hat wenig zu tun mit derjenigen der ausgehenden Bronzezeit. Es scheint um 800 v. Chr. neue Dynamik in die Gesellschaft gekommen zu sein: Die bis dahin bestehenden Höhensiedlungen brechen ab (Biel 1987, 55 f. und Abb. 42) und die bis dahin vorherrschende Totenverbrennung wird durch die Körperbestattung ersetzt. Doch sind die Traditionslinien zur Bronzezeit so stark, dass wir in den Menschen des 12. Jahrhunderts v. Chr. (der sog. Urnenfelderzeit) die Vorfahren der Kelten sehen müssen. Was diesen Zeitraum jedoch von allen anderen Entwicklungen vor ihm unterscheidet, ist die Tatsache, dass jetzt keine nach der Keramik oder einem Fundplatz benannte „Kultur" entsteht, sondern uns ein historisch, ein in schriftlichen Quellen erwähntes und beschriebenes Volk entgegentritt, eben die Kelten. „Alteuropa tritt ins Licht der Geschichte" (Sievers 2002).

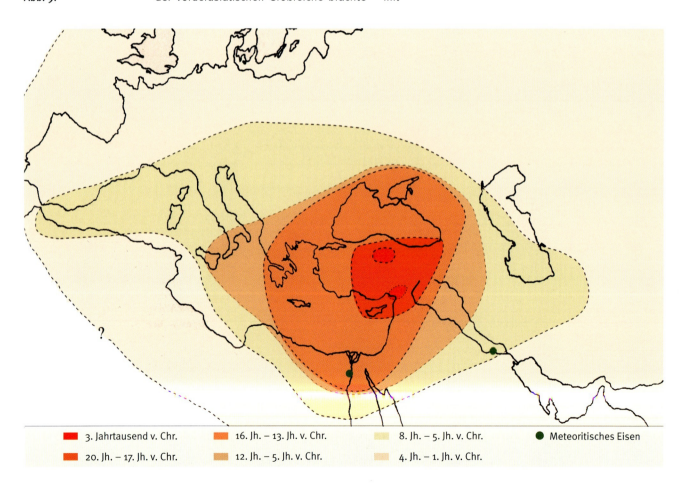

Abb. 1: Die Verbreitung der Eisentechnologie nach Yalcin 2005, Abb. 9.

- 3. Jahrtausend v. Chr.
- 20. Jh. – 17. Jh. v. Chr.
- 16. Jh. – 13. Jh. v. Chr.
- 12. Jh. – 5. Jh. v. Chr.
- 8. Jh. – 5. Jh. v. Chr.
- 4. Jh. – 1. Jh. v. Chr.
- Meteoritisches Eisen

Die Welt verändert sich – das eiserne Zeitalter beginnt

Zwei Tendenzen führen die neue Zeit herauf: Die Technologie der Eisenverarbeitung und der sich immer mehr intensivierende Kontakt mit der Mittelmeerwelt.

Zuerst war Eisen eine Kostbarkeit, ein Dolch fand sich im Grab des Tut-anch-amun, ein kleiner Armreif und die Füllung eines goldenen Szepters neben 10 Kilo Gold und 600 Gramm Silber im Schatzfund von Villena, Spanien (Soler Garcia 1965). Die Technologie war in Anatolien erarbeitet worden und hatte wesentlich zum Aufstieg des hethitischen Großreiches beigetragen (siehe Abb. 1).

Im Gegensatz zu den bis dahin bekannten und verarbeiteten Metallen kommt Eisen in der Erdkruste überall vor und zeigte schnell seine Überlegenheit gegenüber der Bronze. Die Beherrschung der Handelswege wurde durch das Eisen und damit dem leichten Zugang zu überlegenen Waffen eine überlebenswichtige Machtfrage; Johann Maier hat in ›Das Judentum‹ die politische Formierung des Jahwekultes in einem jüdischen Staat in Auseinandersetzung mit dem „Seevolk" der Philister auf den Machtkampf um die Eisen-Handelsstraßen zurückgeführt (Maier 1973, 42 f.). Nicht nur im Vorderen Orient veränderte das Eisen die Welt. In die Beziehungen der Mittelmeerkulturen zu den Barbaren nördlich der Alpen kam eine neue Dynamik.

Die Mittelmeerwelt greift nach Norden

Die Gründung der griechischen Kolonie Massilia an der Rhône-Mündung im 7. Jahrhundert konnte nur einen Sinn haben, wenn die Handelsbeziehungen Rhône-aufwärts das Hinterland bis zur burgundischen Pforte und darüber hinaus erschlossen. Hierbei scheinen dort die aus der späten Bronzezeit überkommenen sozialen Strukturen eine entscheidende Rolle gespielt zu haben: Die Mitglieder einer elitären Oberschicht, die sich in Grabausstattungen mit Wagen, Schwert, Bronzegeschirr und einer Fülle von Keramik zur Bewirtung von Gästen zu erkennen gibt (Hart a. d. Alz und Acholshausen, beide Bayern) (Handbuch Müller-Karpe IV, 3, Taf. 420 und 429), haben offenbar als Katalysatoren, Distributoren und „Trendsetter" für diesen Handel gewirkt.

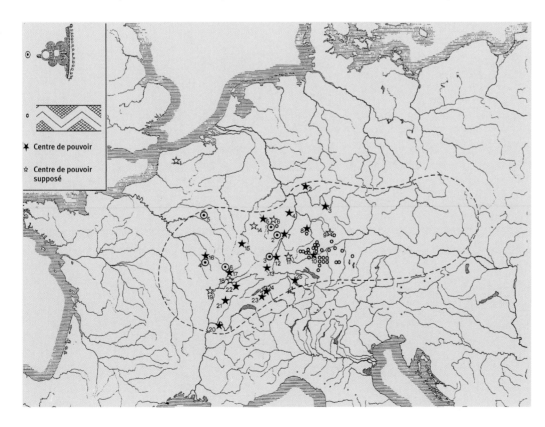

Abb. 2: Die Fürstensitze des Westhallstattkreises. Dunkle Sterne nachgewiesen, helle Sterne vermutet. Nach Brun 1997, Karte S. 328.

Fürstentümer – Territorien – Staaten?

Geprägt ist der Zeitraum von vor- oder frühstaatlichen politischen Strukturen, deren Mittelpunkt jeweils ein Fürstensitz bildet. Diese Kristallisationspunkte werden charakterisiert durch Funde mediterraner Importe; zugehörig zu den Fürstensitzen sind große reich ausgestattete Grabhügel, die der jeweiligen Dynastie zugeordnet werden können (Kimmig 1997, 13). Diese in Südwestdeutschland, Ostfrankreich und der Nordschweiz regelhaft auftretenden Erscheinungen haben dazu geführt, dass die Forschung von dem „Westlichen Hallstattkreis" und dem „Fürstengräberhorizont" spricht (Abb. 2).

Besonders spektakulär ausgestattete Fürstengräber sind in den letzten 20 Jahren in Hochdorf bei Ludwigsburg (BIEL 1995) und beim Glauberg in Hessen (GLAUBERG 2002) ausgegraben worden und haben großes Interesse in der Öffentlichkeit gefunden.

Nach neuerlichen intensiven Forschungen und Funden, die sich in zahlreichen Beiträgen in den „Archäologischen Ausgrabungen in Baden-Württemberg" niederschlugen (siehe Literaturverzeichnis), sind neue Fragen aufgetaucht und haben das Bild weiter differenziert. So sind griechische Keramikimporte, die man bis dahin nur in Fürstensitzen und -gräbern vermutete, auch in Siedlungen auf dem „Platten Lande" gefunden worden und große fürstliche Grabhügel lagen in beträchtlicher Entfernung zum „Fürstensitz". Wie an der Verteilung der Grabhügel in der Umgebung von Ludwigsburg erkennbar wird (Abb.3), dienten sie offenbar als Landmarken zur Abgrenzung des Einflussbereiches. Am Oberrhein lässt sich zeigen, dass die Herrschaftsbereiche flussübergreifend waren und bedeutende Gräber auf beiden Seiten des Flusses vorkamen (Abb.4).

Natürlich stellt sich die Frage nach der inneren politischen und gesellschaftlichen Struktur solcher Territorien. P. Brun setzt voraus, dass, falls das Gebiet eine bestimmte Größe überschreitet (er spricht von 50 km Durchmesser) (Brun 1997, 326), die Ausübung der hoheitlichen Funktionen eine mittlere Ebene erfordert „un niveau des chefs subalternes". Plouin (Plouin 1997, 67) will sogar eine soziale Mehrstufigkeit (Fürsten, Aristokraten, lokale Häuptlinge) erkennen, wobei die zweite und dritte Gruppe Zugang zu Koralle und Gold als Prestigeobjekten gehabt habe. Der Befund des Fürstengrabhügels *Mag-*

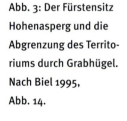

Abb. 3: Der Fürstensitz Hohenasperg und die Abgrenzung des Territoriums durch Grabhügel. Nach Biel 1995, Abb. 14.

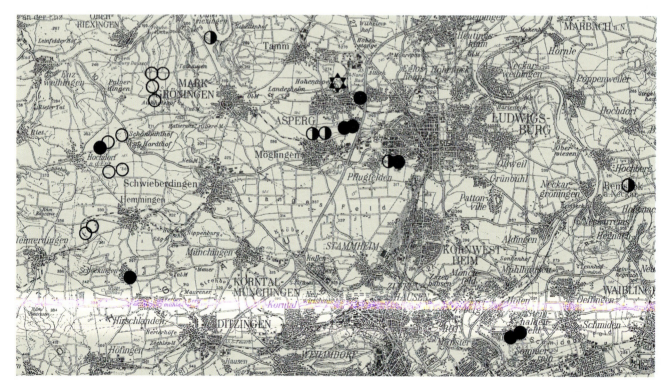

dalenenberg bei Villingen (Spindler 1999, Spindler 1977) scheint in der Tat eine abgestufte mittlere Ebene widerzuspiegeln. (Abb. 5)

In „gehöriger" Entfernung vom fürstlichen Zentralgrab wurden dort mehrere Ringe von Nachbestattungen angelegt, die unter sich wieder Abstufungen in den Beigaben aufweisen und ganz den Eindruck einer Mittelschicht erwecken (Parzinger 1986; Terzan 1992; Müller 1994); um eine Struktur zu erkennen, die mit einem viel späteren Lehenswesen vergleichbar ist, reicht das Informationsmaterial jedoch nicht aus.

So spannend wie die Frage nach der politischen Struktur ist die nach der wirtschaftlichen Basis. Mit welchen Gütern haben die frühkeltischen Fürsten die mediterranen Luxus- und Massenwaren (Wein) bezahlt? Neben Honig, Wachs, Birkenpech zum Schiffsbau, Sklaven, Pelzen stehen vor allem Textilien im Verdacht, im Süden begehrt gewesen zu

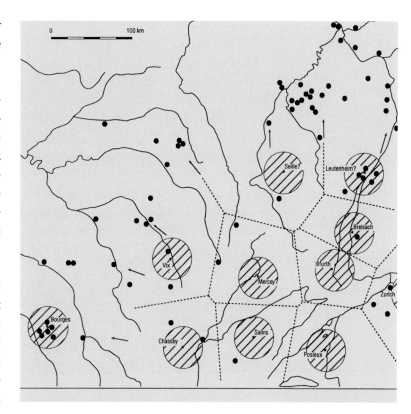

Abb. 4: Die Territorien am Oberrhein sind flussübergreifend. Schwarze Punkte Fürstengrabhügel (sépultures princières). Nach Koenig-Legendre 1997, 83.

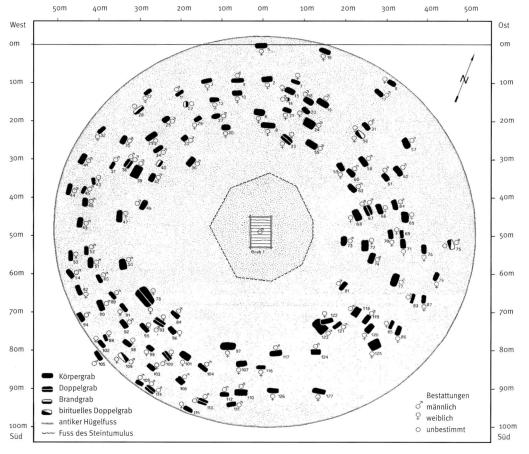

Abb. 5: Das Zentralgrab des Magdalenenbergs bei Villingen und die Nachbestattungen. Nach Sprindler 1999, Rückumschlag.

sein. Zieht man die wenigen erhaltenen Textilien zum Vergleich heran, so ist in der Tat mit erstaunlichen Fertigkeiten zu rechnen. Das Fürstengrab von Hochdorf hat eine solche Vielfalt von hochwertigen Geweben geliefert (Stoff aus Dachswolle!) (Hundt 1985), dass man von Luxusstoffen sprechen kann. Die Funde von zahlreichen Spinn- und Webutensilien in der zugehörigen Siedlung, von einer bronzenen Balkenwaage und attischer Keramik lassen den Eindruck wohl organisierter Handwerkstätigkeit und eines gehobenen Lebensstils entstehen; hierfür spricht auch die planvolle Anlage der Siedlung (Biel 1997, 17 und 21, Fig. 9).

Die Unterstädte der Fürstensitze zeigen sich immer mehr als eine Ansammlung von Handwerksbetrieben, sodass auch der Charakter des Fürstensitzes nicht nur als Wohnsitz einer Dynastie, sondern auch als Stapel- und Umschlagsplatz in Frage kommt (siehe z. B. Bofinger 2005).

Die gesellschaftliche Stellung der Fürstendynastien zeigt im Verlauf der frühen Eisenzeit deutliche Veränderungen. Während die „frühen" Fürstengräber noch reichlich Gerätschaften zur Bewirtung von Gästen oder Gefolgsleuten aufweisen (Hochdorf 9 Trinkhörner und einen großen Bronzekessel für Met sowie bronzenes Essgeschirr und Fleischbeil) sind die Ausstattungen späterer Gräber für immer weniger Personen bestimmt (für zwei Personen in Reinheim und im Klein-Aspergle bei Ludwigsburg) (Glauberg 2002, Abb. 140 und 141) bis zu den Beigaben am Glauberg für 1 Person (zum Vergleich auch BIEL 1985b, Abb. 93-98). Die Heroisierung und Sakralisierung der fürstlichen Person scheint dort ihren Höhepunkt zu finden: eine breite Prozessionsstraße führt zum Grabhügel, eine Steinstatue zeigt den vergöttlichten Herrscher.

Bald danach bricht die Kultur der Fürstengräber und -sitze ab. Zu diesem Zeitpunkt hat die formative Phase der keltischen Kunst aus einer Synthese zwischen mediterranen und einheimischen Vorstellungen ihr Ende gefunden. Was uns jetzt entgegentritt ist die La-Tène-Kultur der historischen Kelten, deren Ausprägungen in unserem Raum der Inhalt der nächsten Abhandlung sein wird.

Die Weberinnen von der „Krümme" in Sandhofen und die vornehmen Damen aus den „Weingärten" bei Ilvesheim

Wie zeigt sich uns auf dem soeben geschilderten historischen Hintergrund die Zeit der frühen Kelten im Neckarmündungsgebiet?

Das Siedlungsverhalten der Menschen der frühen Eisenzeit unterscheidet sich nicht von dem voheriger Zeiträume: fruchtbare Böden, Nähe zum Wasser und zu den Ressourcen der Wälder sind ausschlaggebend für die Bauentscheidung; wir haben es immer noch mit Menschen zu tun, deren Lebensgrundlage die Landwirtschaft ist. Erst in der Römerzeit sind auch andere Aspekte für eine Siedlung wichtig.

Die Fundumstände der geborgenen Funde und Befunde zeigt allerdings auch das Dilemma der archäologischen Denkmalpflege im 20. und 21. Jahrhundert. Eine Liste der Fundumstände zeigt dies:

Ilvesheim, Rhein-Neckar-Kreis, *Atzelbuckel*, Rettungs- und Lehrgrabung der Universität Heidelberg (Prof. Maran) wegen der Erweiterung der A6, Brandgräber.

Ilvesheim, Rhein-Neckar-Kreis, *Gewann Weingärten*, Notbergungen beim Kiesabbau, Oberflächenfund (durch Erosion und Feldbau zerstörtes Grab), nach Luftaufnahmen von bedrohten Gräbern zwei Sondagen, dabei zwei Gräber ungestört, 1 großes Hügelgrab vollkommen erodiert.

Ladenburg, *Heddesheimer Gemeindekiesgrube*, Grab geborgen beim Kiesabbau.

MA-Käfertal *Im Rott*, Siedlungsgruben angeschnitten bei der Anlage von Kanalgräben.

MA-Sandhofen, Gewann *Krümme*, Siedlungsgrube, angeschnitten vom Bagger des Kampfmittelräumdienstes, der das Gelände bebaubar machen sollte.

MA-Seckenheim-Suebenheim *Spargelweg*, Siedlungsgrube angeschnitten beim Anlegen einer Wasserleitung.

MA-Seckenheim-Suebenheim, *Klettengewann*, Siedlungsgrube teilweise zerstört durch Straßenbau.

MA-Vogelstang, an mehreren Stellen Siedlungsgruben angeschnitten bei der Anlage von Kanalgräben und Baugruben.

MA-Wallstadt-Straßenheim, *Klostergarten*, Notbergung zur Vorbereitung einer Wohnanlage.

Aus diesen Beispielen wird deutlich, dass die archäologische Denkmalpflege, deren Wahrnehmung für Mannheim und Umgebung den Reiss-Engelhorn-Museen Mannheim obliegt, einen verzweifelten Kampf gegen die unwiederbringliche Zerstörung von wichtigem Kulturgut führt. Außer im Falle MA-Vogelstang, wo mit ausreichenden Mitteln jahrelange Grabungen die Entstehung des Stadtteils begleiteten, ist Improvisation, Überzeugungskraft und der Einsatz ehrenamtlicher Kräfte oft der einzige Ausweg. An planvolle Grabungen in schon längst bekannten und auch bedrohten Fundgebieten kann man nicht denken.

Doch nun zu den Funden:

Auf dem Gewann *Krümme* im Norden Sandhofens griff eine Baggerschaufel in ein Grubenhaus der frühen Eisenzeit und brachte außer Keramikresten und Mahlsteinbruchstücken (aus Eifel-Lava!) die Reste eines Webstuhls mit zahlreichen tönernen Webgewichten und ein ganzes Tongefäß zutage.

Dem Griff in die Arbeitswelt der Zeit steht das Grab von Ladenburg, *Heddesheimer Gemeindekiesgrube* gegenüber. Das reich verzierte Gefäß war ursprünglich reich bemalt. Als Beispiel sei ein rekonstruiertes Gefäß derselben Zeit danebengestellt; wie schon

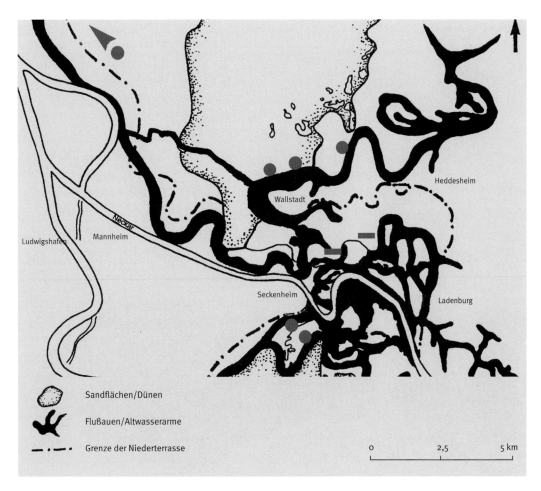

Abb. 6: Die im Text verzeichneten Fundstellen der Hallstattzeit im Mannheimer Raum. Grüne Punkte Siedlungen, Grüne Rechtecke Gräber. Montage I. Kraft.

Abb. 7: Webgewichte und Tongefäß aus einem Grubenhaus von MA-Sandhofen, Krümme, Verbleib Reiss-Engelhorn-Museen Mannheim, Foto ebd.

Abb. 8: Urne aus einem Grab von Ladenburg im Vergleich zu farbig restaurierten Gefäßen derselben Zeit. Foto links Reiss-Engelhorn-Museen Mannheim, Gefäß rechts nach Sangmeister 1993, Abb. S. 93

in dem Beitrag über die Jungsteinzeit gezeigt, vermittelt die fast immer farblose Keramik der archäologischen Grabungen ein falsches Bild des ursprünglichen Aussehens.

Der massiv bronzene Armreif von Ilvesheim *Weingärten*, der seine Parallelen in Armreifen aus Impfingen/Tauber hat (Behrendts 1993, Abb. S. 95), weist seine ehemalige Trägerin, deren Grab durch Erosion zerstört wurde, als wohlhabend aus.

In eine höhere soziale Schicht bringt uns das Frauengrab, das in einer Sondage 2002 im gleichen Gewann geborgen wurde. Zahlreiche Gräber waren dort der Erosion zum Opfer gefallen, sodass das Bewuchsmerkmal, das eine Anomalie im Untergrund anzeigte, zuerst auf ein weiteres zerstörtes Grab zu weisen schien. Doch zeigte sich in einer Tiefe von 40 cm, direkt unter der Humusschicht, im hellen Kies eine ovale Verfärbung, die mit weicher humoser Erde verfüllt war.

Das Grab reichte bis in eine Tiefe von 1,80 m unter die Ackeroberfläche. Dort lag das schlecht erhaltene Skelett einer Frau, deren reiche Ausstattung ungewöhnlich ist. An dem linken Handgelenk trug sie drei Armreifen, darunter zwei aus Bronze und einen aus Gagat, am rechten Handgelenk einen aus Bronze. Auf der Brust lagen eine dunkelblaue Glasperle und zwei prächtige bronzene Fibeln; rechts und links des Kopfes fanden sich zwei Ohrringe aus tordiertem Golddraht. Gräber dieser Ausstattung sind sehr selten, das Vorkommen von Goldschmuck ist auf die Oberschichten beschränkt. Im Zusammenhang mit dem weiter oben Gesagten haben wir es hier wohl mit einer Dame aus dem „niveau des chefs subalternes" (s. o.) zu tun.

Die beiden Fußzierfibeln verweisen die Ausstattung in die erste Hälfte des 5. vorchristlichen Jahrhunderts. In einer Sondage des Jahres 2006 wurde ein weiteres Frauengrab von ungewöhnlicher Tiefe (2 m) entdeckt. Dies ist für sich schon ein Merkmal, das zu allen vor- und frühgeschichtlichen Epochen

Abb. 9: Armreif der Hallstattzeit. Oberflächenfund Ilvesheim, Rhein-Neckar-Kreis. Verbleib Privatbesitz, Foto I. Kraft

Abb. 10: Verfärbung durch eine Grabeinfüllung in ca. 40 cm Tiefe. Gewann Weingärten, Ilvesheim, Rhein-Neckar-Kreis. Foto Sondage 2002, Foto M. Honeck.

Abb. 11: Beigaben des Frauengrabes von Ilvesheim, Rhein-Neckar-Kreis. Sondage 2002. Verbleib Reiß-Engelhorn-Museen Mannheim, Foto P. Will.

eine sozial höherstehenden Schicht auszeichnete. Neben dem höheren Schutzbedürfnis gut ausgestatteter Gräber gegen Grabraub, betonte die Fähigkeit (Macht), viel menschliche Arbeitskraft zu mobilisieren, die soziale Position der Familie des Verstorbenen. Die Grabbeigaben sind noch nicht restauriert, doch wissen wir schon, dass auch hier Gold und andere Metallgegenstände beigegeben wurden.

Versucht man nun, die Funde der frühen Eisenzeit von Ilvesheim *Weingärten* in Beziehung zu setzen, so hat dort schon im 7. Jahrhundert v. Chr. (Armreif Abb. 9) eine wohlhabende Familie bestattet. Die beiden Frauengräber der ersten Hälfte des 5. Jahrhunderts bezeugen die Anwesenheit einer Familie von außergewöhnlicher sozialer Stellung. Im nächsten Beitrag wird sich zeigen, dass diese Familie ihren Standard bis in die zweite Hälfte des 5. Jahrhunderts gehalten hat. Ob sie ihn weiter über das Ende des Fürstengräberhorizontes halten konnte, werden hoffentlich weitere Funde auf diesem Gelände zeigen. Dass weitere Bevölkerungsgruppen Zugang zu Materialen wie Koralle und Gagat hatten, zeigen Siedlungsfunde aus MA-Vogelstang, (Abb. 12) und MA-Seckenheim-Suebenheim *Klettengewann* (Teile eines breiten Gagatarmreifes).

Und wo sind die Fürsten?

Zwei schon lange bekannte Funde weisen auf sie hin: Zum einen ist es der Kopf einer Steinstatue ganz im Stil der des Fürsten vom Glauberg vom Fundort Heidelberg.

Zum anderen ist es das reich mit Gold und etruskischen Import ausgestatte Grab von Bad Dürkheim (GLAUBERG 2002, 301f.). Zu diesem Grab gehört sicher der Fürstensitz *Heidenmauer* bei Bad Dürkheim (siehe Abb. 22. Nr.4). Schon immer war auch wegen des in Heidelberg gefundenen Steinkopfes mit Heroenkrone ein Fürstensitz auf dem Heiligenberg gefordert aber nie nachgewiesen worden.

Ernst Wagner hat in seiner Bestandsaufnahme der Funde in Baden 1908-1911 (Wagner 2, 1911, Amt Schwetzingen) aus Schwetzingen einen Bronzehenkel mit Attache abgebildet, der unzweifelhaft in den Fürstengräberhorizont gehört; nähere Angaben über Fundort und -umstände fehlen.

Ein Fund aus Brühl zeigt die ganze Problematik der archäologischen Denkmalpflege. Dort waren im Jahr 1965 beim Autobahnbau (Umgehungsstraße?) Funde zutage getreten, die nicht gemeldet wurden. Ein Arbeiter, der aus dem Spessart stammte und nur am Wochenende nach Hause fuhr, nahm zwei Gegenstände mit. Nachdem sie bei ihm einige Zeit gelegen hatten, schenkte er sie seinem Arzt, der Prof. Pescheck, Universität Würzburg, benachrichtigte. Dort wurden sie gezeichnet und restauriert. Der Arzt berichtet:

„... Die Fundstelle ist mit einem Kreis bei Brühl an einem Altwasser des Rheins eingezeichnet. Zeit: Im Frühjahr 1965 beim Autobahnbau (Anschluss? Rheinbrücke?)... Es sei noch einiges gefunden worden, ich konnte nichts Näheres erfahren. Schuld an der Verheimlichung waren offensichtlich nicht die Arbeiter, sondern die Betriebsleitung, die Unterbrechung der Arbeit befürchtete. Die Arbeiter haben zu den Funden gar kein Verhältnis, mein Mann hat die zwei Dinge nur mitgenommen, damit sie nicht endgültig verschwänden. Es ist bezeichnend, dass sie bei ihm zuhause monatelang herumlagen, bis er sie mir übergab, weil er glaubte, ich wüsste damit etwas anzufangen"

Abb. 12: Fibel aus einer Siedlung von MA-Vogelstang. Die weißliche Einfüllung in der kugelförmigen Fußzier besteht aus Koralle. Verbleib Reiß-Engelhorn-Museen Mannheim, Foto I. Kraft.

Abb. 13: Fragment einer steinernen Statue aus der späten Hallstattzeit von Heidelberg. Nach FREY 2002, Abb. 190.

Abb. 14: Bronzegriff eines Antennendolches aus einem zerstörten Fürstengrab von Brühl, Rhein-Neckar-Kreis. Verbleib Privatbesitz, Länge des Objektes 13 cm, Foto I. Kraft.

Bei den „zwei Dingen" handelt es sich um ein Bronzegefäß, eine sogenannte Situla und den Bronze-Griff eines „Antennendolches", beides Gegenstände, die in Fürstengräbern vorkommen.

Antennendolche gibt auch in den Gräbern der „zweiten Ebene" (siehe Spindler 1971-1977), doch nie zusammen mit Bronzegefäßen. Diese scheinen als Beigabe ein Privileg der Fürsten zu sein. Während Bronzesitulen lange verwendet wurden und weit verbreitet waren, zuerst als Importe aus dem Süden, dann aber im Lande selbst hergestellt wurden, hat der Antennendolch Parallelen in Gräbern Nordwürttembergs (Zürn 1987. Abb. 29 und 20), dort vergesellschaftet im einen Fall mit einem goldenen Halsreif, Standesabzeichen der Fürsten, und im anderen Fall mit Wagenteilen, ebenfalls derselben Ebene zuweisbar.

Heidelberg, Brühl, Bad Dürkheim, zwei Territorien oder nur eines? Abb. 4 zeigt, dass die Territorien am Oberrhein flussübergreifend und die Grenzen durch Gräber gekennzeichnet waren. Ein weiterer Fund kann die Klärung bringen: er wird dies nicht können, wenn er dasselbe Schicksal wie das Fürstengrab von Brühl erleidet.

Abb. 15: Detailaufnahmen des Antennendolches von Brühl. Fotos und Montage I. Kraft.

Unsere Heimat, eingebunden in europäische Geschichte in einer Zeit, aus der mit der keltischen Kultur und Kunst eines der Völker hervorgeht, das von da an mit der irischen Buchmalerei, der Christianisierung Mitteleuropas und der Bewahrung seiner Sprache und Musik seinen Beitrag zur abendländischen Kultur geleistet hat und leistet.

Abb. 16: Bronzesitula aus dem zerstörten Fürstengrab von Brühl, Rhein-Neckar-Kreis. Höhe 32 cm, Henkel und Boden ergänzt. Verbleib Privatbesitz, Fotos und Montage I. Kraft

Abb. 17: Vergleich des Dolchgriffs von Brühl – rechts – mit Antennendolchen aus Fürstengräbern von Ludwigsburg links (nach Zürn 1987, Abb. 19 und 20, Montage I. Kraft.

Literaturverzeichnis

B. Arnold, M. L. Murray, S. A. Schneider, Untersuchungen an einem zweiten hallstattzeitlichen Grabhügel der Hohmichele-Gruppe im „Speckhau", Markung Heiligkreuztal, Gde. Altheim, Kreis Biberach. Arch.Ausgr. BW 2003 (2004), 81 ff.

R. -H. Behrends, Hallstattgräber aus dem Taubertal. In: Zeitspuren, S. 94-95.

J. Biel, Der frühkeltische Fürstengrabhügel von Hochdorf. In: Der Keltenfürst von Hochdorf, 1985.

J. Biel, Die Ausstattung des Toten. Reichtum im Grabe – Spiegel seiner Macht. In: Der Keltenfürst von Hochdorf, 1985.

J. Biel, Vorgeschichtliche Höhensiedlungen in Südwürttemberg-Hohenzollern, 1987

J. Biel, Der Keltenfürst von Hochdorf, 1995

J. Biel, Le Hohenasperg et l´habitat de Hochdorf. Actes du Colloque de Châtillon sur Seine, 1997,

J. Biel, Neue Forschungen zur Eisenzeit. Die Kelten. Menschen, Zeiten, Räume (2002) 188 f.

J. Biel, Macht und Dynamik. Fürstengräber der frühen Keltenzeit. Menschen, Zeiten, Räume (2002) 190 ff.

A. Czarnetzki, Der Keltenfürst von Hochdorf – Rekonstruktion eines Lebensbildes, 1985.

J. Bofinger, Archäologische Untersuchungen in der Vorburg der Heuneburg – Siedlung und Befestigungssysteme am frühkeltischen Fürstensitz an der oberen Donau, Gde. Herbertingen-Huntersingen, Kreis Sigmaringen. Arch. Ausgr. BW 2004 (2005) 82 ff.

J. Bofinger, Stein für Stein... Überraschende Befunde im Bereich der Befestigungssysteme der Heuneburg-Vorburg, Gde. Herbertingen-Hundersingen, Kreis Sigmaringen. Arch. Ausgr. BW 2005 (2006) 73 ff.

P. Brun, Les „résidences princières", analyse du concept. Actes du colloque de Châtillon sur Seine 1997, 321 ff.

O.-H. Frey, La fin des sites princiers dans le „Westhallstattkreis"

H.-O. Frey, Die Fürstengräber vom Glauberg. Das Rätsel der Kelten vom Glauberg (2002) 172 ff.

Das Rätsel der Kelten vom Glauberg, Ausstellungskatalog 2002.

F. Herrmann, Die Keltenfürsten vom Glauberg. Frühkeltischer Fürstensitz, Fürstengräber und Heiligtum. Menschen, Zeiten, Räume (2002) 196 ff.

H.-J. Hundt, Die Textilien im Grab von Hochdorf. In: Der Keltenfürst von Hochdorf, 1985.

W. Kimmig, Le problème des „Fürstensitze" au nord-ouest des contreforts alpins. Situation actuelle de la recherche. Actes du colloque de Châtillon sur Seine 1997, 13 ff. 17 ff.

M-P. Koenig – J. P. Legendre, Une „residence princière » au Hallstatt D dans la région de Haguenau ? Actes du colloque de Châtillon sur Seine 1997, 38 ff.

R. Krause, Rechteckhöfe und Großgrabhügel bei Osterholz, Gde. Kirchheim am Ries, Ostalbkreis: die Außensiedlung zum frühkeltischen Fürstensitz auf dem Ipf, Arch. Ausgr. BW 2001 (2002), 73 ff.

H.-P. Kraft, Neues zur späten Hallstattzeit im Raum Mannheim. Arch. Nachr. aus Baden 72/73, 2006 (2007), 17 – 22.

R. Krause, Archäologische Sondagen und Prospektionen auf dem Ipf bei Bopfingen, Ostalbkreis. Arch. Ausgr. BW 2005 (2004) 97 ff.

S. Kurz, Siedlungsforschungen bei der Heuneburg, Gde. Herbertingen-Hundersingen, Kreis Sigmaringen – Zum Stand des DFG-Projektes. Arch. Ausgr. BW 2001 (2002), 61 ff.

S. Kurz, Siedlungsforschung im Umfeld der Heuneburg bei Hundersingen, Gde. Herbertingen, Kreis Sigmaringen. Arch. Ausgr. BW 2003 (2004) 77 ff.

S. Kurz, Die Heuneburg bei Herbertingen-Hundersingen, Kreis Sigmaringen, und ihr Umland. Zum Abschluss des DFG-Projektes. Arch. Ausgr. BW 2003 (2004), 62 ff.

S. Kurz, Neue Forschungen im Umland der Heuneburg bei Herbertingen-Hundersingen, Kreis Sigmaringen. Arch. Ausgr. BW 2004 (2005) 87 ff.

S. Kurz/J. Wahl, Zur Fortsetzung der Grabungen in der Heuneburg-Außensiedlung auf Markung Ertingen-Binzwangen, Kreis Biberach. Arch.Ausgr. BW 2005 (2006) 78 ff.

J, Maier, Das Judentum 1973.

H. Müller-Karpe, Handbuch der Vorgeschichte I –IV, 1966 bis 1980.

J. Müller, Zur sozialen Gliederung der Nachbestattungsgemeinschaft vom Magdalenenberg bei Villingen. PZ 69, 1994, 176 – 221.

Parzinger 1986

H. Parzinger, Zur Belegungsfolge auf dem Magdalenenberg bei Villingen. Germania 64, 2, 1986, 391 – 407.

H. Reim, Spätbronzezeitliche Gräber und frühkeltische Siedlungsreste im Vorfeld der Heuneburg bei Herbertingen-Hundersingen, Kreis Sigmaringen.
Arch. Ausgr. BW 2001 (2002), 57 ff.

S. Plouin, L'environnnement funéraire des « résidences princières » dans le fosse rhénan supérieure : évolution sociale entre le Hallstatt C et le Hallstatt D3. Actes du colloque de Châtillon sur Seine 1997.

H. Reim, Die Außenbefestigungen der Heuneburg Hundersingen, Gde. Herbertingen, Kreis Sigmaringen. Arch. Ausgr. BW 2003 (2004) 72 ff.

W. Reinhard, Les sépultures aristocratiques de la Sarre au Hallstatt final et à La-Tène ancienne. Actes du colloque de Châtillon sur Seine 1997, 107 ff.

M. Rösch, Der Inhalt der beiden Bronzekannen. Rätsel der Kelten vom Glauberg (2002), 119 ff.

E. Sangmeister, Prunkkeramik für Fest und Grab. Zeitspuren, S.92/93 (1993)

S. Sievers, Alteuropa tritt ins Licht der Geschichte. Spuren der Jahrtausende (2002) 366 ff.

J. M. Soler Garcia, El tesoro de Villena, Excavaciones Archeológicas en Espana 36, 1965.

K. Spindler, Magdalenenberg. Der hallstattzeitliche Fürstengrabhügel bei Villingen im Schwarzwald. 5 Bde. 1971 – 1977.

K. Spindler, Der Magdalenenberg bei Villingen. Führer zu archäologischen Denkmälern in Baden-Württemberg, 1999.

A. Stobbe, A. J. Kalis, Wandel einer Landschaft. Ergebnisse von Pollenuntersuchungen in der östlichen Wetterau. Rätsel der Kelten vom Glauberg, 2002, 121 ff.

B. Terzan, Bemerkungen zu H. Parzingers Chronologie der Späthallstatt – und Frühlatènezeit. PZ 67, 2, 1986, 381 – 407.

U. Veit/Andreas Willmy, Eine Höhensiedlung der Urnenfelderzeit am Südosthang der Achalm, Stadt Reutlingen. Arch. Ausgr. BW 2002 (2003), 69 ff.

E. Wagner, Fundstätten und Funde aus vorgeschichtlicher, römischer und alamannisch-fränkischer Zeit im Großherzogtum Baden. 2 Bde. 1908 – 1911.

G. Wieland (Hrsg.), Keltische Viereckschanzen, 1999.

Ch. Willms, Der Keltenfürst aus Frankfurt, 2002.

Ü. Yalcin, Zum Eisen der Hethiter. Ausstellungskatalog der Ausstellung Das Schiff von Uluburun, Bergbaumuseum Bochum 2005, 493 – 502.

H. Zürn, Hallstattzeitliche Grabfunde in Württemberg und Hohenzollern, 1987.

Inken Jensen und Benedikt Stadler

Kelten in der Mannheimer Region während der jüngeren Eisenzeit (Latènezeit)

Die Mannheimer Region – ein Randgebiet keltischer Fürstenmacht?

Die letzten Jahrhunderte v. Chr. – von ca. 450 v. Chr. bis um die Zeitenwende – werden in der prähistorischen Forschung als späte oder jüngere Eisenzeit, auch Latènezeit nach dem bekannten Fundort La Tène am Neuenburger See in der Westschweiz, benannt. Die Fachwelt unterteilt die Latènezeit in folgende Zeitstufen: Die Frühlatènezeit (Latène A: 450-370 v. Chr und Latène B: 370-225 v.Chr.), die Mittellatènezeit (Latène C: 225-125 v.Chr.) und die Spätlatènezeit (Latène D: 125-ca. 15 v.Chr.) (Daten nach Hilmar Schickler).[1] In dieser Zeit besiedelten Kelten, auch Gallier genannt, die seit dem 6. Jahrhundert v.Chr. in griechischen und lateinischen Schriftquellen erwähnt werden, weite Teile Mitteleuropas. Die häufig miteinander rivalisierenden keltischen Stämme waren zwar nicht durch ein staatliches Gebilde, aber durch eine bemerkenswert einheitliche Kultur miteinander verbunden.

Seit der voraufgehenden frühen oder älteren Eisenzeit, der Hallstattzeit (ab ca. 800 v. Chr. bis um 450 v.Chr.), benannt nach einem Gräberfeld beim heutigen Ort Hallstatt im Salzkammergut, diente der neue Werkstoff Eisen zur Herstellung von Waffen und Geräten, während der Schmuck weiterhin vorwiegend aus Bronze gefertigt wurde. Süddeutschland gehörte mit der Schweiz und Frankreich zur sogenannten Nordwestalpinen Hallstattkultur, die sich aus der lokalen Urnenfelderkultur entwickelt hatte. Die Eisengewinnung im Bereich der Lagerstätten führte zur Bildung von Kulturschwerpunkten und in Ansätzen auch von Machtzentren (z. B. Vorkommen von Bohnerz in der Schwäbischen Alb).

In der jüngeren Phase der Hallstattzeit ab ca. 620 v. Chr. erstarkten diese Machtzentren; sie sind durch Bestattungen mit reichen Beigaben (Wagen, Goldschmuck, Prunkdolch, einheimisches und importiertes Bronzegeschirr) in großen Grabhügeln charakterisiert, die sich in der Nähe befestigter Höhensiedlungen, sog. Fürstensitze, befinden, die als stadtartige Zentren den Mittelpunkt von Siedlungsgebieten bildeten. Aus den griechischen Kolonien des Mittelmeergebietes gelangten Importe und Luxusgüter wie Bronzegeschirr, schwarzfigurige Keramik und Wein im Austausch für Rohstoffe wie Eisenerz und Zinn in die späthallstättischen Machtzentren, so auch nach Süddeutschland, das Teil der *Keltike* war, wie die antiken Handelspartner das von Kelten besiedelte Gebiet nannten. Wichtige Handelsstraßen waren die Flüsse Rhône, Saône, Rhein und Donau.

Das Neckarmündungsgebiet liegt außerhalb des Bereiches der bisher sicher nachgewiesenen späthallstättischen Fürstensitze Süddeutschlands mit Verbindungen zum griechisch-mediterranen Bereich wie dem Hohenasperg bei Ludwigsburg, dem Ipf bei Bopfingen, der Heuneburg bei Herbertingen-Hundersingen, dem Münsterberg von Breisach und den großen Grabhügeln mit reich ausgestatteten Gräbern in deren Umfeld.[2] Jedoch zeigen eine Bronzesitula (Henkeleimer) und der Bronzegriff eines Dolches, beide leider ohne Fundzusammenhang beim Bau der Umgehungsstraße Brühl/Ketsch entdeckt, sowie zwei goldene Ohrringe, die mit reichem Arm- und Fibelschmuck in einem Frauengrab in Ilvesheim, *Weingärten*, im Jahre 2002 ausgegraben worden waren[3], dass auch in dieser Region während der späten Hallstattzeit mit reicheren Grabfunden gerechnet werden muss.

Gegen Ende des 6. und im 5. Jahrhundert v. Chr. hat die späthallstättische Phase der Fürstensitze und der reich ausgestatteten Grabhügel ihren Höhepunkt erreicht; die Siedlungsschwerpunkte werden im Verlauf des 5. Jahrhunderts v.Chr. aufgegeben. Es beginnt eine Entwicklung, die an Mosel, Saar und Rhein zur Ausbildung neuer Machtzentren und Fürstengräber führt, zu deren Beigaben importiertes Bronzegeschirr und rotfigurige Keramik aus dem griechischen und etruskischen Gebiet zählen. Wirtschaftlicher Hintergrund war auch zu dieser Zeit die Gewinnung des begehrten Rohstoffes Eisen, insbesondere aus den Eisenerzvorkommen des Mittelrheingebietes.[4]

Für Südwestdeutschland kristallisiert sich mehr und mehr das Erzrevier von Neuenbürg (Enzkreis) im Nordschwarzwald als Wirtschaftsraum der Späthallstatt- und Frühlatènekultur heraus. Durch die 1995/96 im Rahmen des Forschungsprojektes „Forschungen zur keltischen Eisenverhüttung in Südwestdeutschland" des Landesdenkmalamtes Baden-Württemberg durchgeführten Grabungen sowie weiteren Grabungen in den Jahren 2004 und 2005 gelang für die nähere Umgebung von Neuenbürg der Nachweis außergewöhnlich gut erhaltener Verhüttungsanlagen zur Eisen- und Stahlproduktion des 6./5. Jahrhunderts v. Chr. Sie gehören zu den ältesten in Mitteleuropa und bildeten eine wichtige wirtschaftliche Grundlage für die Weiterentwicklung der frühkeltischen Machtstrukturen in Südwestdeutschland.

Bei der Organisation von Transport und Handel des produzierten Eisens spielte zweifellos das Enztal mit seiner direkten Anbindung an das Neckargebiet und somit den Machtbereich des frühkeltischen Fürstensitzes auf dem Hohenasperg eine Rolle. Im Zusammenhang mit der Metallgewinnung ist auch die frühlatènezeitliche Höhensiedlung auf dem Neuenbürger Schlossberg zu sehen, die sich erst im Verlauf einer bereits florierenden Montanwirtschaft entwickelt und etabliert zu haben scheint.[5]

Ihren Höhepunkt hatte die keltische Latènekultur im 5. Jahrhundert v. Chr., wobei Süddeutschland bei der Herausbildung eines neuen Kunststils, der als keltische Kunst oder Latènestil bezeichnet wird, eine wichtige Rolle spielte. Als Kennzeichen dieser Kunst gelten Zirkelornamentik und vollplastische Darstellungen von Pflanzen, Tieren und Tier-Mensch-Mischwesen.

Wie in der späten Hallstattkultur so gibt es auch in der frühen Latènekultur zu den Fürstengräbern und ihrem Umfeld nichts Entsprechendes im unteren Neckarland. Im Westen ist das um 450 v. Chr. datierte Fürstengrab von Bad Dürkheim am nächsten gelegen; als zugehöriger Fürstensitz sind die um 500 v. Chr. besiedelte Heidenmauer oder die ab ca. 550/500 bis um 50 v. Chr. durchgehend bewohnte Limburg, beide bei Bad Dürkheim gelegen, in der Diskussion.[6] Der Reichtum der dort ansässigen Kelten beruhte neben der landwirtschaftlichen Produktion auf den fruchtbaren Lößflächen, dem Handel durch die verkehrsgünstige Lage in der Oberrheinischen Tiefebene und der Ausbeutung von Eisenerzlagerstätten sicher auch auf der Nutzung von Salzquellen.

Nördlich des Neckarmündungsgebietes sorgte seit 1994 am Glauberg in der östlichen Wetterau in Hessen die Entdeckung eines Grabhügels mit zwei reich ausgestatteten Fürstengräbern des 5. Jahrhunderts v. Chr., einer Prozessionsstraße und einzigartigen Steinstatuen für Aufsehen; der dazugehörige Adelssitz befindet sich auf dem Berg und ist durch mächtige Ringwälle geschützt.[7] Südöstlich des unteren Neckarlandes ist der Hohenasperg bei Stuttgart der nächstgelegene bekannt gewordene Fürstensitz mit reichen Gräbern in seinem Umfeld, von denen die fürstlich ausgestattete Nebenkammer des *Kleinaspergle* der zweiten Hälfte des 5. Jahrhunderts v. Chr., angehört.[8]

Der im Südosten des Neckarmündungsgebietes am Rande des Odenwaldes gelegene, mit einem doppelten Ringwallsystem befestigte Heiligenberg bei Heidelberg mit seiner exponierten Lage ist bislang nicht als Fürstensitz ausgewiesen, auch fehlt in der Region noch ein Fürstengrab mit Luxusgütern aus dem Mittelmeerraum; aus Heidelberg-Bergheim stammt allerdings ein Sandsteinkopf mit Blattkrone des 5. Jahrhunderts v. Chr. Ein solcher Kopf ist als Bekrönung einer Grabstele oder als Teil einer vollplastisch gearbeiteten Figur wie der des Fürsten vom Glauberg denkbar und gibt einen Hinweis, dass das Fehlen einer reichen Bestattung möglicherweise auch als Fundlücke zu erklären ist.[9]

Zum Forschungsstand

Seit der Mitte des 19. Jahrhunderts sind zahlreiche Fundstellen der Latènekultur in der Mannheimer Region bekannt geworden, teils lediglich durch vom Acker aufgelesene Scherben, teils aber auch durch archäologische Untersuchungen auf großflächigen Neubauarealen in den letzten Jahrzehnten des 20. Jahrhunderts wie in Mannheim-Vogelstang (im folgenden werden die Mannheimer Stadtteile mit dem Kürzel MA- versehen), MA-Wallstadt und MA-Feudenheim.

Zwar gibt es für die latènezeitlichen Funde in der Mannheimer Umgebung zahlreiche Hinweise in der Literatur mit der Publikation ausgewählter Fundstücke[10], doch die veröffentlichten Beispiele allein sagen ohne Durcharbeitung des gesamten Fundmaterials noch wenig aus, so weder über die Dauer und Größe einer Siedlung oder eines Gräberfeldes, die Kontinuität in der Belegung, die Struktur, die wirtschaftliche Situation noch über die Beziehungen zu anderen Regionen.

Was die Gräber betrifft, so wurden die bis Ende der sechziger Jahre des 20. Jahrhunderts in der Umgebung Mannheims entdeckten Bestattungen der frühen Latènekultur 1969 in einer leider ungedruckt gebliebenen Dissertation mit aufgenommen und ausführlich besprochen.[11] Für die Siedlungen wurde lediglich die zwischen 1977 und 1985 im Zuge der Errichtung eines Neubaugebietes südöstlich des alten Dorfkerns von MA-Feudenheim (Gewanne: *An der Kanalbreite*, *Der Lös*, *Der Birnzweig* und *Die Breitgewann*) entdeckte und je nach Stand der Baumaßnahmen untersuchte späthallstatt-frühlatènezeitliche Siedlung im Jahr 1998 in einer ungedruckten Magisterarbeit umfassend vorgelegt.[12]

Bislang fehlt jedoch eine Gesamtdarstellung sowohl der älteren als auch der jüngeren Eisenzeit der Mannheimer Region und darüberhinaus des Neckarmündungsgebietes mit einer ausführlichen Fundvorlage, so wie sie für andere Perioden – z. B. für die Jungsteinzeit, die Bronzezeit, die Neckarsueben der römischen Kaiserzeit – zusammengestellt worden ist und für die Merowingerzeit in Teil I Bd. 2 dieses Jubiläumswerkes nun vorgelegt wird; dies ist ein dringendes Desiderat der Forschung auch für die keltische Besiedlung der Region. So bietet dieser Beitrag eine Zusammenfassung der Kenntnisse auf der Grundlage des bislang selektiv veröffentlichten Materials.

Ergänzend zu den keltischen Funden aus den Mannheimer Stadtteilen werden Objekte aus Orten des ehemaligen Landkreises Mannheim herangezogen wie aus Brühl (Abb. 1), Edingen, Ilvesheim, Hockenheim, Ladenburg, Neckarhausen, Schwetzingen (Abb. 2), die mit der Kreisreform 1973 in den Rhein-Neckar-Kreis eingegliedert wurden. Die Funde aus den durch Archäologen des Reiss-Museums durchgeführten Grabungen im ehemaligen Landkreis Mannheim bis 1972 – in diesem Jahr trat das *Gesetz zum Schutz der Kulturdenkmale (Denkmalschutzgesetz)* in Kraft – werden in den archäologischen Magazinen der Reiss-Engelhorn-Museen aufbewahrt.

Siedlungstopographie *(Karte am Ende des Beitrags)*

Während im Bereich der Mannheimer Innenstadt bislang keine Funde der Latènezeit entdeckt wurden, sind in fast allen Mannheimer Stadtteilen Funde dieser Periode nachgewiesen. Im Norden Mannheims finden sich latènezeitliche Fundstellen in MA-Sandhofen, dessen topographische Situation durch die erhöhte Lage innerhalb einer weiten Rheinschleife charakterisiert ist. Den Fundstellen aus allen Zeitabschnitten der Latènekultur ist eine hochwassersichere aber trotzdem wassernahe Lage auf einem leichten Hanggrund gemeinsam.

Weiter neckaraufwärts sind die latènezeitlichen Fundstellen ungleich verteilt: das Gebiet um die Mannheimer Stadtteile Waldhof und Gartenstadt erweist sich bislang als fundleer; die Region um die Stadtteile Käfertal, Vogelstang, Straßenheim und Wallstadt sowie Feudenheim dagegen erbrachte so viele Fundstellen, dass sie als latènezeitliches Ballungsgebiet bezeichnet werden kann. Für die meisten Fundstellen ist wieder eine erhöhte Lage an ehemaligen Flussschleifen kennzeichnend; zudem liegen Siedlungen im Hangbereich der Düne von Wallstadt. In den Gewannen *Elkersberg* (MA-Vogelstang), *Wallstädter Langgewann* und *Kiesäcker* (beide MA-Wallstadt) konnten im Zuge einer Neubebauung größere Flächen mit Siedlungsspuren der

Abb. 1: Bronzehalsring, äußerer Dm. 13,2-14,6 cm; Bronzearmring, äußerer Dm. 6,1-6,5 cm; zwei Bronzefußringe, äußere Dm. 9,2 cm; Glasperlen, äußere Dm. 1-1,1 cm; Brühl (Rohrhof), Rhein-Neckar-Kreis, Wiesenstraße 20; Grab (1953). – © Reiss-Engelhorn-Museen Mannheim. Foto: Jean Christen.

Abb. 2: Bronzehalsring, äußerer Dm. 14,7-15 cm; zwei Bronzearmringe, äußere Dm. 5,8-6,6 cm und 5,2-6,8 cm; Schwetzingen, Rhein-Neckar-Kreis, Ortsetter (Ostecke Marstall); Grab (1949). – © Reiss-Engelhorn-Museen Mannheim. Foto: Jean Christen.

späten Hallstatt- und frühen Latènekultur aufgedeckt werden.

In MA-Wallstadt, *Auf den Ried*, wurden früh- bis spätlatènezeitliche Funde geborgen; ebenso kann in MA-Straßenheim, *Aue* (Sandgrube), eine kontinuierliche Besiedlung von der Früh- bis in die Spätlatènezeit nachgewiesen werden. Besonders eindrucksvoll lässt sich das für den zuletzt genannten Fundplatz anhand der datierenden Bronzefibeln, gefunden 1967, 1966 und 1930, vom Früh-, Mittel- und Spätlatèneschema zeigen (Abb. 3). In der Frühlatènezeit ist der zurückgebogene Fibelfuß mit der Fußzier freistehend und noch nicht mit dem Fibelbügel verbunden wie dies in der Mittellatènezeit üblich wird. In der späten Latènezeit bilden Fibelfuß und -bügel dann einen geschlossenen Rahmen.[13]

Bemerkenswert sind vier Ofenanlagen (Backöfen?), die im Neubaugebiet *Im Rott* (MA-Käfertal) Anfang der neunziger Jahre des 20. Jahrhunderts freigelegt wurden. Im Bereich von MA-Feudenheim wurden Siedlungen auf dem Hochufer nachgewiesen, darunter auch die Siedlung südöstlich des alten Dorfkerns (Gewanne *An der Kanalbreite*, *Der Lös*, *Der Birnzweig* und *Die Breitgewann*), die bereits in der älteren Eisenzeit (Hallstattkultur) angelegt wurde. Hier konnten Gruben, Grubenhäuser, hausartige Strukturen, Pfostenstellungen und möglicherweise Spuren eines Ständerbaus festgestellt werden.

Das Gebiet zwischen dem heutigen Neckarverlauf und dem Rhein weist nur vereinzelt Fundpunkte auf, so in Suebenheim und Hochstätt (beide MA-Seckenheim) sowie in MA-Neckarau, während die Umgebung von MA-Rheinau fundleer bleibt. Bedenkt man, dass diese Orte im Überschwemmungsbereich von Rhein und Neckar liegen, so erscheint die Siedlungskonzentration am nordöstlichen Neckarufer im Bereich des Hochufers nicht zufällig, sondern bewusst gewählt.

Bei den meisten Fundplätzen handelt es sich um Siedlungen, und zwar um deren Reste; keine Siedlung konnte bislang auch nur annähernd vollständig untersucht werden. Bei den Grabfunden handelt

Abb. 3: Drei Bronzefibeln, von oben nach unten in typologischer und zeitlicher Abfolge; oben: Frühlatènefibel, Bronze, L. 2,3 cm (1967); mitte: Mittellatènefibel, Bronze, L. 5,1 cm (1966); unten: Spätlatènefibel, Bronze, L. 4,4 cm (1930); MA-Straßenheim, *Aue* (Sandgrube), Siedlung. – © Reiss-Engelhorn-Museen Mannheim. Foto: Jean Christen.

es sich oft um einzelne Gräber wie in MA-Wallstadt, MA-Seckenheim, Brühl und Schwetzingen. Da sie überwiegend bei Notbergungen entdeckt worden sind, ist das Vorhandensein größerer Bestattungsplätze daher nicht auszuschließen. Kleinere Gruppen von Körper- und Brandgräbern wurden beispielsweise in MA-Sandhofen, MA-Feudenheim und Hochstätt (MA-Seckenheim) nachgewiesen. Eine genaue Zuweisung von Bestattungen zu einer zeitgleichen Siedlung konnte bislang nicht vorgenommen werden.

In Ilvesheim, *Weingärten*, sind Gräber der späten Hallstatt- und frühen Latènezeit und dann wieder der Spätlatènezeit nachgewiesen, während in Neckarhausen frühlatènezeitliche Bestattungen, wohl nur als Teile eines größeren Gräberfeldes, entdeckt wurden. Siedlungsplätze der Latènezeit sind für beide Orte wie auch für Edingen belegt.

Ohne Durcharbeitung des latènezeitlichen Fundmaterials bleibt ungeklärt, wie es für Gräberfelder und Siedlungen mit der Dauer der Belegung bzw. Besiedlung steht. So wurde beispielsweise für die Siedlungsplätze MA-Vogelstang, *Elkersberg*, MA-Wallstadt, *Wallstädter Langgewann* und *Kiesäcker*, und MA-Feudenheim südöstlich des alten Dorfkerns späthallstatt-/frühlatènezeitliche Besiedlung festgestellt, während für die Siedlung von MA-Wallstadt, *Auf den Ried*, früh-, mittel- und spätlatènezeitliche Funde vorliegen und auch für den Fundplatz MA-Straßenheim, *Aue* (Sandgrube), anhand der Fibeln eine kontinuierliche Belegung von der Früh- bis in die Spätlatènezeit nachzuweisen ist. Die Bestattungen von Ilvesheim, *Weingärten*, werden in die späte Hallstatt- und in die frühe und späte Latènezeit datiert.

Über die wirtschaftlichen Grundlagen der ansässigen Bevölkerung gibt es keine Untersuchungen. Doch ist bei dem milden Klima und den fruchtbaren Lößböden des Neckarschwemmkegels eine bäuerliche Lebensweise mit Ackerbau und Viehzucht sicher anzunehmen, wenn auch der direkte archäologische Nachweis landwirtschaftlich genutzter Flächen aussteht. Als Geräte für Käsezubereitung werden Trichter aus Ton angesehen, die in MA-Feudenheim und in Hockenheim gefunden wurden.[14]

Wie bereits erwähnt, war für die Auswahl der Siedlungsplätze eine erhöhte, hochwasserfreie aber trotzdem wassernahe Lage in der Nähe fruchtbarer Böden ausschlaggebend. Die verkehrsgünstige Lage der Mannheimer Region im Bereich zweier Flusssysteme und in der Oberrheinischen Tiefebene spiegelt sich in den weiträumigen Beziehungen des Fundgutes wider.[15] Auf die Belege für den Transport von und den Handel mit Eisen und Salz wird im folgenden hingewiesen.

Eisen und Salz

Der Heiligenberg bei Heidelberg, dessen Besiedlung von der Jungsteinzeit bis in das 16. Jahrhundert reicht, ist der bekannteste keltische Fundplatz des Neckarmündungsgebietes und hat vom 5. bis 3. Jahrhundert v. Chr. sicher als eine Art Fluchtburg für die am unteren Neckar ansässigen Kelten gedient.[16] Durch seine beherrschende Position am rechten Flussufer beim Austritt des Neckars aus dem engen Flusstal in die fruchtbare Rheinebene und durch seine auf allen Seiten natürlich geschützte Lage ist er für diesen Zweck prädestiniert. Wohl in frühkeltischer Zeit wurde die natürliche Schutzlage durch ein doppeltes Ringwallsystem verstärkt, dessen Datierung auf Vergleichen mit datierten Doppelwallanlagen in Hessen beruht.

Eine flächendeckende Besiedlung ist erst für die entwickelte Frühlatènekultur nachweisbar und endet im 3. Jahrhundert v. Chr.; ein Eisendepotfund der mittleren und Scherben der späten Latènekultur zeigen, dass der Berg immer wieder von Kelten aufgesucht wurde. Das Fundmaterial der zeitgleichen Siedlungen im Heidelberger Stadtgebiet ist ausführlich vorgelegt worden.[17] Durch Funde von Eisenerzbrocken, Eisenluppen, Schlacken und tönernen Gusstiegeln wird deutlich, dass auf dem Heiligenberg das dort vorkommende Brauneisenerz gewonnen und verarbeitet wurde, für dessen Transport und Handel die verkehrsgünstige Lage am Neckar eine wichtige Rolle spielte.

Abb. 4: Doppelpyramidenförmiger Eisenbarren mit ausgezogenen Spitzen, L. 41 cm; vermutlich Mannheimer Region. – © Reiss-Engelhorn-Museen Mannheim. Foto: Foto- und Filmstudio Christof Pfau, Mannheim.

Dass auch in der Mannheimer Umgebung der Handel mit diesem Rohstoff eine Rolle spielte, zeigen ein doppelpyramidenförmiger keltischer Eisenbarren, auch als Doppelspitzbarren bezeichnet, dessen Fundort, Fundumstände und Datierung allerdings nicht genauer zu bestimmen sind (Abb. 4) sowie ein Depot von Eisenbarren aus dem benachbarten Viernheim.[18] Die Datierung dieser Barren ist problematisch. Sie treten wohl bereits in der Hallstatt- oder Frühlatènezeit auf; der zeitliche Schwerpunkt ihres Vorkom-

mens dürfte aber in der jüngeren Latènezeit liegen. Bei Ladenburg wurde im Gewann *Erlenfeld* eine etwa 100 x 20 m² große Fläche mit größeren Mengen an Eisenschlacken entdeckt, wie solche in ihrer technischen Beschaffenheit typisch für Verhüttungsanlagen keltischer Brennöfen sind.[18] Es wird angenommen, dass hier die Lokalisierung größerer metallverarbeitender Betriebe zu erwarten ist, so dass auch dieser handwerkliche Bereich in der unmittelbaren Nachbarschaft der Mannheimer Region nachgewiesen ist.

Über die Herkunft des Eisens – ob aus den Erzvorkommen Süddeutschlands oder aus anderen Regionen wie dem Mittelrheingebiet – kann bisher allerdings nichts ausgesagt werden. Für das Mittelrheingebiet sind beispielsweise für die latènezeitlichen Funde aus dem Ort Braubach, Rhein-Lahn-Kreis, die im Zusammenhang mit dem Abbau dortiger Eisen-, Kupfer- und Bleierze gesehen werden müssen, auch Einflüsse aus dem nördlichen Oberrheingebiet nachgewiesen worden.[19] Beziehungen zum unmittelbar südlich angrenzenden Neckarmündungsgebiet sind durch das Auftreten stempelverzierter Gefäße nach Art der *Braubacher Keramik* belegt (siehe unten den Abschnitt über die keltischen Siedlungsfunde).

Bei zwei dickwandigen Tontiegeln, Siedlungsfunden der frühen Latènezeit aus MA-Vogelstang, ist aus Mangel an erkennbaren Materialspuren nicht eindeutig zu klären, welchem Zweck sie gedient haben (Abb. 5).[20] Man nimmt an, dass sie als Siede- und Trockengefäße, eher aber noch als Transportgefäße für Salz (Formsalzbehälter) mit der Salzgewinnung und dem Salzhandel in Zusammenhang zu bringen sind. Das kostbare Mineral war für die Konservierung von Nahrungsmitteln lebensnotwendig. Gewinnung von Salz aus den örtlichen Salzquellen benachbarter Regionen ist zwar für Bad Dürkheim bislang noch nicht eindeutig nachgewiesen, für Bad Nauheim und Schwäbisch Hall jedoch für die keltische Zeit belegt.[21]

Bruchstücke dieser Tontiegel von grober Machart, als Briquetage bezeichnet, liegen auch aus MA-Feudenheim und aus Edingen in großer Zahl vor und sind in jüngster Zeit auch in MA-Sandhofen, Groß-Gerauer Straße, nachgewiesen worden.[22] In MA-Feudenheim wurden sie hauptsächlich in Gruben

Abb. 5: Zwei Tontiegel, erhaltene H. 7,4 cm und 8,0 cm; MA-Vogelstang, Bereich Sachsenstraße/Chemnitzer Straße, Siedlung (1972). – © Reiss-Engelhorn-Museen Mannheim. Foto: Foto- und Filmstudio Christof Pfau, Mannheim.

und Grubenhäusern der späthallstatt-/frühlatènezeitlichen Siedlung südöstlich des alten Dorfkerns entdeckt. Die keltischen Siedlungsreste von Edingen – Scherben und Briquetagefragmente – wurden von Lehrer W. Bauer, wohl in den dreißiger Jahren des 20. Jahrhunderts, an einem leider unbekannten Fundplatz geborgen. Unter den groben Scherben handgearbeiteter Tongefäße findet sich als Besonderheit eine Scherbe feinerer Machart mit vier eingestempelten Kreisaugen auf der Gefäßinnenseite. Durch die Stempelverzierung sind die Briquetagefunde von Edingen wohl etwas jünger anzusetzen als die von MA-Feudenheim. Die Briquetagefragmente aus MA-Sandhofen stammen aus latènezeitlichen Gruben, die auch Bruchstücke qualitätvoller Drehscheibenkeramik enthielten, deren genauere zeitliche Einordnung mit Aufarbeitung der Grabung festgestellt werden wird. Neben dem Handel mit dem Rohstoff Eisen lässt sich somit auch Handel mit Salz für die Mannheimer Region belegen.

Fibeln, Ringe, Perlen: Keltische Grabfunde

Die in der Frühlatènezeit (Stufen Latène A und Latène B) in der Mannheimer Region ansässigen Kelten bestatteten ihre Toten in Flachgräbern, die Körper wurden in gestreckter Rückenlage beigesetzt. Kleinere Friedhöfe sind aus Neckarhausen, *Bei den Kirchhofäckern* (Gärtnerei Doberaß; heute Speyerer Straße), und aus Ilvesheim, *Weingärten*, bekannt; von anderen Fundplätzen wurden immer wieder Einzelgräber geborgen, die sicherlich auch zu größeren Gräberfeldern oder -gruppen gehört haben. Die Frauengräber der Frühlatènezeit werden durch die Schmuckbeigaben charakterisiert, während Männergräber, als solche durch Waffenbeigaben gekennzeichnet, in der Mannheimer Region für diese Zeitstufe vorerst nicht nachgewiesen sind.

Bedingt durch die Lage auf einem Gärtnereigelände (Gärtnerei Doberaß) wurden zwischen 1927 und 1932 in Neckarhausen immer wieder Gräber des keltischen Bestattungsplatzes zerstört, die in die gleiche Zeit wie die keltischen Fürstengräber der zweiten Hälfte des 5. Jahrhunderts v. Chr. gehören. Erhalten geblieben sind ein Bronzehalsring und sechs Bronzearmringe – jeweils mit den für diese Zeit typischen kleinen Stempelenden, die zwei Frauengräbern zugeordnet werden. Zu einem 1954 entdeckten Frauengrab gehören ein entsprechender Bronzehalsring, ein Bronzearmring mit Ösenenden und acht blaue Glasperlen, davon eine mit weißen Augenringen (Abb. 6).[23] Zeitgleich ist ein Frauengrab aus Brühl, Ortsteil Rohrhof, *Brühler Pfad*, 1953 bei Bauarbeiten entdeckt, mit einem Halsring, einem

Abb. 6: Bronzehalsring, äußerer Dm 13,4-14,9 cm; Bronzearmring, äußerer Dm. 6-6,2 cm; acht Glasperlen, Dm. 1,1-1,3 cm; Neckarhausen, Rhein-Neckar-Kreis, *Bei den Kirchhofäckern* (Gärtnerei Doberaß; heute Speyerer Straße), Grab (1954). – © Reiss-Engelhorn-Museen Mannheim. Foto: Jean Christen.

Paar Arm- und Fußringen – alle aus Bronzeblech mit einem Steckverschluß mit Muffe – und fünf blauen Glasperlen, davon drei vollständig erhalten (Abb. 1).[24]

Wie das oben erwähnte späthallstattzeitliche Frauengrab mit den Goldohrringen zeigt, beginnen die Bestattungen von Ilvesheim, *Weingärten*, bereits in der ersten Hälfte des 5. Jahrhunderts v. Chr. Grabfunde dieses Fundplatzes, die in den dreißiger Jahren des 20. Jahrhunderts gemacht worden waren, gingen bei Zerstörung des Schlossmuseums im Zweiten Weltkrieg verloren.

Im Jahre 1954 konnte ein alt gestörtes Frauengrab – die Knochen lagen teilweise nicht mehr im natürlichen Verband – des 4./3. Jahrhunderts v. Chr. geborgen werden, zu dessen reicher Ausstattung neben einer scheibengedrehten Tonschale im Fußbereich und einem mit acht profilierten Buckeln verzierten Gürtelhaken (Abb. 7) im Bereich der Lendenwirbelsäule auch zwei auf den Schultern liegende Bronzefibeln gehören (Abb. 8).[25]

Nach der Grabungsskizze des Ausgräbers Franz Gember lagen neben der linken Beckenschaufel „Eisenteile und Korallenteile" und im oberen Bereich der Brustwirbelsäule eine „Große eiserne Fibel mit Korallen". Die zuletzt genannten Korallen wurden in der Literatur zunächst als scheibenförmiger Schmuckbelag beschrieben, dessen dreieckige Einzelteile sich radial um ein rundes Mittelstück mit einem Bronzeniet gruppieren. Bei einer Nachrestaurierung der Funde im Jahre 2003 wurde die Schmuckscheibe – abnehmbar – als Fußzier auf den mittels zweier Kunststoffscheiben ergänzten Fuß der großen Eisenfibel aufgesetzt (Abb. 9). Bronzefibeln mit scheibenförmigem Schlussstück mit Auflagen aus Koralle oder Email werden als Münsinger Typ bezeichnet und sind in der keltischen Zivilisation weit verbreitet; eine solche Fußzier ist bei einer Eisenfibel jedoch ungewöhnlich.[26]

Ein vollständig erhaltener blauer Glasarmring mit reich profilierter Außenseite aus dem 2./1. Jahrhundert v. Chr., gefunden 1957 in einem Brandflachgrab in Ilvesheim, *Weingärten*, (Abb. 10)[27], belegt die Nutzung des Fundplatzes als Bestattungsplatz über einen längeren Zeitraum.

Einzelne Bestattungen, die vielleicht auch zu größeren Gräberfeldern oder Gräbergruppen gehört haben, sind durch ihre Beigaben der Stufe Latène B zuzuweisen. Aus einem gestörten Frauengrab von Schwetzingen, Ortsetter (Ostecke Marstall), konnten 1949 noch ein Bronzehalsring mit großen Petschaftenden und zwei bronzene Knotenarmringe mit entsprechend geformten Enden geborgen werden (Abb. 2).[28] Der Halsring aus Edelmetall spielte in den keltischen Fürstengräbern – wohl als Rangabzeichen – eine wichtige Rolle und erscheint in keltischen Frauengräbern in weniger kostbarer Ausführung als bronzene Schmuckbeigabe.

Abb. 7: Bronzegürtelhaken, Vorderseite (oben) und Seitenansicht (unten), L. 5,6 cm; Ilvesheim, Rhein-Neckar-Kreis, Weingärten (Kiesgrube Back); Grab (1954). – © Reiss-Engelhorn-Museen Mannheim. Foto: Jean Christen.

Aus einem Körpergrab von MA-Seckenheim, Stockacher Straße, geborgen im Jahre 1967, stammt eine Fibel mit kugelförmiger Verdickung der Fußzier (Duxer Typ) (Abb. 11 unten), während die Fibel von MA-Wallstadt, *Hinter der Nachtweide* (Acker Eck), entdeckt 1960 in einem gestörten Kindergrab, wieder dem Münsinger Typ angehört (Abb. 11 oben).[29] Die scheibenförmige Fußzier mit Korallenauflage belegt einmal mehr die Verbindungen der Kelten zum Mittelmeergebiet. Ihre Vorliebe für Koralle, der sie magische Bedeutung zuschrieben, wird in der antiken Literatur erwähnt.

Abb. 8: Zwei Bronzefibeln (Typ Dux), L. 3,3 und 3,4 cm; Ilvesheim, Rhein-Neckar-Kreis, Weingärten (Kiesgrube Back); Grab (1954). – © Reiss-Engelhorn-Museen Mannheim. Foto: Jean Christen.

Abb. 9: Eisenfibel (Typ Münsingen), L. 7 cm; Ilvesheim, Rhein-Neckar-Kreis, Weingärten (Kiesgrube Back); Grab (1954). – © Reiss-Engelhorn-Museen Mannheim. Foto: Jean Christen.

Ab etwa 400 v. Chr. lässt sich ein Ereignis datieren, das die antiken Schriftsteller als keltische Wanderung bezeichneten.[30] Von ihrem ursprünglichen Kerngebiet in Frankreich, Süddeutschland und der Schweiz breitete sich die Latènekultur nach Italien, ins Karpatenbecken und bis auf den südlichen Balkan aus. In mehreren Schüben setzten die Kelten auf die Britischen Inseln über; in Spanien und Südfrankreich vermischten sie sich mit den einheimischen Bewohnern. Sie versetzten die italische Bevölkerung durch ihre Wildheit und Kampfeslust in Angst und Schrecken, zogen durch den Balkanraum bis nach Griechenland, wo sie das Apollonheiligtum von Delphi zerstörten, und setzten sich in Kleinasien, im heutigen Zentralanatolien, fest, wo ihre Nachfahren, als Galater bezeichnet, durch den Brief des Apostels Paulus an die Christengemeinde der Galater bekannt geworden sind. Im 3. Jahrhundert v. Chr. hatte die keltische Welt damit ihre größte Ausdehnung erreicht.

Während bislang Übervölkerung als Grund für die kriegerischen Eroberungszüge der Kelten angenommen wurde, gerät nunmehr auch ein naturwissenschaftlich belegter signifikanter Klimawandel um 400 v. Chr. in die Diskussion. Der spürbare Einbruch

Abb. 10: Glasarmring, Dm. (innen) ca. 7,8 cm; Ilvesheim, Rhein-Neckar-Kreis, Weingärten (Kiesgrube Back/Wolf); Grab (1957). – © Reiss-Engelhorn-Museen Mannheim. Foto: Archäologische Denkmalpflege und Sammlungen.

Abb. 11: Oben: Bronzefibel (Typ Münsingen), L. 4,4 cm; MA-Wallstadt, Hinter der Nachtweide (Acker Eck); Grab (1960). – Unten Bronzefibel (Typ Dux), L. 4,5 cm; MA-Seckenheim, Stockacher Straße, Grab (1967). – © Reiss-Engelhorn-Museen Mannheim. Foto: Jean Christen.

in Richtung eines trockeneren Klimas bedingte eine Verschlechterung der Ernteerträge. Damit wäre eine Erklärung für die historisch bezeugten Keltenwanderungen gegeben, die durch siedlungsarchäologische Studien in den Regionen nördlich der Alpen – so auch im Neckarmündungsgebiet – weiter zu untersuchen sind.[31]

Die Bestattung im Körperflachgrab war in keltischer Zeit in der Mannheimer Region bis etwa in das 2. Jahrhundert v. Chr. vorherrschend, bis dann die ersten Brandgräber auftraten. Hervorzuheben sind hier drei qualitätvolle, scheibengedrehte, bemalte Tongefäße der ausgehenden Mittellatènezeit (Latène C) (Abb. 12), die 1931 in MA-Sandhofen, *Durch den Grund*, gefunden wurden und aus einem oder mehreren Brandflachgräbern stammen. Sie zählen zu den seltenen Stücken im Latènefundmaterial der Mannheimer Region; die nächsten Vergleiche stammen aus Ladenburg und Leimen-St. Ilgen sowie aus den benachbarten Gebieten Rheinhessens und Württembergs.[32] Vom selben Fundplatz (MA-Sandhofen, *Durch den Grund*) stammt das späteste keltische Grab der Mannheimer Region, ein Brandflachgrab aus dem Beginn der Spätlatènezeit (Latène D), gefunden 1930, mit scheibengedrehter Keramik und einem Fibelpaar an einem feingliedrigen Verbindungskettchen.[33]

Als Beispiele für männliche Grabausstattungen der Mittellatènezeit sei mangels entsprechender Funde aus der Mannheimer Umgebung auf zwei Kriegergräber aus Ladenburg, Kiesgrube am Erbsenweg, verwiesen. Die Beigaben aus einem Brandflachgrab von 1906 – Schwert, Schildbuckel, drei Ringe, Schere und Messer, alle aus Eisen, und drei Tongefäße – gingen im Zweiten Weltkrieg bei der Zerstörung des Mannheimer Schlosses verloren und sind nur im Foto erhalten geblieben. Von der Ausstattung eines Körpergrabes von 1890 blieben neben einer Lanzenspitze, einer Schwertkette und dem Schwert, alle aus Eisen, sogar auch die eiserne Schwertscheide erhalten (Abb. 13).[34]

Abb. 12: Drei Tongefäße mit Bemalung, H. 27,5 cm; 30,3 cm; 29,6 cm; MA-Sandhofen, Durch den Grund (Kiesgrube südlich der Autobahn); Grab oder Gräber (1931). – © Reiss-Engelhorn-Museen Mannheim. Foto: Franz Schlechter, Heidelberg.

legte Siedlung südöstlich des alten Dorfkerns von MA-Feudenheim in den Gewannen *An der Kanalbreite*, *Der Lös*, *Der Birnzweig* und *Die Breitgewann*, mit Gruben, Grubenhäusern, hausartigen Strukturen, Pfostenstellungen und möglicherweise Spuren eines Ständerbaus. Die Siedlung beginnt in der Hallstattzeit und reicht bis in die frühe Latènezeit (Latène A). Eine Fußzierfibel der späten Hallstattzeit und ein eiserner Blechgürtelhaken weisen auf Beziehungen nach Frankreich hin.[36]

Späthallstatt- und frühlatènezeitliche Siedlungsreste sind bei Neuerrichtung des Stadtteils MA-Vogelstang auf verschiedenen Fundplätzen festgestellt worden; aus dem Ballungsgebiet *Elkersberg* stammt eine handgefertigte Schale mit Strichverzierung, gefunden 1969, die auf Beziehungen nach Hessen weist (Abb. 14).[37] Die Verzierung umläuft in einem breiten, dreiteiligen Dekorationsband den Schulter-Bauch-Bereich des Gefäßes und ist – von oben nach unten – aus je einem Band hängender schraffierter Dreiecke, unverzierter und schraffierter Rauten zusammengesetzt. In den eingedrückten Strichen sind teilweise noch Reste heller Inkrustation erhalten geblieben. Die Schale findet gute Entsprechungen im frühlatènezeitlichen Siedlungsmaterial (Latène A) des Christenberges bei Marburg in Hessen. Die mit geometrischen Motiven strichverzierte Frühlatènekeramik entwickelte sich im Bereich der deutschen Mittelgebirge in Mittel- und Nordhessen auf der Grundlage der regionalen späthallstättischen Kulturgruppen. Die strichverzierte Schale aus MA-Vogelstang ist das bislang am weitesten südlich nachgewiesene Exemplar dieser Keramikgruppe.

Einen Hinweis auf Besiedlung des Gewannes *Elkersberg* (MA-Vogelstang) in der entwickelten Frühlatènezeit (Latène B) gibt eine handgefertigte Schale vom Fundplatz *Elkersberg*/Pommernstraße, gefunden 1966, mit einer Riefe und eingestempelter Verzierung auf der Gefäßschulter wie auch auf der Innenseite des Bodens (Abb. 15). Stempelverzierte Fragmente sowohl von scheibengedrehten als auch von handgefertigten Gefäßen kommen in der Mannheimer Region selten und nur aus Siedlungen vor und sind, ohne dass hier allerdings genaue Parallelen angeführt werden können, außer von MA-Vogelstang

Abb. 13: Lanzenspitze, L. 40,7 cm; Schwertkette, L. 24,6 cm; Schwert, L. 83,6 cm; Schwertscheide, L. 68,8 cm; alle aus Eisen; Ladenburg, Rhein-Neckar-Kreis, wohl Kiesgrube am Erbsenweg; Grab (1890). – © Reiss-Engelhorn-Museen Mannheim. Foto: Foto- und Filmstudio Christof Pfau, Mannheim.

In der Spätlatènezeit hatte sich der Gebrauch der Töpferscheibe durchgesetzt; die Grabbeigaben wurden durch scheibengedrehte Gefäße bestimmt, deren charakteristische Formen wie unverzierte Flaschen und Schüsseln aus Brandflachgräbern von MA-Feudenheim, westliches Ortsende, gefunden 1910, und aus Körperflachgräbern von MA-Seckenheim, *Hochstätt*, ausgegraben 1967, vorliegen.[35]

Flasche, Schüssel, Vorratstopf – keltische Siedlungsfunde

Aus den zahlreichen größeren und kleineren Siedelstellen der Latènezeit in der Mannheimer Region sind einige Fundplätze hervorzuheben, die über einen längeren Zeitraum hinweg belegt waren und besondere Funde erbrachten. Bereits erwähnt ist die umfassend bearbeitete, 1998 in einer Magisterarbeit vorge-

Abb. 14: Tonschale mit Strichverzierung, H. 9-9,3 cm; MA-Vogelstang, Elkersberg; Siedlung (1969). – © Reiss-Engelhorn-Museen Mannheim. Foto: Archäologische Denkmalpflege und Sammlungen.

Abb. 15: Tonschale mit Stempelverzierung; oben: Innenansicht, Dm. 11,8 cm; unten: Seitenansicht, H. 5,5 cm; MA-Vogelstang, Elkersberg (Pommernstraße), Siedlung (1966). – © Reiss-Engelhorn-Museen Mannheim. Foto: Foto- und Filmstudio Christof Pfau, Mannheim.

noch aus MA-Straßenheim, *Aue* (Sandgrube), gefunden 1930, aus MA-Feudenheim, Nadlerstraße, gefunden 1994, und aus Edingen bekannt geworden.[38]

Latènezeitliches Tongeschirr mit Stempelverzierung war während des 5.-3. Jahrhunderts v. Chr. in weiten Teilen Mitteleuropas sehr beliebt. Unter dem Einfluss der eingestempelten konzentrischen Kompositionen im Schaleninneren des mediterranen Schwarzfirnisgeschirrs übernahmen die keltischen Töpfer seit dem 5. Jahrhundert v. Chr. die Stempelverzierung auf der Innenseite von Schalen und Schüsseln und wandelten die Ornamente auch für die Gefäßaußenseiten ab. Nach dem Fundort Braubach, Rhein-Lahn-Kreis, aus dem hervorragende Zeugnisse dieser keltischen Keramikkunst stammen, hat sich für diese Tonware die Bezeichnung *Braubacher Keramik* eingebürgert.[39]

Während in MA-Wallstadt, *Wallstädter Langgewann* und *Kiesäcker*, anlässlich der Grabungen in den Jahren 1977 bis 1979, 1981 bis 1983 und 1986 lediglich späthallstatt-/frühlatènezeitliche Siedlungsreste nachgewiesen wurden, liegen aus MA-Wallstadt, *Auf den Ried*, aus der 1972 untersuchten keltischen Siedlung Funde der frühen bis zur späten Latènekultur vor. Handgearbeitete Gefäße wie der Vorratstopf mit Fingertupfenverzierung, Flasche und Schüssel sind charakteristisch für die Frühlatènekultur (Abb. 16)[40]; besondere Funde aus Siedlungen sind ein bronzener Dreiknotenring[40] und ein eisernes Messer[40]. Eine Eisenfibel vom Mittellatèneschema[40] und ein spätlatènezeitliches handgefertigtes Gefäß mit Kammstrichverzierung[40] weisen auf die kontinuierliche Belegung des Fundplatzes hin.

Frühlatènezeitliche flache Keramikplatten sind selten; sie liegen in zwei rechteckigen Exemplaren aus MA-Wallstadt, *Auf den Ried*, vor (Abb. 17)[41]. In der Siedlung von MA-Feudenheim[41] südöstlich des alten Dorfkerns wurden neun Fragmente dieses Keramiktyps gefunden, die allerdings zu klein sind, um eine rechteckige oder ovale Form feststellen zu können. Die Deutung als Backteller, Brat- oder Backplatten beruht auf Vergleichsfunden von der Heuneburg bei Hundersingen, Kr. Sigmaringen. Bei zwei der dort gefundenen Fragmente, die Verkrustungen aufwiesen, wurde Knochenöl als Bestandteil nachgewiesen.
Außer der durch Fibeln bezeugten kontinuierlichen Belegung von der Früh- bis in die Spätlatènezeit (Abb. 3) hat der Fundplatz von MA-Straßenheim, *Aue* (Sandgrube), wo in den dreißiger Jahren des 20. Jahrhunderts und zwischen 1965 und 1971 ausgegraben wurde, weitere Besonderheiten aufzuweisen. Eine 1930 gefundene eiserne Fibel vom Mittellatèneschema, eine sog. Kugelfibel (Abb. 18), mit je einer aufgeschobenen Bronzekugel auf dem zurückgebogenen, drahtförmigen Fuß bzw. an der Verbin-

dungsstelle von Bügel und Fuß (Schema A 2 nach A. Bieger), wird aufgrund der Verwendung zweier verschiedener Metalle auch als Kompositfibel bezeichnet. Fibeln dieses Typs sind weit verbreitet mit einem Schwerpunkt in Mitteldeutschland und im Elb-Havel-Gebiet sowie im nördlichen Osteuropa. Eine Herkunft aus den beiden erstgenannten Regionen wird für wahrscheinlich gehalten, ohne dass jedoch genauere Parallelen angeführt werden können.[42]

Als frühe Keramikformen sind in MA-Straßenheim, *Aue* (Sandgrube) wieder die handgearbeitete Tonflasche[43], außerdem das bereits erwähnte Schalenfragment mit eingestempelten Motiven[43] vertreten, und als Spätform liegt wieder ein handgefertigter Topf mit Kammstrichverzierung und einer waagrechten Reihe schräg gesetzter Kammstempeleindrücke (Kamm-Grübchen-Verzierung) unter der Halskehlung vor (Abb. 19)[43]. Letzterer weist auf Verbindung nach Südwürttemberg und zur Nordschweiz hin, wo diese charakteristische Verzierung sehr verbreitet war. Eine Tonsitula elbgermanischer Form, gefunden 1931, wird zeitlich um die Mitte des 1. Jahrhunderts v. Chr. angesetzt, und ist der früheste Nachweis für Germanen in der Mannheimer Region.[44]
In der späten Latènezeit werden – ein technischer Fortschritt – Mahl- und Reibstein, die seit der Jungsteinzeit zum Zerkleinern des Getreides gedient hatten, durch die Handdrehmühle ersetzt. In MA-Straßenheim, *Aue* (Sandgrube), wurden 1965 Läufer und Bodenstein eines solchen Gerätes geborgen (Abb. 20).[45]

Unter südlichem Einfluss führten die Kelten das Münzwesen ein. Ab dem Ende des 3. Jahrhunderts v. Chr. ist eine aufkommende Münzprägung und Geldwirtschaft in Süddeutschland nachweisbar. Vorbilder zur Gestaltung des Münzbildes lieferte der mediterrane Süden, Makedonien und später die römische Republik. Die Motive wurden von den keltischen Stempelschneidern allerdings nach eigenen Vorstellungen abgewandelt oder sogar soweit verfremdet, dass das ursprüngliche Bildmotiv nicht mehr erkennbar ist.

Anfang des 20. Jahrhunderts werden in der Literatur keltische Silbermünzen aus Straßenheim erwähnt, über deren Fundstelle und Funddatum nichts

Abb. 16: Drei Tongefäße; Schale, H. 7,1-7,8 cm; Vorratsgefäß, H. 43 cm; Flasche, H. 28,5 cm; MA-Wallstadt, Auf den Ried; Siedlung (1972). – © Reiss-Engelhorn-Museen Mannheim. Foto: Foto- und Filmstudio Christof Pfau, Mannheim.

Abb. 17: Backplatte, Ton, H. 6,5 cm, L. noch 35 cm; MA-Wallstadt, Auf den Ried; Siedlung (1972). – © Reiss-Engelhorn-Museen Mannheim. Foto Georg Groß, Lichtbildbetriebe der BASF, Ludwigshafen.

Abb. 18: Eisenfibel, Kugeln aus Bronze, L. 6,5 cm; MA-Straßenheim, Aue (Sandgrube); Siedlung (1930). – © Reiss-Engelhorn-Museen Mannheim. Foto: Foto- und Filmstudio Christof Pfau, Mannheim.

angegeben wird und die durch die Zerstörung des Schlossmuseums im Zweiten Weltkrieg zu den Kriegsverlusten zu rechnen sind.[46] Weitere keltische Münzfunde sind in der Mannheimer Region bislang nicht nachgewiesen; lediglich eine keltische Silbermünze des 1. Jahrhunderts v. Chr. aus Heidelberg-Neuenheim, gefunden 1903 beim Ausheben eines Fundamentpfeilers der Neckarbrücke, befindet sich in den Archäologischen Sammlungen der Reiss-Engelhorn-Museen. Die Vorderseite zeigt einen völlig stilisierten (menschlichen?) Kopf, die Rückseite ein stilisiertes, nach links galoppierendes Pferd mit kugligen Gelenken. Die Münzränder sind jeweils am Rand mit Perlkreisen verziert.[46]

Neben den kleineren ländlichen Siedlungen wurden im keltischen Gebiet seit etwa der Mitte des 2. Jahrhunderts v. Chr. die spätkeltischen Oppida angelegt, befestigte Plätze von zuweilen riesigen Dimensionen mit Siedlungen, in denen Handwerk und Gewerbe in zuvor ungekannter Konzentration vertreten waren und die als politischer und wirtschaftlicher Zentralort für die benachbarte Bevölkerung dienten. Das der Mannheimer Region nächstgelegene Oppidum befindet sich auf dem Donnersberg, Kreis Kirchheimbolanden, das mit einer von Wällen umschlossenen Gesamtfläche von ca. 240 ha zu den größten nördlich der Alpen gehört, aber wissenschaftlich noch wenig erschlossen ist.[47] Es war wohl etwa 100 Jahre lang ein keltisches Zentrum im nordpfälzisch–rheinhessischen Raum; engere Beziehungen zur Mannheimer Region sind nicht nachgewiesen. Für das Neckarmündungsgebiet haben verschiedene Forscher als Nachfolgesiedlung für die frühlatènezeitliche Anlage auf dem Heiligenberg bei Heidelberg für die Mittel- und Spätlatènezeit eine Örtlichkeit mit zentraler Bedeutung in Ladenburg gesucht; es gibt dort allerdings nichts, was auf eine spätkeltische Stadtanlage hindeutet.[48]

Abb. 19: Tongefäß mit Kamm-Grübchen-Verzierung, H. 24,5-25 cm; MA-Straßenheim, Aue (Sandgrube); Siedlung (1930). – © Reiss-Engelhorn-Museen Mannheim. Foto: Foto- und Filmstudio Christof Pfau, Mannheim.

Eine typische Erscheinung der späten Latènezeit sind die Viereckschanzen, die lange Zeit als keltische Heiligtümer galten. Nach dem Stand neuerer Grabungsergebnisse wird mittlerweile ihre Deutung als „Zen-

Abb. 20: Läufer- und Bodenstein einer Handdrehmühle, Sandstein, Dm. ca. 37 cm bzw. ca. 34 cm; MA-Straßenheim, Aue (Sandgrube); Siedlung (1965). – © Reiss-Engelhorn-Museen Mannheim. Foto: Georg Groß, Lichtbildbetriebe der BASF, Ludwigshafen.

tralörtlichkeit" mit kultischer und profaner Funktion diskutiert. Baden-Württemberg, Bayern und das westliche Böhmen zählen zum Hauptverbreitungsgebiet dieser Anlagen, deren bislang nordwestlichste Ausläufer am Ostrand der heutigen Stadt Ladenburg nachgewiesen wurden. Teilweise untersucht wurde die keltische Viereckschanze im Gewann *Am Wasserbett*, eine Doppelschanze, deren größerer Teilbereich in der gesamten West-Ost-Ausdehnung der Kultanlage mit 96,80 m angegeben wird.[49] Sie war mit einem Graben befestigt und wird in das späte 2. und 1. Jahrhundert v. Chr. datiert. Herausragende Funde belegen einen erheblichen Wohlstand der Bewohner. Zahlreiche Brocken verbrannten Wandbewurfs aus Lehm weisen auf ein Ende der Anlage in einer Brandkatastrophe hin.

Im 2. und 1. Jahrhundert v. Chr. scheinen große Teile der keltischen Bevölkerung Süddeutschlands wegen des zunehmenden Vordringens germanischer Stammesgruppen nach Süden ausgewichen zu sein.

Ungefähr zwei Jahrzehnte vor der Mitte des 1. Jahrhunderts v. Chr. brachen aus dem Norden Germanen in die Welt der keltischen Stämme am Oberrhein ein. Unter Führung des Ariovist gründeten sie im heutigen Elsass ein Reich, das schon 58 v. Chr. wieder von Caesar zerschlagen wurde.

In diese Zeit gehört ein Helm, ein Baggerfund von 1892 aus dem Mannheimer Floßhafen, der als *Mannheimer Typ* in die Fachliteratur eingegangen ist (Abb. 21).[50] Der Helmtyp ist charakterisiert durch die glatte halbrunde Kalotte und den schmalen, schräg gestellten Nackenschirm mit Kordelrand. Durch zwei datierte Vergleichsfunde aus dem Saarland und Frankreich kann er um die Mitte bis in die zweite Hälfte des 1. Jahrhunderts v. Chr. datiert werden. Er galt lange Zeit als keltisches Erzeugnis, wurde jedoch durch Technik, Material und Ornament als römisch erkannt und durch sein massiertes Vorkommen in Frankreich, Belgien und dem deutschen Rhein-Mosel-Gebiet mit Caesars Gallienkriegen in Verbindung gebracht. Im letzten Jahrhundert v. Chr. Geburt scheinen die Kelten den von Norden andrängenden Germanen erlegen zu sein, und im Süden verloren sie nach der großen Freiheitsschlacht unter Führung des Vercingetorix in Alesia (Frankreich) ihre Unabhängigkeit an die unter Caesar siegreichen Römer.

Spuren der Kelten im modernen Alltag

Dieser kurze Überblick über die Hinterlassenschaften in der Mannheimer Region macht deutlich, dass man sich die Kelten, die viel für die kulturelle Entwicklung Europas geleistet haben, keinesfalls als primitive Menschen vorstellen darf. Durch ihre Wanderungen brachten sie die damalige unzivilisierte Welt in engste Berührung mit den hochstehenden Kulturen der Griechen und Römer, deren Kenntnisse und Fertigkeiten sie in ihre angestammte Heimat zurückvermittelten. So verdanken wir den Kelten beispielsweise die Einführung der Töpferscheibe, des Münzwesens, der Glasherstellung und der ersten stadtartigen Anlagen.

Zwar gingen die keltischen Stämme um Christi Geburt in der germanischen und römischen Bevölkerung auf, doch lassen sich Erscheinungen, die auf keltische Traditionen zurückgehen, noch in heutiger Zeit finden. Hier einige Beispiele: Keltische Volksreste mit eigener Sprache und eigener Tradition haben sich in Irland, Schottland, Wales und der Bretagne erhalten.[51] Mannheim scheint durch seine Partnerstädte eine besonders enge Verbindung zu den Kelten zu haben. Wenn auch die Gründung der französischen Partnerstadt Toulon durch den sagenhaften Keltenführer Talamon in das Reich der Sage verwiesen werden muss, so liegt doch die britische Partnerstadt Swansea im keltischen Rückzugsgebiet von Wales. Und nicht nur Kinder haben ihren Spaß an den Tricks, mit denen sich Asterix, der Gallier, und sein Freund Obelix aus dem kleinen, keltischen, noch unbesiegten Dorf in der Bretagne stets gegen die römischen Eindringlinge behaupten.[52]

An den von Diodor, einem antiken griechischen Geschichtsschreiber des 1. Jahrhunderts v. Chr. aus Sizilien, erwähnten, mit bunten Rechtecken gemusterten keltischen Stoffen[53] hielt man in Großbritannien über Jahrhunderte hin fest, bis sie am Anfang des 19. Jahrhunderts als Schottenkaros von der Mode entdeckt und von ihr bis heute nicht wieder

Abb. 21: Bronzehelm (Typ Mannheim), L. 22,5 cm; H. 14,8 cm; Mannheim, aus dem Altrhein kurz unterhalb der alten Neckarmündung; Baggerfund im Floßhafen (1892). – © Badisches Landesmuseum Karlsruhe. Foto: Thomas Goldschmidt.

aufgegeben wurden. Auch die Kiltnadeln zum Zusammenhalten von karogemusterten Wickelröcken sind Bestandteil dieser keltischen Tradition.

Die Kelten befestigten ihre Kleidung mit Gewandspangen, den Fibeln, die allerdings nicht als ihre Erfindung anzusehen sind. In der der Eisenzeit voraufgegangenen Bronzezeit wurde die Kleidung mit Nadeln aus Bronze zusammengehalten, deren Nachteil darin bestand, dass sie den Halt verlieren und aus dem Stoff herausrutschen konnten. Die Entwicklung zur Gewandspange mit einem besseren Halt in der Kleidung fand – ohne hier näher darauf eingehen zu können – in Nord- und Südeuropa etwa zur gleichen Zeit statt, allerdings mit unterschiedlichem formalem Ergebnis: In Südeuropa existiert seit dem 14. Jahrhundert v. Chr. die einteilige Violinbogenfibel mit einschleifiger Spirale, in Nordeuropa ist seit jener Zeit die zweiteilige nordische Urfibel (formal ähnlich der südeuropäischen Violinbogenfibel) bezeugt. Die Kelten haben die südeuropäische Fibelform übernommen, in deren Konstruktion sie ein neues Element einbrachten: Sie ersetzten die einseitige Spirale durch symmetrisch angeordnete Spiralwindungen beiderseits des Bügels, wodurch die Federkraft und die Haltbarkeit der Fibel erhöht und technisch verbessert wurden.

Die Fibel in den verschiedensten Formen behält bis ins Mittelalter ihre Aufgabe, die weit geschnittene Kleidung von Mann und Frau zusammenzuhalten. Mit dem Aufkommen von eng anliegender und auf Figur geschnittener Kleidung etwa seit dem 13./14. Jahrhundert n. Chr. verliert die Fibel ihre Bedeutung als Gewandschließe, ihre Funktion wird vom Knopf übernommen. Als Schmuck lebt die Fibel in der Brosche fort, als Gebrauchsgegenstand in der modernen Sicherheitsnadel, die im 19. Jahrhundert wieder aktenkundig wird – im Jahre 1886 wurde die erste Maschine zur Herstellung von Sicherheitsnadeln patentiert. Unsere Zeit mit ihrer Neigung zur Spezialisierung kennt zahlreiche Varianten dieser Nadeln was Material, Größen, Nadelsicherungen und -scharniere sowie Funktionen betrifft.

Werden die Kelten im Bekanntheitsgrad heutzutage auch oft von den Römern und Germanen überflügelt, so sind die angeführten keltischen Relikte in der heutigen Zeit – ein überzeugendes Beispiel ist das Weiterleben der allgemein europäischen und speziell der keltischen Fibel in der modernen Sicherheitsnadel – doch gute Hinweise dafür, dass wir, öfter als es uns bewusst ist, in den Gegenständen der heutigen Zeit die Spuren unserer einheimischen Ur- und Frühgeschichte entdecken können.

Anmerkungen

[1] Einführende Literatur zu den Kelten: **Bittel**, Kurt/**Kimmig**, Wolfgang/**Schiek**, Siegwalt (Hg.): Die Kelten in Baden-Württemberg. Stuttgart 1981. **Dannheimer**, Hermann/**Gebhard**, Rupert (Hg.): Das keltische Jahrtausend. Ausstellungskataloge der Prähistorischen Staatssammlung München Bd. 23. Mainz 1993. Hessische Kultur GmbH (Hg.): Das Rätsel der Kelten vom Glauberg. Glaube – Mythos – Wirklichkeit. Stuttgart 2002. Klein, Frieder, Die frühe und mittlere Latènezeit in Württemberg. In: Planck, Dieter (Hg.): Archäologie in Württemberg. Ergebnisse und Perspektiven archäologischer Forschung von der Altsteinzeit bis zur Neuzeit. Stuttgart 1988. S. 215 ff. **Liebschwager**, Christa: Zur Frühlatènekultur in Baden-Württemberg. In: Archäologisches Korrespondenzblatt 2, 1972, S. 143 ff. Rieckhoff, Sabine/Biel, Jörg: Die Kelten in Deutschland. Stuttgart 2001. **Sangmeister**, Edward (Hg.): Zeitspuren. Archäologisches aus Baden. Archäologische Nachrichten aus Baden 50, 1993, S. 109 ff. **Schickler**, Hilmar: Heilige Ordnungen. Zu keltischen Funden im Württembergischen Landesmuseum. Ulm 2001 (Chronologie der Latènezeit S. 217 ff.).
Literatur zu den Kelten im Neckarmündungsgebiet: **Dauber**, Albrecht: Ur- und Frühgeschichte. Der Gang der Besiedlung bis zur Römerzeit. In: Die Stadt- und die Landkreise Heidelberg und Mannheim. Amtliche Kreisbeschreibung Bd. 1. Allgemeiner Teil. Karlsruhe 1966, S. 145 ff. **Dauber**, Albrecht/**Gropengiesser**, Erich/**Heukemes**, Berndmark/**Schaab**, Meinrad: Archäologische Karte der Stadt- und der Landkreise Heidelberg und Mannheim. Badische Fundberichte Sonderheft 10. Freiburg 1967. **Gropengiesser**, Erich, Ur- und Frühgeschichte des Mannheimer Raumes. In: Mannheim – Odenwald – Lorsch – Ladenburg. Führer zu vor- und frühgeschichtlichen Denkmälern Bd. 3. Mainz 1965, S. 18 ff. Ders.: Neue Ausgrabungen und Funde im Mannheimer Raum 1961-1975 (1976). Ders.: Keltische Funde. Bildhefte des Städt. Reiss-Museums Mannheim. Archäologische Sammlungen Nr. 2 (1980). **Lenz-Bernhard**, Gertrud/**Bernhard**, Helmut: Das Oberrheingebiet zwischen Caesars gallischem Krieg und der flavischen Okkupation (58 v. – 73 n. Chr.). Eine siedlungsgeschichtliche Studie. In: Mitteilungen des Historischen Vereins der Pfalz e. V. 89, 1991, S. 11 ff. **Liebschwager**, Christa: Die Gräber der Frühlatènekultur in Baden-Württemberg. Bd. I Text. Bd. 2 Anmerkungen. Bd. III Katalog. Ungedr. Dissertation Freiburg 1969. **Otto**, Stephanie: Die späthallstatt-frühlatènezeitliche Siedlung von Mannheim-Feudenheim. Ungedr. Magisterarbeit Heidelberg 1998. **Pauli**, Jutta: Die Latènezeit. In: Heidelberg, Mannheim und der Rhein-Neckar-Raum. Führer zu archäologischen Denkmälern in Deutschland Bd. 36. Stuttgart 1999, S. 58 ff.
Wagner, Ernst: Fundstätten und Funde aus vorgeschichtlicher, römischer und alamannisch-fränkischer Zeit im Großherzogtum Baden. Zweiter Teil. Das Badische Unterland. Tübingen 1911, S. 193 ff. (Amt Mannheim).

[2] **Fischer** Franz: Die Kelten und ihre Geschichte. In: K. Bittel u.a. (wie Anm. 1) S. 61 ff. H. **Schickler** (wie Anm. 1) bes. S. 23 ff.; S. 183 ff. Staatsanzeiger für Baden-Württemberg GmbH (Hg.): Die Kelten. Auf den Spuren der Keltenfürsten. Frühkeltische Denkmäler in Südwestdeutschland – Geschichte, Kultur, Archäologie. Stuttgart 2005, S. 44 ff.

[3] Staatsanzeiger (wie Anm. 2) S. 77. **Kraft**, Hans-Peter: Neues zur späten Hallstattzeit im Raum Mannheim. In: Archäologische Nachrichten aus Baden 72/73, 2006, S. 17 ff. Vgl. auch den Beitrag von Hans-Peter Kraft in diesem Band.

[4] **Driehaus**, Jürgen: „Fürstengräber" und Eisenerze zwischen Mittelrhein, Mosel und Saar. In: Germania 43, 1965, S. 32 ff. **Nortmann**, Hans: Modell eines Herrschaftssystems. Frühkeltische Prunkgräber der Hunsrück-Eifel-Kultur. In: Hessische Kultur GmbH (Hg.) (wie Anm. 1) S. 33 ff.

[5] Regierungspräsidium Stuttgart – Landesamt für Denkmalpflege (Hg.): Forschungen zur keltischen Eisenerzverhüttung in Südwestdeutschland. Mit Beiträgen von Guntram Gassmann, Andreas Hauptmann, Christian Hübner, Thomas Ruthardt und Ünsal Yalçin. Forschungen und Berichte zur Vor- und Frühgeschichte in Baden-Württemberg Bd. 92. Stuttgart 2005, S. 25 f.; S. 37 ff. **Gassmann**, Guntram/**Rösch**, Manfred/**Wieland**, Günther: Das Neuenbürger Erzrevier im Nordschwarzwald als Wirtschaftsraum während der Späthallstatt- und Frühlatènezeit. In: Germania 84, 2006, S. 273 ff. (mit weiterer Literatur). **Gassmann**, Guntram/**Wieland**, Günther: Das kalte Herz und heißes Eisen. In: Archäologie in Deutschland 2, 2007, S. 40 f. **Jensen**, Inken: Der Schloßberg von Neuenbürg. Eine Siedlung der Frühlatènezeit im Nordschwarzwald. Materialhefte zur Vor- und Frühgeschichte in Baden-Württemberg Heft 8. Stuttgart 1986. **Kempa**, Martin: Die Erforschung der vor- und frühgeschichtlichen Eisenverhüttung. In: Landesdenkmalmalt Baden-Württemberg (Hg.): Beiträge zur Eisenverhüttung auf der Schwäbischen Alb. Mit Beiträgen von Martin Böhm u. a. Forschungen und Berichte zur Vor- und Frühgeschichte in Baden-Württemberg Bd. 55. Stuttgart 1995, S. 9 ff.

[6] **Bernhard**, Helmut/**Lenz-Bernhard**, Gertrud: Die Eisenzeit im Raum Bad Dürkheim. In: Bernhard, Helmut (Hg.): Archäologie in der Pfalz – Jahresbericht 2001. Rahden/Westf. 2003, S. 297 ff. **Lenz-Bernhard**, Gertrud/**Bernhard**, Helmut/**Kreckel**, Thomas: Ein Fürstinnengrab und viele Funde. Frühe Kelten im Raum Bad Dürkheim. In: Staatsanzeiger (wie Anm. 2) S. 69 ff. **Zeeb-Lanz**, Andrea: Zum Stand der Vorgeschichtsforschung in der Pfalz – Latènezeit. In: Bernhard, Helmut (Hg.): Archäologie in der Pfalz – Jahresbericht 2001. Rahden/Westf. 2003, S. 18 ff.

[7] **Frey**, Otto-Hermann/**Herrmann**, Fritz-Rudolf: Die Keltenfürsten vom Glauberg. Ein frühkeltischer Fürstengrabhügel am Hang des Glauberges bei Glauburg-Glauberg, Wetteraukreis. Archäologische Denkmäler in Hessen 128/129. Wiesbaden 1996. Dies.: Ein frühkeltischer Grabhügel am Glauberg im Wetteraukreis, Hessen. Bericht über die Forschungen 1994-1996. In: Germania 75, 1997, S. 457 ff. Hessische Kultur GmbH (Hg.) (wie Anm. 1). **Lang**, Frank

⁸ Thomas: Olympia des Nordens! Funde am Glauberg und eine spektakuläre Interpretation. In: Staatsanzeiger (wie Anm. 2) S. 49 ff.
⁸ BIEL, Jörg: Hohenasperg mit Bestattungsplätzen. In: K. Bittel u.a. (wie Anm. 1) S. 390 ff. Ders.: Ein Zentrum von Macht und Reichtum. Das Land rund um den Hohenasperg. In: Staatsanzeiger (wie Anm. 2) S. 44 ff. KIMMIG, Wolfgang: Das Kleinaspergle. Studien zu einem Fürstengrabhügel der frühen Latènezeit bei Stuttgart. Forschungen und Berichte zur Vor- und Frühgeschichte in Baden-Württemberg Bd. 30. Stuttgart 1988. H. SCHICKLER (wie Anm. 1) S. 71 f.; S. 183 ff. ZÜRN, Hartwig: Hallstattforschungen in Nordwürttemberg. Die Grabhügel von Asperg (Kr. Ludwigsburg), Hirschlanden (Kr. Leonberg) und Mühlacker (Kr. Vaihingen). Veröffentlichungen des Staatlichen Amtes für Denkmalpflege Stuttgart. Reihe A, Vor- und Frühgeschichte H. 16. Stuttgart 1970.
⁹ BEHRENDS, Rolf-Heiner/ECKERLE, Klaus: Heidelberg. In: K. Bittel u.a. (wie Anm. 1) S. 350 ff. FREY, Otto-Hermann: Menschen oder Heroen? Die Statuen vom Glauberg und die frühe keltische Großplastik. In: Hessische Kultur GmbH (Hg.) (wie Anm. 1) S. 108 f. J. PAULI (wie Anm. 1) S. 62.
¹⁰ Siehe die in Anm. 1 aufgeführte Literatur.
¹¹ C. LIEBSCHWAGER 1969 (wie Anm. 1).
¹² S. OTTO (wie Anm. 1).
¹³ MÜLLER, R./MAUTE, M.: Fibel und Fibeltracht. E. Latènezeit. In: Beck, Heinrich/Jankuhn, Herbert/Steuer, Heiko/Wenskus, Reinhard (Hg.): Reallexikon der germanischen Altertumskunde von Johannes Hoops. Bd. 8. Lieferung 5/6. 2. Aufl. Berlin/New York 1994, S. 456 ff.
¹⁴ E. GROPENGIESSER 1976 (wie Anm. 1) S. 36 Nr. 50 c und S. 38 Nr. 52 b mit Taf. 17, 1 und 2.
¹⁵ Zur Bedeutung des Neckars als Wasserweg in der Spätlatènezeit: WIELAND, Günther: Späte Kelten am unteren Neckar. Die Viereckschanze "Am Wasserbett" in Ladenburg. In: Probst, Hansjörg (Hg.): Ladenburg. Aus 1900 Jahren Stadtgeschichte. Ubstadt-Weiher 1998, S. 36 ff.
¹⁶ BEHRENDS, Rolf-Heiner: Heidelberg. In: K. Bittel u.a. (wie Anm. 1) S. 350 ff. J. PAULI (wie Anm. 1) S. 58 ff.
¹⁷ BAUER, Sibylle: Siedlungen in der Ebene und auf dem Berg. Bemerkungen zur Frühlatènezeit im Heidelberger Raum. In: Fundberichte aus Baden-Württemberg 16, 1991, S. 133 ff.
¹⁸ Mannheimer Region: E. GROPENGIESSER 1980 (wie Anm. 1) S. 24, Nr. 33; Taf. 25, 33. – Viernheim: KLEE, Werner: Aufsehenerregender Fund aus der späten Eisenzeit (Latènezeit): Keltische Eisenbarren aus der Neuzenlache. Beiträge zur Viernheimer Vor- und Frühgeschichte (15). In: Die Heimat. Geschichtsblätter für Viernheim, Hessisches Ried, Bergstraße, Odenwald und das Rhein-Neckar-Land Nr. 40, 1988, S. 1 ff. – Ladenburg: HEUKEMES, Berndmark: Zur keltischen Doppelschanze „Am Wasserbett" von Ladenburg, Rhein-Neckar-Kreis. In: Denkmalpflege in Baden-Württemberg. Nachrichtenblatt des Landesdenkmalamtes 12, 1983, S. 193 ff. – Zu Eisengewinnung und -verarbeitung: H. SCHICKLER (wie Anm. 1) S.191 ff. – Zu Eisengewinnung und Eisenbarrendepots in Württemberg/Süddeutschland: WIELAND, Günther: Die Spätlatènezeit in Württemberg. Forschungen zur jüngeren Latènekultur zwischen Schwarzwald und Nördlinger Ries. Forschungen und Berichte zur Vor- und Frühgeschichte in Baden-Württemberg Bd. 63. Stuttgart 1996, S. 67 f. mit Karte 6; S. 178 f.
¹⁹ JOACHIM, Hans-Eckart: Braubach und seine Umgebung in der Bronze- und Eisenzeit. In: Bonner Jahrbücher 177, 1977, S. 1 ff.
²⁰ E. GROPENGIESSER 1980 (wie Anm. 1) S. 23, Nr. 31; Taf. 24, 31.
²¹ Allgemein: HAID, O./STÖLLNER, Th.: Salz, Salzgewinnung, Salzhandel. In: Beck, Heinrich/Geuenich, Dieter/Steuer, Heiko (Hg.): Reallexikon der germanischen Altertumskunde 2. Aufl. Berlin/New York 2004. S. 354 ff. Bad Dürkheim: BERNHARD, Helmut/LENZ-BERNHARD, Gertrud: Die Eisenzeit im Raum Bad Dürkheim. In: Bernhard, Helmut (Hg.): Archäologie in der Pfalz – Jahresbericht 2001. Rahden/Westf. 2003, S. 299; S. 320. – Bad Nauheim: PINSKER, Bernhard: Große Zentren, kleine Dörfer. Frühkeltische Siedlungen in Hessen. In: Hessische Kultur GmbH (Hg.) (wie Anm. 1) S. 72. RUPP, Vera/ SCHALLMAYER, Egon: Auf keltischen Spuren. Ebd. S. 236. WEBER, Karl: Einführung. Ebd. S. 15. SÜSS, Lothar: Zur latènezeitlichen Salzgewinnung in Bad Nauheim. Versuch einer Deutung einiger wichtiger Briquetage-Typen. In: Fundberichte aus Hessen 13, 1973, S. 167 ff. – Schwäbisch Hall: BIEL, Jörg, Schwäbisch Hall SHA. Keltische Saline. In: K. Bittel u.a. (wie Anm. 1) S. 465 f. G. WIELAND 1996 (wie Anm. 18) S. 163 f. mit Karte 23; S. 178. ZÜRN, Hartwig: Katalog Schwäbisch Hall. Die vor- und frühgeschichtlichen Funde im Keckenburgmuseum. Veröffentlichungen des Staatlichen Amtes für Denkmalpflege Stuttgart. Reihe A, Vor- und Frühgeschichte H. 9. Stuttgart 1965, S. 39 f.; Taf. 38, A 1-3.
²² MA-Feudenheim: S. OTTO (wie Anm. 1) S. 79. – MA-Sandhofen, Groß-Gerauer Straße: Unveröffentlicht; Grabung März/April 2007; Verbleib: Reiss-Engelhorn-Museen Mannheim, Inv.-Nr. BW 2007-08. – Edingen: Unveröffentlicht; gefunden wohl in den dreißiger Jahren des 20. Jahrhunderts; Verbleib: Kurpfälzisches Museum, Heidelberg. – Zu Briquetagefunden: G. WIELAND 1996 (wie Anm. 18) S. 163 f. WIELAND, Günther: Die keltischen Viereckschanzen von Fellbach-Schmiden (Rems-Murr-Kreis) und Ehningen (Kreis Böblingen). Forschungen und Berichte zur Vor- und Frühgeschichte in Baden-Württemberg Bd. 80. Stuttgart 1999, S. 249 ff.
²³ E. GROPENGIESSER 1980 (wie Anm. 1) S. 8 f. mit Taf. 2. C. LIEBSCHWAGER 1969 (wie Anm. 1) Bd. III, S. 79 ff.; Taf. 17, 1-3.
²⁴ C. LIEBSCHWAGER 1969 (wie Anm. 1) Bd. III, S. 63; Taf. 13, 1-6.
²⁵ Zum Fundplatz Weingärten: E. GROPENGIESSER 1980 (wie Anm. 1) S. 8, Nr. 1 mit Taf. 1; S. 10, Nr. 5 mit Taf. 4, 5. C. LIEBSCHWAGER 1969 (wie Anm. 1) Bd. III, S. 66 ff. mit Taf. 13, 7-14, 16. – Zum Grab von 1954: GEMBER, Franz: Tagebücher Heft 38, S. 45-48, Reiss-Engelhorn-Museen Mannheim, Archäologische Denkmalpflege und Sammlungen. E. GROPENGIESSER 1980 (wie Anm. 1) S. 10, Nr. 4 mit Taf. 4, 4. KRAFT, Hans-Peter: Vier außergewöhnliche vor- und frühgeschichtliche Grabbefunde. In: Archäologische Nachrichten aus Baden 7, 1971, S. 8 ff. Ders.: Neues zur späten Hallstattzeit im Raum Mannheim. In: Archäologische Nachrichten aus Baden 72/73, 2006, S. 17 ff. C. LIEBSCHWAGER 1969 (wie Anm. 1) Bd. III, S. 66 f. mit Taf. 13, 7-14.
²⁶ Zur Herstellung einer Fußzier vom Münsinger Typ: H. SCHICKLER (wie Anm. 1) S. 225 ff. – Auffällig ist, dass es z.B. im Gräberfeld von Nebringen zwar eine Reihe von Bronzefibeln dieses Typs gibt; bei einer Reihe von Eisenfibeln, denen der Fuß fehlt, gibt es jedoch keinen Hinweis auf eine solche Fußzier; vgl. KRÄMER, Werner: Das keltische Gräberfeld von Nebringen (Kreis Böblingen).

Veröffentlichungen des Staatlichen Amtes für Denkmalpflege Stuttgart. Reihe A, Vor- und Frühgeschichte H. 8. Stuttgart 1964, Taf. 1, A 1, C 1; 2, 6; 3, 2; 5, A 3, C 11; 7, C 1.

[27] E. Gropengiesser 1980 (wie Anm. 1) S. 13, Nr. 13 mit Taf. 8, 13.

[28] E. Gropengiesser 1980 (wie Anm. 1) S. 9, Nr. 3 mit Taf. 3. C. Liebschwager 1969 (wie Anm. 1) Bd. III, S. 82 mit Taf. 17, 9-11.

[29] MA-Seckenheim: E. Gropengiesser 1976 (wie Anm. 1) S. 37 f., Nr. 51 mit Taf. 18. – MA-Wallstadt: E. Gropengiesser 1980 (wie Anm. 1) S. 10 f., Nr. 6 mit Taf. 5, 6. C. Liebschwager 1969 (wie Anm. 1) Bd. III, S. 78 mit Taf. 16, 12. – Duxer Typ: Motyková, Karla: Dux (Duchcov, Bez. Teplice, Tschechoslowakei). In: Beck, Heinrich/Jankuhn, Herbert/Ranke, Kurt/Wenskus, Reinhard (Hg.): Reallexikon der germanischen Altertumskunde von Johannes Hoops. Bd. 6. 2. Aufl. Berlin/New York 1986, S. 311 ff. – Münsinger Typ: Müller, F.: Münsingen. In: Beck, Heinrich/Geuenich, Dieter/Steuer, Heiko (Hg.): Reallexikon der germanischen Altertumskunde von Johannes Hoops. Bd. 20. 2. Aufl. Berlin/New York 2002, S. 314 ff.

[30] Frey, Otto-Hermann: Wer waren die Kelten? Zeugnisse aus der antiken Welt und archäologischer Befund. In: Hessische Kultur GmbH (Hg.) (wie Anm. 1) S. 47 ff. Tomaschitz, Kurt: Die Wanderungen der Kelten in der antiken literarischen Überlieferung. Mitteilungen der Prähistorischen Kommission der Österreichischen Akademie der Wissenschaften Bd. 47. Wien 2002.

[31] Fischer, Th.: Neue Chancen für eine archäologische Klimafolgenforschung? Archäologisch-historischer Kommentar zu den aktuellen klimahistorischen Erkenntnissen von Burghart Schmidt und Wolfgang Gruhle. In: Germania 84, 2006, S. 453 ff.

[32] MA-Sandhofen: E. Gropengiesser 1980 (wie Anm. 1) S. 19 f., Nrn. 24-26; Taf. 17-19, 24-26. G. Lenz-Bernhard/H. Bernhard (wie Anm. 1) S. 301 ff. – Ladenburg: G. Wieland 1998 (wie Anm. 15) S. 35 f. – Leimen-St. Ilgen: J. Pauli (wie Anm. 1) S. 64. – Rheinhessen: Jäger, Silke/Jünger, Konstanze/Rieth, Dominic: Gefäße aus Keramik, Bronze und Holz. In: Pare, C. F. E. (Hg.): Bevor die Römer kamen – Kelten im Alzeyer Land. Alzeyer Geschichtsblätter Sonderheft 17. Mainz 2003, S. 55 ff. Scheffler, Sarah: Das Gräberfeld von Wallertheim. Ebd. S. 95 ff. Pare, C. F. E.:Alzey in der Mittel- und Spätlatènezeit. Ebd. S. 127 ff. – Württemberg: G. Wieland 1996 (wie Anm. 18) S. 116 ff. mit Karte 15. G. Wieland 1999 (wie Anm. 22) S. 224 ff.

[33] E. Gropengiesser 1980 (wie Anm. 1) S. 12, Nr. 10 mit Taf. 7, 10. G. Lenz-Bernhard/H. Bernhard (wie Anm. 1) S. 301 ff.

[34] E. Gropengiesser 1980 (wie Anm. 1) S. 14 f., Nrn. 15 und 16 mit Taf. 10, 15; 11, 16. G. Lenz-Bernhard/H. Bernhard (wie Anm. 1) S. 301 ff.

[35] MA-Feudenheim: E. Gropengiesser 1980 (wie Anm. 1) S. 20 f., Nr. 27 mit Taf. 20, 27. – MA-Seckenheim: Ebd. S. 21 f., Nr. 28 mit Taf. 21, 28.

[36] S. Otto (wie Anm. 1) S. 82 ff. mit Taf. 11, 005.C-08 (Fibel); S. 92 ff. mit Taf. 15, 009-18 (Gürtelhaken).

[37] MA-Vogelstang, Elkersberg: Unveröffentlicht; Fdst. 146, 12./13. 6. 1969; Verbleib: Reiss-Engelhorn-Museen Mannheim. – Zur Verzierung: Wegner, Hans-Helmut: Die latènezeitlichen Funde vom Christenberg bei Münchhausen, Kr. Marburg-Biedenkopf. Materialien zur Vor- und Frühgeschichte von Hessen Bd. 6. Wiesbaden 1989, hier bes. S. 28 ff. mit Abb. 10, 6; 76 ff. mit Abb. 38; Taf. 3, 4; 20, 4; 38, 4; 45, 7; 48, 8; 49, 18; 52, 12; 56, 11, 14; 64, 15; 71,11; 72, 1; 75, 3; 79, 21; 80, 13; 84, 9.

[38] MA-Vogelstang, Elkersberg/Pommernstraße: E. Gropengiesser 1980 (wie Anm. 1) S. 17 Nr. 19 mit Taf. 13, 19 (Schale, handgefertigt, Innen- und Außenseite verziert). – MA-Straßenheim, Aue (Sandgrube): Ebd. S. 16 f. Nr. 18 mit Taf. 12, 18 (Schale, scheibengedreht, Außenseite verziert). – MA-Feudenheim, Nadlerstraße 19: Unveröffentlicht; gefunden 1. 7. 1994 in einer Grube mit einer Pfeilspitze und einem bronzenen Nadelfragment; Verbleib: Reiss-Engelhorn-Museen Mannheim, Inv.-Nr. BW 94/109-3 (Schale, scheibengedreht, Außenseite verziert). – Edingen: Unveröffentlicht; gefunden von Lehrer W. Bauer wohl in den dreißiger Jahren des 20. Jahrhunderts, Fundplatz unbekannt; Verbleib: Kurpfälzisches Museum Heidelberg (Bodenfragment, handgefertigt, Innenseite verziert).

[39] Schwappach, Frank: Frühkeltisches Ornament zwischen Marne, Rhein und Moldau. In: Bonner Jahrbücher 173, 1973, S. 53 ff. Ders.: Die stempelverzierte Latène-Keramik aus den Gräbern von Braubach. In: Bonner Jahrbücher 177, 1977, S. 119 ff.

[40] Frühlatènegefäße: E. Gropengiesser 1980 (wie Anm. 1) S. 18 Nr. 23 mit Taf. 16, 23. – Dreiknotenring: Ders. 1976 (wie Anm. 1) S. 39 Nr. 55 a mit Taf. 21, 1. Ders. 1980 (wie Anm. 1) S. 13 Nr. 12 mit Taf. 8, 12. – Messer: Ders. 1976 (wie Anm. 1) S. 39 Nr. 55 b. Ders. 1980 (wie Anm. 1) S. 24 Nr. 34 mit Taf. 25, 34. – Eisenfibel vom Mittellatèneschema: Unveröffentlicht; Fdst. 20, 11. 7. 1972; Verbleib: Reiss-Engelhorn-Museen Mannheim. –Spätlatènegefäß mit Kammstrich: Ders. 1976 (wie Anm. 1) S. 39 f. mit Taf. 22. Ders. 1980 (wie Anm. 1) S. 22 Nr. 29 mit Taf. 22, 29.

[41] MA-Feudenheim: S. Otto (wie Anm. 1) S. 49; Taf. 24, 020-14; 37, 037-27; 44, 045-10. – MA-Wallstadt: E. Gropengiesser 1976 (wie Anm. 1) S. 38 Nr. 53 mit Taf. 21, 2.

[42] Bieger, Annette: Kugelfibeln. Eine typologisch-chronologische Untersuchung zu den Varianten F, N und O von Beltz. Universitätsforschungen zur prähistorischen Archäologie Bd. 98. Aus dem Institut für Vor- und Frühgeschichte der Universität Mainz. Bonn 2003, S. 62 ff.; S. 118 f. mit Karte 3; S. 144 Nr. 197 mit Taf. 61, 4. E. Gropengiesser 1980 (wie Anm. 1) S. 12 Nr. 9 mit Taf. 6, 9.

[43] Tonflasche von 1971: E. Gropengiesser 1976 (wie Anm. 1) S. 40 mit Taf. 19. – Schalenfragment mit Stempelverzierung von 1930: Ders. 1980 (wie Anm. 1) S. 16 f. Nr. 18 mit Taf. 12, 18. – Topf mit Kamm-Grübchen-Verzierung von 1930: Ebd. S. 23 Nr. 30 mit Taf. 23, 30. G. Lenz-Bernhard/H. Bernhard (wie Anm. 1) S. 301 ff. mit Abb 152. G. Wieland 1996 (wie Anm. 18) S. 153 mit Karte 21. Ders. 1998 (wie Anm. 15) S. 39.

[44] Gropengiesser, Erich: Die Spätlatènezeit im unteren Neckarland und die Suebi Nicretes Bd. 1-3. Ungedr. Diss. Heidelberg 1956, hier: Bd. 1, S. 83 mit Taf. 160. Vgl. dazu auch den Beitrag von G. Lenz-Bernhard in diesem Band. G. Lenz-Bernhard/H. Bernhard (wie Anm. 1) S. 301 ff.; S. 314 f. mit Abb. 158. Schlegel, Oliver: Germanen im Quadrat. Die Neckarsweben im Gebiet von Mannheim, Ladenburg und Heidelberg während der frühen römischen Kaiserzeit. Internationale Archäologie Bd. 34. Rahden/Westf. 2000, S. 221.

[45] E. Gropengiesser 1976 (wie Anm. 1) S. 42 Nr. 68 mit Taf. 20.

[46] MA-Straßenheim: E. GROPENGIESSER 1980 (wie Anm. 1) S. 36 Nr. 8. – Heidelberg-Neuenheim: Ebd. S. 29 Nr. 47 mit Taf. 31, 47.

[47] GANS, Heinz K.: Die archäologische Wanderung. Auf Keltenwällen über den Donnersberg. In: Archäologie in Deutschland 3, 1991, S. 40 f. KAISER, Karlwerner: Der Ringwall auf dem Donnersberg. In: Führer zu vor- und frühgeschichtlichen Denkmälern Bd. 13. Mainz 1969, S. 102 ff. ZEEB-LANZ, Andrea: Das keltische Oppidum auf dem Donnersberg. In: Pare, C. F. E. (Hg.): Bevor die Römer kamen – Kelten im Alzeyer Land. Alzeyer Geschichtsblätter Sonderheft 17. Mainz 2003, S. 117 ff.

[48] J. PAULI (wie Anm. 1) S. 64 f.

[49] Zur Viereckschanze Ladenburg: HEUKEMES, Berndmark: Zur keltischen Doppelschanze „Am Wasserbett" von Ladenburg, Rhein-Neckar-Kreis. In: Denkmalpflege in Baden-Württemberg. Nachrichtenblatt des Landesdenkmalamtes 12, 1983, S. 193 ff. G. WIELAND 1998 (wie Anm. 15) S. 31 ff. – Zu Viereckschanzen in Württemberg: H. SCHICKLER (wie Anm. 1) S. 195 ff. G. WIELAND 1996 (wie Anm. 18) S. 37 ff.

[50] Verbleib des Originals: Badisches Landesmuseum Karlsruhe, Inv.-Nr. C 6292. ECKERLE, Klaus: Mannheim. In: K. Bittel u.a. (wie Anm. 1) S. 155 Abb. 80; S. 424. E. GROPENGIESSER 1980 (wie Anm. 1) S. 16 Nr. 17 mit Taf. 12, 17. SPINDLER, Konrad: Ein keltischer Helm aus der Saône bei Belleville. In: Archäologisches Korrespondenzblatt 2, 1972, S. 149 ff. WAURICK, Götz: Helme in Caesars Heer. Mainz 1990.

[51] H. SCHICKLER (wie Anm. 1) S. 271 ff.

[52] GOSCINNY, René/UDERZO, Albert: Asterix der Gallier Bd. 1. Stuttgart 1968 und folgende Bände.

[53] HAURY, Harald: Treuherzig, aber nicht bösartig. In: Staatsanzeiger (wie Anm. 2) S. 12 f.

Liste: Latènezeitliche Fundstellen im Mannheimer Raum und der näheren Umgebung

1. Brühl, Ortsteil Rohrhof, Wiesenstraße 20 (1953)
2. Edingen-Neckarhausen, Ortsteil Edingen, „Nachtweide" (1933)
3. Edingen-Neckarhausen, Ortsteil Edingen, Grenzhöferstraße, Garten Guck, Acker Sponagel (1940)
4. Edingen-Neckarhausen, Ortsteil Neckarhausen, „Bei den Kirchhofäckern" (1933, 1954)
5. Edingen-Neckarhausen, Ortsteil Neu-Edingen, Rosenstraße 21 (1955)
6. Heddesheim, „Spitzäcker" (1931)
7. Ilvesheim, „Altwasser" (1936)
8. Ilvesheim, „Atzelberg", „Atzelbuckel" (1882, 1889-1891, 1894, 1938)
9. Ilvesheim, „OEG-Umspannwerk (1948)
10. Ilvesheim, Kiesgrube Back/Wolff, „Weingärten" (seit 1931)
11. Ladenburg, „Am Wasserbett" (1980)
12. Ladenburg, „Kiesgrube am Erbsenweg" (seit 1846, 1899, 1906)
13. Ladenburg, „Rechts des Wallstadter Wegs", 1. Gewann (1938, seit 1951)
14. Ladenburg, Hadrianstraße (1954)
15. Ladenburg, Verlängerte Zehntstraße (1922)
16. Mannheim- Feudenheim, Hauptstraße 125 (1959)
17. Mannheim- Feudenheim, Heddesheimer Straß, bei Haus Keck (1962)
18. Mannheim, Floßhafen (1892)
19. Mannheim-Feudenheim, „Der Lös", „Birnzweig", Die Breitgewann", „An der Kanalbreite"(1980, 1984, 1985)
20. Mannheim-Feudenheim, Ecke Hauptstraße/ Nadlerstraße (1910)
21. Mannheim-Feudenheim, Hauptstraße (1910-1914)
22. Mannheim-Feudenheim, Körnerstraße (1910-1914)
23. Mannheim-Feudenheim, Liebfrauenstraße (1910-1914)
24. Mannheim-Feudenheim, Nadlerstraße 17-19 (1994)
25. Mannheim-Feudenheim, Schützenstraße (1910-1914)
26. Mannheim-Feudenheim, Wilhelm-Busch-Straße 7, 9 (1975)
27. Mannheim-Käfertal, „Achselsack" (1950)
28. Mannheim-Neckarau, Germaniastraße (1928)
29. Mannheim-Sandhofen, „Durch den Grund" (Kiesgrube südlich der Autobahn (1930, 1940)
30. Mannheim-Sandhofen, „Leinpfad", „Riedlach" (1950)
31. Mannheim-Sandhofen, Groß-Gerauer-Straße, „Krümme", „Auf die Krümme" (2001, 2003, 2007)
32. Mannheim-Sandhofen, Hoher Weg, Steinäcker (1993)
33. Mannheim-Sandhofen, Kriegerstraße 2, Schönauer Straße 17 a, 17 b (1929, 1930, 1953, 1954, 1966)
34. Mannheim-Sandhofen, Scharhof, „Sandhofer Weg rechts", IKEA (1993)
35. Mannheim-Sandhofen, Ziegelgasse 68 (1950)
36. Mannheim-Seckenheim, Hochstätt (1910, 1967)
37. Mannheim-Seckenheim, Hochstätt, Rangierbahnhof (1905)
38. Mannheim-Seckenheim, Stockacher Straße (1967)
39. Mannheim-Seckenheim, Suebenheim, „Waldspitze" (1934, 1935)
40. Mannheim-Straßenheim, „Apfelkammer" (1934, 1935)
41. Mannheim-Straßenheim, „Aue" (1931, 1934, 1935, 1965-1971)
42. Mannheim-Straßenheim, 180 m westlich vom Wasserturm (1958)
43. Mannheim-Straßenheim, Sandgrube Kraft (1932, 1965, 1966)
44. Mannheim-Vogelstang, „Am Elkersberg, Pommernstraße" (1938, 1939, 1955, 1965-1967)
45. Mannheim-Vogelstang, „Elkersberg" (1994)
46. Mannheim-Vogelstang, „Linsenbühl" (1935)
47. Mannheim-Vogelstang, Sachsenstraße/Chemnitzer Straße (1968-1974, 1976)
48. Mannheim-Wallstadt, „Auf den Ried", (1955, 1972)
49. Mannheim-Wallstadt, „Hinter der Nachtweide", Acker Eck (1960)
50. Mannheim-Wallstadt, „Im Straßenheimer Neufeld" (1949)
51. Mannheim-Wallstadt, „Klingelbühl" oder „Klingeleck" (1950)
52. Mannheim-Wallstadt, „Langgewann", „Kiesäcker" (1978)
53. Mannheim-Wallstadt, „Rechts der Käfertaler Straße" (1980)
54. Mannheim-Wallstadt, „Schultheißenbuckel" (1950)
55. Mannheim-Wallstadt, „Waldeck" (1939)
56. Mannheim-Wallstadt, „Wasserlöcher", „Postnitz" (1934, 1935)
57. Mannheim-Wallstadt, Gotenstraße (1972)
58. Viernheim, „Kapellenberg" (1856)
59. Viernheim, „Neuzenlache" (1988)
60. Mannheim-Käfertal, „Im Rott" (1992)

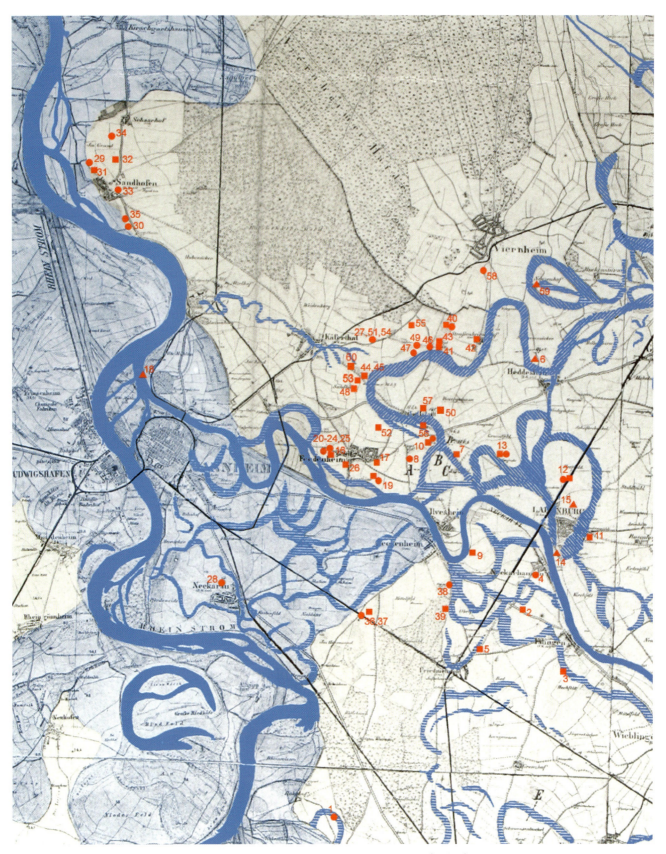

Lage der latènezeitlichen Fundstellen im Mannheimer Raum und der näheren Umgebung (s. Liste).
Kartengrundlage nach A. Mangold 1892. Punkt = Grab; Quadrat = Siedlung; Dreieck = Einzelfund

Gertrud Lenz-Bernhard

Die Neckarsweben in der Mannheimer Region

Forschungsgeschichte

Das untere Neckarland

Der Beginn der Germanenforschung im unteren Neckarland reicht in das 18. Jahrhundert zurück. 1765 entdeckte man bei der Anlage des Schlossgartens zu Schwetzingen Funde, welche im Beisein des Kurfürsten Carl Theodor (Abb. 1) ausgegraben wurden. 1778 behandelte Casimir Haeffelin (Abb. 2) das Fundmaterial in den Acta Academiae Theodoro-Palatinae.[1] Erst Hermann Gropengießer sonderte 1915 unter den weitgehend fränkischen Funden diejenigen Gegenstände mit Brandpatina aus, die frühgermanischen Gräbern entstammten (Abb. 3).[2] Die Ausgrabungen unter Carl Theodor und Haeffelins „Dissertatio de sepulcris Romanis in agro Schwezingano repertis" (Abb. 4) stehen am Anfang der Germanenforschung im unteren Neckarland.

Die Gründung des Mannheimer Altertumsvereins 1859 bedeutete für die Region eine fortschreitende Ausgrabungs- und Forschungstätigkeit, besonders auch an Plätzen mit neckarswebischen Fundstellen. Durch diese Ergebnisse war das Hauptsiedlungsgebiet der Germanen beidseitig des unteren Neckar bereits umrissen. Auch die neueren Grabungen bestätigen diese Verbreitung.

Abb. 2: Johann Casimir Haeffelin, 1737–1827. Foto: Kurpfälzisches Museum der Stadt Heidelberg

Abb. 1: Carl Theodor, Kurfürst 1724/1742–1799. Foto: Kurpfälzisches Museum der Stadt Heidelberg.

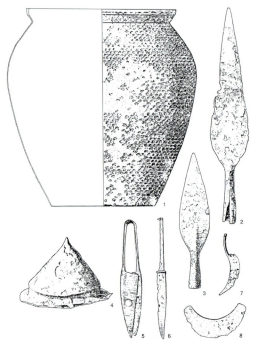

Abb. 3: Schwetzingen, Rhein-Neckar-Kreis, „Schlossgarten". Aus neckarswebischen Grabfunden M 1:6. n. Gropengießer, Suebi Nicretes.

1893 publizierte Karl Zangemeister eine Grabinschrift von Aubigny, Dep. Saône- et Loire, auf der eine Tertinia Florentinia als *civis Suebae Nicretis*, Bürgerin der Civitas der Neckarsweben erscheint (Abb. 5). Damit gelang ihm die glänzende Auflösung des bislang ungedeuteten Namenskürzels CVSN auf Inschriften des Neckargebietes in *Civitas Ulpia Sueborum Nicretum*, und er gewann die Erkenntnis, dass hier im unteren Neckarland zur Römerzeit Sweben siedelten, vielleicht schon zur Zeit von Caesar oder Augustus.[3] Die Ergebnisse Zangemeisters behielten nahezu einhundert Jahre ihre Gültigkeit.

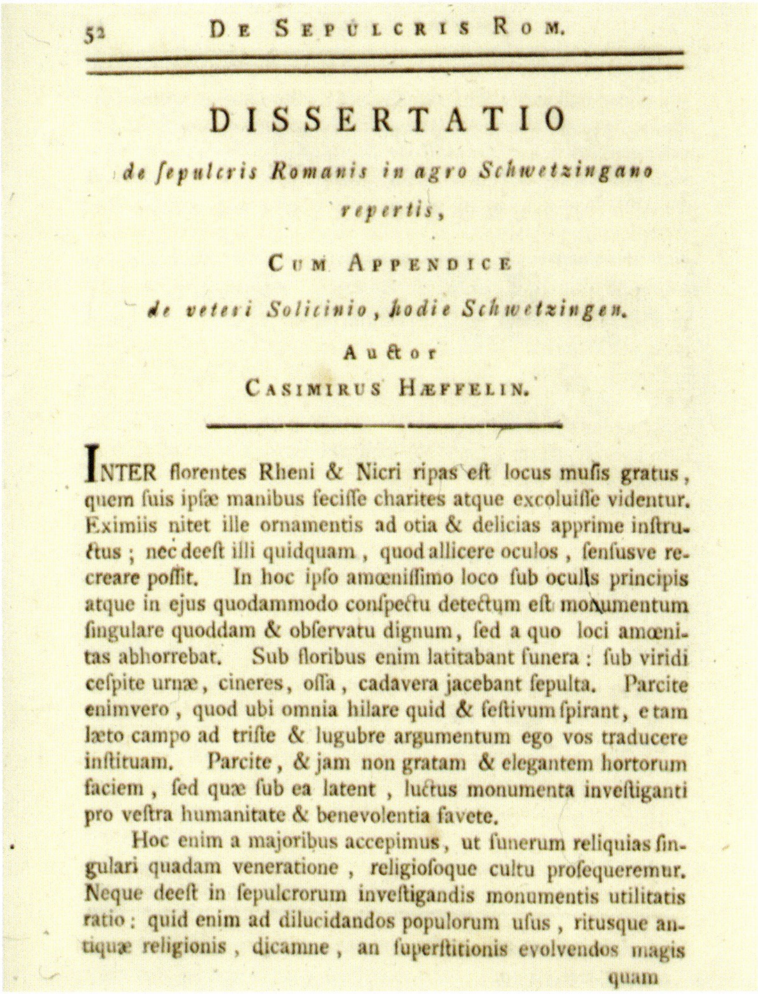

52 De Sepúlcris Rom.

DISSERTATIO

de ſepulcris Romanis in agro Schwetzingano repertis,

Cum Appendice

de veteri Solicinio, hodie Schwetzingen.

Auctor

Casimirus Hæffelin.

Inter florentes Rheni & Nicri ripas eſt locus muſis gratus, quem ſuis ipſæ manibus feciſſe charites atque excoluiſſe videntur. Eximiis nitet ille ornamentis ad otia & delicias apprime inſtructus; nec deeſt illi quidquam, quod allicere oculos, ſenſusve recreare poſſit. In hoc ipſo amœniſſimo loco ſub oculis principis atque in ejus quodammodo conſpectu detectum eſt monumentum ſingulare quoddam & obſervatu dignum, ſed a quo loci amœnitas abhorrebat. Sub floribus enim latitabant funera: ſub viridi ceſpite urnæ, cineres, oſſa, cadavera jacebant ſepulta. Parcite enimvero, quod ubi omnia hilare quid & feſtivum ſpirant, e tam læto campo ad triſte & lugubre argumentum ego vos traducere inſtituam. Parcite, & jam non gratam & elegantem hortorum faciem, ſed quæ ſub ea latent, luctus monumenta inveſtiganti pro veſtra humanitate & benevolentia favete.

Hoc enim a majoribus accepimus, ut funerum reliquias ſingulari quadam veneratione, religioſoque cultu proſequeremur. Neque deeſt in ſepulcrorum inveſtigandis monumentis utilitatis ratio: quid enim ad dilucidandos populorum uſus, ritusque antiquæ religionis, dicamne, an ſuperſtitionis evolvendos magis quam

Abb. 4: Titelblatt der Dissertatio de sepuleris Romanis in agro Schwetzingano repertis.

Erst 1990 kamen Michael P. Speidel und Barbara Scardigli mit der Neulesung der Inschriften von Fiesole und Trier zu dem Schluss, dass sich die Neckarsweben *Suebi Nicrenses* genannt haben, demnach die Gaugemeinde der Neckarsweben den *Namen Civitas Ulpia Sueborum Nicrensium*[4] getragen hat. Die Neuinterpretation von Inschriften des Neckarlandes durch Karl Zangemeister und seine daraus resultierenden Bemerkungen zur germanischen Besiedlung dieses Raumes veranlassten seinerzeit Karl Schumacher (Abb. 6) die Brandgräber von Ladenburg den Germanen zuzuweisen: „Die Funde lehren mit aller Deutlichkeit, dass schon in voraugusteischer Zeit hier Germanen saßen; ob es schon Suebi waren, muss allerdings noch dahingestellt bleiben, wenn es auch wahrscheinlich ist".[5] In dem 1911 erschienenen Inventarwerk von Ernst Wagner und Ferdinand Haug fanden alle bis dahin bekannten neckarswebischen Fundstellen und Funde ihre Erwähnung.[6]

Stellvertretend für die vielen Grabungsaktivitäten des Mannheimer Altertumsvereins verdienen die Ergebnisse von Hermann Gropengießer (Abb. 7) Berücksichtigung. So konnten z. B. beim Reichsautobahnbau 1934/35 bedeutende Siedlungsreste der Neckarsweben bei Wallstadt, Straßenheim, Ilvesheim und bei Seckenheim geborgen werden.[7]

Abb. 5: Inschrift von Aubiny nach CIL XIII 2633.

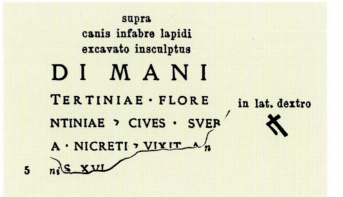

Abb. 6: Karl Schumacher, 1860-1934. Foto: Römisch-Germanisches Zentralmuseum Mainz.

Abb. 7: Hermann Gropengießer, 1879-1946. Foto: Reiss-Engelhorn-Museen Mannheim.

Nicht unerwähnt sollen die Verdienste von Franz Gember bleiben, der begleitend zu den Grabungen seit den 30er Jahren und bis weit nach dem Zweiten Weltkrieg enorme Befundaufnahmen geliefert hat, ohne die eine Auswertung des neckarswebischen Fundmaterials nicht möglich wäre.[8]

In einer Heidelberger Dissertation über „Die Spätlatènezeit im unteren Neckarland und die Suebi Nicretes", die 1956 abgeschlossen wurde und ungedruckt blieb, behandelte Erich Gropengießer den bis dahin vorhandenen germanischen Fundstoff. Leider hat er in seiner Arbeit keine eigenständige Keramiktypologie für das Oberrheingebiet erarbeitet. Zwar sieht er formale Zusammenhänge mit anderen elbgermanischen Siedlungsräumen, doch weist er einige Gefäßformen auch dem rhein-wesergermanischen Kreis zu.[9] Trotz dieser eher belanglosen Kritikpunkte hat die immerhin schon vor 50 Jahren abgeschlossene Arbeit ihre Aktualität nicht eingebüßt und ist weiterhin als Materialkompendium unverzichtbar, und wird keineswegs durch eine Neubearbeitung des neckarswebischen Fundmaterials in der Mannheimer Region im Jahr 2000 ersetzt.[10]

1960 konnte Dietwulf Baatz bei seinen Ausgrabungen in Ladenburg eine neckarswebische Siedlungsgrube, vergesellschaftet mit Keramik der frühclaudischen Zeit, bergen.[11] Bei der Beurteilung der germanischen Ware bleibt E. Gropengießer in der Katalogbeschreibung dieser Grube in der Arbeit von D. Baatz im Rahmen seiner Dissertationsergebnisse von 1956. Schüsseln und Töpfe mit einbiegendem Rand ordnet er weiterhin der rhein-wesergermanischen Kultur zu.[12] 1967 erschien in den badischen Fundberichten die Archäologische Karte der Stadt- und der Landkreise Heidelberg und Mannheim, die von Albrecht Dauber, Erich Gropengießer, Berndmark Heukemes und Meinrad Schaab bearbeitet wurde.[13] Erstmalig finden sich dort, neben Fundstellen der vor- und frühgeschichtlichen Perioden, alle Fundstellen der neckarswebischen Zeit, die bis dahin erfasst werden konnten. Gleicht die kommentierte Fundzusammenstellung die fehlende Materialvorlage nicht aus, so ist sie doch als Bearbeitung eines Kleinraumes im Oberheingebiet beispielhaft.

1992 hat Erich Gropengießer zusammenfassend über die neckarswebische Besiedlung des unteren Neckarlandes eine kenntnisreiche Studie verfasst. Bemerkenswert ist u. a. sein früher Zeitansatz für die elbgermanische Tonsitula aus der Siedlung von Mannheim-Straßenheim „vielleicht in die Jahrzehnte um 50 v. Chr.".[14]

Zuletzt hat Oliver Schlegel in einer Marburger Dissertation den neckarswebischen Fundstoff im unteren Neckarraum auf der Vorlage von E. Gropengießer mit wenigen ergänzenden Neufunden bearbeitet.[15] So verdienstvoll die Leistung von O. Schlegel auch ist, Lagepläne von Siedlungs- und

Gräberfeldbereichen vorgelegt zu haben, so wenig erfreulich ist die Qualität der Fundvorlage. Der Autor wäre gut beraten gewesen, wenn er schon eine Auswahl vorgenommen hat, diese ausgewählten Fundkomplexe vollständig darzustellen, statt viele Fundkomplexe „pars pro toto" abzubilden. Somit steht eine Gesamtvorlage des neckarswebischen Fundmaterials der Mannheimer Region immer noch aus.

Historische Situation

Die Verbreitung germanischer Funde im Oberrheingebiet[16] zeigt im Neckarmündungsgebiet wie im pfälzischen Vorland ein geschlossenes Siedlungsbild (Abb. 8).

Bereits im ersten Jahrhundert vor Christus finden sich am Oberrhein beiderseits des Flusses Spuren germa-

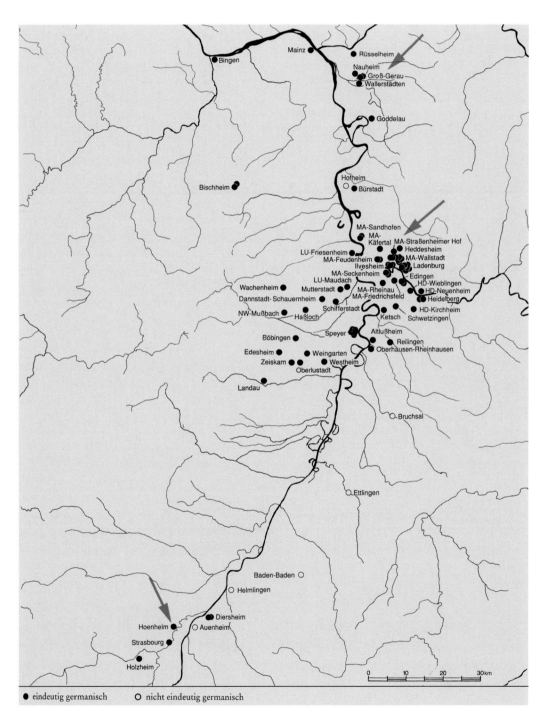

Abb. 8: Verbreitung elbgermanischer Fundstellen im Oberrheingebiet mit Hinweis auf die frühgermanischen Funde von Groß-Gerau, Mannheim-Straßenheimer Hof und Hoenheim.

nischer Bevölkerungsgruppen, welche in den ehemals keltischen Siedlungsräumen ansässig wurden. Die germanische Besiedlung am Neckar und auch sonst auf der rechten Oberrheinseite bildete schließlich mit römischer Duldung den Abschluss einer Bevölkerungsverschiebung, die durch wiederholte germanische Vorstöße in den Süden im 2. Jahrhundert. v. Chr. ihren Anfang nahm und zur völligen Auflösung keltischer Siedlungsstrukturen in deren nordöstlichem Siedlungsgebiet führte.

Von diesem Bevölkerungsaustausch waren überwiegend der Elbe/Saale-Raum[17], das Maingebiet[18], Böhmen[19] und die Slowakei[20] betroffen (Abb. 9). Die Ansiedlung germanischer Gruppen am Oberrhein ist einerseits das Ergebnis des Gallischen Krieges seit 58 v. Chr. und andererseits der römischen Okkupation seit 12 v. Chr., in deren Folge es zur verstärkten Ansiedlung germanischer Gruppen im Umfeld linksrheinischer Militärplätze kam. Andauernde Unruhen und Veränderungen innergermanischer Machtverhältnisse und die damit verbundene langwierige Auflösung des Markomannenreiches in Böhmen forderten eine Abwanderung und Siedlungsverlagerung auch in den siedlungsleeren Raum am Rhein geradezu heraus. Die germanische Aufsiedlung des Oberrheingebietes verlief beiderseits des Flusses keinesfalls gleichzeitig, sondern muss als mehrphasiger und immer wieder durch Neuzuzug germanischer Bevölkerungsteile geprägter Prozess gesehen werden.[21]

Als die rechtsrheinischen Eroberungspläne der Römer unter Kaiser Tiberius im Jahre 16 n. Chr. vorerst gescheitert waren und der Rhein wieder für mehr als ein halbes Jahrhundert die Grenze bildete, wurde mit der Ansiedlung germanischer Gruppen durch die römische Militäradministration ein Bevölkerungsvakuum ausgeglichen, welches im östlichen Oberrheingebiet seit dem 1. vorchristlichen Jahrhundert bestanden hatte.[22]

Auffällig ist eine Häufung von germanischen Fundplätzen gegenüber den linksrheinischen großen Truppenstandorten wie Mainz, Rheingönheim, Speyer und

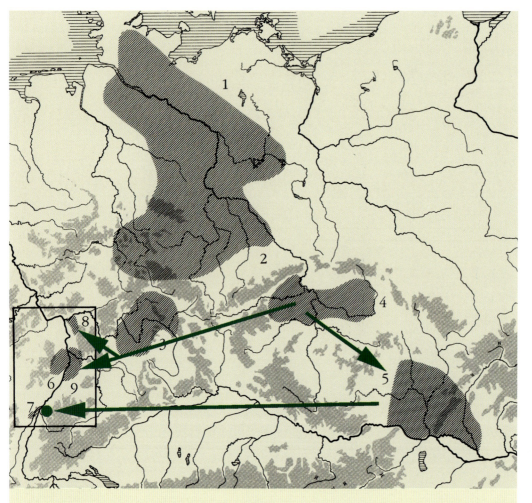

Abb. 9: Siedlungsgebiet der Elb- und Oberrheingermanen.
1 Niederelbe, westliches Mecklenburg und nördliches Brandenburg, 2 Mittelelbe- Saalegebiet, 3 Main-Tauber-Gebiet, 4 Böhmen, 5 Slowakei, 6 Pfalz, 7 Elsass, 8 Starkenburg, 9 Neckarmündungsgebiet und südlich anschließende Region. Die grünen Pfeile markieren Auswanderungen.

Straßburg. Man muss aber eher von einer flächigen Besiedlung ausgehen, will man nicht noch weitere Siedlungszentren gegenüber dem Auxiliarlager Worms zwischen Bürstadt und Goddelau und in der Zone zwischen dem Neckargebiet und der Ortenau gegenüber den vermuteten Militärplätzen von Rheinzabern und Seltz postulieren. Rolf Nierhaus billigte in seinen Forschungen über das swebische Gräberfeld von Diersheim[23] den rechtsrheinischen Germanen Milizaufgaben im Rahmen eines „foedus" im Vorfeld der linksrheinischen Kastelle zu.[24] Der z. T. verschwenderische Beigabenreichtum in verschiedenen Gräbern zeigt enge Verbindungen zum römischen Wirtschaftsraum, die nicht nur auf regulärem Handel beruhen konnten. Landwirtschaftliche Produktion mit Export war wohl kaum die primäre Aufgabe dieser Germanen. Das Eintauschen von Luxusgütern kann also nur aufgrund von Leistungen im militärischen Sektor erbracht worden sein.

Keltisches Siedlungsende – germanischer Siedlungsbeginn

Der Raum westlich des Rheins

Um die Mitte des 1. Jahrhunderts v. Chr. kommt es am mittleren Oberrhein in der Pfalz und dem nördlichen Elsass zu einem Zusammenbruch der keltischen Infrastruktur mit *oppida*, *castella* und einem Großteil der *aedificia*, wenn man die Terminologie Caesars hier anwendet (Abb. 10).[25] Seit diesem Zeitpunkt trifft man zwischen Mainz und Straßburg eine erstaunliche Dichte germanischer Funde an (Abb. 8). Sie befinden sich im Gegensatz zum Raum östlich des Rheins in einem mehr oder weniger keltisch geprägten Umfeld. Die keltischen Siedlungsstrukturen sind in diesem Gebiet zwar merklich ausgedünnt aber dennoch bis in die frührömische Periode hinein vorhanden.

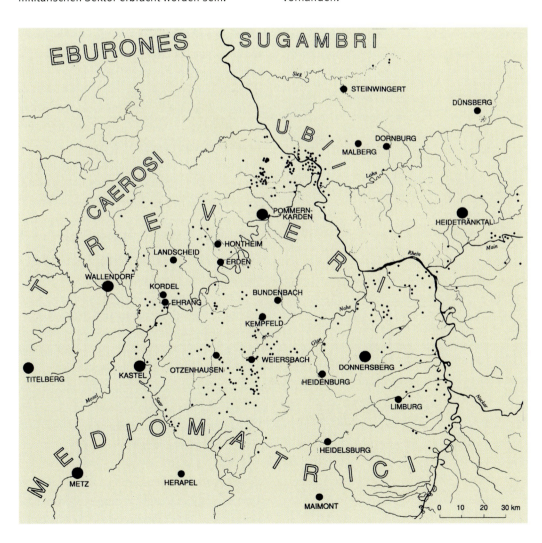

Abb. 10: Keltische Besiedlung im 1. Jh. v. Chr. mit Oppida (große Punkte), Castella (mittlere Punkte), Siedlungs- und Grabfunden (kleine Punkte).

Die Periode Latène D2, also der Zeitraum weitgehend nach der Mitte des 1. Jahrhunderts v. Chr., ist in dieser Region nur schwach vertreten (Abb. 11).[26] Spätestens im letzten Drittel des 1. Jahrhunderts v. Chr. treten die ersten germanischen Spuren anhand von vereinzelten Grab- und Siedlungsfunden[27] in einem Raum auf, in dem seit der älteren römischen Kaiserzeit die drei germanischen Stämme der Triboker, Nemeter und Vangionen bezeugt sind. Möglicherweise sind die kargen keltischen Strukturen zwischen Straßburg und einer Linie Alzey/Worms entweder Ursache oder Folge dieser germanischen Landnahme; wobei nicht näher einzugrenzen ist, ob diese ariovistzeitlich oder jünger sind. Die wenigen germanischen Funde aus Bingen und Mainz stehen in militärischem Zusammenhang, da der nördliche Teil der *Civitas Vangionum* bis in die frührömische Zeit hinein ausschließlich keltisch geprägt ist.

In der augusteischen Okkupationsphase bleiben germanische Funde bislang weitgehend auf militärisches oder quasimilitärisches Umfeld beschränkt[28].

Auffallend bei allen Plätzen dieser Zeitstellung ist die Mischung keltischer und germanischer Keramik neben der römischen Tonware.

Eine dritte Phase germanischer Präsenz ist in der Aufsiedlung des Hinterlandes an der oberrheinischen Militärgrenze mit der Gründung von Gutshöfen seit spätaugusteisch-frühtiberischer Zeit festzustellen. Dies kann aus forschungsgeschichtlichen Gründen bislang nur in der *Civitas Nemetum* ausreichend deutlich dokumentiert werden.

Schon in spättiberischer Zeit, spätestens aber um die Mitte des 1. Jahrhunderts n. Chr. sind die germanischen Gruppen weitgehend im romanisierten Umfeld aufgegangen.

Der Raum östlich des Rheins

Im rechtsrheinischen Gebiet zwischen Mainmündung und südlichem Oberrhein zeigt sich eine andere Situation, welche sich wesentlich vielschichtiger darstellt. Ganz im Gegensatz zum linksrheinischen Gebiet, in dem eine keltische Bevölkerung noch in der 2. Hälfte des 1. Jahrhunderts v. Chr. bis in die frühe Kaiserzeit fassbar ist und wechselseitige Beziehungen zwischen Kelten und Germanen bestanden haben, lässt sich für die rechtsrheinische Region eine keltische Bevölkerung anhand von Grab- und Siedlungsfunden in fortgeschrittenen 1. Jahrhundert v. Chr. nicht mehr direkt nachweisen. Die keltische Besiedlung bricht mit der Stufe Latène D1 ab. (Abb. 12)

Generell fanden die germanischen Neusiedler bei ihrer Landnahme in dieser Region einen siedlungsleeren Raum vor, der gemeinhin als „Helvetiereinöde" beschrieben wird[29] und sicherlich im Zusammenhang mit den Kriegszügen des Ariovist seit 72 v. Chr. mit den sieben germanischen Stämmen der Haruden, Eudusen, Markomannen, Sueben, Vangionen, Nemeter und Triboker steht.

Die vereinzelt auftretenden germanischen Funde im 1. Jahrhundert v. Chr. können, müssen aber nicht unbedingt damit in Zusammenhang stehen (Abb. 8).

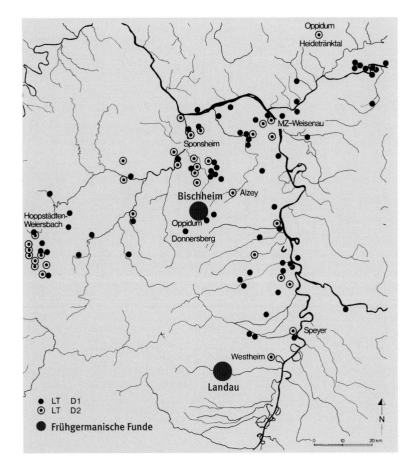

Abb. 11: Spätkeltische Besiedlung an nördlichen Oberrhein mit frühgermanischen Grabfunden westlich des Rheins.

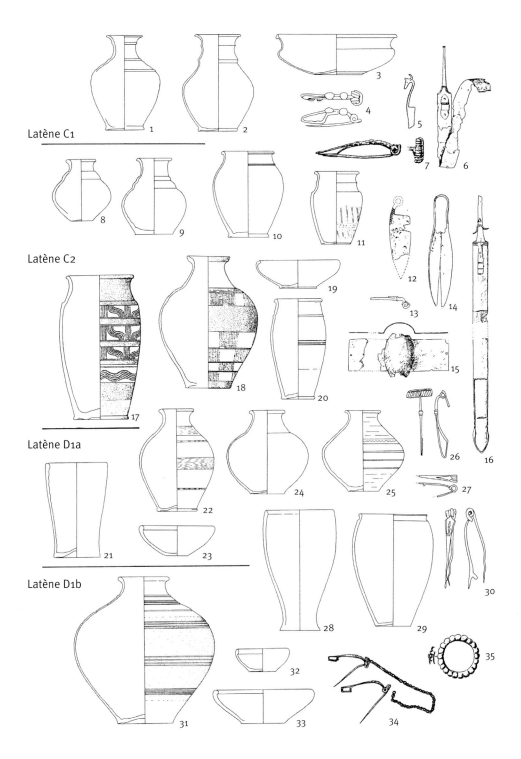

Abb. 12: Chronologieschema spätkeltischer Funde im unteren Neckarland. n. Lenz-Bernhard/Bernhard, Oberrheingebiet.

Dabei handelt es sich im weiter nördlich gelegenen Mainmündungsraum um einen Grabfund aus Groß-Gerau, bestehend aus einer Schüssel mit Griffwulst, einer Schere und einem Messer (Abb. 13,1).

Ein Fundkomplex aus Mannheim-Straßenheimer Hof enthält eine frühe germanische Situla zusammen mit spätkeltischer Keramik. Das Gefäß zeigt einen abgesetzten, ausbiegenden Rand und ein stark einziehendes Unterteil; am Rand ist ein kleiner Henkel angebracht (Abb. 14,1). Die spätkeltische Ware wie flaschenförmige Gefäße, Gefäße mit Schulterverzierung (Abb. 14,2-4) sowie Kammgrübchenware (Abb. 14,5-9) und Nauheimer Fibeln geben für das Ende dieses Siedlungsplatzes in der Stufe Latène D1 einen deutlichen Hinweis. Hier zeigt sich in der Frühzeit der germanischen Infiltration ein noch gemeinsames Vorkommen von keltischen und germanischen Elementen in einer Siedlung.

Die beiden germanischen Gefäße von Groß-Gerau und Mannheim haben ihren Ursprung im nordelbgermanischen Kreis der vorrömischen Eisenzeit (Abb. 15) in Mecklenburg (Abb. 13,2) – Vergleichsstück für Groß-Gerau – und zwischen Niederelbe, Mecklenburg und Mittelelb-Saalegebiet – Vergleichsstück für Mannheim – wie die Kartierung von Situlen zeigt (Abb. 16).[30] Für beide Gefäße finden sich die besten Entsprechungen im mecklenburgischen Bestattungsplatz von Wiebendorf, Kr. Hagenow.[31]

Weiterhin zu diskutieren ist die Zeitstellung einer weitmündigen Schüssel mit senkrecht angeordneten Ritzlinien aus Mannheim-Feudenheim „Körnerstraße" (Abb. 17,1), die 1910 zusammen mit mittel- bis spätlatènezeitlicher Keramik geborgen wurde. Im Umfeld der latènezeitlichen Funde steht dieses Gefäß isoliert da. Formal zeigt es Übereinstimmungen mit dem frühgermanischen Siedlungsfund aus Hoenheim im Elsaß (Abb. 17,2). Ich kann mich des Eindrucks nicht erwehren, die Herkunft des Feudenheimer Gefäßes ebenso wie die des Exemplars aus dem Elsass von der Niederelbe anzunehmen.[32]

Damit ist ein Zeitansatz im 1. Jahrhundert v. Chr. wahrscheinlich.

Die germanische Besiedlung des rechtsrheinischen Oberrheingebietes ist jedoch maßgeblich erst seit tiberischer Zeit fassbar und vollzieht sich von Norden nach Süden in verschiedenen Zeitschüben, wobei die Ansiedlung im südbadischen Raum (Gräberfeld von Diersheim) um die Mitte des 1. Jahrhunderts n. Chr. ihren Abschluss gefunden hat, zu einem Zeitpunkt als im linksrheinischen Bereich der Romanisierungsprozess der germanischen Gruppen weitgehend abgeschlossen ist. Jedoch ist der Siedlungsschwerpunkt im unteren Neckarland seit claudischer Zeit feststellbar.

Charakteristisch für die germanischen Neuankömmlinge sind Brandbestattungen mit Waffenbeigabe und z. T. üppiger Bronzegeschirrbeigabe, wie etwa das reich ausgestattete Grab von Mannheim-Feudenheim zeigt.

Der weitere archäologische Nachweis germanischer Bevölkerung lässt sich anhand charakteristischer

Abb. 13: Frühgermanische Grabfunde von Groß-Gerau und Wiebendorf (Grab 625). M 1:4.

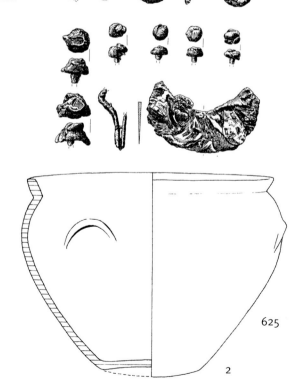

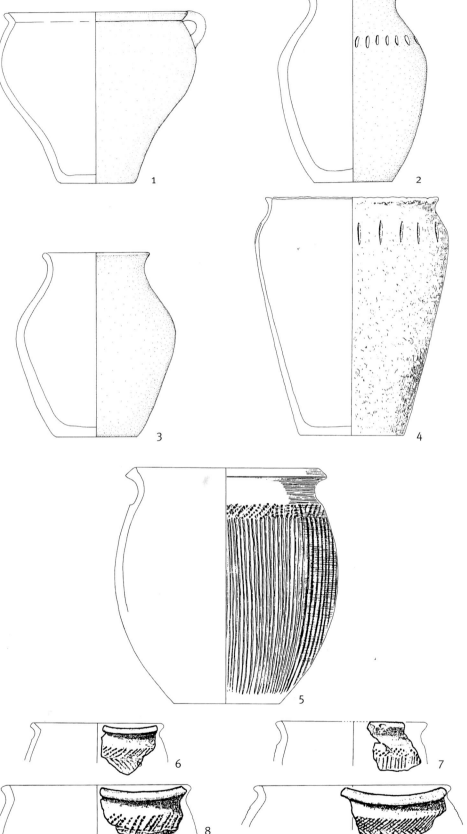

Abb. 14: Mannheim-Straßenheimer Hof. 1-4 Grube 1 mit frühgermanischer Situla (1) und spätkeltischer Siedlungsware (5-9) von der gleichen Siedlungsstelle. M 1:4.

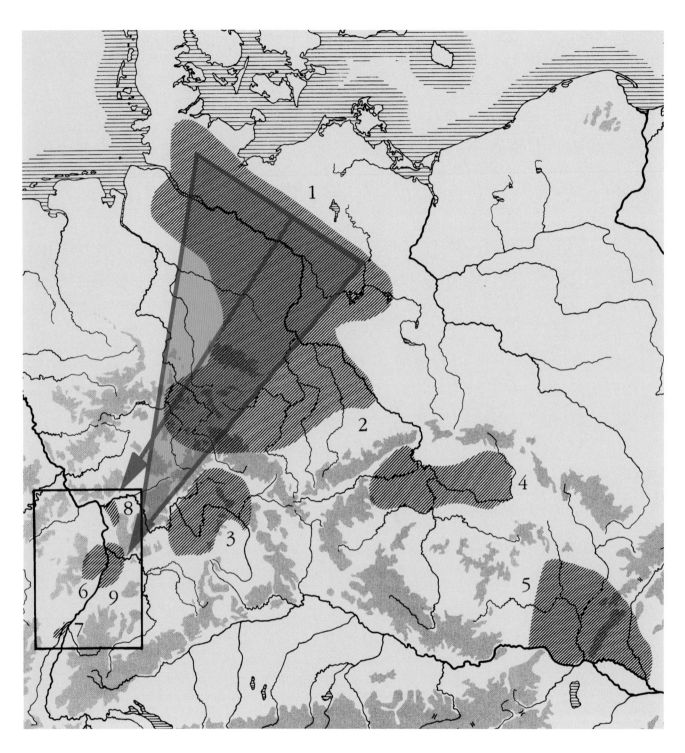

Abb. 15: Siedlungsgebiete der Elb- und Oberrheingermanen mit Herkunftsgebiet der frühgermanischen Funde von Groß-Gerau und Mannheim-Straßenheimer Hof.

Sachformen wie Gegenständen der Tracht, bestimmten Nadel- und Fibelformen, Gürtelschnallen, Geräten wie Messern mit profilierten Griffenden und Scheren mit z. T. verzierten Klingen und Trinkhornbeigabe in Gräbern; vor allem aber durch eigenwillige, handgemachte, trotzdem standardisierte Keramikformen bestimmen. Dabei handelt es sich im Einzelnen um Schalen, Schüsseln und Töpfe. Besonders die Schüsselformen weisen ein reichhaltiges Verzierungsrepertoire wie z.B. Kammstrich, Ritz- und Eindrucksmuster auf. Die mit vergesellschaftete römische Keramik, die zur Datierung der Grab- und vor allem der Siedlungsfunde beiträgt, wird bis zur Okkupation des rechtsrheinischen Raumes 73/74 n. Chr. aus linksrheinischen Werkstätten bezogen.

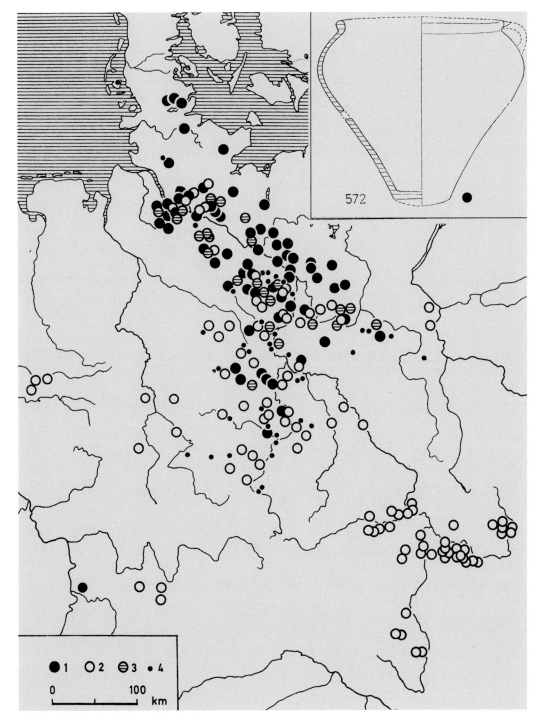

Abb. 16: Verbreitung frühgermanischer Situlen vom Typ Straßenheimer Hof, schwarze Punkte. n. Seyer, Mittel-elb-Havel-Gebiet.

Die germanischen Sachgüter sind zwischen Elbe und Rhein nahezu austauschbar und geben somit Hinweise auf die Herkunft der an Oberrhein und Neckar ansässig gewordenen Germanen (Abb. 18 und 19).[33] Dieses Formengut unterscheidet sich von der vorhergehenden einheimisch/keltischen Sachkultur in erheblichem Maß und ist daher sehr gut zu trennen.

Gräber und Siedlungen

Das Verbreitungsbild neckarswebischer Funde zeigt einen geschlossenen Siedlungsraum am Mittellauf des unteren Neckars zwischen Mannheim-Feudenheim, Mannheim-Seckenheim, Ladenburg und Heidelberg bis zum Beginn der Gebirgsrandzone an. Die Rheinaue wird durch Siedlungen in Mannheim-

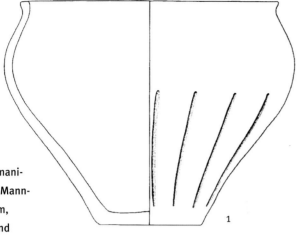
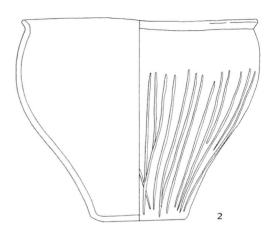

Abb. 17: Frühgermanische Situlen von Mannheim-Feudenheim, Garten Fuhr (1) und Hoenheim/Elsass (2). M 1:4.

Abb. 18: Fundspektrum germanischer Grabfunde der älteren Kaiserzeit in Böhmen. n. Motyková-Šneidrová, Anfänge.

Sandhofen, Mannheim-Rheinau, Ketsch und Altlußheim, Oberhausen-Rheinhausen erreicht.

Damit weist sich die neckarswebische Gruppe als die fundreichste unter den Oberrheingermanen aus. Leider steht der Fundumfang immer noch in einem unbefriedigenden Missverhältnis sowohl zur Befundsituation als auch zum Publikationsstand. Um zu einer Bewertung dieses Fundmaterials zu gelangen, ist man vielfach auf die Vorlage der Altfunde meist aus den 30er Jahren und davor angewiesen. Es bleibt festzuhalten, dass trotz aller Ausgrabungstätigkeit auch in der neueren Zeit kaum großflächige und vollständige Untersuchungen von Gräber- und Siedlungsbereichen stattgefunden haben. Grabfunde stammen überwiegend von kleineren Friedhöfen und Einzelbestattungen. Selbst die große Nekropole in Ladenburg am *Erbsenweg*, die von 1846-1952

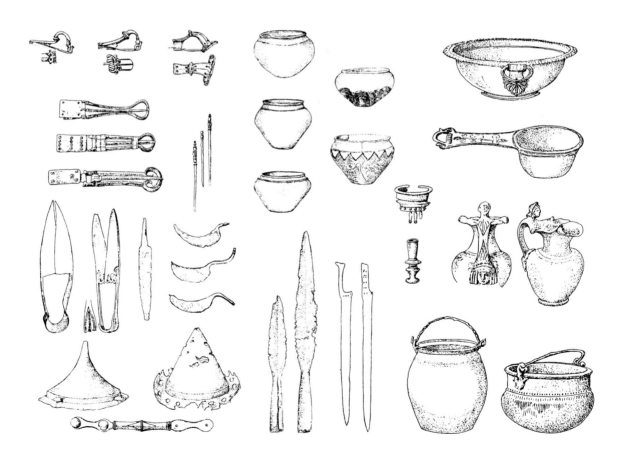

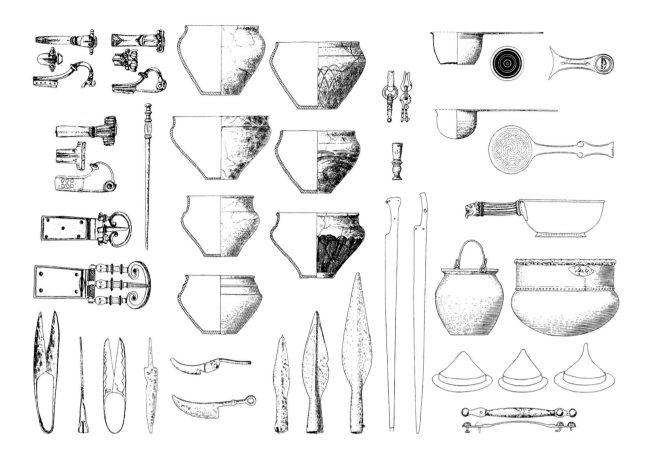

Abb. 19: Fundspektrum älterkaiserzeitlicher Gräberfelder in der Slowakei n. Kolnik, Römerzeitliche Gräberfelder.

Fundmaterial lieferte, kann keineswegs als vollständig erfasst gelten. Dies gilt ebenso für die gering vorhandenen, einstmals größeren Gräberfeldareale des Mannheimer Raumes älteren und neueren Funddatums. Nicht anders verhält es sich bei den Siedlungen. Hauptsächlich sind diese nur über Grubenhütten und Abfallgruben dokumentiert. Ganz selten gelang der Nachweis von Speicher- und Wohnbauten. Systematisch ausgegrabene Siedlungsplätze liegen in geringer Zahl vor. Als nahezu vollständig erfasst kann lediglich die 1977-79/1981-83 und 1988 ergrabene Siedlung in Mannheim-Wallstadt *Kiesäcker/Langgewann* bezeichnet werden. Dort konnten auf einer Fläche von etwa 420 x 120 m Größe neben einer Vielzahl von Grubenhütten auch Pfostensetzungen, die zu wenigen Speicher- aber nicht zu Wohnbauten gehören, nachgewiesen werden.

Schon 1934/35 konnte auf Mannheim-Wallstadter Gemarkung im Bereich *Pfarrweglänge* ein Siedlungsausschnitt auf 200 m Länge und 23 m Breite ergraben werden.

Weitere großflächige Untersuchungen fanden ebenfalls 1934/35 in Mannheim-Seckenheim *Waldspitze* und schließlich 1977–1980 in Ladenburg *Ziegelscheuer* statt. Auf jeweils 200 m Länge konnten dort eine Vielzahl von Grubenhütten und Abfallgruben, jedoch keine Hausgrundrisse über Pfostensetzungen erfasst wurden. Lediglich die Siedlung von Mannheim-Vogelstang Chemnitzer Straße, ebenfalls in den Jahren 1934/35 ergraben, bildet eine rühmliche Ausnahme. Dort konnten Gebäudeeinheiten ergraben werden, die sicher eines, wenn nicht sogar mehrere neckarswebische Gehöfte vermuten lassen.

Gräber und Gräberfelder

Wie bereits eingangs in diesem Kapitel erwähnt, kann der Bestattungsplatz am *Erbsenweg* am nordwestlichen Stadtrand von Ladenburg mit ca. 40 Bestattungen als der bislang größte erfasste Friedhof gelten. Die vielen Altfunde, die leider

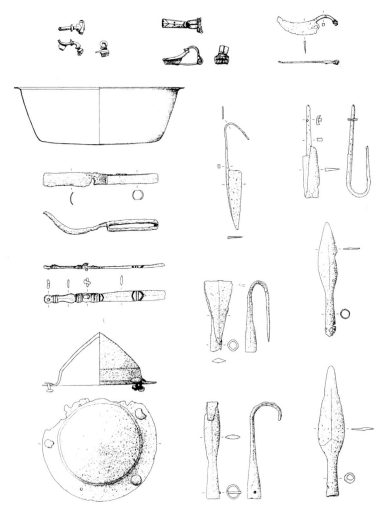

Abb. 20: Ladenburg „Erbsenweg". Fundspektrum von Altfunden von 1846-1899. M 1:6.

keinen Inventaren mehr zuordenbar sind, lassen aber eine weit größere Zahl von Gräbern vermuten (Abb. 20). Dennoch ist die vollständige Ausdehnung dieses Friedhofs damit nicht erreicht.

Das Brandgräberfeld am *Erbsenweg* mit einem Beginn in claudischer Zeit lieferte einen guten Bestand erhaltener Gefäße germanischer und provinzialrömischer Prägung und gibt gleichzeitig beispielhaft Einblicke in germanische Grabinventare, die einerseits aus elbgermanisch-neckarswebischen Elementen, andererseits aus römischem Import bestehen. Bei der germanischen Keramik handelt es sich um handgemachte Schüsseln mit abgesetzter Halszone, z. T. mit Kammstrich- und Ritzverzierung versehen. Das römische Geschirr besteht aus Terra Rubra- und überwiegend Terra Nigra-Gefäßen. Beide Gefäßgattungen, germanische wie römische Keramik, wurden als Leichenbrandbehälter genutzt.

Vielfach wurden die Urnen mit römischen Kleingefäßen wie Näpfen und Tellern abgedeckt.

Von dem römischen Bronzegeschirr ist lediglich ein Sieb/Kelle-Paar vollständig erhalten. Die anderen Bronzegeschirrbeigaben sind durch die Feuerbestattung sehr stark verschmolzen oder in kleine Stücke zerplatzt. Trinkhörner als charakteristische Grabbeigabe sind durch ihre erhalten gebliebenen Bronzebeschläge nachweisbar.

An Schmuckgegenständen liegen Fibeln mit bis zu drei Exemplaren in einem Grab vor, die auf eine Mehrfibeltracht hindeuten. Wiederum als typisch germanische Trachtausstattung sind Nadeln mit profiliertem Kopf vertreten (Abb. 21).[34]

Zurück zur Mannheimer Gemarkung und deren Randbereichen[35]:
Dort ist das Bild von kleinen Ausschnitten einstmals größerer Gräberfeldareale und von wenigen Einzelbestattungen geprägt, die möglicherweise ebenfalls ehemalige Friedhofsbereiche andeuten.

Im Einzelnen sind folgende Gräberfeldbereiche bekannt[36]:
MA-Feudenheim Wilhelmstraße[37]
Grab 1/1902 = Gropengießer Grab 3
Grab 2/1907 = Gropengießer Grab 1/1907
Grab 3/1932 = Gropengießer Grab 2/1932
Grab 4/1965
Grab 5/1910 nicht bei Schlegel = Gropengießer Grab 4/1910
Grab 6/1840 nicht bei Schlegel = Gropengießer Grab 5
MA-Seckenheim *Hochstätt*[38]
Grab 1957 zerstört
Grab 1961
MA-Vogelstang *Auf den Ried*[39]
19 Bestattungen von 1854 bis 1861 geborgen
MA-Vogelstang *Pommernstraße*[40]
5 Gräber 1865, 1 Grab 1965
Edingen *Kreuzelstein*
Ehemals 6 Bestattungen 1937/38[41]
5 Bestattungen 1940[42]
Ilvesheim *Weingärten*[43]
1991 wohl nicht vollständig.

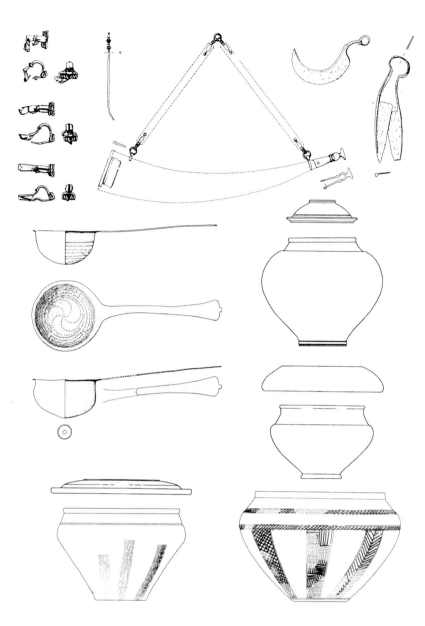

Abb. 21: Ladenburg „Erbsenweg". Fundspektrum von Neufunden aus den Grabungen 1951/52. Metall M 1:6, Keramik M 1:8.

Vereinzelt kann man anhand der Beigaben erkennen, ob es sich um Männer- oder Frauengräber handelt. Waffenbeigaben wie Lanzen- und Speerspitzen, Äxte, Schildbeschläge wie Buckel, Griffe oder Randbeschläge sind eindeutig männliche Attribute. Eindeutige Frauengräber sind hingegen seltener zu erkennen. Allenfalls die Beigabe eines Kästchens wie in Grab 7 von Mannheim-Vogelstang *Auf den Ried* oder die Beigabe von mindestens drei Fibeln oder Nadeln mit verziertem Kopf sind direkte Hinweise. Trinkhörner kommen in Gräbern beiderlei Geschlechts vor!

Das sogenannte Reitergrab von Mannheim-Feudenheim (Grab 2/1907, Abb. 22 - 25) nimmt unter den vielen Funden des Mannheimer Raumes immer noch eine herausragende Stellung ein.[44] Die Ansprache als „Reitergrab" beruht auf der unbegründeten Vermutung, dass die zwei Lanzen und der kleine Ovalschild typische Bestandteile einer Reiterausstattung sind. Für eine eindeutige Ansprache fehlen etwa Trense oder Reitsporen. Das Grab enthält neben der Waffenausstattung, zu der außerdem eine Axt gehört, reichlich Bronzegeschirr, wenn auch z. T. ziemlich rudimentär erhalten. Dabei handelt es sich um eine Griffschale, wobei nur noch der Griff mit Widderkopfende vorhanden ist, um ein inzwischen verschollenes Bronzesieb und um eine Kleeblattkanne, deren Griff im Oberteil als Löwenkopf und deren Attasche als Löwenpranke ausgebildet ist. Ein Eimer

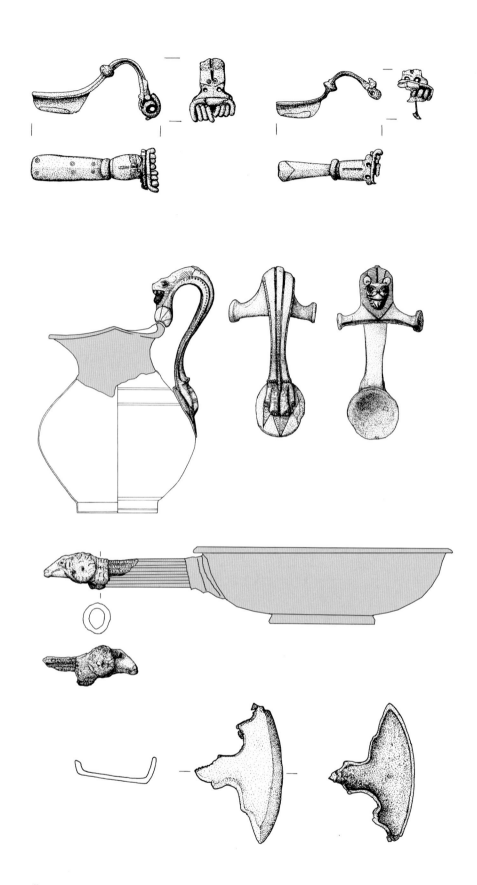

Abb. 22: Mannheim-Feudenheim „Wilhelmstraße" Grab 2. M 1:2, 1:4.

vom Östlandtyp ist vollständig erhalten. Als weitere Beigaben sind ein Scherenfragment, zwei Messer und die Rand- und Endbeschläge zweier Trinkhörner nachgewiesen. Das Augenfibelpaar Almgren 57 datiert das Grab in claudisch-neronische Zeit. Bronzegeschirr in germanischen Gräbern demonstriert die

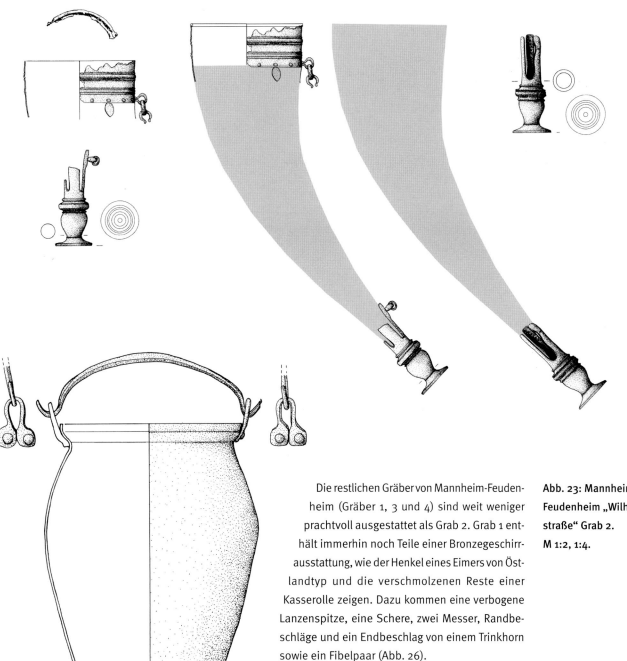

Abb. 23: Mannheim-Feudenheim „Wilhelmstraße" Grab 2. M 1:2, 1:4.

Übernahme römischer Tischsitten hier in Mannheim-Feudenheim mit einer Handwaschgarnitur bestehend aus Kanne und Griffschale und ist charakteristisch für Bestattungen barbarischer Randvölker. Dagegen deutet die Mitgabe von Trinkhörnern das Verharren in alten Traditionen an und zeigt, dass die Neusiedler an Neckar und Oberrhein keinesfalls auf germanische Lebensart verzichten wollten.

Die restlichen Gräber von Mannheim-Feudenheim (Gräber 1, 3 und 4) sind weit weniger prachtvoll ausgestattet als Grab 2. Grab 1 enthält immerhin noch Teile einer Bronzegeschirrausstattung, wie der Henkel eines Eimers von Östlandtyp und die verschmolzenen Reste einer Kasserolle zeigen. Dazu kommen eine verbogene Lanzenspitze, eine Schere, zwei Messer, Randbeschläge und ein Endbeschlag von einem Trinkhorn sowie ein Fibelpaar (Abb. 26).

Grab 3 und 4 enthalten neben Fibel-, Gerät- und Waffenbeigaben rein provinzialrömische Gefäße, die als Leichenbrandbehälter genutzt wurden, wobei Grab 4 noch einen Teller als Urnenabdeckung aufweist. Wie Grab 1 datieren auch diese Gräber in claudisch-neronische Zeit. Für die Gräber aus Mannheim-Feudenheim ist anzunehmen, dass aufgrund des frühen Funddatums (Gräber 1 und 2) die möglicherweise mitgegebene handgemachte neckarswebische Keramik wohl aufgrund ihres schlechten Erhaltungszustandes nicht mitgeborgen wurde.

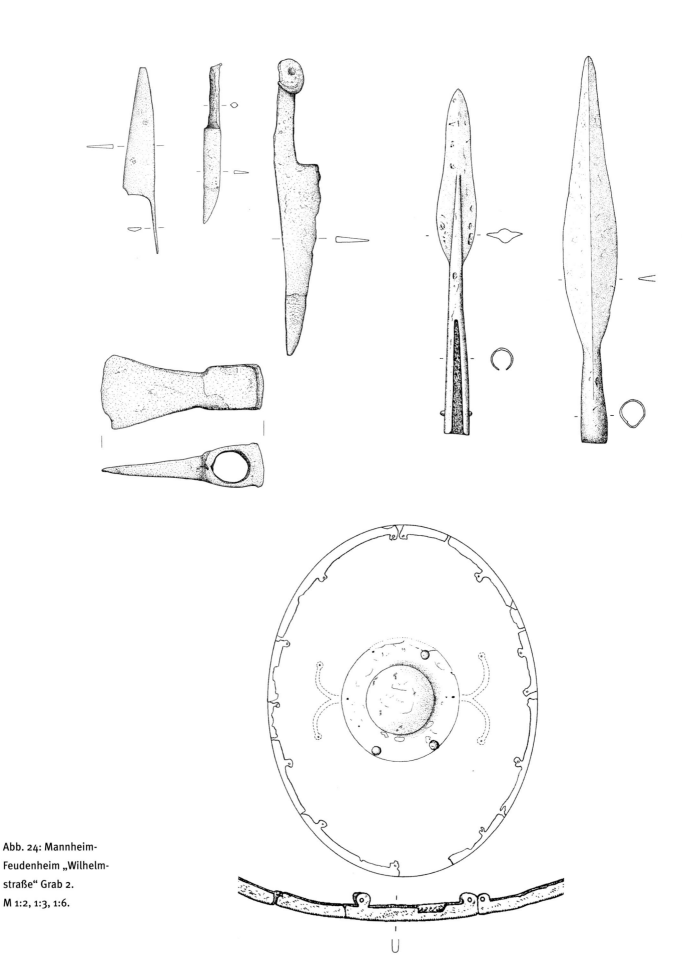

Abb. 24: Mannheim-Feudenheim „Wilhelmstraße" Grab 2.
M 1:2, 1:3, 1:6.

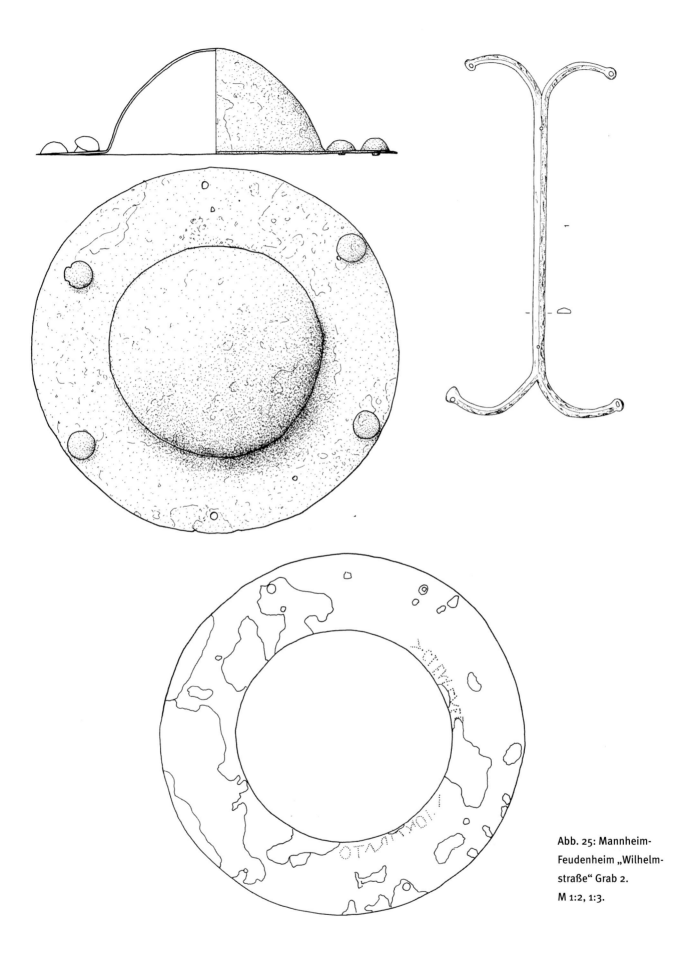

Abb. 25: Mannheim-Feudenheim „Wilhelmstraße" Grab 2. M 1:2, 1:3.

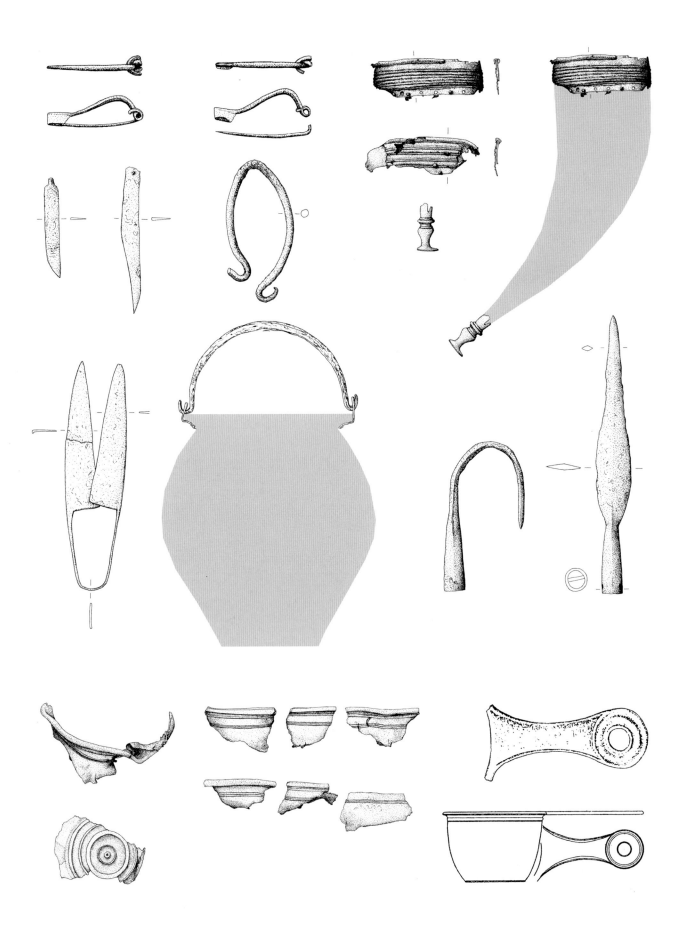

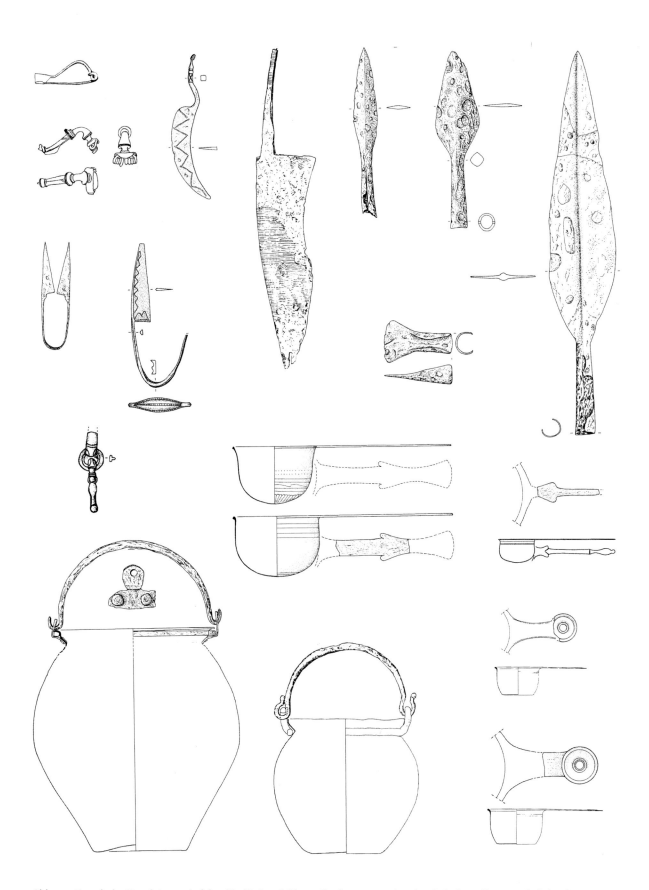

Abb. 27: Mannheim-Vogelstang „Auf den Ried". Aus Gräbern. Spektrum von charakteristischen elbgermanisch/neckarswebischen Funden. M 1:2, 1:4. n. Gropengießer, Suebi Nicretes und Schlegel, Germanen im Quadrat.

Die nur fragmentarisch erforschten Gräberareale von Mannheim-Vogelstang *Auf den Ried* und Pommernstraße datieren beide von der 2. Hälfte des 1. Jahrhunderts bis in die 1. Hälfte des 3. Jahrhunderts. Das Gräberfeld *Auf den Ried* zeigt im Fundgut noch typisch elbgermanisch-neckarswebisches Elemente wie verzierte Scheren, Messer mit profiliertem Griffende, Bronzegeschirr wie Eimer vom Östlandtyp, Kelle und Siebpaar, Kasserollen, Trinkhornbeschläge und Waffen (Abb. 27). Gleiches gilt abgeschwächt auch für das Gräberfeld an der Pommernstraße.

Das Gräberfeld von Edingen, am Rand des Stadtkreises gelegen, zeigt wiederum eine deutliche neckarswebische Fundausstattung mit Augenfibeln, einzeln und paarweise mitgegeben, Messern mit profilierten Griffenden, Scheren, Bronzegeschirr wie Kelle und Siebpaaren, Kasserollen und Eimern, Trinkhornbeschlägen, Waffen wie Schildbuckel, Schildgriffe und Lanzenspitzen. Handgemachte neckarswebische Keramik ist durch eine große Schale mit bogenförmiger Kammstrichverzierung, Schüsseln mit abgesetzter Halszone bzw. einbiegendem Rand und Kleingefäßen vertreten. Die wenige römische Keramik besteht überwiegend aus Nigragefäßen, einem Firnisschälchen mit Schuppenverzierung und tongrundiger Ware (Abb. 28-34).

In dem wohl nicht vollständig geborgenen Brandgrab von Ilvesheim mit einer Augenfibel und einem Schildbuckel – beides mit Brandpatina – war wahrscheinlich noch eine Lanzenspitze beigegeben. Es ist auffallend, dass in dem neckarswebischen Gräbermaterial Schild und Lanze häufig regelhaft vorkommen, während die Schwertbeigabe sehr selten ist,[45] wie bei den den anderen oberrheingermanischen Gruppen auch.[46]

Die Gräber des Mannheimer Raumes weisen kaum handgemachte neckarswebische Gefäße auf, ganz im Gegensatz zum Gräberfeld Ladenburg am *Erbsenweg*, in dem ein nahezu ausgewogenes Verhältnis zwischen elbgermanisch-neckarswebischer und provinzialrömischer Keramik besteht (Abb. 21).

In den elbgermanisch-neckarswebischen Bestattungsplätzen von Edingen und Ladenburg[47] ist das absichtliche Verbiegen von Waffen (Lanzenspitzen), Waffenteilen (Schildgriff) und Gerät (Messer und Scheren) belegt (Abb. 20). Die Sitte ist bei keltischen wie bei elb- und ostgermanischen Gräbern seit der vorrömischen Eisenzeit nachgewiesen. Hierfür können verschiedene Gründe angeführt werden, die einerseits auf einem kultisch-religiösen Verständnis basieren, andererseits rein praktische Ursachen haben mögen. Der Zerstörung des Körpers durch die Verbrennung auf dem Scheiterhaufen folgte die Zerstörung der Beigaben nicht allein durch die Kremation, sondern durch das davor durchgeführte Unbrauchbarmachen der Gegenstände wie Waffen und Gerät. Die praktischen Gründe liegen im Bestattungsbrauch mit Urnengräbern, Brandgruben- und Brandschüttungsgräbern. „Man hätte die Gegenstände verbogen, um sie in der Urne oder einer weniger geräumigen Brandgrube unterbringen zu können".[48]

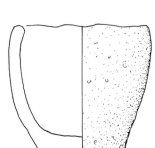

Abb. 28: Edingen „Kreuzelstein" Grab 1-1937/38. M 1:2.

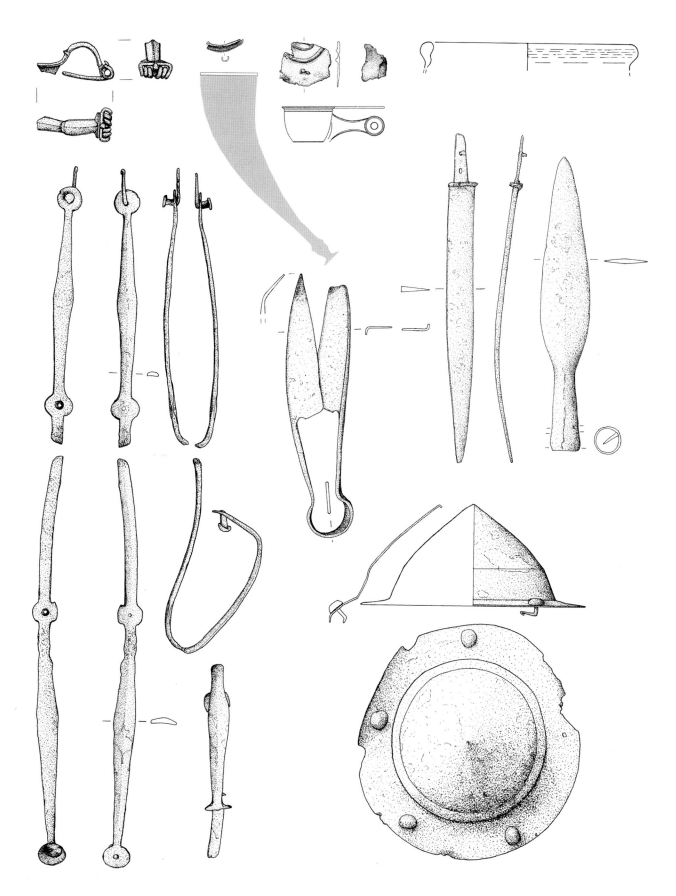

Abb. 29: Edingen „Kreuzelstein" Grab 3-1937/38. M 1:2., 1:3

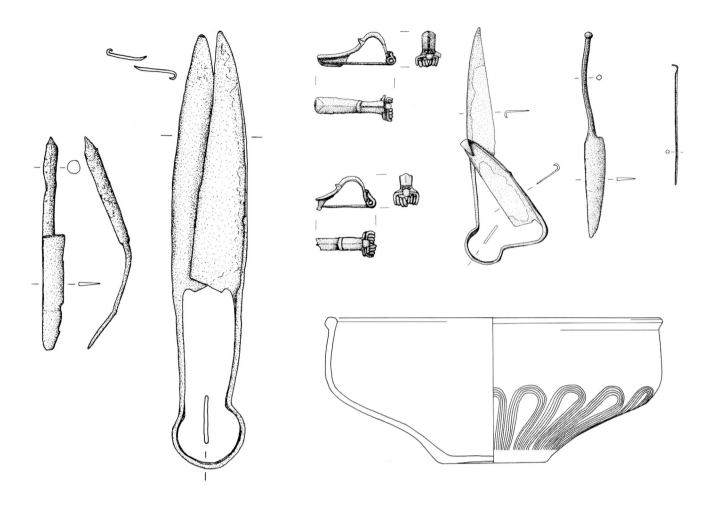

Abb. 30: Edingen „Kreuzelstein" Grab 5-1937/38. M 1:2.   Abb. 31: Edingen „Kreuzelstein" Grab 6-1937/38. M 1:2,5, 1:3,75.

Eine dritte Interpretationsmöglichkeit war wohl auch die Furcht vor „bewaffneten Wiedergängern".

Zuletzt möchte ich mich dem Grabfund von Mannheim-Seckenheim „Hochstätt" widmen, der auf den ersten Eindruck ein recht unscheinbares Bild vermittelt. Das Grab wurde 1961 geborgen und enthielt eine gut erhaltene Fibel unbekannter Form, ein Messer mit gebogener Klinge – beide Gegenstände sind heute verschollen – ein weiteres Messer mit gerader Klinge, ein Schleifsteinbruchstück, ein verschmolzenes Sieb-Kellepaar Form Eggers 160 und schließlich Wandscherben eines großen Gefäßes mit zwei längs gerillten Ringösen und eingehängten Tonringen (Abb. 35). Bei diesem Gefäßrest handelt es sich um die keramische Nachbildung eines Bronzekessels mit eisernem Rand.

Exkurs zu den keramischen Nachbildungen von Bronzekesseln mit eisernem Rand

Die metallenen Vorbilder dieser Keramikform sind bei den römischen Kochkesseln mit eisernem Rand, hier hauptsächlich Eggers Form 8 (Abb. 36), zu finden.[49] Die keramischen Nachbildungen imitieren die metallenen Vorbilder in Form und Verzierungsdetails. Der vielfach rhombisch verdickten Rand imitiert den aufgesetzten eisernen Randreifen. Die häufig senkrechte Randzone ist wie bei den Metallkesseln vorhanden und geht in einen gerundeten bis leicht geknickten Gefäßkörper über. Die Bronzekessel sind aus einzelnen dünnen Blechteilen zusammengenietet, wobei der Halsteil aus mehreren Blechen besteht, während der Unterteil aus einen Blech getrieben wurde. Diese Nietreihen sind nun bei den keramischen Nachbildungen durch runde Einstiche imitiert oder können durch eine plastische Leiste ersetzt werden. Selbst das Metall wird bei den Keramiknachbildungen durch eine graphitierte Oberfläche imitiert.

Auch die Kesselaufhängung, Öse und Ringhenkel, ist bei den Keramikformen wenigstens ansatzweise zu erkennen. Die Knubben, die bei den Bronzekesseln als Henkelauflage dienen, sind bei den keramischen Nachbildungen zum Ornament degeneriert.

Diese Details sind bei den Gefäßfragmenten von Mannheim-Seckenheim bis auf die Kesselaufhängungen nicht mehr vorhanden. Unter dem keramischen Fundmaterial der Siedlung Ladenburg *Ziegelscheuer* aber sind allein elf solcher Kesselnachbildungen mit diesen Details nachweisbar (Abb. 37).[50]

Die Bronzekessel wurden überwiegend in gallischen Werkstätten hergestellt und fanden hauptsächlich in der frühen Kaiserzeit Verwendung. Ihre Wertschätzung noch im späten 3. Jahrhundert zeigen vielfach geflickte Exemplare, wie z.B. der Kessel von Walldürn.[51] Auch in den Hortfunden von Hagenbach und Neupotz sind solche Kessel zu finden.[52]

Die reine Zweckform der bronzenen Kochkessel mit eisernem Rand kommt bereits in den frühlatènezeitlichen Adelsgräbern der Hunsrück-Eifel-Kultur, etwa in dem Grabfund von Wallscheid vor.[53] Nach A. Haffner handelt es sich wahrscheinlich um einheimische Produktion.

In augusteisch/tiberischer Zeit finden sich solche Kessel samt Aufhängevorrichtung in reich ausgestatteten Gräbern des Saar-Mosel-Nahe-Raumes, wie Goeblingen-Nospelt (Abb. 36,1), Wincheringen und Wahnwegen.[54] Als römisches Importgut kommen die Bronzekessel auch in üppigen Grabfunden des gesamten elbgermanisch geprägten Raumes von Niedersachsen[55] (Abb. 36,2) über Mecklenburg[56] und das Mittelelbegebiet[57] bis nach Böhmen[58] und die Slowakei[59] im 1. Jahrhundert n. Chr. vor.

Tonimitationen von Bronzekesseln mit eisernem Rand sind bislang nur aus germanischen Fundzusam-

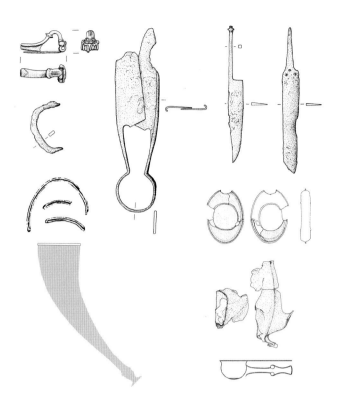

Abb. 32: Edingen „Kreuzelstein" Grab 1-1940. M 1:4.

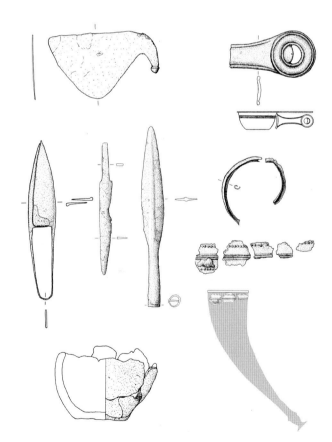

Abb. 33: Edingen „Kreuzelstein" Grab 2-1940. M 1:4.

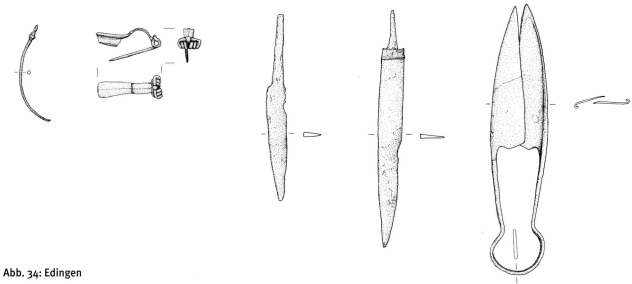

Abb. 34: Edingen „Kreuzelstein" Einzelfunde M 1:3.

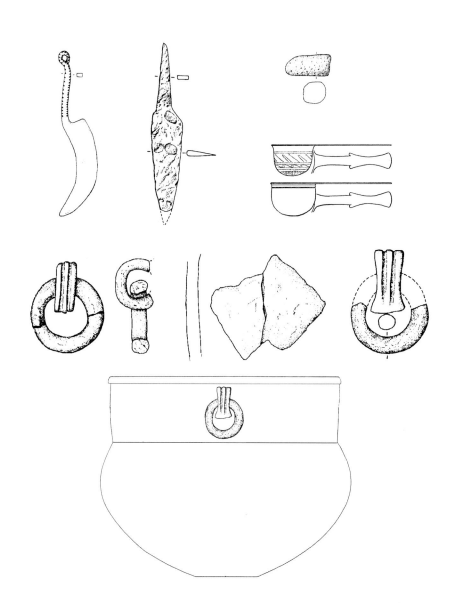

Abb. 35: Mannheim-Seckenheim „Hochstätt" Grabfund 1961. M 1:3, 1:6. n. Schlegel, Germanen im Quadrat mit Ergänzung.

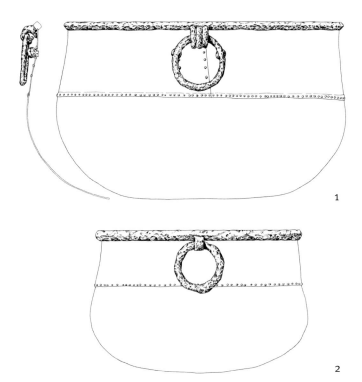

Abb. 36: Bronzekessel mit eisernem Rand aus Göblingen-Nospelt Grab B (1) und Hamburg-Harsefeld Grab 26 (2). M 1:6.

menhängen bekannt. R. v. Uslar bildete bereits 1938 ein Gefäßbruchstück aus Möritzsch/Provinz Sachsen, heute Sachsen-Anhalt, Kr. Merseburg ab (Abb. 38,1), bei dem der Ringhenkel als bewegliches Element nachgeahmt ist. Die Nieten der einzelnen Blechteile sind als Kreisaugenstempel dargestellt.[60] Aus dem frührömischen Lager von Hofheim/Taunus der claudisch-vespasianischen Zeit stammt ebenfalls eine Tonimitation eines Bronzekessels (Abb. 39).[61] Auf diesem Gefäß sind neben den üblichen zwei Henkelnachbildungen weitere zwei Henkelapplikationen als Verzierungselemente aufgebracht. Die Schüssel gehört zu einer kleinen Gruppe germanischer Keramik in dem Militärlager.

Eine weitere Kesselimitation liegt aus dem ältesten römischen Siedlungsbereich von Baden-Baden, Fundstelle Lange Straße 2 (Abb. 40) vor,[62] der durch weitere Fundstellen mit provinzialrömischer Keramik wohl in claudische Zeit datiert werden kann.[63] Bei

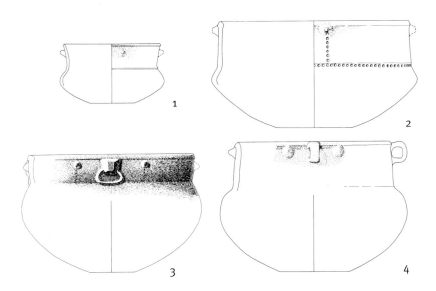

Abb. 37: Rekonstruktionen der keramischen Nachbildungen von Bronzekesseln aus Ladenburg „Ziegelscheuer". M 1:6.

dem Gefäß handelt es sich um eine stark ergänzte, handgemachte Schüssel mit leicht verdicktem, ausladendem Rand und abgesetzter Halszone. Vom Rand bis zur Schulter ist ein zweistabiger Bandhenkel angebracht, in welchem der bewegliche Tonhenkel hängt. Mit einem Randdurchmesser von ca. 22 cm gehört dieses Exemplar wohl eher zu den kleineren Stücken dieser Gefäßgattung. Vermutlich gehört auch die Schüssel aus Grab 79 von Lužec in Böhmen[64] (Abb. 38,2) zu dieser Gruppe.

Sicher konnten die Nachbildungen aus Ton nicht die Funktion der metallenen Vorbilder erfüllen. Aber die Gefäßfragmente aus Mannheim-Seckenheim *Hochstätt* und aus der Siedlung Ladenburg *Ziegelscheuer* und die anderen Beispiele aus verschiedenen germanischen Siedlungsräumen zeigen, dass die Kesselformen, insbesondere solche mit eisernem Rand, zur Nachahmung gereizt haben, zu welchem Zweck auch immer. Dass auch andere Metallformen imitiert wurden, und die Sitte durchaus nicht auf das 1. Jahrhundert n. Chr. beschränkt blieb, zeigt das Gefäß vom Kastell Zugmantel[65] (Abb. 41,1), welches die Nachbildung eines Eimers Eggers 39–42 darstellt. Ein vergleichbares Exemplar aus Metall liegt aus dem Urnengrab 21 von Diersheim vor (Abb. 41,2).[66] Auf Grund der datierenden Beigaben ist das Grab dem jüngeren Abschnitt der 3. Zeitstufe, 200-260 n. Chr., zugeordnet.

Dass die Imitationslust der Germanen nicht auf die Metallgefäße beschränkt blieb, sondern sich auch auf Glasgefäße und andere Keramikformen erweitern lässt, zeigt eine kleine aber sehr informative Studie über dieses Thema von M. Hegewisch.[67]

Siedlungen

Wie bereits oben erwähnt, sind die Kenntnisse von Siedlungen und deren Dokumentation und Fundüberlieferung ähnlich desolat wie bei den Grabfunden. Einigermaßen brauchbare Ergebnisse lieferten allein die 1934/35 ergrabenen Siedlungsplätze von Mannheim-Seckenheim *Waldspitze* und Mannheim-Vogelstang *Chemnitzer Straße*.[68] Die Kriegsverluste an Dokumentation und z. T. von Fundmaterial machen die beiden Siedlungen kaum noch auswertbar.[69] Allein die 1977 bis 1988 fast vollständig ausgegrabene Siedlung von Mannheim-Wallstadt *Kiesäcker/Langgewann* ist bislang die einzige Nachkriegsgrabung, deren Befunddokumentation und Fundmaterial für eine Auswertung nach modernen Anforderungen genügen wird.[70] Der bereits 1934/35 ergrabene Siedlungsausschnitt Mannheim-Wallstadt *Pfarrweglänge*, der 1989 durch eine Untersuchung des Landesdenkmalamtes Baden-Württemberg, Außenstelle Karlsruhe, auf ca. 50 m Breite insgesamt erweitert wurde, kommt über das eingeschränkte Befundbild allein von Abfallgruben und Grubenhütten nicht hinaus. Der Grabungsausschnitt von 1965 aus der Siedlung Mannheim-Vogelstang *Rechts des Käfertaler Weges* ist zwar klein, hat aber dennoch in diesem Teilbereich neben den obligaten Grubenhütten Gebäudegrundrisse hervorgebracht, die mindestens einem Wohnbau und zwei Speicherbauten zugeordnet werden können. Dazu kommen Brunnen und Abfallgruben.[71] Allerdings ist das Fundmaterial wenig aussagekräftig und gehört weitgehend schon in das 2. Jahrhundert. n. Chr.

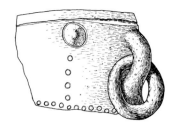

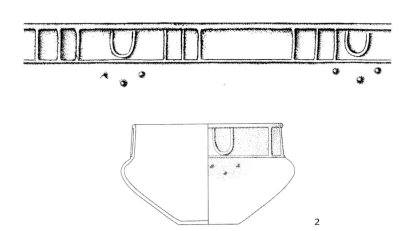

Abb. 38: Keramische Nachbildungen von römischen Kochkesseln aus Möritzsch (1) und Lužec Grab 79 (2). M 1:3, 1:2,5.

Abb. 39: Keramische Nachbildung eines römischen Kochkessels aus Hofheim/Taunus. M ca. 1:4.

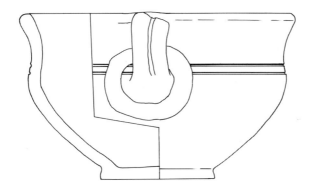

Abb. 40: Keramische Nachbildung eines römischen Kochkessels aus Baden-Baden, Lange Straße. M 1:3.

 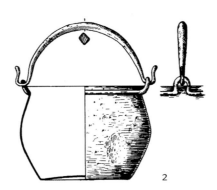

Abb. 41: Eimer Eggers 39–42 aus Diersheim Grab 21 (2) und keramische Nachbildung vom Kastell Zugmantel (1). M 1:2.

Abb. 42: Mannheim-Seckenheim „Waldspitze" („Suebenheim"). Plan der Siedlung. Reiss-Engelhorn-Museen Mannheim. M 1:1000.

Den bislang größten Ausschnitt zeigt die Siedlung Mannheim-Seckenheim *Waldspitze* (Suebenheim) mit 20 Grubenhütten, wovon 19 im Plan (Abb. 42) eingetragen sind.[72]

Solche, in den Boden eingetiefte Hütten von 2 bis 3 m in der Breite und bis zu 5 m in der Länge sind keinesfalls Wohnhäuser der germanischen Bevölkerung, wie man lange Zeit allgemein angenommen hat, sondern es handelt sich hierbei um Werkstattbereiche, vornehmlich für die Textilherstellung. Vielfach finden sich in den Verfüllungen solcher Hütten Webgewichte, die damit auf einen Webstuhl innerhalb des Grubenhauses hinweisen (Abb. 43).[73] Bei

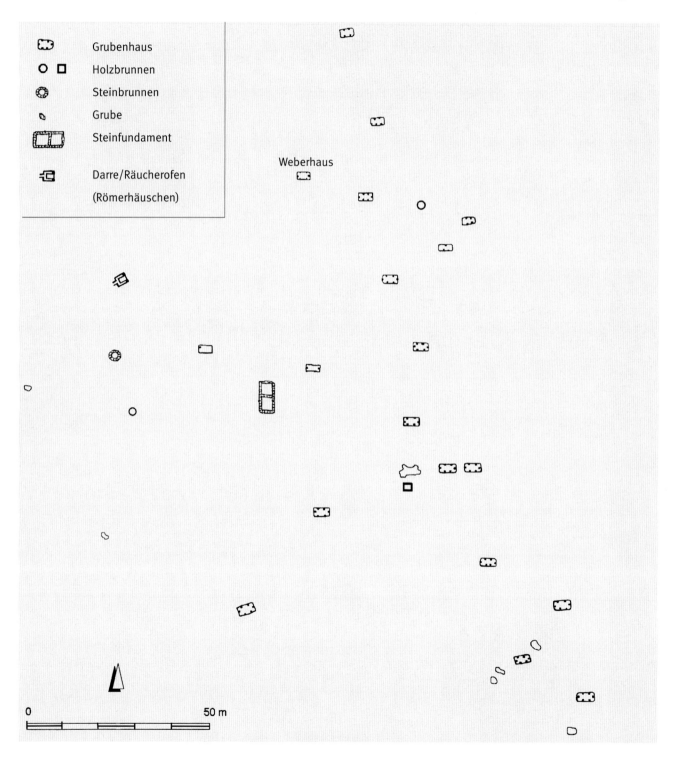

der Bezeichnung „Weberhaus" für eine der Grubenhütten in der Siedlung *Waldspitze* dürfte es sich anhand entsprechender Funde um eine solche Webhütte gehandelt haben. Leider können die hier abgebildeten Grundrisse der Grubenhütten nicht mehr auf dem Gesamtplan lokalisiert werden (Abb. 44 und 45). Die 20 Grubenhütten gehören wahrscheinlich zu maximal fünf Hofstellen, deren Baubefunde wie Pfostenstellungen oder Schwellbalkenkonstruktionen nicht mehr nachweisbar waren. Ein Gebäude mit Steinfundament von 8 x 4 m Größe, ein steinerner Brunnen, eine Ofenanlage, fälschlich als „Römerhäuschen" bezeichnet [74], gehören zeitlich nicht mehr zu der älteren neckarswebischen Ansiedlung und kennzeichnen eine jüngere Periode (2. Jahrhundert n. Chr.) dieses Siedlungsplatzes. Bei der Ofenanlage handelt es sich um einen Räucherofen, bei dem die Beheizung über einen umlaufenden Heizkanal seitlich oder von der Rückseite her erfolgte.

Abb. 43: Rekonstruktion eines Grubenhauses als Webhütte.
n. K.-E. Behre u.a.

Das neckarswebische Gehöft

Die Idealzusammensetzung eines neckarswebischen ländlichen Anwesens besteht aus mindestens einem Wohnhaus, mehreren Speicherbauten, etlichen Grubenhütten, diversen Brunnen und Abfallgruben. Im Mannheimer Raum erfüllen diese Voraussetzungen bedingt lediglich die Siedlungsausschnitte von Mannheim-Vogelstang Chemnitzer Straße und *Rechts des Käfertaler Weges*. In keinem der beiden Siedlungsareale ist ein vollständiges Gehöft nachgewiesen, sondern immer nur Teilbereiche, die auch hier mehrere Hofstellen vermuten lassen. In der Chemnitzer Straße ergeben einerseits Wohnbau, Grubenhütten, Brunnen und Abfallgruben eine Hofstelle, andererseits Grubenhütten, Speicherbauten, Brunnen und Abfallgruben eine zweite (Abb. 46).

Rechts des Käfertaler Weges konzentrieren sich Wohnbau, Grubenhütten und ein Brunnen bzw. nur Speicherbauten, Brunnen und Abfallgruben zu wahrscheinlich zwei Hofeinheiten. Am Ostrand der Grabungsfläche lässt sich eine mögliche dritte Hofstelle anhand von Pfostensetzungen, Brunnen und Abfallgruben erschließen (Abb. 47).

Die *Wohnbauten* zeigen einfache Pfostenkonstruktionen ohne erkennbare Inneneinteilung. In der Chemnitzer Straße weist das Haus eine Größe von 8,3 x 5,4 m auf (Abb. 48,1). Der Wohnbau *Rechts des Käfertaler Weges* ist nicht vollständig ergraben und nur auf zwei Seiten durch Pfostensetzungen erfasst.

Speicherbauten sind mehrheitlich durch vier Pfosten nachgewiesen; möglich sind aber auch Sechspfosten-Grundrisse. Die Konstruktion ist eine sog. Stelzenbauweise, bei der die Vorratsebene zum Schutz vor „Fressfeinden" bodenfern angelegt war (Abb. 48,2.3).[75]

Im Gegensatz zu den oberirdisch angelegten Gebäudegrundrissen sind die stets in das Erdreich eingetieften *Grubenhütten* eigentlich immer im archäologischen Fundbild nachweisbar. Dabei handelt es sich um Baukonstruktionen von zwei über vier bis zu sechs Postenstellungen. Die Größen reichen von zwei bis drei Metern in der Breite und bis zu fünf Metern in der Länge (Abb. 43 bis 45).

Die *Brunnen* zeigen holzverschalte Konstruktionen in viereckiger und runder Bauweise (Abb. 49).

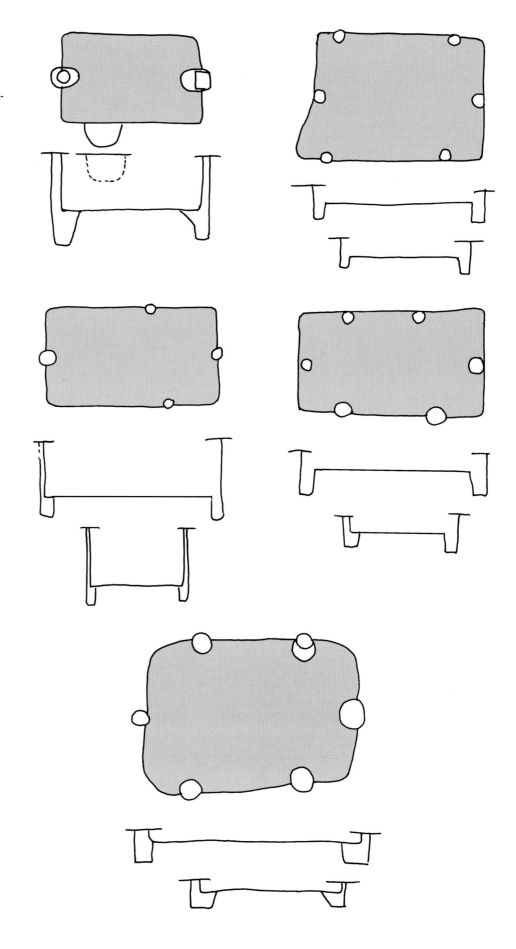

Abb. 44: Mannheim-Seckenheim „Waldspitze". Verschiedene Formen von Grubenhütten ohne Zuweisungmöglichkeit zum Plan Abb. 42. Zeichnungen: Reiss-Engelhorn-Museen Mannheim. M 1:75.

Abb. 45: Mannheim-Seckenheim „Waldspitze". Eine Grubenhütte im Ausgrabungszustand um 1934/35. Foto: Reiss-Engelhorn-Museen Mannheim.

Abfallgruben sind vielfach unregelmäßig angelegte Vertiefungen, die zur Beseitigung von Müll genutzt wurden. Diese Funktion erfüllten auch die Grubenhütten, sobald sie als Werkstattbereiche nicht mehr in Funktion waren. Aus diesen beiden Gattungen der „Abfallbewirtschaftung" stammt die Masse des neckarswebischen Fundmaterials.

Zu den bereits besprochenen größeren Siedlungsausschnitten kommen einige wenige Befunde aus Heddesheim *Frechten* (Abb. 50)[76], Edingen Neckarhauser Str. 173 (Abb. 51)[77] und Mannheim-Seckenheim *Hochstätt* (Grube 1/1910, Abb. 52)[78], die Material aus Brunnenverfüllungen, Grubenhütten, Abfallgruben und von Lesefunden erbracht haben (Abb. 53, 1.2). Hinzu kommt Fundmaterial aus Mannheim-Feudenheim Körnerstraße, Garten Fuhr (Lesefund)[79] (Abb. 17,1), Mannheim-Sandhofen Leinpfad (Lesefunde und Grubeninhalt Abb. 53,3; 54)[80], Ilvesheim *Weingärten* (Gruben)[81] und *Viernheimer Grund* (Lesefunde Abb. 53,4)[82], welches wichtige Überblicke zu den neckarswebischen Keramikformen liefert und deshalb hier zusammen mit römischer Tonware vorgelegt wird.[83]

Obwohl aus der Mannheimer Region eine Vielzahl von Baubefunden nachweisbar ist, sind auswertbare Fundkomplexe vornehmlich mit keramischem Fundmaterial wenig vorhanden bzw. noch nicht vollständig publiziert.[84] Diesen Mangel gleicht die am südlichen *Stadtrand von Ladenburg* gelegene neckarswebische Siedlung *Ziegelscheuer*, deren Siedlungsbeginn in claudischer Zeit liegt, in erfreulicher Weise aus. Jedoch fehlen dort im Gegensatz zur Nachbarregion wesentliche Baubefunde. Es sind nur Grubenhütten und Abfallgruben nachgewiesen,[85] die reichhaltiges keramisches Fundmaterial hervorgebracht haben.

Die Auswertung der Siedlung *Ziegelscheuer* hat gezeigt, dass über die Verteilung der Grubenhütten und dazugehörigen Abfallgruben in den einzelnen Zeitstufen mehrere – wahrscheinlich drei – Hofstellen angenommen werden können[86].

Erstmals ergab sich hierbei die Möglichkeit, eine Gefäßtypologie germanischer Siedlungsware zu erstellen.

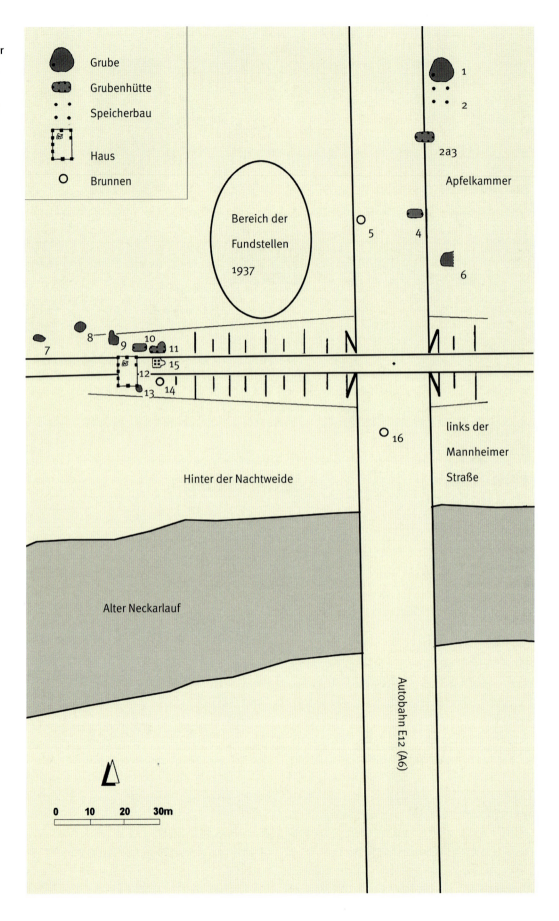

Abb. 46: Mannheim-Vogelstang, Chemnitzer Straße. Siedlungsausschnitt. M 1: 1000. n. Schlegel, Germanen im Quadrat mit Ergänzung.

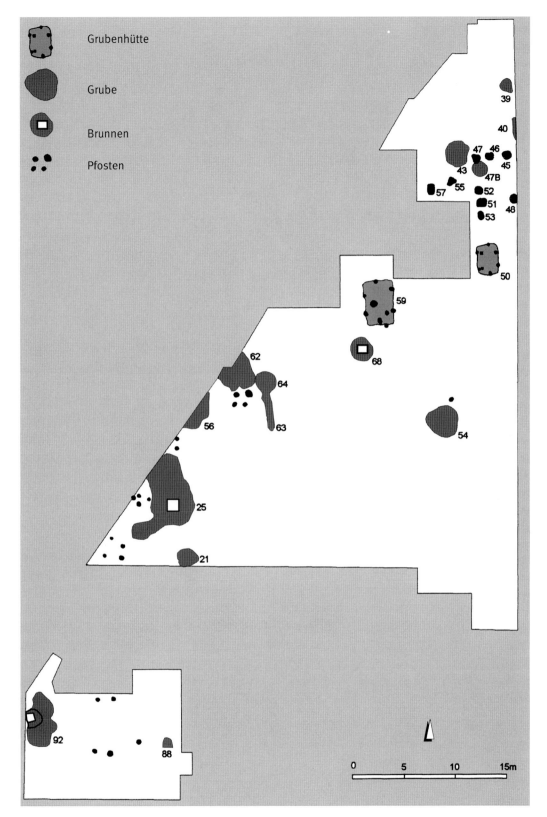

Abb. 47: Mannheim-Vogelstang, „Rechts des Käfertaler Weges". Siedlungsausschnitt. M 1:275. n. Schlegel, Germanen im Quadrat mit Ergänzung.

Die handgemachte germanische Keramik zeigt sich z. T. in bester Machart und hervorragender Oberflächenglättung, ein charakteristisches Merkmal germanischer Gefäßherstellung. Die Hauptformen der verschiedenen Gefäßarten verteilen sich auf Schalen, Schüsseln und Töpfe. In Einzelnen treten Scha-

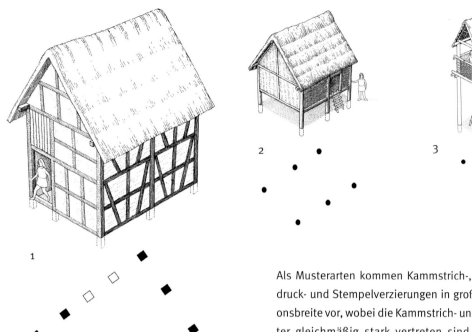

Abb. 48: Zeichnerische Rekonstruktion eines Wohnbaues (1), und von Speicherbauten in Vier- (2) und Sechspfosten-Stelzenbauweise (3). Rekonstruktionen n. Schindler, Altburg Bundenbach.

len mit abgesetztem Rand, Knickwandschalen und Schalen mit abgesetzter Halszone auf. Gleiches gilt auch für Schüsseln und bedingt für Töpfe. Vielfach waren die Gefäße verziert. Dazu kommen noch Gefäße mit Kerb-, Tupfen- und Wellenrändern.[87]

Als Musterarten kommen Kammstrich-, Ritz-, Eindruck- und Stempelverzierungen in großer Variationsbreite vor, wobei die Kammstrich- und Ritzmuster gleichmäßig stark vertreten sind, während Eindruck- und Stempelmuster zu den weniger gebräuchlichen Verzierungen gehören (Abb. 55).[88] Durch die Vergesellschaftung von provinzialrömischer Keramik, darunter einem reichhaltigen Terra Nigra-Spektrum und in geringer Menge Terra Sigillata, mit germanischer Ware konnten vier Zeitstufen von der claudischen bis zur hadrianischen Periode ermittelt und damit der Wandel der germanischen Keramik bis zu ihrem fast völligen Verschwinden sehr gut dargestellt werden.[89]

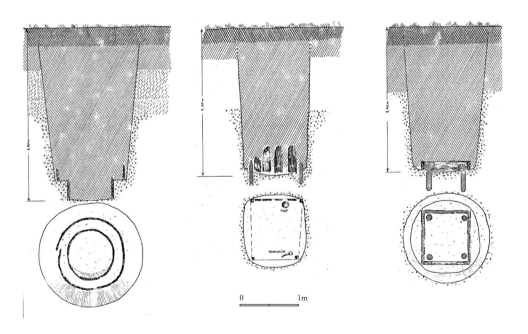

Abb. 49: Mannheim-Vogelstang, Chemnitzer Straße. Brunnenanlagen. M 1:80.

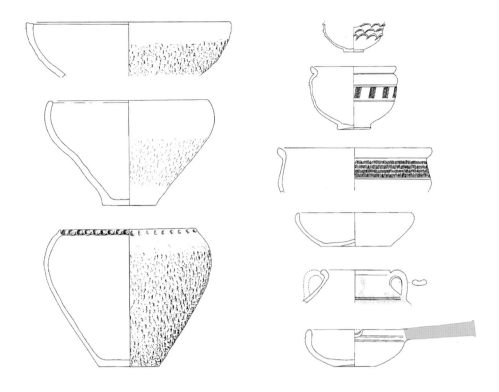

Abb. 50: Heddesheim „Frechten". Funde aus einer Brunnenverfüllung. M 1:6.
n. Gropengießer, Suebi Nicretes u. Schlegel, Germanen im Quadrat.

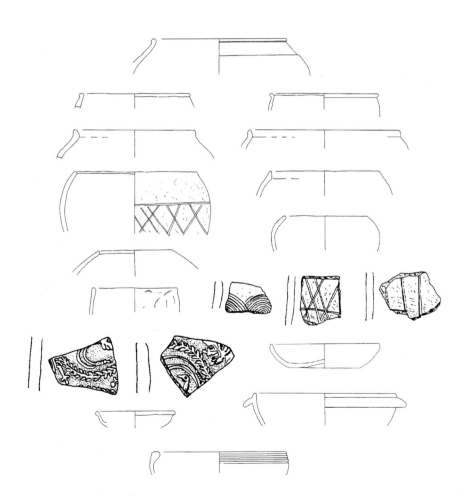

Abb. 51: Edingen, Neckarhausener Straße 173. Funde aus einem Grubenhaus. M 1:3, 1:6.
n. Gropengießer, Suebi Nicretes u. Schlegel, Germanen im Quadrat.

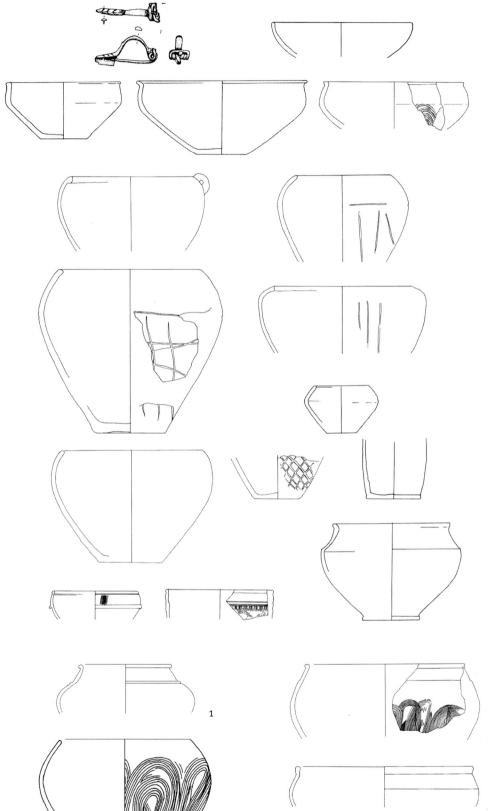

Abb. 52: Mannheim-Seckenheim „Hochstätt". Funde aus Grube 1. M 1:3, 1:6.

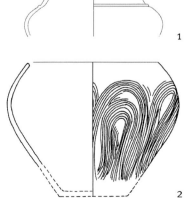

Abb. 53: Lesefunde. Mannheim-Seckenheim „Hochstätt" (1.2); Mannheim-Seckenheim, Leinpfad Haus 86 (3); Ilvesheim „Viernheimer Grund" (4). M 1:6. n. Gropengießer, Suebi Nicretes u. Schlegel, Germanen im Quadrat.

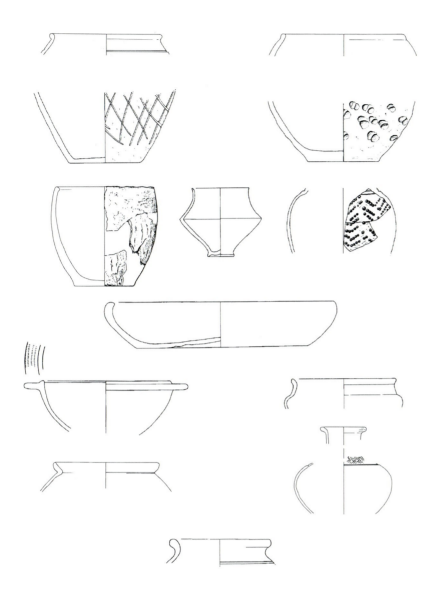

Abb. 54: Mannheimer-Sandhofen, Leinpfad. Funde aus einer Grube. M 1:6. n. Gropengießer, Suebi Nicretes u. Schlegel, Germanen im Quadrat.

	Handgemachte germanische Ware	Provinzial römische Keramik
Zeitstufe I (40-60 n. Chr.)	61%	39%
Zeitstufe II (60-80 n. Chr.)	44%	56%
Zeitstufe III (80-110 n. Chr.)	17%	83%
Zeitstufe IV (110-140 n. Chr.)	4%	96%

Die Fundkomplexe von Mannheim-Seckenheim Hochstätt, Edingen Neckarhauser Straße 173, und Heddesheim *Frechten* zeigen in ihrer Materialzusammensetzung eine typische Mischung von neckarswebischer und provinzialrömischer Keramik. Allerdings ist auffallend, dass Schalen und auch Schüsseln mit abgesetzter Halszone gegenüber Schüsseln mit einbiegendem Rand, hauptsächlich mit Ritzverzierung oder Tupfenverzierung am Rand, in der Minderzahl sind. Durch die römische Ware datieren die einzelnen Fundplätze überwiegend in meine Zeitstufen I und II. Damit wäre das Fundmaterial aus der Brunnenverfüllung Heddesheim *Frechten* durch die römische Keramik in die Zeitstufe I (40-60 n. Chr.) gehörig, bislang der älteste neckarswebische Fundkomplex im Mannheimer Raum (Abb. 50). Unter den Lesefunden von Mannheim-

Abb. 55: Ladenburg „Ziegelscheuer". Neckarswebische Keramiktypen aus der Siedlung. M 1:15.

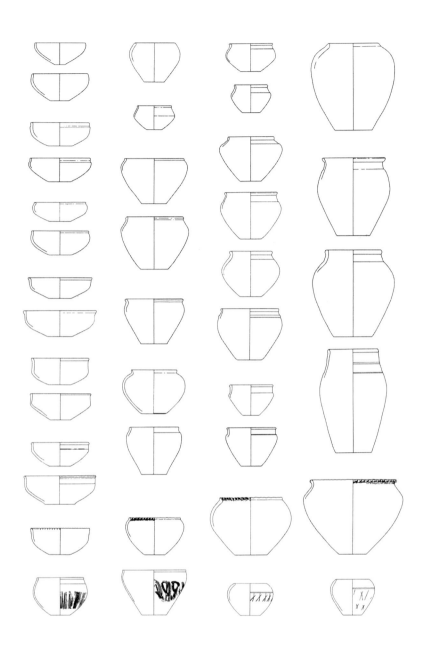

Sandhofen Leinpfad und Mannheim-Seckenheim *Hochstätt* finden sich Schüsseln in ungegliederter und gegliederter Form mit bogenförmiger Kammstrichverzierung (Abb. 53, 2.3).

Auch wenn die Materialbasis von Fundkomplexen in der Mannheimer Region bislang nicht die großen Mengen erreicht, so zeigt sich doch in einem Vergleich mit dem Siedlungsplatz von Ladenburg *Ziegelscheuer* eine deutliche Übereinstimmung.

Im Gegensatz zu der Siedlung *Ziegelscheuer* haben die germanischen Siedlungen des Mannheimer Raumes eine durchaus beachtliche Menge an metallenen Kleinfunden wie germanische Nadeln mit verziertem Kopf und verschiedene Fibelformen (wie Augenfibeln, Knickfibeln, Kniefibeln, Rollenkappenfibeln, Trompetenfibeln, Scharnierflügelfibeln, Scharnierfibeln mit längs- und querprofilierten Bügeln) erbracht. Auffallend ist auch eine beachtenswerte Menge von Waffen, vornehmlich Lanzenspitzen und Gerät.

Besonders auffallend ist dieser Umstand im dem leider nicht mehr nach Fundzusammenhängen auswertbaren Siedlungsplatz von Mannheim-Seckenheim *Waldspitze* (Suebenheim). Der Beginn dieser Siedlung ist mit der Zeitstufe II (60-80 n. Chr.) anzusetzen (Abb. 56) und fügt sich somit in das Fundbild der o.a. Siedlungsplätze ein, gleichwohl dieses Areal eine längere Laufzeit bis in das 2. Jahrhundert n. Chr. hinein anzeigt.

Die Durchsicht des Fundmaterials hat ergeben, dass neben einer deutlich elbgermanisch-neckarswebischen Komponente hier Scherbenmaterial vorliegt, welches in den rhein-wesergermanischen Kreis hinweist. Die eingangs erwähnte vermeintliche Zuweisung einiger Gefäßformen durch E. Gropengießer 1956 und 1960 in den rhein-wesergermanischen Bereich ist nicht aufrechtzuhalten, wenngleich doch bestimmte Verzierungsweisen wie Warzen und Musterkombinationen z. T. in Dreieckfeldern (Abb. 57) dort hindeuten. Gerstenkorn- und Wulstverzierungen (Abb. 57, 1.3) sind bei Elb- und Rheinwesergermanen gleichermaßen verbreitet. Bei der Bearbeitung der Siedlung Ladenburg *Ziegelscheuer* konnten ebensolche Einflüsse festgestellt werden.[90] Damit wäre die Siedlung Mannheim-Seckenheim *Waldspitze* ein weiterer Beleg für die Südausbreitung rhein-wesergermanischer Gruppen in das untere Neckarland vor der römischen Okkupation, also vor 74 n. Chr. Die beiden warzenverzierten Gefäße[91] (Abb. 57, 4.5) allerdings gehören einem jüngeren Zeithorizont an und dokumentieren damit einen erneuten Zuzug von Rheinwesergermanen nach der Mitte des 2. Jahrhunderst n. Chr. weit nach der Okkupation und nach der Civitaseinrichtung um 100 n. Chr.[92]

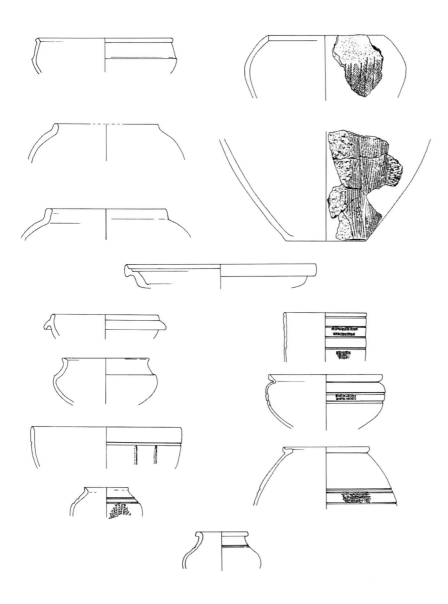

Abb. 56: Mannheim-Seckenheim „Waldspitze". Neckarswebisches und provinzialrömisches Keramikspektrum aus der Siedlung. M 1:6. n. Gropengießer, Suebi Nicretes.

Die neckarswebischen Siedlungen haben im Rahmen der Romanisierung und der Einrichtung der Civitas um 100 n. Chr. eine ganz unterschiedliche Entwicklung genommen. Die Gründung von Kastellen auf rechtsrheinischem Gebiet, wie z. B. in Ladenburg 74/75 n. Chr., bedeutet keinesfalls das Ende der germanisch geprägten Siedlungstätigkeit, auch wenn eine Anzahl von vielleicht kleineren Siedlungen wie Mannheim-Sandhofen, Edingen, Heddesheim, Ilvesheim nach 74 n. Chr. mit der römischen Okkupation abbrechen und offenbar auch keine Fortsetzung im „römischen" Siedlungssystem finden, das im Normalfall durch die Gattung Villa rustica bestimmt ist. Allein die Siedlung Mannheim-Seckenheim *Hochstätt* geht offenbar in einer römischen Villa rustica auf.

Die größeren Siedlungen Mannheim-Seckenheim *Waldspitze*, Mannheim-Vogelstang Chemnitzer Straße und *Rechts des Käfertaler Weges* verharren in ihrer überkommenen archaischen Struktur als Gehöfte in Holzbauweise bis mindestens zum Ende des 2. Jahrhunderts. Alle drei Plätze liegen am Rand der wenig fruchtbaren Flugsanddünen (Abb. 58, 7.14.11) und somit außerhalb des römischen Nutzlandes mit seinen fruchtbaren Schwemmböden des Neckarraumes. Selbst nach der römischen Okkupation werden weiterhin Siedlungen in dieser einheimischen Struktur gegründet wie die Siedlungen Mannheim-Vogelstang Chemnitzer Straße und *Rechts des Käfertaler Weges* belegen.

Etwas differenzierter erscheint die Situation im Umfeld des nahen Civitashauptortes Lopodunum/Ladenburg, obwohl dort bislang mindestens sieben römische Gutshöfe (Villae rusticae) nachweisbar sind. Aber nur der Gutshof *Ziegelscheuer* geht gesichert aus einer neckarswebischen Siedlung hervor. Derzeit unklar ist die Situation *Rechts des Wallstadter Weges*; möglich ist, dass der dort nachgewiesene

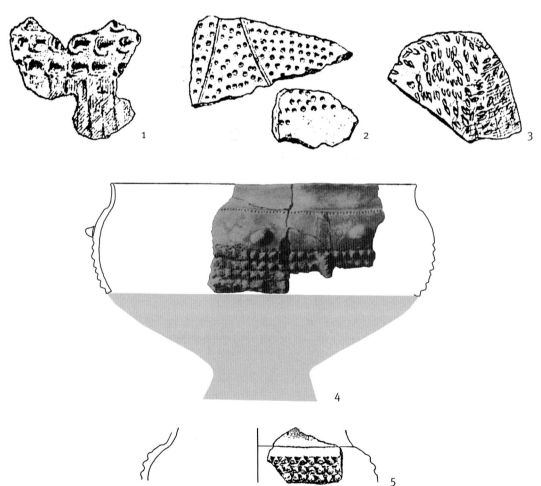

Abb. 57: Mannheim-Seckenheim „Waldspitze". Keramik rheinwesergermanischen Charakters aus der Siedlung. M 1:2,5, 1:3,5. n. Gropengießer, Suebi Nicretes und Wahle, Frühalemannische Funde.

Gutshof ebenfalls aus einer germanischen Siedlung hervorgegangen ist.[93] Bei acht weiteren Siedlungsstellen ist deren Struktur derzeit nicht bekannt. Es kann sich durchaus um Siedlungen aus neckarswebischer Wurzel handeln, die in ihrer archaischen Siedlungsweise ähnlich den Siedlungen Mannheim-Seckenheim und Mannheim-Vogelstang weiter existierten.

Unabhängig davon findet auch im Mannheimer Raum der Romanisierungsprozess – in durchaus unterschiedlicher Gewichtung und Prägung – mit der Assimilierung einstmals zugezogener und schließlich einheimisch gewordener Bevölkerungsteile annähernd ein Jahrhundert später als auf linksrheinischem Gebiet seinen Abschluss.

Neckarswebische Fundstellen im Mannheimer Stadtgebiet und Umgebung (Abb. 58)

MA-Feudenheim
1	Katalognr. Schlegel 7	Wilhelmstraße	Gräberfeld
2	Katalognr. Schlegel 6	Körnerstraße	Siedlung

MA-Sandhofen
3	Katalognr. Schlegel 27	„Südliche Nachtweide"	Siedlung?
4	Katalognr. Schlegel 28	Leinpfad 79–126	Siedlung

MA-Seckenheim
Hochstätt
5	Katalognr. Schlegel 32	„2. Gewann am Pfaffenweg"	Gräber
6	Katalognr. Schlegel 33	„Bahnhof"	Siedlung

MA-Suebenheim
7	Katalognr. Schlegel 34	„Am Römerbrunnen"...	Siedlung

MA-Straßenheim
8	Katalognr. Schlegel 35	Straßenheimer Hof	Gräber
9	Katalognr. Schlegel 36	„Aue"	Siedlung
10	Katalognr. Schlegel 37	„Rechts des Ilvesheimer Weges"	Siedlung

MA-Vogelstang
11	Katalognr. Schlegel 38	„Rechts des Käfertaler Weges"...	Siedlung
12	Katalognr. Schlegel 39	„Auf den Ried"	Gräberfeld
13	Katalognr. Schlegel 40	Pommernstraße	Gräber
14	Katalognr. Schlegel 41	Chemnitzer Straße	Siedlung

MA-Wallstadt
15	Katalognr. Schlegel 42	„Hinterm Friedhof"	Siedlung
16	Katalognr. Schlegel 43	Mudauer Ring...	Siedlung

Ilvesheim
17	Katalognr. Schlegel 9	Wachenheimer Str. 18	Gräber

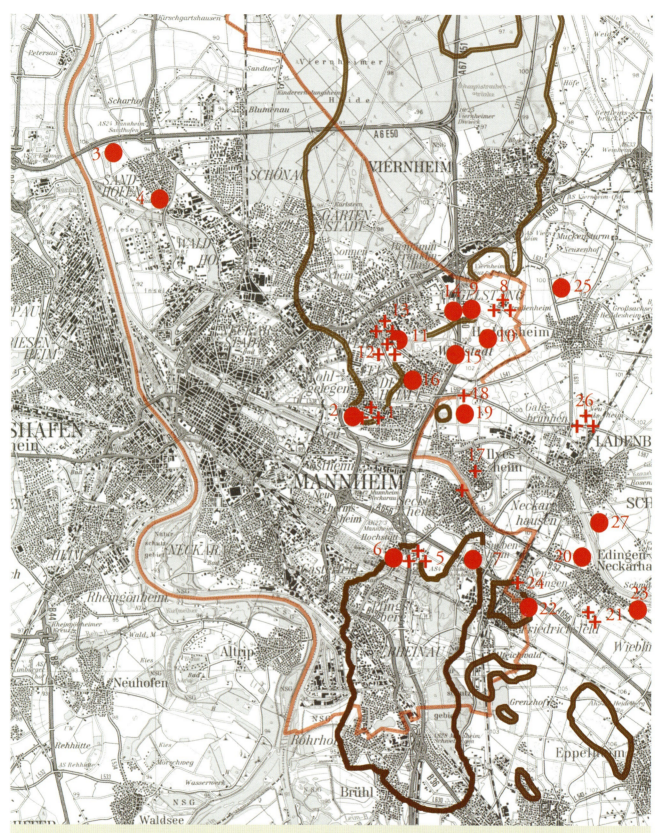

Abb. 58: Verzeichnis der Fundstellen im Stadtgebiet Mannheim und Umgebung. Punkte: Siedlungen, Kreuze: Gräber, braune Umrandung: Bereich der Flugsanddünen. M 1:100 000. C 6714 Mannheim mit Genehmigung des LVermGeo Rheinland-Pfalz.

18	Katalognr. Schlegel .10	„Weingärten"	Grab
19	Katalognr. Schlegel 11	„Weingärten/Viernheimer Grund"	Siedlung

Edingen

20	Katalognr. Schlegel 3	Neckarhauser Str. 173	Siedlung
21	Katalognr. Schlegel 4	„Kreuzelstein"	Gräber
22	Katalognr. Schlegel 5	„In der Sandbütt"/„Beim Hexenbaum"	Siedlung
23	Archäologische Karte	„An der Schießmauer"	Siedlung

Neu-Edingen

24	Katalognr. Schlegel 24	„Sandbütt"/Rosenstraße 21	Grab

Heddesheim

25	Katalognr. Schlegel 8	„Frechten"	Siedlung

Ladenburg

26	Katalognr. Schlegel 18	„Erbsenweg"	Gräber
27	Katalognr. Schlegel 21	„Ziegelscheuer"	Siedlung

Anmerkungen

[1] C. Haeffelin, Dissertatio de sepulcris Romanis in agro Schwetzingano repertis. Acta Academiae Theodoro-Palatinae IV (1778) 52 ff.

[2] H. Gropengiesser, Suebi Nicretes 70 ff.

[3] K. Zangemeister, Neue Heidelberger Jahrbücher III 1893, 2 ff.; – CIL XIII 2633; – Gropengießer, Suebi Nicretes 4.

[4] M. Speidel/B. Scardigli, Neckarschwaben (Suebi Nicrenses) Arch. Korrbl. 20, 1990, 201 ff.

[5] K. Schumacher, Grabfunde der Suebi Nicretes. AuhV 5, 1911, 375.

[6] Wagner/Haug, Fundstätten und Funde 2.

[7] Bad. Fundberichte 3, 1936, 313 ff.

[8] Ausführlicher Beitrag zur Tätigkeit von Franz Gember in: K.W. Beinhauer u. I. Jensen, Archäologische Forschung in Mannheim und der Kurpfalz. Mannheim vor der Stadtgründung Teil I, Band 2.

[9] H. Gropengiesser, Suebi Nicretes 80f.; 85; 225.

[10] Schlegel, Germanen im Quadrat.

[11] Baatz, Lopodunum-Ladenburg 11; 17 ff.

[12] E. Gropengiesser in: Baatz, Lopodunum-Ladenburg 19 ff.

[13] A. Dauber u.a. Archäologische Karte.

[14] E. Gropengiesser, Die Neckarsueben in: G. Neumann und H. Seemann (Hrsg.), Beiträge zum Verständnis der Germania des Tacitus. Teil II. Bericht über die Kolloquien der Kommission für die Altertumskunde Nord- und Mitteleuropas im Jahre 1986 und 1987 91 ff. (Göttingen 1992).

[15] Schlegel, Germanen im Quadrat.

[16] Eine zusammenfassende Darstellung germanischer Funde im Oberrheingebiet erfolgte in: Lenz-Bernhard/Bernhard, Oberrheingebiet.

[17] Zur Übersicht: Seyer, Mittelelb-Havel-Gebiet – Schmidt/Nitzschke, Schkopau.

[18] Pescheck, Mainfranken

[19] Zur Übersicht: K. Motyková-Šneidrová, Anfänge römischer Kaiserzeit. – Dies., Zur Chronologie der ältesten römischen Kaiserzeit in Böhmen. Berliner Jahrb. Vor- u. Frühgesch. 5, 1965, 103 ff.

[20] Kolnik, Römerzeitliche Gräberfelder.

[21] Lenz-Bernhard/Bernhard, Oberrheingebiet 327 ff.

[22] G. Lenz-Bernhard, Frühgermanische Funde an Oberrhein und Neckar. Denkmalpflege in Baden-Württemberg 19, 1990, 170 ff. – Dies., Lopodunum III.

[23] Nierhaus, Diersheim.

[24] R. Nierhaus, Diersheim, in: J. Hoops, Reallexikon d. germ. Altertumskde. V (Berlin 1984) 421 ff.

[25] Vgl. Lenz-Bernhard/ Bernhard, Oberrheingebiet.
D. G. Wigg kommt von numismatischer Seite zu vergleichbaren Ergebnissen: D. G. Wigg, Das Ende der keltischen Münzgeldwirtschaft am Mittelrhein 74, 1996, 377 ff.
Der Aufsatz von S. Fichtl, Germania 78, 2000, 21 ff. kennt das „Oberrheingebiet" der Verf. offensichtlich nicht und macht auch die unzweifelhaft im Elsass vorhandenen, weitgehend unbefriedigend publizierten germanischen Materialien ebenso wie die archäologisch fassbaren Zeugnisse der Nemeter und Vangionen nicht zum Gegenstand seiner historischen „Synthese". Dies hätte man sich aber in einer archäologischen Zeitschrift wie der Germania sicherlich gewünscht! Die Ergebnisse führen deshalb auch nicht weiter.

[26] Die Verf. folgt der Spätlatènechronologie im Sinne von A. Miron, Die späte Eisenzeit im Hunsrück-Nahe-Raum – Mittel- und spätlatènezeitliche Gräberfelder – In: A. Haffner/A. Miron (Hrsg.), Studien zur Eisenzeit im Hunsrück-Nahe-Raum. Symposium Birkenfeld 1987. Beih. Trierer Zeitschr. 13, 1991, 151 ff.

[27] Es sind dies die Grabfunde von Landau, Bischheim und Speyer „Roßsprung". Hinzu kommt im Elsass der Siedlungsfund(?) von Hoenheim: Lenz-Bernhard/Bernhard, Oberrheingebiet.

[28] Straßburg „Vieux marché aux vins"; – Speyer Bereich Posten A „Alter Markt"; „Kornmarkt"; – Westheim; – Mutterstadt: Lenz-Bernhard/Bernhard, Oberrheingebiet.

[29] Ptol. Geogr. II 11: ελουητιων ερημος.

[30] Kartierung nach Seyer, Mittelelb-Havel-Gebiet 37 Abb. 16 mit Ergänzungen nach Pescheck, Mainfranken 57 Abb. 21 und Lenz-Bernhard/Bernhard, Militärische und zivile Strukturen in der Pfalz zur frührömischen Zeit. Kolloquium Wederath 2004. Druck in Vorbereitung.

[31] H. Keiling, Wiebendorf. Ein Urnenfriedhof der frührömischen Kaiserzeit im Kreis Hagenow. Beitr. Ur- u. Frühgesch. der Bezirke Rostock, Schwerin und Neubrandenburg 17 (Berlin 1984), Gräber 572 und 625. Der Bestattungsplatz beginnt natürlich in vorrömischer Zeit, wie die Fibeln und die Frühformen der Situlen belegen. Bei der Situla von Mannheim-Straßenheim handelt es sich nachweislich um ein einziges Gefäß. So schon H. Gropengießer, Suebi Nicretes 84. Anders: Schlegel, Germanen im Quadrat 252 Taf. 85, 1.2.

[32] H. Gropengiesser, Suebi Nicretes Katalog 7 ff. Taf. 18B. Schlegel, Germanen im Quadrat 207, 239 Taf. 31,6 geht auf diese Problematik nicht ein. Die Schüssel gehört auf keinen Fall zu der auf Taf. 31,5 abgebildeten neckarswebischen Schale, die im Anwesen Fuhr in der Körnerstraße entdeckt wurde. Von dort wird auch römische Keramik erwähnt: H. Gropengiesser, Suebi Nicretes Katalog 12.
Vergleichbares Gefäß bei W. Wegewitz, Der Urnenfriedhof von Ehestorf-Vahrendorf im Kreise Harburg aus der vorrömischen Eisen- und älteren Kaiserzeit. Urnenfriedhöfe Niedersachsen 6 (Hildesheim 1962) Grab 265, 49 Taf. 9.

[33] G. Lenz-Bernhard, Frühgermanische Funde an Oberrhein und Neckar. Denkmalpflege in Baden-Württemberg 19, 1990, 170 ff. – Dies., Lopodunum III. – Motyková-Šneidrová, Anfänge römische Kaiserzeit. – Kolnik, Römerzeitliche Gräberfelder.

[34] Lenz-Bernhard, Ladenburg 1900 Jahre Stadtgeschichte 60 ff.

[35] Mein besonderer Dank gilt einigen Mitarbeitern der Reiss-Engelhorn-Museen Mannheim, hier ganz speziell Frau Dr. Inken Jensen, die im unermüdlichen Einsatz trotz Renovierungs- und Umbauarbeiten die von mir benötigten Funde zur Verfügung stellen konnte, ebenso Frau Patricia Pfaff M.A., welche die Keramikfunde aus den Gräbern zugänglich machte, weiterhin Herrn Michael Weitzel, der in professioneller Weise für mich einen großen Teil der Fundzeichnungen anfertigte. Die Funde der Mannheimer Region und Planunterlagen sind bis auf das Ladenburger Fundmaterial Bestand der Reiss-Engelhorn-Museen, Archäologische Denkmalpflege und Sammlungen.

[36] Die Konkodanzen bei Schlegel, Germanen im Quadrat 207 f. zu den Nummerierungen bei H. Gropengießer, Suebi Nicretes 10 ff. sind falsch. Die Gräber 5 und 6 sind bei Schlegel nicht erwähnt. Dennoch behalte ich Nummerierungen von Schlegel der Übersichtlichkeit halber bei.

[37] SCHLEGEL, Germanen im Quadrat Taf. 32–40.

[38] Ebd. Taf. 76,1–6.

[39] Ebd. Taf. 102–111; 112,1–5.

[40] Ebd. Taf. 112,6.7; 113; 114,1–5.

[41] Ebd. Taf. 22–25.

[42] Ebd. Taf. 26–29.

[43] Ebd. Taf. 43,2.3.

[44] Eine Annahme, dass hier zwei Inventare vermischt wurden, ist wohl kaum stichhaltig. Möglicherweise vermischt: Schlegel, Germanen im Quadrat 207 f.

[45] Schwetzingen „Schlossgarten" Grabfund von 1765 Schwert, Lanzespitze, Schildfragmente verschollen. Schlegel, Germanen im Quadrat 249 f. Taf. 75. – Ähnlich verhält sich die Situation in den Ursprungsgebieten, wo die Schwertbeigabe nur ganz selten einen 5%-Anteil der Gräber mit Schmuck, Gerät und Waffen übersteigt. Capelle, Elbgermanische Gräberfelder 169 Karte 17; – T. Weski, Waffen in germanischen Gräbern der älteren römischen Kaiserzeit südlich der Ostsee. BAR Int. Ser. 147 (Oxford 1982) 15 ff.

[46] NIERHAUS, Diersheim Grab 78 Taf. 21. – Lenz-Bernhard/Bernhard, Oberrheingebiet: Bürstadt Grab 4 Abb. 148; – Böbingen Grab 1908 Abb. 71; – Landau Grab VIII Abb. 63; – Straßburg Gräber III, V, VII? Abb. 12–14.

[47] LENZ-BERNHARD, Ladenburg 1900 Jahre Stadtgeschichte 64 ff. Abb. 21. 22.

[48] J. KOSTRZEWSKI, Die ostgermanische Kultur der Spätlatènezeit. Mannus Bibl. 18 (Leipzig 1919) 222 ff. – M. Jahn, Die Bewaffnung der Germanen in der älteren Eisenzeit etwa von 700 v. Chr. bis 200 n. Chr. Mannus Bibl. 16 (Leipzig 1916) 16 ff.

[49] EGGERS, Import Taf. 2,8.

[50] LENZ-BERNHARD, Lopodunum III 76 ff.

[51] E. SCHALLMAYER, Arch. Ausgr. 1982 (1983) 149 Abb. 129; – S. Weinreich-Kemkes, Zwei Metalldepots aus dem römischen Vicus von Walldürn, Neckar-Odenwald-Kreis. Fundber. Bad.-Württ. 18, 1993, 253 ff.

[52] H. BERNHARD u. a., Der römische Schatzfund von Hagenbach (Mainz 1990) Abb. 21,1a.

[53] A. HAFFNER, Die westlich Hunsrück-Eifel-Kultur. Röm. Germ. Forsch. 36 (1976) 46, Taf. 11,10.

[54] J. METZLER in: Trier, Augustusstadt der Treverer (Mainz 1984) 289 ff. Abb. 147,17; – A. Haffner in: Trier, Augustusstadt der Treverer (Mainz 1984) 299 ff. Abb. 148 u. oben; – H. J. Engels, Die Hallstatt- und Latènekultur in der Pfalz. Veröff. Pfälz. Ges. Förderung Wiss. 55 (Speyer 1967) Taf. 43,12. 13.

[55] Harsefeld Brandgrab 21 und 26, Eggers, Import 117 Nr. 988, 989; – Putensen Grab 150, W. Wegewitz, Das langobardische Brandgräberfeld von Putensen, Kr. Harburg. Urnenfriedhöfe in Niedersachsen 10 (Hildesheim 1972) 82, Taf. 34,1.

[56] Hagenow Brandgrab 6, Eggers, Import 113 Nr. 871.

[57] Großromstedt Brandgrab K46/1908 und K63/1908, Eggers, Import 136 Nr. 1619, 1620; – Schkopau Grab 50 und 168, Schmidt/Nitzschke, Schkopau 58 Taf. 14 u. 73 Taf. 40.

[58] Dobrichov-Pichora Grab VI, V. Sakař, Roman imports in Bohemia. Font. Arch. Pragenses 14 (Prag 1970) 10; 12 Abb. 6,1-26.

[59] Kostolná Grab 35, Kolnik, Römerzeitliche Gräberfelder 109 f. Taf. 99.

[60] v. USLAR, Westgermanische Bodenfunde Taf. 48, 8. – Lenz-Bernhard, Lopodunum III Abb. 64,2.

[61] E. RITTERLING, Das frührömische Kastell bei Hofheim i. T. Nass. Anm. 40, 1912, 381 Abb. 100; – Lenz-Bernhard, Bemerkenswerte Keramikfunde 16, Abb. 4.

[62] M. RIEDEL, Civitas Aurelia Aquensis. Die Geschichte des römischen Baden-Baden anhand der Kleinfunde und der Inschriften. Ungedr. Diss. (Freiburg 1975) 334 Taf. 46 Nr. 5255=FS 1.

[63] E. SCHALLMAYER, Aquae das römische Baden-Baden. Führer arch. Denkm. Bad.-Württ. 11, 1989, 18 ff. Abb. 9.

[64] O. KYTLICOVÁ, Das römerzeitliche Gräberfeld von Lužec nad Vltavou (Kr. Melnik). Památky Arch. 61, 1970, 291 ff.; 339 Abb. 24,1; 363 Taf. 40,4.

[65] R. v. USLAR, Die germanische Keramik in den Kastellen Saalburg und Zugmantel, Saalburg-Jahrb. 8, 1934, 67 Abb. 2,30. – Bestimmte Gefäßformen in Keramik zu imitieren, bleibt nicht allein auf Metallgefäße beschränkt, sondern zeigt sich im germanischen Bereich sogar bei der Nachbildung von Holzeimern mit Metallbeschlägen wie z.B. in Brandgrab 5 von Kaborga/Ukraine der Černjachov-Kultur in der Stufe C3: I Goti. Ausstellungskatalog Mailand Palazzo Reale 1994, 82 f. Fig. I. 113.

[66] NIERHAUS, Diersheim Taf. 8,21g, 25,1.

[67] M. HEGEWISCH, Germanische Nachahmungen römischer Metall-, Glas- und Keramikgefäße – eine kurze Übersicht. Památky Archeologické XCVI, 2005, 79 ff.; ders., Germanische Adaptionen römischer Importgefäße. Ber. RGK 86, 2005, 197 ff.

[68] SCHLEGEL, Germanen im Quadrat Kat. Nr. 34 und 41.

[69] SCHLEGEL, Germanen im Quadrat 220 f. Entgegen dieser Annahme ist das Fundmaterial aus der Siedlung Mannheim-Seckenheim „Waldspitze" 1956 bei der Bearbeitung durch E. GROPENGIESSER (Gropengießer, Suebi Nicretes Katalog 73 f.) durchaus vorhanden und keineswegs zur Gänze kriegsverlustig gewesen. Die Planunterlagen beider Siedlungsplätze sind nach den Aufzeichnungen aus den Grabungstagebüchern von F. Gember entstanden.

[70] Vgl. Beitrag I. JENSEN, in: Die Neckarsuebische Siedlung von Mannheim-Wallstadt. In: Mannheim vor der Stadtgründung Teil I, Band 1, S. 242.

[71] SCHLEGEL, Germanen im Quadrat 222 ff. Kat. Nr. 38 Abb. 53.

[72] SCHLEGEL, Germanen im Quadrat 219 ff. Kat. Nr. 34 Abb. 51.

[73] H. GROPENGIESSER, Suebi Nicretes Taf. 135. Zur Funktion von Grubenhütten anschaulich: K.-E. Behre u.a., Mit dem Spaten in die Vergangenheit (Wilhelmshafen 1982) 37.

[74] Fundakten Archäologische Denkmalpflege und Sammlungen Reiss-Engelhorn Museen, Mannheim. – Gropengießer, Suebi Nicretes Taf. 135.

[75] Zu den Rekonstruktionen Abb. 48: Schindler, Altburg Bundenbach.

[76] GROPENGIESSER, Suebi Nicretes Taf. 35; 36; – Schlegel, Germanen im Quadrat Taf. 41; 42

[77] GROPENGIESSER, Suebi Nicretes Taf. 12; 13; – Schlegel, Germanen im Quadrat Taf. 20; 21.

[78] GROPENGIESSER, Suebi Nicretes Taf. 144–146 A.B; – Schlegel, Germanen im Quadrat Taf. 76, 7.8; 78.

[79] Vgl. Anm. 32 – Gropengießer, Suebi Nicretes Katalog 12 mit Taf. 30,1

[80] GROPENGIESSER, Suebi Nicretes Taf. 113 A.B; 114; – Schlegel, Germanen im Quadrat Taf. 68, 8–12; 69.

[81] GROPENGIESSER, Suebi Nicretes Taf. 69; – Schlegel, Germanen im Quadrat Taf. 44; 45.

[82] SCHLEGEL, Germanen im Quadrat Lesefunde 1981, Taf. 46,1–4.

[83] Die oben erwähnten Materialkomplexe sind bei Schlegel, Germanen im Quadrat in einer mir unverständlichen und wenig wissenschaftlichen Weise selektiv vorgelegt und im Fall von Mannheim-Seckenheim „Hochstätt" Grube 1/1910 in falscher Zusammensetzung abgebildet.

[84] Auch die Neubearbeitung von Schlegel, Germanen im Quadrat schafft auch mit den wenigen Neufunden kaum Abhilfe, da er das vorhandene Altfundmaterial nur selektiv vorlegt; man ist weiterhin zusätzlich auf die Arbeit von Gropengießer, Suebi Nicretes angewiesen, um zu umfassenden Beurteilungen zu kommen. Im Rahmen der jetzigen Abhandlung über die Neckarsweben konnte die Verf. diesen bedauerlichen Mangel aus Platzgründen natürlich nicht ausgleichen, und es wurden daher Fundkomplexe wie z. B. Ilvesheim „Weingärten" nicht abgebildet.

[85] Aufgrund der Grabungsmethode mit Suchschnitten hat eine flächige Aufdeckung nicht stattgefunden, was die Entdeckung von Wohn- und Speicherbauten, die sicher vorhanden waren, verhindert hat.

[86] LENZ-BERNHARD, Lopodunum III 118, Beilage 6.

[87] LENZ-BERNHARD, Lopodunum III 53 ff.

[88] LENZ-BERNHARD, Lopodunum III 91 ff.

[89] LENZ-BERNHARD, Lopodunum III 111 ff.

[90] LENZ-BERNHARD, Lopodunum III 108 ff.

[91] GROPENGIESSER, Suebi Nicretes Abb. 125, 5; 130,1. – 0 2.

[92] v. USLAR, Westgermanische Bodenfunde 30, 41 f. mit spätem Aufkommen ab der Mitte des 2. Jahrhunderts – Zu Beziehungen zwischen romanisierten Germanengruppen am Oberrhein und elbgermanischen Gruppen im Barbaricum seit dem 2. Jahrhundert n. Chr. ausführlich Nierhaus, Diersheim 166 f., 195 ff.

[93] LENZ-BERNHARD, Ladenburg 1900 Jahre Stadtgeschichte 59 ff.

Verzeichnis der abgekürzt zitierten Literatur:

Baatz, Lopdunum-Ladenburg
D. Baatz, Lopodunum-Ladenbirg a. N. Die Grabungen im Frühjahr 1960. Bad. Fundber. Sonderh. 1 (Karlsruhe 1962).

Dauber u.a. Archäologische Karte
A. Dauber/E. Gropengießer/B. Heukemes/M. Schaab, Archäologische Karte der Stadt- und Landkreise Heidelberg und Mannheim. Bad. Fundber. Sonderh. 10 (Karlsruhe 1967).

Eggers, Import
H.-J. Eggers, Der römische Import im freien Germanien. Atlas Urgesch. 1 (Hamburg 1951).

E. Gropengießer, Suebi Nicretes
Die Spätlatènezeit im unteren Neckarland und die Suebi Nicretes (ungedr. Diss. Heidelberg 1956).

Kolnik, Römerzeitliche Gräberfelder
T. Kolnik, Römerzeitliche Gräberfelder in der Slowakei. Arch. Slov. Fontes 14 (Bratislava 1980).

Lenz-Bernhard/Bernhard, Oberrheingebiet
G. Lenz-Bernhard/H. Bernhard, Das Oberrheingebiet zwischen Caesars Gallischem Krieg und der flavischen Okkupation (58 v.–73 n. Chr.). Eine siedlungsgeschichtliche Studie. Mitt. Hist. Ver. Pfalz 89, 1991, 5 ff.

Lenz-Bernhard, Bemerkenswerte Keramikfunde
G. Lenz-Bernhard, Bemerkenswerte Keramikfunde aus der neckarswebischen Siedlung Ladenburg „Ziegelscheuer" Arch. Nachr. Baden 33, 1984, 13 ff.

Lenz-Bernhard, Ladenburg 1900 Jahre Stadtgeschichte
G. Lenz-Bernhard, Die Neckarsweben in der Gemarkung Ladenburg. In: H. Probst (Hrsg.), Ladenburg. Aus 1900 Jahren Stadtgeschichte (Ubstadt-Weiher 1998) 43 ff.

Lenz-Bernhard, Lopodunum III
G. Lenz-Bernhard, Lopodunum III. Die neckarswebische Siedlung und Villa rustica im Gewann „Ziegelscheuer". Eine Untersuchung zur Besiedlungsgeschichte der Oberrheingermanen. Forsch. u. Ber. Vor- u. Frühgesch. Baden-Württemberg 77 (Stuttgart 2002).

Motyková-S˘neidrová, Anfänge römische Kaiserzeit
K. Motyková-S˘neidrová, Die Anfänge der römischen Kaiserzeit in Böhmen. Fontes Archaeologici Pragenses 6 (Prag 1963).

Nierhaus, Diersheim
R. Nierhaus, Das swebische Gräberfeld von Diersheim. Röm.-Germ. Forsch. 28 (Berlin 1966)

Pescheck, Mainfranken
Ch. Pescheck, Die germanischen Bodenfunde der römischen Kai-

serzeit in Mainfranken. Münchner Beitr. Vor- u. Frühgesch. 27 (München 1978).

Schindler, Altburg Bundenbach
R. Schindler, Die Altburg von Bundenbach. Trierer Grabungen u. Forschungen 10 (Mainz 1977).

Schlegel, Germanen im Quadrat
O. Schlegel, Germanen im Quadrat. Die Neckarsweben im Gebiet von Mannheim, Ladenburg und Heidelberg während der frühen römischen Kaiserzeit. Internationale Archäologie 34 (Rahden/Westf. 2000).

Schmidt/Nitschke, Schkopau
B. Schmidt/W. Nitschke, Ein Gräberfeld der Spätlatènezeit und der römischen Kaiserzeit bei Schkopau, Kr. Merseburg. Veröff. Landesmus. Vorgesch. Halle 42 (Halle 1989).

Seyer, Mittelelb-Havel-Gebiet
R. Seyer, Zur Besiedlungsgeschichte im nördlichen Mittelelb-Havel-Gebiet um den Beginn unserer Zeitrechnung. Schr. Ur- u. Frühgesch. 29 (Berlin 1976).

v. Uslar, Westgermanische Bodenfunde
R. v. Uslar, Westgermanische Bodenfunde des ersten bis dritten Jahrhunderts nach Christus aus Mittel- und Westdeutschland. Germ. Denkmäler Frühzeit 3 (Berlin 1938).

Wagner/Haug, Fundstätten und Funde
E. Wagner/F. Haug, Fundstätten und Funde aus vorgeschichtlicher, römischer und alamannisch-fränkischer Zeit im Großherzogtum Baden 2. Das badische Unterland (Tübingen 1911).

Wahle, Frühalemannische Funde
E. Wahle, Frühalemannische Funde aus dem unteren Neckarland. Abhandl. Saarpfälz. Landes- u. Volksforsch. 1, 1937, 37 ff.

Inken Jensen

Die neckarsuebische Siedlung von Mannheim-Wallstadt

Die neckarsuebische Siedlung von Mannheim-Wallstadt[1] wurde erstmals im Jahre 1953 bekannt, als durch Franz Gember, den langjährigen und verdienten Heimatpfleger in Mannheim und Umgebung, beim Setzen eines Hochspannungsmastes im Wallstädter Langgewann neckarsuebische Scherben geborgen wurden.[2] Diese Siedlung wurde im Jahre 1977 wiederentdeckt. Im Zuge der Erschließungsarbeiten für die Neubebauung der südwestlichen Randzone von Mannheim-Wallstadt, Gewanne Kiesäcker, Kreuzbuckel und Wallstädter Langgewann, heute Bereich des Mudauer Rings und der Seckacher Straße, wurden von Mitarbeitern der Archäologischen Sammlungen des Reiß-Museums der Stadt Mannheim im Auftrag des Landesdenkmalamtes Baden-Württemberg in den Jahren 1977 bis 1979, 1981 bis 1983 und 1986 die Baumaßnahmen überwacht und Grabungen durchgeführt. Gegraben werden konnte hauptsächlich im Bereich des Hauptsammelkanals und der Seitenkanäle (Abb. 1; Abb. 2). Wo die Fundstellen sich häuften, wurde außerhalb der Kanalgräben auch in der Fläche gegraben.

Bis zum Abschluss der Grabungskampagnen waren insgesamt 199 Fundstellen untersucht worden. Ein Teil davon gehört der Jungsteinzeit, der Bronzezeit, der Urnenfelderzeit und der Späthallstatt-/Frühlatènezeit an.[3] Die wichtigsten Befunde waren jedoch die mehr als 100 Fundstellen der neckarsuebischen Siedlung, die im Norden durch einen alten Neckarlauf begrenzt wird. Durch die Untersuchungen wurde eine Ausdehnung der Siedlung von ca. 410-420 m in Richtung Südost/Nordwest und von ca. 120 m in Richtung Südwest/Nordost festgestellt, wobei das Siedlungsareal im südöstlich/nordwestlichen und nordöstlichen Bereich wohl vollständig erfasst wurde.

Bei den neckarsuebischen Fundstellen handelt es sich vorwiegend um Abfallgruben, um fünf Brunnen, bei denen teilweise Holzverschalung nachgewiesen werden konnte und die trotz des nahe gelegenen Neckarlaufes zur Wasserversorgung dienten, sowie um 26 Grundrisse von annähernd rechteckigen,

Abb. 1: Mannheim-Wallstadt, südwestliche Randzone 1977; Blick vom Fundplatz der neckarsuebischen Siedlung nach Norden zum Stadtteil Mannheim-Vogelstang. © Reiss-Engelhorn-Museen Mannheim. Foto: Archäologische Denkmalpflege und Sammlungen.

Abb. 2: Mannheim-Wallstadt, südwestliche Randzone 1977; Blick vom Fundplatz der neckarsuebischen Siedlung nach Süden zum Stadtteil Mannheim-Feudenheim; im Vordergrund das Profil der Fdst. 8 (Grube) am Rand des Kanalgrabens.
© Reiss-Engelhorn-Museen Mannheim. Foto: Archäologische Denkmalpflege und Sammlungen.

W-O orientierten Grubenhütten, die wegen der Baggerarbeiten teilweise nicht mehr vollständig erfasst werden konnten. Die Ausdehnung der Längsseiten schwankt zwischen 2,60 m und 4,30 m, die der Schmalseiten zwischen 1,80 m und 3,50 m. Die Hütten besaßen zum Tragen der Dachkonstruktion meistens sechs Pfosten – je einen Firstpfosten an den Schmalseiten und je zwei Pfosten an den Längsseiten (Fdst. 5; 45; 65; 66; 67; 109; 111; 112; 113); in zwei Fällen wurden nur zwei Pfosten nachgewiesen (Fdst. 6; 53); einmal wurde ein Mittelpfosten festgestellt (Fdst. 66). Bei sechs Hütten (Fdst. 80; 83; 85; 99; 127; 148) wurden Veränderungen der Pfostenstellungen beobachtet.

Die Grubenhütten sind charakterisiert durch ihren in den Boden eingetieften Innenraum mit oberirdischer Dachkonstruktion; sie werden als Werkstatt- und Vorratsbereiche gedeutet, die der Abfallentsorgung dienten, nachdem sie nicht mehr in Benutzung waren. Für eine Nutzung als Werkstätten sprechen z. B. die zahlreichen Knochen- und Geweihrohlinge sowie -abfallstücke aus Fdst. 112 (Hütte) sowie die zahlreichen Funde von Spinnwirteln aus Grubenhütten (Fdst. 5; 15; 45; 56; 65; 67; 80; 87; 99; 109; 127), die zur Fadenherstellung und damit zur Anfertigung von Textilien dienten.[4] Die zur Siedlung gehörigen Wohnbauten, die als ebenerdige Großbauten in Schwellbalken- oder Ständerbauweise angenommen werden müssen, konnten nicht nachgewiesen werden, da sie im Boden keinerlei Spuren hinterlassen haben.[5]

Ungeklärt ist bislang eine Anlage aus fünf großen Holzpfosten (Fdst. 78), ein sechster Pfosten war aufgrund einer modernen Störung nicht mehr erhalten. Die quadratischen bis rechteckigen Pfosten, in zwei Parallelreihen angeordnet, standen in einem Abstand von ca. 3 m von der Mitte der Pfosten aus gemessen. Ihre Maße (Dicke) waren beträchtlich: 0,54 m x 0,64 m (Pfosten 1), 0,54 m x 0,76 m (Pfosten 2), 0,50 m x 0,70 m (Pfosten 3), 0,56 m x 0,74 m (Pfosten 4), 0,64 m x 0,76 m (Pfosten 5).

Im Jahre 1988 wurden beim Bau einer Umgehungsstraße zwischen Mannheim-Wallstadt und Mannheim-Feudenheim erneut archäologische Untersuchungen notwendig, die räumlich im Süden an das bereits erforschte Neubaugebiet von Mannheim-Wallstadt anschlossen und in diesem Fall von Mitarbeitern des Landesdenkmalamtes Baden-Württemberg, Außenstelle Karlsruhe, Archäologische Denkmalpflege, durchgeführt wurden. Durch diese Grabungen wurde die Ausdehnung der Siedlung in südwestlicher Richtung verfolgt und vermutlich ebenfalls vollständig erfasst. Untersucht wurden

128 Befunde, überwiegend aus neckarsuebischer Zeit, darunter vier Hüttengrundrisse und drei Brunnen. Unter Berücksichtigung der älteren Grabungen wurden damit außer den zahlreichen Gruben insgesamt 30 Grubenhütten und acht Brunnen untersucht.

Das Fundmaterial der Grabung von 1988 wurde im Jahr 2003 von Karlsruhe in das Zentrale Fundarchiv des Archäologischen Landesmuseums Baden-Württemberg nach Rastatt umgelagert, während die Funde der vorangegangenen Kampagnen im Reiß-Museum (2001 in Reiss-Engelhorn-Museen umbenannt) verblieben. Die Keramik der im Reiß-Museum magazinierten Fundkomplexe wurde in der Werkstatt der Archäologischen Sammlungen restauratorisch aufgearbeitet, die Restaurierung der damit vergesellschafteten Metallfunde vom Landesdenkmalamt Baden-Württemberg, Außenstelle Karlsruhe, Archäologische Denkmalpflege, durchgeführt.

Nach der restauratorischen Bearbeitung war die zeichnerische Aufnahme der Funde für die weitere wissenschaftliche Auswertung notwendig. Diese konnte mit finanzieller Unterstützung der Deutschen Forschungsgemeinschaft, der an dieser Stelle nochmals gedankt sei, im Jahre 1985 begonnen werden. Mit den zur Verfügung gestellten Mitteln – es handelte sich dabei um das erste von der Deutschen Forschungsgemeinschaft finanzierte Projekt der Archäologischen Sammlungen des Reiß-Museums – konnten die ergänzten Gefäße sowie die Kleinfunde der Mannheimer Grabungen, und nur von diesen kann hier die Rede sein, nach Vorgaben des Reiß-Museums, Archäologische Sammlungen, gezeichnet werden (Fa. Mikiffer, Karlsruhe). Die Maßnahme war – mit Aussetzung der Projektarbeiten von 1986 bis 1988 wegen der Sonderausstellung „Archäologie in den Quadraten. Ausgrabungen in der Mannheimer Innenstadt" und wegen der Einrichtung des Neubaus für das Reiß-Museum auf dem Quadrat D 5 – rechnerisch im Jahre 1994 abgeschlossen.

Mit der hier präsentierten Auswahl von Fundkomplexen, in denen germanische und römische Funde vergesellschaftet sind, sollen nach den bisher erschienenen Vorberichten[6] einige wichtige und aussagekräftige Beispiele aus dem reichhaltigen Fundmaterial von elf Fundstellen in dieser Jubiläumsschrift vorgelegt werden, die sowohl aus Grubenhütten mit vollständig (Fdst. 6; 45; 80; 127)

Abb. 3: Mannheim-Wallstadt, südwestliche Randzone 1981; Planum 1 der Fdst. 127 (Grubenhütte).
© Reiss-Engelhorn-Museen Mannheim.
Foto: Archäologische Denkmalpflege und Sammlungen.

Abb. 4: Mannheim-Wallstadt, südwestliche Rand-zone 1977; Planum 2 mit Profilstegen der Fdst. 15 (Grubenhütte). © Reiss-Engelhorn-Museen Mannheim. Foto: Archäologische Denkmalpflege und Sammlungen.

(Abb. 3) oder nur teilweise (Fdst. 15) (Abb. 4) erhaltenem Grundriss als auch aus Abfallgruben (Fdst. 7; 8; 36; 73; 101) (Abb. 2; Abb. 5) sowie aus einem Brunnen (Fdst. 14) (Abb. 6) stammen. Dieser hatte einen runden Durchmesser und eine Schachttiefe von ca. 2,20 m; am Rand waren noch Reste einer Holzverschalung erkennbar.

Von den durch das Reiß-Museum untersuchten Fundstellen der neckarsuebischen Siedlung enthielten 75 Fundstellen, abgesehen von der Keramik, Funde aus verschiedenen Materialien – insgesamt 554 Exemplare aus Bronze, Eisen, Knochen, Glas, Stein, Ton und Silber. Darunter befinden sich z. B. 62 Fibeln aus Bronze und Eisen, davon einige frag-

Abb. 5: Mannheim-Wallstadt, südwestliche Randzone 1978; Profil der Fdst. 36 (Grube). © Reiss-Engelhorn-Museen Mannheim. Foto: Archäologische Denkmalpflege und Sammlungen.

Abb. 6: Mannheim-Wallstadt, südwestliche Randzone 1977; Profil der Fdst. 14 (Brunnen). © Reiss-Engelhorn-Museen Mannheim. Foto: Archäologische Denkmalpflege und Sammlungen.

mentarisch, 24 Nadeln aus Bronze oder Knochen, ca. 100 Geräte aus Eisen, Bronze und Knochen sowie anderes mehr wie z. B. Fragmente von Perlen, Glasarmringen und Glasgefäßen. Bei den Vergleichen wird vor allem auf die Funde aus der neckarsuebischen Siedlung von Ladenburg, Ziegelscheuer, verwiesen, die erst jüngst veröffentlicht wurden und viele Parallelen bieten.[7]

Wichtig für die Datierung der Siedlung sind die zahlreichen Fibeln aus Bronze, die als Gewandspangen dienten und gleichzeitig schmückendes Element der Kleidung waren. Ihre Zahl erhöht sich durch die Karlsruher Grabungen auf insgesamt ca. 75 Exemplare. Aus einer Hütte (Fdst. 45) stammt die einfache gallische Fibel (Abb. 7, A 1) mit gestrecktem Bügel, oberer Sehne, Stützplatte, Sehnenhaken und Fußgitter. Ihr Vorkommen fällt in augusteische bis neronische Zeit/erste Hälfte bis um die Mitte des 1. Jahrhunderts n. Chr. In derselben Hütte wurde eine Hülsenspiralfibel (Abb. 7, A 2) mit flachem, längsgerilltem Bügel und einfach durchbrochenem Nadelhalter vom Langton-Down-Typ gefunden, die vorwiegend in augusteische bis claudische Zeit/ in die erste Hälfte des 1. Jahrhunderts n. Chr. datiert wird.[8]

Bei den Augenfibeln (Typ Almgren Gruppe III), die hier sowohl aus einer Grube (Fdst. 8) als auch aus zwei Grubenhütten (Fdst. 45 und 127) vorliegen (Abb. 7, A 3, B 4; Abb. 9, B 3), handelt es sich um Spiralfibeln mit oberer Sehne, Sehnenhaken und Stützplatte, bandförmigem Bügel und Bügelknoten. Die namengebenden paarigen „Augen" am Bügelkopf können unterschiedlich gestaltet sein, als augenähnliche Durchbrüche oder als Punzierungen. Augenfibeln gelten ihrer Verbreitung nach als germanische Form, erscheinen jedoch auch in römischen Fundzusammenhängen. Ihr Vorkommen im 1. Jahrhundert n. Chr. hat einen Schwerpunkt in der tiberischen bis neronischen Zeit/erste Hälfte bis um die Mitte des 1. Jahrhunderts n. Chr..[9]

Die Distelfibel mit geradem Bügel, Auflage einer runden Bügelscheibe und längsgerilltem Fuß (Abb. 7, B 2) aus einer Grubenhütte (Fdst. 45) kommt vom ersten bis zum dritten Viertel des 1. Jahrhunderts n. Chr. vor.[10]

Die Knickfibel mit scharfem Bügelknick und kräftigem Bügelknoten unterhalb des Knicks (Typ Almgren 19) aus einer Hütte (Fdst. 127) (Abb. 7, B 3), mit sechsschleifiger Spirale mit oberer Sehne, Sehnenhaken

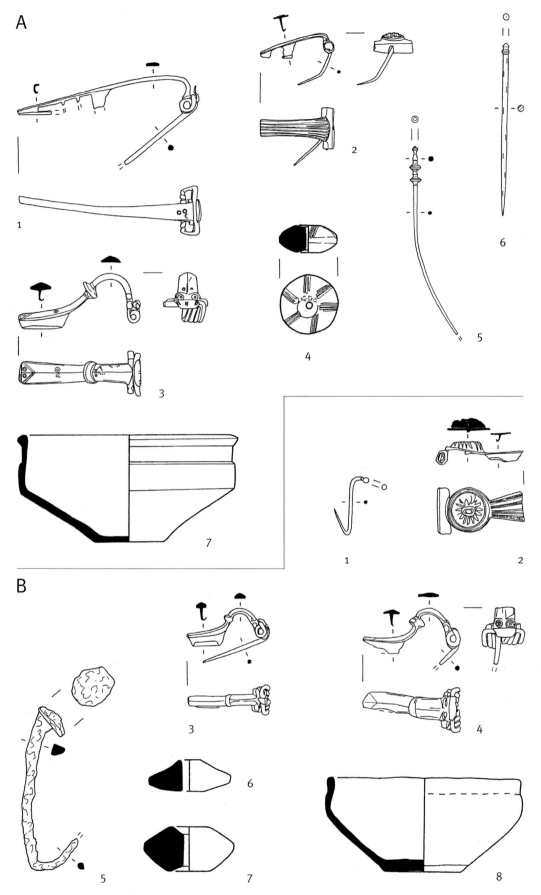

Abb. 7: Mannheim-Wallstadt, südwestliche Randzone; A: Fdst. 45 (Grubenhütte); B: Fdst. 127 (Grubenhütte); Bronze: A 1-3; B 1-4; Eisen: B 5; Knochen: A 6; Silber: A 5; Ton: A 4, 7; B 6-8. – Maßstab: A 1-6, B 1-7 (1:2); A 7, B 8 (1:6).
© Reiss-Engelhorn-Museen Mannheim.

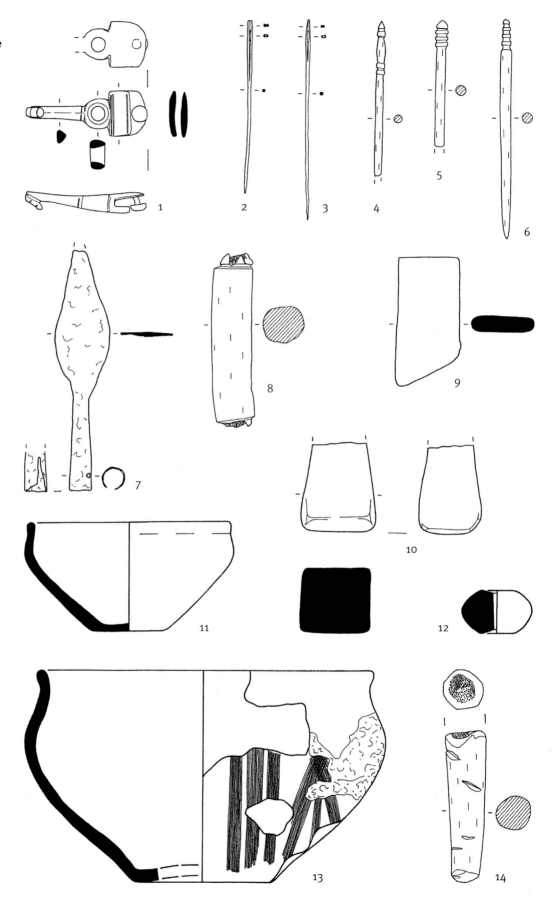

Abb. 8: Mannheim-Wallstadt, südwestliche Randzone; Fdst. 15 (Grubenhütte); Bronze: 1-3; Eisen: 7; Knochen: 4-6, 8, 14; Stein: 9, 11; Ton: 11-13. – Maßstab: 1-10, 12, 14 (1:2); 11, 13 (1:6).
© Reiss-Engelhorn-Museen Mannheim.

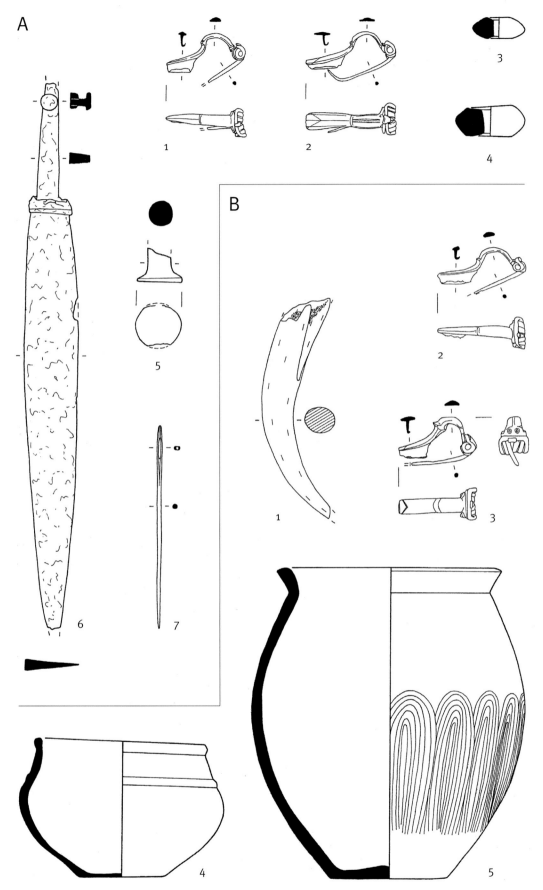

Abb. 9: Mannheim-Wallstadt, südwestliche Randzone; A Fdst. 36 (Grube); B Fdst. 8 (Grube); Bronze: A 1, 2, 7; B 2, 3; Eisen: A 6; Knochen: B 1; Ton: A 3-5; B 4, 5. – Maßstab: A 1-7; B 1-3 (1:2); B 4, 5 (1:6). © Reiss-Engelhorn-Museen Mannheim.

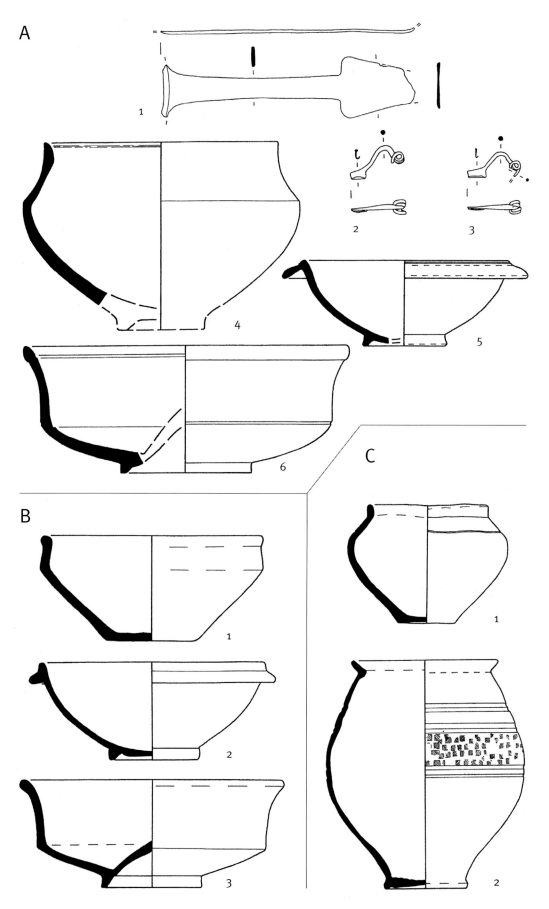

Abb. 10: Mannheim-Wallstadt, südwestliche Randzone; A Fdst. 80 (Grubenhütte); B Fdst. 6 (Grubenhütte); C Fdst. 101 (Grube); Bronze: A 1-3; Ton: A 4-6; B 1-3; C 1, 2. – Maßstab: A 1-3 (1:2); A 4-6; B 1-3; C 1, 2 (1:6).
© Reiss-Engelhorn-Museen Mannheim.

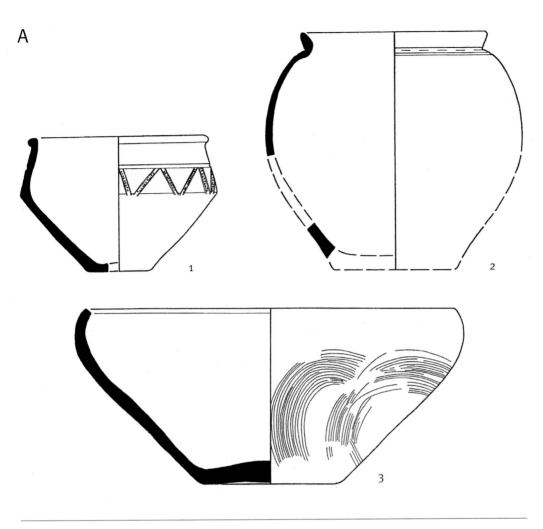
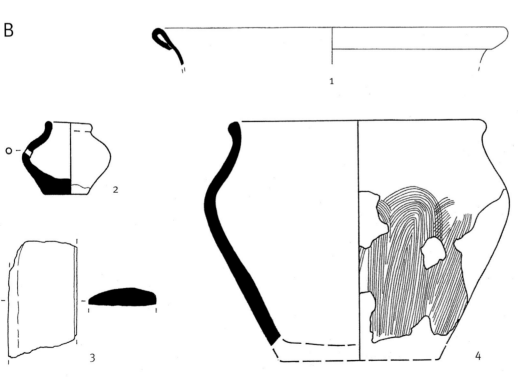

Abb. 11: Mannheim-Wallstadt, südwestliche Randzone; A Fdst. 14 (Brunnen); B Fdst. 7 (Grube); Glas: B 1; Stein: B 3; Ton: A 1-3; B 2, 4. – Maßstab: B 1-3 (1:2); A 1-3; B 4 (1:6). © Reiss-Engelhorn-Museen Mannheim.

und Stützplatte, datiert hauptsächlich in die erste Hälfte des 1. Jahrhunderts n. Chr., späte Exemplare sind noch in frühflavischer Zeit /drittes Viertel des 1. Jahrhunderts n. Chr. nachweisbar.[11]

Knickfibeln mit weichem Bügelumbruch, schwach ausgeprägtem Knoten (Typ Almgren 20) und sechsschleifiger Spirale aus zwei Gruben (Fdst. 8 und 36) (Abb. 9, A 1+2, B 2) haben ihre Blütezeit in claudischer bis frühflavischer Zeit/zweites bis drittes Viertel des 1. Jahrhunderts n. Chr. und kommen vereinzelt noch in domitianischer Zeit/viertes Viertel des 1. Jahrhunderts n. Chr. vor.[12]

Die eingliedrige Drahtfibel mit vierschleifiger Spirale, unterer Sehne, weichem Bügelumbruch und rundem Bügelquerschnitt (Typ Almgren 15) (Abb. 10, A 2+3), gefunden in einer Grubenhütte (Fdst. 80), ist schon seit vordomitianischer Zeit/drittes Viertel des 1. Jahrhunderts n. Chr. belegt; gegen Ende des 1. Jahrhunderts n. Chr. und im frühen 2. Jahrhundert n. Chr. tritt sie dann stärker in Erscheinung.[13]

Die hier vorgelegte Auswahl an Fibeln gehört der ersten Hälfte und der Mitte des 1. Jahrhunderts n. Chr. an – wie die einfache gallische Fibel, die Fibel vom Langton-Down-Typ, die Augenfibeln, die Distelfibel und die Knickfibel mit scharfem Bügelknick –, gibt mit der Knickfibel mit weichem Bügelumbruch jedoch auch Hinweise für das Weiterbestehen der Siedlung in der 2. Hälfte des 1. Jahrhunderts n. Chr. und mit der eingliedrigen Drahtfibel auch Hinweise für eine Fortdauer der Siedlung noch bis in das 2. Jahrhundert n. Chr. hinein.

Trachtbestandteil war auch der Gürtelhaken von 6,6 cm Länge (Abb. 8, 1; Abb. 12), bestehend aus einem Schließhaken, einer durchlochten Ringscheibe und einem Doppelblech, dessen oberer Teil kürzer und mit Ritzlinien verziert und dessen unterer, längerer Teil mit einem Niet zur Befestigung auf dem Ledergürtel versehen ist. Er wurde im östlichen Bereich einer durch Baggerarbeiten zerstörten Grubenhütte (Fdst. 15) (Abb. 4) gefunden und ist eine sicher germanische Form, die das größte Interesse verdient. Er gehört zum Typ der profilierten und durchbrochenen Lochgürtelhaken. Der Ursprung dieser Form, die zur elbgermanischen Frauentracht gehörte, muss im keltischen Bereich gesucht werden. Während die keltischen Gürtelhaken Verschlussstücke einer Gürtelkette bildeten, waren die germanischen – wie das Wallstadter Exemplar – stets mit Nieten auf einer Unterlage; z. B. auf Leder, befestigt.

Man unterscheidet zwei Hauptformen der germanischen Lochgürtelhaken, eine ältere, mit zweifach durchbrochenem Schließhaken und gerundeten Zwischenstücken, die mit Hörnchen, Fischblasen oder Sicheln verglichen und in die 2. Hälfte des 1. Jahrhunderts v. Chr. datiert werden. Das Exemplar von Mannheim-Wallstadt gehört zur vereinfachten späteren Form, die durch das Fehlen der sichelförmigen Zwischenstücke charakterisiert ist[14] und in die 1. Hälfte des 1. Jahrhunderts n. Chr. datiert wird. Die Verbreitung streut von Böhmen nach Norden und Nordwesten, wobei das Wallstadter Exemplar das erste westlich der Weser und zugleich das südlichste in der Gesamtverbreitung bildet (Abb. 13).

Die beste Parallele für den Gürtelhaken von Mannheim-Wallstadt findet sich in einem germanischen Grab von Tišice, okr. Mělník, in Böhmen. Zu den Beigaben dieses Urnengrabes zählt neben einem Gürtelhaken das Fragment vom Handgriff einer bronzenen Kasserolle (Schöpflöffel) mit einem Gießerstempel. Dieser nennt den Namen des Papirius Libertus, der seine Erzeugnisse in Italien in der Regierungszeit des Augustus, Claudius und Nero hergestellt hat. Das importierte italische Bronzegeschirr mit Gießerstempel und die Augenfibeln (Typ Almgren Gruppe III. 45), die in Böhmen während der älteren römischen Kaiserzeit vorherrschend waren, datieren das Urnengrab von Tišice in die 1. Hälfte des 1. Jahrhunderts n. Chr.[15]

Abb. 12: Mannheim-Wallstadt, südwestliche Randzone; Fdst. 15 (Grubenhütte); germanischer Lochgürtelhaken, Bronze. Länge 6,6 cm. © Reiss-Engelhorn-Museen Mannheim. Foto: Franz Schlechter, Heidelberg.

Der Gürtelhaken von Mannheim-Wallstadt hat somit für die dort entdeckte neckarsuebische Siedlung eine zweifache Bedeutung: Er gibt einen weiteren Beleg für den Beginn der Siedlung in der 1. Hälfte des 1. Jahrhunderts n. Chr., zudem ist er der südlichste Vertreter eines Typs, der bislang nur aus dem germanischen Gebiet in Böhmen und östlich der Weser bekannt war.

Zur Tracht sind auch die Bronzenadeln mit profiliertem Kopf zu rechnen, die in verschiedenen Varianten aus mehreren Gruben (Fdst. 1; 27) und Grubenhütten (Fdst. 16; 56), in einem Fall auch aus einem Brunnen (Fdst. 143) vorliegen. Das hier abgebildete Exemplar aus einer Hütte (Fdst. 45) (Abb. 7, A 5) ist aus Silber und gehört zu einer Gruppe, die über den gesamten germanischen Siedlungsraum verbreitet ist mit einer starken Fundkonzentration in Böhmen; der Typ war vor allem im späten 1. Jahrhundert n. Chr. als Bestandteil der weiblichen Tracht beliebt.[16] Eine Besonderheit ist die Bronzenadel mit kleinem kugligem, rechtwinklig abgebogenem Kopf und spitzwinklig umgebogenem Schaftende aus einer Hütte (Fdst. 127) (Abb. 7, B 1), die aus dem germanischen Bereich stammt und bislang im Neckarmündungsgebiet aus Siedlungszusammenhängen der 2. Hälfte des 1. und des 2. Jahrhunderts n. Chr. vorliegt.[17] Eine entsprechende Nadel, bei der allerdings nur das Schaftende umgebogen ist, stammt aus einer Wallstadter Grube (Fdst. 139).

Knochennadeln mit profilierten Köpfen liegen außer den hier abgebildeten Exemplaren aus zwei Hütten (Fdst. 15 und 45) (Abb. 7, A 6; Abb. 8, 4-6) noch aus einer weiteren Hütte (Fdst. 83) und zwei Gruben vor (Fdst. 47 und 118). Sie sind sowohl im germanischen wie im provinzialrömischen Gebiet verbreitet.[18]

Aus der Siedlung stammen zahlreiche Geräte aus Metall, Keramik, Stein und Knochen, die hier in Auswahl vorgestellt werden. Nadeln mit längs durchlochtem Kopf sind eine chronologisch unempfindliche Zweckform, die auch in heutiger Zeit noch gebräuchlich ist. Sie werden als Nähnadeln interpretiert, deren unterschiedliche Stärken und Längen auf die Bearbeitung verschieden starker Stoffe, vielleicht auch Leder, hinweisen; ihre Verwendung als Gewand-

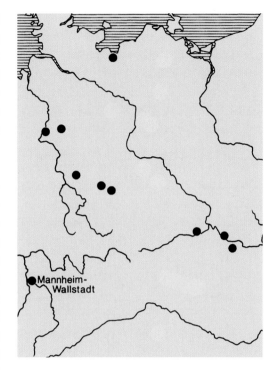

Abb. 13: Verbreitung der germanischen Lochgürtelhaken, vereinfachte Spätform C, der 1. Hälfte des 1. Jahrhunderts n. Chr., mit Ergänzung des Exemplars von Mannheim-Wallstadt. Nach: Peschel, Karl: Anfänge germanischer Besiedlung im Mittelgebirgsraum. Sueben – Hermunduren – Markomannen. Berlin 1978, S. 113 Abb. 9 (hier ergänzt).

und Haarnadeln ist jedoch auch möglich.[19] Sie liegen in größerer Anzahl aus einer Reihe von Hütten (Fdst. 15 mit Abb. 8, 2+3; Fdst. 53, Fdst. 83; Fdst. 85) und Gruben (Fdst. 36 mit Abb. 9, A 7; Fdst. 59; Fdst. 149) vor.

Ebenfalls in den Bereich der Textilverarbeitung gehören auch die Spinnwirtel aus Hütten (Fdst. 5; 15 mit Abb. 8, 12; 45 mit Abb. 7, A 4; 56; 65; 67; 80; 87; 99; 109; 127 mit Abb. 7, B 6+7) und Gruben (Fdst. 1; 3; 36 mit Abb. 9, A 3+4; 57; 150; 159), die im Querschnitt doppelkonisch oder oval bis rund und nur in einem Fall auf einer Seite mit Strichbündeln verziert sind. Das Spinnen mit der Handspindel diente zur Herstellung von Fäden aus tierischen oder pflanzlichen Fasern; es wurde bereits in vorgeschichtlicher Zeit ausgeübt und hat sich bis in die Neuzeit gehalten.[20] Dabei werden mit der einen – im allgemeinen der linken – Hand Fasern eines Knäuels zu einem Faden gedreht. Dieser wird so an der hölzernen Spindel befestigt, dass ihr mit dem Spinnwirtel beschwertes Ende frei und senkrecht nach unten hängt. Mit der anderen – im allgemeinen der rechten – Hand wird die Spindel mit dem Spinnwirtel als Schwungrädchen in eine rasche, dauernde Drehbewegung versetzt. Dadurch werden die Fasern zu einem immer länger werdenden Faden gedreht, der von Zeit zu Zeit auf die Spindel aufgewickelt wird. In einem weiteren Arbeitsgang werden die Fäden auf dem Webstuhl zu Textilien verarbeitet, so dass Spinnwirtel und Webgewichte in Grubenhäusern häufig vergesellschaftet zu finden sind. Letzteres konnte in der Siedlung von Wallstadt nicht nachgewiesen werden, da Webgewichte fehlen.

Steingeräte mit flachrechteckigem oder quadratischem Querschnitt können als Wetz- und Glättsteine bezeichnet werden; sie stammen aus Hütten (Fdst. 15 mit Abb. 8, 9-10; 148), einer Grube (Fdst. 7 mit Abb. 11, B 3) und einem Brunnen (Fdst. 143).[21]

Knochen- und Geweihgeräte wurden in einer Reihe von Hütten (Fdst. 5; 15 mit Abb. 8, 8+14; 66; 67; 83; 109; 110; 114; 148) und Gruben (Fdst. 8 mit Abb. 9, B 1; 27; 34; 52; 57; 58; 59; 73 mit Abb. 14, 1; 153) gefunden.[22] Bei dem Exemplar Abb. 14, 1 handelt es sich um einen Griff, in den ein Gerät mit Griffdorn eingesetzt war, bei den Fragmenten Abb. 8, 8+14 wohl um Rohstücke von Griffen, während es sich bei dem Stück Abb. 9, B 1 um ein Halbfabrikat unbekannter Funktion handelt. In einer Hütte (Fdst. 112) wurden zahlreiche Knochen- und Geweihrohlinge sowie -abfallstücke gefunden, so dass dort mit einer „Werkstatt" gerechnet werden kann.

Zahlreiche Eisengeräte und -fragmente sowie ein eiserner Amboss aus einer Grube (Fdst. 64) geben einen Hinweis auf Eisenverarbeitung in der Wallstadter Siedlung. Der Eisennagel (Abb. 7, B 5) aus Fdst. 127 (Hütte) mit annähernd scheibenförmigem Kopf und umgebogener Schaftspitze hat eine Länge von ca. 12 cm. Nägel dieser Größe können als Verbindungselemente von hölzernen Wand- und Dachkonstruktionen gedient haben[23]. Nägel unterschiedlicher Größen, die von Holzkonstruktionen stammen, wurden auch in einer Reihe weiterer Hütten (Fdst. 5; 15; 16; 45; 56; 66/69; 80; 83; 99; 148) und Gruben (Fdst. 1; 8; 34; 46; 47; 48; 57; 64; 73; 76; 89; 95; 105; 119; 164) sowie in einem Brunnen (Fdst. 154) gefunden.

Aus Fdst. 36 (Grube) (Abb. 9, A 6) liegt ein Eisenmesser mit langschmaler Klinge und annähernd geradem Rücken vor, dessen Spitze nicht erhalten ist. Die Klinge geht in einen Griffdorn über, dessen Ende abgebrochen ist. Ein noch vorhandener Niet diente zur Befestigung der Griffschalen aus organischem Material. Aufgrund der Klingenlänge von über 20 cm, einer größten Klingenbreite von ca. 2,8 cm und eines Klingennackens von ca. 0,6 cm ist das Exemplar den sog. Kampfmessern zuzuweisen. Vergleichbare Stücke aus dem Neckarmündungsgebiet stammen aus Gräbern und sind in auswertbaren Beigabenkombinationen mit Lanzen vergesellschaftet, was Rückschlüsse auf die Kampfesweise dieser Krieger zulässt[24].

Mit einer geschätzten Länge des länglich-schmalen Blattes von 14 cm – das Ende ist abgebrochen – und einem Tüllendurchmesser von 1,2 cm wird die Eisenspitze mit flach-rautenförmigem Blattquerschnitt aus Fdst. 15 (Hütte) (Abb. 8, 7) den Speeren zugerechnet. Diese werden als Wurfwaffen definiert im Gegensatz zu den Lanzen mit größer dimensionierten Eisenspitzen, die primär als Hieb- und Stoßwaffen angesehen werden; die Übergänge sind dabei fließend.[25]

In einer Grube (Fdst. 73) wurden neben einem Griff aus Geweih/Knochen (Abb. 14, 1) drei Metallteile gefunden. Dabei handelt es sich um eine bronzene Riemenzunge (Abb. 14, 4), wie sie im 1. Jahrhundert n. Chr. auch im germanischen Böhmen gebräuchlich war, und um zwei Gegenstände, die als Beschlagteile germanischer Trinkhörner dienten.[26] Zum einen handelt es sich um den Bronzebeschlag für den Trag-

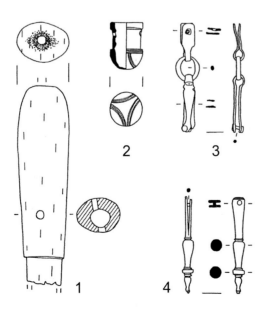

Abb. 14: Mannheim-Wallstadt, südwestliche Randzone; Fdst. 73 (Grube); Bronze: 2-4; Knochen: 1. – Maßstab: 1-4 (1:2). © Reiss-Engelhorn-Museen Mannheim.

riemen eines Trinkhornes (Abb. 14, 3; Typ E b nach Redlich);[27] ein entsprechendes Stück liegt aus Fdst. 65 (Hütte) vor. Zum zweiten handelt es sich um den Endbeschlag eines Trinkhornes mit verzierter halbkugelförmiger Unterseite und längerer Tülle (Abb. 14, 2, Typ E b nach Redlich).[28] Die Zuweisung als Trinkhornendbeschlag war nach Redlich nicht gesichert, da dieser Typ bislang nicht mit Randbeschlägen oder Kettenteilen von Trinkhörnern zusammen gefunden worden war. Durch die Vergesellschaftung des Wallstadter Exemplars mit dem Riemenbeschlag wird nun die Deutung dieses Typs als Endbeschlag (Ortband) eines Trinkhornes um vieles wahrscheinlicher.

In Mittel- und Nordeuropa sind Trinkhörner seit der Hallstattzeit bekannt und treten vornehmlich im keltischen Kulturkreis auf. Bei den Germanen erscheinen sie vermutlich durch die Anregung keltischer Werkstätten in Böhmen seit dem Ende des 1. Jahrhunderts v. Chr. zunächst in Thüringen westlich der Saale und im Raum zwischen Oder und Warthe. Im 1. Jahrhundert n. Chr. ist das Vorkommen von Trinkhörnern besonders häufig in Böhmen nachgewiesen. Am Oberrhein werden im 1. Jahrhundert n. Chr. unter böhmischem Einfluss vielfach Trinkhornbeigaben in Gräbern beobachtet; in den Bestattungen des Neckarmündungsgebietes sind sie immer im Zusammenhang mit römischem Importgeschirr zu finden.

Sind die Trinkhornbeschläge Hinweis auf germanische Trinksitten, so gibt es in der Siedlung von Wallstadt durch Importgeschirr auch einen Hinweis auf die Übernahme römischer Trinksitten. In einer Hütte (Fdst. 80) fand sich das Bruchstück eines Bronzegriffes (Abb. 10, A 1), das ehemals zu einem römischen Sieb oder einer Kelle mit ruderförmigem Griff und halbrundem Becken gehört hat (Typ 160 nach Eggers), der im 1. Jahrhundert n. Chr. auftritt und als langlebige Form bis in das 2. Jahrhundert n. Chr. nachgewiesen werden kann.[29] Um römischen Import handelt es sich auch bei dem Rand eines Glasgefäßes (Abb. 11, B 1).

Vor der Behandlung der Gefäßkeramik sei auf eine Sonderform aus Ton verwiesen. Aus einer Grube (Fdst. 36) stammt der Fuß eines Tongefäßes (Abb. 9, A 5; Abb. 15, drittes Exemplar von rechts). Er gehörte wie auch zwei gleichartige Füße, gefunden in zwei Grubenhütten (Fdst. 65 und Fdst. 114) (Abb. 15, erstes und zweites Exemplar von rechts) zu einem Gefäß in Form eines stilisierten Vogels, wie er in einer Grube (Fdst. 2) (Abb.15, links) gefunden wurde. Der annähernd doppelkonische, in der Aufsicht eiförmige Tierkörper mit einer Höhe von 9,6 cm ist vollständig erhalten; die runde Halsöffnung schließt mit einem geraden Rand ab.[30] Der nicht überlieferte Kopf war vermutlich getrennt gearbeitet und konnte wie ein Stöpsel in den Hals gesteckt werden. Ein Beispiel eines solchen Steckkopfes liegt aus Ladenburg, Ziegelscheuer, vor.

Tontiere, insbesondere in Vogelform, sind aus verschiedenen vorgeschichtlichen Zeiten bekannt geworden. Mit einer kleinen Gruppe von Tonvögeln aus Rheinhessen hat das Wallstadter Stück die Eigentümlichkeit des gesondert gearbeiteten Kopfes gemeinsam.[31] Diese werden bereits an das Ende der Spätlatènezeit und den Beginn des 1. Jahrhunderts n. Chr. datiert. Sie lassen sich jedoch mit dem Wallstadter Stück typenmäßig nicht verbinden. Die Fibeln aus Fdst. 36 geben für die Wallstadter Vogelgefäße auch einen späteren Zeitansatz um die Mitte und in die zweite Hälfte des 1. Jahrhunderts n. Chr. an. Die beste Parallele ist ein vogelartiges Gefäß aus Touchovice in Böhmen, das leider keinen Fundzusammenhang hat.[32] Es ist mit einem Rädchenmuster verziert und wird der frühen Kaiserzeit zugewiesen. Die Bedeutung der Tonvögel ist bislang noch nicht geklärt. Sie werden ganz allgemein mit religiösen (kultischen) Vorstellungen in Zusammenhang gebracht oder als Spielzeug gedeutet.

Das reichhaltige Fundmaterial der Siedlung besteht zum größten Teil aus Gefäßkeramik, römischer Drehscheibenware und handgemachter germanischer Ware, wobei erstere überwiegt. Ergänzbar war allerdings nur der kleinste Teil des Scherbenmaterials. Terra sigillata ist äußerst selten: Ein Bodenstück aus einer Grubenhütte (Fdst. 5) zeigt einen schwer entzifferbaren Stempel, der wohl als CALVINI gelesen werden kann und Beziehungen zu einer römischen Töpferei in Südgallien – La Graufesenque – in vespasianischer Zeit/drittes Viertel des 1. Jahrhunderts n. Chr. bezeugt.[33]

Abb. 15: Mannheim-Wallstadt, südwestliche Randzone; Tonvogel aus Fdst. 2 (Grube) und Tonfüße aus den Fdst. 36 (Grube), 114 und 65 (Grubenhütten). Höhe des Tonvogels 9,6 cm. © Reiss-Engelhorn-Museen Mannheim. Foto: Archäologische Denkmalpflege und Sammlungen.

Bei den römischen Formen ist die Terra nigra oder belgische Ware, eine aus feinem hellgrauem oder grauschwarzem Ton gefertigte Drehscheibenware, häufig. Sie liegt hier in der Form von Schüsseln mit geknickter Wand, kegelförmigem Boden und niedrigem Standring vor; der obere Teil der Wandung ist leicht geschweift und zeigt eine weit nach außen gebogene, nicht verdickte Lippe wie aus der Hütte Fdst. 6 (Abb. 10, B 3) oder eine nach außen halbrund verdickte Lippe wie aus der Hütte Fdst. 80 (Abb. 10, A 6). Beide Formen datieren in claudisch-vespasianische Zeit (um die Mitte des 1. Jahrhunderts n. Chr.).[34] Bei den Kragenschüsseln liegen Formen mit Horizontalkragen aus der Hütte Fdst. 6 (Abb. 10, B 2) und mit kragenartig umgebogenem Rand aus der Hütte Fdst. 80 (Abb. 10, A 5) vor.[35] Erstere datiert um die Mitte des 1. Jahrhunderts n. Chr., letztere erscheint Ende 1./Anfang 2. Jahrhundert n. Chr. Die Schüssel mit abgesetzter Schulter aus der Hütte Fdst. 80 (Abb. 10, A 4) und der Topf mit Schachbrettmuster (Abb. 10, C 2) sind beide um die Mitte bis in die 2. Hälfte des 1. Jahrhunderts n. Chr. anzusetzen.[36] Der rauwandige, ockerfarbene Kochtopf aus dem Brunnen Fdst. 14 (Abb. 11, A 2) gehört eher in das letzte Drittel des 1. Jahrhunderts n. Chr..[37]

Die gut datierbare römische Drehscheibenkeramik bietet durch die Vergesellschaftung mit der handgefertigten germanischen Tonware gute Hinweise für deren zeitliche Einordnung. Die germanische Keramik der Wallstadter Siedlung lässt sich gut an die von Lenz-Bernhard aus dem Material von Ladenburg, Ziegelscheuer, erarbeiteten Keramikformen anschließen, deren Parallelen im elbgermanischen Gebiet, hauptsächlich in Böhmen und der Slowakei, zu finden sind.[38] Sowohl die in Ladenburg vorhandenen Schalen mit einbiegendem Rand (Form A 1) (Abb. 11, A 3) und mit abgesetzter Randzone (Form A 2) (Abb. 7, B 8; Abb. 8, 11), die Knickwandschalen (Form A 5) (Abb. 10, B 1; Abb. 11, A 1) und die Schalen mit abgesetzter Halszone (Form A 6) (Abb. 7, A 7) finden in der Wallstadter Tonware ebenso ihre Entsprechungen wie die Schüsseln mit ausbiegendem Rand (Form B 4) (Abb. 8, 13; Abb. 11, B 4) und mit schräger, abgesetzter Halszone (Form C 2) (Abb. 9, B 4; Abb. 10, C 1) sowie der Topf mit ausbiegendem Rand (Form D 2) (Abb. 9, B 5). Die für das germanische Oberrheingebiet typische Kammstrichverzierung tritt sowohl in engstehenden geraden Bündeln (Abb. 8, 13) als auch in flächendeckenden rundbogigen Mustern (Abb. 9, B 5; Abb.11, A 3) auf; in einem Fall besteht die Verzierung aus einem waagrecht umlaufenden, von Rillen eingefassten punktgefüllten Zickzackband (Abb. 11, A 1). Ohne Parallele ist bislang das Miniaturgefäß mit durchbohrter Schulter (Abb. 11, B 2).

Das Neckarmündungsgebiet ist eine siedlungsfreundliche Region, die sich durch eine günstige verkehrsgeographische Lage, gute klimatische Bedingungen und fruchtbares Ackerland auszeichnet. Trotz dieser Vorzüge war nach Aussage der archäologischen Funde das seit dem 5. Jahrhundert v. Chr. keltisch besetzte Gebiet etwa seit der Mitte des letzten vorchristlichen Jahrhunderts für knapp 100 Jahre kaum besiedelt, bedingt durch Abwanderung der einheimisch-keltischen Bevölkerung nach wiederholten germanischen Vorstößen in den Süden seit dem 2. Jahrhundert v. Chr. Vereinzelt gibt es Spuren germanischer Bevölkerung, die im ehemals keltischen Siedlungsgebiet ansässig wurde.

Kurz vor der Mitte des 1. Jahrhunderts n. Chr. sind die Sueben, ein germanischer Stammesverband im Elbegebiet, der mit der elbgermanischen Kultur identifiziert wird, am rechten Rheinufer nachweisbar, wo sie sich mit Duldung der das linke Rheinufer beherrschenden Römer niedergelassen und wohl als Militärsiedler Funktionen zur Sicherung der römischen Reichsgrenze wahrgenommmen haben. Die Hinterlassenschaften der Sueben im Neckarmündungsgebiet, der Neckarsueben, die durch römische Inschriften vornehmlich auf militärischen Denkmälern nachgewiesen sind, zeichnen sich durch charakteristische Sachgüter aus, für die sich Herkunft aus dem elbgermanischen Gebiet, insbesondere aus Böhmen, aufzeigen lässt wie in der Wallstadter Siedlung z. B. die Bronzenadeln mit profiliertem Kopf und der Lochgürtelhaken, die Trinkhornbeschläge und die handgefertigte Keramik. Ihr Siedlungsgebiet wurde nach 74 n. Chr. (römische Okkupation) in das römische Reich integriert. Mit der fortschreitenden Anpassung der germanischen Bevölkerung werden im 2. Jahrhundert n. Chr. die charakteristischen germanischen Formen zugunsten römischer Kulturgüter aufgegeben. Diese politisch-militärischen Ereignisse im Zusammenhang mit den keltisch-römisch-germanischen Auseinandersetzungen sind verschiedentlich abgehandelt worden.[39]

Dieser historische Hintergrund bildet den Rahmen für die Einordnung der neckarsuebischen Siedlung von Mannheim-Wallstadt. Sie befindet sich am Südrand eines alten Neckarlaufes in einer Region, die östlich von Mannheim bis Ladenburg sowie in Edingen und im unmittelbar westlich anschließenden Bereich von Seckenheim eine auffällige Massierung von frühkaiserzeitlichen Siedlungen und Gräberfeldern zeigt.[40] Dieser seit 1953 bekannte Fundplatz bot im Zuge der Baumaßnahmen für ein Neubaugebiet die Gelegenheit, von 1977 bis 1988 eine ländliche Siedlung germanischer Prägung mit reichhaltigem Fundmaterial, Abfallgruben, Brunnen und Grubenhütten nach den damaligen Beobachtungen vollständig aufzudecken. Dies ist umso erfreulicher, als die archäologische Dokumentation und die Funde der vor dem Zweiten Weltkrieg untersuchten, z. T. sehr umfangreichen neckarsuebischen Siedlungen der Region durch die Bombardierung des Mannheimer Schlosses und damit des Schlossmuseums weitgehend zerstört worden sind.[41]

Das Fundmaterial der Siedlung von Wallstadt schließt in seiner Bedeutung an die Funde der Mannheimer Region aus der Zeit vor dem Zweiten Weltkrieg an. Die Vielfalt an Geräten deutet auf handwerkliche Tätigkeiten im Bereich der Geweih- und Knochenbearbeitung, Eisenverarbeitung und Textilherstellung hin. Das hier vorgelegte Material gibt einen Eindruck von der Vielfältigkeit der Funde und zeigt, dass sich darunter Gegenstände befinden, für die sich einerseits provinzialrömische, andererseits germanische Herkunft aufzeigen lässt, wobei starke Beziehungen in das elbgermanische Böhmen nachweisbar sind.

Die Funde belegen den Bestand der Siedlung in der frühen römischen Kaiserzeit, im 1. Jahrhundert n. Chr. Während der germanische Gürtelhaken, die einfache gallische Fibel, die Fibel vom Langton-Down-Typ, die Augenfibeln und die Knickfibel mit scharfem Bügelknick auf einen Beginn der Siedlung in der 1. Hälfte des 1. Jahrhunderts n. Chr. weisen, belegen die Knickfibeln mit weichem Bügelumbruch und die Terra sigillata-Bodenscherbe den Bestand der Siedlung um die Mitte und in der 2. Hälfte des 1. Jahrhunderts n. Chr., während der Bronzegriff eines Siebes oder einer Kelle und die drahtförmigen Fibeln eine Belegung der Siedlung auch noch bis in das 2. Jahrhundert n. Chr. möglich erscheinen lassen. Die hier vorgelegten Funde der Wallstadter Siedlung finden gute Entsprechungen im Material der Siedlung von Ladenburg, Ziegelscheuer, in den von Lenz-Bernhard herausgearbeiteten Zeitstufen I (40-60 n. Chr.) und II (60-80 n. Chr.).[42]

Das reiche Schmuckinventar, römische Importgüter – Terra sigillata, Glas- und Bronzegefäßreste – und das reichhaltige Sortiment römischer Drehscheibenkeramik neben der handgefertigten germanischen Tonware zeigen, dass es sich bei den Bewohnern der neckarsuebischen Siedlung von Mannheim-Wallstadt um eine wohlhabende germanische Bevölkerung gehandelt haben muss, die enge Kontakte zu den römischen Nachbarn gepflegt hat.

Anmerkungen

[1] Mit der Vorlage bisher unpublizierter neckarsuebischer Siedlungsfunde aus Grabungen der siebziger und achtziger Jahre des 20. Jahrhunderts ergänzt dieser Bericht den Beitrag von Frau Dr. Gertrud Lenz-Bernhard in diesem Band, S. 192 ff. Als beste Kennerin des neckarsuebischen Fundgutes der Mannheimer Region und darüber hinaus war sie begeistert von dem reichhaltigen Siedlungsmaterial von Mannheim-Wallstadt und gab viele Tips und Hinweise. Dafür sei ihr an dieser Stelle gedankt. Für die Unterstützung bei der Anfertigung der Abbildungen danke ich Herrn Michael Weitzel und Herrn Dr. Karl W. Beinhauer, dem ich zudem für seine langjährige Unterstützung und Förderung des Projektes zu Dank verpflichtet bin.

[2] DAUBER, ALBRECHT/GROPENGIESSER, ERICH/HEUKEMES, BERNDMARK/SCHAAB, MEINRAD: Archäologische Karte der Stadt- und der Landkreise Heidelberg und Mannheim. Badische Fundberichte Sonderheft 10. Freiburg 1967, S. 44. GEMBER, Franz: Fundschau 1952-1955: Römische Zeit. C) Germanen in Römischer Zeit. In: Badische Fundberichte 20, 1956, S. 246.

[3] JENSEN, Inken: Mannheim-Wallstadt. In: Fundberichte aus Baden-Württemberg 9, 1984, S. 587; 625; 635; 653 f.

[4] Zur Rekonstruktion einer Grubenhütte vgl. LENZ-BERNHARD, Gertrud: Die Neckarsweben in der Gemarkung Ladenburg. In: PROBST, Hansjörg (Hg.): Ladenburg. Aus 1900 Jahren Stadtgeschichte. Ubstadt-Weiher 1998, S. 49 Abb. 7. G. LENZ-BERNHARD (wie Anm. 1) S. 223 Abb. 43.

[5] LENZ-BERNHARD, Gertrud: Lopodunum III. Die neckarswebische Siedlung und Villa rustica im Gewann „Ziegelscheuer". Eine Untersuchung zur Besiedlungsgeschichte der Oberrheingermanen. Forschungen und Berichte zur Vor- und Frühgeschichte in Baden-Württemberg Bd. 77. Stuttgart 2002, S. 118. SCHLEGEL, Oliver: Germanen im Quadrat. Die Neckarsweben im Gebiet von Mannheim, Ladenburg und Heidelberg während der frühen römischen Kaiserzeit. Internationale Archäologie Bd. 34. Rahden/Westf. 2000, S. 139 ff.

[6] BEHRENDS, Rolf-Heiner: Ausgrabungen und Neufunde der Bodendenkmalpflege im Regierungsbezirk Karlsruhe während des Jahres 1978. In: Archäologische Nachrichten aus Baden 22, 1979, S. 11 f. BEHRENDS, Rolf-Heiner/SCHALLMAYER, Egon: Ausgrabungen und Neufunde der Bodendenkmalpflege im Regierungsbezirk Karlsruhe während des Jahres 1979. In: Archäologische Nachrichten aus Baden 24, 1980, S. 54. BEHRENDS, Rolf-Heiner: Eine neckarsuebische Siedlung von Mannheim-Wallstadt. In: Archäologische Ausgrabungen in Baden-Württemberg 1988. Stuttgart 1989, S. 85 ff. GROPENGIESSER, Erich: Die Neckarsueben. In: Neumann, Günter/Seemann, Henning (Hg.): Beiträge zum Verständnis der Germania des Tacitus Teil II. Bericht über die Kolloquien der Kommission für die Altertumskunde Nord- und Mitteleuropas im Jahre 1986 und 1987. Abhandlungen der Akademie der Wissenschaften in Göttingen. Philologisch-Historische Klasse. Dritte Folge Nr. 195. Göttingen 1992, S. 98; 100 ff.; 104; 106 ff.; Taf. 3, 1; 5, 8; 7, 1+2; 8, 1-6; 9, 2. HASE, Friedrich-Wilhelm von: Eine neckarsuebische Siedlung in Mannheim-Wallstadt. In: Archäologische Ausgrabungen in Baden-Württemberg 1981. Stuttgart 1982, S. 180 f. HASE, Friedrich-Wilhelm von: Neue neckarsuebische Siedlungsreste in Mannheim-Wallstadt. Archäologische Ausgrabungen in Baden-Württemberg 1982. Stuttgart 1983, S. 156 ff. JENSEN, Inken: Ein Vogelgefäß aus der neckarsuebischen Siedlung von Mannheim-Wallstadt. In: Archäologische Nachrichten aus Baden 30, 1983, S. 23 ff. JENSEN, Inken: Mannheim-Wallstadt. In: Fundberichte aus Baden-Württemberg 9, 1984, S. 687 f. JENSEN, Inken: Erste Germanen am Oberrhein. In: SANGMEISTER, Edward (Hg.):Zeitspuren. Archäologisches aus Baden. Archäologische Nachrichten aus Baden 50, 1993, S. 126 f. O. SCHLEGEL 2000 (wie Anm. 5) S. 228.

[7] G. LENZ-BERNHARD (wie Anm. 5).

[8] ETTLINGER, Elisabeth: Die römischen Fibeln in der Schweiz. Handbuch der Schweiz zur Römer- und Merowingerzeit. Bern 1973, S. 55 f. (einfache gallische Fibel); S. 78 f. (Fibel vom Langton-Down-Typ).

[9] G. LENZ-BERNHARD (wie Anm. 5) S. 29 f. O. SCHLEGEL (wie Anm. 5) S. 38 f.

[10] G. LENZ-BERNHARD (wie Anm. 5) S. 30.

[11] G. LENZ-BERNHARD (wie Anm. 5) S. 25 f. O. SCHLEGEL (wie Anm. 5) S. 40.

[12] G. LENZ-BERNHARD (wie Anm. 5) S. 27. O. SCHLEGEL (wie Anm. 5) S. 39 f.

[13] G. LENZ-BERNHARD (wie Anm. 5) S. 25. O. SCHLEGEL (wie Anm. 5) S. 40.

[14] VOIGT, Theodor: Zwei Formengruppen spätlatènezeitlicher Gürtel. Jahresschrift für mitteldeutsche Vorgeschichte 55, 1971, S. 234 ff. (Formengruppe 2, Typ C) Erweiterte Liste bei: Bockius, Ronald Tuczkiewicz, Piotr: Kelten und Germanen im 2.-1. Jahrhundert vor Christus. Archäologische Bausteine zu einer historischen Frage. Römisch-Germanisches Zentralmuseum Monographien Bd. 58. Mainz 2004, S. 15 f.; S. 140 f. Liste 3 B. Vgl. auch Völling, Th.: Frühgermanische Gräber von Aubstadt im Grabfeldgau (Mainfranken). Materialh. Bayer. Vorgesch. A 67. Kallmünz 1995, S. 110 Nr. 84.

[15] MOTYKOVÁ-ŠNEIDROVÁ, Karla: Böhmische Funde profilierter Gürtelhaken aus der ältesten römischen Kaiserzeit. In: Památky Archeologické 52, 1961, S. 407 Abb. 1, 7; 412 ff. MOTYKOVÁ-ŠNEIDROVÁ, Karla: Die Anfänge der römischen Kaiserzeit in Böhmen. Fontes Archaeologici Pragenses 6. Prag 1963, Fundplatz Tišice: S. 60; Gürtelhaken: Beilage 3 Nr. 40. MOTYKOVÁ-ŠNEIDROVÁ, Karla: Das Brandgräberfeld aus der älteren römischen Kaiserzeit in Tišice in Mittelböhmen, In: Památky Archeologické 54, 1963, hier: Fundplatz Tišice: S. 343 ff.; Gürtelhaken: S. 395 Abb. 33, 2; 425 Abb. 48, 91; Bronzegeschirr: S. 391 Abb. 31; 425 Abb. 48, 91; 434 f. MOTYKOVÁ-ŠNEIDROVÁ, Karla: Zur Chronologie der ältesten römischen Kaiserzeit in Böhmen. In: Berliner Jahrbuch für Vor- und Frühgeschichte 5, 1965; hier: Gürtelhaken: S. 125 f.; Taf. 40, 34; Bronzegeschirr: S. 163 ff.

[16] G. LENZ-BERNHARD (wie Anm. 5) S. 31 ff. O. SCHLEGEL (wie Anm. 5) S. 48 ff.

[17] O. SCHLEGEL (wie Anm. 5) S. 48.

[18] G. LENZ-BERNHARD (wie Anm. 5) S. 40. O. SCHLEGEL (wie Anm. 5) S. 48 f.

[19] G. LENZ-BERNHARD (wie Anm. 5) S. 43. O. SCHLEGEL (wie Anm. 5) S. 69.

[20] Vgl. dazu G. LENZ-BERNHARD (wie Anm. 5) S. 43. O. SCHLEGEL (wie Anm. 5) S. 74 ff. STOKAR, Walter von: Spinnen und Weben bei den Germanen. Eine vorgeschichtlich-naturwissenschaftliche Untersuchung. Leipzig 1938, bes. S. 65 ff.

[21] Vgl. dazu G. LENZ-BERNHARD (wie Anm. 5) S. 47. O. SCHLEGEL (wie Anm. 5) S. 68.

[22] Vgl. dazu G. LENZ-BERNHARD (wie Anm. 5) S. 47. O. SCHLEGEL (wie Anm. 5) S. 67.

[23] O. SCHLEGEL (wie Anm. 5) S. 99.

[24] O. SCHLEGEL (wie Anm. 5) S. 87 f.

[25] O. SCHLEGEL (wie Anm. 5) S. 83 ff.

[26] K. MOTYKOVÁ-ŠNEIDROVÁ 1965 (wie Anm. 15) S. 129; Taf. 41, 53.

[27] REDLICH, Clara: Zur Trinkhornsitte bei den Germanen der älteren Kaiserzeit. In: Prähistorische Zeitschrift 52, 1977, S. 61 ff., hier: 62 Abb. 1, α. Zu Trinkhörnern vgl. K. MOTYKOVÁ-ŠNEIDROVÁ 1965 (wie Anm. 15) S. 130 ff. G. LENZ-BERNHARD (wie Anm. 1) S. 209 Abb. 23; S. 212 Abb. 26; S. 215 Abb. 29; S. 217 Abb. 32 und 33. O. SCHLEGEL (wie Anm. 5) S. 96 ff. mit Taf. 34.

[28] C. REDLICH (wie Anm. 27) S. 62 Abb. 1, E b.

[29] EGGERS, Hans-Jürgen: Der römische Import im freien Germanien. Atlas der Urgeschichte Bd. 1 und 2. Glückstadt 1951, bes. S. 48; S. 174, Beilage 68; Taf. 13, 160. O. SCHLEGEL (wie Anm. 5) 59 f.

[30] I. JENSEN 1983 (wie Anm.6). G. LENZ-BERNHARD (wie Anm. 5) S. 49 Abb. 27. O. SCHLEGEL (wie Anm. 5) S. 117.

[31] DEHN, Wolfgang: Tontiere aus rheinischen Vorzeitfunden. In: Trierer Zeitschrift 14, 1939, S. 3 ff., bes. S. 27.

[32] K. MOTYKOVÁ-ŠNEIDROVÁ Prag 1963 (wie Anm. 15) S. 60; Taf. 32, 1. K. MOTYKOVÁ-ŠNEIDROVÁ 1965 (wie Anm. 15) S. 158 f.

[33] OSWALD, Felix: Index of Potters' Stamps on Terra Sigillata „Samian Ware". Farnborough, Hants. England 1964 (ND der Ausg. Margidunum, East Bridgford, Notts. 1931), S. 55.

[34] GOSE, Erich: Gefäßtypen der römischen Keramik im Rheinland. Beihefte der Bonner Jahrbücher Bd. 1. Köln 1975, S. 26 Nrn. 306+307, Taf. 22, 306+307. RITTERLING, Emil: Das frührömische Lager bei Hofheim im Taunus. Annalen des Vereins für Nassauische Altertumskunde und Geschichtsforschung Bd. 40, 1912. Wiesbaden 1913, S. 342 f.; Taf. 36, 109 A+B.

[35] E. GOSE (wie Anm. 34) S. 29 Nrn. 334+335, Taf. 25, 334+335. E. RITTERLING (wie Anm. 34) S. 357 f.; Taf. 37,129.

[36] E. GOSE (wie Anm. 34) S. 28, Nr. 321, Taf. 24, 321; S. 30 Nr. 345; Taf. 28, 345. E. RITTERLING (wie Anm. 34) S. 346 f., Taf. 37, 115; S. 355 f., Taf. 37, 126.

[37] E. GOSE (wie Anm. 34) S. 45 Nr. 533, Taf. 53, 533.

[38] G. LENZ-BERNHARD (wie Anm. 5) S. 52 ff. mit Abb. 30 (Form A 1), Abb. 31 (Form A 2), Abb. 34 (Form A 5), Abb. 35 (Form A 6); S. 65 mit Abb. 43 (Form B 4); S. 68 f. mit Abb. 49; 50 (Form C 2); S. 74 mit Abb. 55 (Form D 2); S. 92 mit Abb. 70; 71 (Kammstrichverzierung).

[39] E. GROPENGIESSER (wie Anm. 6). LENZ-BERNHARD, Gertrud/BERNHARD, Helmut: Das Oberrheingebiet zwischen Caesars gallischem Krieg und der flavischen Okkupation (58 v. – 73 n. Chr.). Eine siedlungsgeschichtliche Studie. In: Mitteilungen des Historischen Vereins der Pfalz e.V. 89, 1991, S. 11 ff., bes. S. 301 ff; S. 327 ff. LENZ-BERNHARD, Gertrud: Die Neckarsweben in der Gemarkung Ladenburg. In: Probst, Hansjörg (Hg.): Ladenburg. Aus 1900 Jahren Stadtgeschichte. Ubstadt-Weiher 1998, S. 43 ff. G. LENZ-BERNHARD (wie Anm. 5) S. 119 ff. SCHLEGEL, Oliver: Germanen im Quadrat – Die Neckarsweben in Mannheim und Umgebung. In: Archäologisches Nachrichtenblatt 4, H. 3, 1999, S. 271 ff. O. SCHLEGEL (wie Anm. 5) S. 23.f. SCHLEGL, Oliver: Frühe germanische Keramik an Oberrhein und Neckar – Die Neckarsweben zwischen Tradition und Romanisierung. In: Biegert, Susanne/Schnurbein, Siegmar von/Steidl, Bern/Walter, Dörte (Hg.): Beiträge zur germanischen Keramik zwischen Donau und Teutoburger Wald. Kolloquium zur germanischen Keramik des 1.-5. Jahrhunderts 17.-18. April 1998 Frankfurt a.M. Kolloquien zur Vor- und Frühgeschichte Bd. 4 Bonn 2000, S. 83 ff.

[40] G. LENZ-BERNHARD (wie Anm. 1) S. 236 Abb. 58,16. O. SCHLEGEL (wie Anm. 5) S. 22 Abb. 5, 43.

[41] Zur Forschungsgeschichte der Neckarsueben vgl. G. LENZ-BERNHARD (wie Anm. 1). G. LENZ-BERNHARD (wie Anm. 5) S. 15 ff. O. SCHLEGEL (wie Anm. 5) S. 24 ff.

[42] G. LENZ-BERNHARD (wie Anm. 5) S. 111 ff.

Patricia Pfaff

Das römische Mannheim

1. Die Auswirkungen römischer Expansion auf das untere Neckarland

„Unter dem Konsulat des Caecilius Metellus und des Papirius Carbo befand sich unsere Stadt (Rom) in ihrem sechshundertvierzigsten Jahr, als man zuerst von den Waffen der Kimbern hörte. Rechnen wir von da bis auf das zweite Konsulat des Kaisers Traian, so kommen ungefähr zweihundertzehn Jahre heraus. So lange wird an Germanien herumbesiegt".[1] Dies Tacitus' süffisanter Kommentar aus der Rückschau des Jahres 98.

Vor allem Caesars Gallienpolitik führte in den letzten Jahren der Republik zu einer weiträumigen Verschiebung von Siedlungsräumen in jenen Gebieten, die später als germanische Provinzen dem Reich eingegliedert wurden.

Hatte Augustus noch die Elbe als Grenze des Imperium Romanum durch die Germanenfeldzüge des Drusus 12 bis 9 v. Chr. und Tiberius 9 bis 7 v. Chr. bzw. in den Jahren 4 bis 6 in seinem Tatenbericht als fest etabliert dargestellt – „Die Provinzen Galliens und Spaniens, ebenso Germanien habe ich befriedet, ein Gebiet, das der Ozean von Gades bis zur Mündung der Elbe umschließt"[2] –, so war dieser Traum spätestens seit der clades Variana im Jahre 9 endgültig ausgeträumt. Der Rhein blieb für die nächsten Jahrhunderte Grenze der pax Romana. Noch unter Augustus wandelte sich die bisher offensive Germanienpolitk. Tiberius beendete die Germanenfeldzüge des Germanicus 14 bis 16 n. Chr. als zu gefährlich und kostspielig – immerhin standen zeitweilig acht Legionen mit den Operationsbasen Mainz und Xanten in Germanien. Er begann mit dem Ausbau der Grenzbefestigungen am Rhein, denn es kam auch in der Folgezeit immer wieder zu Aufständen germanischer Völker, wenn auch nicht im Neckarmündungsgebiet. Befestigungen entstanden: In Speyer Lager C (eine erste Befestigung könnte schon 9 v. Chr. unter Drusus angelegt worden sein, eine zweite in spätaugustäischer Zeit), Rheingönheim (ca. 43 unter Claudius gegründet) und Worms (spätaugustäisch oder frühtiberisch). Das Gebiet rechts des Rheines wurde fortan als Germania libera, das freie Germanien, bezeichnet. Das Neckarmündungsgebiet zählte dazu. Hier lebten verschiedene Völker germanischer Herkunft, die einstmals keltischen Siedlungen waren bis zur Mitte des 1. Jahrhundert v. Chr. verlassen worden. Zur Entstehungszeit des Prinzipates waren die agri decumates unbesiedelt, offenbar durch eine systematisch durchgeführte Umsiedlung der vormaligen Bewohner. Spätestens unter den Flaviern müssen hier aber kleinere und größere Gruppen wieder sesshaft geworden sein. Vor allem die Angehörigen eines Personenverbandes, die wir als Neckarsueben bezeichnen, hatten sich nach ihrer Abwanderung aus den Elbgebieten in und um die heutigen Städte Mannheim, Ladenburg und Heidelberg niedergelassen.

Vespasian betrieb konsequent den Ausbau der Befestigungen an Rhein und Neckar, deren Verlauf durch die Anlage von Kleinkastellen in regelmäßigem Abstand unter militärischer Kontrolle stand (Ladenburg, Heidelberg-Neuenheim).

Vespasians Sohn Domitian schob die Grenze nach Osten vor und schuf den sog. Odenwald-Limes, den ebenso wie Rhein und Neckarmündung eine Reihe kleinerer Kastelle und Wachttürme sicherte.[3] Zugleich erfolgte ein systematischer Ausbau zum Teil schon alter Straßen, der einerseits das Vorankommen römischer Truppen im Kriegsfalle beschleunigen und deren Versorgung sicher stellen sollte, andererseits auch dem Eindringen römischer Kultur in unserem Raum Vorschub leistete, etwa in Form von Handelsgütern. Über Mannheimer Gemarkung verlief die Straße von Neckarau über Seckenheim nach Ladenburg, deren Spuren sich in Hochstätt und Suebenheim nachweisen lassen. Etwa gleichzeitig entstehen die ersten villae rusticae, Gutshöfe nach römischem Vorbild, auf Mannheimer Boden.

Im Jahr 90 folgte die Einrichtung der beiden germanischen Provinzen Germania superior (Obergermanien) und Germania Inferior (Niedergermanien). Zuvor war das Gebiet am Rhein von den gallischen Statthaltern mitverwaltet worden.

Die Ernennung Ladenburgs zum Hauptort der Neckarsueben unter Kaiser Traian um das Jahre 98/99 zeigt, wie sehr das untere Neckarland bereits in die römische Verwaltung integriert war. Spätestens zu diesem Zeitpunkt muss das Land zwischen Rhein und Neckar als sicheres Terrain gegolten haben, denn villae rusticae entstehen vermehrt in der 1. Hälfte des 2. Jahrhunderts.

Daran änderte sich in den folgenden zwei Jahrhunderten nichts. Als Folge des sogenannten Alamannensturmes wurden die decumates agri geräumt, d. h. sie unterstanden nicht mehr der zivilen und militärischen Verwaltung Roms. Das blieb jedoch ohne größere Auswirkungen auf das Alltagsleben der ansässigen Bevölkerung, die sich infolge ökologischer und wirtschaftlicher Veränderungen ohnehin stark verringert hatte. Brandhorizonte, Spuren gewaltsamer Zerstörung in Siedlungsgebieten oder große Mengen in Eile vergrabener Wertsachen sind auf Mannheimer Gebiet bis jetzt nicht nachgewiesen. Zwar wanderten Alamannen in Kleingruppen in der 2. Hälfte des 3. und im Laufe des 4. Jahrhunderts ein, eine systematische Vertreibung der ansässigen Bevölkerung ist archäologisch nicht feststellbar.

Allerdings häufte sich die Zahl germanischer Überfälle zum Zwecke der Plünderung auf das verbliebene linksrheinische Territorium der Römer, so dass nach Ausweis der notitia dignitatum Kaiser Valentinian I. um 360 n. Chr. einen letzten Versuch unternahm, die Rheingrenze zu sichern. Bei Neckarau ließ er um das Jahr 369 eine befestigte Schiffslände, einen sog. burgus, an der Neckarmündung errichten, der die Kontrolle des Deltas ermöglichte[4] und gleichzeitig die alte Straße von Altrip, wo sich das Gegenstück befand, nach Ladenburg schützte. Auf Sandhofer Gemarkung ist im Luftbild eine weitere Schiffslände mit burgus deutlich zu erkennen, und auch für Ladenburg (wohl um 370 errichtet) ist ein solcher Wehrbau nachgewiesen.

Späte Keramik und vereinzelte Münzfunde verweisen auf letzte datierbare Spuren materieller römischer Kultur im 5. und 6. Jahrhundert.

2. Die Entdeckung römischer Relikte

Mannheim weist heute keine oberirdisch sichtbaren Reste römischer Steinbauten mehr auf. Dennoch existierten seit dem Ende des 1. Jahrhundert in mehreren Stadtteilen römische villae rusticae, deren Mauern archäologisch nachgewiesen wurden. Leider fanden diese Ausgrabungen alle in der 2. Hälfte 19. Jahrhundert bzw. Anfang des 20. Jahrhundert und mit den Mitteln dieser Zeit statt. 1907 legte Karl Baumann eine „Karte zur Urgeschichte von Mannheim und Umgebung" vor, die auch sämtliche damals bekannten Fundstellen römischer Objekte enthielt. So weit, so gut. Heute wissen wir jedoch, dass viele Objekte römischer Provenienz aus neckarsuebischen Befunden stammen.[5] Es gilt also, beides sauber voneinander zu trennen![6] Dies wird jedoch durch die Tatsache erschwert, dass die meisten Grabungsdokumentationen aus den Anfängen bis in die 1940er Jahre beim Brand des Schlossmuseums ebenso vernichtet wurden wie ein großer Teil der Objekte.

Im Zuge des Wiederaufbaus wurden in den 1950er und 1960er Jahren vermehrt römische Relikte geborgen. Die „Archäologische Karte der Stadt- und der Landkreise Heidelberg und Mannheim" aus dem Jahr 1967 lokalisiert sie in der Innenstadt, in Käfertal, Neckarau, Rheinau, Sandhofen, Seckenheim und Wallstadt. Leider wurden diese Grabungen, die meist innerhalb kürzester Zeit vonstatten gehen mussten, mangels Personal meist nur unzureichend dokumentiert. Viele Fragen werden auch in Zukunft unbeantwortet bleiben müssen.

An dieser Stelle möchte ich Claudia Braun und Ursula Koch für die Überlassung ihrer Materialsammlungen zum Thema Römer in Mannheim danken. Ebenfalls danken möchte ich Gertrud Lenz-Bernhard für ihre interessanten Anregungen zu diesem Thema.

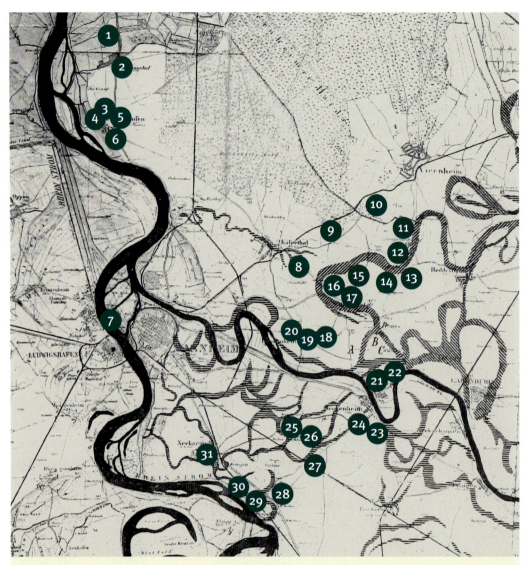

Wichtigste Befunde mit röm. Fundanteilen (Kartierung nach A. Mangold)

1 Kirschgartshäuser Straße links
2 Füllenweg, Kellereistraße
3 verlängerte Ausgasse
4 verlängerte Ausgasse
5 Bei dem Sandhofener Friedhof
6 Leinpfad
7 Kurt Schumacher-Brücke
8 Heppenheimer Straße
9 Columbusstraße
10 Waldgrube
11 Sauheck
12 Straßenheimer Hof, Salzgarten
13 Rechts des Ilvesheimer Wegs, Rechts der Käfertaler Straße
14 Hintere Weidestücke, Pfarrweglänge/Hinter dem Friedhof
15 Rottstücke, Elkersberg, Auf den Ried, Sandgrube Mutz, Auf den Sand und das Ried
16 Der Mittelrott
17 Kiesäcker, Kreuzbuckel, Wallstädter Langgewann (heute Mudauer Ring)
18 Heddesheimer Straße, Wallstadter Straße, Der Stümpel
19 Katholische Kirche
20 Görrestraße, Körnerstraße
21 Der Lös
22 Sichelkrümme
23 Waldspitze, Dossenwald, Sandkaute, Dünenhof/Dünenrand
24 Wasserturm Seckenheim
25 Hermsheimer Bösfeld
26 Hochstätt nordwestlicher Ortsausgang, Kloppenheimer Feld
27 Hochufer Nähe Seckenheimer Bahnhof, Rohrlachstraße, Kloppenheimer Straße
28 Casterfeld Sandgrube Schweikert
29 Johanniskirchof, Zahnig
30 Rhenaniastraße, Gelände Weil & Reinhard
31 Germania-/Zypressenstraße, Stollenwörthweiher, Wolframstraße, Germania-/Rheingold-/Steubenstraße

3. Römische Funde auf Mannheimer Stadtgebiet

Sandhofen

Beim Autobahnbau in den Jahren 1939/40 kamen westlich der verlängerten *Ausgasse* in der Nähe eines alten Rheinarmes Reste eines gemauerten römischen Kellers und Abfallgruben zum Vorschein. (Abb.1) Sie enthielten Scherben einer Amphore, einer Terra-Sigillata-Reibschale und eines Faltenbechers, also Tafelgeschirr gehobener Qualität. Mühlsteinbruchstücke, Muschelschalenfragmente und Knochenstücke deuten auf das Vorhandensein einer Küche innerhalb des Gebäudekomplexes hin, zu dem der Keller wahrscheinlich gehörte. Eine Beinnadel mit Kugelkopf sowie eine Bronzenadel mit profiliertem gelochtem Kopf stammen ebenfalls von diesem Fundplatz. Die Datierung dieses Fundes in die 2. Hälfte des 2. Jahrhunderts sichert neben diesen Stücken eine Münze des Marc Aurel, die ihr Besitzer im Keller verlor.

Abb.1: MA-Sandhofen, Verlängerte Ausgasse, röm. Keller

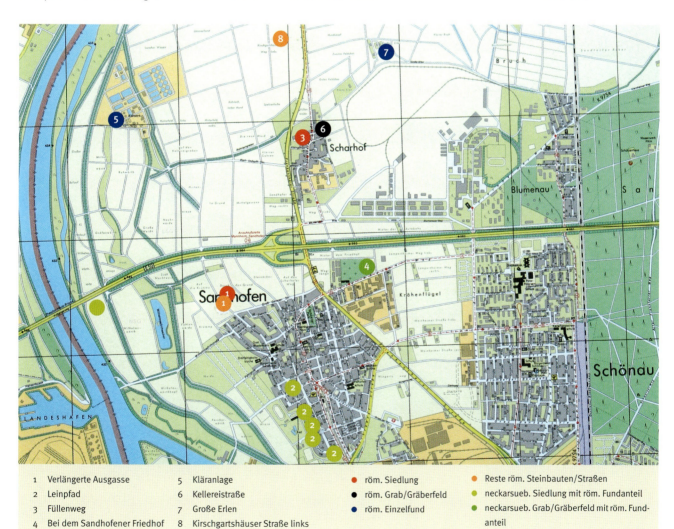

1 Verlängerte Ausgasse	5 Kläranlage
2 Leinpfad	6 Kellereistraße
3 Füllenweg	7 Große Erlen
4 Bei dem Sandhofener Friedhof	8 Kirschgartshäuser Straße links

- röm. Siedlung
- röm. Grab/Gräberfeld
- röm. Einzelfund
- Reste röm. Steinbauten/Straßen
- neckarsueb. Siedlung mit röm. Fundanteil
- neckarsueb. Grab/Gräberfeld mit röm. Fundanteil

In den Jahren 1949 und 1950 wurde der gesamte *Leinpfad* neu bebaut, was zu einem vermehrten Fundaufkommen führte. Hüttenlehm, große Mengen Scherben und Tierknochenreste, aber auch Ziegelbruchstücke, Überreste von Eisengeräten wie ein Schlüssel deuten auf länger andauernde Anwesenheit von Menschen in Form einer Siedlung hin. Die Siedlungsgruben enthielten neben handgemachter Ware auch Scherben von Terra-Nigra-Gefäßen, Mitte bis Ende 1. Jahrhundert zu datieren. Daneben stieß man immer wieder auf Urnenreste, zum Teil noch mit Leichenbrand, Deckschale und Beigefäßen. Hier überschnitten sich die neckarsuebische Siedlung der Römerzeit mit Gräbern der Urnenfelderkultur.

Im Ortsteil *Scharhof, Füllenweg,* ergaben sich bei Bauarbeiten 1949/50 und 1957 Hinweise auf ein einheimisches Gehöft, von dem neben Hüttenlehm, Ziegelstücken, Tierknochen und Tiergebissteilen Scherben – darunter auch Terra Sigillata (TS) – sowie ein eisernes Kesselgerät, ein Hakenschlüssel und eine späte Augenfibel aus der 2. Hälfte 2. Jahrhundert auf uns gekommen sind.

Im Zuge der Friedhofserweiterung kam 2002 *Bei dem Sandhofener Friedhof* neben zwei Hufnägeln und einigen Scherben eine römische Lanzenspitze in 30 cm Tiefe zum Vorschein.

Beim Neubau der *Kläranlage* kamen TS-Scherben zutage, die aber wohl als Streufunde in einer karolingerzeitlichen Siedlung zu betrachten sind.

In der *Kellereistraße* fand sich ein wahrscheinlich römerzeitliches Grab, dort fand man 1963 einen vollständig erhaltenen Einhenkelkrug, ebenfalls 2. Hälfte 2. Jahrhundert.

In *Große Erlen* entdeckte man im Jahr 1937 unter einer karolingischen Siedlung römische Scherben.[7] Noch nicht ausgegraben, aber im Luftbild deutlich erkennbar ist an einem Altarm des Rheines in der Gewann *Kirschgartshäuser Weg links* ein burgus, der in seiner Anlage denen in Mannheim-Rheinau und Ladenburg entspricht. Er wird zwar bei Ausonius nicht erwähnt, würde aber in die Kette solcher Verteidigungswerke nahtlos hinein passen.

Käfertal

Bereits 1907 waren Überreste von TS-Gefäßen bei der Ausgrabung eines Brunnens ans Licht gekommen, eine genaue Lage des Fundortes wurde aber leider nicht genannt.[8]

1952 lieferte die *Columbusstraße* Scherben und Hüttenlehm aus einer Siedlung, die möglicherweise zum gleichen Komplex gehören.

Vogelstang

Die ersten Spuren auf Anwesenheit der Römer in diesem späteren Mannheimer Stadtteil lieferten Überreste von Mauern *längs der Wormser Straße zwischen W‹allstadt› und Käfertal*.[9] Leider ist die genaue Fundstelle heute nicht mehr zu lokalisieren.

Beim *Autobahnbau* ab 1934 kamen weitere römische Überreste zum Vorschein. Es handelt sich an mehreren Stellen um Scherben und Metallreste, die entweder als Lesefunde einzustufen sind oder aber zu einer Kulturschicht gehören, die latènezeitliche Fundstellen überlagert. Das deutet darauf hin, dass es sich um eine Siedlung handelt. Ein Brunnen *nordwestlich der Straßenheimer Autobahnbrücke* scheint diese Annahme zu stützen. Im gleichen Kontext stießen die Ausgräber auch in späteren Jahren immer wieder auf neckarsuebische Funde, vor allem Keramik, aber auch Streufunde. Die Siedlung wurde offenbar im 1. Jahrhundert v. Chr. angelegt und bestand bis in das 1. Jahrhundert n. Chr. fort. In der Nähe fand man latènezeitliche Brandgrubengräber.

Im Jahr 1939 kam in der *Waldgrube* (Waldgrubenweg) eine Kulturschicht mit Scherbenfunden zum Vorschein, die zu einer wohl römischen Siedlung gehörte.

Auf den *Rottstücken* kamen 1948 und 1953 Scherben und Knochenstücke u. a. römischen Ursprungs ans Licht.

Ab 1938/39 und 1952/53 setzen die Funde auf dem *Elkersberg* ein: Zunächst einzelne Scherben, dann 1956 aus einem Brunnen Scherben und anderes

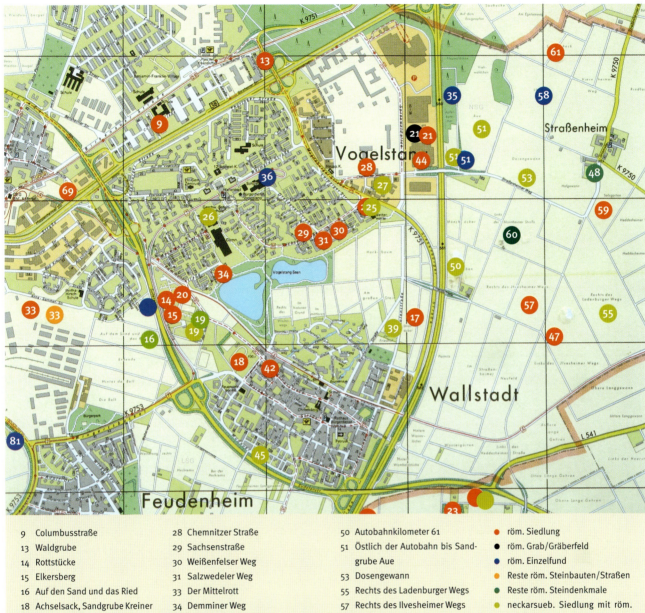

9 Columbusstraße	28 Chemnitzer Straße	50 Autobahnkilometer 61	● röm. Siedlung
13 Waldgrube	29 Sachsenstraße	51 Östlich der Autobahn bis Sand-	● röm. Grab/Gräberfeld
14 Rottstücke	30 Weißenfelser Weg	grube Aue	● röm. Einzelfund
15 Elkersberg	31 Salzwedeler Weg	53 Dosengewann	● Reste röm. Steinbauten/Straßen
16 Auf den Sand und das Ried	33 Der Mittelrott	55 Rechts des Ladenburger Wegs	● Reste röm. Steindenkmale
18 Achselsack, Sandgrube Kreiner	34 Demminer Weg	57 Rechts des Ilvesheimer Wegs	● neckarsueb. Siedlung mit röm.
19 Auf den Ried	35 Apfelkammer	58 Im Löhl	Fundanteil
20 Elkersberg, Sandgrube Mutz	36 Auf dem Schultheißenberg	59 Salzgarten	● neckarsueb. Grab/Gräberfeld mit
21 Zwischen der Nachtweide und	42 Ernsttalerstraße	60 Links der Mannheimer Straße	röm. Fundanteil
dem Gemeinen Wald	44 Acker Bossert westlich der Autobahn	61 Sauheck	
23 Sandgrube Heckmann	45 Kiesäcker, Kreuzbuckel, Wallstädter	69 Heppenheimer Straße	
25 Köthener Weg	Langgewann (heute Mudauer Ring)	81 Aubuckel	
26 Warnemünder Weg	47 Rechts der Käfertaler Straße		
27 Hallesche Straße	48 Straßenheimer Hof		

Verfüllmaterial. In der Gewann *Hintere Weidestücke* (= *Nachtweide*) kamen 1948 bis 52 Scherben, Tierknochen und Steine ans Licht.

1949 wurden in *Hockers Anwender* römische Scherben geborgen.

1952/53 kamen auf dem *Achselsack, Sandgrube Kreiner* eine römische Hütte und Wohngrube zutage, vergesellschaftet mit einem latènezeitlichen Messer und Gefäß. Offenbar war bei der Errichtung der Gebäude eine latènezeitliche Schicht durchstoßen worden.

Die *Sandgrube Mutz* auf dem *Elkersberg* lieferte in den Jahren 1959 bis 64 eine römische Kulturschicht: Jede Menge Keramik, Hüttenlehm, Metallfragmente aus Bronze und Eisen, Tierknochen und mehrere Gruben, eine Hütte sowie einen Brunnen, die aus einer Siedlung stammen. Eine TS-Scherbe trägt die Inschrift „VICTOR FECIT". Interessanterweise liegt diese Kulturschicht über bandkeramischem Material, d. h. diese Stelle war schon im ausgehenden Neolithikum als siedlungsgeeignet erkannt worden.

1965 wurde ein Brandgrab geborgen. Die Funde datieren Mitte 1. Jahrhundert bis 2. Jahrhundert.

Eine römische Siedlung mit Brunnen, Wohnstellen, Hütten, Gruben und entsprechendem Alltagsgut kam in den Jahren 1958-62 in der Gewann *Zwischen der Nachtweide und dem Gemeinen Wald* zutage. Hinweise darauf hatten in diesem Gewann schon zwei verzierte Scherben aus dem Jahr 1934 geliefert.

Am *Straßenheimer Übergang* wurden von 1960-62 auf den Spargelanlagen Eck und Bossert immer wieder Scherben aufgelesen, die zu einer Gräbergruppe oder einer römischen Siedlung westlich der Autobahn gehören könnten.

Wohl eher ein Zufallsfund waren die beiden Randscherben, die die *Sandgrube Heckmann* in Jahr 1967 lieferte.

Der große *Bauabschnitt IV* offenbarte in den Jahren 1969 - 1972 alles, was von einer Siedlung nach so langer Zeit übrig zu bleiben pflegt: Knochen, Steine, Scherben, Holzkohle, aber auch Keramik, ein bearbeitetes Geweihstück sowie Reste eines Glasbechers und einer bronzenen Augenfibel.

1972 lieferte die Baustelle im *Köthener Weg* mehrere Fundstellen mit römischen und neckarsuebischen Objekten, die in die Zeit Mitte bis 2. Hälfte 1. Jahrhundert gehören, der Bau der Gesamtschule im *Warnemünder Weg* hauptsächlich unverzierte, handgemachte Keramik der 2. Hälfte 1. Jahrhundert sowie Knochen und Tiergebißteile.

In der *Halleschen Straße* wurden im Jahr 1973 römische Scherben und Tierknochen aus einer runden Grube, möglicherweise einem Brunnen, geborgen.[10]

Im gleichen Jahr erbrachten die Grabungen in der *Chemnitzer Straße* ähnliche Funde, als herausragendes Stück einen bronzenen stilus (Schreibstift), Mitte 1. Jahrhundert.

In der *Sachsenstraße 53* kam 1976 eine Grube ans Licht, die neben römischem auch völkerwanderungszeitliches und spätantikes Material enthielt, z. B. Tierknochen, Scherben, Eisenblechreste und Eisennägel, Hüttenlehm, einen Beinkamm, Ziegelbruchstücke und Holzkohle. Schon sechs Jahre zuvor war an dieser Stelle ähnliches Material zum Vorschein gekommen; weitere Funde aus der Sachsenstraße lassen den Schluss zu, dass hier ebenfalls von der Mitte des 1. Jahrhunderts an zwei Jahrhunderte lang gesiedelt wurde.

Im gleichen Jahr ergrub man im *Weißenfelser Weg* Scherben, Knochen, Hüttenlehm, Steine und Ziegelstücke, alles in allem Hinweise auf eine Siedlung. Der *Salzwedeler Weg* erbrachte ähnliche Funde.[11] Die Funde datieren um die Wende des 1. zum 2. Jahrhundert.

In den Jahren 1979 - 1981 lieferte das Gewann „*Rechts der Feudenheimer Straße*" eine römische Siedlungsschicht als Überlagerung latènezeitlicher Fundstellen.

In dem Gewann *Der Mittelrott* kamen in den Grabungen der Jahre 1993 und 1996 Hinweise auf Gebäude zutage: Steine, Ziegel, Hüttenlehm, Sandsteinfragmente und Scherben.

Im *Demminer Weg* wurde 1973 ein Brunnen mit Verfüllung gefunden.[12] Eine Grabung im Jahr 2001/02 erbrachte in der Flur *Apfelkammer* Funde der römischen Kaiserzeit.

Das Gewann *Auf dem Schultheißenberg* lieferte in den vergangenen Jahren immer wieder Einzelfunde, meist Scherben.

Insgesamt zeigen Menge und Verteilung der Funde, dass der Stadtteil Vogelstang zu den am intensivsten besiedelten Teilen Mannheims seit dem ausgehenden Neolithikum zählt. Da die jeweiligen Siedler sich immer wieder an ganz bestimmten, vor Hochwasser geschützten Stellen in Wassernähe niederließen, durchstießen sie bei ihrer Tätigkeit die darunter liegenden Schichten früherer Kulturen.

Wallstadt

Bereits in den Jahren 1859-1862 und 1865 stieß Lehrer Fettinger bei der ersten Ausgrabung des Mannheimer Altertumsvereins *Am Waldbuckel* und *In der Schindkaut* (nach E. Gropengießer im Halbkreis von Norden nach Westen um Wallstadt) auf eine kaiserzeitliche Gräbergruppe. Grab 2 enthielt u. a. eine TS-Tasse mit dem Bodenstempel VIDUCUS.[13] Aus dieser Fundstelle stammen auch eine graue Urne mit Leichenbrand, ein dunkelgrauer Firnistopf mit Schachbrettmuster sowie ein flacher Teller, auf die sich die Datumsangabe „vor 1943" bezieht.

Weiterhin wurden 15 Gräber mit Inventar gefunden (der Fundort ist nicht genauer bezeichnet), die in die Zeit der Kaiser Vespasian bis Hadrian datiert wurden.[14]

Eine Reihe von Altfunden stammen ebenfalls aus Wallstadt: Münzen, gefunden 1882, ein Tongefäß von 1900, ein Tonkrug und zwei Bronzefiguren aus dem Jahr 1901, Gläser aus dem Jahr 1902[15] und ein Viergötterstein sowie zwei fragmentierte Grabsteine aus dem Jahr 1919.

Im Jahr 1934 fand man in der *Pfarrweglänge/Hinter dem Friedhof* kaiserzeitliche Siedlungsreste, d. h. Abfall-, Keller- und Wohngruben aus der Mitte 1. Jahrhundert bis Anfang 2. Jahrhundert[16] und bei der Erweiterung der *Autobahn A6* Scherben, Steine, Hüttenlehm, TS, Spinnwirtel, Eisenschlacke und das Bruchstück eines Webgewichtes, alles aus der 2. Hälfte 1. Jahrhundert.

Im Gewann *Auf den Ried* und *Auf den Sand und das Ried* wurden in den Jahren 1956/57 immer wieder Einzelfunde gemacht. Grabungen der Jahre 1969, 1972 und 1984 erbrachten den Befund eines Siedlungsplatzes aus dem 2. Jahrhundert. Bereits in den Jahren 1854 und 1859-1861 stieß man auf eine Gruppe von 19 Gräbern, die Mitte des 1. Jahrhunderts einsetzen und eine Belegungszeit dieses Platzes für gut 200 Jahre ergeben. Neben Hüttenlehm, Tierknochen, Resten von Mahlsteinen, Nägeln sowie einem eisernen Schlüssel und bronzenen Trachtbestandteilen[17] ist die qualitätvolle TS hervorzuheben: Eine Bilderschüssel mit dem Stempel CERIALIS[18], ein Teller mit dem Stempel VIRILISF(ecit) und ein weiterer mit dem Stempel „IUNUS". Alle drei Töpfer arbeiteten in der TS-Manufaktur Rheinzabern.

Abb. 3: MA-Wallstadt, Auf dem Ried, TS-Bilderschlüssel des Cerialis, Detail.

An der *Straße von Wallstadt nach Käfertal* kamen die Scherben eines belgischen Napfes aus dem Boden, 1959 in der *Ernsttaler Straße 5* Scherben und Steine und im Jahr 1963 auf den Grundstücken Hausnummer 10 und 12 Tierknochen, Scherben, Hüttenlehm, Steine und ein Eisenstück.

Die Flur *Kleiner Stümpel* lieferte im gleichen Jahr steinzeitliche und römische Tierknochen, Steine und Scherben.

1961/62 fanden sich *westlich der Autobahn auf dem Acker Bossert* verzierte Scherben und ein TS-Schalenfragment mit Stempel.

Die Gewanne *Kiesäcker, Kreuzbuckel und Wallstädter Langgewann* (heute Mudauer Ring und Seckacher Straße) lieferten in den Jahren 1977-1982 eine neckarsuebische Siedlung mit Hütten, Brunnen und Abfallgruben, darin viele Objekte römischer Provenienz. Ein Brunnen enthielt u. a. einen Sesterz des

Tiberius, der nach dem Jahr 22 geprägt worden sein muss. Die Keramik aus diesem Fundstellen – sowohl Terra Nigra (TN) als auch TS – erlaubt eine Datierung in die 2. Hälfte 1. Jahrhundert.[19] *Links des Ilvesheimer Wegs* erbrachte eine Grabung jede Menge Keramik, die vermutlich zu einer Villa gehörte.

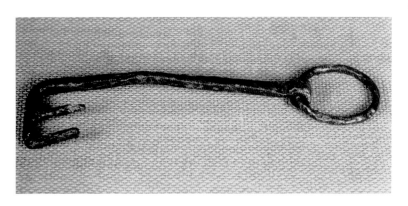

Abb. 4: MA-Wallstadt, Rechts der Käfertaler Straße, Feld B8, röm. Eisenschlüssel

Während der gesamten 1980er Jahre fanden sich in der Flur *Rechts der Käfertaler Straße* drei Brunnen, vier Hütten, Keramik, TS (u. a. eine Bodenscherbe mit dem Stempel ETRURIUS, ein Tellerrest mit dem Stempel „NSTANTI" sowie die Bodenscherbe eines Napfes mit dem Stempel „PETRULLUSFX"), Reste von Glasgefäßen, ein kleiner Griffel, Metallkleinfunde wie Fibeln und Fingerringe, eine Pinzette aus Bronze, mehrere Griffdornmesser, einen Eisenschlüssel und -nägel. Ein Sesterz des Kaisers Traian gibt mit der Konsulatsangabe das Jahr 100 als Prägedatum an, die Siedlung dürfte also in den letzten Jahren des 1. Jahrhundert gegründet worden sein und das ganze 2. Jahrhundert bestanden haben, zumindest nach der Datierung der dort gefundenen TS.[20] (Abb. 4)

Straßenheim

Der früheste Fund aus Straßenheim datiert aus dem Jahr 1844 beim *Straßenheimer Hof*. Dort kam ein Grab zum Vorschein, das neben einem kleinen TS-Gefäß einen Bronzeeimer und eine Bronzemünze hergab. Beides wurde gleich an einen Kupferschmied verkauft und verarbeitet. Die Gegenstände dürften in der frühen Kaiserzeit entstanden sein.[21] Baumann berichtet für die 1860er Jahre von weiteren Grabfunden von Straßenheim *Waldbuckel*. Möglicherweise stammt der erste Grabfund ebenfalls von dort.[22] In Straßenheimer Hof stieß man 1934 auf TS und andere Scherben sowie eine Bronzefibel. Zusammen mit einem Brunnen sowie Pfostenstellungen bilden sie den Überrest eines neckarsuebischen Gehöftes.[23] Wie in Seckenheim führte der *Autobahnbau* ab 1934 zur Abtragung großer Flächen, unter denen u. a. beim *Autobahnkilometer 61*, dem Gebiet östlich der Sandgrube Aue und in der Sandgrube selbst große Mengen vor allem römischer Keramik[24], aber auch Knochen, Fibeln, eine bronzene Löffelsonde und Fragmente von Eisengeräten auftauchten. Der Schacht eines Brunnens, dessen Holzverkleidung allerdings vergangen war, barg ebenfalls große Mengen neckarsuebischer Keramik, dazu TS und provinzialrömische Keramik[25]. Offenbar hatten auch hier Neckarsueben gelebt, die für den Kauf römischer Importe durchaus empfänglich waren und sich das auch leisten konnten. Die gefundenen TS- und TN-Scherben, aber auch Glas, etwa der Rest einer Rippenschale oder das Bruchstück eines blauen Armreifes, sprechen für friedliche Handelsbeziehungen zu den Römern bereits in der 2. Hälfte des 1. Jahrhunderts.

Im *Gebiet östlich der Autobahn bis hin zur Sandgrube Aue* kamen in den Jahren 1937, 1948 und 1967 weitere Scherben einfacher Keramik, TS und Münzen zum Vorschein. Aus einem merowingischen Grab, gefunden 1933, stammen drei Münzen der Kaiser Constantius, Constans und Valens.

Der Bau der Pipeline im Jahr 1963 bescherte den Ausgräbern eine Siedlungsgrube mit Feuerstelle, dazu Hüttenlehm, Tierknochen und Scherben, also die immer wiederkehrenden Spuren früher Besiedlung.

Ein ähnliches Bild bot die Grabung 1968 im *Dossengewann*, nur fehlt hier der Nachweis einer Feuerstelle.

Beim Bau der Ferngasleitung zwischen *Straßenheim und Grenzhof* kamen 1968 links der Mannheimer Straße Scherben und Ziegelstücke zum Vorschein.

Das Jahr 1972 lieferte reiche Siedlungshinweise *Rechts des Ladenburger Wegs* und beim Bau der Gas-

rohrtrasse *Hofgewann*: Scherben, Ziegelbruchstücke, Tierknochen und -zähne, Holzkohle und bei ersterer auch TS-Scherben, sowie Eisenschlacke und Eisenteile. Hatte sich hier in der 1. Hälfte 2. Jahrhundert ein Schmied seine Werkstatt eingerichtet?
Im gleichen Jahr kamen bei diesem Bauprojekt im Gewann *Sauheck* Siedlungsgruben sowie ein Brunnen zutage, die neben Ziegelbruchstücken jede Menge Keramik des 2. Jahrhunderts sowie ein Pferdeskelett enthielten.[26] 1974 kamen wieder typische Siedlungsfunde südlich der Feldscheuer bei der Beregnungsanlage *Rechts des Ilvesheimer Wegs* zum Vorschein. Mehrere Gruben, meist karolingisch, nur eine kaiserzeitlich, enthielten Hüttenlehm, bearbeitete Steine, Holzkohle, Scherben, Tierknochen und einen Tierzahn, dazu eine weiße Melonenperle. Die römischen Überreste gehören in die 1. Hälfte 2. Jahrhundert.

Im Löhl tauchte 1993 ein Leistenziegelstück auf. Im gleichen Jahr fielen im *Salzgarten* Ziegelstücke, bearbeitete Steine und Scherben an.

Bei den Bauarbeiten zur Errichtung eines Reiterhofes *Links der Mannheimer Straße* stieß man auf einen Grabhügel, den in merowingischer Zeit ein sekundär verwendeter Sandsteinzapfen geschmückt hatte. Vermutlich war dieser Zapfen, dekoriert mit reicher Pflanzenornamentik und einem profilierten Knopf auf der Spitze, ursprünglich die Bekrönung einer Victoria-Säule gewesen. Als Streufund muss die kleine römische Scheibenfibel angesehen werden, die nichts mit der Bestattung zu tun hatte.[27]

Feudenheim

Als fundhaltig erwies sich das Gewann *Auf den Sand und das Ried*: 1860 lieferte es einen grauen Teller, einen gefirnissten Napf, eine große graue Urne mit zwei Schachbrettmusterzonen und Leichenbrand und das Fragment einer bronzenen Schere (beides ohne Funddatum). Den Vermerk „vor 1943" tragen eine große graue Schüssel mit Schachbrettmuster und eine verbrannte TS-Tasse. Von ihrem Bodenstempel sind noch die Buchstaben IVN lesbar. Ein Töpfer namens Iunius arbeitete in der Manufaktur Lezoux in der 2. Hälfte 1. Jahrhundert.[28]

Aus der *Wilhelmstraße* 1d stammt ein 1907 entdecktes Grab eines Reiterkriegers, das u. a. einen ovalen Schild enthielt, wie er bei der römischen Kavallerie verwendet wurde. Der Herkunft nach war der Tote Neckarsuebe, aber die einzelnen Bestandteile seiner Ausstattung sind unverkennbar von römischen Handwerkern gefertigt worden und an den Beginn der Kaiserzeit zu datieren.[29]

Am gleichen Ort kam bei der Grabung 1910-14 inmitten eines neckarsuebischen Fundkomplexes eine römische Scherbe zutage, 1932 noch zwei weitere neckarsuebische Brandgräber mit römischen Anteilen.[30] In den Jahren 1959/60 fand man auf dem gleichen Grundstück sowie Hausnummer 2a drei Brandgräber, von denen noch Scherben, verbrannte Knochen, Teile einer eisernen Schere, verbrannte Bronzestücke und Nägel vorhanden waren. In der Wilhelmstraße 1d kamen 1965 in einem weiteren Brandgrab Keramik, ein TN-Teller, eine Bronzefibel und ein Eisenmesserfragment aus dem Boden.[31] Zwischen 1910 und 1913 wurden aus einem römischen Brandgrab die Scherben der Urne und eines Henkelkruges geborgen. Leider gibt es dazu keine Ortsangabe.[32] Insgesamt kann man aber davon ausgehen, dass diese Gräber zu ein und demselben Brandgräberfeld gehören, das um die Mitte des 1. Jahrhundert beginnt und bis ins frühe 2. Jahrhundert belegt wurde.

Zwischen der Riedbahnbrücke und Feudenheim wurde auf dem rechten Neckarufer im Jahr 1923 römische Keramik gefunden.[33]
1932 lieferte *Die Lach* ein Stück einer Tegula mit Kammstrichritzung.

In der *Heddesheimer Straße*, vermutlich *Nr. 72*, stieß man 1933 auf Funde römischer Herkunft, einen Amphorenhals und das Bruchstück einer Tegula. Zwanzig Jahre später fand man beim Bau einer Wasserleitung Keramik, TS, Glasreste, Tierknochen, Eisenfragmente und eine Gürtelschnalle.

Im Jahr 1955 wurde man gleich an mehreren Stellen in Feudenheim fündig: Die *Ecke Wormser und Weinheimer Straße*, Bauplatz Lerch, lieferte Keramik, TS, Hüttenlehm, eine Glasbodenscherbe, Eisenmesser

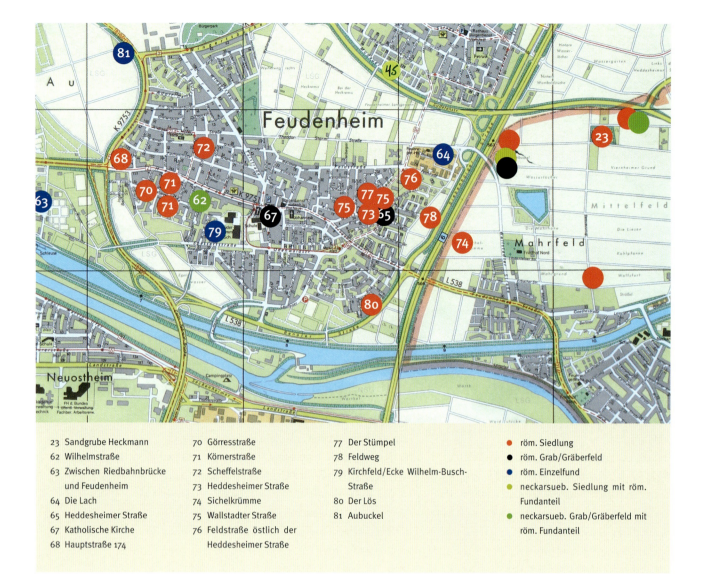

23 Sandgrube Heckmann	70 Görresstraße	77 Der Stümpel	● röm. Siedlung
62 Wilhelmstraße	71 Körnerstraße	78 Feldweg	● röm. Grab/Gräberfeld
63 Zwischen Riedbahnbrücke und Feudenheim	72 Scheffelstraße	79 Kirchfeld/Ecke Wilhelm-Busch-Straße	● röm. Einzelfund
64 Die Lach	73 Heddesheimer Straße		● neckarsueb. Siedlung mit röm. Fundanteil
65 Heddesheimer Straße	74 Sichelkrümme	80 Der Lös	
67 Katholische Kirche	75 Wallstadter Straße	81 Aubuckel	● neckarsueb. Grab/Gräberfeld mit röm. Fundanteil
68 Hauptstraße 174	76 Feldstraße östlich der Heddesheimer Straße		

und eine verzierte bronzene Nadelsonde. Beim *Neubau Arzt Goldschmidt beim Neckartal* wurden Scherben, und an der Katholischen Kirche Grab 1 mit römischer Keramik gefunden.

Scherben kamen 1956 in der *Hauptstraße 174* zutage und 1958 in der *Heppenheimer Straße*.

Aus der römischen Schicht, die 1959/60 in der *Görresstraße* entdeckt wurde, stammen ein Keramikdeckelfragment, Scherben, Tierknochen, Schlackenstückchen, Steine, Hüttenlehm und ein Webgewicht. Ein Brunnen ergänzt das Siedlungsbild.

In der *Körnerstraße, Garten Fuhr* fand man einige römische bzw neckarsuebische Scherben[34], in *Nr. 56* die Spuren einer Siedlung mit Brunnen, Scherben, Hüttenlehm, Tierknochen und einer ganzen Kulturschicht, die durch Grabungen der Jahre 1965/66 *(Nr. 40 + 42, 54 + 57)* zahlenmäßig noch vervielfacht wurden und zudem noch eine kleine Grube lieferten (Körnerstraße Ecke Nadlerstraße). 1970 kam innerhalb der Siedlung noch ein zweiter Brunnen heraus.

Aus der Grabung 1959 in der *Scheffelstraße* stammen Keramik und TS, dazu Tierknochen, Ziegelstücke, Hüttenlehm und Eisennägel.

1962 lieferte die *Heddesheimer Straße beim Haus Keck* latène- und römerzeitliches Material, hauptsächlich Scherben.

Bei der Autobahnerweiterung in der *Sichelkrümme* im Jahr 1963 fanden sich in der Nähe eines römischen Brunnens Scherben, ein Ziegelstück sowie ein Glasfragment.

1970 kamen aus acht Fundstellen in der *Wallstadter Straße*, Ostseite, Scherben und Knochen und im gleichen Jahr Scherben in der *Feldstraße östlich der Heddesheimer Straße*.

Im Gewann *Der Stümpel* erbrachte 1970 die Abtragung einer Grube sowie einer Kulturschicht Scherben, Muschelschalen, Tierknochen und ein Eisenstück.

Im Folgejahr kam ziemlich ähnliches Material bei der *Gärtnerei Reiss am Feldweg* zutage.

Kirchfeld Ecke Wilhelm Busch-Straße kamen 1975 Scherben verschiedener Gefäße zum Vorschein.

1977 wurden in *Der Lös* einige Scherben geborgen. Am *Aubuckel* stieß man 1979 auf einen Krug mit Glättmustern.

Nicht näher bezeichnet ist eine Spätlatènegrube, aus der eine römische Scherbe stammt[35]; weitere Scherben stammen aus einem ebenfalls nicht näher lokalisierten Brandgrab.[36]

Seckenheim

Im Jahr 1901 fand man in Seckenheim auf der *Hochstätt* erstmals Römisches: Am *Hochufer in der Nähe des Bahnhofes* kamen am 14. Dezember Scherben eines Gefäßes zum Vorschein. 1902 stieß der Ausgräber Baumann am *Hochufer in der Nähe des alten Bahnhofes* auf ein Gräberfeld. „Bei der planmäßigen Untersuchung... wurde festgestellt, dass die Gräber (Leichenbrand) mehrere Meter weit auseinander liegen; auch sind sie infolge ihrer wenig tiefen Anlage meist zerstört. Sie scheinen dem 1. bis 2. Jahrhundert anzugehören und ergaben bis jetzt zahlreiche Tonscherben, aber nur wenige Beigaben aus Metall.[37] Möglicherweise gehörte das Gefäß aus dem Vorjahr ebenfalls zu diesem Gräberfeld. Leider sind weder die genaue Lage der Gräber, ihre Anzahl oder weitere Details näher überliefert.

Abb. 5: MA-Seckenheim Hochstätt, Oberkörper einer Panzerstatue

Das Gelände um den alten Bahnhof lieferte in den Folgejahren noch weitere wertvolle Funde. 1905 kamen dort verschiedene Objekte zutage, die keine Zweifel daran ließen, dass dieser Platz schon wesentlich früher besiedelt gewesen war. Als römische Hinterlassenschaft waren 2 Brunnen, Statuenfragmente und ein Bruchstück einer steinernen Schuppensäule zu vermelden, das vermutlich zu einer Jupitergigantensäule gehört hatte. 1910 fand man in diesem Bereich die Reste einer villa rustica: Bemalten Wandputz und einen weiteren Brunnen, dazu ein großes Bruchstück aus dem Brustbereich einer Panzerstatue aus Stein. (Abb. 5) Zutage kamen auch die beiden Steine, in die einst Türangeln eingelassen waren. Scherben aus der 2. Hälfte des 1. Jahrhunderts und eine Bronzefibel aus flavischer Zeit vervollständigten die Hinweise auf diese sehr frühe Besiedlung. Auf gleicher Fläche errichtete ein namentlich nicht bekannter Töpfer wohl in trajanischer Zeit seinen Betrieb, von dem man noch fünf Öfen, die Tonvorratsgrube und eine große Masse Scherben ausgraben konnte. Ein Töpferofen mit Resten der aufgehenden Kuppel und der Lochtenne, auf der noch acht Gefäße standen, war besonders gut erhalten. Bemalte Putzreste im Mauerwerk der Ofenkuppel beweisen, dass die kleine Töpferei erst nach der Zerstörung des Hauses dort eingerichtet worden war.[38] (Abb.6)

Abb. 6: MA-Seckenheim Hochstätt, röm. Töpferofen

In Hochstätt kamen 1910 mehr als zehn Gruben mit Inhalt zum Vorschein. Die gefundene Keramik ermöglicht eine Datierung in die 2. Hälfte 1. Jahrhundert.[39] Römische Mauerreste wurden 1906 am nordwestlichen Ortsausgang gefunden, aber nie genauer lokalisiert. Im Ortsteil Suebenheim, *Waldspitze, Dossenwald und Sandkaute* wurde in den Jahren 1928 bis 1934/35 eine neckarsuebische Siedlung mit zwanzig Grubenhäusern und vier Brunnen (drei holzverschalt, einer gemauert) freigelegt, in denen sich aber jede Menge römischer Alltagsgegenstände fand: Bronze- und Eisenfibeln (meist eingliedrige Drahtfibeln), Eisenmesser, Keramik, TS, Gegenstände aus Knochen und Geweih und Mühlsteinreste. Datierung: 2. Hälfte 1. Jahrhundert bis Anfang 2. Jahrhundert.[40] (Abb. 7)

In *Waldspitze* stieß man 1928 auf die Fundamentmauern eines kleinen quadratischen Baues, Scherben, zwei eiserne Hufschuhe und Dachziegelstücke mit dem Stempel der leg. VIII. augusta[41]. Vermutlich handelt es sich um eine Straßenstation an jener Straße von Neckarau nach Ladenburg, für die auch eine Abzweigung nach HD-Neuenheim belegt ist. Ebenfalls von hier stammen mehrere Bronze- und Eisenfibeln, Eisennägel, Eisenmesser, Scherben, Knochenstichel und Bruchstücke eines Mühlsteines sowie andere Reste typischer Alltagsgegenstände. 1950 kamen an gleicher Stelle zwei TS-Bilderschüsseln zum Vorschein. Das alles deutet auf ein Haus an dieser Stelle hin, das in der 2. Hälfte 1. Jahrhundert/Anfang 2. Jahrhundert errichtet wurde.

81 Aubuckel
82 Hochufer Nähe Seckenheimer Bahnhof
83 Hochstätt nordwestlicher Ortsausgang
84 Waldspitze, Dossenwald und Sandkaute
85 Waldspitze
86 Dünenhof/Dünenrand
91 Kloppenheimer Winkel
101 Kloppenheimer Feld

● röm. Siedlung
● röm. Grab/Gräberfeld
● röm. Einzelfund
● Reste röm. Steinbauten/Straßen
● Reste röm. Steindenkmale
● neckarsueb. Siedlung mit röm. Fundanteil
● neckarsueb. Grab/Gräberfeld mit röm. Fundanteil

Abb. 7: MA-Seckenheim Suebenheim Waldspitze/Am Dünenrand, röm. Brunnen

In *Dünenhof* und *Dünenrand* kamen in den Jahren 1949 und 1950 vor allem römische Scherben zum Vorschein. Auf gleicher Gemarkung grub man 1952 einen neckarsuebischen Brunnen mit Trockenmauerwerk aus.[42]

Die *Kiesgrube Volz* lieferte im Zeitraum 1931-1939 Scherben und Metallfunde, z. B. einen Bronzekessel mit eisernem Henkel, eine eiserne Pflugschar und ein Sech. Als bemerkenswertester Fund ist eine Statuette der Göttin Venus aus weißem Ton zu verzeichnen. Statuette und sämtliche Scherben waren an den Kanten abgerundet, ein Beweis für ihren Transport im alten Neckararm, der zur Römerzeit an dieser Stelle floss.[43]

Das *2. Gewann am Pfarrweg* auf der *Hochstätt* lieferte 1957/58 und 1961 zwei kaiserzeitliche Brandgräber, aus denen u. a. ein verzogenes Bronzesieb stammt. Das Sieb erlaubt eine Datierung um die Mitte 1. Jahrhundert.

Reste römischer Straßen wurden 1932 in *der Rohrlachstraße* und in der *Kloppenheimer Straße* gefunden, letztere mit einem 15 cm tiefen Kiesbett.[44] Im *Kloppenheimer Winkel* wurden aus dem alten Neckarlauf 1992 mehrere Scherben aufgesammelt.[45] Auf dem *Hermsheimer Bösfeld*, das zu Seckenheim gehört, wurde im Zuge der Bauarbeiten zur SAP-Arena im Jahr 2002 ein merowingisches Gräberfeld komplett ausgegraben, das auch zwei Steinplattengräber enthielt. Eines der Gräber war mit einer Steinplatte abgedeckt, die eine stark beschädigte Darstellung der Kapitolinischen Trias zeigte. Interessanterweise waren die Gesichter der Gottheiten wohl vor der Zweitverwendung der Platte gezielt abgeschlagen worden, um so die Magie des alten Götterbildes zu brechen. Trotz der Beschädigungen wird man die Entstehung des Bildes im 2. Jahrhundert ansiedeln dürfen.[46]

Friedrichsfeld

In den REM befindet sich ein stark ergänzter grauer Teller, zu dem sich das Funddatum „vor 1943" ermitteln lässt. Eine genauere Angabe der Fundstelle innerhalb von Friedrichsfeld fehlt.

Beim „*Punkt 102,3*" kamen drei TS-Stücke zutage, eine Angabe des Funddatums fehlt. In der *Pulversheimer Straße 32* stieß man am 30.10.1982 auf einen Follis Constantins I.

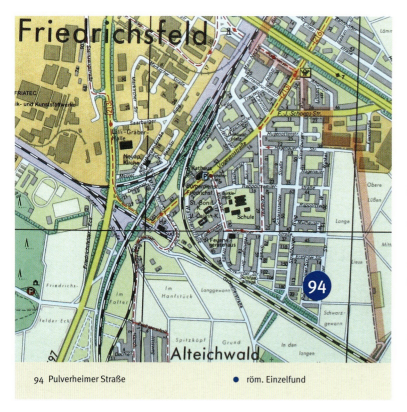

94 Pulverheimer Straße • röm. Einzelfund

Almenhof, Neckarau und Rheinau

In Rheinau wurden 1901 bei Baggerarbeiten verschiedene Bronzegegenstände (Schröpfkopf, Glöckchen mit Kette, Bruchstücke von Nadeln und Gerätegriffe) in der *Nähe des Relaishaus* gefunden, dazu ein großes Stück einer eisernen Tierfigur sowie ein kleiner Tontiegel. Weiteren Angaben wurden nicht gemacht,

Abb. 8: MA-Neckarau, Johanniskirchhof, röm. Votivstein

doch scheint es sich um ein gezielt vergrabenes Metalldepot zu handeln[47].

Im *Hafen* kamen einzelne Münzen zutage.[48]

Im Jahr 1949 entdeckte man in der *Casterfeldstraße, Sandgrube Schweckert*, ein Brandgrab. Es enthielt neben einer Wandscherbe eines TN-Gefäßes einen TS-Teller sowie zwei Kniefibeln, die eine Datierung ins frühe 2. Jahrhundert zulassen.

Bereits bei Ausgrabungen im Jahr 1880 und 1882 stieß der Mannheimer Altertumsverein in dem Gewann *Kasterfeld*, auf dem *Johanniskirchhof* auf die Reste eines Steinbaues mit Estrichboden und aufgehendem Mauerwerk, worin mehrere Bruchstücke von Inschriften und Götterstatuen eingearbeitet waren.[49] (Abb 8)

Weitere Bestattungen wurden 1915 im *Zahnig* (Körpergrab 4. Jahrhundert)[50] sowie 1928 in der *Germaniastraße-Ecke Zypressenstraße* (fünf Brandgräber) ausgegraben. Die qualitätvollen Beigaben stammen von der Wende von 2. zum 3. Jahrhundert.[51] Vermutlich bezieht sich H. Gropengießers kurze Notiz über den Inhalt der fünf Brandgräber, in denen sich neben Glas TS-Scherben mit Barbolineverzierung sowie den Stempeln LUPUS und IUVENIS fanden, auch auf dieses Gebiet.[52] (Abb. 9)

Im Jahr 1902 erfolgte die Schenkung zweier Reliefsteine mit Darstellung der Fortuna und des Vulcanus an den Mannheimer Altertumsverein. Die Steine waren dem Vereinsvorstand schon länger bekannt gewesen und wurden aus einer Außenwand des *Wohnhauses der Familie Gund* mit deren Zustimmung ausgebrochen. Sie waren vor 1844 im *Kloppenheimer Feld* gefunden worden[53]. (Abb. 10) In der *Rhenania-Straße* stieß H. Gropengießer auf den wohl bedeutendsten Fund aus der Römerzeit, den Burgus des Kaisers Valentinian I. aus dem 4. Jahrhundert. Jenen Burgus erwähnt sowohl der Historiker Ammianus Marcellinus als auch Q. Aurelius Symmachus in seiner Rede auf den Kaiser, und sie bezeugen damit die strategische Wichtigkeit der Neckarmündung zu dieser Zeit.[54] Bei Baggerarbeiten im *Stollenwörthweiher* kamen seit 1928 bis heute

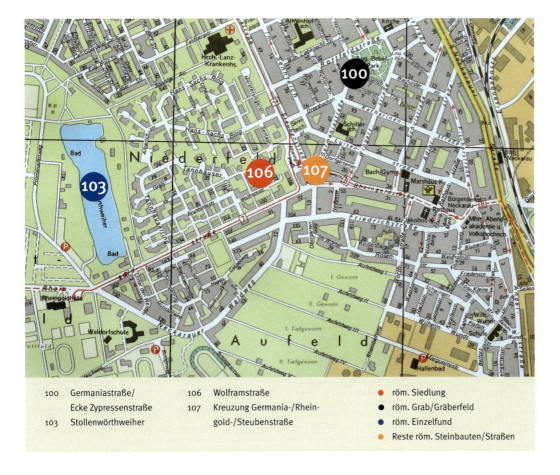

100	Germaniastraße/ Ecke Zypressenstraße	106	Wolframstraße
103	Stollenwörthweiher	107	Kreuzung Germania-/Rhein-gold-/Steubenstraße

- ● röm. Siedlung
- ● röm. Grab/Gräberfeld
- ● röm. Einzelfund
- ● Reste röm. Steinbauten/Straßen

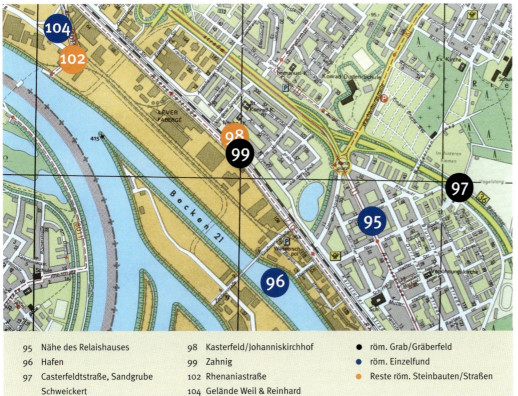

95	Nähe des Relaishauses	98	Kasterfeld/Johanniskirchhof
96	Hafen	99	Zahnig
97	Casterfeldtstraße, Sandgrube Schweickert	102	Rhenaniastraße
		104	Gelände Weil & Reinhard

- ● röm. Grab/Gräberfeld
- ● röm. Einzelfund
- ● Reste röm. Steinbauten/Straßen

Abb. 9: MA-Neckarau, Germaniastraße-Ecke Zypressenstraße, TS-Becher mit Barbotineverzierung

immer wieder Einzelfunde, hauptsächlich Bruchstücke von Tongefäßen, zum Vorschein.

Weitere Scherbenfunde stammen vom *Gelände der Firma Weil & Reinhard*.

Die Wüstung Hermsheim lieferte 1934 im Gewann *Aus dem Graben und Loch* Scherben, Glasreste und Metall.
Bei Bauarbeiten in der *Wolframstraße 27-43* ergaben sich 1989 eindeutige Hinweise auf Gruben und einen Brunnen aus römischer Zeit. Sie beinhalteten: Hüttenlehm, Bruchstücke von Mühlsteinen, Ziegelbruch, Tierknochen und -zähne, Muschelschalen, Eisennägel und Eisenblechstücke, Scherben mehrerer Faltenbecher, eines Doppelhenkelkruges und weiterer Gefäße sowie viele TS-Fragmente, darunter solche mit den Namensstempeln PRIMANUS, LATINNI und ATTONI. Alle drei Töpfer arbeiteten in Rheinzabern, Atto (Attoni) noch in der 2. Hälfte 2. Jahrhundert, die beiden anderen bis in die 1. Hälfte 3. Jahrhundert.

Ebenfalls im Zuge von Bauarbeiten konnte 1986 an der Kreuzung *Germania-/Rheingold- und Steubenstraße* die Römerstraße geschnitten werden, die von Altrip nach Ladenburg verlief.[55]

Neuostheim

1937 stießen Arbeiter beim Bau der sog. Flugschülerkaserne am *Harrlachweg* in 4m Tiefe auf das Kiesbett eines alten Neckarlaufes, das neben Tierknochen auch abgerollte Scherben und Ziegelstücke römischen Ursprungs barg. Ihr Erhaltungszustand lässt auf einen längeren Transport durch den Fluss schließen. Hinweise auf eine eigene Siedlung in diesem Stadtteil ergaben sich nicht.[56]

Abb. 10: MA-Neckarau, Reliefplatten vom Gundschen Anwesen

Abb. 11: MA-Innenstadt, Pylonsenkkasten der Kurt-Schumacher-Brücke, Bronzebecken

Innenstadt

Für das Jahr 1922 melden die Mannheimer Geschichtsblätter den Fund eines römischen Hufeisens in *N7*[57], die Badische Heimat für das Jahr 1927 in *B6* Scherbenfunde.[58] In beiden Fällen dürfte es sich um Einzelfunde handeln, ebenso wie bei den vereinzelt gefundenen römischen Münzen[59], da auf dem Gebiet der heutigen Innenstadt sonst keine römischen Siedlungsspuren zu verzeichnen sind. Spektakulär bleibt der Fund eines Bronzeservice, bestehend aus Eimer, Schüssel und Becken, das beim *Pylonsenkkasten der Kurt-Schumacher-Brücke* 1968 aus dem Rhein geborgen wurde. Alle drei Stücke lassen sich ans Ende des 2. Jahrhunderts/Anfang 3. Jahrhundert datieren. Dabei dürfte es sich um die Beute eines Raubzuges handeln, die bei ihrem Abtransport durch ein Kentern des Bootes verloren ging.[60] (Abb. 11)

Neckarstadt

Hier wurde bei Baggerarbeiten am *Neckarkanal, Durchstich der Bonadiesinsel*, 1868 ein Fragment eines Marmorsarkophages gefunden, das zwei Männer bei der Jagd auf einen Hirsch und einen Bären zeigt. Obwohl das Fragment starke Abrollungen durch den Transport im Fluss aufweist, handelt es sich mit großer Wahrscheinlichkeit um ein Importstück aus Italien, was die hohe Qualität des Reliefs erklären würde. Vergleiche mit anderen Jagdsarkophagen lassen eine Datierung Ende 3. Jahrhundert/ Anfang 4. Jahrhundert zu.[61]

„Im Umkreis der Waldhofstraße" kam am 13. 7. 1933 ein Krughals aus grauem Ton zutage.

4. Ergebnisse

Betrachtet man die Verteilung der einzelnen Fundstellen auf dem heutigen Mannheimer Stadtplan, so fällt auf, dass eine ganze Reihe von Stadtteilen entweder gar keine oder nur sehr wenige Einzelfunde aufweisen. Andere wie Feudenheim, Sandhofen, Neckarau, Wallstadt und Vogelstang stehen mit ihrer gegenwärtigen Bebauung fast komplett auf alten Siedlungen und/oder den dazu gehörenden Gräbern und Gräberfeldern. Das hängt mit den Veränderungen der Landschaft zusammen, die der Mensch innerhalb der letzten Jahrhunderte vorgenommen hat und die ein völlig anderes Landschaftsbild als zur Zeitenwende bieten. Zieht man allerdings eine historische physikalische Karte hinzu, so erklärt sich das Siedlungsbild zur Zeit der römischen Kaiser ziemlich deutlich.

Als erstes gilt es die Flussläufe näher zu betrachten. Der Bau des Neckarkanals sowie die Rheinbegradigung haben beide Flüsse in ein festes Bett gezwungen und von ihrem alten Lauf abgeschnitten. In den Zeiten zuvor mäandrierten beide Flüsse sehr stark. Villen, Gehöfte und Siedlungen, aber auch Bestattungsplätze mussten demnach an solchen Stellen angelegt werden, die nach menschlichem Ermessen

Sicherheit vor Hochwasser boten. Ein Unterschied von ein oder zwei Höhenmetern konnte unter Umständen dafür entscheidend sein. Bei großen Flutkatastrophen werden aber auch sie nicht immer verschont geblieben sein.

Außerdem ist zu berücksichtigen, dass der Neckar zur Römerzeit bei Neckarau in den Rhein mündete. Die niedrigsten Gebiete zwischen beiden Flüssen waren also permanenter Bedrohung durch das Wasser ausgesetzt, d. h. die heutigen Stadtteile Innenstadt, Neckarstadt, Friedrichsfeld und Neuostheim. Hier verzeichnen wir, wenn überhaupt, nur Einzelfunde, die zum Teil vom Neckar angeschwemmt oder aber in Zweitverwendung von späteren Kulturträgern benutzt wurden, etwa bearbeitete Steine.

Sicheres Siedlungsgelände boten die heutigen Stadtteile Sandhofen, Käfertal, Vogelstang, Wallstadt, Straßenheim, Feudenheim, Seckenheim, Rheinau und Neckarau. Hier entstanden Gehöfte und dorfähnliche Siedlungen, vici, mit ihren Bestattungsplätzen.

Sie lieferten und liefern Objekte römischer Alltagskultur. Dabei handelt es sich in der überwiegenden Menge um Keramik, die eine zuverlässige Datierungshilfe darstellt. Vor allem TS- und TN-Gefäße geben Hinweise auf die Entstehung von Wohn- und Begräbnisplätzen. Seltener, aber immer noch in erstaunlicher Menge erhalten haben sich Gegenstände aus Metall – Waffen und Werkzeuge, Gefäße und Schmuck. Vor allem die Fibeln lassen sich zur Datierung heranziehen. Die frühesten römischen Objekte entstanden um die Mitte 1. Jahrhundert, jener Zeit, als die Neckarsueben in der Region zu siedeln begannen. Es wäre sicher spannend zu klären, unter welchen Umständen sie in den Besitz dieser römischen Importe gelangten, denn zuvor war das Neckardelta seit Jahrzehnten unbesiedelt. Handelte es sich um „Freundschaftsgeschenke" der römischen Besatzer vom linken Rheinufer oder waren die Angehörigen dieses Volkes wohlhabend genug, diese Gegenstände zu erwerben, und wenn ja, von welchen Kaufleuten und auf welchen Märkten? In dem von ihnen bewohnten Gebiet gab es die noch gar nicht. Auf jeden Fall muss von römischen Keramik- und Metallerzeugnissen eine große Faszination ausgegangen sein, so groß, dass sie nicht nur im Alltag verwendet, sondern auch den Toten ins Grab mitgegeben wurden.

Die ersten Romanen (Angehörige des römischen Kulturkreises) können wir hingegen in der 2. Hälfte 1. Jahrhundert fassen. Unter den flavischen Kaisern beginnt die Einrichtung einer Infrastruktur. Straßen werden gebaut und unter Domitian erfolgt der Bau des Odenwaldlimes. In Seckenheim-Hochstätt entsteht die erste villa rustica auf heutigem Mannheimer Boden, die sich durch typische Elemente wie Steinfundamente oder Wandmalereien in einigen Räumen auszeichnet. Zu ihr dürfte auch das Brandgräberfeld gehört haben. Anfang des 2. Jahrhundert ist die villa zerstört, in den Ruinen errichtet ein Töpfer seine Werkstatt. Am nordwestlichen Ortsausgang von Seckenheim entsteht eine zweite villa, der in der 2. Hälfte 2. Jahrhundert eine Siedlung folgt. Eine Jupitergigantensäule gehörte ebenfalls dazu und vielleicht gab es dort weitere kleine Heiligtümer, denn der Fundort des kapitolinischen Triasreliefs liegt dicht daneben, und auch die später in Rheinau verbauten Reliefs vom Kloppenheimer Feld stammen aus der unmittelbaren Nachbarschaft. Nicht zum ersten Mal wären damit römische Ruinen als leicht erreichbarer Steinbruch in späteren Jahrhunderten genutzt worden. Die Errichtung dieser Gebäude zeigt auch, wie schnell die Romanisierung des unteren Neckarlandes voranschritt. Das Gebiet galt offensichtlich als befriedet und sicher. Zweitens muss die römische Zivilverwaltung sehr schnell und effektiv gegriffen haben, z. B. bei der rechtlichen Eigentumsfeststellung von Grund und Boden. Kein Romane hätte sonst das Geld in die Errichtung eines Villenbetriebes investiert. Weiterhin muss die Bodenqualität diese Wirtschaftsform erlaubt und entsprechende Nachfrage nach landwirtschaftlichen Produkten geherrscht haben. Als Abnehmer in großem Stil bot sich die Besatzung des Ladenburger Kastells an. Verkehrstechnisch gut erreichbar war es ebenfalls, denn eine Straße führte von Hochstätt über Suebenheim Richtung Ladenburg, sogar mit einem Straßenposten versehen. Die neckarsuebische Siedlung im heutigen Suebenheim passt in das Bild friedlicher Koexistenz von Germanen und Romanen.

Einen ähnlichen Ablauf der Besiedlung kann für den Stadtteil Sandhofen angenommen werden. Mitte 1. Jahrhundert findet sich eine neckarsuebische Siedlung im heutigen Leinpfad. Die villa rustica in der verlängerten Ausgasse entsteht allerdings erst ein gutes Jahrhundert später. Der gemauerte Keller zeigt auch hier die Vorliebe der Romanen für Steinfundamente, zumindest bei den Hauptgebäuden. Die Müllgrube in unmittelbarer Nähe gehörte möglicherweise zum Küchenbereich des Gebäudekomplexes. Das Grab in der Kellereistraße stammt ebenfalls aus der 2. Hälfte 2. Jahrhundert, vielleicht fand ein Mitglied der Familie hier seine letzte Ruhe. Zeitgleich anzusetzen ist die Siedlung im Füllenweg, Sandhofen-Scharhof. Die Verkehrsanbindung dieses Gebietes ähnelt der Lage in Seckenheim-Hochstätt und Seckenheim-Suebenheim. Zwar nicht ausgegraben, aber im Luftbild gut erkennbar ist der Verlauf der Römerstraße. Der nahe Rhein ermöglichte Waren- und Personentransport. Einen Hinweis auf weitere römische Steinbauten liefert ebenfalls die Luftbildarchäologie. Direkt am alten Rheinverlauf ist eine Schiffslände zu erkennen, die der Form nach aus dem 4. Jahrhundert stammt. Ihre Errichtung passt von der Entfernung her zu Einrichtungen gleicher Art und Zeitstellung in Neckarau, Ladenburg und Worms, auch wenn sie Ausonius nicht ausdrücklich erwähnt.

Bereits für das Jahr 1907 nennen Baumann und Wagner für Käfertal römische Funde aus einem Brunnen ohne nähere Ortsangabe. Gehörte er zu den Siedlungsresten, die 1952 in der Columbusstraße gefunden wurden?

Interessant wird die Besiedlung der Ortsteile Vogelstang, Wallstadt und Straßenheim. Neben neckarsuebischen Niederlassungen und Gräbern finden wir eine große römische Siedlung auf dem Elkersberg und den angrenzenden Gewannen. Das dazu gehörende Brandgräberfeld war schon Mitte 19. Jahrhundert vom MAV gefunden worden. Auch auf dem Elkersberg leben zuerst Mitte 1. Jahrhundert Neckarsueben, die allmählich von Romanen, die dort bis ins frühe 3. Jahrhundert nachweisbar sind, abgelöst werden. Bedauerlicherweise konnten bei der modernen Bebauung des Gebietes keine systematischen Untersuchungen angestellt werden. Der Hinweis auf Steinfundamente, die von den Hauptgebäuden einer villa rustica stammen, fehlt zwar, aber auszuschließen ist sie auch nicht. Es würde die Entwicklung, die in Seckenheim und Sandhofen zu beobachten ist, stützen: Mitte 1. Jahrhundert siedeln Neckarsueben in einem kleinen Dorf, das in der 1. Hälfte 2. Jahrhundert von romanisierten Großgrundbesitzern abgelöst wird.

Für das in römischer Zeit linke untere Neckarmündungsgebiet haben wir zwei große besiedelte Bereiche. Das ist die Siedlung um den Stollenwörthweiher und der Wolframstraße, die in die 2. Hälfte 2. Jahrhundert/Anfang 3. Jahrhundert gehört. Möglicherweise bilden die fünf Brandgräber der Germaniastraße-Ecke Zypressenstraße einen Teil des zugehörigen Bestattungsplatzes, von dem sich leider nichts mehr erhalten hat, der aber von der üblichen Entfernung her zu dieser Siedlung passen würde.

Betrachtet man die Gesamtheit der römischen Siedlungsplätze auf Mannheimer Gemarkung, so wird deutlich, dass villae rusticae fast immer in der Nachbarschaft neckarsuebischer Niederlassungen anzutreffen sind, und zwar um einige Jahrzehnte zeitlich versetzt. Fast scheint es, als hätten wohlhabende und zu Investitionen bereite Romanen abgewartet, ob die Bodenbeschaffenheit an diesen Stellen gleichbleibend ertragreich blieb, um dann einen Großbetrieb nach „modernen" Gesichtspunkten zu errichten. Die ersten Gutshöfe entstehen in flavischer Zeit, also der 2. Hälfte 1. Jahrhundert, das Gros wurde im Laufe des 2. Jahrhundert errichtet, verschwand aber auch wieder zum Ende dieses Jahrhunderts.

Bei den Funden Wolframstraße und dem vicus auf dem Elkersberg handelt es sich um die beiden einzigen noch bewohnten Plätze, die für das 3. Jahrhundert belegt sind. Brandhorizonte sind archäologisch nicht festgestellt worden und auch in keiner der mehr oder weniger ausführlichen Dokumentationen genannt. Die Abwanderung der Romanen aus den über lange Zeiträume besiedelten Gebieten muss andere Ursachen gehabt haben. Vielleicht trugen Umweltveränderungen wie Verschlechterung der Bodenqualität und des Klimas dazu bei, vielleicht auch die politische Situation des Imperium Romanum, in der die Bewohner des Neckarmündungsgebietes keine Zukunftsperspektiven mehr für ihre Heimat sahen und in weniger gefährdete Gegenden abwanderten.[62]

Den einzigen ausgegrabenen Komplex aus dem 4. Jahrhundert bilden der Burgus in der Rhenaniastraße aus dem Jahr 368, das Körpergrab Zahnig und jene villa rustica am Johanniskirchof, deren Mauern bereits aus Spolien errichtet worden waren. Offenbar fühlte sich der Besitzer dieses Anwesens in der Nähe des Burgus ausreichend geschützt, um an Ort und Stelle auszuharren. Zusammen mit dem noch unerforschten Burgus in Sandhofen wirkt das alles wie ein verzweifelter Versuch, in den Wirren des 4. Jahrhunderts einen letzten Stützpunkt in diesem Raum zu halten und Übergriffe plündernder Germanenhorden aus den von römischer Verwaltung aufgegebenen rechtsrheinischen Gebieten auf das andere Ufer zu verhindern.

Anmerkungen

[1] Tac. Germ. 37; [2] Aug. res gestae 26; [3] Tac. Germ. 29

[4] Amm. Marc. 28, 2; Symm. orationes 2, 20

[5] s. dazu die Arbeiten von G. Lenz-Bernhard und I. Jensen

[6] O. SCHLEGEL: Germanen im Quadrat. Die Neckarsueben im Gebiet von Mannheim, Ladenburg und Heidelberg während der frühen römischen Kaiserzeit, Rahden/Westf., 2000

[7] H. GROPENGIESSER: Fundschau Sandhofen-Scharhof, Bad. Fundberichte 14, 1938, S. 30

[8] K. BAUMANN: Karte zur Urgeschichte von Mannheim und Umgebung, Mannheimer Geschichtsblätter 8, 1907, Sp 189; E. WAGNER: Fundstätten und Funde aus vorgeschichtlicher, römischer und alamannisch-fränkischer Zeit im Großherzogtum Baden II, Tübingen 1911, S. 211

[9] K. BAUMANN: Neue Funde und archäologische Untersuchungen des Mannheimer Altertumsvereins, MA Geschbl. 8, 1907, Mai, Sp. 190

[10] E. GROPENGIESSER: Mannheim Vogelstang, Fundber. BW, Bd 5, 1980, S. 197

[11] R.-H. BEHRENDS: Ausgrabungen und Neufunde der Bodendenkmalpflege im Regierungsbezirk Karlsruhe während des Jahres 1976, Archäologische Nachrichten aus Baden 18, 1977, S. 25

[12] E. GROPENGIESSER: Mannheim Vogelstang, Fundber. aus BW, Bd 5, 1980, S. 196

[13] E. GROPENGIESSER: Die Spätlatènezeit im unteren Neckarland und die Suebi Nicretes I Die Fundgegenstände, Diss., 1965, S. 104 f.

[14] H. GROPENGIESSER: Mannheim, vereinigte Sammlungen des Grossh. Hofantiquariums und des Mannheimer Altertumsvereins. Bericht von H. Gropengießer, Ber. RGK 7, 1912, S. 140

[15] E. WAGNER: Funde und Fundstätten II, 1911, S. 247

[16] H. GROPENGIESSER: Reichsautobahn und Urgeschichte bei Mannheim, Mannheimer Geschbl. 36, 1935, Nr. 7/9, Sp.191 f.; E. GROPENGIESSER: Die Spätlatènezeit I, 1956, S. 107 ff.

[17] E. GROPENGIESSER: Neue Ausgrabungen und Funde im Mannheimer Raum 1961-1975, Städt. Reiß-Museum, 1976, S. 55

[18] E. GROPENGIESSER: Neue Ausgrabungen und Funde, 1976, S. 55; I. JENSEN: Gefäße, Geräte und Kleinfunde des römischen Alltags. Reiß-Museums Mannheim 3, Mannheim, 1986, S. 37 f.

[19] R.-H. BEHRENDS/E. SCHALLMEYER: Ausgrabungen der archäologischen Denkmalpflege Karlsruhe im Jahr 1978, Arch. Nachr. Baden 22, 1979, S. 12, 30; I. JENSEN: Ein Vogelgefäß aus der neckarsuebischen Siedlung von Mannheim-Wallstadt, Arch. Nachr. Baden 30, 1983, S. 23 ff.; F.-W. von HASE: Eine neckarsuebische Siedlung in Mannheim-Wallstadt, Arch. Ausgr. Baden-Württemberg 1981, S. 180f; F.-W. von HASE: Neue neckarsuebische Siedlungsreste in Mannheim- Wallstadt, Arch. Ausgr. Baden-Württemberg 1982, S. 156 ff.; H. BERNHARD: Studien zur spätrömischen Terra Nigra zwischen Rhein, Main und Neckar, SaalbJb 40-41, 1984-85 I. JENSEN: Römer, Kelten und Germanen. Wallstadt in der Zeit um Christi Geburt. Gesammelte Beiträge zur Ausstellung 1984 in Mannheim-Wallstadt, Mannheim, 1984; I. JENSEN: Die Reibschale von Mannheim-Wallstadt. Einführung in die „Römische Küche für Besucher des Reiß-Museums in Mannheim", Arch. Nachr. Baden 32, 1984, S. 27 ff.; E. GROPENGIESSER: Die Neckarsueben, S. 98 ff, in: G. NEUMANN/H. SEEMANN(Hgg): Beiträge zum Verständnis der Germania des Tacitus II, S. 91 ff., Göttingen, 1992

[20] F.-W. von HASE: Vor- und frühgeschichtliche Siedlungsreste in Mannheim-Wallstadt, Arch. Ausgr. Baden-Württemberg 1981, S. 31 ff.; R.-H. BEHRENDS: Eine neckarsuebische Siedlung von Mannheim-Wallstadt, Arch. Ausgr. Baden-Württemberg 1988, S. 85 ff.; Fundber. aus BW, Bd 9, I. JENSEN: Mannheim Wallstadt, Fundber. BW, Bd 9, 1984, S. 653 f.; I. JENSEN: Römer, Kelten und Germanen. Wallstadt in der Zeit um Christi Geburt. Gesammelte Beiträge zur Ausstellung 1984 in Mannheim-Wallstadt, 1984, S. 20, 24; O. SCHLEGEL, Germanen im Quadrat, S. 129

[21] E. GROPENGIESSER: Die Spätlatènezeit I, 1956, S. 97

[22] K. BAUMANN: Neue Funde, MA Geschbl. 8, 1907, S. 189; E. Wagner, Fundstätten und Funde II, 1911, S. 246

[23] H. GROPENGIESSER: Reichsautobahn, MA Gbl. 36, 1935, Sp. 189

[24] H. GROPENGIESSER: Bad. Fundber. III, Heft 9, 1935, S. 314

[25] H. GROPENGIESSER: Fundschau: Mannheim Straßenheimer Hof, Bad. Fundber. 14, 1938, S.19; E. GROPENGIESSER: Die Spätlatènezeit I, 1956, S. 88 ff.

[26] Die Heimat, Nr. 30, Dezember 1982, S. 5, 7 f.

[27] U. KOCH: Gräber der Merowingerzeit in Mannheim-Straßenheim, Arch. Ausgr. Baden-Württemberg 2000, S. 148 ff.

[28] O. SCHLEGEL: Germanen im Quadrat, S. 129

[29] E. WAGNER: Fundstätten und Funde II, 1911, S. 208f; E. GROPENGIESSER: Die Spätlatènezeit I, 1956, S. 10 f.; E. GROPENGIESSER: Die Neckarsueben, 1992, S. 100ff; O. SCHLEGEL: Germanen im Quadrat, S. 240 f., Taf. 35-38

[30] E. GROPENGIESSER: Die Spätlatènezeit I, 1956, S. 11; G. LENZ-BERNHARD/H. BERNHARD: Das Oberrheingebiet zwischen Caesars Gallischem Krieg und der flavischen Okkupation (58 v. Chr-73 n. Chr.). Eine siedlungsgeschichtliche Studie. MittHistVerPfalz 89, 1991, S. 306

[31] G. LENZ-BERNHARD/H. BERNHARD: Das Oberrheingebiet, S. 306; E. GROPENGIESSER: Neue Ausgrabungen und Funde, 1976, S. 56

[32] H. GROPENGIESSER: Mannheim, 7. Ber. RGK, 1912, S. 139

[33] G. MÜLLER: Römische Funde am Neckar bei Feudenheim, MA Geschbl. 24, 1923, Sp. 94

[34] E. GROPENGIESSER: Die Spätlatènezeit I, 1956, S. 12

[35] H. GROPENGIESSER: Mannheim, Ber. RGK 7, 1912, S. 132

[36] H. GROPENGIESSER: Mannheim, Ber. RGK 7, 1912, S. 139

[37] MA Geschbl. Feb 1902, Sp. 45; K. BAUMANN: Neue Funde, MA Geschbl. 1907, Sp. 188

[38] H. GROPENGIESSER: Römische Funde beim Bahnhof Seckenheim, MA Geschbl. 11, 1910, Sp.163 f., 190; E. WAGNER, Fundstätten und Funde II, 1911, S. 206 f.; H. GROPENGIESSER: Mannheim, Ber. RGK 7, 1912, S. 133, 138; E. GROPENGIESSER: Die Spätlatènezeit I, 1956, S. 78ff, 144-146,149-156; E. GROPENGIESSER: Ausgrabungen auf der „Hochstätt" bei Mannheim-Seckenheim, Mannheimer Hefte 1970, Nr. 3, S. 121f.; G. LENZ-BERNHARD/H. BERNHARD: Das Oberrheingebiet, S. 316ff; H. PROBST: Seckenheim. Geschichte eines kurpfälzer Dorfes, 1981, S.156 ff., 314

[39] Neuerwerbungen und Geschenke, MA Geschbl. 7, 1906, Sp. 158; K. BAUMANN: Neue Funde, MA Geschbl. 8, 1907, Sp 188-189; E. WAGNER, Fundstätten und Funde II, 1911, S. 206

[40] H. GROPENGIESSER: Reichsautobahn, MA Geschbl. 7/9, 1935, Sp. 193 f.; H. GROPENGIESSER: Beobachtungen, Funde und Untersuchungen im Bauabschnitt Mannheim der Reichsautobahn 1934/35, Bad. Fundber. 3, 1933-36, S. 314 f.; E. GROPENGIESSER: Die Spätlatènezeit I, 1956, S. 72 ff.; E. GROPENGIESSER: Die Neckarsueben, 1992, S. 104 ff.; H. PROBST: Seckenheim, S. 158, 314

[41] H. GROPENGIESSER: Seckenheim, B. F. 2, 1929-32, S. 167

[42] F. GEMBER: Mannheim, Bad. Fundber. 20, 1956, S. 246

[43] E. WAHLE: Seckenheim Kiesgrube, Bad, Fundber. Bd II, Heft 11, 1932, S. 385; H. GROPENGIESSER: Fundschau Seckenheim, Bad. Fundber. 3, 1933-36, S. 165, 381; H. GROPENGIESSER: Fundschau Seckenheim. Sandhofen, Bad. Fundber. 14, 1938, S. 23; H. GROPENGIESSER: Fundschau Seckenheim. Sandhofen, Bad. Fundber. 16, 1940, S. 29; E. GROPENGIESSER: Ausgrabungen Hochstätt, Mannheimer Hefte, 1970, Nr. 3, S. 121

[44] E. GROPENGIESSER: Ausgrabungen Hochstätt, Mannheimer Hefte, 1970, Nr. 3, S. 121; H. Probst, Seckenheim, S. 157

[45] Fundmeldung LDA vom 1.6.1992

[46] T. LINK: Zwischen Adlern und Hamstern: fränkische Gräber im Hermsheimer Bösfeld, Mannheim-Seckenheim, Arch. Ausgrabungen in BW, 2002, S. 163 ff.

[47] K. BAUMANN: Neue Funde und archäologische Unternehmungen des Mannheimer Altertumsvereins, MA Geschbl. 2, 1901, Nr. 12, Sp. 168, 254 f.; E. WAGNER: Fundstätten und Funde II, 1911, S. 202

[48] FMRD II, 1127

[49] E. WAGNER: Fundstätten und Funde II, 1911, S. 241; H: GROPENGIESSER: Aus der ältesten Geschichte des Neckardeltas, Badische Heimat 14, 1927, S. 35; H. GROPENGIESSER: Spätrömischer Burgus bei Mannheim-Neckarau, Bad. Fundber. 13, 1937, S. 117

[50] E. GROPENGIESSER: Aus Neckaraus Frühgeschichte und Geschichte, Mannheimer Hefte 1972, Nr. 1, S. 29

[51] E. GROPENGIESSER: Neckarau, Mannheimer Hefte 1972/1, S. 28

[52] H. GROPENGIESSER: Mannheim-Neckarau, Germania 13, 1929, S. 66

[53] K. BAUMANN: Zwei römische Reliefbilder aus Neckarau, MA Geschbl. 3, 1902, Sp. 184 f.; E. WAGNER: Fundstätten und Funde II, 1911; E. GROPENGIESSER: Römische Steindenkmäler, Bildhefte des Städt. Reiß-Museums Mannheim, Mannheim 1975

[54] H. GROPENGIESSER: Geschichte des Neckardeltas, Bad. Heimat, 1927, S. 29ff; H. GROPENGIESSER: Spätröm. Burgus, Bad. Fundber. 13, 1937, S. 117 ff.; W. SCHLEIERMACHER: Befestigte Schiffsländen Valentinians, Germania 26, 1942, Heft 4, S. 191 ff.; E. GROPENGIESSER: Neckaraus Frühgeschichte, Mannheimer Hefte 1972/1, S. 28; A. WIECZOREK: Zu den spätrömischen Befestigungsanlagen des Neckarmündungsgebietes, MA Geschbl. NF 2, 1995, S. 9 ff.

[55] H. PROBST: Neckarau. Von den Anfängen bis ins 18. Jahrhundert, Mannheim, 1988

[56] H. GROPENGIESSER: Fundschau Harlachstraße, Bad. Fundber. 14, 1938, S. 22

[57] H. GROPENGIESSER: Geologische und historische Untersuchungen beim Neubau der Rheinischen Siemens-Schuckert-Werke N 7,18, Mannheimer Geschbl. 23, 1922, Sp. 58 ff.

[58] H. GROPENGIESSER: Geschichte des Neckardeltas, Bad. Heimat 14, 1927, S. 35; [59] FMRD II, 1924

[60] E. GROPENGIESSER: Neue Ausgrabungen und Funde, 1976 S. 52; I. JENSEN: Gefäße, Geräte und Kleinfunde, 1986, S. 39 f.

[61] E. WAGNER, Fundstätten und Funde, II, 1911, S. 240; H. SCHOPPA: Römisches Sarkophagfragment in Mannheim, Germania 18, 1934, S. 109 ff.

[62] weitere allgemeine Literatur: M. CAROLL: Römer, Kelten und Germanen, Stuttgart, 2003; H. CÜPPERS (Hg): Die Römer in Rheinland-Pfalz, Stuttgart, 1990; K.-V. DECKER, /W. SELZER: Mogontiacum. Mainz von der Herrschaft des Augustus bis zum Ende der römischen Herrschaft, in: ANRW 5.1 Principat, S. 458 ff., Berlin-New York, 1976; P. FILTZINGER,/D. PLANCK/B. CÄMMERER (Hgg): Die Römer in Baden-Württemberg Stuttgart, 1986, 3. neu bearbeitete und erweiterte Auflage; T. FISCHER: Die römischen Provinzen, Stuttgart, 2001; P. FUCHS: Palatinatus illustratus, Mannheim, 1963; R. GÜNTHER: Das Mannheimer Römerbuch, Mannheim, 1993; B. HEUKEMES: Römische Keramik aus Heidelberg, RGK Materialien zur römisch-germanischen Keramik, Heft 8, Bonn, 1964; H. KAISER/C. SEBASTIAN SOMMER: Lopodunum I, Stuttgart 1994; H.-P. KÜHNEN (Hg): Gestürmt – geräumt – vergessen? Der Limesfall und das Ende der Römerherrschaft in Südwestdeutschland, Stuttgart, 1992; G. LENZ-BERNHARD: Lopodunum III, Stuttgart, 2002; R. ROEREN: Zur Archäologie und Geschichte Südwestdeutschlands im 3. bis 5. Jahrhundert n. Chr., JbZMusMainz 7, 1960, S. 214 ff.; C. THEUNE: Germanen und Romanen in der Alemannia, Berlin 2004; L. WAMSER (Hg): Die Römer zwischen Alpen und Nordmeer, Main, 2000; R. WIEGELS: Lopodunum II, Stuttgart 2000;

Alfried Wiecorek

Zur Besiedlungsgeschichte des Mannheimer Raumes in der Spätantike und Völkerwanderungszeit

Die Topographie der Fundplätze des Mannheimer Raumes

Für die Zeit der Spätantike und der Völkerwanderung, der Zeit zwischen ca. 260 n. Chr. und den Jahrzehnten um 500 n. Chr., sind bislang nur wenige Fundplätze auf Mannheimer Gemarkung bekannt geworden. Lediglich 19 Fundplätze auf Mannheimer Gebiet sowie vier der Nachbargemeinden Altrip, Edingen-Neckarhausen, Ilvesheim und Viernheim können auf der Karte Abb. 1 verzeichnet werden. Die vier Fundplätze der Nachbargemeinden werden hier lediglich als Bezugsorte für Funde auf Mannheimer Gebiet herangezogen.[1]

Um die topographische Situation der Fundplätze vor der Zeit der Industrialisierung in der zweiten Hälfte des 19. Jahrhunderts veranschaulichen zu können, ist auf die Grundkarte der Stadt Mannheim mit grüner Farbe die Gewässer- und Bewuchssituation der Zeit von 1851 aus der Haaßschen Karte maßstabsgerecht übertragen worden.[1]

Deutlich zeichnen sich die ehemaligen Niederungsbereiche entlang des mäandrierenden Rheines ab, die bislang fundleer blieben. Im Norden finden sich die Fundplätze auf den Hochuferterrassen in überschwemmungssicherer Lage. Lediglich der durch Luftbilder bekannte Lände-Burgus Mannheim-Scharhof ganz im Norden ist am Ufer eines Altlaufes des Rheines gelegen. In vergleichbarer Position direkt am Rheinlauf konnten die drei spätrömischen Befestigungen von Altrip und Mannheim-Neckarau nachgewiesen werden. Für die Anlage dieser Befestigungen im Süden und Norden Mannheims direkt am Flusslauf waren militärische Erfordernisse ausschlaggebend, wie an anderer Stelle noch näher erläutert werden wird.

Für eine Fischer- oder Bauern-Ansiedlung kamen nur die hochwassersicheren Hochuferbereiche oder die höher gelegenen Kuppen alter Dünen oder Geröllzonen in Frage. Nahe den drei Befestigungen von Altrip und Neckarau fehlten dementsprechend derartige Siedlungen. Erst die Hochuferbereiche beim heutigen Niederfeld in Neckarau gaben den Siedlern genügend Sicherheit.

Im Osten liegen die Fundplätze ebenfalls auf sicherem Terrain, wenn auch stets in der Nähe von Wasser führenden Altläufen oder gerade aktuellen Läufen des Neckars. Wasser war zur Versorgung der Nutztiere erforderlich, während die Wasserversorgung der Bevölkerung wohl vorwiegend durch Brunnen gesichert wurde, wie Brunnen in den Siedlungen Mannheim-Niederfeld und Mannheim-Vogelstang nahe legen.

Mit vier spätrömischen Befestigungen (Lände-Burgus Mannheim-Scharhof, Kastell Altrip, Lände-Burgus und Insel-Burgus Mannheim-Neckarau), fünf Siedlungsplätzen (Villa rustica Viernheim, Siedlungen Köthener Weg, Stendaler Weg und Sachsenstraße in Mannheim-Vogelstang, Siedlung Niederfeld in Mannheim-Neckarau) und Einzelfunden im *Leinpfad* Mannheim-Sandhofen, die wohl ebenfalls auf eine Siedlung der Spätantike hinweisen, sowie weiteren Einzelfunden aus dem Umfeld der beiden Siedlungen in Vogelstang (Einzelfund 01. Oktober 1969 aus Sachsenstr. 55-59) zeichnet sich für den hier zu untersuchenden Zeitraum eine nur schüttere Besiedlung ab. Abgesehen von dem Flussfund aus dem Stollenwörthweiher, der wohl in Bezug steht zur nahen Siedlung im Niederfeld, vermögen die Grabfunde im Norden, in Mannheim-Sandhofen (Fundplätze *Hirtenwiese/Nachtweide*, Verlängerte *Ausgasse/Durch den Grund, Hoher Weg/Steinäcker*) zumindest eine weitere Ansiedlung zu belegen, deren Lage im Umfeld dieser drei Fundplätze zu suchen sein wird.

Die Grabfunde aus Mannheim-Straßenheim, Mannheim-Vogelstang Chemnitzer Str., Ilvesheim, Edingen-Neckarhausen und vielleicht auch Mannheim-Seckenheim markieren weitere Ansiedlungen in ihrer Nähe. Der Grabfund aus Mannheim-Neckarau Gewann *Zahnig* von 1915 dürfte Bezug nehmen auf

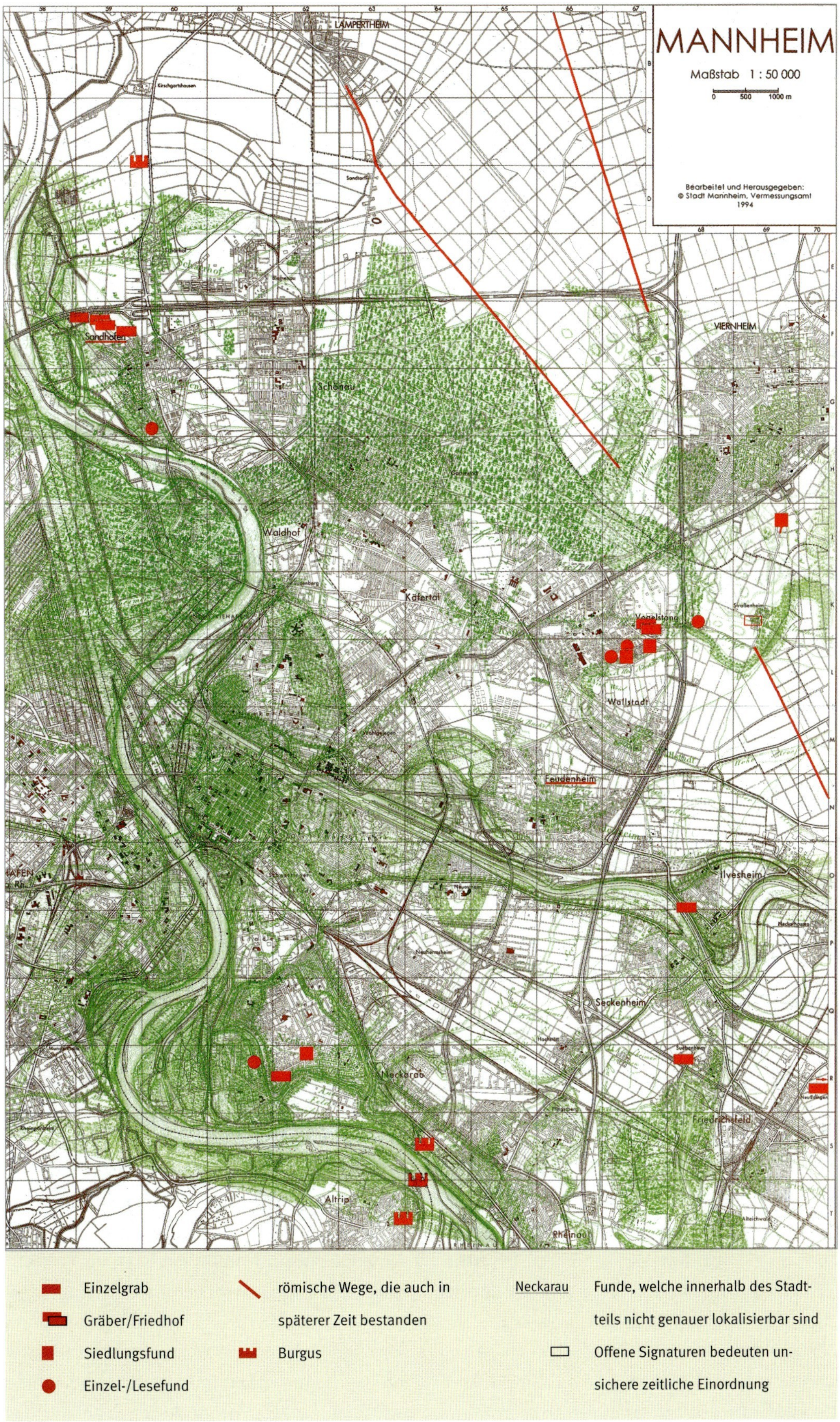
MANNHEIM
Maßstab 1 : 50 000
0 500 1000 m
Bearbeitet und Herausgegeben:
© Stadt Mannheim, Vermessungsamt
1994
LAMPERTHEIM
VIERNHEIM
Sandhofen
Schönau
Waldhof
Käfertal
Vogelstang
Wallstadt
Feudenheim
Ilvesheim
Seckenheim
Neckarau
Friedrichsfeld
Altrip
Rheinau
Einzelgrab
Gräber/Friedhof
Siedlungsfund
Einzel-/Lesefund
römische Wege, die auch in späterer Zeit bestanden
Burgus
Neckarau
Funde, welche innerhalb des Stadtteils nicht genauer lokalisierbar sind
Offene Signaturen bedeuten unsichere zeitliche Einordnung

Abb. 1: Karte der spätantiken und völkerwanderungszeitlichen Fundstellen in Mannheim. M. 1:50.000, genordet die Siedlung im nahen Niederfeld. Er scheidet als Indiz für eine weitere Ansiedlung damit aus. Ein Einzelfund aus Mannheim-Straßenheim Gewann *Aue* dürfte eher im Zusammenhang mit dem ebenfalls dort befindlichen merowingerzeitlichen Gräberfeld zu sehen sein.

Es verbleiben damit Anhaltspunkte für zwölf Ansiedlungen und vier Befestigungen dieses rund 250 Jahre umfassenden Zeitraumes. Die derzeitige Fund- und Befundsituation weist auf kleine Siedlungen mit nur wenigen Bewohnern hin. Allein die drei Ansiedlungen von Mannheim-Vogelstang könnten auch Teile einer einzigen größeren Siedlung anzeigen. Das reichhaltige Fundmaterial spricht zumindest für mehrere Personengruppen auf dem Areal der drei „Teilsiedlungen".

Nur wenige Menschen lebten somit während der Spätantike und Völkerwanderungszeit auf dem Gebiet des heutigen Stadtkreises von Mannheim.

Das spätrömische Befestigungssystem im Neckarmündungsgebiet

Mit der Rücknahme der römischen Verteidigungslinie vom Limes zum Rheinlauf wird in den fachwissenschaftlichen Darstellungen der Archäologie und der Alten Geschichte überwiegend auch der Abzug der provinzialrömischen Bevölkerung aus dem Gebiet rechts des Rheines verbunden. Dieser um 260 n. Chr. angesetzte Rückzug ist in den letzten Jahren in der Forschung mehrfach neu diskutiert worden. Hierbei wurde die Frage aufgeworfen, wie stichhaltig und umfangreich die zur Verfügung stehenden Quellen eigentlich seien für die Rekonstruktion eines radikalen Einschnittes um 260 n. Chr.

Neuere Untersuchungen[2] – insbesondere numismatische und archäologische Detailanalysen – lassen auch an ein schrittweises Ausklingen römischer Strukturen in der Zeit zwischen 260 n. Chr. und der Mitte des 4. Jahrhunderts denken. Dabei mehren sich die Anzeichen für ein Verbleiben von Teilen der provinzialrömischen Bevölkerung im rechtsrheinischen Limesgebiet – zumindest für die Zeit bis zum großen Alamanneneinfall des Jahres 352 n. Chr. Rechtlich wurde der Anspruch auf das Gebiet zwischen Rhein und Limes seitens der römischen Herrscher nicht aufgegeben. Es blieb römisches Territorium, wenn auch nicht zu allen Zeiten voll beherrschbar. Für das Jahr 352 lassen sich dagegen umfassende Umwälzungen – auch in den Regionen beiderseits des Rheines – nachweisen. Cirka ein ganzes Jahrzehnt beherrschen die alamannischen Eindringlinge die Regionen am Oberrhein.[3] Erst mit der Neustrukturierung der römischen Grenzverteidigung unter Valentinian I. (364-375) und dem Festungsbau entlang des Rheines seit dem Jahr 269 n. Chr. werden die Alamannen bis gegen Ende des 5. Jahrhunderts aus den linksrheinischen Gebieten ferngehalten.

Mit weit in das rechtsrheinische Gebiet vorgeschobenen Festungen entlang des Maines, des Neckar und am Kaiserstuhl bei Freiburg bezieht Valentinian I. die strategisch wichtigen Wasserstraßen und Höhenzüge im Vorfeld der Verteidigungslinie am Rhein in sein Verteidigungssystem mit ein (Abb. 8). Gerade die Flusseinmündungen in den Rhein galt es zu überwachen. Das schnelle Vordringen alamannischer Verbände, im Hinterland zusammengestellt und auf Booten transportiert, konnte dadurch verhindert werden. Der Überfall des Fürsten Rando Ostern 368 n. Chr. auf Mainz dürfte in dieser Weise vorbereitet worden sein. Die Bewohner von Mainz waren jedenfalls überrascht und überrumpelt worden.[4]

Das rechtsrheinische Neckarmündungsgebiet blieb mit seinen Festungen in Altrip, Mannheim-Neckarau, Mannheim-Scharhof und Ladenburg unter römischer Herrschaft und römischem Schutz wohl bis zur Inspektion der Rheinbefestigungen durch Kaiser Avitus (455-456), dem die Zurückweisung der Alamannen und Franken aus linksrheinischen Gebieten noch einmal gelang. Die in der älteren Forschung vertretene These, um das Jahr 406/407 n. Chr. sei die Römerherrschaft am Rhein zu Ende gegangen, wird in den neueren Darstellungen um die Mitte des 5. Jahrhunderts datiert.[5] Nicht unwahrscheinlich wäre sogar das Fortbestehen römischer Herrschaft am Rhein bis in die siebziger Jahre des

5. Jahrhunderts, bis zur Zeit der Absetzung des letzten weströmischen Kaisers Romulus Augustulus im Jahr 476 n. Chr..[6] Spätestens mit den ausbleibenden Soldzahlungen an die Verbündeten und die eigenen Truppen verfiel der römische Einfluss. Archäologische Quellen aus dem Neckarmündungsgebiet stehen allerdings für diese These nicht zur Verfügung.

Das Kastell Altrip (Alta Ripa)

In Altrip lässt Valentinian I. wohl noch im Jahr 368 n. Chr den Bau eines mächtigen Kastells beginnen.[7] Auf ca. 5 000 qm Fläche entsteht ein mit drei Meter breiten Mauern stark befestigtes Kastell mit trapezförmigem Grundriss (Abb. 2). Polygonale Türme an den vier Ecken des Kastells gaben zusätzlichen Schutz. Die Innenbebauung verlief entlang und im Schutz der Wehrmauern unter Freilassung eines großen, wohl gepflasterten Innenhofes. Ein Brunnen mit dendrodatierten Hölzern des Jahres 366 n. Chr. ist der einzige Einbau des Innenhofes. Zwei große Toranlagen – im Westen zur Landseite, im Osten zum Rhein geöffnet – verbanden das Kastell mit dem römischen Straßensystem. Das Westtor führte mit einer Stichstraße auf die römische Hauptstraße Straßburg-Mainz zu. Dem

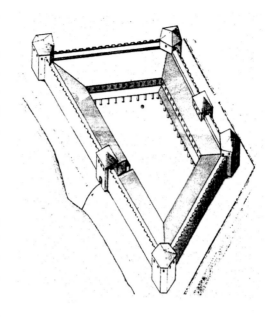

Osttor vorgelagert erreichte man zunächst eine künstlich angelegte und aufgehöhte Berme, die von Holzpfosten zum Rhein hin begrenzt wurde. Vermutlich dienten diese zu beiden Seiten der Berme als Anlegestellen. Direkt am Rhein gelegen und mit einem vom Rheinwasser gefluteten Graben umgeben, konnte das Kastell auch größeren Verbänden der auf dem Rhein und seinen Nebenflüssen patrouillierenden römischen Flotte einen sicheren Ankerplatz ge-

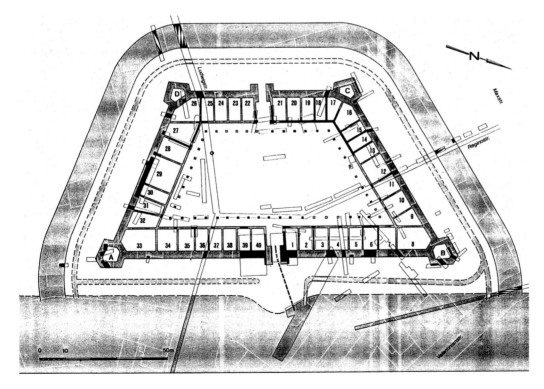

Abb. 2: Altrip. Grundriss des römischen Kastells nach S. v. Schnurbein (Stand 1981), M. 1:1000 und die rekonstruierte Ansicht nach H. Bernhard (1990), M. 1:2200

währleisten.[8] Das Kastell wurde nach Ausweis der Funde auch nach einem Brand vielleicht des Jahres 407 militärisch genutzt. Allerdings sind Nutzungen dieses Kastells wie auch vieler vergleichbarer Anlagen in der Zeit des 5. Jahrhunderts n. Chr. geprägt von sowohl militärischem als auch zivilem Charakter. Die Garnisontruppen mit ihren Familien wie auch die zivile Bevölkerung des Umlandes suchte den Schutz dieser Befestigungen. Das Ende dieser Nutzungszeit kann vorerst nicht näher eingegrenzt werden. Für Altrip ist allerdings auch eine Nutzung des Kastells als wehrhafter Ort für die Merowingerzeit bezeugt.[9] Im Jahr 691 n. Chr. wird nach Ausweis dendrochronologisch untersuchter Hölzer der Wehrgraben ausgebessert. Vielleicht ist dies ein Hinweis darauf, dass Kastelle und Burgi als befestigte Orte von den neuen Herrschern des Merowingerreiches gern in Besitz genommen und aus römischem Staatsbesitz in königliches Gut überführt wurden. Spätere frühmittelalterliche Schriftquellen wie z. B. der Lorscher Kodex weisen derartige Orte zumindest sehr häufig als königliches Gut aus.

Der Rheinübergang zwischen Altrip und Mannheim-Neckarau

Die Berme und das Osttor zum Fluss des Kastells Altrip dürften auch Ausgangspunkt für eine Rheinquerung gewesen sein (Abb. 10), wie der Verf. 1995 vorgeschlagen hat.[10] Die Rekonstruktion (Abb. 10) zeigt den möglichen Verlauf eines Rheinüberganges. Der massive Untergrund des Neckarschwemmkegels zwingt an dieser Stelle den Rhein zur Änderung seines Nord-Süd gerichteten Laufes zugunsten der Abweichung nach Westen. Der Rhein umfließt damit den harten Kern des Neckarschwemmkegels. Zugleich ist er wegen des massiven Untergrundes gezwungen, ohne großen Tiefgang und in viele Läufe aufgespalten, seinen Weg zu nehmen. Das flache Wasser und die vielen Inseln zwischen den Rheinläufen ergaben eine vortreffliche Übergangsmöglichkeit über den Rhein. Steinfundamente im Wasser (Abb.10, 4-5) könnten als Substruktionen einer hölzernen Brücke oder als Haltepunkte für eine Schiffspontonbrücke gedeutet werden. Zusammen mit dem auf einer Insel gelegenen Burgus (Abb. 10,2) und dem an der Einmündung des Neckar erbauten Lände-Burgus (Abb. 10,3) zeichnet sich ein stark gesicherter Rheinübergang ab, der seine Fortsetzung in der Straße zum Lände-Burgus in Ladenburg (Abb. 10,6) findet.

Der Insel-Burgus von Mannheim-Neckarau

Der Burgus auf der Insel inmitten des Rheinlaufes (Abb. 3) ist nur über schriftliche Berichte insbesondere des 18. Jahrhunderts und durch die Vermessungen im Zuge der Rheinkorrekturmaßnahmen 1864 bekannt. Aufgrund dieser Vermessungen des Mauerwerks im Rhein lässt sich aber der Typus des Burgus sowie seine Grundrißgestalt erkennen.[11] Vergleichbar ist der Burgus von Bad-Dürkheim-Ungstein, doch übertrifft der Insel-Burgus schon mit seinem turmartigen Hauptgebäude mit den Maßen 42 mal 29 m den Ungsteiner Burgus. Die Mauerdicke ent-

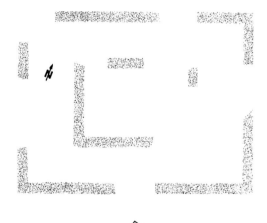

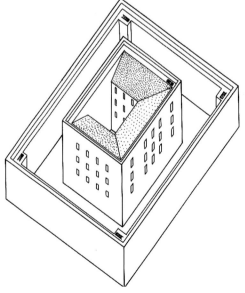

Abb.3: Mannheim-Neckarau. Insel-Burgus im Grundriss, M. 1:1000 und in einer rekonstruierten Ansicht, M. 1:1000

spricht denen des Altriper Kastells und des Neckarauer Lände-Burgus. Vom Typ und von seiner Eingliederung in das Befestigungssystem im Umfeld des Kastells Altrip gehört dieser Burgus ohne Zweifel zu den valentinianischen Anlagen der Jahre 368-369 n. Chr. Die Lage des Insel-Burgus auf halber Strecke zwischen Kastell Altrip und Lände-Burgus Neckarau sowie seine rekonstruierte Höhe lassen vermuten, dass er nicht nur zur weiteren Sicherung des Rheinüberganges sondern auch zur Überwachung des Schiffsverkehrs auf den vielen Armen des Rheins gedient haben könnte. Von seinem Dach aus war zweifellos eine gute Rundumsicht gegeben.

Der Lände-Burgus von Mannheim-Neckarau

Am gefährdeten rechtsrheinischen Ufer direkt an der Einmündung des spätantiken Neckarlaufes in den Rhein ließ Valentinian I. im Jahr 369 n. Chr. einen Burgus (Abb. 4-5) mit Schiffslände erbauen.[12] Die Arbeiten fanden unter großen Mühen statt, wie zwei antike Augenzeugenberichte detailreich schildern.

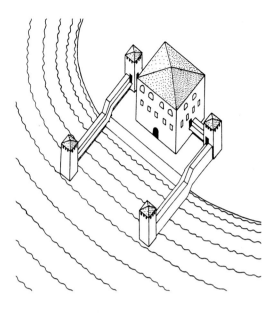

Abb. 5: Mannheim-Neckarau. Rekonstruierte Ansicht des Lände-Burgus, M. 1:1000

Quintus Aurelius Symmachus lobt insbesondere das persönliche Eingreifen des Kaisers während der Arbeiten in einer Lobrede auf Valentinian an Neujahr 370 n. Chr. in Trier. Und auch Ammianus Marcellinus erinnert sich daran in seinem Geschichtswerk mit den Reiseaufzeichnungen des Jahres 369 n. Chr. Auch wenn er diese Aufzeichnungen erst im

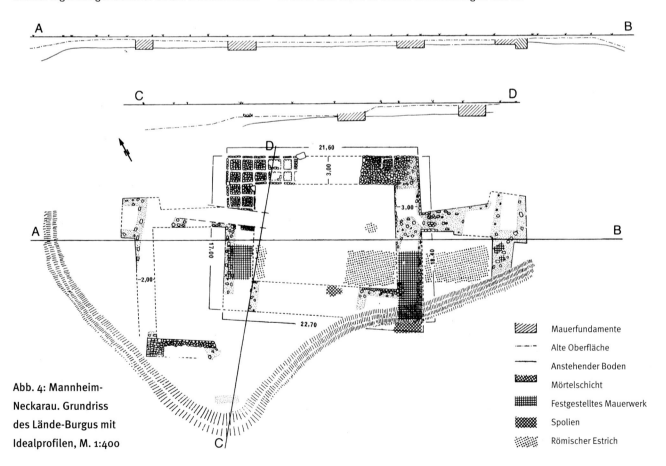

Abb. 4: Mannheim-Neckarau. Grundriss des Lände-Burgus mit Idealprofilen, M. 1:400

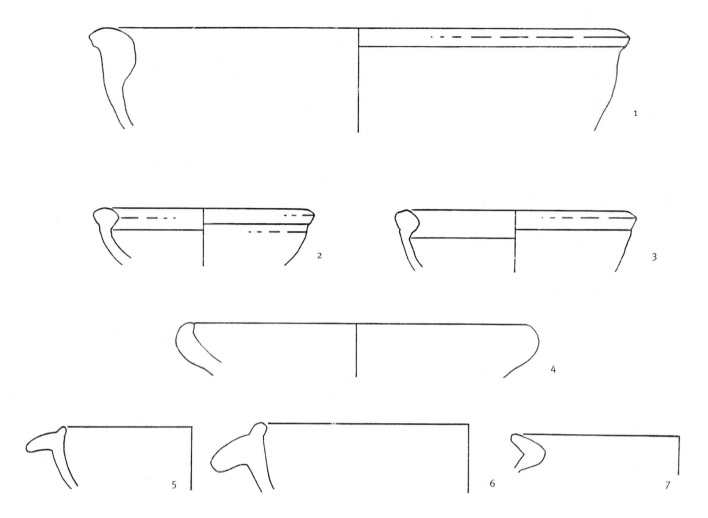

Abb. 6: Mannheim-Neckarau. Burgus-Grabung 1936, Fund-Nr. 7 (Abb. 6.6); Fund-Nr. 10-15 (Abb. 6,1-4.5.7), M. 1:2

Winter 392/393 n. Chr. in sein Geschichtswerk aufnahm, war er doch Augenzeuge des Burgusbaues gewesen.[13]

Der quadratische zentrale turmartige Bau des Burgus wird von zwei seitlich ansetzenden Flügelmauern flankiert, die an den Eckpunkten der im rechten Winkel zum Rhein hin umknickenden Mauern mit Türmen bewehrt waren. Vermutlich trugen die Mauerabschlüsse im Rhein ebenfalls derartige Türme, doch lagen sie schon außerhalb des Grabungsareales, weshalb sie 1936 von Hermann Gropengießer

Abb. 7: Mannheim-Neckarau. Lesefund aus dem Lände-Burgus von 1936,. Fund-Nr. 21. Centenionalis (AW 3) des Kaisers Arcadius (395-408). Dm. 1,4 cm, M. 4:1

a) Vorderseite b) Rückseite

1 Bingen
2 Wiesbaden-Biebrich
3 Mainz
4 Nierstein
5 Eich
6 Zullestein
7 Worms
8 Ladenburg
9 Mannheim-Neckarau
10 Altrip
11 Speyer
12 Wiesbaden-Heidenmauer
13 Mainz-Kastel, Pionierübungsplatz
14 Mainz-Kastel
15 Mainz-Gustavsberg
16 Flörsheim
17 Mannheim-Scharhof, Lände-Burgus?
18 Mannheim-Neckarau, Inselburgus

Abb. 8: Rekonstruktion des spätantiken Rheinlaufes mit den spätrömischen Befestigungen nach O. Höckmann (Punkte) und Nachträgen (Rauten), M. 1:500.000

nicht untersucht werden konnten. Ihr Nachweis durch eine moderne gezielte Ausgrabung ist aufgrund der heutigen Bebauung leider unmöglich geworden. Hermann Gropengießer gelang aber der Nachweis der alten, seit dem Mittelalter verlandeten Neckareinmündung[14], die ebenfalls in den genannten antiken Quellen beschrieben wird. Die in den Rheinlauf hineinragenden Flügelmauern gaben den Schiffen der römischen Rheinflotte ausreichend Schutz vor angreifenden feindlichen Germanenverbänden. Von diesem Burgus aus konnte sowohl den Neckarlauf aufwärts per Schiff als auch auf dem Landweg über die Straße nach Ladenburg der dortige Lände-Burgus am Neckarufer erreicht werden.[15] Vom Bautypus ähnlich mit quadratischem turmartigen Hauptbau angelegt, umgeben allerdings die Flügelmauern das Hauptgebäude, ohne es an irgendeiner Stelle zu tangieren.
Die Nutzung des Neckarauer Lände-Burgus weit in das 5. Jahrhundert hinein belegen sowohl die wenigen aus der Grabung von 1936 überlieferten Funde (Abb.

6) als auch ein bei den Grabungen von 1936 durch einen Privatmann geborgener Centenionalis des Kaisers Arcadius (395 - 408), geprägt in Constantinopel (Abb. 7). Die Funde Abb. 6,1-4.5.7 gehören zeitlich in das fortgeschrittene 5. Jahrhundert. Insbesondere Abb. 6,1 – eine Schüssel Typ Alzey 28b – kommt der Mitte des 5. Jahrhunderts schon sehr nahe.[16] Weitere Funde wie Hüttenlehm von späteren Holzeinbauten, ein Wirtel und Webgewichte lassen sich nur grob der Zeit vom späteren 5. Jahrhundert an bis in die Merowingerzeit zuweisen. Sie markieren eine Nutzung als Siedlungsareal, bevor das Burgusgelände – wohl in der Merowingerzeit – als Bestattungsplatz Verwendung fand. Alle Bestattungen erfolgten offensichtlich beigabenlos, was für den Bestattungsplatz einer christlichen Personengruppe spricht. Hierzu passt, dass Hansjörg Probst hat glaubhaft machen können, dass im Burgusareal eine Johanniskirche bis zu den Steinausbrucharbeiten der Karolingerzeit bestanden haben könnte.[17] Die Steinausbrucharbeiten beendeten die Nutzung des Burgusareales.

Ein Lände-Burgus in Mannheim-Scharhof ?

Ein weiterer Lände-Burgus des Typs Neckarau zeichnet sich in einem Luftbild der Archäologischen Denkmalpflege beim Regierungspräsidium in Karlsruhe ab (Abb. 9). Zu sehen sind nur noch die Ausbruchsgräben der einstigen Mauerzüge. Die Steinarmut der Mannheimer Region hat auch hier zur Wiederverwendung des Steinmaterials in nachrömischer Zeit geführt. Das Bild gibt wie beim Burgus in Neckarau ein zentrales quadratisches Hauptge-

Abb. 9: Luftbild des vermuteten Lände-Burgus von Mannheim-Scharhof.

bäude zu erkennen, an das sich seitwärts Flügelmauern anschließen. Diese Flügelmauern knicken im Winkel von 90 Grad zum verlandeten Altlauf des Rheines um, an dem dieser Lände-Burgus im Norden von Mannheim gelegen ist. Die Flügelmauern scheinen an ihren Enden im Altlauf des Rheines von Türmen bekrönt gewesen zu sein. An den Eckpunkten dürften wie beim Neckarauer Burgus ebenfalls Türme den Mauern aufgesessen haben. Sie sind allerdings nicht klar dem Luftbild zu entnehmen. Beiderseits dieser Anlage, auf dem Hochufer des Altrheines gelegen, sind auf dem Luftbild große, zumeist rechteckige Verfärbungen zu erkennen. Ihre Zeitstellung ist ungewiss. Eventuell handelt es sich um nachrömische Grubenhäuser, die nahe dem alten Burgus angelegt wurden. Aber nur eine Ausgrabung wird dies klären können. Der Typus des Burgus weist zeitlich wieder in die valentinianische Bauphase der Rheinbefestigungen um das Jahr 369 n. Chr. Aber auch in diesem Fall werden erst Grabungen die zeitliche Einordnung absichern können.

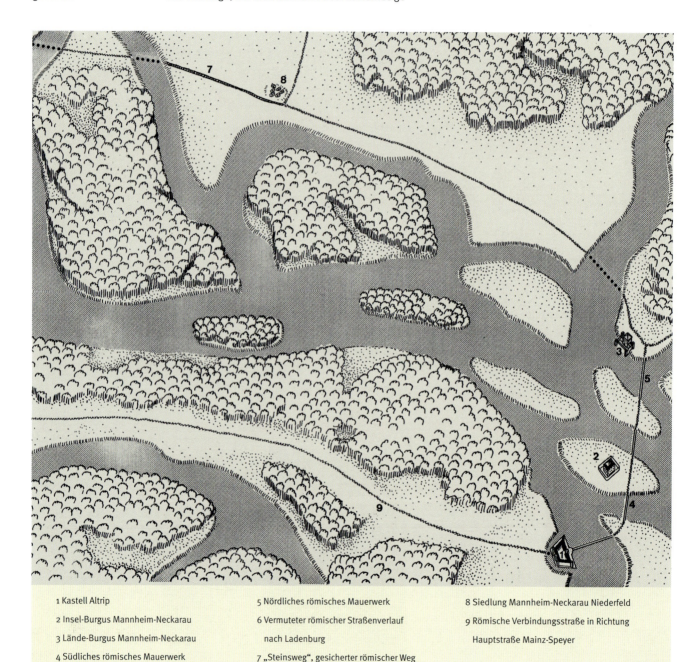

Abb. 10: Idealbild des Rheinlaufes zwischen Altrip und Mannheim-Neckarau in der Spätantike, M. ca. 1:10.000, genordet

1 Kastell Altrip
2 Insel-Burgus Mannheim-Neckarau
3 Lände-Burgus Mannheim-Neckarau
4 Südliches römisches Mauerwerk
5 Nördliches römisches Mauerwerk
6 Vermuteter römischer Straßenverlauf nach Ladenburg
7 „Steinsweg", gesicherter römischer Weg
8 Siedlung Mannheim-Neckarau Niederfeld
9 Römische Verbindungsstraße in Richtung Hauptstraße Mainz-Speyer

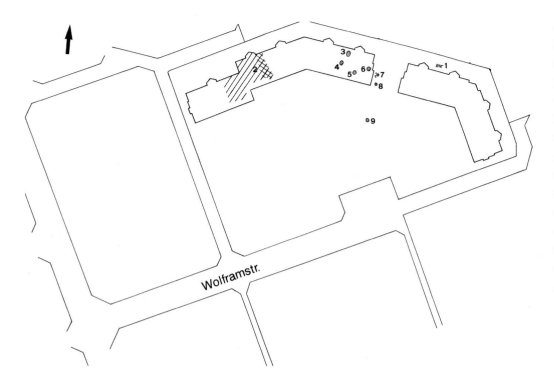

Abb. 11: Mannheim-Neckarau, Niederfeld, Grabung 1989/90. Fundstelle 1: römische Grube (?). 2: Altlauf des Rheines, römisches Material am Ostufer. 3: römische Grube. 4: römische Grube. 5: römische Grube: 6: römische Grube. 7: Brunnen mit spätrömischem Material. 8-9: nicht untersuchte Gruben (?)
M. 1:600

Siedlungen des 4. und 5. Jahrhunderts n. Chr. auf Mannheimer Gemarkung

Im Schutz der vorgeschobenen Festungen des Neckarmündungsgebietes dürfte auch ein Teil der provinzialrömischen Bevölkerung nach dem Limesfall um 260 n. Chr. in der Region verblieben sein. Anzeichen hierfür finden sich zumindest in den Siedlungen von Mannheim-Neckarau, Niederfeld und von Mannheim-Straßenheim, die seit dem 2. und 3. Jahrhundert n. Chr. ohne erkennbare Unterbrechung bis ins 4. Jahrhundert bestanden.

Die Siedlung Mannheim-Neckarau, Niederfeld

Auf der Karte Abb. 10 unter Nr. 8 ist eine Siedlung verzeichnet, die 1989/90 vom Reiss-Museum in wenigen Ausschnitten während der Bebauung des Niederfeldes angegraben wurde.[18] Die Siedlung ist an einer römischen Straßentrasse gelegen (Abb. 12), deren Verlauf vor der Bebauung des Niederfeldes gut zu erkennen war und die im Jahr 1962 bei Straßenbauarbeiten an der Kreuzung Germania- und Rheingoldstraße durch Karl Breiling im Schnitt dokumentiert werden konnte.[19] Die Karte Abb. 10, Nr. 7 gibt den Verlauf dieser römischen Wegführung zum Lände-Burgus hin wie-

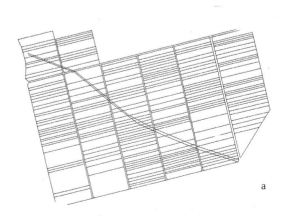

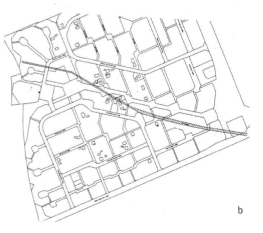

Abb. 12: Mannheim-Neckarau, Niederfeld. Der Verlauf des römischen „Steinsweges" in der Flur (a), in der heutigen Bebauung (b), im Schnitt nach K. Breiling (c), Lage des Schnittes des Steinsweges (d). Nach H. Probst (1988).

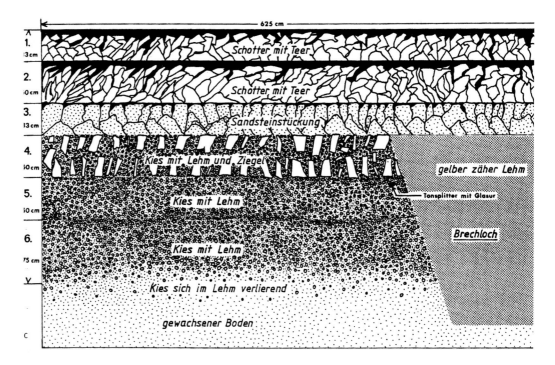

der. Unmittelbar an dieser Trasse fanden sich im Jahr 1989 (Abb. 11) sieben Fundstellen und ein Brunnen (Abb. 11,7) mit Siedlungsmaterial sowie ein Fundplatz am Ostufer eines heute verlandeten Altlaufes des Rheines (Abb. 11,2). Zu den Funden des 2. bis 4. Jahrhunderts n. Chr. aus dieser Siedlung zählen auch einige Gefäßfragmente brauner Nigra (Abb. 13), die zumindest eine Laufzeit der Siedlung bis zur Mitte des 4. Jahrhunderts wahrscheinlich machen.[20] Anzeichen für die Anwesenheit germanischer Neusiedler in der Siedlung gibt es bislang nicht. Es dürfte hier eine Siedlung der verbliebenen provinzialrömischen Bevölkerung bestanden haben. Ob der Grabfund von 1915 (Abb. 14) aus der nahe gelegenen Gewann *Zahnig* oder der bronzene Vestlandkessel (Abb. 15) aus dem ebenfalls nahen *Stollenwörthweiher*, dem

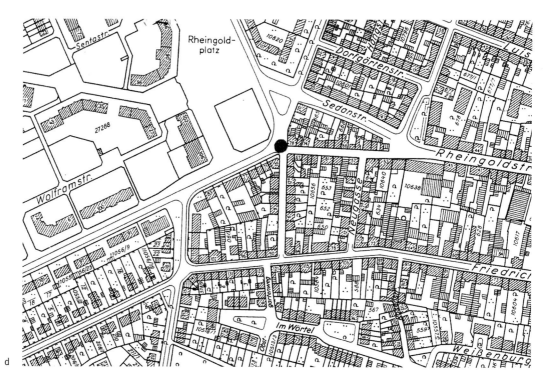

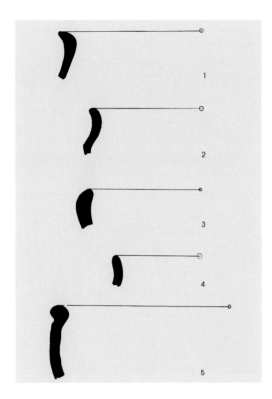

des 5. Jahrhunderts angehört, vertritt der Vestlandkessel einen Typus der 2. Hälfte des 5. Jahrhunderts.

Gräber als Siedlungsanzeiger in Mannheim-Straßenheim

Die Karte Abb. 25 verzeichnet die Fundstellen der Römerzeit bis zur Karolingerzeit auf der Straßenheimer Gemarkung.[22] Wenige Meter neben einem seit langem bekannten römischen Brandgräberfeld des 2. und 3. Jahrhunderts n. Chr. (Abb. 25, 3 - 4) kamen am 12. Februar 1993 in einer Scheune des Anwesens Ortsstrasse 2 ein N-S ausgerichtetes Körpergrab und weitere Knochen von wohl zerstörten Körpergräbern zu Tage (Abb. 25,1). Nachträglich wurde beim Durchsuchen des Aushubes aus dem N-S-Grab eine handgeformte Wandungsscherbe aufgelesen (Abb. 27). Die Frage, ob zwischen den römischen Brandgräbern und den Körpergräbern wohl des 4. oder 5. Jahrhunderts ein Zusammenhang besteht, kann an Hand des Fundmaterials nicht entschieden werden. Sicher zeigen aber die Grabfunde eine Siedlung in ihrem Umfeld an. Die nachgewiesene römische Straßentrasse (Abb. 25,5.7) sowie ein weiteres römisches Straßenstück nördlich von Straßenheim auf Viernheimer Ge-

Abb. 13: Mannheim-Neckarau, Niederfeld. Siedlungsfunde von 1989/90: 1 Fundstelle 2. 2-5 Fundstelle 7.

Rest eines ehemaligen Nebenlaufes des Rheines, mit der Siedlung in Verbindung gebracht werden können, bleibt vorerst Spekulation.[21] Zumindest zeigen beide Funde die Begehung des Siedlungsareales im 5. Jahrhundert an. Während der Grabfund der 1. Hälfte

Abb. 14: Mannheim-Neckarau, Gewann Zahnig. Männergrab von 1915 nach E. Wahle (1915).

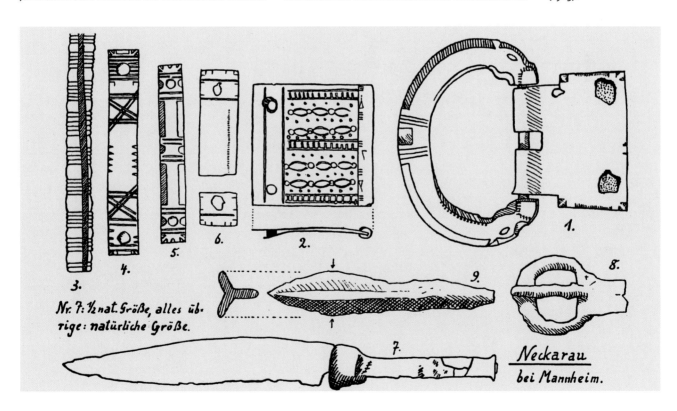

Abb. 15: Mannheim-Neckarau, Stollenwörthweiher. Bronzekessel von Vestlandtypus.

Abb. 16: Karte der spätantiken und völkerwanderungszeitlichen Fundstellen nördlich von Mannheim-Sandhofen. M. 1:7500

Das letztgenannte Straßenstück verbindet eine römische Villenstelle auf Viernheimer Gemarkung (Abb. 25,12) mit Straßenheim. Dieser Villenstelle entstammen Scherben eines späten Topfes vom Typ Alzey 33, einer schrägwandigen Glasschale mit umlaufender Fadenzier Typ Gellep 239 und eines handgeformten Tontellers (Abb. 28). Die Funde datieren alle in das letzte Drittel des 5. Jahrhunderts und belegen die Nutzung des Villenareals zu Wohnzwecken für diese Spätzeit.[23] Der handgeformte Teller lässt an germanische, d. h. alamannische Siedler als Bewohner der Villenstelle denken.

Ein von Erich Gropengießer als alamannisch bezeichneter handgeformter Scherben mit schräger Kanne-

markung (Abb. 25,11) machen am Kreuzungspunkt dieser Verbindungen eine Ansiedlung zusätzlich wahrscheinlich.

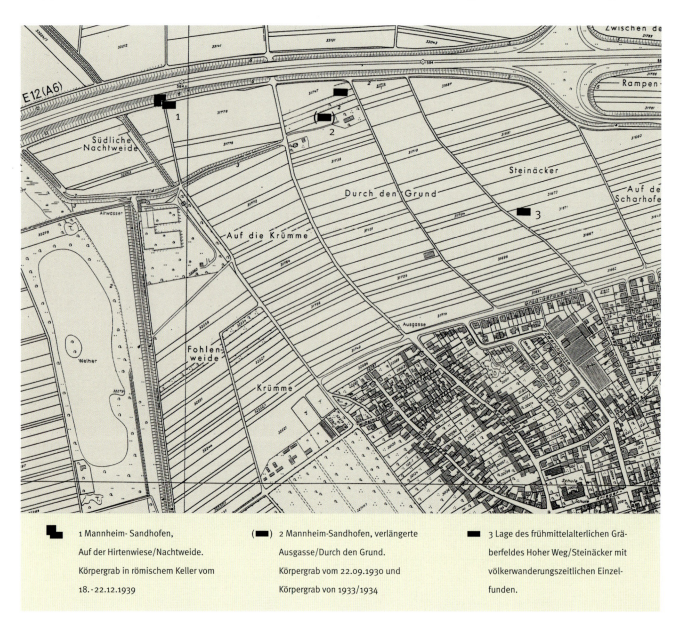

■ 1 Mannheim-Sandhofen, Auf der Hirtenwiese/Nachtweide. Körpergrab in römischem Keller vom 18.-22.12.1939

(■) 2 Mannheim-Sandhofen, verlängerte Ausgasse/Durch den Grund. Körpergrab vom 22.09.1930 und Körpergrab von 1933/1934

■ 3 Lage des frühmittelalterlichen Gräberfeldes Hoher Weg/Steinäcker mit völkerwanderungszeitlichen Einzelfunden.

Abb. 17: Mannheim-Sandhofen, Auf der Hirtenwiese/Nachtweide. Grabungsfotos von der Auffindung des Körpergrabes 18.-22.12.1939 im römischen Keller.

lur auf der Schulter[24] aus der Sandgrube in der Gewann *Aue* (Abb. 26), 1933 als Einzelfund aufgelesen (Abb. 25,10), könnte ebenso gut dem merowingerzeitlichen Gräberfeld von demselben Fundplatz entstammen (Abb. 25,13). Dieses Gräberfeld erbrachte eine Reihe von handgeformten Gefäßen nordseegermanischer Herkunft. In diesem Zusammenhang könnte auch der hier behandelte Scherben gestellt werden (siehe Beitrag Ursula Koch).

Die Siedlungs- und Grabfunde von Mannheim-Vogelstang

Das reichhaltige Fundmaterial aus den Siedlungsgruben im Köthener Weg (Abb. 29,2), in der Sachsenstraße (Abb. 29,3) und im Stendaler Weg (Abb. 29,5) scheint nach ersten Sichtungen des Materials allein dem 4. und 5. Jahrhundert anzugehören.[25] Abgesehen von wenigen Altstücken wie z. B. einer Augenfibel gehört das Fundgut aus den Siedlungsgruben aller drei Siedlungsstellen dem genannten Zeithorizont an. Wie eingangs schon bemerkt, darf hier auch von einem größeren, zusammengehörigen Siedlungsplatz ausgegangen werden. An dieser Stelle kann nur ein erster Einblick in das Material geschehen. Eine ausführliche Bearbeitung der Funde und Befunde steht noch aus. Der Einzelfund vom 01. Oktober 1969 aus der Sachsenstraße (Abb. 29, 1) wurde ohne jegliche Befundbeobachtung geborgen. Dieser Bronzehalsring mit umgeschlagenen Ösen weist in die Mitte oder 2. Hälfte des 5. Jahrhunderts und könnte sowohl einem Grab als auch einer Siedlungsgrube entstammen.

Abb. 18: Mannheim-Sandhofen, Auf der Hirtenwiese/Nachtweide. Zwei Bronze-Armbrustfibeln mit umgeschlagenem Fuß und eine Halskette aus Glasperlen aus Körpergrab 18.-22.12.1939.

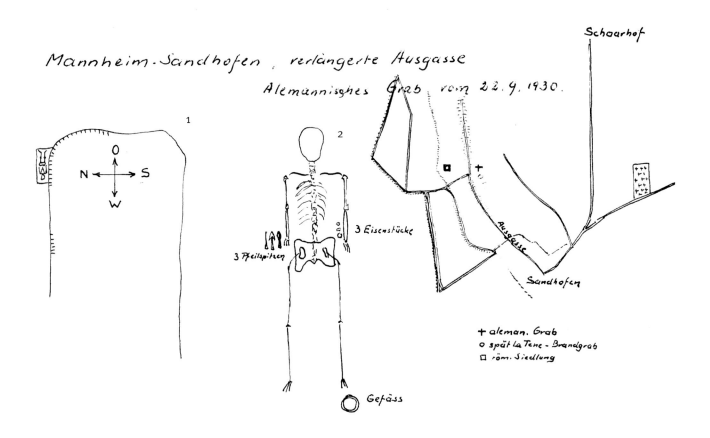
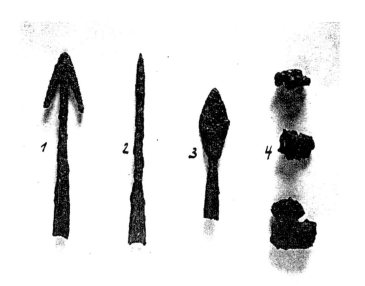

Abb. 19: Mannheim-Sandhofen, verlängerte Ausgasse/Durch den Grund. Körpergrab 22.09.1930. Fundskizze und verschollene Beigaben aus dem Grab.

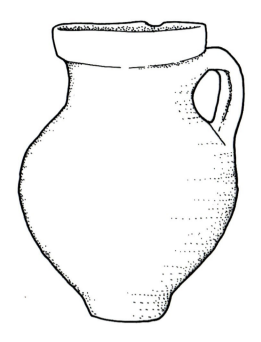 

Abb. 20: Mannheim-Sandhofen, verlängerte Ausgasse/Durch den Grund. Körpergrab 1933/34. Verschollener Henkelberg Typ Alzey 30b. M. 1:2

Dem frühen 5. Jahrhundert sind auch einige Funde aus dem Köthener Weg zuzuweisen (Abb. 30). Neben einer Bronze-Astragalröhre von einem spätrömischen Militärgürtel sind hier zwei verzierte Bein-Kammfragmente zu nennen.

Besonders reichhaltig waren die Siedlungsgruben in der Sachsenstraße 53 mit Funden des späten 4. und der ersten Hälfte des 5. Jahrhunderts gefüllt (Abb. 31-33). Deutlich ist der alamannische Einschlag im Fundgut zu erkennen (z. B. Abb. 31-32). Dies gilt ebenso für die Fundstelle Stendaler Weg, von der hier nur das Bruchstück eines Kammes vorgelegt wird (Abb. 34).

In Bezug zu den drei hier vorgestellten Siedlungsstellen dürften auch die zwei Körpergräber aus der Chemnitzer Straße stehen (Abb. 35-36). Die Gräber wurden in zweieinhalb monatigem Abstand zueinander geborgen. Nicht ausgeschlossen ist, dass wei-

Abb. 21: Mannheim-Sandhofen, Leinpfad 104. Einzelfund aus dem Aushub der Baugrube. 20.-21.10.1949, Bronze-Armbrustfibel. Länge 6 cm, Höhe 5 cm.

Abb. 22: Mannheim-Sandhofen, Leinpfad 104. Einzelfunde aus dem Aushub der Baugrube 20.-21.10.1949. Zwei Nigraschalen und ein rauwandiger Henkelkrug „Typ Gose 551".

Abb. 23: Mannheim-Sandhofen, Hoher Weg/Steinäcker. Zwei Altfunde aus dem merowingerzeitlichen Grab 156. Bronze-Bügelknopffibel und Bronze-Tierkopfschnalle.

tere Gräber bei den Bauarbeiten unbeobachtet blieben.[26] Es fällt deshalb der Nachweis schwer, an diesem Ort ein Gräberfeld vom Typ Hemmingen zu vermuten.[27] Beide Gräber gehören dem letzten Drittel des 5. Jahrhunderts an und belegen die Siedlungstätigkeit alamannischer Personenverbände für die Zeit kurz vor dem Beginn der fränkischen Eroberung des rechtsrheinischen Gebietes unter König Chlodwig.

Bei einer zukünftigen Bearbeitung der Fundkomplexe aus Mannheim-Vogelstang wird zu klären sein, ob neben den eindeutigen Hinweisen auf alamannische Neusiedler auch sesshafte provinzialrömische Bevölkerung Anteil an den hier behandelten Sied-

Abb. 24: Mannheim-Sandhofen, Hoher Weg/Steinäcker. Altfund aus dem merowingerzeitlichen Grab 130. Bronze-Tierkopfschnalle mit Beschlag.

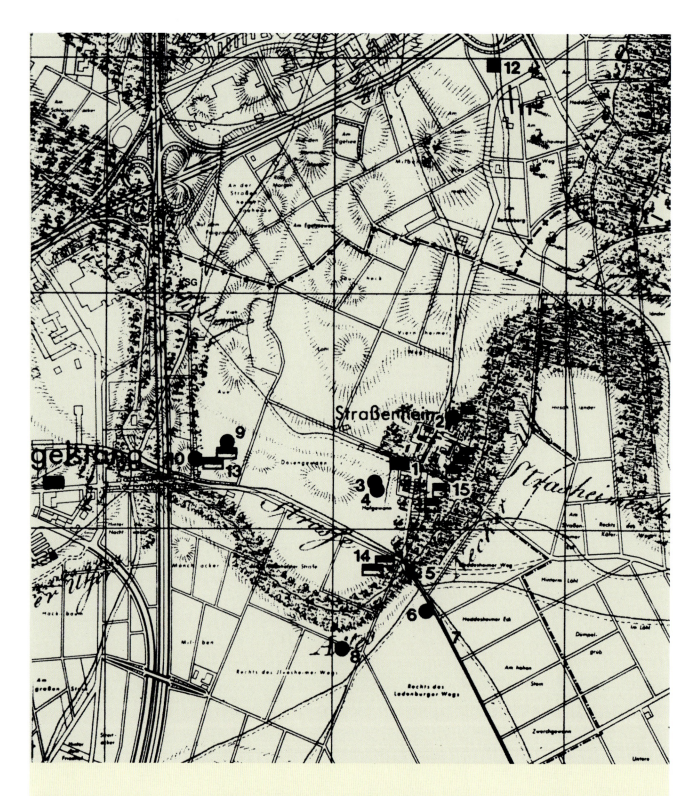

Abb. 25: Karte der römischen und frühmittelalterlichen Fundstellen in Mannheim-Straßenheim.

1 Körpergrab, spätrömisch(?).
2 Römischer Lesefund, Münze.
3-4 Römische Brandgräber.
5.7 Römische Brücke und Straße.
6 Römische Siedlungsfunde, Straßenstation(?).
8-9 Römische Einzelfunde.
10 Völkerwanderungszeitlicher oder merowingischer (?) Einzelfund von 1933.
11 Römische Straßentrasse.
12 Römische Villenstelle.
13-14 Frühmittelalterliche Gräberfelder.
15 Frühmittelalterliche Siedlungsfunde. M. 1:20.000

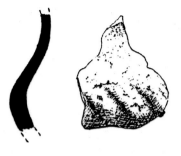

lungsplätzen hatte. Eine Siedlungstätigkeit vor der Mitte des 4. Jahrhunderts scheint vorerst für Vogelstang ausgeschlossen zu sein. Eindeutig bestanden diese Ansiedlungen zeitgleich mit den valentinianischen Befestigungen des Neckarmündungsgebietes. Man kann sich schwerlich vorstellen, dass diese germanischen Siedler ohne Erlaubnis durch das römische Militär ihre Siedlungen im Glacis der römischen Befestigungen haben errichten dürfen.

Die Siedlungs- und Grabfunde von Mannheim-Sandhofen

Im Norden Mannheims finden sich zwei Fundplätze mit Material der 1. Hälfte des 4. Jahrhunderts, die eine Ansiedlung von Alamannen in dieser Zeit belegen. Im Keller einer wohl aufgelassenen Villa rustica in der Gewann *Auf der Hirtenwiese/Nachtweide* (Abb. 16,3) wurde zwischen dem 18. und dem 22. Dezember 1939 das Körpergrab einer Frau mit Beigaben aufgefunden.[28] Das an die Kellerwand eingebrachte OSO-WNW ausgerichtete Grab (Abb. 17) einer Frau enthielt

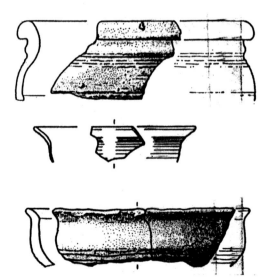

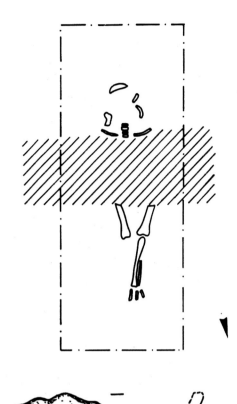

Abb. 26: Mannheim-Straßenheim, Gewann Aue. Einzelfund von 1933. Handgeformtes Tongefäß mit Kanneluren auf der Schulter. M. 1:2.

Abb. 27: Mannheim-Straßenheim, Ortsstraße 2. Körpergrab, N.-S. ausgerichtet (M. 1:10) und handgeformte Scherbe aus dem Aushub, M. 1:2

zwei Bronze-Armbrustfibeln mit umgeschlagenem Fuß und eine Halskette mit zwei kobaltblauen Ösenperlen und weiteren zwölf Glasperlen (Abb. 18). Weitere Funde dieser Zeitstellung kamen auch aus dem Umfeld der Villenstelle nicht mehr zu Tage.

Mehrere Kilometer weiter südlich, am Südende des heutigen Vororts Sandhofen wurden am 20.-21. Oktober 1949 im *Leinpfad* 104 als Einzelfunde wohl aus Siedlungszusammenhängen eine bronzene Armbrustfibel mit Bügelknopf (Abb. 21) sowie zwei braune Nigraschalen und ein Henkelkrug Typ Gose 551 geborgen (Abb. 22).

Die schon bei Robert Roeren genannte Fibel dürfte wie die übrigen Funde des Platzes der 1. Hälfte und Mitte des 4. Jahrhunderts zuzuweisen sein.[29] In beiden Fällen darf man auch hier das Einverständnis der römischen Truppen mit der Ansiedlung dieser Germanen voraussetzen.

Mit zwei Körpergräbern des späten 5. Jahrhunderts, die nicht weit voneinander, aber zu unterschiedli-

Abb. 28: Viernheim, Straßenheimer Weg. Siedlungsfunde aus römischer Villenstelle. Topf Typ Alzey 33, Glasschale mit aufgelegten Spiralfäden und handgeformte Schale.

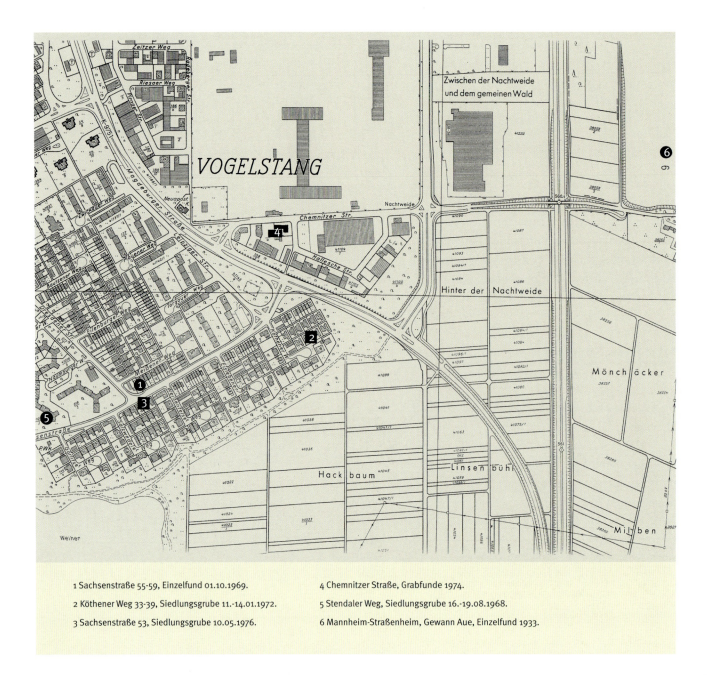

1 Sachsenstraße 55-59, Einzelfund 01.10.1969.
2 Köthener Weg 33-39, Siedlungsgrube 11.-14.01.1972.
3 Sachsenstraße 53, Siedlungsgrube 10.05.1976.
4 Chemnitzer Straße, Grabfunde 1974.
5 Stendaler Weg, Siedlungsgrube 16.-19.08.1968.
6 Mannheim-Straßenheim, Gewann Aue, Einzelfund 1933.

Abb. 29: Mannheim-Vogelstang. Karte der spätantiken und völkerwanderungszeitlichen Fundstellen, M. 1:6500

chen Zeiten aufgefunden wurden (Abb. 16, 1-2), könnte ein kleines Gräberfeld vom Typ Hemmingen angeschnitten worden sein.[30] Beide Gräber entstammen einer ehemaligen Kiesgrube am *Ausweg/Gewann Durch den Grund*. Ein Männergrab vom 22. September 1930 enthielt neben drei Pfeilspitzen und drei unkenntlichen Eisenteilen in der Beckenregion vor allem einen späten Nigrabecher mit Standring (Abb. 19). Das von Roeren und anderen immer wieder genannte Mädchengrab[31] mit einem Henkelkrug Typ Alzey 30b und vier Glasperlen ist ebenfalls in die 2. Hälfte des 5. Jahrhunderts zu datieren (Abb. 20). Das Grab wurde 1933/34 geborgen und wegen seiner Inventarnummer J 926 fälschlich als Grab des Jahres 1926 geführt.

Nimmt man die Altfunde (Abb. 23-24) aus den Gräbern des merowingerzeitlichen Friedhofes *Hoher Weg/Steinäcker* (Abb. 16,5) als Indikatoren für das ehemalige Vorhandensein weiterer Gräber des 4. und 5. Jahrhunderts im Umfeld der beiden Fundplätze hinzu, dann dürfte eine bislang nicht entdeckte, nicht ganz unbedeutende Siedlung gleicher Zeitstellung in der Nähe gelegen haben.

Vereinzelte Gräber und Funde des Neckarmündungsgebietes

Für den Einzelfund einer Bronze-Armbrustfibel (Abb. 37) der Mitte oder 2. Hälfte des 4. Jahrhunderts mit der Angabe „aus Mannheim-Feudenheim" ist keine Fundstelle und kein Fundjahr belegt. Möglicherweise verbirgt sich hinter einer fehlerhaften Angabe das eine Exemplar des bislang verschollenen Bronze-Fibelpaares aus Mannheim-Seckenheim. Das Fibelpaar wurde beim Bau der Autobahn Mannheim-Heidelberg in der Höhe von Suebenheim zusammen mit einem Eisen-Flachshechel mit langen Eisenzähnen „einem Grab" entnommen.[32]

Dem näheren Umfeld des Neckarmündungsgebietes gehören ferner noch die einzelnen Grabfunde von Ilvesheim (Abb. 38-39) und Edingen-Neckarhausen (Abb. 40) an. Während das Ilvesheimer Männergrab von 1956 der 1. Hälfte des 4. Jahrhunderts angehört[33], muss der Grabfund von Edingen wegen der Schale mit Linsendellen am Umbruch und wegen des einglättverzierten Kruges donauländischer Machart der Mitte des 5. Jahrhunderts zugewiesen werden.[34]

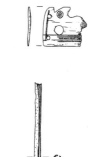

Zur Bevölkerungskontinuität von der Spätantike bis zur Merowingerzeit

Bis zur Inbesitznahme der Region durch die Franken Ende des 5. Jahrhunderts n. Chr. im linksrheinischen Gebiet und in den Jahren nach 500 n. Chr. im rechtsrheinischen Neckarmündungsgebiet (siehe Beiträge Ursula Koch) verbleiben einige Jahrzehnte, in denen wohl allein die germanischen Neusiedler in der Region die Herrschaft ausübten. Für die Burgi und Kastelle des Neckarmündungsgebietes darf zwar ein Fortbestehen bis weit in das 5. Jahrhundert hinein aufgrund der Fund- und Befundsituation als gegeben angesehen werden; doch liegt ihre Aufgabe als Garnisonsort oder gar Siedlungsplatz noch immer im Dunkeln.

Abb. 30: Mannheim-Vogelstang, Köthener Weg 33-39. Siedlungsfunde aus einer Grube vom 11.-14.01.1972. Zwei Fragmente von Bein-Kämmen, ein bearbeiteter Röhrenknochen und eine Bronze-Astragalröhre von einem spätrömischen Militärgürtel. M. 1:2

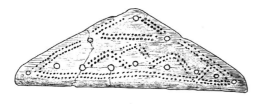
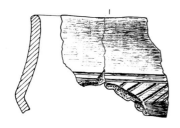
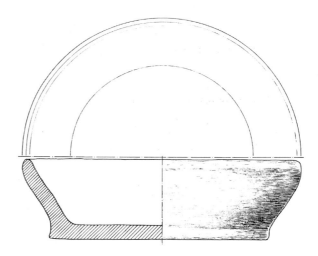
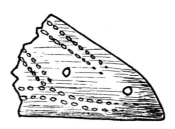

Abb. 31-32 Mannheim-Vogelstang, Sachsenstraße 53. Siedlungsfunde aus einer Grube. Fragment eines verzierten Bein-Kammes, Fragment einer handgeformten Tonschale mit Rillenverzierung auf der Schulter, handgeformter Tonteller. M. 1:1

Abb. 34: Mannheim-Vogelstang, Stendaler Weg. Siedlungsfund aus einer Grube 16.-19.08.1968. Fragment eines verzierten Bein-Kammes. M. 1:1

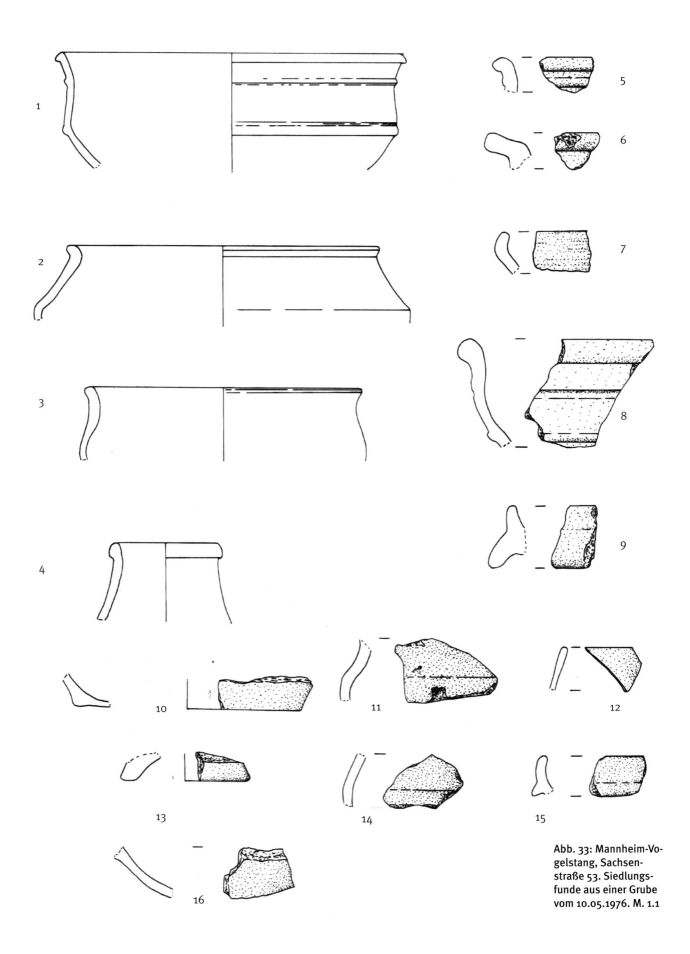

Abb. 33: Mannheim-Vogelstang, Sachsenstraße 53. Siedlungsfunde aus einer Grube vom 10.05.1976. M. 1:1

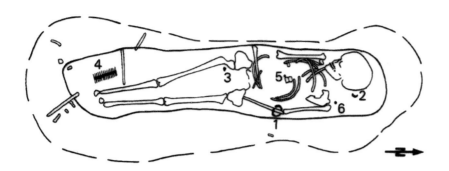

Abb. 35: Mannheim-Vogelstang, Chemnitzer Straße. Grab 1 vom 02.-06.08.1974.
1: Silber-Armreif.
2: Eisenringfragment.
3: Eisenmesserfragment.
4: Bein-Kamm.
5.-7: Glasperlen.
8: Glaswirtel.
M. (Skizze 1:10, Funde 1:1)

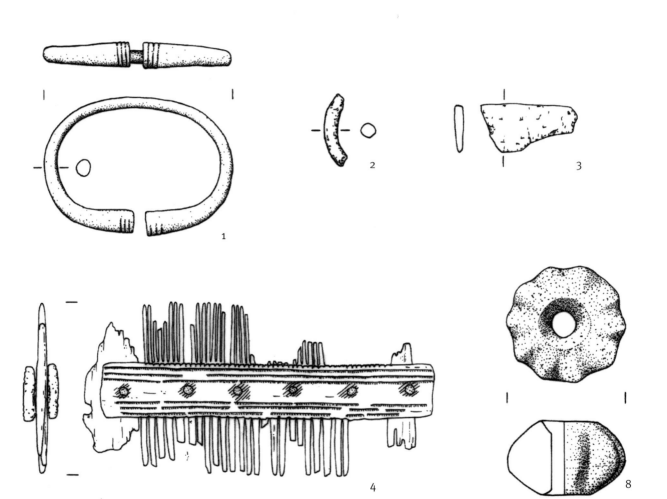

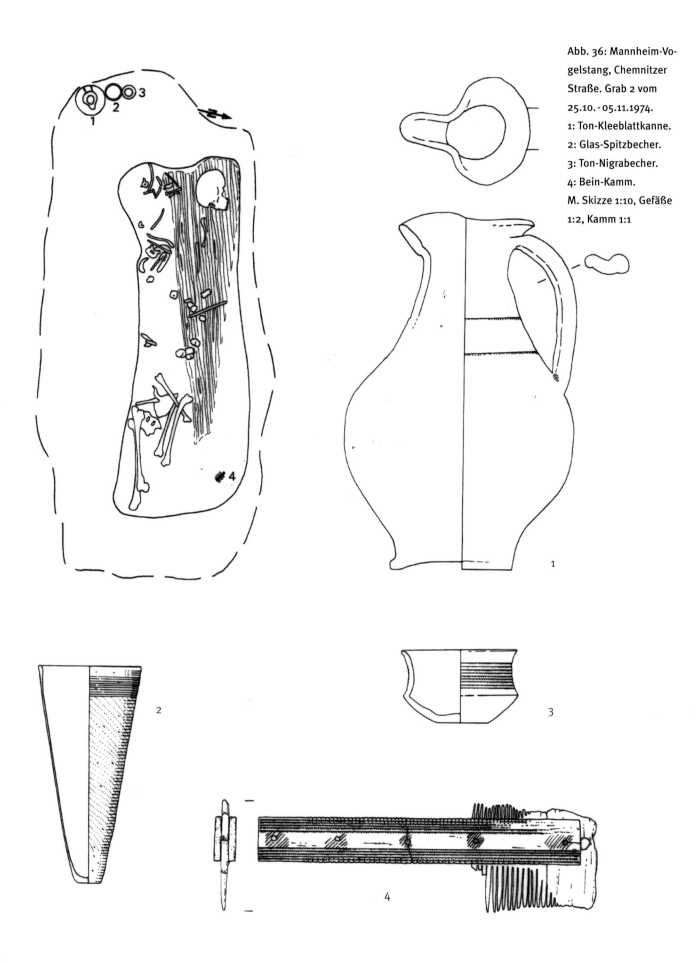

Abb. 36: Mannheim-Vogelstang, Chemnitzer Straße. Grab 2 vom 25.10.-05.11.1974. 1: Ton-Kleeblattkanne. 2: Glas-Spitzbecher. 3: Ton-Nigrabecher. 4: Bein-Kamm. M. Skizze 1:10, Gefäße 1:2, Kamm 1:1

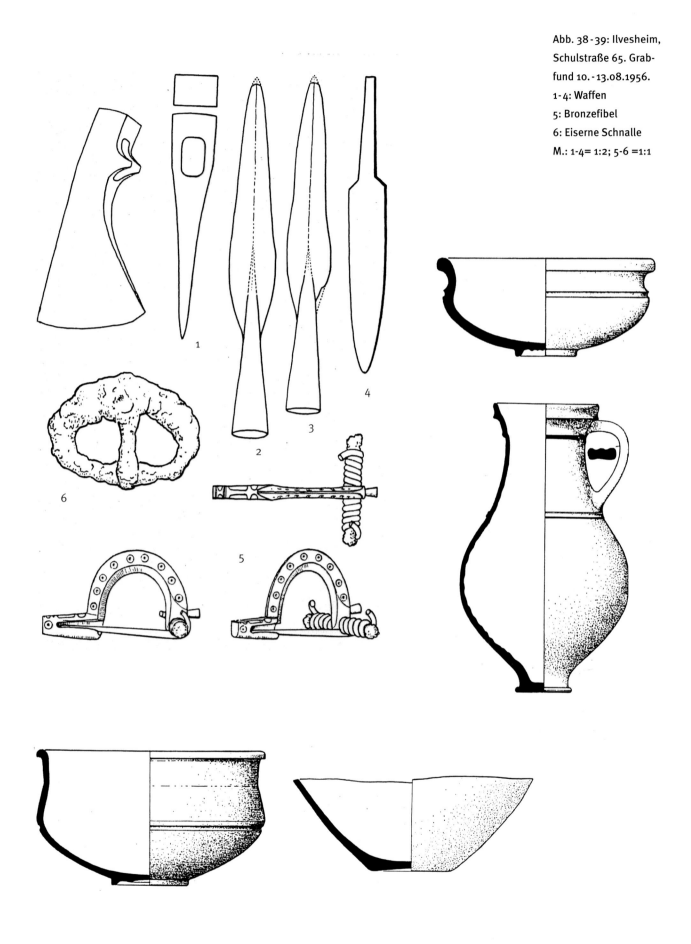

Abb. 38-39: Ilvesheim, Schulstraße 65. Grabfund 10.-13.08.1956.
1-4: Waffen
5: Bronzefibel
6: Eiserne Schnalle
M.: 1-4= 1:2; 5-6 =1:1

Abb. 37: Mannheim-Feudenheim, unbekannte Fundstelle. Einzelfund. Bronze-Armbrustfibel. M. 1:1

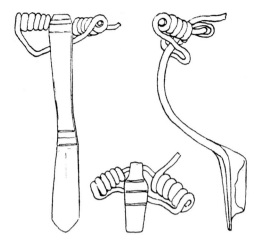

Nur wenige Plätze aus römischer Zeit bleiben bis ins 4. Jahrhundert belegt. Mannheim-Neckarau, *Niederfeld* und vielleicht auch die Siedlung in Mannheim-Straßenheim, gehören hierzu. In beiden Fällen ist ein Fortbestand über die Mitte des 4. Jahrhunderts, also der Zeit der Alamanneneinfälle um 352 n. Chr., nicht gesichert.

Anzeichen für neue Siedlungsgründungen durch hinzuziehende Alamannen in der 1. Hälfte des 4. Jahrhunderts lassen die Fundplätze Mannheim-Sandhofen, *Leinpfad* 104 und *Hirtenwiese/Nachtweide* sowie der Grabfund von Ilvesheim erkennen. Die Siedlungen von Mannheim-Vogelstang dürften vielleicht erst gegen Mitte oder in der 2. Hälfte des 4. Jahrhunderts angelegt worden sein. Ihre Fundzusammensetzung lässt noch kein abschließendes Bild darüber zu, ob hier provinzialrömische Bevölkerung gemeinsam mit alamannischer siedelte oder eben nur alamannische Personenverbände allein.

Wohl erst im 5. Jahrhundert könnten die allerdings nur in geringsten Ausschnitten bekannten Grabplätze von Mannheim-Vogelstang, Chemnitzer Strasse und Mannheim-Sandhofen, *Ausgasse/Durch den Grund* angelegt worden sein. Ähnliches mag eventuell auch für den Fundplatz des Edinger Grabfundes gelten.

Mit den Personenverbänden der Grabplätze Vogelstang, Chemnitzer Straße und Sandhofen, *Ausgasse/Durch den Grund* könnten die neuen fränkischen Herren der Region nach den kriegerischen Auseinandersetzungen des Jahres 506 noch in Kontakt getreten sein.

Weitere Indizien für ein Verbleiben von Teilen der provinzialrömischen Bevölkerung im Mannheimer Raum sind derzeit über die archäologischen Quellen nicht darstellbar. Nach Ausweis der flur- und ortsnamenkundlichen Untersuchungen von Hansjörg Probst (Teil 1, Band 2, Namenkunde S. 422) wird man damit zumindest rechnen dürfen.

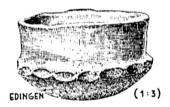

Abb. 40: Edingen-Neckarhausen, OT. Edingen, unbekannte Fundstelle. Grabfund vor 1910. Drehscheiben-Henkelkrug mit Einglättverzierung und handgeformte Tonschale mit Linsendellen am Umbruch. M. 1:3 und 1:4.

Anmerkungen

[1] Kartenentwurf Verf., Ausführung durch H. Gerner, Fachbereich Vermessung der Stadt Mannheim. Herrn Gerner danke ich herzlich für die Übertragung der historischen Haaßschen Karte (Bestand der Reiss-Engelhorn-Museen) auf die Stadtgrundkarte.

[2] Zuletzt dazu Heiko Steuer, Die Alamannia und die alamannische Besiedlung des rechtsrheinischen Hinterlandes. IN: Imperium Romanum. Römer, Christen, Alamannen – Die Spätantike am Oberrhein. Hrsg. Badisches Landesmuseum, Karlsruhe 2005, 26-41. – Marcus Reuter, Leben in römischen Ruinen. Die germanischen Neueinwanderer in Südwestdeutschland und das römische Erbe. IN: Ebda 111-118. – Karlhorst Stribny, Römer rechts des Rheins nach 260 n. Chr. IN: Berichte Röm. Germ. Komm. 70, 1989, 351-505. – Hans-Peter Kuhnen (Hrsg.), Gestürmt – Geräumt – Vergessen. Der Limesfall und das Ende der Römerherrschaft in Südwestdeutschland. Stuttgart 1992.

[3] Grundlegend hierzu die Untersuchungen Helmut Bernhards, Beiträge zur Besiedlung im Hinterland von Speyer. IN: Mitt. Hist. Ver. Pfalz 73, 1976, 37-165. – Der spätrömische Depotfund von Lin-

genfeld, Kreis Germersheim, und archäologische Zeugnisse der Alamanneneinfälle zur Magnentiuszeit in der Pfalz. IN: Mitt. Hist. Ver. Pfalz 79, 1981, 5-103. – Niedergang und Neubeginn. Das Ende der römischen Herrschaft. IN: Wilfried Menghin, Dieter Planck (Hrsg.), Menschen, Zeiten, Räume. Archäologie in Deutschland. Berlin/Stuttgart 2002, 306-315.

[4] Helmut Bernhard, Die römische Geschichte in Rheinland-Pfalz. IN: Heinz Cüppers (Hrsg.), Die Römer in Rheinland-Pfalz. Stuttgart 1990, 39-168; bes. 148 ff.

[5] Helmut Bernhard, Die spätantiken Burgi von Eisenberg und Ungstein in der Pfalz. IN: Peter Haupt u. Patrick Jung (Hrsg.), Alzey und Umgebung in römischer Zeit. Alzey, Geschichte der Stadt Bd. 3. Alzey 2006, 136-141. – Ders., Die Merowingerzeit in der Pfalz. Bemerkungen zum Übergang von der Spätantike zum frühen Mittelalter und zum Stand der Forschung. Mitt. Hist Ver. Pfalz 95, 1997, 7-106.

[6] Alfried Wieczorek, Die Ausbreitung der fränkischen Herrschaft in den Rheinlanden vor und seit Chlodwig I. IN: Alfried Wieczorek u. a. (Hrsg.), Die Franken – Wegbereiter Europas. Mannheim 1996, 241-260; bes. 242 f.

[7] Zu Altrip zusammenfassend Siegmar v. Schnurbein u. Heinz-Jürgen Köhler, Der neue Plan des valentinianischen Kastells Alta Ripa (Altrip). IN: Berichte Röm. Germ. Komm. 70, 1989, 507-526. – Helmut Bernhard, Altrip. Spätantike Festung Alta ripa. IN: Heinz Cüppers (Hrsg.), Die Römer in Rheinland-Pfalz. Stuttgart 1990, 299-302. – Britta Rabold, Spätrömische Befestigungen im Neckar-mündungsgebiet. IN: Imperium Romanum. Römer, Christen, Alamannen – Die Spätantike am Oberrhein. Hrsg. Badisches Landesmuseum, Karlsruhe 2005, 194-197.

[8] Olaf Höckmann, Römische Schiffsverbände auf dem Ober- und Mittelrhein und die Verteidigung der Rheingrenze in der Spätantike. IN: Jahrb. RGZM 33, 1986, Halbbd. 1, 369-416. – Zuletzt Barbara Pferdehirt, Die spätantike Flussverteidigung am Rhein. IN: Imperium Romanum. Römer, Christen, Alamannen – Die Spätantike am Oberrhein. Hrsg. Badisches Landesmuseum, Karlsruhe 2005, 190-191.

[9] Schnurbein siehe Anm. 7, 521 f. – Bernhard siehe Anm. 7, 301.

[10] Die ausführliche Darstellung der Funde und Befunde aus den Befestigungen der Neckarmündungsgebietes findet sich in Alfried Wieczorek, Zu den spätrömischen Befestigungsanlagen des Neckarmündungsgebietes. IN: Mannheimer Geschichtsbl. NF 2, 1995, 9-90; zu den Brücken bes. 66 ff.

[11] Wieczorek siehe Anm. 10, 75 ff.

[12] Zum Lände-Burgus ausführlich Wieczorek siehe Anm. 10, 9-90; bes. 11 ff.

[13] Beide Quellenstellen zuletzt bearbeitet und übersetzt bei: Camilla Dirlmeier u. Gunther Gottlieb, Quellen zur Geschichte der Alamannen I. Heidelberger Akad. Wiss., Komm. Alamann. Altertumskunde Schriften 1, Sigmaringen 1976, 78 f. – Ebd. II, Schriften 3, Sigmaringen 1978, 32 f.

[14] Wieczorek siehe Anm. 10, 61 f.

[15] Berndmark Heukemes, Der spätrömische Burgus von Lopodunum-Ladenburg am Neckar. IN: Fundber. Baden-Württ. 6, 1981, 433-473.

[16] Zu den Funden ausführlich Wieczorek siehe Anm. 10, 57 ff.; 62 f.

[17] Wieczorek siehe Anm. 10, 56 f.; 63 f. – Hansjörg Probst, Neckarau I. Von den Anfängen bis ins 18. Jahrhundert. Mannheim 1988, 80; 169-174.

[18] Das Fundmaterial ist noch unpubliziert, Ortsakten Reiss-Engelhorn-Museen.

[19] Probst siehe Anm. 17, 107-108, Abb. 8-9; 122 ff. mit Abb. 10.

[20] Wieczorek siehe Anm. 10, 78, Anm. 75; 85 Abb. 27; 88 f.

[21] Zum Grabfund Ernst Wahle. IN: Bad. Fundber. 1, 1915, 13-19. – Zum Vestlandkessel: Unpubliziert, Ortsakten Reiss-Engelhorn-Museen. Der Kessel kam 1987 bei Baggerarbeiten im Stollenwörthweiher mit einer größeren Zahl weiterer römischer Bronzegefäße des 2. bis 3. Jahrhunderts n. Chr. zu Tage.

[22] Entwurf Verf., die Übertragung der Haaßschen Karte auf die Stadtgrundkarte verdanke ich wieder H. Gerner (siehe Anm. 1). Die Strassenheimer Funde und Befunde sind unpubliziert, Ortsakten Reiss-Engelhorn-Museen.

[23] Zu den Funden: Die Heimat. Geschichtsblätter für Viernheim, Hessisch Ried, Bergstrasse, Odenwald und das Rhein-Neckar-Land 24 Nr. 45, 24. Dezember 1992, 2-5. – Ortsakten Reiss-Engelhorn-Museen.

[24] Erich Gropengießer. IN: Albrecht Dauber u.a., Archäologische Karte der Stadt- und der Landkreise Heidelberg und Mannheim. Bad. Fundber. Sonderheft 10, 1967, 42 benennt den Einzelfund von 1933 aus der Sandgrube Gewann Aue als alamannenzeitlich.

[25] Unpubliziert, Ortsakten Reiss-Engelhorn-Museen.

[26] Die beiden Gräber werden im Rahmen einer anderen Publikation ausführlicher vorgestellt. Unpubliziert, Ortsakten Reiss-Engelhorn-Museen.

[27] Zu den frühalamannischen Gräberfeldern Typ Hemmingen: Hermann Ament, Das alamannische Gräberfeld von Eschborn (Main-Taunus-Kreis). Wiesbaden 1992, 42 ff. – Ergänzungen bei Wieczorek siehe Anm. 6, 251 Abb. 178; 255.

[28] Bad. Fundber. 16, 1940, 22. – Robert Roeren, Zur Archäologie und Geschichte Südwestdeutschlands im 3. bis 5. Jahrhundert n. Chr. IN: Jahrb. RGZM 7, 1960, 249 Nr. 41; 264 Nr. 41; 267 Abb. 3, 41; 276 Abb. 12,41.

[29] Roeren siehe Anm. 28, 258 f. Nr. 132. Die genaue Fundstelle ist mittlerweile bekannt (siehe Abb. 1).

[30] Zum Typ Hemmingen siehe Anm. 27. – Das Männergrab mit den Pfeilspitzen aus der Sammlung Hormuth ist unpubliziert und seit dem 2. Weltkrieg verschollen. Lediglich die Zeichnungen und Abb. in den Akten sind erhalten.

[31] Roeren siehe Anm. 27, 249 Nr. 40. – Bad. Fundber. 3, 1933-36, 174 f. – K. Gärtner (Hrsg.), Heimatatlas der Südwestmark Baden. Karlsruhe 2. Aufl. 1937, Taf. XVI, 35; Karte 36. – Dem Heimatatlas ist die Abb. 20 entnommen. Die Umzeichnung erfolgte nach diesem Foto.

[32] Die Fibel aus „Feudenheim" ist bei Roeren siehe Anm. 28, 258 Nr. 131 ebenfalls ohne Angaben vermerkt. – Zum Grabfund von Seckenheim: Mannheimer Geschbl. 36, 1938, 27 f.

[33] Bad. Fundber. 21, 1958, 153-157; Taf. 54 f. – Zur Datierung zuletzt Helga Schach-Dörges, Zu süddeutschen Grabfunden frühalamannischer Zeit. IN: Fundber. Baden-Württ. 22 Halbbd. 1, 1998, 650 Nr. 25.

[34] Bad. Fundber. 14, 1938, 26. – Mainzer Zeitschr. 34, 1939, 6 Abb. 9,3.6. – Zur Datierung des Edinger Grabfundes zuletzt Uwe Gross. IN: Arch. Nachr. Baden 42, 1989, 16 Abb. 5.

Inken Jensen und Klaus Wirth

Archäologie in den Quadraten – Ausblick in ein neues Forschungsgebiet

Der Bereich der 1606 planmäßig gegründeten Stadt Mannheim, der am 24. Januar 1607 die Stadtprivilegien verliehen worden waren, bleibt mit Ausnahme des 1907 entdeckten glockenbecherzeitlichen Hockergrabes (Mitte bis 2. Hälfte des 3. Jahrtausends v. Chr.) und von Einzelfunden der römischen Kaiserzeit und des Frühmittelalters fundleer.

Der Wiederaufbau Mannheims nach den Zerstörungen im Zweiten Weltkrieg hätte manche Gelegenheit zu umfangreichen archäologischen Untersuchungen geboten, doch hatten in den sechziger und siebziger Jahren des 20. Jahrhunderts Untersuchungen an ur- und frühgeschichtlichen Fundplätzen im Bereich der Mannheimer Teilorte Vorrang, insbesondere beim Aufbau des neuen Stadtteils Mannheim-Vogelstang.

Seit 1978 führte die Archäologische Denkmalpflege während Bauarbeiten in der Mannheimer Innenstadt Notbergungen und planmäßige Ausgrabungen durch. Dabei gelangen wichtige Entdeckungen für die Mannheimer Stadtgeschichte. Auf dem Marktplatz G 1 wurde 1978 anlässlich des Baus der Tiefgarage das 1719 von Peter van den Branden geschaffene Marktplatzdenkmal abgebaut. Unter dem Steinsockel des Denkmals entdeckte man den 1667 errichteten Schacht des alten Marktplatzbrunnens, der 1988 im Foyer des Erweiterungsbaus für das Reiss-Museum auf dem Quadrat D 5 wieder aufgebaut wurde.

Im Jahre 1979 wurden unter dem Toulonplatz C 5 die Fundamente der ehemaligen Garnisonskirche freigelegt, die 1739 eingeweiht und 1782 nach Errichtung des Zeughauses wieder abgerissen worden war. Unter der Apsis der Kirche wurde die bis dahin unbekannte Gruft der Familie von Hallberg entdeckt. (Abb. 1)

Abb. 1: Mannheim, Toulonplatz C 5; Garnisonskirche, 18. Jahrhundert, Blick von Nordosten in die Gruft der Familie von Hallberg unter der Apsis (1979).

Nach der Rückkehr des Kurfürsten Carl Ludwig aus dem niederländischen Exil (1648) und in der Zeit des Wiederaufbaus der Kurpfalz nach dem Dreißigjährigen Krieg wurde die Tabakkultur zu einem lohnenden neuen Erwerbszweig für die verarmte Bevölkerung. Nach niederländischem Vorbild etablierte sich in Mannheim das Handwerk der Pfeifenmacher, deren Produkte sich durch Form, Verzierung und Umschriften identifizieren lassen. Mit den archäologischen und archivalischen Belegen zur Mannheimer Tonpfeifenproduktion seit der Mitte des 17. Jahrhunderts gelang der Einstieg in ein bis dahin unbekanntes Gebiet Mannheimer Stadtgeschichte, das auch überregional von Bedeutung ist.

Abb. 2: Mannheim, H 3.15; Tonpfeife mit Kopfumschrift „IOH HENRICK RISWICK" ((Johannes) Hans Henrich). Seine Tonpfeifen tragen das Datum 1684.

Seit 2003 gewann die Archäologische Denkmalpflege ergänzende Einblicke in Archäologie und Geschichte der Stadt Mannheim:

B 4,13: Bauforschung an einem Gebäude des frühen 18. Jahrhunderts.

C 5: Bebauung vor der Errichtung des Zeughauses (Wall und Graben der Festung Friedrichsburg, Festung, Reste von bebauten Parzellen des frühen 17. Jahrhunderts, Schweizer Hof, Konstablerkaserne).

H 3,11: Entdeckung von Fertig- und Halbfertigprodukten von Ofenkacheln aus der Zeit um 1600/frühes 17. Jahrhundert; Hinweise auf Metallverarbeitung durch Schmiedeschlacken.

H 3,15: Werkstatt eines Pfeifenmachers (1684) und Hafners (Abb. 2 und 3).

Abb. 3: Mannheim, H 3.15; Verbrannter Dielenboden mit Bauschutt und zahlreichen Tonpfeifenfragmenten. Die Werkstatt des Pfeifenmachers wurde vermutlich 1689 durch Feuer zerstört.

Abb. 4: Mannheim, M 1.2; Am Ende der Ausgrabungen blieben Gebäudefundamente des 18. Jahrhunderts (halboval) und des 19. Jahrhunderts übrig. Die Schichten des Mittelalters wurden vollständig abgetragen und enthielten keramische Funde, die zeitlich bis in die zweite Hälfte des 7. Jahrhunderts zurückreichten. Die Baugrube am rechten Bildrand verdeutlicht das Ausmaß der nachkriegszeitlichen Zerstörung von archäologisch hochrelevanten Strukturen.

M 1,2: Mittelalterlich/frühneuzeitliche Kulturschichten (2. Hälfte 7. bis 16. Jahrhundert); Bebauungsstrukturen 17. bis 19. Jahrhundert (Abb. 4).

Schwerpunkte der zukünftigen archäologischen und archivalischen Arbeiten: Untersuchung zu Bau- und Parzellenstrukturen, zur Herkunftsbestimmung von Fayencen, Steinzeug und Hafnerware (Abb. 5), zur Tonpfeifenproduktion des 17. Jahrhunderts und zum Tabakanbau in der Region sowie auch zur Lokalisierung des mittelalterlichen Mannheims.

Abb. 5: Mannheim, Toulonplatz C 5; Schüssel, Hafnerware, 18. Jahrhundert, mit Vogelmotiv und Spruch: fleig · hien · du · kleines · (Wald) · vögelein · zu · der · hertz · aller · liebste · mein (1979).

Literaturverzeichnis

JENSEN, Inken: Ein Brunnen des 17. Jahrhunderts – das älteste Baudenkmal der Stadt Mannheim. In: Denkmalpflege in Baden-Württemberg. Nachrichtenblatt des Landesdenkmalamtes 2, 1979, S. 77 ff.

Dies.: Der Markplatzbrunnen aus dem 17. Jahrhundert – Das älteste Baudenkmal der Stadt Mannheim. In: Mannheimer Hefte 1980, Heft 1, S. 17 ff.

Dies.: Archäologie in den Quadraten. Ausgrabungen in der Mannheimer Innenstadt. Mannheim 1986.

Dies.: Zu den Anfängen der Mannheimer Tonpfeifenproduktion im 17. Jahrhundert. In: Mannheimer Hefte 1990, Heft 1, S. 90 ff.

Dies.: Datierte Tonpfeifen des 17. Jahrhunderts aus der Kurpfalz. Erste Ergebnisse.

In: SCHMAEDECKE, Michael (Hg.): Tonpfeifen in der Schweiz. Beiträge zum Kolloquium über Tabakspfeifen aus Ton in Liestal am 26. März 1998. Liestal 1999, S. 19 ff.

WIRTH, Klaus: Was die Schweizer Gardisten nicht wussten – Ausgrabungen beim Zeughaus in Mannheim. Archäologische Ausgrabungen in Baden-Württemberg 2004. Stuttgart 2005, S. 265 ff. –

Ders.: Pfeifen aus dem Töpferviertel. In: Archäologie in Deutschland 5, 2006, S. 42.

Ders.: Ausgrabungen im Töpferviertel von Mannheim. Archäologische Ausgrabungen in Baden-Württemberg 2005. Stuttgart 2006, S. 208 ff.

WIRTH, Klaus/TEUTSCH, Friedrich: Dem Nichts ein Stück näher – Eine Kultur löst sich in Luft auf. Ebd. 2006. Stuttgart 2007.

Dies.: Dem Nichts ein Stück näher – Eine Kultur löst sich in Luft auf. In: Knasterkopf 19, 2007 (in Vorbereitung).

WIRTH, Klaus: Das Mittelalter unter unseren Füßen! In: Archäologie in Deutschland 3, 2007, S. 43.

Ders.: Archäologische Ausgrabungen beim Zeughaus. In: Mannheimer Geschichtsblätter NF. 13, 2006 (2007) (in Vorbereitung).

Fotos: © rem. Archäologische Denkmalpflege und Sammlungen; J. Janiszewski.

Inken Jensen und Karl W. Beinhauer

Vom Antiquarium electorale zur Abteilung Archäologische Denkmalpflege und Sammlungen der Reiss-Engelhorn-Museen Mannheim

Einführung

Ein Jubiläum ist ein guter Anlass, Rückschau zu halten und Bilanz zu ziehen. Im Rahmen dieses vierbändigen Werkes *Hansjörg Probst (Hg.): Mannheim vor der Stadtgründung. Natur, Archäologie und Geschichte im Rhein-Neckar-Dreieck* zum 400-jährigen Jubiläum der Stadt Mannheim seien mit diesem Beitrag das Werden und die Entwicklung der Archäologischen Sammlungen der Reiss-Engelhorn Museen Mannheim und der Archäologischen Denkmalpflege in der Mannheimer Region kurz skizziert.

Während der Werdegang von der Zeit des Kurfürsten Carl Theodor bis zum Zweiten Weltkrieg – von der Kurpfälzischen Akademie der Wissenschaften und dem Antikenkabinett/Antiquarium electorale bis zum Schlossmuseum – immer wieder behandelt worden ist, gibt es für die Zeit nach dem Zweiten Weltkrieg bis zum Jubiläum 2007 noch keine zusammenfassende Darstellung; diese ist das besondere Anliegen der Autoren, haben doch Sammlungen und Denkmalpflege in diesem Zeitraum eine interessante und abwechslungsreiche Geschichte und eine rasante Entwicklung erlebt, die die Autoren ein Stück weit mitgestalten konnten. Vielen Personen, die mit ihrer Arbeit und mit ihrem Engagement zu dieser Entwicklung beigetragen haben, sei an dieser Stelle für ihren Einsatz und ihre Unterstützung gedankt. Der Blick zurück spiegelt trotz seines dokumentarischen Charakters naturgemäß auch die persönlichen Aktivitäten, Erfahrungen und Erlebnisse der Autoren wider.

Unersetzliche Quellen für die Rekonstruktion dieser Zeit sind neben den Akten der Reiss-Engelhorn-Museen, überwiegend der archäologischen Abteilung, und einer Reihe von Veröffentlichungen insbesondere auch die *Mannheimer Geschichtsblätter*, die *Mannheimer Hefte*, die *Mitteilungen der Gesellschaft der Freunde Mannheims und der ehemaligen Kurpfalz. Mannheimer Altertumsverein von 1859*, und die *Mannheimer Geschichtsblätter Neue Folge*.[1]

A) Vom *Antiquarium electorale* bis zur Zerstörung des Schlossmuseums im Zweiten Weltkrieg

Über die Entwicklung vom kurfürstlichen *Antiquarium electorale* bis zur Zerstörung der archäologischen Bestände des Schlossmuseums im Zweiten Weltkrieg liegt bereits ein umfangreiche und fundierte Literatur vor, so dass die Autoren zwar der Vollständigkeit halber auf diese Zeit eingehen möchten, sich jedoch mit der folgenden Übersicht begnügen und auf das bereits Erarbeitete zurückgreifen oder verweisen:

1749: Rescript Carl Theodors vom 29. August 1749 zur Ablieferung aller in seinen Ländern gefundenen „antiquitäten und andere monumenta" in den regionalen Dienststellen und ihrer anschließenden Verbringung ins Mannheimer Schloss. Dies ist der Beginn der Archäologischen Denkmalpflege in den Kurpfälzischen Ländern und die Gründung der heimischen Archäologischen Sammlungen.[2]

1763: Mit der Gründung der Kurpfälzischen Akademie der Wissenschaften durch Carl Theodor nimmt das Antikenkabinett seinen Anfang *(Antiquarium electorale)*, dessen Grundstock bereits aus der Zeit seiner Vorgänger, der Kurfürsten Johann Wilhelm und Carl Philip, stammt.[3]

1766: Rescript des Kurfürsten Carl Theodor zur Zusammenführung der Gipsabgüsse von antiken Vorbildern im Mannheimer Schloss.

1767: Die Gipsabgüsse der antiken Statuen und Büsten werden aus dem Schloss in die Räume der Zeichnungsakademie in F 6, 1 verbracht.[4]

1794: Kurfürst Carl Theodor lässt einen Großteil seiner Sammlungen aus dem Mannheimer Schloss nach München überführen. Es verbleiben in Mannheim u.a. Teile der Antikensammlungen und die heimischen archäologischen Sammlungen, darunter ein Terra sigillata-Teller aus Heidelberg-Neuenheim, gefunden 1783 (Abb. 1).[5]

Seit 1809: Verwaltung und Betreuung des Großherzoglichen Hofantiquariums (ehemals Kurfürstliches Antiquarium/Antiquarium electorale) im Mannheimer Schloss durch die Direktoren des 1807 neugegründeten Mannheimer Lyceums (das spätere Karl-Friedrich-Gymnasium).[6]

1859: 2. April: Gründung des Mannheimer Altertumsvereins. Beginn der Sammeltätigkeit und der archäologischen Untersuchungen des Vereins.[7]

1879: Der badische Großherzog genehmigt die Vereinigung des Großherzoglichen Hofantiquariums mit den Sammlungen des Mannheimer Altertumsvereins.

1880: Gemeinsame Präsentation der Bestände des Großherzoglichen Hofantiquariums mit denen des Mannheimer Altertumsvereins in den neu hergerichteten Räumen des Schlosses.

1882: Vereinigung der Bestände des Großherzoglichen Hofantiquariums mit denen des Mannheimer Altertumsvereins unter Karl Baumann, 1880-1909 Kustos des Hofantiquariums.

1890: Erwerbung einer attisch-rotfigurigen Kanne (um 450 v. Chr.); Fundort: Orvieto (Italien); der anonyme antike Künstler ist als *Mannheimer Maler* in die Fachliteratur eingegangen.

1892: Entdeckung eines Bronzehelms (Mitte bis 2. Hälfte des 1. Jahrhunderts v. Chr.), der als *Mannheimer Typ* in die Fachliteratur eingegangen ist; Fundort: Mannheim, aus dem Altrhein kurz unterhalb der alten Neckarmündung, Baggerfund im Floßhafen.[8]

1907: Vorlage der Karte *zur Urgeschichte von Mannheim und Umgebung* durch Karl Baumann anlässlich der Tagung des Verbandes west- und süddeutscher Vereine für römisch-germanische Altertumsforschung und des Gesamtvereins der deutschen Geschichts- und Altertumsvereine im selben Jahr in Mannheim.[9]

1907: 12. Dezember: Im südlichen Teil des Schlossgartens Entdeckung der Bestattung des „ältesten

Abb. 1: Drei römische Gefäße, Terra sigillata: Zwei Schälchen, Dm. 11,4 cm bzw. 8,2 cm, Fundort unbekannt, Ende 1./Anfang 2. Jahrhundert n. Chr.; Teller mit Stempel TOCCINVS F, Dm. 19,7 cm, aus Heidelberg-Neuenheim (1783), erste Hälfte 2. Jahrhundert n. Chr. – © Reiss-Engelhorn-Museen Mannheim. Foto: Jutta Meirer.

Mannheimers", eines Hockergrabes der spätjungsteinzeitlichen Glockenbecherkultur (Mitte bis 2. Hälfte des 3. Jahrtausends v. Chr.).[10]

1910: Dr. Hermann Gropengießer wird Kustos des Großherzoglichen Hofantiquariums.[11]

1911: Ernst Wagner legt in zwei Bänden ein beispielhaftes Inventar und bis heute unentbehrliches Nachschlagewerk archäologischer Funde aus Baden vor.[12]

1917: Erwerbung der Sammlung des Münchner Kunstmalers und Privatgelehrten Gabriel Ritter von Max durch die Stadt Mannheim und deren Überführung in das Zeughaus.[13]

1921, 1. Juli: Der Vertrag zur Übernahme der Sammlungen des Mannheimer Altertumsvereins in städtischen Besitz tritt in Kraft.

1922, 10. März: Überlassungsvertrag des Badischen Staates, betreffend alle in den Repräsentationsräumen des Mannheimer Schlosses befindlichen Sammlungen an die Stadt Mannheim. Übereinkommen zwischen der Stadt Mannheim und dem Land Baden, das Schloss als archäologisches und stadt- und kunstgeschichtliches Museum zu nutzen.

1922: Bestellung von Dr. Hermann Gropengießer als *Amtlicher Pfleger für die Ur- und Frühgeschichte des Stadt- und Landkreises Mannheim.* Schwerpunkte: Ladenburg, u.a. römische Marktbasilika (1908-1912, 1922 ff., nach 1941); Reichsautobahn Frankfurt – Mannheim – Heidelberg (1933/1934); karolingisch-ottonische Siedlung/Wüstung Hermsheim (1933/34 und 1936/37); neckarsuebische Siedlung von Mannheim-Seckenheim (1933/34); spätrömischer Burgus von Mannheim-Neckarau (1936).[14]

1924-1927: Aufbau der Archäologischen Abteilung des Schlossmuseums aus den vereinigten Sammlungen des Großherzoglichen Antiquariums und des Mannheimer Altertumsvereins durch Dr. Hermann Gropengießer.

1924-1932: Forschungen von Karl Friedrich Hormuth in den Maurer Sanden in Mauer und Bammental, zunächst privat, dann im Auftrag des Zeughausmuseums und des geologischen Instituts in Heidelberg; Beginn einer Sammlung altsteinzeitlicher Objekte aus Mauer und Bammental.

Seit 1925: Hauptlehrer Franz Gember als ehrenamtlicher Mitarbeiter von Dr. Hermann Gropengießer in der vor- und frühgeschichtlichen Bodendenkmal-

Abb. 2: Ausgrabung eines Mammutzahns; Ilvesheim, Rhein-Neckar-Kreis, Kiesgrube Wolff (1934). – © Reiss-Engelhorn-Museen Mannheim. Foto: Archäologische Denkmalpflege und Sammlungen.

Abb. 3: Rankenverziertes eisernes Schwert vom Mannheimer Typ, Länge des Griffes mit Knauf 12,7 cm, Gesamtlänge des Schwertes 91,9 cm, aus Mannheim-Neckarau (Baggerfund 1932), zweite Hälfte 8. Jahrhundert n. Chr. – © Reiss-Engelhorn-Museen Mannheim. Foto: Franz Schlechter, Heidelberg.

pflege im Neckarmündungsgebiet. Schwerpunkte: Ilvesheim, *Atzelbuckel* (Sandgrube und Reichsautobahn, 1925-1938); Ilvesheim, *Weingärten* (Kiesgrube Back/Wolf/Ludwig,1925-1939) (Abb. 2); Ladenburg, *Rechts des Wallstadter Weges, 1. Gewann* (Städtische Kiesgrube Ladenburg und Heddesheimer Kiesgrube, 1931, 1933-1935); Mannheim-Straßenheim, *Aue* (Sandgrube, 1931-1938, 1941); Reichsautobahn Frankfurt – Mannheim – Heidelberg, Autobahnabschnitt im Stadtgebiet Mannheim nördlich des Neckars (1934/35; 1934 Entdeckung des Depotfundes von Mannheim-Wallstadt aus dem 8. Jahrhundert v.Chr.[15]

1925, 19. Dezember: Eröffnung des Museums für Naturkunde, Völkerkunde und Urgeschichte im Zeughaus.

1926, 15. Februar: Eröffnung des Mannheimer Schlossmuseums (Sammlungen im Besitz der Stadt Mannheim, aber im Eigentum des badischen Staates und des Mannheimer Altertumsvereins).

1926-1943: Dr. Hermann Gropengießer im Nebenamt Direktor der Archäologischen Abteilung des Schlossmuseums; von 1928 an Freistellung vom Schuldienst mit einem halben Deputat für die Wahrnehmung der Direktionsgeschäfte am Mannheimer Schlossmuseum.

1927, 1. Oktober: Einstellung von Karl Friedrich Hormuth als wissenschaftlicher Assistent am Zeughausmuseum.

1932: Fund eines rankenverzierten Schwertes (2. Hälfte des 8. Jahrhunderts n. Chr.), das als *Mannheimer Typ* in die Fachliteratur eingegangen ist (Abb. 3); Fundort: Mannheim-Neckarau, *Stollenwörth*, Baggerfund.[16]

1939, 31. Januar: Ernennung von Karl Friedrich Hormuth zum Kustos am Zeughausmuseum.

1939, 7. Mai: Eröffnung der neu gestalteten Prunkräume im Mittelbau und im Ostflügel des Mannheimer Schlosses; Räume der Archäologischen Abteilung des Schlossmuseums im Erdgeschoss des Mittelbaus (Vor- und Frühgeschichte Westdeutschlands und römische Steindenkmäler) und im Erdgeschoss des Ostflügels (Sammlungen antiker Kunst) (Abb. 4).[17]

1943, 1944, 1945: Bomben treffen das Schloss und das Zeughaus. Schwere Schäden an den Dächern und im Inneren sowie an den Sammlungsbeständen bis hin zu Totalverlusten.

Abb. 4: Blick in die Sammlung antiker Kunst; letzte Neuaufstellung 1939 im Rahmen der Archäologischen Abteilung des Mannheimer Schlossmuseums. – © Reiss-Engelhorn-Museen Mannheim. Foto: Archäologische Denkmalpflege und Sammlungen.

Abb. 5 a: Römischer Viergötterstein aus Böhl-Iggelheim, Kr. Ludwigshafen, spätes 2. oder frühes 3. Jahrhundert n. Chr., bei der Freilegung (1950) aus dem Schutt des im Zweiten Weltkrieg zerstörten Schlossmuseums. – © Reiss-Engelhorn-Museen Mannheim. Foto: Fritz Rupp.

Abb. 5 b: Römischer Viergötterstein aus Böhl-Iggelheim, Kr. Ludwigshafen, spätes 2. oder frühes 3. Jahrhundert n. Chr., nach der Neuaufstellung (1963) im Gewölbekeller des Zeughauses. – © Reiss-Engelhorn-Museen Mannheim. Foto: Archäologische Denkmalpflege und Sammlungen.

1950, 4. September: Beginn der Bergungsarbeiten der unter dem Trümmerschutt des Schlosses liegenden archäologischen Bestände unter Anleitung von Fritz Rupp, Technischer Sekretär der Archäologischen Abteilung, und vorläufige Lagerung im Erdgeschoss des rechten Schlossflügels (Abb. 5 a und b).[18]

B) Wie Phönix aus der Asche – Wiederaufbau und Entwicklung der archäologischen Abteilung nach dem Zweiten Weltkrieg bis zum Jubiläumsjahr 2007

1. Die personelle Situation – eine Übersicht

Der Wiederaufbau des Museums nach dem Zweiten Weltkrieg lässt sich in verschiedene Abschnitte unterteilen, die jeweils mit einer Namensänderung des Museums einhergingen – Städtisches Reiß-Museum (nach dem Zweiten Weltkrieg bis 1989) – Reiss-Museum der Stadt Mannheim (1990 bis Oktober 2001) – Reiss-Engelhorn-Museen Mannheim (ab November 2001) – und deren Entwicklung auch auf die archäologische Abteilung Auswirkungen hatte. Am Anfang der Ausführungen über die Zeit nach dem Zweiten Weltkrieg steht daher eine kurze Übersicht über die personelle Struktur der Abteilung und die bei der Stadt Mannheim festangestellten Mitarbeiter.[19]

Die Tradition August Wilhelm Hermann Gropengießers (9. Oktober 1879 bis 24. November 1946) wurde von seinem Sohn Erich (17. Dezember 1924 bis 11. April 2003) fortgesetzt, der sich bereits 1956 mit der Aufarbeitung von Grabungen seines Vaters in seiner Dissertation als Kenner der Archäologie des unteren Neckarlandes und potentieller Nachfolger ausgewiesen hatte. Ab Juni 1961 betrieb er unter den Museumsdirektoren Dr. Ludwig W. Böhm, Dr. Gustaf Jacob und Dr. Herbert Meyer den Wiederaufbau der archäologischen Abteilung des Städtischen Reiss-Museums, zuerst als Wissenschaftlicher Assistent – unterstützt von Fritz Rupp (1908-1963), der von 1925 bis 1946 und dann wieder ab 1950 als technischer Sekretär der archäologischen Abteilung tätig war –, ab April 1966 als Konservator, ab August 1969 als Hauptkonservator und ab Dezember 1970 dann als Direktor der Abteilung *Archäologische Sammlungen*.

Zu den Hauptanliegen Dr. Erich Gropengießers gehörten die Wiedereinrichtung einer archäologischen Schausammlung im Zeughaus C 5 und die Betreuung der archäologischen Bodendenkmalpflege im Stadt- und Landkreis Mannheim (siehe 3.2 Archäologische Denkmalpflege 1961 bis 1989). Zur größten Herausforderung gehörten seit 1965 die Grabungen und Notbergungen mit Funden aus fast allen vor- und frühgeschichtlichen Perioden bei der Errichtung des neuen Stadtteils Mannheim-Vogelstang. Unterstützt wurde Dr. Erich Gropengießer dabei von Heini Geil, der im Oktober 1964 als Restaurator eingestellt wurde. In den Aufbaujahren vervollständigten Gerhard Straß als Grabungstechniker und Zeichner und Günter Mössinger als Restaurator ab November 1971 bzw. ab Juli 1973 das Team der festangestellten technischen Mitarbeiter. Von April 1971 bis Dezember 1974 war Dr. Gisela Claus als Wissenschaftliche Assistentin tätig; ihr folgte Dr. Inken Jensen im Oktober 1975 in gleicher Funktion.

Im Januar 1974 wurde Dr. Erich Gropengießer als Nachfolger Dr. Herbert Meyers in das Amt als Direktor des Städtischen Reiss-Museums eingeführt, das er – ab März 1987 dann als Ltd. Direktor – in Personalunion mit der Leitung der Abteilung *Archäologische Sammlungen* ausübte. Seine Amtszeit war geprägt von dem seit 1970 immer wieder vorgetragenen Bestreben, die Raumnöte des Museums und seiner Sammlungen zu mindern.[20] Diesem Ziel kam er durch den Erweiterungsbau des *Museums für Archäologie und Völkerkunde* auf dem Quadrat D 5, der am 26. November 1988 eröffnet wurde, ein großes Stück näher.

Für die Realisierung dieses großen Projektes, für das die bereits vorhandenen Mitarbeiter eingespannt wurden, waren jedoch zusätzliche Kräfte nötig. Das wissenschaftliche und technische Personal der archäologischen Abteilung wurde daher durch Dr. Friedrich Wilhelm von Hase (November 1979 bis April 1983), Dr. Karl W. Beinhauer (ab Oktober 1981), Dr. Margot Klee (Mai 1984 bis Oktober 1989) und Restaurator Bernd Hoffmann (ab Oktober 1983) ergänzt. Um die archäologische Denkmalpflege gegenüber dem Museums-Erweiterungsbau nicht gänzlich ins Hintertreffen geraten zu lassen, wurden die Grabungstechniker Mark Wesner (Februar 1981 bis Mai 1981) und Peter Weiler (Mai 1985 bis September 1987) eingestellt.

Mit dem Ausscheiden Dr. Erich Gropengießers zum 31. Dezember 1989 erfolgte – nach einer Interimszeit von drei Monaten, in der Dr. Franz Swoboda als kommissarischer Direktor fungierte – eine Umstrukturierung des Museums. Die Abteilungen erhielten eigene Abteilungsleitungen, denen von April 1990 bis September 1998 Dr. Karin von Welck als Ltd. Direktorin des Reiss-Museums der Stadt Mannheim vorstand.

Ab Februar 1990 wurde Dr. Karl W. Beinhauer zum Abteilungsleiter der *Archäologischen Sammlungen* ernannt. Sein besonderes Interesse, das in den folgenden Jahren durch die Direktion aktiv unterstützt wurde, galt den antiken Maßsystemen, den Kulturen Alt-Italiens sowie denen der Alt-, Mittel- und Jungsteinzeit bis hin zu den Metallzeiten Europas. Stellvertreterin war Dr. Inken Jensen (bis Juni 2007). Elke Rieber war vom Oktober 1990 bis Juni 1995 der Abteilung als Schreibkraft zugeteilt. Ab Juni 1990 gehörte außerdem Dr. Alfried Wieczorek der archäologischen Abteilung an und wurde im November 1990 zum Beauftragten des Landesdenkmalamtes für den Stadtkreis Mannheim bestellt.

Ab September 1991 erfolgte im Rahmen einer organisatorischen Neuordnung des Museums die Eingliederung der Archäologischen Denkmalpflege in die neue Abteilung „Ausstellungen, Öffentlichkeitsarbeit, Archäologische Denkmalpflege". Abteilungsleiter wurde Alfried Wieczorek. Diese Abteilung bezog neu hergerichtete Räume im 4. OG des Hauses D6, 3.

Die Berufung Dr. Alfried Wieczoreks im Jahre 1994 in das Amt des stellvertretenden Museumsdirektors führte erneut zur Änderung der Organisationsstruktur des Reiss-Museums. Dieser zentralen Abteilung wurde die Museumspädagogik zugeordnet.

Schon ab Oktober 1993 erhielt diese Abteilung eine personelle Verstärkung durch die Anstellung von Grabungstechniker Gerhard Antoni verstärkt, nachdem dieser bereits seit Mai 1992 als Vertretung tätig gewesen war. Bernd Hoffmann erhielt in der neuen Abteilung ab 1993 neben der restauratorischen Bearbeitung der neuen Grabungsfunde auch Aufgaben der restauratorischen und organisatorischen Betreuung von Großausstellungen. Nachdem Dr. Alfried Wieczorek ab Oktober 1998 zum kommissarischen Leiter und ab Januar 1999 zum Ltd. Direktor des Reiss-Museums ernannt worden war, wurde Dr. Ursula Koch vom Januar 1999 bis September 2003 die Leitung der Archäologischen Denkmalpflege übertragen.

Mit der Eingliederung der archäologischen Denkmalpflege in eine andere Abteilung wurde Heini Geil, zu dessen Aufgaben bis 1990 auch die Durchführung von Grabungen und Notbergungen im Stadtgebiet von Mannheim gehört hatte, dank seiner langjährigen Erfahrungen in der Abteilung und seiner praktischen Fähigkeiten bis Dezember 1999 verstärkt im Innendienst eingesetzt. Die Restauratoren Günter Mössinger (bis Dezember 2003/06) und Peter Will (seit Februar 2000) widmeten sich der restauratorischen Aufarbeitung der umfangreichen Magazinbestände, Gerhard Straß (bis Juni 2001) der zeichnerischen Erfassung insbesondere der altsteinzeitlichen Funde. Letzteres setzte Oliver Klaukien M.A. ab September 2001 fort, bis er im März 2002 zur Abteilung Ausstellungswesen und im Herbst 2003 zur Archäologischen Denkmalpflege wechselte. Im Gegenzug kehrte Bernd Hoffmann in die Abteilung Archäologische Sammlungen zurück und wurde wieder verstärkt in den Restaurierungsateliers tätig, da mit Beginn der archäologischen Untersuchungen im Jahre 2002 im Vorfeld des Baus der SAP-Arena in Mannheim-Seckenheim, Bösfeld, mit einem großen Fundanfall gerechnet wurde.

Für die Arbeit des Museums ergab sich eine neue Situation als es der Direktion gelang, den Unternehmer Curt Engelhorn im Sommer 2001 zur Einrichtung der *Curt-Engelhorn-Stiftung für die Reiss-Engelhorn-Museen* (CES) als Stiftung bürgerlichen Rechts zu bewegen, die der Förderung der Reiss-Engelhorn-Museen als öffentliche Einrichtung der Kunst und Kultur, Wissenschaft und Forschung dient, wovon auch die Fachabteilungen profitieren. Am 25. Oktober 2001 beschloss der Gemeinderat der Stadt Mannheim daraufhin, das *Reiss-Museum* in *Reiss-Engelhorn-Museen* umzubenennen.

Nachdem Dr. Karl W. Beinhauer zum 30. April 2003 altersbedingt aus dem Dienst ausgeschieden war, übernahm Dr. Michael Tellenbach bis November 2003 die kommissarische Leitung der Abteilung Archäologische Sammlungen. Ab Dezember 2003 wurde die archäologische Leiterstelle mit Dr. Klaus Wirth neu besetzt. Die Leitung von Sammlungen und Denkmalpflege wurde wieder in einer Hand vereinigt und die Abteilung in *Archäologische Denkmalpflege und Sammlungen* umbenannt. Ab Februar 2004 wurde die Abteilung durch Benedikt Stadler M.A. und ab Januar 2005 durch Patricia Pfaff M. A. erweitert.

Das Team der städtischen Mitarbeiter wurde in all den Jahren durch ehrenamtliche Mitarbeiter ergänzt, ohne deren Aktivitäten vieles nicht hätte erledigt werden können und deren Engagement bei der Vorstellung der entsprechenden Arbeitsbereiche erwähnt und gewürdigt wird.

Nachdem der Zusammenschluss aus dem Jahr 2001 von Reiss-Museum, Kunsthalle und Stadtarchiv zum Fachbereich *Museen und Archiv* mit gemeinsamer Öffentlichkeitsarbeit wieder aufgehoben worden war, werden die Reiss-Engelhorn-Museen seit dem 1. Januar 2006 als Eigenbetrieb der Stadt Mannheim geführt.

2. Die Vielfalt der Museumstätigkeiten: Sammeln – Bewahren – Dokumentieren – Forschen – Vermitteln

Zu den Aufgaben eines Museums als einer Institution, die aus Steuergeldern finanziert wird, gehören neben Erhaltung und Vergrößerung seiner Bestände deren Pflege und Dokumentation sowie ihre Erforschung und die Präsentation für die Öffentlichkeit. Während in den siebziger und achtziger Jahren des 20. Jahrhunderts die öffentliche Diskussion vor allem darum ging, die „Schwellenangst" der Besucher abzubauen, die Museen aus dem Elfenbeinturm herauszuführen und besucherfreundlicher zu gestalten – der Einsatz von Museumspädagogen im kulturellen Bereich wurde zu dieser Zeit in Mannheim wie auch bundesweit gefördert –, ging es im folgenden Jahrzehnt vermehrt darum, in Zeiten knapper werdender öffentlicher Mittel die Verwaltungen in den Kommunen und damit auch die (kommunalen) Museen noch effizienter und leistungsfähiger zu machen. Schlagworte und Schlagwörter wie: wirkungsvolle Strukturen im Kulturbereich – Controlling – Budgetierung – mehr Effizienz – Kulturverhalten (im Rhein-Neckar-Dreieck) – Organisationsstruktur – Kultur als Wirtschaftsfaktor für das „Unternehmen Deutschland" und als Standortfaktor für die Städte – Kostenleistungsrechnung – Kostenstellenplan – spielten bei dieser Verwaltungsreform eine große Rolle.

Das Reiss-Museum hat sich mit seinen Fachabteilungen an dieser Diskussion von Anfang an beteiligt, so z. B. durch Integration in das Projekt „Wirkungsvolle Strukturen im kommunalen Bereich" der Bertelsmann Stiftung, mit Besucherbefragungen und Workshops. Amtsintern lag bereits 1994 eine „Dokumentation zur Entwicklung eines Zielsystems für das Reiss-Museum" vor mit der Erarbeitung neuer Strukturen und Wege zur Verbesserung der Effizienz des Museums. Die darin erarbeiteten Themen finden sich im *Kommunalen Produktplan Baden-Württemberg* wieder, dem Ergebnis einer bundesweit einmaligen Kooperation zwischen Land und Kommunen bei der Reform des kommunalen Haushalts- und Rechnungswesens.[21]

Bei den Reformüberlegungen spielte die einzelne Verwaltungsleistung, das Verwaltungs-„Produkt", eine Rolle. In dem Produktplan erscheinen unter dem Produktbereich 45.1 Museen drei Produktgruppen: 45.1.1 *Sammeln, Bewahren, Dokumentieren, Forschen;* 45.1.2 *Vermitteln* und 45.1.3 *Sonstige Leistungen* mit einer Auflistung der damit verbundenen Arbeiten, nämlich den Produkten, die als Grundlage einer Kostenberechnung der Einzelleistungen dienen. Die beiden ersten Produktgruppen des *Kommunalen Produktplans Baden-Württemberg*, deren Inhalte nicht unbedingt neu waren, hier jedoch in zeitgemäßer Form schriftlich festgelegt wurden, dienen im Folgenden als Leitfaden für die Beschreibung der Aktivitäten und Entwicklungen der archäologischen Abteilung seit dem Zweiten Weltkrieg.

2.1 Sammeln: Die Archäologischen Sammlungen nach dem Zweiten Weltkrieg – Die Zusammensetzung der Bestände

Für die über Jahrzehnte gewachsenen archäologischen Bestände, deren Anfänge im 18. Jahrhundert liegen, lässt sich, ohne ins Detail zu gehen, über die Eigentumsverhältnisse zusammenfassend Folgendes festhalten: Nach dem Zweiten Weltkrieg setzen sich die Archäologischen Sammlungen aus den vor- und frühgeschichtlichen Teilen der Sammlung Gabriel von Max (teilweise aus den Völkerkundlichen und Naturkundlichen Sammlungen ausgegliedert), den kriegsbeschädigten Archäologika des ehemaligen Schlossmuseums, den Funden der archäologischen Bodendenkmalpflege bis 1972 und aus Neuerwerbungen zusammen. Sie sind verschiedenen Eigentümern – der Stadt Mannheim, dem Land Baden-Württemberg, der Gesellschaft der Freunde Mannheims. Mannheimer Altertumsverein von 1859 und seit einigen Jahren auch der Curt-Engelhorn-Stiftung für die Reiss-Engelhorn-Museen – zuzuordnen und befinden sich in Besitz und Verwaltung der Reiss-Engelhorn-Museen Mannheim.[22]

Zum Eigentum der Stadt Mannheim gehören Ankäufe wie die 1917 von der Stadt Mannheim erworbene Sammlung des Münchner Kunstmalers und Privatgelehrten Gabriel Ritter von Max mit ca. 60 000 Einzelobjekten der Ethnographie, Naturkunde und Urgeschichte. Letztere, die sich im Bestand der archäologischen Abteilung befinden, stammen aus allen Perioden der Vor- und Frühgeschichte und aus zahlreichen Regionen Europas, vor allem aus Frankreich, ferner u. a. aus England, Belgien, Schweiz, Tschechien, Dänemark und Deutschland, wobei der

Abb. 6: Faustkeil der älteren Altsteinzeit, Feuerstein, L. 9,9 cm, aus Chelles, Département Seine-et-Marne, Frankreich, Alter etwa 200 000 bis 130 000 Jahre. – © Reiss-Engelhorn-Museen Mannheim. Foto: Franz Schlechter, Heidelberg.

Abb. 7: (unten) Museum für Archäologie und Völkerkunde D 5, Blick in einen Bereich des Saales mit römischen Steindenkmälern im ersten Obergeschoss (1991), im Vordergrund der Viergötterstein vom Heiligenberg bei Heidelberg (siehe auch Abb. 20). – © Reiss-Engelhorn-Museen Mannheim. Foto: Franz Schlechter, Heidelberg.

Schwerpunkt auf der europäischen Altsteinzeit liegt (Abb. 6).[23]

Aus der letztgenannten Epoche stammen auch die Objekte der in mehreren Etappen bis in die zwanziger Jahre des 20. Jahrhunderts erworbenen Sammlung Hauser-Röchling (siehe Alt- und Mittelsteinzeitsammlung). Ebenso zählen dazu die im Jahre 1973 von Karl Friedrich Hormuth (12. April 1904 – 3. Juni 1992), wissenschaftlicher Assistent (1927) und Kustos (1939) der Urgeschichtlichen Abteilung des Zeughausmuseums, aus seiner Sammlung überlassenen ur- und frühgeschichtlichen Funde aus der Mannheimer Region sowie die 1998 aus seinem Nachlass erworbenen Steingeräte (siehe 2.3.3 Die Alt- und Mittelsteinzeitsammlungen).[24]

Mit städtischen Mittel wurden 1975 bis 1987 Objekte für die Antikensammlungen erworben (siehe 2.3.2 Die Antikensammlungen). Städtisches Eigentum sind ferner archäologische Bodenfunde aus Grabungen im Stadt- und ehemaligen Landkreis Mannheim. Dazu gehören sowohl die von Dr. Hermann Gropengießer und Mitarbeitern vor dem Zweiten Weltkrieg als auch die von Dr. Erich Gropengießer und Mitarbeitern nach dem Zweiten Weltkrieg (bis zum Inkrafttreten des Denkmalschutzgesetzes Baden-Württemberg im Jahre 1972) ergrabenen oder geborgenen Funde, einschließlich des archäologischen Nachlasses von Franz Gember, der von seinen Erben im Jahre 1983 dem Museum zum Eigentum übergeben worden war (siehe 3.1 Archäologische Denkmalpflege nach dem Zweiten Weltkrieg bis 1961).[25]

Zum Eigentum des Landes Baden-Württemberg – als rechtlichem Nachfolger des Großherzogtums Baden – gehören Antiken, „Vaterländische Funde" und eine Reihe römischer Steindenkmäler („römische Denksteine") aus dem ehemaligen *Großherzoglichen Antiquarium*, das seinen Ursprung auf das 1763 mit der Kurfürstlichen Akademie der Wissenschaften von Kurfürst Carl Theodor begründete Antikenkabinett *(Antiquarium electorale)* zurückführt. Dessen Bestände wurden zu einem großen Teil beim Weggang des Kurfürsten Carl Theodor nach München überführt, wobei die römischen Steindenkmäler („römische Denksteine") wegen ihres Gewichtes in Mannheim verblieben (Abb. 7).

Beim Übergang der rechtsrheinischen Pfalz in badischen Besitz im Jahre 1802 wurde erneut eine Auswahl aus den in Mannheim verbliebenen Beständen nach München gebracht. Der Rest, darunter viele der interessantesten und archäologisch wertvollsten Stücke, wurde als Schenkung des damaligen Kurfürsten Max Joseph an die Stadt Mannheim übergeben und ging dann im Jahre 1809 wieder durch Schenkung in das Eigentum des Großherzogs von Baden über gegen die Zusicherung, dass die Samm-

Abb. 8: Drei Bilderschüsseln, Terra sigillata, aus Grabungen des Mannheimer Altertumsvereins von 1859: Mannheim-Wallstadt (links) mit Stempel CERIALIS (zwischen 1860 und 1869), Dm. 23-23,4 cm, zweite Hälfte 2. Jahrhundert n. Chr.; Osterburken (mitten) (zwischen 1867 und 1874), Dm 16,7 cm, 2. Jahrhundert n. Chr.; Ladenburg (rechts) mit Stempel REGINVS (1910), Dm. 22,5 cm, drittes Viertel 2. Jahrhundert n. Chr. – © Reiss-Engelhorn-Museen Mannheim. Foto: Jutta Meirer.

lung „allezeit ganz und ungetrennt" in Mannheim belassen werden sollte.[26]

Ebenfalls Eigentum des Landes Baden-Württemberg sind die ab 1972 mit Inkrafttreten des baden-württembergischen Denkmalschutzgesetzes im Stadtkreis Mannheim ergrabenen Funde, die in der archäologischen Abteilung verwaltet und von fachspezifisch ausgebildetem Personal konservatorisch betreut und restauratorisch bearbeitet werden.

Als weiterer Eigentümer ist die *Gesellschaft der Freunde Mannheim und der ehemaligen Kurpfalz*, seit 1950 Rechtsnachfolgerin des *Mannheimer Altertumsvereins* von 1859, zu nennen, deren Bestände seit der zweiten Hälfte des 19. Jahrhunderts aus Ankäufen (z. B. aus Mainz) sowie Funden von Grabungen in der Mannheimer Region und in Nordbaden aufgebaut wurden (z. B. Wallstadt zwischen 1860 und 1869, Osterburken zwischen 1867 und 1874, Neckarau 1880 und 1882, Neckarburken 1881, Lobenfeld 1884, Schwetzingen 1885, Edingen 1886, Bad Rappenau 1890, Ladenburg z. B. 1898/99) (Abb. 8). Durch Ausgrabungen, Kauf oder Schenkung wurden auch eine Anzahl römischer Steindenkmäler („römische Denksteine") erworben, die – wie auch die römischen Steine des Großherzoglichen Antiquariums – immer wieder Gegenstand von Anfragen auswärtiger Wissenschaftler sind. Seit In-Kraft-Treten des Vertrages zum 1. Juli 1921 zur Übernahme der Sammlungen des Mannheimer Altertumsvereins in städtischen Besitz werden die archäologischen Funde aus Ankäufen und Grabungen des Vereins, der nach wie vor Eigentümer der Objekte ist, von der archäologischen Abteilung des Museums verwaltet.[27]

2.2 Bewahren und Dokumentieren

Zum Bewahren und Dokumentieren gehören die geordnete und übersichtliche Aufbewahrung der Sammlungsobjekte in Magazinen, ihre restauratorische Bearbeitung und Überwachung, die fotografische und zeichnerische Dokumentation, die Erfassung in Karteien, Listen und Datenbanken, die Archivierung von Unterlagen. Im Rahmen des Projektes IMDAS-Pro wurde in Kooperation mit dem Joanneum Research in Graz ab 1996 in der Abteilung an der Entwicklung einer archäologischen Datenbank für Museen gearbeitet, auf deren Grundlage mit der Inventarisierung der altsteinzeitlichen Bestände im November 1999 begonnen wurde.[28] Die Antikensammlungen wurde im Rahmen der Neupräsentation im Zeughaus C 5 ab 2002 in der Museumsdatenbank IMDAS-Pro erfasst. Die Durchführung dieser

Tätigkeiten ist zeitintensiv und auf Grund hinzukommender Neufunde prinzipiell nie endend und in vielem auch abhängig von den personellen und räumlichen Möglichkeiten.

2.2.1 Aufbau und räumliche Situation nach dem Zweiten Weltkrieg bis 1983

Die Zeit bis 1983 war dadurch geprägt, dass sich die Räumlichkeiten der archäologischen Abteilung auf verschiedene Quadrate um das Zeughaus C 5 verteilten, in dessen zweitem Stockwerk sich u.a. auch die Büroräume Dr. Erich Gropengießers, des Museumsdirektors und Abteilungsleiters der Archäologischen Sammlungen, und die der Museumsverwaltung befanden. Büro- und Magazinräume der Abteilung waren in B 4,2 untergebracht. Dort war 1730 das Palais des Freiherrn von Dahlberg erbaut und 1871 durch ein Bankgebäude im Stil der italienischen Renaissance ersetzt worden. Von dem 1902 und 1905 von Albert Speer sen. erweiterten und im Zweiten Weltkrieg zerstörten Bankgebäude war das Erdgeschoss erhalten geblieben, dessen vergitterte Fenster den Mitarbeitern der Abteilung den Blick auf den Schillerplatz freigaben. Der Zugang zu den Räumen erfolgte durch das Gebäude B 4,10a, den rückwärtigen Erweiterungsbau des Bankgebäudes B 4,2, der nach Plänen von Albert Speer sen. um 1930 errichtet worden war.[29]

Die Restaurierungswerkstatt der Abteilung befand sich in der zweiten Hälfte der sechziger Jahre (des 20. Jahrhunderts) bis 1983 im ersten Obergeschoss der ehemaligen, im 18. Jahrhundert erbauten Sternwarte A 4,6 (Abb. 9), deren Kriegsbeschädigungen und altersbedingte Abnutzungsschäden im Jahre 1958 durch eine umfassende Instandsetzung beseitigt worden waren.[30] Unter einfachen Bedingungen und mangels entsprechender Einrichtungen konnten lediglich Keramik und Knochen bearbeitet werden. Die Bearbeitung von Metallen wurde bei auswärtigen Restauratoren in Frankfurt, Freiburg, Karlsruhe, Mainz und Trier in Auftrag gegeben und auch vom Landesdenkmalamt Baden-Württemberg, Außenstelle Karlsruhe, Abteilung Bodendenkmalpflege, übernommen.[31]

Als Magazin wurde in B 4,2 bis 1983 auch der erhalten gebliebene Barockkeller des ehemaligen Palais Dalberg genutzt. Außerdem gab es zwei weitere Magazine in E 4,12 und F 2,4a. Im Hinterhaus von F 2,4a, einem 1901 erbauten Wohn- und Geschäftshaus, befand sich seit Januar 1969 das Grabungsmagazin (zuvor in D 7,10), in dem die frisch von den Ausgrabungen kommenden Funde eingelagert und je nach Arbeitskapazität der Restauratoren und der seit 1993 von Dr. Hans-Peter Kraft geleiteten ehrenamtlichen *Werkstattgruppe der Arbeitsgemeinschaft archäologische Denkmalpflege im Altertumsverein* (siehe 2.2.3 Die ehrenamtlichen Mitarbeiter) in die Restaurierungsateliers zur Bearbeitung geholt wurden. Der Zustand dieses Magazins wurde im Laufe der Jahre immer baufälliger. Es wurde zum Ende des Jahres 2002 aufgegeben, nachdem die Funde in das Depot im Barockkeller B 4,2 (Eingang B 4,15) überführt worden waren.[32]

Das Magazin in E 4,12 befindet sich im Kellerbereich (Börsenkeller) unter dem 1900 - 1902 erbauten neubarocken Bau der Produktenbörse E 4,12 – 1633 und enthält seit den sechziger Jahren (des 20. Jahrhunderts) die kriegsbeschädigten Archäologica aus dem Schlossmuseum wie auch urgeschichtliche Bestände aus dem Zeughausmuseum (Abb. 10). Dort lagert auch ein Teil der gewichtigen römischen Steindenkmäler, die nach der Bergung aus dem Trümmerschutt des Schlosses ab September 1950 unter Anleitung von Fritz Rupp, Technischer Sekretär der Archäologischen Abteilung, und nach einer vorläufigen Unterbringung im Erdgeschoss des rechten

Abb. 9: Archäologische Werkstatt im ersten Obergeschoß der Sternwarte A 4,6 in den sechziger Jahren (des 20. Jahrhunderts) bis Anfang 1983. – © Reiss-Engelhorn-Museen Mannheim. Foto: Joachim Schmidtmann.

Schlossflügels nach E 4,12 umgelagert worden waren. Das als Provisorium geplante und im Jahre 2007 immer noch genutzte Magazin bietet ausreichend Platz und ein günstiges, weil trockenes Raumklima, das vor allem für Metalle und organische Materialien (z. B. aus Pfahlbau-siedlungen) wichtig ist.

Je nach arbeitstechnischen Möglichkeiten wurden immer wieder Funde aus diesem Magazin von den Spuren der Kriegszerstörung befreit. Sie dienten der Ausstattung der 1963 wiedereröffneten archäologischen Schausammlung im Gewölbekeller des Zeughauses C 5. Zahlreiche Funde wurden mit Unterstützung der *Landesstelle für Museumsbetreuung Baden-Württemberg* in Tübingen von Dezember 1987 bis November 1989 durch Dr. Fridolin Reutti für die Präsentation des 1988 eröffneten Erweiterungsbaus auf D 5 aufbereitet. Der ehrenamtliche Mitarbeiter, Biologe und Altsteinzeitforscher Dietrich Wegner machte sich seit Oktober 1981 im Zusammenhang mit den Vorbereitungen für den Erweiterungsbau sowie in den folgenden Jahren bis April 2003 besonders um die Erforschung der im Börsenkeller lagernden Altsteinzeitsammlungen verdient (siehe 2.3.3 Die Alt- und Mittelsteinzeitsammlungen). Ab 1990 wurden weiter verstärkt Funde aus dem Magazin in E 4,12 restauratorisch bearbeitet, doch eine endgültige Hebung aller Schätze ist noch nicht abzusehen.

2.2.2 Die räumliche Situation seit 1983

Da die Ostseite des Quadrates B 4 neu bebaut werden sollte (Wohnbebauung), erwarb die Stadt Mannheim mit Kaufvertrag vom 10.02.1982 das Haus D 6,3, ein um 1910 erbautes viergeschossiges Wohn- und Geschäftshaus, um dem Museum Ersatzräume für die ihm auf dem Quadrat B 4 verlorengehenden

Abb. 10: Magazin im Börsenkeller E 4, 12 mit archäologischen Restbeständen aus dem Schlossmuseum nach den Zerstörungen im Zweiten Weltkrieg, vorwiegend in Holzkisten verpackt (2004). – © Reiss-Engelhorn-Museen Mannheim. Foto: Jean Christen.

Flächen zur Verfügung zu stellen.[34] In dem Gebäude D 6,3 belegte die archäologische Abteilung ab März 1983 das Vorderhaus im 1., 2. und 4. Obergeschoss und das Hinterhaus im 1. und 2. Obergeschoss sowie den Hinterhauskeller. Die ehemaligen Wohnräume des Vorderhauses wurden zu Büroräumen, Bibliothek und – nach Aufgabe der Werkstatt in der Sternwarte – zu Restaurierungsateliers umfunktioniert. Die großen Lagerräume des Hinterhauses im 1. und 2. Obergeschoss konnten von der Tragfähigkeit her als Magazinräume genutzt werden, in die die Funde aus B 4,2 und in Folge die bereits restauratorisch bearbeiteten Funde aus E 4,12 und F 2,4a eingelagert wurden.

Da die Wohn- und Lagerräume in D 6,3 keinerlei bauliche Veränderungen im Hinblick auf die Umnutzung erfahren hatten, wurde insbesondere im Hinblick auf die Restaurierungsateliers in den folgenden Jahren immer wieder an der Verbesserung der räumlichen Struktur und der Arbeitsbedingungen gearbeitet.[35] Trotzdem bedeutete die neue räumliche Situation für die Abteilung eine große Verbesserung: Büroräume und die archäologische Teilbibliothek, Restaurierungsateliers und ein Teil der Sammlungsbestände – neben den weiter bestehenden Magazinen in E 4,12 und F 2,4a – waren jetzt unter einem Dach vereint. Ab Februar 1990 war auch der Abteilungsleiter in D 6,3 präsent.

Die Einrichtung des *Curt-Engelhorn-Zentrums Archäometrie* (CEZA), zugleich An-Institut der Universität Tübingen, in D 6,3 erforderte ein neues Raumnutzungskonzept für dieses Gebäude.[36] Die Büroräume und Laboratorien des neuen Zentrums, das am 17. November 2004 begründet und am 22. März 2006 offiziell eröffnet wurde, wurden im dritten und vierten Obergeschoss in D 6,3 eingerichtet.

Die für die Umnutzung notwendigen und ab 2004 stattfindenden Bau- und Umlagerungsmaßnahmen, während denen die Alltagsgeschäfte weitergeführt wurden, hatten auch Auswirkungen auf die räumliche Struktur der archäologischen Abteilung. Die in D 6,3 magazinierten Funde wurden in das neu eingerichtete Depot im von der Stadt angemieteten, unter Denkmalschutz stehenden Barockkeller B 4,2 (mit Zugang von B 4,15 aus) umgezogen und zu den bereits 2002 aus dem baufälligen Grabungsmagazin F 4,2a überführten Funden in den der archäologischen Abteilung zugewiesenen Bereich gelagert. So positiv diese Zentralisierung zu sehen ist, lässt doch die Vergrößerung der archäologischen Sammlungen durch den ständigen Zuwachs an Grabungsfunden bereits ahnen, dass in künftiger Zeit die Lagerkapazität in diesem geräumigen Keller an ihre Grenzen gelangen wird.

Im frei werdenden Magazinbereich in D 6,3 wurden die archäologischen und naturkundlichen Handbibliotheken sowie die Teilbibliothek der Archäometrie zusammengeführt. Die Restaurierungsateliers profitierten durch die Einrichtung jeweils einer Klimakammer für Metalle und einer für organische Materialien. Das gesamte Gebäude D 6,3 wurde verkabelt – eine Maßnahme, die in den Jahren zuvor aus Kostengründen immer wieder zurückgestellt worden war –, und erhielt somit Anbindung an das Intranet sowie das Internet und wurde damit den Museumsgebäuden in B 4 und C 4 in dieser Hinsicht gleichgestellt.

2.2.3 Die ehrenamtlichen Mitarbeiter

Für Magazin-, Archivierungs-, Dokumentations- und vorbereitende Restaurierungsarbeiten konnten mit dem Wiederaufbau der Abteilung zusätzlich ehrenamtliche Mitarbeiter eingesetzt werden. Sie blieben teilweise über Jahrzehnte hinweg der Abteilung verbunden und leisteten wertvolle ergänzende Arbeiten, die aus Zeitgründen von den ständigen Mitarbeitern der Abteilung so nicht hätten durchgeführt werden können. Nur wenige Namen können hier genannt werden, doch sei allen gedankt, die der Abteilung in vielen Jahren Hilfe und Unterstützung haben zuteil werden lassen.[37]

„Dienstälteste" ehrenamtliche Mitarbeiterin ist Frau Ilse Mattick, die seit April 1971 bis heute engagiert die unterschiedlichsten Arbeiten für Magazine und Archive erledigt. Werner Lichtenberg war besonders an den archäologischen Funden interessiert und leistete von 1975 bis 1989 neben Bibliotheksarbeiten insbesondere Mithilfe bei den vorbereitenden Restaurierungsarbeiten für die Keramik des 18. Jahrhunderts aus der Mannheimer Innenstadt. Joachim Schmidtmann war als langjähriger Leiter der Lichtbildbetriebe der BASF, Ludwigshafen, dazu prädestiniert, seit Juni 1977 in 25-jähriger ehrenamtlicher Tätigkeit fotografische Arbeiten für die Abteilung und darüber hinaus für das gesamte Museum zu übernehmen. Von Oktober 1981 bis April 2003 machte sich Dietrich Wegner um die Erforschung der Altsteinzeitsammlungen verdient (siehe 2.3.3 Die Alt- und Mittelsteinzeitsammlungen). Um die archäologische Teilbibliothek machten sich seit Januar 1993 Dr. Hans Günther Rein und seit Februar 1996 Frau Elisabeth Gerlach verdient (siehe 2.3.1 Die Bibliothek).

Seit 1990 – und insbesondere nach großen archäologischen Ausstellungen mit starker Medienpräsenz – hospitierten immer wieder für kurze Zeit Praktikantinnen und Praktikanten sowohl von Schulen als auch von Universitäten in der Abteilung und nahmen mit Interesse den „Blick hinter die Kulissen" wahr. Die Langzeitpraktikantinnen, die die Arbeit in den Ateliers als Vorbereitung für das Studium zur Diplomrestauratorin nutzten, konnten nach kurzer Zeit bereits in die Arbeitsabläufe integriert werden und leisteten große Hilfe bei der Bewältigung der Arbeit.

Einem Aufruf des Leiters der Archäologischen Denkmalpflege, Dr. Wieczorek, im Januar 1992, zur Unterstützung der Arbeit der Archäologischen Denkmalpflege folgten 65 Interessierte, die als ehrenamtliche Mitarbeiter in den verschiedensten Bereichen der Denkmalpflege eingesetzt wurden. Unter der Schirmherrschaft des Kulturbürgermeisters Lothar Mark traten die 65 Ehrenamtlichen in die „Arbeitsgemeinschaft Archäologische Denkmalpflege" ein, die gemeinsam von Dr. Alfried Wieczorek und Dr. Hans-Peter Kraft von der Gründungssitzung im April 1992 an geleitet wurde. Die Arbeitsgemeinschaft gliederte sich in zwei Gruppen, eine Ausgrabungsgruppe unter der Leitung von Dr. Alfried Wieczorek und eine Werkstattgruppe unter der Leitung von Dr. Hans-Peter Kraft. Deren zahlreiche Mitglieder leisteten unter Anleitung der Restauratoren bei der Restaurierung und Dokumentation der ausgegrabenen Funde wertvolle Mithilfe leisteten.

Die ehrenamtlichen Mitarbeiter aller Abteilungen wurden im Laufe der Jahre zu einem festen Bestandteil des Museums. Am 20. Oktober 2001 verlieh die Kulturpolitische Gesellschaft Bonn ihren Kulturpreis den annähernd 200 ehrenamtlichen Mitarbeiterinnen und Mitarbeitern des Reiss-Museums, die durch ihre tatkräftige und unersetzliche Unterstützung die Qualität der Dienstleistungen erhöhen. Dieses Engagement wurde von der Kulturpolitischen Gesellschaft als herausragendes Beispiel bürgerschaftlicher Mitarbeit im Kulturbereich gewürdigt.[38]

2.3 Forschen und Vermitteln

Während die Tätigkeiten *Sammeln, Bewahren und Dokumentieren* sich zumeist hinter den Kulissen abspielen und von der Öffentlichkeit kaum wahrgenommen werden, besteht für die Mitarbeiter der Museen durch Forschen (wissenschaftliche Erschließung des Sammlungsgutes durch Publikationen und Dokumentationen) und Vermitteln (Präsentation von Ausstellungen und Durchführung museumsbezogener Kulturaktivitäten) die Möglichkeit, die Aufmerksamkeit der Öffentlichkeit zu wecken. Dies ist der archäologischen Abteilung im Rahmen der Entwicklung und Veränderung des gesamten Museums im Laufe der Jahre mit wachsendem Erfolg geglückt, wobei die Schwerpunkte bei der Bearbeitung des Sammlungsgutes variierten und die Errichtung des Erweiterungsbaus auf D 5 eine wichtige Rolle gespielt hat.

Forschen und Vermitteln sind eng miteinander verknüpft: Forschung gehört mit zu den Voraussetzungen der Vermittlung; keine Ausstellung, Publikation oder sonstige Museumsaktivität kommt ohne Recherchen und Forschung aus. Archäologische Forschung braucht Funde, die restauratorisch bearbeitet und dokumentiert sind und die zugänglich aufbewahrt werden. Dies zeigt, wie sehr die (Produkt-) Gruppen *Sammeln, Bewahren und Dokumentieren* sowie *Forschen und Vermitteln* miteinander verzahnt sind.

2.3.1 Die Bibliothek

Wichtig für die Forschungsarbeit ist neben den Objekten der Zugriff auf Hilfsmittel in Form museumsbezogener Medien, neben einem Medienarchiv (Foto, Dia, Film incl. Negativarchiv) auch eine Arbeits- und Fachbibliothek. Von Dr. Erich Gropengießer wird berichtet, er habe im Jahr 1961 in der Abteilung „mit zwei Büchern" angefangen. Die archäologische Präsenzbibliothek als Teilbibliothek der gesamten Museumsbibliothek ist in den Jahren kontinuierlich gewachsen und umfasst mittlerweile über 11 000 Inventarnummern. Neben sporadischen Bücherspenden brachten der Ankauf der archäologischen Bibliothek von Karl Friedrich Hormuth (1927 wissenschaftlicher Assistent, 1939 Kustos am Zeughausmuseum Mannheim, Abteilung Urgeschichte) im Jahre 1992 und die Übernahme der Bibliothek von Dr. Erich Gropengießer im Jahre 2003 eine wichtige Bestandserweiterung.[39] Bei der Neueinrichtung der Zentralbibliothek der Reiss-Engelhorn-Museen in B 4,10 im Jahre 2001 verblieb die archäologische Teilbibliothek in D 6,3. Nach Umlagerung der archäologischen Funde in den Barockkeller B 4,2 (Eingang B 4,15) wurde sie im Jahre 2005 im ehemaligen Magazin in D 6,3 neu aufgestellt und räumlich mit den Teilbibliotheken der Naturkunde und Archäometrie vereinigt.

Die Pflege dieses Bestandes – Inventarisierung, Katalogisierung, Schriftentausch, Bestandserweiterung, Nutzerbetreuung – bedeutete einen großen Arbeitsanfall. So war für den hauptamtlichen Bibliothekar des Museums zusätzliche Hilfe willkommen, die ehrenamtlich von 1968 bis 1975 von Werner Fischer und anschließend bis 1989 von Werner Lichtenberg geleistet wurde. Vom November 1991 bis April 1993 war Dr. Peter Misch für die Neuordnung der archäologischen Teilbibliothek verantwortlich. Ab Januar 1993 wurde er von Dr. Hans Günther Rein, dem ehemaligen Leiter der wissenschaftlichen Bibliothek der BASF in Ludwigshafen, unterstützt, der seitdem die Bibliothek ehrenamtlich mit Sachkenntnis, Fleiß und Ausdauer betreut und im Februar 1996 in Elisabeth Gerlach eine fähige und engagierte ehrenamtliche Mitarbeiterin erhielt.

2.3.2 Die Antikensammlungen

Wie die übrigen Bestände haben auch die Antikensammlungen[40] im Zweiten Weltkrieg stark gelitten. Vierzehn etruskische Aschenurnen aus Alabaster, Geschenk des Papstes Pius VI. an Kurfürst Carl Theodor, wurden zerstört. Sie waren einst im Schlossmuseum in einer nach dem Vorbild des Volumniergrabes bei Perugia gestalteten Grabkammer aus dem 3. Jahrhundert v. Chr. aufgestellt. Durch Zerstörung gelitten hat ebenso die Gipsabgusssammlung antiker Plastik, deren älteste Bestände zu Beginn des 19. Jahrhunderts in den ersten Jahren der badischen Herrschaft in Paris erworben worden und an die Stelle der Abgüsse des kurfürstlichen Antikensaals getreten waren. Die Reste dieser im Krieg und in der ersten Nachkriegszeit zugrundegegangenen Sammlung, die mit staatlichen und städtischen Mitteln aufgebaut worden war, wurden Ende der sechziger Jahre (des 20. Jahrhunderts) dem Archäologischen Institut der Universität Heidelberg als Dauerleihgabe überlassen.

Durch die unermüdliche Arbeit von Fritz Rupp (1908-1963), technischer Sekretär der Archäologischen Abteilung von 1925 bis 1946, der 1950 für die Bergung der unter dem Trümmerschutt des Schlosses lagernden Sammlungsbestände wieder eingestellt wurde, gelang die Sicherung und Wiederherstellung der teilweise zerstörten und durch Brand geschädigten Sammlungen; nur wenige Stücke blieben unauffindbar. Der gerettete Bestand griechisch-italischer Gefäße wurde bereits 1958 von Adolf Greifenhagen in einem Band der Reihe *Corpus Vasorum Antiquorum* vorgelegt, auf dessen Abbildungen vielfach noch die Schäden durch Kriegseinwirkung erkennbar sind, so auch bei der stark in Mitleidenschaft gezogenen Kanne des *Mannheimer Malers*. Sie wurde zwar im Jahre 1956 wieder zusammengesetzt, aber erst 1975 unter der fachlichen Beratung von Prof. Dr. Wolfgang Schiering vom *Seminar für Klassische Archäologie der Universität Mannheim* restauriert (Abb. 11).[41]

Der Name *Mannheimer Maler* (Untertitel: *Maler der Mannheimer Amazonenoinochoe*) wurde 1925 von dem Oxforder Archäologen John Davidson Beazley eingeführt. Anhand stilistischer Merkmale erkannte er bei einer Gruppe antiker griechischer Vasen den Stil eines Künstlers, der seine Produkte um 450 v. Chr. in attisch-rotfiguriger Technik verzierte, dessen Name jedoch nicht überliefert ist. Seine Werke befinden sich heute außer in Mannheim noch in Museen in London, New York, Oxford, Paris und Rom. Die Kanne in den Antikensammlungen der Reiss-Engelhorn-Museen wurde 1890 als Teil eines griechischen Trinkservices aus einem geplünderten etruskischen Grab bei Orvieto (Italien) erworben. Aufgrund ihrer Qualität war sie namengebend für den antiken Künstler und ist unter dem in der archäologischen Fachwelt bekannten Begriff *Mannheimer Maler* zuletzt im Mannheim-Brockhaus 2007 abgebildet.

Abb. 11: Attisch-rotfigurige Kanne des Mannheimer Malers mit drei Amazonen, H. 19,5 cm, aus Orvieto, Italien (erworben 1890), 460-450 v. Chr. –
© Reiss-Engelhorn-Museen Mannheim. Foto: Jean Christen.

Die Antikensammlungen, insbesondere der ansehnliche Bestand antiker Vasen, wurde seit 1975 durch Ankäufe weiter vergrößert. Erstmals wieder nach dem Zweiten Weltkrieg wurden in diesem Jahr u.a. mit einer Stiftung der Firma Gebr. Röchling auf einer Basler Auktion vier Vasen attischer Provenienz erworben: eine schwarzfigurige Hydria um 535 v. Chr., zwei schwarzfigurige Halsamphoren um 530 v. Chr. und um 521-510 v. Chr. sowie eine rotfigurige Schale um 470 v. Chr.[42]

In den folgenden Jahren bis 1987 wurden mit Mitteln des Fördererkreises für das Reiss-Museum, Spenden von dritter Seite und städtischen Etatmitteln weitere Neuerwerbungen getätigt, insbesondere antike Vasen verschiedener Zeiten und Kunststile. Erwähnt sei eine kleine Sammlung von Gnathia- und Reliefkeramik des 4. Jahrhunderts v. Chr., darunter eine Gnathia-Amphore[43] mit einer imposanten Höhe von 84,9 cm, die vom Land Baden-Württemberg anlässlich der Einweihung des Museums-Erweiterungsbaus auf dem Quadrat D 5 im November 1988 als Dauerleihgabe gestiftet wurde. Der Fördererkreis für das Reiss-Museum e.V. schenkte eine attisch-rotfigurige Lekythos mit Athena-Darstellung (Abb. 12).[44] Wie bereits der Altbestand im Jahre 1958 durch Adolf Greifenhagen so wurden die seit 1975 neuerworbenen antiken Gefäße im Jahre 2003 in der renommierten Reihe des *Corpus Vasorum Antiquorum* der Bayerischen Akademie der Wissenschaften veröffentlicht.[45]

Seit 1990 war die Erwerbungspolitik der Archäologischen Sammlungen des Reiss-Museums auf Initiative des Abteilungsleiters Dr. Karl W. Beinhauer mit Unterstützung der Direktion am *Code of Professionel Ethics des International Council of Museums* (ICOM) orientiert, der am 4. November 1986 auf der 15. Generalversammlung von ICOM in Buenos Aires verabschiedet worden war. Danach werden grundsätzlich keine Objekte angekauft, die aus dem illegalen Kunsthandel kommen und deren Ankauf gegen die Gesetze der Herkunftsländer verstößt.[46]

Im November 1999 wurden die Bestände durch die Übernahme einer Antikensammlung aus dem 19. Jahrhundert bereichert. Eine Auswahl der 87 wert-

Abb. 12: Attisch-rotfigurige Lekythos des Nikon-Malers mit Athena, H. 40 cm, Fundort unbekannt (Geschenk 1988 des Fördererkreises für das Reiss-Museum e.V. anlässlich der Eröffnung des Erweiterungsbaus D 5), 470-460 v. Chr. – © Reiss-Engelhorn-Museen Mannheim. Foto: Jean Christen.

vollen Objekte antiker griechischer und italischer Provenienz wurde noch im selben Jahr im Museum für Archäologie, Völkerkunde und Naturkunde präsentiert. Die Sammlung trägt den Namen von Dr. Otto Schott, einem der Begründer der Jenaer Glaswerke; sie wurde innerhalb der Familie vererbt und von Frau Anke Eden dem Museum als Dauerleihgabe übereignet.[47]

Abgesehen von der ständigen Präsentation der Antikensammlungen im Foyer des Zeughauses C 5 seit der zweiten Hälfte der sechziger Jahre (des 20. Jahrhunderts) bis 1988 und im Erweiterungsbau für das Reiss-Museum auf D 5 von 1988 bis 1990 wurden die Neuerwerbungen seit 1975 mehrfach der Öffentlichkeit präsentiert, so im Hofgebäude des Zeughauses 1978/79 anlässlich des zehnjährigen Jubiläums des Fördererkreises für das Reiss-Museum e.V. und 1983/84 anlässlich der *Italienischen Tage Mannheim 1983*.[48]

Im Jahre 1995 wurden die antiken Bestände mit dem Seminar für Klassische Archäologie der Universität Mannheim aufbereitet und unter dem Titel *Italien vor*

Abb. 13: Neuaufstellung der Antikensammlung im Museum Zeughaus, Gewölbekeller (2007), nördliches Seitenschiff (siehe auch Abb. 21). – © Reiss-Engelhorn-Museen Mannheim. Foto: Jean Christen.

den Römern. Aus der Antikensammlung des Reiss-Museums Mannheim vom 20. Juli bis 24. September 1995 im Erweiterungsbau D 5 in einer Ausstellung präsentiert. Ihr Erfolg führte in den Jahren 1996/97 zu einer Ausstellungstournee, zu der in der Schriftenreihe des Museums ein gleichnamiges Begleitbuch erschien.[49] Nach der Rückführung der Antiken nach Mannheim wurde ein großer Teil der Exponate im ersten Obergeschoss des Erweiterungsbaus D 5 zeitweilig wieder aufgestellt.

Mit der Wiedereröffnung des sanierten Zeughauses C 5 am 24. Januar 2007 sind die Antikensammlungen im Kellergeschoss des Museums Zeughaus der Öffentlichkeit in großem Umfang und in einer zeitgemäßen Präsentation wieder zugänglich (Abb. 13).[50] Im Eingangsbereich wird der Besucher mit dem Thema *Werbung wirkt* durch Produkte mit antiken Namen auf die noch allgegenwärtigen Relikte der griechisch-römischen Antike im modernen Alltag hingewiesen (Abb. 14).[51]

Die umfangreichen Antikensammlungen umfassen neben den zahlenmäßig überwiegenden griechischen und italischen Gefäßen größeren Beständen von Terrakotten und Votivbronzen, von zyprischen Gefäßen und Stücken aus der Euphrat-Region auch kleinere Konvolute antiker Waffen und antiken Schmucks. Die Sammlungen waren und sind häufig Gegenstand von Anfragen für wissenschaftliche Publikationen, liefern Leihgaben für auswärtige Ausstellungen (z. B. Ludwigshafen 1985/86, Darmstadt 1986, Hamburg 1993, Dresden 1996, Augsburg 1996/97, Schleswig 1997, Bochum 2001-2003, Hamburg 2004, Tübingen 2006, Würzburg 2006/07, Stendal 2007) und dienen Universitäten und Schulen als reiche Fundgrube bei der Beschäftigung mit der antiken Sachkultur.[52]

2.3.3 Die Alt- und Mittelsteinzeitsammlungen

Die Archäologischen Sammlungen der Reiss-Engelhorn-Museen besitzen forschungsgeschichtlich international bedeutende Altsteinzeitsammlungen (ca. 27 000 Objekte: Stein- und Knochengeräte, Knochen-Kleinkunst),[53] deren Grundstein im Jahre 1917 mit dem Ankauf des Nachlasses des Münchner Kunstmalers und Privatgelehrten Gabriel Ritter von Max durch die Stadt Mannheim gelegt wurde. Bis in die zwanziger Jahre des 20. Jahrhunderts wurden durch die Stadt Mannheim mit finanzieller Unterstützung des Mannheimer Kaufmanns August Röchling drei weitere bedeutende Altsteinzeitsammlungen des Schweizer Altertumsforschers und Antiquitätenhändlers Otto Hauser erworben, deren Bestände vor allem aus der Dordogne in Frankreich stammen.

Abb. 14: Werbung wirkt: Präsentation von modernen Produkten mit antiken Götternamen in der neuaufgestellten Antikensammlung im Museum Zeughaus, Gewölbekeller (2007). – © Reiss-Engelhorn-Museen Mannheim. Foto: Jean Christen.

Mit diesen Ankäufen besitzen die Archäologischen Sammlungen bedeutende und ausgewählte Funde von allen namengebenden Mutterstationen der europäischen Altsteinzeit aus Frankreich und von wichtigen Fundorten in England. Ein Kleinod ist die Sammlung altsteinzeitlicher Knochen-Gravuren, -Reliefs und -Plastiken aus der Dordogne/Frankreich (Umgebung von Les Eyzies) mit einem Alter von ca. 27 000 bis 12 000 Jahren. Die einmaligen Werke zeigen figürliche und abstrakte Darstellungen, darunter den Grundriss einer Höhle auf einem sogenannten „halbrunden (Geweih-)Stab" („baguette demironde") (Abb. 15 a und b).[54] Selbst Perspektive ist bei einem schräg von hinten oben dargestellten Rentier erstmals belegt.[55]

Forschungsgeschichtlich von herausragender Bedeutung sind Steingeräte der ersten wissenschaftlichen Ausgrabungen von Edouard Lartet und Henry Christie aus dem Jahre 1863 aus der Dordogne (Sammlung Lartet) sowie eine Silexklinge des Aurignacien aus Abbeville. Letztere ist signiert und beschriftet mit der Jahreszahl 1839 von Jacques Boucher de Perthes (1788-1868), einem Begründer der Altsteinzeitforschung.

Aus dem regionalen altsteinzeitlichen Kulturgebiet wurden die Sammlungen durch die Tätigkeit von Karl Friedrich Hormuth, dem ehemaligen Leiter der Urgeschichtlichen Abteilung und Kustos des Zeughausmuseums in Mannheim, bestens ergänzt. Er sammelte in der Zeit von 1924 bis 1932 am Fundort des *Homo erectus heidelbergensis* (Alter ca. 700 000 Jahre) in Mauer an der Elsenz in Baden insgesamt 222 Hornsteine, die aus der gleichen geologischen Fundschicht stammen wie der Unterkiefer.

An mittelsteinzeitlichen Beständen besitzen die Archäologischen Sammlungen Funde aus der Mannheimer Region wie Geräte und Werkabfälle von Siedlungen aus Mannheim-Vogelstang, *Schultheißenbuckel*, und Ilvesheim, Rhein-Neckar-Kreis, *Atzelbuckel*.[56]

Im Börsenkeller E 4,12, in den nach dem Zweiten Weltkrieg die aus dem Schlossmuseum und dem Zeughausmuseum geretteten archäologischen Bestände eingelagert worden waren, begann 1982 im Zuge der Vorbereitungen für den geplanten Museums-Erweiterungsbau auf D 5 die Wiederentdeckung der in der Fachliteratur z. T. längst als verschollen geltenden altsteinzeitlichen Bestände durch Dr. Karl W. Beinhauer in Zusammenarbeit mit dem ehrenamtlichen Mitarbeiter, Biologen und Altsteinzeitforscher Dietrich Wegner.

Bei der Hebung des ersten Schatzes, der aus dem Zeughausmuseum über die Naturkundlichen Sammlungen Ende 1981 von den Archäologischen Sammlungen übernommen worden war, handelte es sich um die jungpaläolithische Kleinkunst aus der Dordogne/Frankreich (Alter ca. 27 000-12 000 Jahre), die in einer Auswahl vom 2. Juli bis 10. Oktober 1982 in der Ausstellung *Lascaux. Höhle der Eiszeit* im Roemer- und Pelizaeus-Museum Hildesheim vorgestellt wurde.[57] Im selben Jahr wurden Funde der altstein-

Abb. 15 a: Knochen-Gravur (Geweih) der jüngeren Altsteinzeit mit Darstellung eines Höhlengrundrisses (zentrale Zone), L. 23 cm, aus La Rochette, Département Dordogne, Frankreich (gefunden 1911, erworben 1919), Alter ca. 25 000 Jahre. – © Reiss-Engelhorn-Museen Mannheim. Foto: Jutta Meirer.

Abb. 15 b: Wie Abb. 15 a, fotografische Abrollung (links Zickzackband, mitten Höhlengrundriss mit Eingangsbereich, rechts Schrägschaffurband). – © Reiss-Engelhorn-Museen Mannheim. Foto: Franz Waller, Mannheim.

zeitlichen Sammlungen auch in der Ausstellung „Tiere und Menschen der Eiszeit" präsentiert, mit der die Naturkundlichen Sammlungen am 10. Februar 1982 im Hause B 4,10a wiedereröffnet wurden.[58]

Bei der Hebung des zweiten Schatzes in E 4,12 handelte es sich um die 222 Hornsteine, die Karl Friedrich Hormuth am Fundort des *Homo erectus heidelbergensis* in Mauer an der Elsenz in Baden aufgesammelt hatte. Die Identifizierung von ca. 30 dieser Steine als Geräte des altsteinzeitlichen Menschen im Jahre 1992[59] löste in der Fachwelt kontroverse Diskussionen aus. Dies führte aber letztendlich dazu, dass 60 Jahre nach Karl Friedrich Hormuths Bericht *Über Hornsteinartefakte aus Mauer* im Jahre 1932 auf der 60. Tagung des Oberrheinischen Geologischen Vereins in Bad Dürkheim, der in der Fachwelt allerdings ohne Resonanz blieb, die Hornsteinartefakte mittlerweile durch in- und ausländische Fachwissenschaftler als altpaläolithische Geräte anerkannt sind. Der Fundort Mauer wird dadurch neben seiner Bedeutung als geologischer, paläontologischer und anthropologischer Platz auch zu einem wichtigen archäologischen und damit kulturellen Platz des frühen Menschen in Europa.

Es ist im Jubiläumsjahr 2007, 400 Jahre nach Gründung der Stadt Mannheim und 100 Jahre nach Auffindung des menschlichen Unterkiefers von Mauer, von besonderer Bedeutung, dass auf dem Umschlag von Teil I Band 1 dieses Jubiläumswerkes *Mannheim vor der Stadtgründung* das Hornsteingerät abgebildet ist, das am 10. August 1924 von Karl Friedrich Hormuth nachweislich aus dem gleichen Schichtverband wie der menschliche Unterkiefer von Mauer geborgen und den Archäologischen Sammlungen mit dessen Nachlass am 23. Juni 1992 übergeben worden war.[60]

Abb. 16: Postkarte anlässlich der Sonderausstellung Schichten – 85 Jahre Homo erectus heidelbergensis von Mauer (1992/93) mit dem Unterkiefer und zwei Artefakten auf dem Hintergrund der Sande von Mauer, Grafenrain, Baden. – © Reiss-Engelhorn-Museen Mannheim und Archiv des ‚Homo heidelbergensis von Mauer e. V.'. Fotos: Karl W. Beinhauer, Jean Christen, Karl Schacherl, Heidelberg. Montage: Harold Vits, Mannheim, und Karl W. Beinhauer.

Die intensive Beschäftigung mit den altsteinzeitlichen Beständen führte zu einer engen Zusammenarbeit mit den ca. 20 Wissenschaftlern verschiedener Fachrichtungen der *Archäometrie-Arbeitsgruppe Mauer*, der Dr. Karl W. Beinhauer von 1991 bis 2000 angehörte. Von den Aktivitäten der Gruppe in dieser Zeit sind besonders zwei Forschungsbohrungen 1991 in Mauer – *Grafenrain I und II* – zu nennen. Die ersten wissenschaftlichen Ergebnisse wurden der Öffentlichkeit im Museum D 5 vom 21. Oktober 1992 bis 28. März 1993, verlängert bis 25. Juli 1993, in der Ausstellung „SCHICHTEN – 85 Jahre *Homo erectus heidelbergensis* VON MAUER" mit gleichnamigem Begleitbuch präsentiert.[61]

Im Foyer des Museums wurde als Dauerexponat der zwölf Meter hohe Bohrkern *Grafenrain II* ausgestellt. In der Schausammlung Altsteinzeit im Erdgeschoss wurden Originaldokumente zum Unterkiefer und die wiederentdeckten Hornsteinartefakte aus der Hauptfundschicht präsentiert (Abb. 16). Hauptanziehungspunkt für die zahlreichen Besucher war der sonst für die Öffentlichkeit unzugänglich in einem Tresor des *Geologisch-Paläontologischen Instituts der Universität Heidelberg* aufbewahrte Original-Unterkiefer von Mauer im *Studio Archäologie* im ersten Obergeschoss des Museums D 5. Er war umgeben von neun Gemälden des Künstlers Michael Amesbury, der sich von den jüngsten Forschungen zu Mauer und vom Unterkiefer des *Homo erectus heidelbergensis* zu einer künstlerischen Installation hatte inspirieren lassen.

Die erste umfangreiche Präsentation der altsteinzeitlichen Bestände des Museums im Erweiterungsbau D 5 von 1988 und die Aktivitäten von 1991/92 zum 85. Jubiläum der Auffindung des Unterkiefers von Mauer im Jahre 1907 waren der Auftakt zu weiteren Aktivitäten wie Vorträgen und Fachtagungen, verbunden mit Ausstellungen, Kolloquien[62] und Publikationen[63], die die Bedeutung der altsteinzeitlichen Sammlungen des Museums in der Fachwelt und in der Öffentlichkeit seither verstärkt bekannt gemacht haben. Alt- und mittelsteinzeitliche Bestände wurden In Kooperation mit den Universitäten Lüttich/Liège, Belgien, und Köln in Magisterarbeiten vorgelegt[64] und waren immer wieder als Leihgaben für auswärtige Ausstellungen gefragt (Hildesheim 1982, Neckartenzlingen 1994, Luisenpark Mannheim 1994, Ratingen 1995, Hildesheim 1999, Heilbronn 2000/01, Leipzig 2000/01, Speyer 2001/02, Lenzburg 2004, Berlin 2004/05, Tokio 2004, Bonn 2006, Mauer 2007).

Mit dem *Inventarisierungsprojekt Altsteinzeit* begann von September 1996 bis August 1998 die Aufarbeitung weiterer altsteinzeitlicher Bestände durch Dr. Manfred Hein in Zusammenarbeit mit Petra Schuck M.A., die von Juli 1997 bis Juni 1999 tätig war. Dabei wurden – zu dieser Zeit ein Novum für das Reiss-Museum – alle Möglichkeiten moderner rechnergestützter Datenverarbeitung einschließlich der Digitalfotografie genutzt. Durch Vermittlung des Förderkreises für das Reiss-Museum e.V. konnte mit Hilfe einer zweckgebundenen Spende für die Archäologischen Sammlungen 1997 ein Rechner mit integrierter Bildverarbeitung und dem dazugehörigen Softwareprogramm angeschafft werden. Im Rahmen des Projektes IMDAS-Pro wurde von der Abteilung in Kooperation mit dem Joanneum Research in Graz eine professionelle archäologische Datenbank für Museen entwickelt und erarbeitet, auf deren Grundlage mit der Inventarisierung der altsteinzeitlichen Bestände begonnen wurde.[65] Seit November 1999 setzt Dr. Gaëlle Rosendahl, u.a. mit der Erarbeitung eines Thesaurus „Objektbezeichnung Altsteinzeit", die Aufarbeitung der Altsteinzeitsammlungen fort, deren Betreuung sie seit 2003 als wissenschaftliche Kuratorin der Forschungsstelle Steinzeit des neuen Institutes Curt-Engelhorn-Zentrum für Kunst- und Kulturgeschichte wahrnimmt.[66]

Die erste Präsentation der Altsteinzeitsammlungen von 1988 im Erdgeschoss des Erweiterungsbaus D 5 wurde am 13. April 1994 mit Einweihung des Nachbaus der altsteinzeitlichen menschlichen Behausung von Gönnersdorf und am 20. April 1995 mit der Neueinrichtung zum altsteinzeitlichen Fundplatz von Mauer zweimal erweitert.[67] Dieser Teil der archäologischen Schausammlung von 1988 wurde dann als letzter im Frühjahr 2002 freigeräumt und dem Sonderausstellungsbereich zugewiesen.

Mit der erfolgreichen Sonderausstellung *MenschenZeit – Geschichten vom Aufbruch des frühen Menschen* vom 17. Dezember 2002 – 18. Mai 2003, verlängert bis 12. Oktober 2003, die danach mit geringen Veränderungen als ständige Schausammlung beibehalten wurde, wird im ersten Obergeschoss des Erweiterungsbaus D 5 mit der Inszenierung ganzer Erlebnisräume – basierend auf den reichen Sammlungen des Museums – die Entwicklung des Menschen von den Anfängen vor ca. 700 000 Jahren bis zum Ende der Jungsteinzeit um 2000 v. Chr. wieder in einer zeitgemäßen Präsentation gezeigt.[68]

In der Ausstellung *MenschenZeit* wurde zum erstenmal ein Fundstück – ein ca. 40 cm langes Kiefernholz-Fragment mit Bearbeitungsspuren – präsentiert, das 1976 in einer Kiesgrube in Mannheim-Vogelstang gefunden und 1993 den Archäologischen Sammlungen von Dr. Berndmark Heukemes übergeben worden war. Der bemerkenswerte Fund mit einem Alter von ungefähr 18 000 bis 17 500 Jahren wurde 2004 auf Tagungen in Ramioul/Belgien und Hochdorf bei Stuttgart vorgestellt. Nach den neuesten wissenschaftlichen Untersuchungen und einer Rekonstruktion handelt es sich möglicherweise um den bislang ältesten bekannten Rest eines Pfeil-Bogens aus der jüngeren Altsteinzeit, der etwa 110 cm lang gewesen sein könnte.[69]

2.3.4 Sammlungen und Forschungen: Von der Vor- und Frühgeschichte bis zur Neuzeit

Neben der Bearbeitung der Antikensammlungen und der Sammlungen der Alt- und Mittelsteinzeit galt das Bemühen außerdem der Aufarbeitung der Grabungsfunde aus dem fundreichen Neckarmündungsgebiet. Das Fundmaterial und die Ergebnisse von Grabungen waren zwar immer wieder in Fundberichten und unter Hervorhebung spezieller Aspekte in Aufsätzen, auch in größeren Materialpublikationen erfasst bzw. vorgelegt worden;[70] mit dem Landesdenkmalamt Baden-Württemberg wurde jedoch im November 1990 vereinbart, die Bearbeitung und Veröffentlichung von Beständen der *Archäologischen Sammlungen* des Reiss-Museums verstärkt durchzuführen. So entstanden in der Folge in Zusammenarbeit mit den Universitäten Heidelberg, Köln, Mainz und Marburg Dissertationen und Magisterarbeiten, die ein umfangreiches Spektrum der Vorgeschichte von der Mittel- und Jungsteinzeit über die Bronze- und Eisenzeit – und mit der Vorlage von neckarsuebischem Funden auch der römischen Kaiserzeit – abdeckten und den Fundstoff aus Grabungen nach dem Zweiten Weltkrieg in größerem Umfang vorlegten, teilweise unter Einbeziehung und Neuaufnahme bereits publizierter Funde älterer Grabungen.[71]

Den Wissenschaftlern der archäologischen Abteilung war es ein Anliegen, sich neben dem „Alltagsgeschäft" auch der Forschung zu widmen, von denen hier nur einige Beispiele genannt seien. Die Beschäftigung mit den Altsteinzeitsammlungen führte dank guter Kontakte nach Rheinland-Pfalz mehrere Jahrzehnte nach Entdeckung des paläolithischen Fundplatzes von Battenberg, Gem. Grünstadt (Pfalz), durch Kurt Kocher, Dannstadt-Schauernheim, zu einer ersten wissenschaftlichen Auswertung von Fundmaterial.[72]

Das vom Reiss-Museum organisierte und vom 1.-4. Oktober 1992 stattfindende Internationale Symposium *Vergleichende Studien zur Megalithik. Forschungsstand und ethnoarchäologische Perspektiven* nutzte die enge Verbindung von Archäologie und Völkerkunde in der Struktur des Hauses, um eine gemeinsame Perspektive zur Megalithik (Jungsteinzeit und Bronzezeit) von Archäologen und Ethnologen zu entwickeln. Etwa 30 Wissenschaftlerinnen und Wissenschaftler verschiedener Fachrichtungen und Nationalitäten berichteten über ihre vielfältigen und fächerübergreifenden Forschungsergebnisse, die 1999 in einem Symposiumsband vorgelegt wurden.[73]

In die römische Zeit führen die den Jahren von 1977 bis 1988 im Zuge der Erschließungsarbeiten für die Neubebauung der südwestlichen Randzone von Mannheim-Wallstadt immer wieder durchgeführten Grabungen, bei denen eine neckarsuebische Siedlung des 1. Jahrhunderts n. Chr. untersucht und wohl vollständig erfasst wurde. Das Fundmaterial schließt in seiner Bedeutung an die Funde der Mannheimer Region aus der Zeit vor dem Zweiten Weltkrieg an. Die wichtigsten Objekte konnten mit Mitteln der Deutschen Forschungsgemeinschaft – es handelte sich dabei um das erste von dieser Institution finanzierte Projekt der Archäologischen Sammlungen des Reiss-Museums und damit einer kommunalen Institution überhaupt – gezeichnet werden.[74] In einer Studie zu den spätrömischen Befestigungsanlagen des Neckarmündungsgebietes konnten aufgrund wiederaufgefundener und neu bewerteter Grabungsberichte von 1880, 1882 und 1936 der Lände-Burgus im Bereich der ehemaligen Flur *Johanniskirchhof* bei Mannheim-Neckarau lokalisiert und die Rekonstruktion der Ausgrabungen mit ihren Schnitten und Flächen ermöglicht sowie die Lage des Insel-Burgus zwischen Mannheim und Altrip festgelegt werden.[75]

Aufgrund des Fundreichtums der Mannheimer Region entwickelte sich die frühgeschichtliche Archäologie zu einem wichtigen Forschungsschwerpunkt. Im Stadtgebiet von Mannheim sind 10 Friedhöfe der Merowingerzeit, des 6. und 7., teilweise noch des 8. Jahrhunderts n. Chr., zu lokalisieren, aus denen manchmal über Jahre hinweg Funde geborgen wurden. So sind Reihengräberfriedhöfe – in einigen Fällen von verschiedenen Fundplätzen im selben Stadtteil – im Norden in Sandhofen, rechts des Neckars in Straßenheim, Vogelstang, Wallstadt und Feudenheim und links des Neckars in Seckenheim bekannt. In einigen Fällen wurden auch die zugehörigen Siedlungen entdeckt. Der in den Jahren 1965 bis 1967 untersuchte Friedhof von Vogelstang, *Elkersberg* (Abb.17), mit über 400 Gräbern wurde ab 2002 von dem Bestattungsplatz in Seckenheim, *Bösfeld*, übertroffen, der im Zuge des Baus der SAP-Arena untersucht und mit über 900 Gräbern der bisher größte am Oberrhein ist.

Aus dem ehemaligen Landkreis Mannheim werden außerdem die bis zur Einrichtung des Rhein-Neckar-Kreises im Jahre 1973 geborgenen Funde aus kleineren Reihengräberfriedhöfen aufbewahrt, so aus Heddesheim und Edingen, Schwetzingen, Plankstadt und Oftersheim, Altlußheim und Hockenheim; die Grabung des letztgenannten Fundortes wurde bereits publiziert.[76]

Den Fundreichtum der Merowingerzeit in der Mannheimer Region belegt der Beitrag von Dr. Ursula Koch in Teil I Band 2 dieses Jubiläumswerkes. Während ihrer jahrelangen Forschungsarbeiten wurde Dr. Ursula Koch bei den Zeichenarbeiten ab August 1999 für zwei Jahre von Walter Schifferdecker und ab Januar 2004 von Michael Weitzel unterstützt.[77]

Die frühgeschichtlichen Funde wurden immer wieder in Vorträgen vorgestellt, häufig auch im Rahmen der seit 1991 regelmäßig im Reiss-Museum/in den Reiss-Engelhorn-Museen stattfindenden eintägigen Kolloquien mit öffentlichem Abendvortrag der von Dr. Alfried Wieczorek ins Leben gerufenen und ab 1998 von Dr. Ursula Koch betreuten *Arbeitsgemeinschaft Frühgeschichtliche Archäologie* in Zusammenarbeit mit *der Gesellschaft der Freunde Mannheims und der ehemaligen Kurpfalz. Mannheimer Altertumsverein* von 1859 und dem Förderkreis Archäologie in Baden e.V. Die Funde wurden vielfach in Ausstellungen sowohl im Hause als auch in auswärtigen Museen präsentiert und waren Ausgangspunkt für internationale Symposien zu frühgeschichtlichen Themen in Mannheim.[78]

Der wichtige Beitrag der Archäologie zur Erforschung der Mannheimer Stadtgeschichte hat seinen Ausdruck auch darin gefunden, dass die archäologische Schausammlung im *Museum für Archäologie und Völkerkunde* auf D 5 Ende November 1988 um die Abteilung Neuzeit erweitert wurde. Für die Forschungen zur Archäologie der *Neuzeit* gab es – abgese-

Abb. 17: Museum für Archäologie und Völkerkunde D 5, Blick in einen Teil des Ausstellungsbereichs der Merowingerzeit im ersten Obergeschoss (1991), im Vordergrund eingetieft unter Glas Rekonstruktionen von Gräbern aus Mannheim-Vogelstang.– © Reiss-Engelhorn-Museen Mannheim. Foto: Franz Schlechter, Heidelberg.

hen von dem reichen Fundmaterial des 17. und 18. Jahrhunderts aus der Mannheimer Innenstadt – drei wichtige Themenbereiche: Marktplatzbrunnen, Garnisonskirche und Tonpfeifenproduktion im 17. Jahrhundert.

Die Wiederentdeckung des alten Marktplatzbrunnens im Jahre 1978 beim Bau einer Tiefgarage unter dem Marktplatz G 1 war der Einstieg in die Mannheimer Stadtarchäologie und der Beginn einer engen Zusammenarbeit mit dem Stadtarchiv Mannheim. Beim Abbau des Marktplatzdenkmals mit der 1719 von Peter van den Branden geschaffenen und 1767 von Kurfürst Carl Theodor der Stadt Mannheim geschenkten Figurengruppe wurde unter dem Steinsockel des Denkmals der Brunnenschacht mit einer Tiefe von ca. 6,70 m und einem Durchmesser von 1,54 m entdeckt, der nach archivalischen Quellen 1667 errichtet worden war (Abb. 18). Der Schacht ist im Foyer des 1988 eingeweihten Erweiterungsbaus für das Reiss-Museum auf dem Quadrat D 5 wieder aufgebaut.[79]

Im Jahre 1979 wurden anlässlich des Baus einer Tiefgarage unter dem Toulonplatz C 5 die Fundamente der ehemaligen Garnisonskirche (Abb. 19) aus dem 18. Jahrhundert freigelegt. Ein Höhepunkt der Grabungen war die Entdeckung der Gruft der Familie Hallberg in der Apsis der Kirche, die 1739 eingeweiht und 1782 nach Errichtung des Zeughauses wieder abgerissen worden war. Durch das Zusammenspiel von archäologischem Befund, archivalischen Quellen und anthropologischen Untersuchungen konnten zwei der vier in der Gruft bestatteten Skelette mit an Sicherheit grenzender Wahrscheinlichkeit als der Hofkanzler Jacob Tillman von Hallberg und seine Ehefrau Anna Maria Josepha identifiziert werden.[80]

Mit archäologischen Funden – Fragmenten von Tonpfeifen –, ergänzt durch archivalische Quellen, konnte Tonpfeifenproduktion in Mannheim seit 1650 unter Kurfürst Carl Ludwig nachgewiesen werden; damit wurden neue und bislang unbekannte Tatsachen zur Stadtgeschichte Mannheims vorgelegt.[81]

In den folgenden Jahren wurden immer wieder, verstärkt ab 2004, stadtarchäologische Untersuchungen durchgeführt, zu deren wichtigsten Entdeckungen eine Pfeifenmacherwerkstatt des 17. Jahrhunderts auf dem Grundstück H 3,15 und mittelalterliche Reste auf dem Grundstück M 1,2 zählen (siehe 3.3 Archäologische Denkmalpflege 1990 bis 2007).[82]

Abb. 18: Museum für Archäologie und Völkerkunde D 5, Mannheimer Marktplatzbrunnen von 1667 im ersten Obergeschoss (1991), Teilrekonstruktion des Schachtendes (links, Maßstab 1:1) und Modell des Brunnenschachtes (rechts, Maßstab 1:10). – © Reiss-Engelhorn-Museen Mannheim. Foto: Franz Schlechter, Heidelberg.

Abb. 19: Fundamente der Garnisonskirche, Mannheim, Toulonplatz C 5 (erbaut 1737-1739, ausgegraben 1979). – © Reiss-Engelhorn-Museen Mannheim. Foto: Archäologische Denkmalpflege und Sammlungen.

Seit Dezember 1990 betreute Dr. Heinz-Joachim Schulzki den Bestand an Münzen des Reiss-Museums, dessen Spektrum von der Antike bis in die Neuzeit reicht. Er führte diese Arbeit fort im Rahmen der im Juni 1991 eingerichteten Forschungsstelle *Antike Metrologie*, einem gemeinsamen Projekt des Reiss-Museums der Stadt Mannheim und des Historischen Instituts der Universität Mannheim, zur systematischen Erfassung metrologischen Materials in öffentlichen Sammlungen der Bundesrepublik Deutschland. Ab Juli 1997 war er für zwei Jahre im Rahmen des *Inventarisierungsprojektes Münzen* mit der wissenschaftlichen Bearbeitung der Münzsammlung der Archäologischen Sammlungen und der Erstellung eines Bestandskataloges befasst. Die mehr als 1150 Objekte aus Altbeständen des ehemaligen Schlossmuseums und Neuerwerbungen nach dem Zweiten Weltkrieg sowie einer Dauerleihgabe des Karl-Friedrich-Gymnasiums aus dem Jahre 1995 bieten einen repräsentativen Querschnitt durch alle Perioden der antiken Geldgeschichte von den Anfängen im 7. Jahrhundert v. Chr. bis ins frühe Mittelalter.[83]

2.3.5 Präsentation nach dem Zweiten Weltkrieg bis 1988

Im Zweiten Weltkrieg wurden auch das Zeughaus (1778/79 nach Plänen des Architekten Peter Anton Verschaffelt als letzter Profan-Bau aus der Zeit des Kurfürsten Carl Theodor vor der Verlegung seiner Residenz nach München gebaut) – und mit ihm das Zeughausmuseum – sowie das dahinterliegende, zeitgleich errichtete Hofgebäude, das als Wagenremise und zur Aufbewahrung von Artillerierequisiten gedient hatte, durch die schweren Bombenangriffe auf Mannheim stark beschädigt.[84] 1947 beschloss der Gemeinderat der Stadt Mannheim, beide Gebäude für Museumszwecke zu nutzen.

Nach mehrjährigen Umbau- und Einrichtungsphasen bewilligte der Mannheimer Gemeinderat am 22. April 1953 den Wiederaufbau des Zeughauses aus Mitteln der Carl- und Anna-Reiß-Stiftung zur Unterbringung der Städtischen Museen. Seither trug das Gebäude zum Andenken an die einzigartige kulturelle Stiftung der Geschwister den Namen Reiss-Museum. Im Januar 1957 wurden die Kunst- und Kunsthandwerklichen, im Mai die Stadtgeschichtlichen Sammlungen und im Dezember desselben Jahres die Völkerkundlichen Sammlungen neu eröffnet.[85]

Bis zur Präsentation der archäologischen Bestände im Zeughaus sollte es dagegen noch einige Jahre dauern. Erstmals seit dem Zweiten Weltkrieg wurden 1959 im Hofgebäude in Zusammenarbeit mit dem Staatlichen Amt für Denkmalpflege in Karlsruhe *Funde zur Frühgeschichte am unteren Neckar* gezeigt, deren Präsentation in teilweise ergänzter und erweiterter Form unter dem Titel *Aus der Ur- und Frühgeschichte des unteren Neckarlandes* 1961/62 erneut im Hofgebäude dargeboten wurde (Abb. 20).[86]

Abb. 20: Sonderausstellung Aus der Ur- und Frühgeschichte des unteren Neckarlandes im Hofgebäude C 5 (1961/62), im Vordergrund rechts der Viergötterstein vom Heiligenberg bei Heidelberg (siehe auch Abb. 7). – © Reiss-Engelhorn-Museen Mannheim. Foto: Archäologische Denkmalpflege und Sammlungen.

Am 7. Dezember 1963 wurde dann anlässlich der 200. Wiederkehr des Gründungsjahres der Kurpfälzischen Akademie der Wissenschaften durch Carl Theodor im Gewölbekeller des Zeughauses die archäologische Schausammlung mit der Ausstellung *Römerzeit an Rhein und Donau* eröffnet (Abb. 21). Sie bot einen Überblick über die vor- und frühgeschichtlichen Funde der Mannheimer Region sowie eine Auswahl zeitgleicher Funde der Sammlung Max, die in der Gegenüberstellung den überregionalen Aspekt betonten.[87]

Zusätzlich zu den Schausammlungen im Zeughaus bot das historische Hofgebäude für alle Abteilungen des Reiss-Museums die Möglichkeit, entsprechend den – geringen – Mitteln des Ausstellungsetats kleinere Sonderausstellungen zu präsentieren. Anlässlich des fünfjährigen Bestehens des Fördererkreises für das Reiss-Museum e.V. wurde 1973/74 mit *Trinkgefäße der Völker und Zeiten aus eigenem Besitz* erstmals in der Geschichte des Reiss-Museums eine Ausstellung mit eigenen Beständen aus drei Abteilungen präsentiert.[88]

Im Jahre 1966 wurden zum ersten Mal Neufunde aus den Mannheimer Stadtteilen Feudenheim, Sandhofen und Straßenheim sowie aus Oftersheim in der Eingangshalle des Zeughauses ausgestellt. Nach wiederholten Präsentationen von Neufunden wurde dann im Jahre 1976 im Hofgebäude (30. Januar bis 30. Mai 1976) mit *Neue Ausgrabungen und Funde im Mannheimer Raum 1961 - 1975* eine erste umfassende Bilanz der Ausgrabungen gezeigt, die seit 1961 nach der Besetzung der Stelle des Wissenschaftlichen Assistenten der archäologischen Abteilung vorgenommen worden waren.[89] Sonderschauen im Foyer des Zeughauses legten immer wieder Zeugnis von den Aktivitäten der archäologischen Denkmalpflege ab (14. März bis 11. Juni 1978: *Kelten – Neckarsueben – Franken. Notgrabungen im Jahre 1977.* – 12. Februar bis 4. Mai 1980: *Mammut, Carolin und Grapen. Neue Funde aus der Innenstadt.* – 9. Februar bis 6. Juni 1982: *Rettungsgrabungen 1980/81*).

Die Ergebnisse zur Stadtarchäologie seit 1978 wurden mit *Archäologie in den Quadraten. Ausgrabun-*

Abb. 21: Schausammlung Ur- und Frühgeschichte im Zeughaus C 5, Gewölbekeller (1963), nördliches Seitenschiff (siehe auch Abb. 13). – © Reiss-Engelhorn-Museen Mannheim. Foto: Archäologische Denkmalpflege und Sammlungen.

gen in der Mannheimer Innenstadt, im Jahre 1986 als letzte archäologische Ausstellung im Hofgebäude präsentiert (25. Oktober 1986 bis 19. Juli 1987) (Abb. 22). Erstmals wurde dabei auch mit einer Dokumentation der restauratorischen Arbeitsvorgänge die Funktion des Restaurators in den Blickpunkt der Mannheimer Öffentlichkeit gerückt.[90] Die seit 1975 neu erworbenen Antiken wurden mehrfach der Öffentlichkeit präsentiert (siehe 2.3.2 Die Antikensammlungen), während 1981 mit der vom Historischen Museum Bern konzipierten Ausstellung *Das Pfahlbaubild des 19. Jahrhunderts. Modelle, Bilder, Funde, Dokumente* (22.10.1981 – 13.12.1981) die erste archäologische Fremdausstellung übernommen wurde.

2.3.6 Museumsabende – Museumspädagogik – Museumsvermittlung

Die schönsten und reichsten Sammlungen ruhen im Verborgenen, wenn die Öffentlichkeit keine Notiz davon nimmt. Wie ein roter Faden zieht sich daher das Bemühen um Besucherzahlen und Medienpräsenz durch die Museumsgeschichte. Seit der Einrichtung der Schausammlungen im Zeughaus C 5 waren Führungen für Schüler und Erwachsene durch wissenschaftliche Mitarbeiter der Museumabteilungen ein ständiges und häufig genutztes Angebot. Seit 1972 wurden Führungsprogramme zu ausgewählten Themen aufgestellt; im selben Jahr wurde die erste Kinderführung angeboten.

Größere Veranstaltungen wie 1979 eine griechisch-römische Modenschau mit dem Badischen Landesmuseum Karlsruhe, zu der das Stadtjugendamt die Werbetrommel gerührt hatte, blieben vereinzelt. Etwa 1000 Kinder stürmten das Zeughaus und sorgten für große Aufregung beim Museumspersonal, das einen solchen Ansturm nicht gewohnt war und nicht erwartet hatte. Sehr erfolgreich lief seit 1981 über viele Jahre für Jugendliche und Erwachsene die Reihe *Einführung in die römische* Küche mit der Zubereitung eines antiken Kräuterkäsegerichts (*moretum*) (Abb. 23).[91]

Eine erfolgreiche Methode, dem Mannheimer Publikum Kenntnisse über die Museumssammlungen zu vermitteln und auf populäre Art nahezubringen, waren die *Mannheimer Museumsabende*, deren Reihe im Herbst 1974 eröffnet wurde. Nach einer Idee von Dr. Erich Gropengießer, die eigenen Bestände in den Mittelpunkt zu rücken, wurden, umrahmt von musikalischen Darbietungen, durch Wissenschaftler aus jeweils zwei Abteilungen sinnverwandte Exponate der Sammlungen besprochen und dann in den Schausammlungen besichtigt. Die beliebten, wegen des großen Publikumsinteresses seit 1975 zuerst mit einer, dann mit zwei Wiederholungen veranstalteten Abende, wurden durch Zuschüsse des Fördererkreises für das Reiss-Museum e.V. ermöglicht und bis 1998 fortgeführt.[92]

Einen wichtigen Beitrag zur Vermittlung der Museumsbestände in der Öffentlichkeit und zum Abbau der „Schwellenangst" beim Publikum leistete die Museumspädagogik, deren Bedeutung seit den späten siebziger Jahren (des 20. Jahrhunderts) in der Mannheimer Kulturpolitik zunehmend erkannt wurde und die bis zu ihrer endgültigen Etablierung am Reiss-Museum eine wechselvolle Geschichte aufweist. Seit

Abb. 22: Nachbildung einer Herd-Ecke des 18. Jahrhunderts in der Sonderausstellung Archäologie in den Quadraten. Ausgrabungen in der Mannheimer Innenstadt im Hofgebäude C 5 (1986). – © Reiss-Engelhorn-Museen Mannheim. Foto: Archäologische Denkmalpflege und Sammlungen.

Abb. 23: Zutaten für moretum, ein antikes Kräuterkäsegericht (Schafskäse, Sellerieblätter, Koriander, Knoblauch, Raute, Öl und Essig) und Herstellung in der Nachbildung einer römischen Reibschale. – © Reiss-Engelhorn-Museen Mannheim. Foto: Jutta Meirer.

1976 lag die Zuständigkeit für die Museumspädagogik beim Kulturamt und war 1994 organisatorisch noch dem Schulverwaltungsamt angegliedert.

Die Zuordnung zur Abteilung für Ausstellungs- und Öffentlichkeitsarbeit des Reiss-Museums im Jahre 1995 förderte die Zusammenarbeit zwischen Fachabteilungen und Museumspädagogik, die mit einer Fachkraft und zahlreichen freien Mitarbeiterinnen und Mitarbeitern durch Kurse und Arbeitsgemeinschaften, Vortragsreihen, Kinderbetreuung, Ferienprojekte, Lehrereinführungen und Führungen für alle Altersgruppen mit zunehmendem Erfolg hinsichtlich Bekanntheitsgrad des Museums und seiner Sammlungen sowie der Besucherzahlen agierte.[93] Der lange Weg von der ersten Kinderführung 1972 im Städtischen Reiss-Museum hat mit den umfangreichen Aktivitäten der Abteilung *Ausstellungen – Veranstaltungen. Fachgebiet 2* (mit Veranstaltungen, Museumsvermittlung, Info-Büro, Besucherdienste u. a.) der Reiss-Engelhorn-Museen im Jahre 2007 einen vorläufigen Höhepunkt gefunden.

2.3.7 Zur Chronik des Erweiterungsbaus des Städtischen Reiss-Museums auf dem Quadrat D 5 *(Museum für Archäologie und Völkerkunde)*

Bereits 1968 wies die Direktion des Reiss-Museums in einem Situationsbericht auf die prekäre Situation der Museumssammlungen hin, was Raumnot der Schausammlungen, unzureichende Unterbringung der magazinierten Bestände, Kriegsschäden sowie unzureichende Pflege und fehlende Dokumentation des Sammlungsgutes, ungenügende personelle und finanzielle Ausstattung betraf. Der Bericht kam zu der Schlussfolgerung: „... Mit Rücksicht auf die zu tiefster Besorgnis Anlass gebenden Nöte aller Abteilungen und auf den ständigen Zuwachs an archäologischen Funden muss das Ziel ein in nächster Zukunft zu errichtender eigener Bau für die Völkerkundlichen und Archäologischen Sammlungen sein. ..."[94]

Seit dieser Zeit war der Erweiterungsbau für das Reiss-Museum ein ständiges Anliegen der Direktion, geplant zunächst als Bau nur für die Archäologie, das sie trotz mancher Rückschläge beharrlich bis zur Realisierung verfolgte und dabei mit der Unterstützung des 1968 gegründeten Fördererkreises für das Reiss-Museum e.V. und der Gesellschaft der Freunde Mannheims und der ehemaligen Kurpfalz. Mannheimer Altertumsverein von 1859 rechnen konnte. Ziel der Bemühungen war, die archäologische Abteilung mit der Gesamtheit ihrer Arbeitsbereiche – vom Fundeingang aus den Grabungen über die restauratorische Bearbeitung in den Werkstätten bis zur Präsentation in der Schausammlung – im Erweiterungsbau D 5 räumlich zu zentralisieren. Aus Kostengründen wurde dieser Plan durch Änderung des Raumprogramms zur Unterbringung der Völkerkundlichen Sammlungen im selben Gebäude umfunktioniert.

Der Projektverlauf sei hier mit einigen Daten kurz wiedergegeben:[95]

1978, 19. August: Gemeinderatsbeschluss zur Ausführung eines Realisierungs-Wettbewerbs zum Erweiterungsbau des Reiss-Museums – Archäologische Sammlungen in Mannheim, D 5.

1979, 26. Januar: Tagung des Preisgerichtes und Vergabe des 1. Preises an Prof. Dipl.-Ing. Carlfried Mutschler + Partner Joachim Langner.

1979, 20. Februar - 16. April: Präsentation der Ergebnisse des Wettbewerbs im Hofgebäude.

1979, 6. März: Durch Beschluss des Technischen Ausschusses des Gemeinderats Abschluss eines Planungsvertrages mit den Architekten.

1980, 13./14. März: Im Rahmen der Etatberatungen beauftragt der Gemeinderat die Verwaltung, die Baukosten auf Einsparungsmöglichkeiten zu überprüfen. Dies führt dazu, dass der ursprünglich für die Archäologischen Sammlungen konzipierte Erweiterungsbau auf Vorschlag der Verwaltung umgeplant werden solle zwecks Aufnahme auch der Völkerkundlichen Sammlungen in den Ausstellungsbereich, für die längere Zeit eine Lösung in B 4 im Gespräch gewesen war.

1980, 18. Dezember: Dieser Vorschlag – Archäologie und Völkerkunde im Erweiterungsbau – wird auf einer gemeinsamen Sitzung des Kultur- und Schulausschusses einstimmig angenommen.

1981, 16./17. Februar: Zustimmung des Gemeinderates anlässlich der Haushaltsberatungen.

1981, 4. Mai: Der Technische Ausschuss billigt die Vorlage über den Erweiterungsbau Reiss-Museum D 5 mit Tiefgarage und die Änderung des Raumprogramms zur Unterbringung der Völkerkundlichen Sammlungen.

1984, 14. Februar: Baubeschluss durch den Gemeinderat.

1984, 21. Februar: Maßnahmegenehmigung durch den Technischen Ausschuss.

1984, 10. April: „Erster Spatenstich" durch Oberbürgermeister Gerhard Widder.[96]

1984, 23. Oktober: Offizielle Grundsteinlegung für den Erweiterungsbau D 5.

1986, 18. Februar: Richtfest des Erweiterungsbaus D 5.

1987, 9.-20. November: Abbau der römischen Steindenkmäler im Gewölbekeller des Zeughauses und Überführung in den Erweiterungsbau D 5.

1987, 15. Dezember: Der Erweiterungsbau D 5 geht in die Verwaltung des Reiss-Museums über. Beginn der Einrichtung der archäologischen und völkerkundlichen Schausammlungen.

1987, 17. Dezember: Übergabe des Vortragssales im Erweiterungsbau D 5 an die Öffentlichkeit.

1987, 23. Dezember: Letzter Öffnungstag der Archäologischen und Völkerkundlichen Sammlungen im Zeughaus C 5.

1988, 26. November: Einweihung des Erweiterungsbaus für das Städtische Reiss-Museum auf dem Quadrat D 5 *(Museum für Archäologie und Völkerkunde)* (Abb. 24).

1993: Teilabbau der archäologischen Schausammlung im Erdgeschoss mit Ausnahme des Bereichs Alt- und Mittelsteinzeit zugunsten der Sonderausstellung *Die Welt der Maya in Mannheim.*

1994/95: Erweiterung des Bereichs Alt- und Mittelsteinzeit mit dem Nachbau der altsteinzeitlichen menschlichen Behausung von Gönnersdorf (Einweihung 13. April 1994) und Neueinrichtung zum altsteinzeitlichen Fundplatz in Mauer, *Grafenrain* (20. April 1995 zusammen mit Eröffnung der Studioausstellung *Kunst zur Eiszeit*).

Abb. 24: Erweiterungsbau für das Reiss-Museum auf dem Quadrat D 5 (Museum für Archäologie und Völkerkunde), Blick von Süden (2004). – © Reiss-Engelhorn-Museen Mannheim. Foto: Jean Christen.

1996: Abbau der Bereiche Antike, Frühmittelalter und Neuzeit und eines Teilbereichs der Römischen Kaiserzeit im ersten Obergeschoss zugunsten der Ausstellung *Die Franken – Wegbereiter Europas* und danach Wiedereinrichtung der Bereiche Frühmittelalter und Neuzeit.

2002: Endgültiger Abbau der restlichen archäologischen Schausammlung von 1988.

2002, 17. Dezember: Im ersten Obergeschoss Eröffnung der Sonderausstellung MenschenZeit – Geschichten vom Aufbruch des frühen Menschen. Die Ausstellung wird, leicht verändert, als ständige Ausstellung beibehalten.

2.3.8 Ein neues Kapitel des Ausstellungswesens in Mannheim

Mit der Einrichtung von Ausstellungsflächen im Erdgeschoss des Erweiterungsbaus D 5 – *Museum für Archäologie und Völkerkunde* – waren von der Stadt Mannheim die Voraussetzungen für die Präsentation größerer Sonderausstellungen geschaffen worden. Bereits das Jahr 1989 stand ganz im Zeichen dieser Veranstaltungen, die von der archäologischen Abteilung organisiert wurden. Den Anfang machten *Gold und Kunsthandwerk* vom antiken Kuban mit spektakulären Funden der mäotischen und skythischen Kultur an den Ufern des Kuban-Flusses im nördlichen Kaukasus (Abb. 25). Viele Exponate mit einer zeitlichen Bandbreite vom 7. Jahrhundert v. Chr. bis in das 3. Jahrhundert n. Chr. wurden zum erstenmal in Westeuropa und exklusiv in Mannheim gezeigt. Die Ausstellung lockte überregional Besucher an und konnte wegen des großen Publikumsinteresses verlängert werden.[97]

Es folgten die Ausstellungen *Sieben Jahrtausende am Balaton* im Rahmen der 10. Internationalen Kulturtage *Ungarn ist Gast in Mannheim* und *Prähistorische Felsbilder Skandinaviens*, zu deren Auftakt am 7. Dezember 1989 ein Bumerangwerfen auf der Neckarwiese unterhalb der Kurpfalzbrücke stattfand.[98] Die Ausstellung *Die Tempel von Malta – Fotografien von Sigrid Neubert, München* vom 25. April - 15. Juli 1990, diesmal wieder im Hofgebäude C 5, bildete 1990 den Auftakt zu einer Reihe weiterer Fotoausstellungen, nicht nur archäologischen Inhalts, die im Laufe der Jahre zu einer festen Einrichtung wurden.

Mit den seit 1991 veranstalteten großen Sonderausstellungen erreichte das Ausstellungswesen des Museums eine Dimension, die von den Fachabteilungen alleine nicht mehr bewältigt werden konnte und zur Einrichtung einer neuen Abteilung mit eigenem Mitarbeiterstab führte.[99] Mit den Großausstellungen erreichten die Besucherzahlen bis dahin nicht gekannte Höhen. Nach einem „Neugierdeboom" nach Eröffnung des Erweiterungsbaus, verstärkt durch die Kuban-Ausstellung, gab es ein kurzfristiges Abflauen, das ab 1992 wieder von steigenden Besucherzahlen abgelöst wurde, die auch das große Publikumsinteresse an der Präsentation des Originalunterkiefers des *Homo erectus heidelbergensis* von Mauer widerspiegelten (siehe 2.3.3 Die Alt- und Mittelsteinzeitsammlungen).[100]

Die großen Sonderausstellungen sowie die zunehmende Anzahl der Einzelveranstaltungen erhöhten den Bekanntheitsgrad sowie die regionale und überregionale Attraktivität des Museums und trugen entscheidend dazu bei, dass das Reiss-Museum sich als wichtiger Kulturtreffpunkt im Rhein-Neckar-Dreieck etablierte. Die archäologische Abteilung wurde dabei sowohl durch den Arbeitseinsatz ihrer Mitarbeiter als auch durch die Präsentation von Funden aus eigenen Beständen an verschiedenen Ausstellungen beteiligt.[101]

Im Jahre 1992 hatte mit der Präsentation des Original-Unterkiefers von Mauer im *Studio Archäologie*,

Abb. 25: Unter Polizeischutz: Antransport der Funde für die Sonderausstellung Gold und Kunsthandwerk vom antiken Kuban. Neue archäologische Entdeckungen aus der Sowjetunion vor dem Museum für Archäologie und Völkerkunde D 5 (8. Januar 1989). – © Reiss-Engelhorn-Museen Mannheim. Foto: Matthias Baier.

umgeben von neun Gemälden des Künstlers Michael Amesbury, der sich von den jüngsten Forschungen zu Mauer und vom Unterkiefer des *Homo erectus heidelbergensis* hatte inspirieren lassen (siehe 2.3.3 Die Alt- und Mittelsteinzeitsammlungen), ein Dialog zwischen Kunst und archäologischen Objekten begonnen, der mit zwei Veranstaltungen fortgesetzt wurde. Mit der Ausstellung *Erwin Bechtold – Lob der Scherbe* (12. Mai - 7. Juli 1996) setzte sich der Künstler, der 1988 die Fassaden des Museums für Archäologie und Völkerkunde sowie die Stirnwand des Anna-Reiss-Saales gestaltet hatte, mit archäologischen Objekten auseinander.[102] *In Korrespondenzen – Zeitgenössische Kunst und Archäologie im Dialog* (17. Januar - 19. April 1998) hatten sich neun Künstler der Region mit einzelnen, von ihnen selbst ausgewählten Exponaten der archäologischen Schausammlung beschäftigt und das Ergebnis mit interaktiven Objekten und Installationen präsentiert.[103]

2.3.9 Studio Archäologie

Neben den publikumswirksamen Großausstellungen erwies es sich als vorteilhaft, Raum für kleinere Ausstellungen zu schaffen, um regelmäßig auf bestimmte Forschungs- und Sammlungsschwerpunkte der archäologischen Abteilung hinzuweisen und so dem Publikum weitere Anreize zu geben, in das Reiss-Museum zu kommen. Daher wurde im ersten Obergeschoss der archäologischen Dauerausstellung im Erweiterungsbau D 5 das *Studio Archäologie* eingerichtet, um in Zusammenarbeit mit anderen Museen und Institutionen kleinere Ausstellungen zu präsentieren. Es wurde 1991 mit der Sonderschau *Rom und die Germanen – das Zeugnis der Münzen* (11. April - 15. Juli 1991, verlängert bis 22. September 1991) eingeweiht.[104] Sie zeigte eine repräsentative Auswahl römischer Münzen, die nicht nur als Zahlungs-, sondern auch als Propagandamittel dienten und sich in verschiedener Weise auf die Germanen sowie die Kontakte des römischen Weltreichs mit fremden Völkern an den Grenzen seines Territoriums bezogen.

Es folgte *Ein Schatz aus dem Rhein: Der römische Hortfund von Hagenbach* (6. November 1991 - 12. Mai 1992) mit 346 römerzeitlichen Metallobjekten, darunter 129 silberne Votivbleche, die bei Baggerarbeiten zwischen 1963 und 1973 in der Nähe von Hagenbach, Kr. Germersheim, zutage gefördert worden waren. Plündernde germanische Truppen hatten die Gegenstände in der zweiten Hälfte des 3. Jahrhunderts n. Chr. geraubt und bei der gefährlichen Überfahrt über den Rhein verloren.

Zu einem Publikumsmagneten entwickelte sich die Sonderschau *Schichten – 85 Jahre Homo erectus heidelbergensis von Mauer* (21. Oktober 1992 - 28. März 1993, verlängert bis 25. Juli 1993) mit der Präsentation des Original-Unterkiefers, umgeben von neun Gemälden des Künstlers Michael Amesbury, die anlässlich der 85-jährigen Jubiläums der Auffindung des Unterkiefers präsentiert wurde (siehe 2.3.3 Die Alt- und Mittelsteinzeitsammlungen).

Mit der Sonderschau *Franz Gember (12. März 1892 - 26. Juni 1983) – Ein Leben für die Archäologie des Neckarmündungsgebietes* (3. September 1993 - 20. März 1994) wurde des verdienten Heimatforschers und Bezirkspflegers aus Mannheim-Feudenheim anlässlich seines zehnten Todestages gedacht. Funde, Aufzeichnungen und Fotos dokumentierten einen repräsentativen Querschnitt seiner langjährigen Tätigkeit und würdigten seinen wichtigen Beitrag für die archäologische Erforschung des Neckarmündungsgebietes (siehe 3.1 Archäologische Denkmalpflege nach dem Zweiten Weltkrieg bis 1961).

Anlässlich des *8. Treffens des Arbeitskreises zur Erforschung der Tonpfeifen* (30. April - 1. Mai 1994) im Reiss-Museum wurde die Studioausstellung *Rauchen und Schnupfen in der Kurpfalz und andernorts* (14. April - 28. August 1994) präsentiert. Tonpfeifenfunde des 17. Jahrhunderts aus Mannheim belegten die Bedeutung von Tabakanbau und Tabakverarbeitung in der Kurpfalz nach dem 30-jährigen Krieg unter Kurfürst Carl Ludwig (1632/34 - 1680) und den Beginn der Tonpfeifenproduktion ortsansässiger Pfeifenmacher unter niederländischem Einfluss (siehe 2.3.4 Sammlungen und Forschungen: Von der Vor- und Frühgeschichte bis zur Neuzeit).

Die Studioausstellung *Die Sache mit Hand und Fuß – 8000 Jahre Messen und Wiegen* (30. September 1994 - 26. März 1995) mit 33 Leihgebern aus dem In- und Ausland fand ein großes Echo in der Region und weit darüber hinaus (Abb. 26). Sie informierte über wesentliche Stationen des Messens und Wiegens seit der Jungsteinzeit und zeigte dabei den Zusammenhang sämtlicher Maßeinheiten vom 6. Jahrtausend v. Chr. bis ins 19. Jahrhundert – erst die Internationale Meterkonvention von 1875 brach mit der nun international anerkannten Definition des Meters (und des Kilogramms) mit Jahrtausende alten Traditionen der Festlegung von Maßeinheiten, die über 8000 Jahre lang untereinander mathematisch kohärent, also voneinander abgeleitet waren.[105]

Anlässlich der 37. Tagung der *Hugo-Obermaier-Gesellschaft zur Erforschung des Eiszeitalters und der Steinzeit e.V.* im Reiss-Museum (18. - 22. April 1995) erfolgte in der archäologischen Schausammlung in D 5 eine Neueinrichtung im Bereich Alt- und Mittelsteinzeit zum altsteinzeitlichen Fundplatz Mauer an der Elsenz (Eröffnung 20. April 1995) und im *Studio Archäologie* wurde die Sonderschau *Kunst zur Eiszeit* (20. April 1995 - 4. Februar 1996) gezeigt mit sieben großen, farbigen Reliefrepliken von berühmten Höhlenmalereien aus Lascaux in der Dordogne, Frankreich, sowie 30 erlesenen Stücken jungpaläolithischer Kleinkunst aus Europa und Asien. Der Künstler Michael Amesbury präsentierte virtuelle Kunst: ein Video mit Computer-Animation – einen Flug durch das Vézère-Tal in der Dordogne, der in der Höhle von Lascaux endet.

Als letzte Studioausstellung wurde am 24. Mai 1996 die Schau *Götter, Geld und Handel. Römischer Alltag am Rhein* eröffnet, die sich mit einheimischen und fremden Gottheiten in den von den Römern eroberten Provinzen am Rhein, mit dem Handel im Römischen Reich, insbesondere dem differenzierten Gewichts- und Münzsystem, sowie der Münzherstellung in der Antike befasste.

3 Archäologische Denkmalpflege

3.1 Archäologische Denkmalpflege nach dem Zweiten Weltkrieg bis 1961

Im Zuge des Wiederaufbaus des nordbadischen Pfleger- und Mitarbeiternetzes nach dem Krieg wurde Hauptlehrer Franz Gember (12. März 1892 - 26. Juli 1983) nach seiner frühzeitigen Pensionierung mit Schreiben vom 20. Oktober 1949 (Der Präsident des Landesbezirks Baden, Abteilung Kultus und Unterricht) zum *Ehrenamtlichen Pfleger der ur- und frühgeschichtlichen Denkmäler des Stadt- und Landkreises Mannheim* bestellt. Bis 1961 (sporadisch bis 1965) war er als Mitarbeiter Dr. Albrecht Daubers tätig, der 1950 Leiter der Abteilung Ur- und Frühgeschichte, Landesdenkmalamt Karlsruhe, geworden war.

Die nach 1948 einsetzende starke Bautätigkeit in der Mannheimer Region brachte für Franz Gember eine Beanspruchung seiner Kräfte, die weit über das normale Maß hinausging. Wie vor dem Zweiten Weltkrieg betreute er schwerpunktmäßig die Fundplätze von Ilvesheim, *Weingärten* (Kiesgrube Back/Wolf/Ludwig; 1948 - 1952, 1954 - 1959, 1961),

Abb. 26: Titelblatt des Begleitbuchs zur Ausstellung im Studio Archäologie, Museum für Archäologie und Völkerkunde D 5, Die Sache mit Hand und Fuß. 8000 Jahre Messen und Wiegen (1994/1995). – © Reiss-Engelhorn-Museen Mannheim. Fotos: Jean Christen, Physikalisch-Technische Bundesanstalt Braunschweig/Berlin und Ägyptisches Museum Turin. Montage Gabriele Roloff und Gabriele Beutelspacher, Mannheim, und Karl W. Beinhauer.

von Ladenburg, *Rechts des Wallstadter Weges, 1. Gewann* (Städtische Kiesgrube Ladenburg und Heddesheimer Kiesgrube; 1949-1961) (Abb. 27), außerdem von Mannheim-Käfertal (heute Mannheim-Vogelstang), *Achselsack* (Sandgrube Kreiner; 1952/53), Mannheim-Straßenheim, *Aue* (Sandgrube; 1965), sowie von Mannheim-Wallstadt, *Auf den Sand und das Ried* (Sandgrube Kreiner/Boxheimer; 1955-1962). Seine Markenzeichen waren Baskenmütze und Pfeife sowie das Mofa *Quickly*, mit dem er ab etwa 1955 anstelle des früheren Fahrrades die Fundstellen des unteren Neckarlandes abfuhr.

In Anerkennung seiner Verdienste um die Heimatgeschichte wurde Franz Gember am 20. Februar 1962 mit der Schillerplakette der Stadt Mannheim und am 25. Oktober 1962 mit dem Verdienstkreuz Erster Klasse des Verdienstordens der Bundesrepublik Deutschland ausgezeichnet. Die Bürgergemeinschaft e.V. Mannheim-Feudenheim ernannte ihn am 14. Oktober 1966 zu ihrem Ehrenmitglied, und im Jahre 1986 wurde eine öffentliche Grünanlage in Mannheim-Feudenheim nach ihm benannt: Franz-Gember-Anlage (am Carolus-Focke-Ring).

Abb. 27: Ausgrabung eines römischen Brunnens in Ladenburg, Rechts des Wallstadter Weges, 1. Gewann (Kiesgrube Heddesheim) (1957). – © Reiss-Engelhorn-Museen Mannheim. Foto: Fritz Rupp.

Nachdem die archäologische Abteilung bereits 1974 eine große Anzahl der von Franz Gember geborgenen Funde erhalten hatte, wurde der noch verbliebene archäologische Nachlass Franz Gembers im Jahr 1983 von seinen Erben den Archäologischen Sammlungen des Städtischen Reiss-Museums zum Eigentum übergeben. Die etwa 60 Fundtagebücher mit Notizen und Skizzen waren und sind für viele Archäologen Grundlage wissenschaftlicher Publikationen, insbesondere da die Fundakten der Archäologischen Abteilung des Schlossmuseums in Mannheim durch Brand und Zerstörung des Schlosses bei Luftangriffen 1943 und 1945 vernichtet worden waren. Anlässlich seines 10. Todestages wurde mit der Studio-Ausstellung *Franz Gember (12. März 1892 - 26. Juni 1983) – Ein Leben für die Archäologie des Neckarmündungsgebietes* (3. September 1993 - 20. März 1994) im Museum für Archäologie und Völkerkunde D 5 sein wichtiger Beitrag zur archäologischen Erforschung des Neckarmündungsgebietes gewürdigt.[106]

3.2 Archäologische Denkmalpflege 1961 bis 1989

In den fünfziger Jahren (des 20. Jahrhunderts) war außer Franz Gember als weiterer ehrenamtlicher Pfleger Hauptlehrer Karl Wolber aus Mannheim-Seckenheim in der Mannheimer Region tätig, dessen Aktivitäten sich vornehmlich auf die Umgebung dieses Stadtteils konzentrierten. Er hatte bereits vor dem Zweiten Weltkrieg mit Dr. Hermann Gropengießer zusammengearbeitet.

Dr. Erich Gropengießer, der von 1956 bis 1961 als wissenschaftlicher Assistent am *Badischen Landesamt für Ur- und Frühgeschichte* in Freiburg tätig gewesen war, übernahm mit der Einstellung als Wissenschaftlicher Assistent der archäologischen Abteilung des Städtischen Reiss-Museums ab Juni 1961 mit der Museumstätigkeit auch die Aufgaben der archäologischen Bodendenkmalpflege im Stadt- und Landkreis Mannheim. Bis August 1972 arbeitete er dabei eng mit Dr. Albrecht Dauber, dem Leiter der Abteilung Ur- und Frühgeschichte des Landesdenkmalamtes Karlsruhe seit 1950, zusammen.[107] Unterstützt wurde er dabei von Fritz Rupp (1908-1963), der ab 1950 wieder als technischer Sekretär der archäologischen Abteilung tätig war, und ab Oktober 1964 von Heini Geil, der dank seiner örtlichen Kenntnisse jahrelang als Grabungstechniker tätig war. Große Verdienste erwarb sich Erich Hauck, der in den Jahren 1964 bis 1974 als ehrenamtlicher Mitarbeiter vor allem an Grabungen in Oftersheim, Mannheim-Vogelstang und Mannheim-Straßenheim teilnahm.[108]

Seit der von Karl Baumann entworfenen *Karte zur Urgeschichte von Mannheim und Umgebung* war der Fundstoff im Neckarmündungsgebiet in der ersten Hälfte des 20. Jahrhunderts stark angewachsen. Dies wurde durch die *Archäologische Karte der Stadt- und der Landkreise Heidelberg und Mannheim* dokumentiert, die 1965 an die Teilnehmer der Tagung des *West- und Süddeutschen Verbandes für Altertumsforschung* in Mannheim ausgegeben wurde.[109]

Zur größten Herausforderung gehörten seit 1965 die Grabungen und Notbergungen im Zuge der Errichtung des neuen Stadtteils Mannheim-Vogelstang, die Funde aus fast allen vor- und frühgeschichtlichen Perioden erbrachten, darunter ein Gräberfeld der Merowingerzeit mit über 400 Bestattungen (siehe dazu den Beitrag von Dr. Ursula Koch in Teil I Bd. 2 dieses Jubiläumswerks). Erwähnenswert ist der Grundriss eines lang-rechteckigen, Nord-Süd ausgerichteten Hauses der Urnenfelderzeit mit einer Breite von ca. 5 m und einer Länge von mindestens 13 m.[110] Die Untersuchungen im Neubaugebiet wurden zum Ende des Jahres 1974 zwar offiziell beendet, doch kleinere Notbergungen erforderten auch in den folgenden Jahren immer wieder den Einsatz der Mitarbeiter der Abteilung.[111]

Aus der Vielzahl der Notbergungen und Grabungen des hier besprochenen Zeitraums können lediglich erwähnt werden: 1964/65: Römische Villa rustica von Oftersheim, *Hornungsäcker*. – 1965/66: Gräberfeld der Merowingerzeit von Mannheim-Straßenheim, *Aue*. – 1965-1971: Siedlung der Jungsteinzeit, Urnenfelder-, Hallstatt- und Latènezeit von Mannheim-Straßenheim, *Aue*. – 1966: Gräberfeld der Merowingerzeit von Schwetzingen, *Kleines Feld* (Schellstraße). – 1966/67: Siedlung der Hallstatt-, Latène- und Karolingerzeit, Gräber der Latène- und Merowingerzeit von Mannheim-Seckenheim, *Hochstätt*. – 1967 und 1973: Alamannische Gräber von Hockenheim, *Zwischen den Wegen*. – 1970: Gräberfeld der Merowingerzeit von Oftersheim, *Dreieichenweg*. – 1970/71: Freilegung des Hauptgebäudes einer römischen Villa rustica in Schriesheim, *Schanz*. Mit einer Gedenksäule hatte die Kurpfälzische Akademie der Wissenschaften, die hier erstmals 1766 Ausgrabungen vorgenommen hatte, den Platz bezeichnet. Der römische Keller wurde im neu errichteten Rathaus in Schriesheim eingebaut (Abb. 28). – 1971: Gräberfeld der Merowingerzeit von Hockenheim, *Oberes Bechtelheu*. – 1971: Siedlung der Karolingerzeit und des Hochmittelalters von Mannheim-Sandhofen, *Kirchenwasen* (Ortsteil Scharhof). – 1972: Siedlung der Jungsteinzeit, Latènezeit und der römischen Zeit von Mannheim-Wallstadt, *Auf den Ried*.[112]

Nach dem Zweiten Weltkrieg hatte das damalige Land Baden im Jahr 1949 ein umfassendes Denkmalschutzgesetz (Badisches Denkmalschutzgesetz vom 12. Juli 1949) erlassen, das für andere Bundesländer und auch für das spätere baden-württembergische Gesetz beispielhaft gewesen ist. Das vom baden-württembergischen Landtag beschlossene *Gesetz zum Schutz der Kulturdenkmale (Denkmalschutzgesetz)* vom 25. Mai 1971, das am 1. Januar

Abb. 28: Abtransport der Mauern des römischen Kellers von Schriesheim, Schanz (1971). – © Reiss-Engelhorn-Museen Mannheim. Foto: Archäologische Denkmalpflege und Sammlungen.

1972 in Kraft trat – verbunden mit der Schaffung eines Landesdenkmalamtes – sowie die Kreisreform von 1973, durch die die Ortschaften des Landkreises Mannheim in den Rhein-Neckar-Kreis eingegliedert wurden, begrenzten die Aktivitäten der archäologischen Abteilung für die Bodendenkmalpflege auf den Stadtkreis Mannheim. Die Grabungstätigkeit wurde im Auftrag des Landesdenkmalamtes Baden-Württemberg, Abt. Bodendenkmalpflege, Außenstelle in Karlsruhe, zuständig für den Regierungsbezirk Nordbaden, betrieben, die ab Herbst 1972 von Dr. Rolf-Heiner Behrends geleitet wurde.[113]

Mit dem stärkeren Engagement Dr. Erich Gropengießers in der Museumspolitik und mit der Übernahme des Amtes als Direktor des Städtischen Reiss-Museums ab Januar 1974 wurden die Wissenschaftlichen Mitarbeiter der Abteilung als Beauftragte des Landesdenkmalamtes Baden-Württemberg stärker mit den Aufgaben der Bodendenkmalpflege befasst (Dr. Gisela Clauß 1971 bis 1974, Dr. Inken Jensen 1975 bis 1979, Dr. Friedrich Wilhelm von Hase 1979 bis 1983, Dr. Margot Klee 1984 bis 1989) und zusätzlich Grabungstechniker eingestellt (Mark Wesner 1981, Peter Weiler 1985 bis 1987).

In diese Zeit fallen die Anfänge der Stadtarchäologie in Mannheim nach dem Zweiten Weltkrieg – die Entdeckung des alten Marktplatzbrunnens von 1667 im Jahre 1978 auf dem Quadrat G 1, die Ausgrabung der Garnisonskirche aus dem 18. Jahrhundert im Jahre 1979 auf dem Toulonplatz C 5 und die Entdeckungen zum Beginn der Tonpfeifenproduktion in Mannheim im 17. Jahrhundert, durch die neue und bislang unbekannte Ergebnisse zur Stadtgeschichte Mannheims vorgelegt werden konnten (siehe 2.3.4 Sammlungen und Forschungen: Von der Vor- und Frühgeschichte bis zur Neuzeit).

Im Zuge der Erschließungsarbeiten für die Neubebauung der südwestlichen Randzone von Mannheim-Wallstadt, Gewanne Kiesäcker, Kreuzbuckel und Wallstädter Langgewann, heute Bereich des Mudauer Rings und der Seckacher Straße, wurden 1977 bis 1979, 1981 bis 1983, 1986 und 1988 die Reste einer neckarsuebischen Siedlung des 1. Jahrhunderts n. Chr. ausgegraben. Das reichhaltige Fundmaterial schließt in seiner Bedeutung an die neckarsuebischen Funde aus der Zeit vor dem Zweiten Weltkrieg an (siehe auch den Beitrag von Inken Jensen in diesem Band). Während im Bereich der neckarsuebischen Siedlung vereinzelt Fundstellen der Jungsteinzeit und Eisenzeit entdeckt wurden, konnte 1984 in Mannheim-Feudenheim, Neubaugebiet Südost (Gewanne *An der Kanalbreite, Der Lös, Der Birnzweig* und *Die Breitgewann*), eine Siedlung der Eisenzeit mit Gruben, Grubenhäusern, hausartigen Strukturen, Pfostenstellungen und möglicherweise Spuren eines Ständerbaus untersucht werden.[114]

Erste Ergebnisse der Grabungen seit 1961 wurden vom 30. Januar - 30. Mai 1976 in der Ausstellung *Neue Ausgrabungen und Funde im Mannheimer Raum 1961-1975* präsentiert (Abb. 29). Sonderschauen im Foyer des Zeughauses C 5 legten immer wieder Zeugnis von den Aktivitäten der archäologischen Denkmalpflege ab (siehe 2.3.5 Präsentation nach dem Zweiten Weltkrieg bis 1988). Kleinere Ausstellungen der archäologischen Abteilung in der Mannheimer Region dokumentierten das Anliegen, die regionale Vor- und Frühgeschichte aufzuarbeiten und lebendig werden zu lassen und damit das Interesse der Bevölkerung an den heimischen Bodenfunden zu wecken und wachzuhalten (Oftersheim 1977; Mannheim-Wallstadt 1978; Mannheim-Seckenheim 1979; Mannheim-Wallstadt 1984; Hockenheim 1984; Plankstadt 1986; Mannheim, Rosengarten, 1986).

Abb. 29: Sonderausstellung Neue Ausgrabungen und Funde im Mannheimer Raum (1961-1975) im Hofgebäude C 5 (1976). – © Reiss-Engelhorn-Museen Mannheim. Foto: Heini Geil.

3.3 Archäologische Denkmalpflege 1990 bis 2007

Im Jahre 1990 wurde Dr. Alfried Wieczorek, Wissenschaftlicher Mitarbeiter der archäologischen Abteilung, zum Beauftragten des Landesdenkmalamtes für den Stadtkreis Mannheim bestellt. Zudem erfolgte ab September 1991 die Eingliederung der Archäologischen Denkmalpflege in die neue Abteilung „Ausstellungen, Öffentlichkeitsarbeit, Archäologische Denkmalpflege", der ebenfalls Alfried Wieczorek vorstand. Im Jahre 1994 übernahm er das Amt des stellvertretenden Museumsdirektors, behielt aber unter Eingliederung der Museumspädagogik die Leitung der Abteilung Ausstellungs- und Öffentlichkeitsarbeit, zu der weiterhin die Archäologische Denkmalpflege gehörte. Die Stelle des Grabungstechnikers hatte Gerhard Antoni seit 1992 übernommen.

Im April 1992 wurde auf Initiative von Dr. Hans-Peter Kraft und Dr. Alfried Wieczorek unter der Schirmherrschaft von Herrn Bürgermeister Lothar Mark die *Arbeitsgemeinschaft Archäologische Denkmalpflege im Stadtkreis Mannheim* gegründet. Ein Schwerpunkt der von ehrenamtlichen Mitarbeiterinnen und Mitarbeitern gebildeten Arbeitsgruppen lag neben dem Einsatz bei Ausgrabungen auch in der Kontrolle und Meldung von Bauvorhaben in den Stadtteilen Mannheims. Ein zweiter Schwerpunkt war die von Dr. Hans-Peter Kraft geleitete ehrenamtliche *Werkstattgruppe der Arbeitsgemeinschaft archäologische Denkmalpflege im Altertumsverein*, deren Mitglieder unter Anleitung der Restauratoren der archäologischen Abteilung bei der Restaurierung und Dokumentation der ausgegrabenen Funde wichtige Mithilfe leisteten. Regelmäßige Geländebegehungen und Stadtteilexkursionen sowie eine monatliche Gesamtsitzung aller beteiligten Arbeitsgruppen vervollständigten das Programm. Die umfangreichen Aktivitäten der archäologischen Bodendenkmalpflege wären in all den Jahren nicht möglich gewesen ohne die tatkräftige Unterstützung der ehrenamtlichen Mitarbeiterinnen und Mitarbeiter.[115]

Nachdem Dr. Alfried Wieczorek ab Oktober 1998 zum kommissarischen Leiter und ab Januar 1999 zum Ltd. Direktor des Reiss-Museums ernannt worden war, wurde Dr. Ursula Koch vom Januar 1999 bis September 2003 die Leitung der *Archäologischen Denkmalpflege in Mannheim* übertragen. Sie übernahm diese Aufgabe in Zusammenarbeit mit Dr. Britta Rabold, die zum 1. Dezember 1999 als Leiterin der Archäologischen Denkmalpflege Karlsruhe bestellt worden war.[116]

Nach dem Ausscheiden Dr. Karl W. Beinhauers Ende April 2003 wurde ab Dezember 2003 die archäologische Leiterstelle mit Dr. Klaus Wirth neu besetzt. Die Leitung von Sammlungen und Denkmalpflege wurde wieder in einer Hand vereinigt und die Abteilung in Archäologische Denkmalpflege und Sammlungen umbenannt. Mit der Einstellung von Benedikt Stadler M.A. als weiterem Grabungstechniker im Februar 2004 wurde dem wachsenden Stellenwert der archäologischen Denkmalpflege und den vermehrten im Auftrag des Landesdenkmalamtes, ab 2005 des Landesamtes für Denkmalpflege, durchgeführten Aktivitäten im fundreichen Neckarmündungsgebiet Rechnung getragen. Den stadtarchäologischen Grabungen in der Innenstadt Mannheims kam dabei neben den Untersuchungen im Rhein-Neckar-Kreis, so in Edingen-Neckarhausen, Ilvesheim und Schriesheim, ein besonderer Stellenwert zu. Für die Bewältigung des vermehrten Fundaufkommens ist seit Mai 2004 die Restauratorin Claudia Mehn tätig.

Im Zuge der Verwaltungsreform des Landes Baden-Württemberg wurde zum Ende des Jahres 2004 das Landesdenkmalamt Baden-Württemberg aufgelöst und durch das neu geschaffene Landesamt für Denkmalpflege ersetzt, das als Abteilung 11 beim Regierungspräsidium Stuttgart angesiedelt ist. Die bisherigen Außenstellen wie auch die für Mannheim zuständige Außenstelle der archäologischen Denkmalpflege in Karlsruhe wurden in die jeweiligen Regierungspräsidien eingegliedert. Das aktualisierte Denkmalschutzgesetz für Baden-Württemberg liegt seit dem 1. Januar 2005 in gültiger Version vor.[117]

Aus der Vielzahl der Notbergungen und Grabungen im hier besprochenen Zeitraum können lediglich erwähnt werden:

1992, 1993, 1995, 2003: Untersuchung des bislang umfangreichsten urnenfelderzeitlichen Gräberfeldes im Neckarmündungsgebiet in Mannheim-Sandhofen, Scharhof, *Sandhofer Weg rechts*, mit einem ungewöhnlichen Reichtum an Bronzebeigaben und einer Vielfalt an Bestattungsformen. – 1993/94: Siedlung der Merowingerzeit in Mannheim-Seckenheim, *Wiesengewann*. – 1994: Hallstatt- und latènezeitliche Siedlungsstellen im Neubaugebiet Mannheim, *Im Rott*, und in Mannheim-Feudenheim, sowie vorgeschichtliche bis frühkaiserzeitliche Siedlungsstellen in Mannheim-Wallstadt, *Elkersberg*. – 1994: Einbaum aus dem Neckar bei Edingen-Neckarhausen. Dendrochronologische Untersuchungen ergaben ein Fälldatum des Baumes für die Jahrzehnte um 1326 n. Chr. – 1996-1997: Siedlung der Karolinger und Ottonenzeit in Mannheim-Straßenheim – 1998-2000 Gräberfeld der Merowingerzeit in Mannheim-Sandhofen, *Hoher Weg* (Groß-Gerauer Straße); Brunnen der Hallstattzeit mit Resten des hölzernen Brunnenkastens; latènezeitliche Siedlungsreste. – 2000/01: Gräberfeld der Merowingerzeit in Mannheim-Straßenheim, *Links der Mannheimer Straße*. – 2001 und 2002: Mannheim-Straßenheim, *Apfelkammer*; Brunnen der Bandkeramik mit viereckigem Brunnenkasten, Brandgrab der Hallstattzeit, neckarsuebische Siedlungsreste. – 2002: Reiches Frauengrab der späten Hallstattzeit in Ilvesheim, *Weingärten*. – 2002/03: Ilvesheim, *Atzelbuckel*, Siedlungsschicht der Schnurkeramik, römische Brandgräber und Siedlungsgruben. – 2002 bis Januar 2005: Gräberfeld der Merowingerzeit in Mannheim-Seckenheim, Bösfeld, das im Vorfeld des Baus der SAP-Arena untersucht wurde und mit über 900 Gräbern das bislang größte am Oberrhein ist. – 2004 bis 2006: Mannheim, Zeughaus C 5, Befunde des 17. und 18. Jahrhunderts. – 2005: Sohlgräben in Edingen-Neckarhausen, *Wingertsäcker*, die als Pflanz- bzw. Rigolgräben für den Anbau von Rebpflanzen gedeutet werden. – 2005: Mannheim, O 3,2, Bebauung der Barockzeit. – 2005 und 2006/07: Grabungen in H 3,11 und H 3,15, dem Töpferviertel Mannheims, mit Entdeckung einer Tonpfeifenwerkstatt der zweiten Hälfte des 17. Jahrhunderts. – 2006: Ilvesheim, *Mahrgrund*, Siedlung der römischen Kaiserzeit. – 2006: Schriesheim, Siedlungsreste der Urnenfelderzeit. – 2007: Mannheim, M 1,2, mittelalterliche und barocke Siedlungsreste. – 2007: Mannheim B 4,13, Bauforschung in einem Haus des frühen 18. Jahrhunderts.[118]

Die Tradition, durch kleinere Ausstellungen in der Region das Interesse des Publikums auf die Tätigkeit der archäologischen Denkmalpflege und deren Ergebnisse für die regionale Vor- und Frühgeschichte hinzuweisen, wurde erfolgreich fortgesetzt (Mannheim-Friedrichsfeld 1996; Mannheim-Neckarau 1997; Hockenheim 2003; Mannheim-Sandhofen 2004 und 2006; Edingen 2007; Neckarau 2007). Mit einer Ausstellung in den Reiss-Engelhorn-Museen wurde auf die reichen Funde von Mannheim-Seckenheim, *Bösfeld*, hingewiesen. Im Januar 2005 waren die Grabungsarbeiten auf diesem Bestattungsplatz der Merowingerzeit abgeschlossen. Bereits im November 2005 konnten ausgewählte Funde der Öffentlichkeit in der Ausstellung *Tatort Bösfeld* (22. November 2005 - 22. Januar 2006) vorgestellt werden (Abb. 30).

„TEMPORA MUTANTUR NOS ET MUTAMUR IN ILLIS [119]"

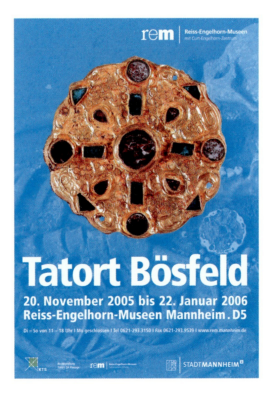

Abb. 30: Plakat mit Goldscheibenfibel aus Grab 428 für die Sonderausstellung Tatort Bösfeld in den Reiss-Engelhorn-Museen Mannheim D 5 (2005/2006). – © Reiss-Engelhorn-Museen Mannheim. Foto: Archäologische Sammlungen und Denkmalpflege.

Anmerkungen

[1] Mannheimer Geschichtsblätter 1, 1900 – 41, 1940. Mannheimer Hefte 1952 – 1995/96. Mitt. MAV = Mitteilungen Gesellschaft der Freunde Mannheims und der ehemaligen Kurpfalz. Mannheimer Altertumsverein von 1859, H. 1, 1970 – H. 41, 1990 (Rubrik: Aus der Arbeit des Reiss-Museums). MGBl NF. = Mannheimer Geschichtsblätter Neue Folge: NF. 1, 1994, S. 403 ff. (Das Reiss-Museum der Stadt Mannheim. Jahresbericht 1992); NF. 2, 1995, S. 531 ff. (Das Reiss-Museum der Stadt Mannheim. Jahresbericht 1993); NF. 3, 1996, S. 491 ff. (Reiss-Museum der Stadt Mannheim. Jahresbericht 1994); NF. 7, 2000, S. 327 ff. (Das Reiss-Museum der Stadt Mannheim. Jahresberichte 1995 – 1998); NF. 8, 2001, S. 541 ff. (Das Reiss-Museum Mannheim in den Jahren 1999 –2000); NF. 10, 2003, S. 281 ff. (Die Reiss-Engelhorn-Museen in den Jahren 2001 und 2002); NF. 11, 2004, S. 329 ff. (Reiss-Engelhorn-Museen Mannheim in den Jahren 2003 und 2004).

[2] Braun, Claudia: Kurfürst Carl Theodor als Denkmalpfleger. In: Wieczorek, Alfried/Probst, Hansjörg/ Koenig, Wieland (Hg.): Lebenslust und Frömmigkeit. Kurfürst Carl Theodor (1724 – 1799) zwischen Barock und Aufklärung. Bd. 1. Regensburg 1999, S. 347 ff. Gropengießer, Erich: Die Ur- und Frühgeschichtsforschung in Mannheim und die Archäologischen Sammlungen des Reiß-Museums. In: Führer zu vor- und frühgeschichtlichen Denkmälern Bd. 3. Mannheim – Odenwald – Lorsch – Ladenburg. Mainz 1965, S. 11 ff. Jacob, Gustaf: Kurfürst Carl Theodor und seine Zeit. In: Mannheimer Hefte 1975, Heft 1, S. 24 ff. Wieczorek, Alfried/Probst, Hansjörg/Koenig, Wieland (Hg.): Lebenslust und Frömmigkeit. Kurfürst Carl Theodor (1724 – 1799) zwischen Barock und Aufklärung. Handbuch (Bd. 1) und Ausstellungskatalog (Bd. 2). Publikationen des Reiss-Museums Mannheim Bd. 1.1 und 1.2. Regensburg 1999. Wieczorek, Alfried: Die Reiss-Engelhorn-Museen. Zur Eröffnung des neuen „Museum Zeughaus" am 24. Januar 2007. In: Badische Heimat 87, 2007, Heft 1, S. 7 ff.

[3] Arnscheidt, Grit/Braun, Claudia u.a.: 6.4 Akademie der Wissenschaften – Historische Klasse. In: A. Wieczorek u.a. 1999 (wie Anm. 2) Bd. 2, S. 445 ff. Fuchs, Peter: Die historische Forschung an der Kurpfälzischen Akademie der Wissenschaften zu Mannheim. In: Mannheimer Hefte 1960, Heft 1; S. 32 ff. Ders. Die historische Forschung an der kurpfälzischen Akademie der Wissenschaften zu Mannheim. Ebd. 1991, Heft 1, S. 17 ff. Jacob, Gustaf/Gropengießer, Erich: Die Kurpfälzische Akademie der Wissenschaften. Zu den Ausstellungen des Städtischen Reiss-Museums. Ebd. 1963, Heft 3, S. 25 ff. Stupperich, Reinhard: Das Antiquarium Carl Theodors in Mannheim. In: A. Wieczorek u.a. 1999 (wie Anm. 2) Bd. 1, S. 337 ff. .

[4] Schiering, Wolfgang/Meixner, Horst/Braun, Claudia u.a.: Zum Mannheimer Antikensaal und ein Katalog der Antikensaal-Galerie im Schloss. In: MGBl (wie Anm. 1) NF. 2, 1995, S. 115 ff. Schiering, Wolfgang: Der Antikensaal oder Saal der Statuen. Eine Erweiterung der Zeichnungsakademie Carl Theodors in Quadrat F 6,1. In: A. Wieczorek u.a. 1999 (wie Anm. 2) Bd. 1, S. 267 ff.

[5] Jensen, Inken: Gefäße, Geräte und Kleinfunde des römischen Alltags. Bildhefte des Städt. Reiss-Museums Mannheim. Archäologische Sammlungen Nr. 3. Mannheim 1986. S. 29 ff. Nrn. 32-34 mit Taf. 16, 32-34.

[6] Gropengießer, Erich: Humanistisches Gymnasium, Archäologische Sammlungen und Altertumsverein in Mannheim. In: Müller, Karl Albert (Hg.): Dreihundert Jahre Karl-Friedrich-Gymnasium. Vergangenheit und Gegenwart einer Mannheimer Schule. Mannheim 1972, S. 199 ff.

[7] E. Gropengießer 1965 (wie Anm. 2) S. 11 ff. Ders. 1972 (wie Anm. 6). G. Jacob (wie Anm. 2) S. 5 ff. Troeger, Barbara: Der Mannheimer Altertumsverein 1859-1914. In: MGBl (wie Anm. 1) NF. 1, 1994, S. 273 ff.

[8] Verbleib des Originals: Badisches Landesmuseum Karlsruhe, Inv.-Nr. C 6292. Gropengießer, Erich: Keltische Funde. Bildhefte des Städt. Reiss-Museums Mannheim. Archäologische Sammlungen Nr. 2 (1980) S. 16, Nr. 17 mit Taf. 12 Nr. 17. Spindler, Konrad: Ein keltischer Helm aus der Saône bei Belleville. In: Archäologisches Korrespondenzblatt 2, 1972, S. 149 ff. Waurick, Götz: Helme in Caesars Heer. Mainz 1990. Siehe auch den Beitrag von Inken Jensen und Benedikt Stadler in diesem Band.

[9] Baumann, Karl: Karte zur Urgeschichte von Mannheim und Umgebung. Mannheim 1888, 2. Aufl. 1907.

[10] Baumann, Karl: Funde aus der Steinzeit in und bei Mannheim. In: Mannheimer Geschichtsblätter 9, 1908, Nr. 2, Sp. 26 ff. Siehe auch Abb. 43 des Beitrags von Hans-Peter Kraft in diesem Band.

[11] E. Gropengießer 1972 (wie Anm. 6). Probst, Hansjörg: Hermann Gropengießer 9.10.1879 – 24.11.1946. Ein Mannheimer Lebensbild. In: Mannheimer Hefte 1990, Heft 1, S. 21 ff.

[12] Wagner, Ernst: Fundstätten und Funde aus vorgeschichtlicher, römischer und alamannisch-fränkischer Zeit im Großherzogtum Baden. Erster Teil: Das Badische Oberland. Tübingen 1908. Zweiter Teil: Das Badische Unterland. Tübingen 1911 (S. 193 ff. Amt Mannheim).

[13] Bischof, Henning: Die Völkerkundlichen Sammlungen der Stadt Mannheim. Ein historischer Rückblick. In: Mannheimer Hefte 1989, Heft 1, S. 31. Fischer, Kathrin: Zur Genese der Völkerkundlichen Sammlungen im Reiss-Museum Mannheim. Die Mannheimer Erwerbung der Sammlung Gabriel von Max im Kriegsjahr 1917. In: MGBl (wie Anm. 1) NF. 8, 2001, S. 429 ff. Gagern, Axel von: Vor fünfzig Jahren: Die Erwerbung der Sammlung Gabriel von Max. In: Mannheimer Hefte 1967, Heft 2, S. 20 ff.

[14] Allgemein: E. Gropengießer 1965 (wie Anm. 2) S. 11 ff. Dauber, Albrecht: Zur Geschichte der archäologischen Denkmalpflege in Baden. In: Denkmalpflege in Baden-Württemberg. Nachrichtenblatt des Landesdenkmalamtes 2, 1983, S. 47 ff. Koch, Ursula/Wieczorek, Alfried: 100 Jahre West- und Süddeutscher Verband für Altertumsforschung. Vom Verband der Vereine zum Verband der Museen und Institutionen (1920–1930). In: Archäologisches Nachrichtenblatt 5, 2000, Heft 1, S. 33 ff. – Ladenburg: Baumann, Karl/Gropengießer, Hermann: Ausgrabungen in Ladenburg. In: Mannheimer Geschichtsblätter 10, 1909, Sp. 32 ff. Gropengießer, Hermann, Die römische Basilika in Ladenburg. Ein Bericht. Mannheim 1914. Mylius, Hermann: Die römische Marktbasilika in Lopodunum. In: Germania 30, 1952, S. 56 ff. – Reichsautobahn: Gro-

pengießer, Hermann: Reichsautobahn und Urgeschichte bei Mannheim. In: Mannheimer Geschichtsblätter 36, 1935, Sp. 175 ff. (darin z.B. die neckarsuebische Siedlung von Mannheim-Seckenheim Sp. 193 ff.). Ders. Beobachtungen, Funde und Untersuchungen im Bauabschnitt Mannheim der Reichsautobahn. 1934/35. In: Badische Fundberichte 3, 1933 – 1936, S. 308 ff. (darin z.B. die neckarsuebische Siedlung von Mannheim-Seckenheim S. 314 f.) – Wüstung Hermsheim: Ders. Die Ausgrabungen in Hermsheim. In: Mannheimer Geschichtsblätter 35, 1934, Sp. 55 f. – Mannheim-Neckarau: Ders. Spätrömischer Burgus bei Mannheim-Neckarau. In: Badische Fundberichte 13, 1937, S. 117 f.

[15] Kimmig, Wolfgang: Das Bronzedepot von Wallstadt. In: Germania 19, 1935, S. 116 ff. Ders. Der Bronzeschatzfund von Wallstadt. In: Mannheimer Geschichtsblätter 36, 1935, Sp. 81 ff. Siehe auch den Beitrag von Klaus Wirth in diesem Band.

[16] Jankuhn, Herbert: Eine Schwertform aus karolingischer Zeit. In: Offa 4, 1939, S. 155 ff.

[17] Gropengießer, Hermann: Ur- und Frühgeschichte – Antike. In: Jacob, Gustaf: Das Mannheimer Schloss und seine Sammlungen. Schriften der Stadt Mannheim Heft 4, 1939, S. 74 ff. Walter, Friedrich: Städtisches Schlossmuseum Mannheim. Kleiner Führer durch die Sammlungen. Mannheim. 1931.

[18] Rupp, Fritz: Bericht über die Ausräumung der „Steinsäle" des Schlossmuseums im Winter 1950/51 (Maschinenschrift).

[19] Die Daten sind den Mitteilungen der Gesellschaft der Freunde Mannheims und der ehemaligen Kurpfalz. Mannheimer Altertumsverein von 1859, H. 1, 1970 - H. 41, 1990 = Mitt. MAV wie (Anm. 1), und den Mannheimer Geschichtsblättern Neue Folge Bd. 1, 1994 ff. = MGBl (wie Anm. 1) NF. auszugsweise entnommen, d.h. die Daten sind bereits veröffentlicht (und stellen hier daher keine Verletzung des Datenschutzes dar).

[20] Mitt. MAV (wie Anm. 1) 1970, Nr. 1, S. 6; 1970, Nr. 2, S. 7.

[21] Innenministerium Baden-Württemberg (Hg.): Kommunaler Produktplan Baden-Württemberg. In: Staatsanzeiger für Baden-Württemberg. Schriftenreihe des Innenministeriums Baden-Württemberg zum kommunalen Haushalts- und Rechnungswesen H. 2. Stuttgart 1996, S. 116 ff. (45.1 Produktbereich Museen: 45.1.1 Produktgruppe: Sammeln, Bewahren, Dokumentieren, Forschen – 45.1.1.01 Produkt: Museumsgut sichern, bewahren, sammeln, erforschen und erschließen. 45.1.2 Produktgruppe: Vermitteln – 45.1.2.01 Produkt: Präsentation von Dauerausstellungen, 45.1.2.02 Produkt: Präsentation von Sonderausstellungen, 45.1.2.03 Produkt: Durchführung museumsbezogener Kulturaktivitäten, 45.1.2.04 Produkt: Fachliche Beratung und Betreuung, 45.1.2.05 Produkt: Bereitstellung von museumsbezogenen Medien. Produktgruppe: 45.1.3 Sonstige Leistungen – 45.1.3.01 Produkt: Betrieb eines Museumsshops, 45.1.3.02 Produkt: Durchführung von Fremdveranstaltungen sowie Vermietungen und Verpachtungen aller Art.

[22] Eigentümer sind z.B. genannt in den Texten der Bildhefte des Städt. Reiss-Museums: Gropengießer, Erich: Römische Steindenkmäler. Bildhefte des Städt. Reiss-Museums Mannheim. Archäologische Sammlungen Nr. 1. Mannheim 1975. Ders. Keltische Funde. Bildhefte des Städt. Reiss-Museums Mannheim. Archäologische Sammlungen Nr. 2. Mannheim 1980. Jensen, Inken: Gefäße, Geräte und Kleinfunde des römischen Alltags. Bildhefte des Städt. Reiss-Museums Mannheim. Archäologische Sammlungen Nr. 3. Mannheim 1986.

[23] Zur Sammlung Max siehe Anm. 13.

[24] Sammlung Hormuth: Mitt. MAV 1973/I Nr. 7, S. 7; MGBl (wie Anm. 1) NF. 7, 2000, S. 356.

[25] Sammlung Gember: Akten Reiss-Engelhorn-Museen, Archäologische Denkmalpflege und Sammlungen; MGBl (wie Anm. 1) NF. 7, 2000, S. 357.

[26] Zur Geschichte: Braun, Claudia: Bronzestatuetten im Reiss-Museum Mannheim. Götter und Votivfiguren. Mannheim 1982 (ungedr. Magisterarbeit), S. 2 ff. E. Gropengießer 1965 (wie Anm. 2) S. 11 ff. A. Wieczorek 2007 (wie Anm. 2). – Großherzogliches Antiquarium: Baumann, Karl: Katalog des Großh. Antiquariums zu Mannheim. Mannheim 1882 (Handschrift). Die Herkunft der Objekte aus dem ehemaligen Großherzoglichen Antiquarium ist nur gesichert, wenn das Objekt im Katalog 1882 von K. Baumann in der Originalhandschrift eingetragen ist, da in späterer Zeit Objekte nachgetragen („nachinventarisiert" wurden). – Steindenkmäler: Haug, Ferdinand: Die römischen Denksteine des Großherzoglichen Antiquariums in Mannheim. Wissenschaftliche Beigabe zu den Programmen des Gymnasiums Mannheim für die Schuljahre 1875/77. Konstanz 1877. – Siehe auch die Literatur in Anm. 3 und 6.

[27] Zur Geschichte: E. Gropengießer 1965 (wie Anm. 2) S. 11 ff. – Steindenkmäler: Baumann Karl: Römische Denksteine und Inschriften der Vereinigten Altertums-Sammlungen in Mannheim. Wissenschaftliche Beigabe zum Programm des Gymnasiums zu Mannheim für das Schuljahr 1888/89. Mannheim 1890.

[28] MGBl (wie Anm. 1) NF. 7, 2000, S. 357 f.; NF. 8, 2001, S. 362 f.; NF. 10, 2003, S. 296 ff. Welck, Karin von: Vorwort und Dank. In: Born, Klaus/Homering, Liselotte (Hg.): Geschenke von Freunden. Dreißig Jahre Fördererkreis für das Reiss-Museum Mannheim. Mannheim/Heidelberg 1998, S. 8 ff.

[29] Huth, Hans: Die Kunstdenkmäler des Stadtkreises Mannheim. Die Kunstdenkmäler in Baden-Württemberg Bd. 1 und 2. München 1982, Bd. 2, S. 891 (B 4,10a), 1222 ff. (B 4,2).

[30] H. Huth (wie Anm. 29) Bd. 1, S. 789 ff. Lacroix, Emil: Die ehemalige Sternwarte in Mannheim. Bericht über die Instandsetzung im Jahre 1958. In: Nachrichtenblatt der Denkmalpflege in Baden-Württemberg 2, 1959, S. 54 ff. Die Wiederinstandsetzung der Sternwarte. In: Mannheimer Hefte 1958, Heft 2, S. 14 f.

[31] z.B. Mitt. MAV (wie Anm. 1) 1972/II Nr. 6, S. 6; 1973/II, Nr. 8, S. 7; 1974//I, Nr. 9, S. 8; 1975/I Nr. 11, S. 10; 1981/I, Nr. 23, S. 7.

[32] H. Huth (wie Anm. 29) Bd. 2, S. 915. MGBl (wie Anm. 1) NF. 10, 2003, S. 307.

[33] H. Huth (wie Anm. 29) Bd. 2, S. 909 f.

[34] H. Huth (wie Anm. 29) Bd. 2, S. 906. Mitt. MAV (wie Anm. 1) 1983/I, Nr. 25, S. 9 f.

[35] MGBl (wie Anm. 1) NF. 8, 2001, S. 563; NF. 10, 2003, S. 305; NF. 11, 2004, S. 351 f.

[36] MAGBl (wie Anm. 1) NF. 11, 2004, SS. 331; 334; 353.

[37] Ehrenamtliche Mitarbeiter und Praktikanten: Akten Reiss-Engel-

horn-Museen. Nennung ehrenamtlicher Helfer z.B. bei: Gropengießer, Erich: Neue Ausgrabungen und Funde im Mannheimer Raum 1961-1975. Mannheim 1976, S. 9 f. Jensen, Inken: Archäologie in den Quadraten. Ausgrabungen in der Mannheimer Innenstadt. Mannheim 1986, S. 6. MGBl (wie Anm. 1) NF. 3, 1996, S. 505; NF. 7, 2000, SS. 328; 332; 360 f.; NF. 8, 2001, SS. 563; 568; NF. 10, 2003, S. 305 f.; NF. 11, 2004, SS. 329; 352 ff.; 359; 361.

[38] NF. 10, 2003, S. 287.

[39] MGBl (wie Anm. 1) NF. 1, 1994, S. 413; NF. 11, 2004, S. 352.

[40] Literatur zu den Antikensammlungen: Baumann, Karl: Katalog des Großh. Antiquariums zu Mannheim. Mannheim 1882 (Handschrift). Beazley, John Davidson: Attische Vasenmaler des rotfigurigen Stils. Tübingen 1925, S. 362 f. Beinhauer, Karl W.: Ein Helm vom Negauer Typ – Konstruktion und militärischer Aspekt. In: Mannheimer Hefte 1990, Heft 1, S. 51 ff. Beinhauer, Karl W.: Alt-Griechenland und Alt-Italien. In: museum. Reiss-Museum Mannheim Bd. 1. Museum für Archäologie und Völkerkunde und Museum für Naturkunde im Reiss-Museum der Stadt Mannheim. Braunschweig 1991, S. 39 ff. Born, Klaus/Homering, Liselotte (Hg.): Geschenke von Freunden. Dreißig Jahre Fördererkreis für das Reiss-Museum Mannheim. Mannheim/Heidelberg 1998. S. 20 ff. (Federico Utili); S. 36 ff. (Karl W. Beinhauer); 75 f. (Federico Utili). Braun, Claudia: Bronzestatuetten im Reiss-Museum Mannheim. Götter und Votivfiguren. Mannheim 1982 (ungedr. Magisterarbeit). Greifenhagen, Adolf: Griechische Vasen im Reiss-Museum Mannheim. In: Mannheimer Hefte 1957, Heft 2, S. 26 ff. Greifenhagen, Adolf: Corpus Vasorum Antiquorum. Deutschland. Mannheim, Reiss-Museum. Deutschland Bd. 13. Mannheim Bd. 1. München 1958. Gropengießer, Erich: Die Ur- und Frühgeschichtsforschung in Mannheim und die Archäologischen Sammlungen des Reiss-Museums. In: Führer zu vor- und frühgeschichtlichen Denkmälern Bd. 3. Mannheim, Odenwald, Lorsch, Ladenburg. Mainz 1965, S. 45 ff. Hase, Friedrich-Wilhelm von: Ein unbekannter apulisch-korinthischer Helm im Reiss-Museum. In: Mannheimer Hefte 1982, Heft 2, S. 99 ff. Utili, Federico: Corpus Vasorum antiquorum. Mannheim, Reiss-Engelhorn-Museen, ehemals Reiss-Museum. Deutschland Bd. 75. Mannheim Bd. 2. München 2003. Welck, Karin von/Stupperich, Reinhard (Hg.): Italien vor den Römern. Aus der Antikensammlung des Reiss-Museums Mannheim. Mannheim 1996.

[41] J. D. Beazley (wie Anm. 40) S. 362 f. A. Greifenhagen (wie Anm. 40) S. 37 f.; Taf. 24, 2-4; 25, 3-6. Lexikonredaktion des Verlags F. A. Brockhaus, Mannheim (Hg.): Der Brockhaus Mannheim. 400 Jahre Quadratestadt – das Lexikon. Mannheim/Leipzig 2006. S. 211 f. mit Abb. Mitt. MAV 1975/II Nr. 12, S. 7. F. Utili (wie Anm. 40) S. 29 f.; Taf. 19,1-7. K. von Welck/R. Stupperich (wie Anm. 40) S. 82.

[42] Born, Klaus/Homering, Liselotte (wie Anm. 40) S. 20 ff.; 75 f. (Texte: Federico Utili). F. Utili (wie Anm. 40) S. 17 ff. mit Taf. 6-8; 20 f. mit Taf. 10; 35 f. mit Taf. 24 und 25. K. von Welck/R. Stupperich (wie Anm. 40) S. 80 f.; 102 f.

[43] F. Utili (wie Anm. 40) S. 68 mit Taf. 47.

[44] F. Utili (wie Anm. 40) S. 30 f. mit Taf. 20, 1-6.

[45] F. Utili (wie Anm. 40).

[46] K. von Welck/R. Stupperich, Reinhard (wie Anm. 40) S. 11.

[47] MGBl (wie Anm. 1) NF. 8, 2001, S. 563.

[48] 30. November 1978 – 16. April 1979: Griechische Vasen. Erwerbungen 1975-1978 mit gleichnamigem Führungsheft, bearbeitet von Erich Gropengießer und Inken Jensen. – 2. Oktober 1983 – 26. Februar 1984: Aus der Frühzeit Italiens. Archäologische Erwerbungen 1977 – 1983 mit gleichnamigem Führungsheft, bearbeitet von Karl W. Beinhauer und Heinrich Chantraine.

[49] Begleitbuch: K. von Welck/R. Stupperich (wie Anm. 40). Ausstellungstournee: MGBl (wie Anm. 1) NF. 7, 2000, S. 331, 350; Dresden 21. Mai – 6. Oktober 1996, Augsburg 13. November 1996 – 16. März 1997 und Schleswig 1. Mai – 4. Oktober 1997.

[50] Wieczorek, Alfried/Hesse-Mohr, Petra/Lind, Christoph: Das Museum Zeughaus der rem. Ein Überblick über die Neupräsentation der Sammlungen. Publikationen der Reiss-Engelhorn-Museen Bd. 20. Mannheim 2007, S. 37 ff.

[51] Jensen, Inken/Wieczorek, Alfried (Hg.): Dino, Zeus und Asterix. Zeitzeuge Archäologie in Werbung, Kunst und Alltag heute. Publikationen der Reiss-Engelhorn-Museen Bd. 4. Beiträge zur Ur- und Frühgeschichte Mitteleuropas Bd. 34. Mannheim/Weißbach 2002. MGBl (wie Anm. 1) NF. 10, 2003, S. 307; NF. 11, 2004, S. 338.

[52] So z.B. befassten sich SchülerInnen des Karl-Friedrich-Gymnasiums mit Darstellungen auf griechischen Vasen und präsentierten ihre Ergebnisse vom 2. Oktober 2004 – 31. Januar 2005 in D 5 unter dem Titel Monster und Fabelwesen in der Welt der Griechen. Mit dem Seminar für Klassische Archäologie der Universität Mannheim bestand unter Prof. Dr. Wolfgang Schiering und seinem Nachfolger Prof. Dr. Reinhard Stupperich eine gute Zusammenarbeit.

[53] Beinhauer Karl W./Wegner, Dietrich: Jungpaläolithische „Kleinkunst" aus der Dordogne in den Archäologischen Sammlungen des Städtischen Reiss-Museums Mannheim. In: Lascaux – Höhle der Eiszeit. Hildesheim 1982, S. 69 ff. Beinhauer, Karl W.: Eine außergewöhnliche Knochen-Gravur des Jungpaläolithikums aus La Rochette (Dép. Dordogne) in den Archäologischen Sammlungen des Städtischen Reiss-Museums Mannheim. In: Mitteilungen der Anthropologischen Gesellschaft in Wien (MAGW) 116, 1986, S. 141 ff. Beinhauer, Karl W.: Europäische Altsteinzeit. In: museum. Reiss-Museum Mannheim Bd. 1. Museum für Archäologie und Völkerkunde und Museum für Naturkunde im Reiss-Museum der Stadt Mannheim. Braunschweig 1991, S. 22 ff. K. W. Beinhauer 1992 a: Beinhauer, Karl W./Wagner, Günther A. (Hg.): Schichten – 85 Jahre Homo erectus heidelbergensis von Mauer. Mannheim 1992. K. W. Beinhauer 1992 b: Beinhauer, Karl W./Wagner, Günther A.: Neue Forschungen zu Mauer – eine Einführung. In: K. W. Beinhauer 1992 a, S. 14 ff. K. W. Beinhauer 1992 c: Beinhauer, Karl W./Fiedler, Lutz/Wegner, Dietrich: Hornstein-Artefakte von der Fundstelle des Homo erectus heidelbergensis aus Mauer. In: K. W. Beinhauer 1992 a, S. 46 ff. K. W. Beinhauer 1993 a: Beinhauer, Karl W./Fiedler, Lutz/Wagner, Günther A./Wegner, Dietrich: Zur Archäologie von Mauer „Grafenrain". Neue Forschungsergebnisse zum Fundplatz des Unterkiefers von Mauer (Homo erectus heidelbergensis). In: Actes du XIIe Congrès International des Sciences Préhistoriques et Protohistoriques (UISPP) Bratislava, 1-7 Septembre 1991 Bd. 2. Bratislava 1993, S. 11 ff. K. W. Beinhauer

1993 b : Beinhauer, Karl W./Fiedler, Lutz/Wagner, Günther A.: Neues zum Homo erectus heidelbergensis aus Mauer an der Elsenz in Baden. In: Antike Welt 24, 1993, Heft 1, S. 71 ff. K. W. Beinhauer 1994 a: Beinhauer, Karl W./Fiedler, Lutz/Wagner, Günther A./Wegner, Dietrich: Neue Forschungen zum Fundplatz des Unterkiefers von Mauer (Homo erectus heidelbergensis). In: Mannheimer Geschichtsblätter Neue Folge Bd. 1, 1994, S. 9 ff. K. W. Beinhauer 1994 b: Beinhauer, Karl W./Fiedler, Lutz/Wagner, Günther A.:Schichten – 85 Jahre Homo erectus heidelbergensis von Mauer. In: Mitteilungen der Humboldt-Gesellschaft für Wissenschaft, Kunst und Bildung e.V. 32, 1994, S. 1444 ff. K. W. Beinhauer 1996 a: Beinhauer, Karl W./Kraatz, Reinhart/Wagner, Günther A. (Hg.): Homo erectus heidelbergensis von Mauer. Kolloquium I. Neue Funde und Forschungen zur frühen Menschheitsgeschichte Eurasiens mit einem Ausblick aus Afrika. Vom 20. bis 22. Januar 1995 im Geologisch-Paläontologischen Institut der Universität Heidelberg. Resümees/Summaries. Mannheimer Geschichtsblätter NF. Beiheft 1. Sigmaringen 1996. K. W. Beinhauer 1996 b: Beinhauer, Karl W./Kraatz, Reinhart/Wagner, Günther A.: MAUER-Kolloquium I – Eine Übersicht (mit Demonstration des Original-Unterkiefers von Mauer, Homo erectus heidelbergensis, in Zusammenarbeit mit Heinrich Bahlburg und Thilo Bechstädt, Geologisch-Paläontologisches Institut der Universität Heidelberg). In: K. W. Beinhauer 1996 a, S. 9 ff. K. W. Beinhauer 1996 c: Beinhauer, Karl W.: Bezugsebenen von Mauer, „Grafenrain", und das relative Alter der Hornsteinartefakte von der Fundstelle des Homo erectus heidelbergensis von Mauer (mit Demonstration der originalen Hornsteine und Hornsteinartefakte sowie mit Vorführung des Tonband-Interviews mit Karl Fr. Hormuth 1982, letzteres präsentiert von Dietrich Wegner). In: K. W. Beinhauer 1996 a, S. 161 ff. K. W. Beinhauer 1997 a: Beinhauer, Karl W.: Zur zeitlichen Stellung der Hornsteinartefakte von Mauer, „Grafenrain". In: Quartär 47/48, 1997, S. 191. K. W. Beinhauer 1997 b: Beinhauer, Karl W.: Gedanken zu den Begriffen „Kultur", „Werkzeug" und „Gerät" in der frühen Menschheitsgeschichte und zur Kultur des frühen Menschen in Mauer an der Elsenz in Baden (ehemals Kurpfalz). In: G. A. Wagner 1997 a, S. 267 ff. K. W. Beinhauer 1997 c: Beinhauer, Karl W./Fiedler, Lutz: Das altpaläolithische Fundmaterial Deutschlands. Der Südwesten im Einzugsgebiet des Neckars. In: Fiedler, Lutz (Hg.): Archäologie der ältesten Kultur in Deutschland. Ein Sammelwerk zum älteren Paläolithikum der Zeit des Homo erectus und des frühen Neandertalers. Materialien zur Vor- und Frühgeschichte von Hessen Bd. 18. Wiesbaden 1997, S. 27 ff. Beinhauer, Karl W./Jensen, Inken: Die Alt- und Mittelsteinzeitsammlung der Archäologischen Sammlungen der Reiss-Engelhorn-Museen Mannheim – Geschichte und Bedeutung. In: Wieczorek, Alfried/Rosendahl, Wilfried (Hg.): MenschenZeit – Geschichten vom Aufbruch des frühen Menschen. Publikationen der Reiss-Engelhorn-Museen Bd. 7. Mannheim/Mainz 2003. Fiedler, Lutz: Quelques Artefacts de Mauer, site de la mandibule d' Homo erectus Heidelbergensis. In: L'Anthropologie 99, 1995, S. 115 ff. Fiedler, Lutz/Rosendahl, Gaëlle: Die Artefakte und die Kultur des Menschen von Mauer. In: Liebig, Volker/Rosendahl, Wilfried (Hg.): Spuren im Sand. Der Urmensch und die Sande von Mauer. Ostfildern 2007, S. 37 ff.

Gelhausen, Frank: Atzelbuckel und Schultheißenbuckel. Zwei mesolithische Fundplätze im Neckarmündungsgebiet bei Mannheim. In: Archäologisches Korrespondenzblatt 31, 2001, S. 511 ff. Riemer, Petra: Das kleine Pferd von Laugerie Basse (Dordogne). Odyssee und Analyse eines Kleinkunstwerks des Magdalénien. In: Jahrbuch des Römisch-Germanischen Zentralmuseums Mainz 49, 2002, S. 83 ff. Rosendahl, Gaëlle: La Micoque und das Micoquien in den altsteinzeitlichen Sammlungen des Reiss-Museums Mannheim. In: Mannheimer Geschichtsblätter N.F. 6, 1999, S. 315 ff. G. Rosendahl 2004: Rosendahl, Gaëlle/Rosendahl, Wilfried: Art mobilier du Paléolithique supérieur dans les collections des Reiss-Engelhorn-Museen de Mannheim (Allemagne): un aperçu. In : Otte, M. (Ed.): La spiritualité. ERAUL Bd. 106, Liège 2004, S. 153 ff. G. Rosendahl 2006 a: Rosendahl, Gaëlle/Beinhauer, Karl W./Löscher, Manfred/ Kreipl, Kurt/Walter, Rudolf/Rosendahl, Wilfried: Le plus vieil arc du monde? Une pièce intéressante en provenance de Mannheim, Allemagne. In: L'anthropologie 110, 2006, S. 371 ff. G. Rosendahl 2006 b: Rosendahl, Gaëlle in: Rheinisches LandesMuseum Bonn, Gabriele Uelsberg (Hg.): Roots. Wurzeln der Menschheit. Bonn/Mainz 2006, SS. 338; 348 f.; 351. G. A. Wagner 1997 a: Wagner, Günther A./Beinhauer, Karl W. (Hg.): Homo heidelbergensis von Mauer. Das Auftreten des Menschen in Europa. Heidelberg 1997. G. A. Wagner 1997 b: Wagner, Günther A./Beinhauer Karl W.: Der europäische Frühmensch Homo heidelbergensis: Unser Vorfahr oder evolutionäre Sackgasse? 90 Jahre Homo heidelbergensis von Mauer. In: G. A. Wagner 1997 a, S. 15 ff. Walter, Rudolf/Rosendahl, Gaëlle/Rosendahl, Wilfried: Experimente zur Verwendung des „Mannheimer Bogens" als Schießbogen. In: Experimentelle Archäologie in Europa. Bilanz 2005. Heft 4. Oldenburg 2005, S. 27 ff. Wegner, Dietrich/Hormuth, Günther/Beinhauer, Karl W.: Karl Friedrich Hormuth – Ein Mannheimer Wissenschaftler findet die Werkzeuge des Homo erectus heidelbergensis. In: G. A. Wagner 1997 a, S. 85 ff. Wieczorek, Alfried/Rosendahl, Wilfried (Hg.): MenschenZeit – Geschichten vom Aufbruch des frühen Menschen. Publikationen der Reiss-Engelhorn-Museen Bd. 7. Mannheim/Mainz 2003.

[54] K. W. Beinhauer 1986 (wie Anm. 53).

[55] K.W. Beinhauer 1982, S. 72 Nr. 4 (wie Anm. 53).

[56] F. Gelhausen (wie Anm. 53).

[57] K. W. Beinhauer 1982 (wie Anm. 53).

[58] Mitt. MAV (wie Anm. 1) 1982/I, Nr. 25, S. 14. Rietschel, Gerhard: Tiere und Menschen der Eiszeit. Führungsheft. Ausstellung in B 4,10a. Städtisches Reiss-Museum Mannheim – Naturkundliche Sammlungen. Mannheim 1982, S. 12 ff.

[59] K.W. Beinhauer 1992 c (wie Anm. 53).

[60] K. W. Beinhauer 1992 a (wie Anm. 53) S. 46 ff. K. W. Beinhauer 1994 a (wie Anm. 53) S. 12 f.

[61] K. W. Beinhauer 1992 a (wie Anm. 53). MGBl (wie Anm. 1) NF. 1, 1994, S. 410 ff.; NF. 2, 1995, S. 540 ff.).

[62] 20. – 22. Januar 1995 Internationales Symposium in Heidelberg: Homo erectus heidelbergensis. Kolloquium I, veranstaltet von der Forschungsstelle Archäometrie der Heidelberger Akademie der Wissenschaften, den Archäologischen Sammlungen des Reiss-Museums der Stadt Mannheim und dem Geologisch-Paläontologischen Institut der Universität Heidelberg. – 18. – 22. April 1995

im Reiss-Museum Mannheim: 37. Tagung der Hugo-Obermaier-Gesellschaft zur Erforschung des Eiszeitalters und der Steinzeit e.V. auf Einladung der Archäologischen Sammlungen des Reiss-Museums und der Archäometrie-Arbeitsgruppe Mauer; im Rahmen dieser Tagung wurden vom 20. April 1995 – 4. Februar 1996 die Ausstellung Kunst zur Eiszeit im Studio Archäologie, Erweiterungsbau D 5 und die Ergänzung der archäologischen Schausammlung im Erweiterungsbau D 5 im Bereich Alt- und Mittelsteinzeit mit Exponaten zum altsteinzeitlichen Fundplatz Mauer an der Elsenz in Baden präsentiert.

[63] Siehe Anm. 53.

[64] Gelhausen, Frank: Die mesolithischen Fundplätze Atzelbuckel und Schultheißenbuckel im Neckarmündungsgebiet bei Mannheim. Köln 1999. Gedruckt: F. Gelhausen (wie Anm. 53). Ottevanger, Gaëlle: L'industrie lithique de La Micoque dans les collections du Reiß-Museum de Mannheim. Liège 1997. Gedruckt: G. Rosendahl 1999 (wie Anm. 53). Riemer, Petra: Das kleine Pferd von Laugerie Basse (Dordogne). Odyssee und Analyse eines Kunstwerks des Magdalénien. Köln 2000. Gedruckt: P. Riemer (wie Anm. 53).

[65] MGBl (wie Anm. 1) NF. 7, 2000, S. 357 f.; NF. 8, 2001, S. 562 f.; NF. 10, 2003, S. 304. Welck, Karin von: Vorwort und Dank. In: Born, Klaus/Homering, Liselotte (Hg.): Geschenke von Freunden. Dreißig Jahre Fördererkreis für das Reiss-Museum Mannheim. Mannheim/Heidelberg 1998, S. 8 ff.

[66] Wieczorek, Alfried: Die Reiss-Engelhorn-Museen. Zur Eröffnung des neuen „Museum Zeughaus" am 24. Januar 2007. In: Badische Heimat 87, 2007, Heft 1, S. 14.

[67] MGBl (wie Anm. 1) NF. 3, 1996, S. 501; NF. 7, 2000, S. 350.

[68] MGBl (wie Anm. 1) NF. 10, 2003, SS. 287; 306; NF. 11, 2004, S. 332. A. Wieczorek/W. Rosendahl (wie Anm. 53).

[69] Archäologie in Deutschland 1, 2007, S. 68. MGBl (wie Anm. 1) NF. 2, 1995, S. 544; NF. 10, 2003, S. 303; NF. 11, 2004, S. 356. G. Rosendahl 2006 a (wie Anm. 53).

[70] z.B. Köster, Christa: Beiträge zum Endneolithikum und zur Frühen Bronzezeit am nördlichen Oberrhein. In: Prähistorische Zeitschrift 43/44, 1965/66, S. 2 ff. Köster, Hans: Die mittlere Bronzezeit im nördlichen Rheintalgraben. Antiquitas Reihe 2. Abhandlungen aus dem Gebiete der Vor- und Frühgeschichte Bd. 6. Bonn 1968. Kraft, Hans-Peter: Linearbandkeramik aus dem Neckarmündungsgebiet und ihre chronologische Gliederung. Antiquitas Reihe 3. Abhandlungen zur Vor- und Frühgeschichte, zur klassischen und provinzial-römischen Archäologie und zur Geschichte des Altertums Bd. 21. Bonn 1977. Struck, Wolfgang: Funde der Urnenfelderkultur aus dem Neckarmündungsgebiet. Ein Beitrag zur Besiedlungsgeschichte der nordbadischen Oberrheinebene während der Hügelgräber- und Urnenfelderzeit. Marburg 1978 (ungedr. Dissertation).

[71] Zur Vereinbarung mit dem Landesdenkmalamt: Mitt. MAV (wie Anm. 1) 1990, Nr. 41, S. 20. – Mittelsteinzeit: Gelhausen, Frank: Die mesolithischen Fundplätze Atzelbuckel und Schultheißenbuckel im Neckarmündungsgebiet bei Mannheim. Köln 1999. Gedruckt: F. Gelhausen (wie Anm. 53). – Jungsteinzeit: Lindig, Sabine: Das Früh- und Mittelneolithikum im Neckarmündungsgebiet. Universitätsforschungen zur prähistorischen Archäologie Bd. 85. Bonn 2002. Hecht, Dirk: Die endneolithische Besiedlung des Atzelberges bei Ilvesheim (Rhein-Neckar-Kreis). Heidelberg 1999. Gedruckt: Hecht, Dirk: Die endneolithische Besiedlung des Atzelberges bei Ilvesheim (Rhein-Neckar-Kreis). Ein Beitrag zum endneolithischen Siedlungswesen am nördlichen Oberrhein. Heidelberg 2003. – Bronzezeit: Görner, Irina: Die Mittel- und Spätbronzezeit am nördlichen Oberrhein. Marburg 1993. Gedruckt: Görner, Irina: Die Mittel- und Spätbronzezeit zwischen Mannheim und Karlsruhe. In: Fundberichte aus Baden-Württemberg 27, 2003, S. 79 ff. – Eisenzeit: Otto, Stephanie: Die späthallstatt-frühlatènezeitliche Siedlung von Mannheim-Feudenheim. Heidelberg 1998 (ungedr. Magisterarbeit). – Römische Kaiserzeit: Schlegel, Oliver: Germanen im Quadrat. Die Neckarsweben im Gebiet von Mannheim, Ladenburg und Heidelberg während der frühen römischen Kaiserzeit. Internationale Archäologie Bd. 34. Rahden/Westf. 2000.

[72] Wohnhaas, Ulrike: Kerne der mittelpaläolithischen Steinbearbeitungswerkstatt Battenberg, Gem. Grünstadt (Pfalz). Köln 2001 (ungedr. Magisterarbeit). Siehe auch Zeeb-Lanz, Andrea: Zeugnis früher Menschen in der Pfalz. Ein altpaläolithischer Faustkeil vom Battenberg bei Neuleiningen, Kreis Bad Dürkheim. In: Archäologie in Rheinland-Pfalz 2003. Mainz 2004, S. 10 ff.

[73] Beinhauer, Karl W./Cooney, Gabriel/Guksch, Christian E./Kus, Susan (Hg.): Studien zur Megalithik. Forschungsstand und ethnoarchäologische Perspektiven/The Megalithic Phenomenon. Recent Research and Ethnoarchaeological Approaches. Mannheim/Weißbach 1999.

[74] Zu Mannheim-Wallstadt siehe den Beitrag von Inken Jensen in diesem Band. Zu den älteren Grabungen: Gropengießer, Erich: Die Spätlatènezeit im unteren Neckarland und die Suebi Nicretes Bd. 1 – 3. Heidelberg 1956 (ungedr. Dissertation). Gropengießer, Erich: Die Neckarsueben. In: Neumann, Günter/Seemann, Henning (Hg.): Beiträge zum Verständnis der Germania des Tacitus Teil II. Bericht über die Kolloquien der Kommission für die Altertumskunde Nord- und Mitteleuropas im Jahre 1986 und 1987. Göttingen 1992, S. 91 ff. Siehe den Beitrag von G. Lenz-Bernhard in diesem Band. O. Schlegel (wie Anm. 71).

[75] Wieczorek, Alfried: Zu den spätrömischen Befestigungsanlagen des Neckarmündungsgebietes. In: MGBl (wie Anm. 1) NF. 2, 1995, S. 9 ff.

[76] Zu Hockenheim: Clauß, Gisela: Beobachtungen an merowingerzeitlichen Gräbern bei Hockenheim, Rhein-Neckar-Kreis. In: Archäologisches Korrespondenzblatt 6, 1976, S. 55 ff. Dies. Ein neuer Reihengräberfriedhof bei Hockenheim, Rhein-Neckar-Kreis. In: Fundberichte aus Baden-Württemberg 11, 1986, S. 313 ff.

[77] MGBl (wie Anm. 1) NF. 7, 2000, S. 361; NF. 8, 2001, S. 568; NF. 10, 2003, S. 310 f.; NF. 11, 2004, SS. 353; 362. – Koch, Ursula: Die Merowingerzeit – Franken am unteren Neckar. In: Heidelberg, Mannheim und der Rhein-Neckar-Raum. Führer zu archäologischen Denkmälern in Deutschland Bd. 36. Stuttgart 1999, S. 85 ff. Koch Ursula: Der Beginn fränkischer Besiedlung im Rhein-Neckar-Raum. In: MGBl (wie Anm. 1) NF. 7, 2000, S. 57 ff.

[78] Zu Kolloquien der Arbeitsgemeinschaft Frühgeschichtliche Archäologie, die von der Archäologischen Denkmalpflege organisiert wurden: MGBl (wie Anm. 1) NF. 1, 1994, S. 414; NF. 2, 1995, S. 533; NF. 3, 1996, S. 506; NF. 7, 2000, SS. 332 f; 355; NF. 8, 2001, S.

568 ff.; NF. 10, 2003, S. 311 ff.; NF. 11, 2004, 362 ff. – 2. Internationales Perlensymposion vom 16. – 19. November 1994: MGBl (wie Anm. 1) NF. 3, 1996, S. 493 f. Freeden, Uta von/Wieczorek, Alfried (Hg.): Perlen. Archäologie, Techniken, Analysen. Akten des Internationalen Perlensymposiums in Mannheim vom 11. bis 14. November 1994. Kolloquien zur Vor- und Frühgeschichte Bd. 1. Bonn 1997. – Wissenschaftssymposion Völker an Nord- und Ostsee und die Franken vom 7. – 11. September 1997: MGBl (wie Anm. 1) NF. 7, 2000, SS. 333; 351. Freeden, Uta von/Koch, Ursula/Wieczorek, Alfried (Hg.): Völker an Nord- und Ostsee und die Franken. Akten des 48. Sachsensymposiums in Mannheim vom 7. bis 11. September 1997. Kolloquien zur Vor- und Frühgeschichte Bd. 3. Mannheimer Geschichtsblätter Neue Folge Beiheft 2. Bonn 1999.

[79] Jensen, Inken: Der Marktplatzbrunnen aus dem 17. Jahrhundert – Das älteste Baudenkmal der Stadt Mannheim. In: Mannheimer Hefte 1980, Heft 1, S. 17 ff. Dies. Ein Brunnen des 17. Jahrhunderts – das älteste Baudenkmal der Stadt Mannheim. In: Denkmalpflege in Baden-Württemberg. Nachrichtenblatt des Landesdenkmalamtes 2, 1979, S. 77 ff. Dies. Archäologie in den Quadraten. Ausgrabungen in der Mannheimer Innenstadt. Mannheim 1986. Mitt. MAV (wie Anm. 1) 1978/I, Nr. 18, S. 7.

[80] Jensen, Inken: Archäologie in den Quadraten. Ausgrabungen in der Mannheimer Innenstadt. Mannheim 1986, S. 44 ff. Schieferecke, Anja: Möglichkeiten molekularbiologischer Identifikationshilfen bei bodengelagerten Skelettfunden. München 2000 (ungedr. Diplomarbeit). Mitt. MAV (wie Anm. 1) 1979/I, Nr. 19, S. 8. MGBl (wie Anm. 1) NF. 8, 2001, S. 564.

[81] Tonpfeifenproduktion in Mannheim: Jensen, Inken: Archäologie in den Quadraten. Ausgrabungen in der Mannheimer Innenstadt. Mannheim 1986, S. 119 ff. Dies. Zu den Anfängen der Mannheimer Tonpfeifenproduktion im 17. Jahrhundert. In: Mannheimer Hefte 1990, Heft 1, S. 90 ff. Dies. Datierte Tonpfeifen des 17. Jahrhunderts aus der Kurpfalz. Erste Ergebnisse. In: Schmaedecke, Michael (Hg.): Tonpfeifen in der Schweiz. Beiträge zum Kolloquium über Tabakspfeifen aus Ton in Liestal am 26. März 1998. Liestal 1999, S. 19 ff.

[82] Zu stadtarchäologischen Untersuchungen: z.B. Mitt. MAV (wie Anm. 1) 1979/I, Nr, 19, S. 8; 1983/I, Nr. 27, S. 10; 1983/II, Nr. 28, S. 10; 1984/I,Nr. 29, S. 11; 1987/II, Nr. 36, S. 12. MGBl (wie Anm. 1) NF. 7, 2000, S. 326; 332; NF. 8, 2001, S. 565 f.; NF. 10, 2003, S. 309; NF. 11, 2004, S. 354 f. Kunze, Rainer: Aus der regionalen Burgenkunde. 2. Hypothetisches. Sieben Steine – zu Quaderfunden in Mannheim M 7. In: MGBl (wie Anm. 1) NF 6, 1999, S. 70. – Zu C 5: Wirth, Klaus: Was die Schweizer Gardisten nicht wussten – Ausgrabungen beim Zeughaus in Mannheim. Archäologische Ausgrabungen in Baden-Württemberg 2004. Stuttgart 2005, S. 265 ff. – Zu H 3,15: Wirth, Klaus/Teutsch, Friedrich: Ausgrabungen im Töpferviertel von Mannheim. Archäologische Ausgrabungen in Baden-Württemberg 2005. Stuttgart 2006, S. 208 ff. Dies. Dem Nichts ein Stück näher – Eine Kultur löst sich in Luft auf. Ebd. 2006. Stuttgart 2007. Wirth, Klaus: Pfeifen aus dem Töpferviertel. In: Archäologie in Deutschland 5, 2006, S. 42. Wirth, Klaus/Teutsch, Friedrich: Dem Nichts ein Stück näher – Eine Kultur löst sich in Luft auf. In: Knasterkopf 19, 2007 (im Druck). – – Zu M 1,2: Wirth, Klaus: Das Mittelalter unter unseren Füßen! In: Archäologie in Deutschland 3, 2007, S. 43.

[83] MGBl (wie Anm. 1) NF. 1, 1994, S. 414 f.; NF. 2, 1995, S. 545 f.; NF. 7, 2000, S. 358 f.; NF. 8, 2001, S. 562. Gropengießer, Erich: „Altes Heidengold". Keltische Goldmünzen der Archäologischen Sammlungen im Reiss-Museum. In: Mannheimer Hefte 1978, Heft 2, 120 ff. Schulzki, Heinz-Joachim: Das Münz- und Medaillenkabinett. In: A. Wieczorek u.a. 1999 (wie Anm. 2) Bd. 1, S. 281 ff.

[84] H. Huth (wie Anm. 29) Bd. 1, S. 133 ff. A. Wieczorek 2007 (wie Anm. 2).

[85] Böhm, Ludwig W.: Mannheimer Museen und Sammlungen. In: Mannheimer Hefte 1956, Heft 3, S. 2 ff. Jacob, Gustaf: Städtisches Reiss-Museum. Kunstgeschichtliche und Kunsthandwerkliche Sammlungen. Ausgewählte Werke. Mannheim 1966, S. 5 ff. Reschke, Hans: 60 Jahre Reiss-Testament. Die Geschichte einer Schenkung im Wandel der Zeit. In: Mannheimer Hefte 1971, Heft 2, S. 9 ff.

[86] Juli bis Oktober 1959: Frühgeschichte am unteren Neckar. Ausstellung im Hofgebäude des Reiss-Museums, mit gleichnamigem Führungsblatt von Albrecht Dauber und Erich Gropengießer. Gropengießer, Erich: Frühgeschichte am unteren Neckar. Eine Sonderausstellung des Reiss-Museums. In: Mannheimer Hefte 1959, Heft 2, S. 23 ff. – 25. November 1961 – 31. März 1962: Aus der Ur- und Frühgeschichte des unteren Neckarlandes, mit gleichnamigem Führungsheft von Albrecht Dauber und Erich Gropengießer.

[87] Gropengießer, Erich: Römerzeit an Rhein und Donau. In: Mannheimer Hefte 1964, Heft 1, S. 28 ff.

[88] 29. November 1973 – 24. Februar 1974: Trinkgefäße der Völker und Zeiten aus eigenem Besitz. Gropengießer, Erich: Trinkgefäße der Völker und Zeiten. Zu der Ausstellung des Reiss-Museums. In: Mannheimer Hefte 1973, Heft 3, S. 37 ff. Mitt. MAV (wie Anm. 1) 1973/II Nr. 8, S. 6.

[89] Gropengießer, Erich: Neue Ausgrabungen und Funde im Mannheimer Raum 1961 – 1975. Mannheim 1976.

[90] Jensen, Inken: Archäologie in den Quadraten. Ausgrabungen in der Mannheimer Innenstadt. Mannheim 1986.

[91] Mitt. MAV (wie Anm. 1) 1972/II, Nr. 6, S. 6; 1973/I Nr. 7, S. 8; 1979/II, Nr. 20, S. 8. Jensen, Inken: Die Reibschale von Mannheim-Wallstadt. Einführung in die „Römische Küche" für Besucher des Reiss-Museums in Mannheim. In: Archäologische Nachrichten aus Baden 32, 1984, S. 27 ff.

[92] Mannheimer Museumsabende: Mitt. MAV (wie Anm. 1) und MGBl (wie Anm. 1). Erster Museumsabend: 1974/II, Nr. 10, S. 7 f.

[93] MGBl (wie Anm. 1) NF. 1, 1994, S. 405 f.; NF. 2, 1995, S. 534; NF. 3, 1996, S. 494 ff.; NF. 7, 2000, S. 331; NF. 8, 2001, S. 546 f; NF. 10, 2003, S. 284 ff.; NF. 11, 2004, S. 334 ff. Pfaff, Patricia: Museumspädagogik. In: : museum. Reiss-Museum Mannheim Bd. 1. Museum für Archäologie und Völkerkunde und Museum für Naturkunde im Reiss-Museum der Stadt Mannheim. Braunschweig 1991, S. 126.

[94] : Meyer, Herbert: Das Reiss-Museum. Ein Situationsbericht. Mannheim 1968, S. 12.

[95] Literatur zum Erweiterungsbau: Anm. Mitt. MAV (wie Anm. 1) 1970, Nr. 1, S. 6; 1970, Nr. 2, S. 7; 1971/I, Nr. 3, S. 6; 1977/II, Nr. 16, S.

5 f.; 1978/I, Nr. 17, S. 5 f.; 1978/II, Nr. 18, S. 5; 1979/I, Nr. 19, S. 6; 1979/II, Nr. 20, S. 7; 1980/I, Nr. 21, S. 7; 1980/II, Nr. 22, S. 5; 1981/I, Nr. 23, S. 5; 1981/II, Nr. 24, S. 5 ff.; 1982/I, Nr. 25, S. 9 f.; 1982/II, Nr. 26, S. 7; 1983/I, Nr. 27, S. 8; 1984/I, Nr. 29, S. 7 ff.; 1984/II, Nr. 30, S. 10; 1986/I, Nr. 33, S. 9; 1987/II, Nr. 36, S. 10; 1988/II, Nr. 38, S. 9. Mannheimer Hefte 1989, Heft 1 mit Beiträgen zum Erweiterungsbau D 5. MGBl (wie Anm. 1) NF. 2, 1995, S. 542; NF. 3, 1996, S. 501; NF. 7, 2000, S. 350 f.; NF. 10, 2003, S. 282, 287, 306; NF. 11, 2004, S. 332, 335. – Beinhauer, Karl W./Jensen, Inken/Wieczorek, Alfried: Das archäologische Museum. Museum für Archäologie und Völkerkunde im Reiss-Museum Mannheim. In: Archäologie in Deutschland 2, 1991, S. 38 f. Gropengießer, Erich: Rede zur Eröffnung des Erweiterungsbaus des Reiss-Museums. In: Mannheimer Hefte 1989, Heft 1. S. 21 ff. museum. Reiss-Museum Mannheim Bd. 1. Museum für Archäologie und Völkerkunde und Museum für Naturkunde im Reiss-Museum der Stadt Mannheim. Braunschweig 1991.

[96] Erster Spatenstich für den Erweiterungsbau des Reiss-Museums. In: Mannheimer Hefte 1984, Heft 2, S. 91.

[97] 22. Januar – 27. März 1989, verlängert bis 30. April 1989: Gold und Kunsthandwerk vom antiken Kuban. Neue archäologische Entdeckungen aus der Sowjetunion mit gleichnamigem Katalog, Stuttgart 1989. Mitt. MAV (wie Anm. 1) 1989/I-II, Nrn. 39/40, S. 16. – In der Mannheimer Ausstellung wurde bereits auch das Rhyton (5. – 4. Jahrhundert v. Chr.) aus Silber mit Vergoldung in Form eines Pegasus gezeigt, das in der Berliner Ausstellung Im Zeichen des goldenen Greifen, die Königsgräber der Skythen vom 6. Juli – 1. Oktober 2007 in Berlin zu sehen ist. Abenteuer Archäologie 3, 2007, S. 16 ff.

[98] 24. September – 26. November 1989: Sieben Jahrtausende am Balaton. Von der Ur- und Frühgeschichte bis zum Ende der Türkenkriege mit gleichnamigem Katalog, Mannheim 1989. . Mitt. MAV (wie Anm. 1) 1989/I-II, Nrn. 39/40, S. 16. – 6. Dezember 1989 – 15. März 1990, verlängert bis 22. April 1990: Prähistorische Felsbilder Skandinaviens. Ebd.

[99] 1992: Ausstellungs- und Öffentlichkeitsarbeit. MGBl (wie Anm. 1) NF. 1, 1994, S. 404 f. – 1994: Ausstellungs- und Veranstaltungsprojekte, Ausstellungs- und Veranstaltungsbetreuung, Öffentlichkeitsarbeit und Archäologische Denkmalpflege. MGBl (wie Anm. 1) NF. 3, 1996, S.492 ff. – 2001: Ausstellungswesen – Museumsvermittlung – Besucher- und Veranstaltungsdienste. MGBl (wie Anm. 1) NF.10, 2003, S. 284 ff.

[100] Besucherstatistik des Reiss-Museums 1995 mit Schreiben der Direktion des Reiss-Museums an Dez. V, Akten Reiss-Engelhorn-Museen Mannheim.

[101] z.B. 19. September 1991 – 26. Januar 1992: 176 Tage W. A. Mozart in Mannheim. – 8. September 1996 – 6. Januar 1997, verlängert bis 2. März 1997: Die Franken – Wegbereiter Europas. – 30. November 1999 – 30. April 2000: Lebenslust und Frömmigkeit. Kurfürst Carl Theodor (1724-1799) zwischen Barock und Aufklärung. – 4. Juni – 30. September 2000: Die Würfel sind gefallen – Spiele und Spielzeug im alten Rom. – 11. Februar – 4. Juni 2001: Das Gold der Barbarenfürsten. Schätze aus den Prunkgräbern des 5. Jahrhunderts n. Chr. zwischen Kaukasus und Gallien. – 17. September 2005 – 29. Januar 2006: SchillerZeit in Mannheim. – 21. April – 19. August 2007 Pferdestärken – Das Pferd bewegt die Menschheit.

[102] Heybrock, Christel: Eröffnung Erwin Bechtold – Reiss-Museum Mannheim, 12. Mai 1996. In: Mannheimer Hefte 1995/96, S. 32 ff.

[103] MGBl (wie Anm. 1) NF. 7, 2000, S. 350.

[104] Sonderschauen im Studio Archäologie: MGBl (wie Anm. 1) NF. 1, 1994, S. 410 f.; NF. 2, 1995, S. 540 ff.; NF. 3, 1996, S. 501 ff.; NF. 7, 2000, S. 349 ff. Overbeck, Bernhard: Rom und die Germanen. Das Zeugnis der Münzen. Stuttgart 1985.

[105] Beinhauer, Karl W. (Hg.): Die Sache mit Hand und Fuß – 8000 Jahre Messen und Wiegen. Mannheim 1994.

[106] Jensen, Inken/Beinhauer, Karl W.: Franz Gember. 12. März 1892 –26. Juli 1983. In: Archäologische Nachrichten aus Baden 33, 1984, S. 40 ff. Dies.: Franz Gember. 1892 – 1983. In: Fundberichte aus Baden-Württemberg 10, 1985, S. 723 f. Kraft, Hans-Peter: Altkreispfleger Franz Gember 80 Jahre. In: Archäologische Nachrichten aus Baden 9, 1972, S. 31.

[107] Die baden-württembergischen Denkmalpfleger (4). In: Denkmalpflege in Baden-Württemberg. Nachrichtenblatt des Landesdenkmalamtes 4, 1972, S. 6. Lacroix, Emil: Die Denkmalpflege in Nordbaden. Tätigkeitsbericht des Landesdenkmalamtes Karlsruhe für die Jahre 1945 – 1950. In: Badische Heimat. Mein Heimatland 31, 1951, Heft 1, S. 47 ff.

[108] Mitt. MAV (wie Anm. 1) 1985/I, Nr. 31, S. 14.

[109] Baumann, Karl: Karte zur Urgeschichte von Mannheim und Umgebung. Mannheim 1888, 2. Aufl. 1907. Dauber, Albrecht/Gropengießer, Erich/Heukemes, Berndmark/Schaab, Meinrad: Archäologische Karte der Stadt- und der Landkreise Heidelberg und Mannheim. Badische Fundberichte Sonderheft 10. Freiburg 1967. Wahle, Ernst: Zur neuen archäologischen Karte des unteren Neckarlandes. In: Mannheimer Hefte 1968, Heft 2, S. 49 ff.

[110] Gropengießer, Erich: Ein Hausgrundriss der Urnenfelderzeit von Mannheim-Vogelstang. In: Denkmalpflege in Baden-Württemberg. Nachrichtenblatt des Landesdenkmalamtes 4, 1975, S. 167 ff. Ders. Ein Hausgrundriss der Urnenfelderzeit von Mannheim-Vogelstang. In: Mannheimer Hefte 1976, Heft 2, S. 62 ff. Ders. Ein münzführendes fränkisches Frauengrab von Mannheim-Vogelstang. In: Zeitschrift für die Geschichte des Oberrheins 147, 1999, S. 1 ff.

[111] Mitt. MAV (wie Anm. 1) 1974/II, Nr, 10, S. 9; 1976/I, Nr. 13, S. 8; 1976/II, Nr. 14, S. 8; 1979/II, Nr. 20, S. 9; 1982/I, Nr. 25, S. 12.

[112] Mitt. MAV (wie Anm. 1) 1970, Nr. 2, S. 8 (Schriesheim, Oftersheim); 1971/I, Nr. 3, S. 7 (Schriesheim); 1971/II, Nr. 4, S. 7 (Mannheim-Sandhofen, Hockenheim); 1973/1, Nr. 7, S. 7 (Hockenheim). Gropengießer, Erich: Neue Ausgrabungen und Funde im Mannheimer Raum 1961-1975. Mannheim 1976. – Mannheim-Seckenheim, Hochstätt: Gropengießer, Erich: Ausgrabungen auf der „Hochstätt" bei Mannheim-Seckenheim. In: Mannheimer Hefte 1970, Heft 3, S. 121 ff. – Hockenheim: Clauß, Gisela: Beobachtungen an merowingerzeitlichen Gräbern bei Hockenheim, Rhein-Neckar-Kreis. In: Archäologisches Korrespondenzblatt 6, 1976, S. 55 ff. Dies. Ein neuer Reihengräberfriedhof bei Hockenheim, Rhein-Neckar-Kreis. In: Fundberichte aus Baden-Württemberg 11, 1986, S. 313 ff. Koch, Ursula: Hockenheim von

der Spätantike bis zum frühen Mittelalter. In: Heidelberg, Mannheim und der Rhein-Neckar-Raum. Führer zu archäologischen Denkmälern in Deutschland Bd. 36. Stuttgart 1999, S. 155 ff. – Oftersheim: E. Gropengießer: Aus der Ur- und Frühgeschichte der Gemarkung Oftersheim. In: Bürgermeisteramt Oftersheim (Hg.): 766 – 1966. 1200 Jahre Oftersheim. Festschrift zur 1200-Jahr-Feier der Gemeinde Oftersheim. Schwetzingen 1966, S. 10 ff.. Volk, Franz: Oftersheim. Ein Dorf und seine Geschichte. Mannheim 1968, bes. S. 26 f. – Schriesheim: Heukemes, Berndmark: Schriesheim HD. Keller eines römischen Gutshofes. In: Filtzinger, Philip/Planck, Dieter/Cämmerer, Bernhard (Hg.):Die Römer in Baden-Württemberg. 3. Aufl. Stuttgart 1986, S. 546.

[113] Adelmann, Georg Sigmund Graf: Zum neuen Landesdenkmalamt. In: Denkmalpflege in Baden-Württemberg. Nachrichtenblatt des Landesdenkmalamtes 1, 1972, S. 3 f. Dauber, Albrecht: Zur Geschichte der archäologischen Denkmalpflege in Baden. Ebd. 2, 1983, 47 ff. Die baden-württembergischen Denkmalpfleger (4). Ebd. 4, 1972, S. 4. Herter, Dieter, Zum neuen Denkmalschutzgesetz – Ein Überblick. Ebd. 1, 1972, S. 11 ff. Landesdenkmalamt Baden-Württemberg (Hg.), Dauber, Albrecht (Bearb.): Das Denkmalschutzgesetz und die Bodendenkmalpflege (o.J.). Planck, Dieter: 50 Jahre Denkmalpflege in Baden-Württemberg. Zur Geschichte der Denkmalpflege. In: Denkmalpflege in Baden-Württemberg. Nachrichtenblatt des Landesdenkmalamtes 1, 2003, S. 13 ff. Stopfel, Wolfgang: Geschichte der badischen Denkmalpflege und ihrer Dienststellen Karlsruhe, Straßburg und Freiburg. Ebd. 3, 2003, S. 202 ff. und 4, S. 297 ff. Strobl, Heinz/Majocco, Ulrich/Sieche, Heinz: Denkmalschutzgesetz für Baden-Württemberg. Kommentar mit ergänzenden Rechts- und Verwaltungsvorschriften. 2. neubearbeitete Auflage. Stuttgart 2001.

[114] Mitt. MAV 1984/I, Nr. 29, S. 11; 1984/II, Nr. 30, S. 12. Otto, Stephanie: Die späthallstatt-frühlatènezeitliche Siedlung von Mannheim-Feudenheim. Heidelberg 1998 (ungedr. Magisterarbeit).

[115] Nennung der ehrenamtlichen Mitarbeiter: MGBl (wie Anm. 1) NF. 1, 1994, S. 413 f.; NF. 2, 1995, S. 532; 544 f.; NF. 3, 1996, S. 505; NF. 7, 2000, S. 332; NF. 8, 2001, S. 568 ; NF. 10, 2003, S. 308 ff.; NF. 11, 2004, SS. 353 f.; 359; 361.

[116] Denkmalpflege in Baden-Württemberg. Nachrichtenblatt des Landesdenkmalamtes 1, 2000, S. 78 (Personalia).

[117] Biel, Jörg: Vorwort. In: Archäologische Ausgrabungen in Baden-Württemberg 2002. Stuttgart 2003, S. 5 f. Ders. Vorwort. Ebd. 2003. Stuttgart 2004, S. 5 f. Ders. Vorwort. Ebd. 2004. Stuttgart 2005, 5 f.

[118] MGBl (wie Anm. 1) NF. 2, 1995, S. 544 f.; NF. 3, 1996, S. 504 f.; NF. 7, 2000, S. 332; NF. 8, 2001, S. 566 ff.; NF. 10, 2003, S. 307 ff.; NF. 11, 2004, S. 331, 352 ff. – Mannheim: Wirth, Klaus: Was die Schweizer Gardisten nicht wussten – Ausgrabungen beim Zeughaus in Mannheim. Archäologische Ausgrabungen in Baden-Württemberg 2004. Stuttgart 2005, S. 265 ff. Wirth, Klaus/Teutsch, Friedrich: Ausgrabungen im Töpferviertel von Mannheim. Ebd. 2005. Stuttgart 2006, S. 208 ff. Dies. Dem Nichts ein Stück näher – Eine Kultur löst sich in Luft auf. Ebd. 2006. Stuttgart 2007. S. 212 ff. Wirth, Klaus: Pfeifen aus dem Töpferviertel. In: Archäologie in Deutschland 5, 2006, S. 42. Ders. Das Mittelalter unter unseren Füßen! In: Ebd. 3, 2007, S. 43. – Mannheim-Straßenheim: Antoni, Gerhard/Koch, Ursula: Ein Brunnen der Bandkeramik in Mannheim-Wallstadt, Gemarkung Straßenheim, Flur „Apfelkammer". Archäologische Ausgrabungen in Baden-Württemberg 2002. Stuttgart 2003, S. 39 ff. Koch, Ursula: Gräber der Merowingerzeit in Mannheim-Straßenheim. Ebd. 2000. Stuttgart 2001, S. 148 ff. Dies. Total gestört – ein fränkisches Adelsgrab in Straßenheim, Mannheim-Wallstadt. Ebd. 2001. Stuttgart 2002, S. 154 ff. – Mannheim-Sandhofen: Koch, Ursula: Ein frühmittelalterliches Gräberfeld in Mannheim-Sandhofen. Archäologische Ausgrabungen in Baden- Württemberg 1999. Stuttgart 2000, s. 152 ff. Dies. Gräber der Urnenfelder- und Frühlatènezeit in Mannheim-Sandhofen, Scharhof. Ebd. 2003. Stuttgart 2004, S. 52 ff. Dies. Gräber der Urnenfelder- und der Frühlatènezeit in Mannheim-Sandhofen, Scharhof. Ebd. 2003. Stuttgart 2004, S. 52 ff. Kraft, Hans-Peter/Wieczorek, Alfried/Behrends, Rolf-Heiner: Ein Gräberfeld der Urnenfelderzeit in Mannheim-Sandhofen, Scharhof. Ebd. 1993. Stuttgart 1994, S. 83 ff. – Mannheim-Seckenheim: Koch, Ursula: Das merowingerzeitliche Gräberfeld im Hermsheimer Bösfeld, Mannheim-Seckenheim. Archäologische Ausgrabungen in Baden-Württemberg 2003. Stuttgart 2004, S. 155 ff. Koch, Ursula/Wirth, Klaus: Gefolgschaftskrieger des fränkischen Königs – das Gräberfeld auf dem Hermsheimer Bösfeld in Mannheim-Seckenheim. Ebd. 2004. Stuttgart 2005, S. 199 ff. Link, Thomas: Zwischen Adlern und Hamstern: fränkische Gräber im Hermsheimer Bösfeld, Mannheim- Seckenheim. Ebd. 2002. Stuttgart 2003, S. 163 ff. Rosendahl, Wilfried/Wirth, Klaus/Nicklisch, Nicole/Alt, Kurt W.: Ertrunken im Neckar? – Über den Fund einer eisenzeitlichen Leiche in Mannheim-Seckenheim. Ebd. 2004. Stuttgart 2005, S. 79 ff. Rosendahl, Wilfried/Wirth, Klaus/Oelzle, Viktoria/Alt, Kurt W.: Einsame Tote – ein neolithischer Skelettfund aus Mannheim-Seckenheim. Ebd. 2005. Stuttgart 2006, S. 31 ff. – Mannheim-Wallstadt: Stadler, Benedikt: Hochmittelalterliche Spuren in Mannheim-Wallstadt. Archäologische Ausgrabungen in Baden-Württemberg 2005. Stuttgart 2006, S. 211 ff. – Edingen-Neckarhausen: Wirth, Klaus: Die „Weingärten der Celina" in Edingen-Neckarhausen, Rhein-Neckar-Kreis. Archäologische Ausgrabungen in Baden-Württemberg 2005. Stuttgart 2006, S. 221 ff. – Ilvesheim: Kraft, Hans-Peter: Neues zur späten Hallstattzeit im Raum Mannheim. In: Archäologische Nachrichten aus Baden 72/73, 2006, S. 17 ff. Maran, Joseph/Casselmann, Carsten/Falkenstein, Frank: Neue Siedlungsfunde der Kultur der Schnurkeramik vom Atzelbuckel bei Ilvesheim, Rhein-Neckar-Kreis. Archäologische Ausgrabungen in Baden-Württemberg 2002. Stuttgart 2003, S. 58 ff. Wedekind, Frank/Wirth, Klaus: Provinzialrömische und alamannische Siedlungsbefunde in Ilvesheim, Rhein-Neckar-Kreis. Ebd. 2006. Stuttgart 2007, S. 131 ff. – Schriesheim: Stadler, Benedikt: erste Siedlungsspuren der Urnenfelderzeit in Schriesheim, Rhein-Neckar-Kreis. In: Archäologische Ausgrabungen in Baden-Württemberg 2006. Stuttgart 2007, S. 49 ff.

[119] „Die Zeiten ändern sich und wir ändern uns mit ihnen". Sentenz in Form eines griechischen Hexameters, zugeschrieben Kaiser Lothar I. (795 – 855). Aus: Sellner, Alfred: Latein im Alltag. Wiesbaden 1980, S. 117.

Auf der Umschlagseite:
Hornsteingerät aus Mauer, etwa 600 000 Jahre alt.
Exponat aus den archäologischen Sammlungen der rem.
Bronzener Armring mit eine Durchmesser von 8,7 cm,
Grabfund aus Mannheim-Seckenheim und zwei bronzene
Fibeln aus Mannheim-Wallstadt und Mannheim-Vogelstang,
Hallstattzeit, 7. bis 5. Jahrhundert v. Chr. Archäologische
Denkmalpflege und Sammlungen der Reiss-Engelhorn-Museen.
Fotos: Jean Christian.
Kartenunterlage: Mangold, Flussläufe in der ausgehenden letzten Eiszeit.

Bibliografische Information der Deutschen Nationalbibliothek
Die Deutsche Nationalbibliothek verzeichnet diese Publikation
in der Deutschen Nationalbibliografie, detaillierte bibliografische
Angaben sind im Internet über http://dnb.d-nb.de/ abrufbar.

Herausgegeben von Hansjörg Probst
im Auftrag der Gesellschaft der Freunde Mannheims und
der ehemaligen Kurpfalz – Mannheimer Altertumsverein
von 1859 – MAV
und der Reiss-Engelhorn-Museen Mannheim – rem

ISBN 978-3-7917-2020-3
ISBN des Gesamtwerkes 978-3-7917-2074-6
© 2007 by Verlag Friedrich Pustet, Regensburg
Grafik, Layout und Umschlaggestaltung:
magenta, Mannheim
Druck und Bindung: Friedrich Pustet, Regensburg
www.pustet.de
Printed in Germany 2007

Mannheim vor der Stadtgründung

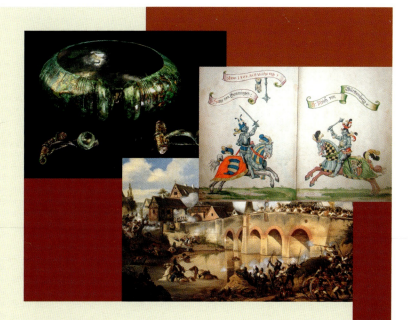

Das vierbändige Werk stellt Natur, Archäologie und Geschichte im Rhein-Neckar-Dreieck dar:

- Mannheim ist sehr viel älter als die vierhundert Jahre einer reinen Stadtgeschichte – seine Ersterwähnung als fränkisches Dorf stammt bereits aus dem Jahr 766.
- Mannheim und seine Vororte sind in einem vielgestaltigen Geschichts- und Kulturraum entstanden; die historischen Spuren mehrerer aufeinander folgenden Kulturen reichen in die Frühe Neuzeit, das Mittelalter und die Antike zurück.
- Immer wieder hat der Boden des Rhein-Neckar-Raumes überraschende Funde aus einer Vorgeschichte von Jahrtausenden bis zum Homo erectus Heidelbergensis freigegeben.
- Seit seiner Gründung im Jahr 1859 hat der Mannheimer Altertumsverein zahllose Zeugnisse dieser versunkenen Zeiten geborgen und erforscht – Zeugnisse, die er in seinen Veröffentlichungen allen Bürgern vorstellt und museal erschließt.

Teil I, Band 1:
Der Naturraum Rhein-Neckar
Ur- und Frühgeschichte bis zur Spätantike
ISBN 978-3-7917-2020-3

Teil I, Band 2:
Die Frankenzeit: Der archäologische Befund
Aus der Mannheimer Namenkunde
ISBN 978-3-7917-2021-0

Teil II, Band 1:
Mittelalter und Frühe Neuzeit im unteren Neckarland.
Das Dorf Mannheim
ISBN 978-3-7917-2019-7

Teil II, Band 2:
Die Geschichte der Mannheimer Vororte und Stadtteile
ISBN 978-3-7917-2022-7
erscheint im Dezember 2007

Verlag Friedrich Pustet www.pustet.de